U0504232

碧血韶哿蜀道魂

晚清资政院研究

李启成 著

创于1897
The Commercial Press
商务印书馆

图书在版编目（CIP）数据

碧血难招蜀道魂：晚清资政院研究 / 李启成著. —
北京：商务印书馆，2024
ISBN 978-7-100-23377-4

Ⅰ.①碧… Ⅱ.①李… Ⅲ.①资政院—研究 Ⅳ.
① K257.507

中国国家版本馆 CIP 数据核字（2024）第 041228 号

权利保留，侵权必究。

本研究为国家社会科学基金（编号 15BFX002）和北京市社会科学基金项目成果

碧血难招蜀道魂
——晚清资政院研究

李启成 著

商 务 印 书 馆 出 版
（北京王府井大街 36 号 邮政编码 100710）
商 务 印 书 馆 发 行
北京盛通印刷股份有限公司印刷
ISBN 978-7-100-23377-4

2024 年 8 月第 1 版 开本 710×1000 1/16
2024 年 8 月北京第 1 次印刷 印张 48¾

定价：248.00 元

话说李女士听了我问，微笑不言。我问："你笑什么？"女士道："我笑你还是四十年前的知识呢？国会开了，吾国已成立宪国了，全国的人，上自君主，下至小民，无男无女，无老无幼，无贵无贱，没一个不在宪法范围之内。外务部官员独敢违背宪法，像从前般独断独行么？"我暗想，立了宪有这样的好处，怪不得从前人民都痴心梦想，巴望立宪。

——陆世谔:《新中国》

1910 年，代表中国的清王朝已病入膏肓，中国五千年的国运处于前所未有的低谷。然而，就在这个时候，中国的知识精英并没有丧失信心——这也许是中华文明能够独步世界并最终成为人类历史上唯一衰落后可以再复兴的文明之原因。

——《欧洲时报》评论

议员们在会议中突出大胆的表现，让外国观察家听着听着就从旁听席上站了起来。直到 1910 年 10 月 3 日，中国人民的声音才开始被听到……资政院是用学者式的、精心思虑过的方式来表达人民要求正义和权利的第一个明确标志……资政院所做的最好的一件事情，就是开始教给朝廷立宪政府的基本原则。

——《纽约时报》评论

目 录

下编　第二次常年会研究

导　言

一、解题

自辛壬鼎革后，劳乃宣一腔孤忠，以遗民自居，因时局动荡之故，先后侨居于涞水、青岛、曲阜等地。落叶归根，已73岁的他对江南故里（浙江桐乡）思念尤甚，于1915年11月上旬在家人陪伴下，由曲阜出发，辗转回到故乡，待了十多天，在返回曲阜的途中于南京小住，触景生情，成《过金陵丰润门》一诗，云：

> 江表回车日未昏，凄凉丰润有新门。
>
> 经过莫制西州泪，碧血难招蜀道魂。①

《遗稿》收录此诗，后有劳氏自注"金陵丰润门，为端忠敏公修铁路时所辟"。②这首诗为其《归暂咏》三十首组诗之一。劳氏详述写作缘起如下：

> 侨居阙里，忽忽经年，时局多虞，未能即作归计，而卷怀闾井，莫释于中，乃暂作南归，一为省视。于十月附津浦火车，至浦口渡江，易沪宁火车至上海，小作盘桓，复附沪杭火车至嘉兴，易舟归桐乡。家居兼旬，中间至杭州一行，归后又至苏州扫墓，即自苏北上，经金陵，留一日，仍自铁路而返。于十一月杪抵曲阜。往返五旬，感旧伤怀。今得诗三十首，颜之曰"归暂咏"，列之"东归诸咏"之次，聊写我怀。③

劳乃宣（1843—1921），资政院硕学通儒议员，字季瑄，号玉初，晚号韧叟，浙江桐乡人，晚清礼教派自张之洞后又一著名代表人物，《清史稿》有传。同治十年（1871 年）进士，以知县分发直隶，历任南皮、完县、吴桥等多处亲民之官，任上服膺传统治道且多能身体力行，颇有治绩。《清史稿》评价他"诵服儒先，践履不苟，而于古今政治，四裔情势，靡弗洞达，世目为通儒"。④ 庚子前后，他在吴桥任上主剿义和团，多忤上司意，知时事不可为，以回籍修墓请假开缺而去官。

劳氏去官后，入两江总督府充幕友、创办简字学堂。其间，他与由江苏巡抚升任两江总督的端方格外相投。经端方的大力推荐，⑤ 他于 1907 年得以五品卿衔吏部主事奉旨入朝。次年进京，经端方再次郑重荐举，⑥ 于 5 月 23 日觐见后，朝命超次拔擢，以四品京堂在宪政编查馆行走，⑦ 1909 年轮班进讲宪法于御前，⑧ 1910 年 5 月 9 日被选充资政院硕学通儒议员，1910 年 7 月 7 日获补授正三品的江宁提学使。因筹办宪政和资政院开院在即，宪政编查馆特予奏请缓赴新任。⑨ 及至资政院第一次常年会闭幕后，1911 年 2 月他才得以到南京赴任。⑩ 同年 9 月，因资政院召开第二次常年会，他返回北京开会。1911 年 11 月 26 日，清亡前夕，他被补授京师大学堂总监督；12 月 30 日兼署学部副大臣。⑪ 清帝逊位，民国成立，他一直流寓于北方，没有合适机会返归江南故里。⑫

金陵丰润门即为现今的南京玄武门。因 1910 年两江要在南洋大臣驻节地南京召开南洋劝业会，朝野都很重视，⑬ 1908 年两江总督南洋大臣端方为游客参观玄武湖提供便利，决定于城内修铁路，在湖南路附近的明城墙上开一道门。该门尚未竣工，端方即于 1909 年 6 月调任直隶总督，张人骏接任，⑭ 终于 1910 年建成。因张人骏以两江总督南洋大臣兼任 1909 年 8 月 28 日成立的南洋劝业会首任会长，⑮ 原籍河北丰润，时人遂名此门为丰润门。南京国民政府成立后，于 1928 年以门临玄武湖而改名为玄武门，沿用至今。

劳氏此诗用了两个典故"西州泪"和"碧血魂"。

"西州泪"出自《晋书·谢安传》，太山名士羊昙为谢安外甥，向为其所爱重，其"唱乐"被时人誉为"三绝"之一。⑯谢安曾数度经西州门进出南京，过世前，"当与入西州门，自以本志不遂，深自慨失"，怅然而叹。及至谢安离世，羊昙特别悲伤，整年没有歌咏，行不经西州门。有次在南京（当时称"石头"）醉酒后，他边走边唱，不知不觉到此。经身边仆从提醒，他立马惊觉，"悲感不已，以马策扣扉，诵曹子建诗曰：'生存华屋处，零落归山丘。'恸哭而去"。⑰后人遂多用"西州泪"表示感旧兴悲之情。如查慎行《哭王右朝》诗四首之二即云："东山便是西州路，欲学羊昙计转穷。"⑱

"碧血魂"见于《庄子·外物》："苌弘死于蜀，藏其血，三年而化为碧。"唐西华法师成玄英有注疏，云：周大夫"苌弘遭谮，被放归蜀，自恨忠而遭谮，遂刳肠而死。蜀人感之，以匮盛其血，三年而化为碧玉，乃精诚之至也"⑲。

劳乃宣过丰润门，睹物思人，自然想起了提议建门的平生知交端方。

端方，字午桥，满洲正白旗人，为晚清重臣，《清史稿》有传。⑳自庚子年间署理陕西巡抚以来，先后担任湖北巡抚、江苏巡抚、两江总督、直隶总督，治理地方，宾礼耆彦，调和新旧，多有治绩。尤其是1905年为考察政治大臣，归国后力促朝廷预备立宪。1909年11月因"失仪"被革职。㉑1911年5月起复，他以候补侍郎出任督办粤汉川汉铁路大臣，㉒带领湖北新军赴川镇抚，经四川资州，因兵变被杀。时人吴庆坻所作《端总督传》对其遇难记述较详，云：

> （宣统三年）诏率师入川查办，寻罢蜀督，命公署理。八月至重庆，而鄂变作。九月进次资州，经郡县辄召父老宣朝廷德意，解散资境匪徒数万人。蜀人颇感动，而所部鄂军阴怀反侧，十月初七日晡时，兵官刘怡凤率军队持械入室，语不逊。公严词呵之，遂迫公至旁小屋拘系之。公终不屈，遂被戕。弟端锦同及于难。叛军函公首送武昌，而州绅廖承瓖敛公与公弟忠骸渴葬州城外狮子洞。㉓

端方去世后，劳氏一直不能忘怀。1918年端方奏稿成书铅印，劳氏特为作序，满怀深情地追忆两人交游，略云：

> 端忠敏公两为江督，皆招予入幕。初甫一月，后则年余。予与公初不相识，乃待以殊尤，特加优礼，至可感也……予居公幕不久，于公一生德业未窥其全，而即其治事之精敏，立节之忠贞，观之则洵足为我朝二百七十年大臣之后劲也。批循遗墨，回首当年，不知其涕泗之何从也。㉔

是端方的大力推荐，才让劳氏于知天命之年后有机会升入庙堂，得以在宪政编查馆和资政院阐发其关于《新刑律》的主张，获得全国性影响。饮水思源，睹物思人，不能已于言，发而成此诗，是道不尽的凄凉泪：落日照新门，洒泪难招魂……从字面观察，所谓"西州泪"，是劳氏为悼知交端方所流之泪；"蜀道魂"，指的是端方遇难于蜀难归之魂。

劳氏赋诗怀念端方，"聊写我怀"，除了个人知遇外，更别有怀抱。物以类聚，人以群分，人与人交游契阔，多有共同的志趣和价值追求。具体到端、劳二人，即为劳氏所归纳的"治事之精敏，立节之忠贞"。前者自不待言，为能臣、为循吏，都需"精敏治事"。后者则更为劳氏所看重。

"立节之忠贞"，可以对一朝一姓而言，亦可对具体政治信念而论，更可是固守某种文化和价值观念。劳氏于晚清争论《新刑律》时，即预感：举世滔滔，时局巨变，率兽食人，莫可遏止！他全程参与了资政院第一次常年会，从速开国会案看到汹汹之民情；从弹劾军机案看到了政府之疲顽和朝廷之措置乖方。寄寓京华，他念兹在兹的《新刑律》，经先后在宪政馆、资政院与法派人士辩驳，费尽心力，但败多胜少，伦教纲常，有扫地立坠之虞。到资政院第二次常年会召开之时，武昌事起，全国响应，救亡不遑，《新刑律》当然无从说起。不久清帝逊位，共和肇端，他和端方当年所极力追求的君宪，已成过往。入民国后劳氏以遗老自处；撰《共和正解》及其续篇等，继续坚持君宪主张。种种作为，在当时和后世都是那么不合时宜！但就是在这不合时宜的现象背后，却自有一种精诚在。没有精诚，何来忠贞？精诚是内，忠贞为外。忠贞非一，精诚则一。正所谓不诚无物，至诚无息，国有道其言足以兴，国无道其默足以容。

陈寅恪在《王观堂先生挽词并序》中曾讲：

> 近数十年来，自道光之季，迄乎今日，社会经济之制度，以外族之侵迫，致剧疾之变迁；纲纪之说，无所凭依，不待外来学说之掊击，而已销沉沦丧于不知觉之间；虽有人焉，强聒而力持，亦终归于不可救疗之局。㉕

劳乃宣就是这种"强聒而力持"的"有人"。罗振玉，王国维的至交，亦为劳氏通家子侄，在劳氏去世的 1921 年曾这样评价：

> 公生平为醇儒，为循吏，斥拳教于星火未燎之时，争法律于彝伦将致之日，论政体于凶焰方张之世。古人所谓不惑不忧不惧，惟公当之无愧色。㉖

与劳氏一起被钦选为资政院硕学通儒议员，又是其女婿的陶葆廉，以其所亲见亲闻所及，尽述劳氏庚子以后之所作为和背后的一片"精诚"，于资政院所见尤确，云：

> 公诵服儒先，跬步不苟，于古今政法，四裔情势，靡弗研求。和平通达，明决机先，故遇事从容展布，毅然不挠。自辛丑以来，异说喧阗，诬斥民意，且美其名曰顺潮流。拔本决防，用夷变夏。称人以顽旧，则老成皆仇雠；处己以维新，则狂且皆神圣。朝野耆宿，亦或怵于众口，阿世取容。公则不然，遇有悖伦伤俗与夫政体之徇虚名而贻实祸者，往往法语巽言，多方匡救。于是议会诋排，

报纸嘲谐，权贵嗔怒，几濒于危，而公持正独立，不惧不悔。盖灼
见乎下流所趋，必至率人为兽，殄邦湛族，所以断断然师子舆氏之
不得已之辩，而冀当世之人万有一悟也。㉗

资政院议员群体，聚钦选、民选于一堂，尽管有贤不肖之不齐，在
价值观上有保守、稳健和较激进的差别，刚开始都主张君宪，力图真正
有所作为，实心在为这个国族探寻出路。奈何当国者颟顸短视，专注于
一族一姓之小集团利益，罔顾其他，结果狼烟四起，生灵涂炭，清室倾
覆，共和立宪代之而起，君宪遂成过往。一时英杰风流，凋零飘散于四
方。黄梨洲于清初撰《明儒学案》，追记东林一脉，云：

> 今天下之言东林者，以其党祸与国运终始……数十年来，勇
> 者燔妻子，弱者埋土室，忠义之盛，度越前代，犹是东林之流风余
> 韵也。一堂师友，冷风热血，洗涤乾坤，无智之徒，窃窃然从而议
> 之，可悲也夫！㉘

百多年后，当笔者重新钩沉资政院这段沧桑往事，希望能尽量撇开
惟以成败知人论世的做法，超越具体政法或价值观的判断。资料搜集越
多，越发内心尊重他们的这番"精诚"，尽管时代不同，笔者与他们的
看法有别；尽管他们在时代面前无力回天；尽管……

这群资政院议员们当年确实为君宪、为君宪的载体清王朝、为整
个国族之未来而努力过。事后看来，君宪也好，清廷也罢，他们都只是
在为其"招蜀道魂""流西州泪"而已。其情其志，不需后人站在历史
制高点上指指点点，乃至冷嘲热讽其不识时务之甚。上无道揆，下无法
守，岂止晚清！先圣后圣，其揆一也。我以为，他们在为我国族寻找康
庄大道的这种"精诚"，是不变的"揆"；相比较而言，成败属"迹"，
又何足道哉！"难填者沧海之阔，不朽者精卫之诚"，㉙本书以"碧血难
招蜀道魂"为题，意实在彰显此一"诚"字。

二、研究现状评析

近代中国政法领域的核心问题是宪制和法治。而法治是以宪制为基础的，没有宪制作为基础的法治，最多只能成其为法制、治法，但绝不可能是"rule of law"意义上的法治，故近代中国政法领域的最核心、同时也是最艰难的问题，只是一个宪制问题。近代中国的宪制运动发轫于晚清君主立宪，随清廷之覆亡而正式进入共和立宪时期。长期以来，学界在主观上秉持进化史观，客观上又受到后来的舆论宣传影响，将晚清视为批判对象，使得绝大部分学者在着手研究资政院之前，即有"伪立宪"的定性先入为主，因而其研究在很大程度上不过是为此一定性作注脚，以论代史，实不足以成为严格意义上的学术研究，甚至裁剪史实来"制造"历史。有些史料类书籍，存在基本事实方面的错误。如《枣强县志》有"于邦华"的传记，云："诸议员公推他入资政院，但他认为清廷立宪只是一句空话，便以患病为由推却。"[30]实际上，根据《资政院议场会议速记录》（以下简称《速记录》）的记载，于邦华从头至尾参加了资政院两次常年会，议员编号为110，仅于第一次常年会期间，其发议即多达199次，非常活跃。之所以会发生这种错误，除客观上因研究者材料搜集有所不足外，其主观上的成见也是促使其作出太过大胆推测的因素。换言之，是假设太过大胆，求证严重不足。

作为晚清君主立宪标杆的资政院，一方面因不合时宜而渐渐被人遗忘；另一方面因有前述那样未经确凿史料证实而仅凭想象所推论出来的"事实"，其形象又被歪曲。就既往的研究而言，绝大多数不尽人意，仅有少数例外，[31]其中最深入者当推姚光祖，直接以晚清资政院为研究对象写作了二十多万字的学位论文。姚氏虽搜集了大量的资料，但他未能见到成系统的原始会议记录——《速记录》，而只能将当时的报刊杂志和残缺的速记录相对照来展开研究，因而为当时舆论所左右，某些观点未能持事理之平。如他对资政院议决新刑律的论述，多袒护新派而对旧派持有偏见，"维持新律会议员中，多习法律政治的年轻而富于新思想的人物，常于辩理，演说多具说服力，主要以理服人。反对新刑律的劳（乃宣）党，多传统功名出身的旧派人物，年纪较长，观念保守，缺乏辩才，远非维持新律者之对手，故采取胡闹、呼啸阻止演说为手段，以致议场秩序紊乱，极为舆论诟病。他们以胡闹来维持传统，不能以理服人，大失立法之本意。"㉜诚然，劳派议员确实"多传统功名出身的旧派人物，年纪较长，观念保守，缺乏辩才，远非维持新律者之对手"，他们也曾"采取胡闹、呼啸阻止演说为手段，以致议场秩序紊乱，极为舆论诟病"，但他们为什么会采取这种手段？是他们不明白议场规则，还是另有苦衷？是他们主动如此的，还是法派议员幕后之作为，刺激他们出此下策？要作出相对客观的评判，尚需进一步发掘资料，展开研究。

三、基本材料和研究的价值

在第一次常年会召开之前半年，也就是 1910 年初，资政院奏请开设速记学堂，以培养议会、法庭所需的速记人才。在机构设置上，资政院在秘书厅内设有专门的速记科。按照《议事细则》的规定，资政院常年会应编制《速记录》，并规定："速记录以速记法记载议事；议员之发议，业经议长令其撤销者，不得记载于速记录；议员之演说得于编制速记录以前订正文字，但不得更改其主旨。若因订正而（其）他议员提起异议者，议长俟有赞成员，咨询本院决定之。"㉝由于议长对议员权利多能尊重，议员可以在事后对《速记录》进行查阅和核对，㉞因而上述规定得以基本遵行。这在相当程度上保证了《速记录》是资政院秘书厅速记科的工作人员对第一次常年会会议情形的原始记录，是研究资政院的最原始，同时也是最权威的资料。将近七十万字的《速记录》，是本研究所利用的基本材料。

关于《速记录》，我还想指出两点：（1）跟民国时期的国会议事记录相比，资政院《速记录》较为忠实地记录了各位议员发议的具体内容以及议案表决的详细情形；而后来的议事记录，比如《参议院议事录参议院议决录汇编》等记载较为概括简略，不能充分呈现各位议员发议的具体内容和辩论表决过程。故从资料的权威性、原始性和翔实性来观察，资政院《速记录》的史料价值较之后来的同类史料为高。（2）在资政院第一次常年会期间，资政院作为全国民意代表机构、预备国会，收到了各谘议局、地方督抚、中央各行政衙署乃至民间团体的说帖。这些说帖到院后，先经资政院各专门股员会审议后，有必要者还会被提交到大会上予以表决，然后据表决做成资政院之议决或决定，呈交朝廷裁决或转咨各相关衙署。这些说帖及其资政院各专门股员会的审议结果，在大会上作为书面材料经印刷后发给各位出席议员，《速记录》里只有表决结果的简要记载，到底该说帖的具体内容为何，复须查阅相关资料。为了将研究推向深入，必须先要有翔实可靠的资料，基于此，我花了不少功夫查阅当时的档案、资料汇编、报刊杂志等，其内容包括议员、政府特派员、院外立宪党人士向资政院大会或行政衙门提交的说帖、陈请书、审查报告、跟资政院议案相关的谕旨等，力图尽可能复原相关历史场景。

按计划，资政院在预备立宪期间每年开常年会一次，由于清王朝的迅速灭亡，实际也就开了两次。这两次，可谓虎头蛇尾：第一次是"虎头"，第二次是"蛇尾"。为什么第一次能成"虎头"？因为它是当时政治社会的主角，是立宪派参与君主立宪的最高峰，朝廷集中精力考虑如何对付，是国内舆论的关注焦点，甚至某些国际舆论都有所注目，"资政院在当时报纸新闻电讯报道中所占的篇幅，大致与辛亥武昌起义时对革命活动的报导相类似"。㉟为什么第二次就变为"蛇尾"？到第二次常年会开幕之际，辛亥革命已爆发一个来月，此时全国人心惶惶，到院议员不足一半，议员们的议事意义大减，不久资政院即无形解散。由于政权更迭所造成的混乱，相关资料散佚严重，我未能找到第二次常年会的会议速记录，只好根据第一次常年会速记录的格式，利用当时报刊杂志的报道，结合档案资料，辑佚了第二次常年会的会议速记录，作为研究之前提，收入本书"附录一"。

中国近代社会演变特别重要的内容是从专制到立宪的政治转型，资政院至少有下述开创性贡献：（1）它是我国第一个具有国会性质的机构；

（2）它有98位经各省谘议局议员互选产生的民选议员，占议员总数的一半，开民意代表参与中央政治之先河；（3）资政院弹劾军机案，是民意机关首次弹劾政府、要求政府负责任的行动；（4）资政院议决的宣统三年预算案，是民意机关对整个国家财政收支主动进行监督和审核，在我国历史上乃首次；（5）资政院议决的新刑律"总则"部分，是我国由民意代表参与议决的第一部基本法典；（6）其会议程序，采取公开平等辩论、一人一票和多数决的方式，第一次正面冲击了我国数千年来少数人决策，甚至皇帝一个人乾纲独断的专制独裁锢习，为我国以民主方式制定法律和决定国家大政之滥觞；（7）资政院议员所组织的政党，是国内有公开合法政党之始；（8）资政院所议决的《宪法重大信条十九条》（以下简称《十九信条》），是民意机关通过的第一部宪法性文件；（9）资政院选举袁世凯为内阁总理，在此基础上组成了我国第一个具有民意基础的责任内阁。这些开创性贡献，就其范围而言，涉及了现代民主政治生活的主要方面，其重要性不言而喻。

近代中国有宪法而无宪制。何谓"宪制"？尽管它在实践过程中有诸多变化，学者们的认识也存在不同程度的分歧，但宪制仍有着亘古不变的核心本质，即通过制度化的分权和制衡来约束恣意的政府权力，以保障个体的权利和自由。自晚清《钦定宪法大纲》开始，继之而来的《十九信条》、《中华民国临时约法》、《中华民国约法》、《中华民国宪法草案》（以下简称"天坛宪草"）、《中华民国宪法》（1923年）、《中华民国训政时期约法》、《中华民国宪法》（1947年），短短半个世纪，正式颁布的宪法、宪法性文件，还有各种由团体和私人起草的宪法草案，洋洋大观，不知凡几。就这些众多宪法文本的内容考察，其质量之高，比之发达国家的成文宪法，毫不逊色。整个近代中国，虽有如此众多高质量宪法文本，但却从没有真正的宪制。这些白纸黑字根本没法落实，当政者主要是拿它来标榜其政权的合法性，近代中国并没有因宪法的公布而变成宪制国家。对资政院展开深入研究，不仅可以思考近代中国宪制运动的第一阶段——君主立宪的得失成败，进而可探究近代中国宪制运动的特点及其何以如此曲折的根源。

　　《淮南子·氾论训》云："东面而望，不见西墙；南面而视，不睹北方。唯无所向者，则无所不通。"㊱鉴于以往的研究不同程度存在以党派、团体等前见而累及具体研究的结论，笔者希望能尽可能少一点成见，以具体史料为根据，将资政院置于近代中国宪制和法治转型过程中的一具体阶段之中来评述，力求能更客观一些，让研究结论多些说服力。是否真能做到，笔者则未敢必，借用古人的话说，"虽不能至，然心向往之"。

注释

① 《桐乡劳先生遗稿》，桐乡卢氏校刻，文海出版社1969年影印版，卷七，第628页，又见徐世昌辑：《晚清簃诗汇》，中国书店1989年版，第四册，卷一百六十五，第209页。

② 《桐乡劳先生遗稿》，桐乡卢氏校刻，卷七，第628页。

③ 同上书，卷七，第623页。案：有学者认为该诗写于1913年，不确。（张立胜：《县令·幕僚·学者·遗老——多维视角下的劳乃宣研究》，人民出版社2011年版，第34页）据《自订年谱》，1913年11月劳氏举家搬到青岛，12月拜谒光绪和隆裕陵墓，于奉安大典随班行礼，旋即回青岛与德国传教士卫礼贤等讲经论史，无暇抽身回江南。1914年"一战"爆发，德日交战于胶东，劳氏为避战火，在济南小住后，最终到曲阜租房居住。1915年11月，"絜潘妾及健还家省视，由兖州登火车至浦口，渡江易夜车至上海，居章一山家勾留旬余，晤旧交多人，附火车至嘉兴，易小舟到桐乡。又絜健赴杭州一行。在家居旬余，至苏州扫墓，复循火车至金陵，小住两晚，仍由浦口至兖州而返曲阜"。（劳乃宣：《清劳韧叟先生乃宣自订年谱》，台湾商务印书馆1978年版，第47—49页）将此行程与《归暂咏》组诗的小记对照看，行程基本吻合，故可断定劳氏此行当在乙卯年（1915年）冬。

④ 赵尔巽等撰：《清史稿》，中华书局1977年版，第42册，第12825页。

⑤ 1907年9月端方上"请赏办理洋务人员卿衔片"，云："前吏部稽勋司主事劳乃宣历任直隶州县先后二十余年，所至皆有政声，嗣蒙推升内用补授吏部稽勋司主事，因请假回籍修墓，照例开缺，经前署督臣李兴锐奏调两江委用，历年办理洋务事件，尽心筹划，悉协机宜。各前任督臣及臣均遇事咨商，以资臂助。该员学术纯正，淹贯中西，于交涉尤有心得。近来时事多艰，列强环伺，于外交则事事当权利害，于内政则时时宜策富强。因应得失之机，间不容发。臣自维愚昧，若非借群策群力，何能因应咸宜？故自抵任以来，遇一切交涉，无不与该员熟思讨论，斟酌施行，深资得力……该员学修品诣，实久为物望所推重，且襄办南洋洋务宣力有年，何无仰恳天恩，俯准将该员照案赏加五品卿衔，以示优异。"（《端忠敏公奏稿》，1918年铅印本，卷9）

⑥ 1908年4月，端方又上"及时用人片"，略云："五品卿衔前吏部主事劳乃宣老成练达，体用兼赅，历官直隶州县，兴利除弊，卓著循声。通籍几四十年，资望甚深，

学问则新旧交融，办事则情形洞悉。近年办理南洋交涉事宜，赞画机要，动中肯綮，臣深资臂助。现已遵旨北上，预备召见。其才识品望，久在圣明洞鉴之中。查该员年逾六旬，精力尚健，宣勤效用，正在此时。如蒙天恩优予擢用，俾得独当一面，展其素蕴，庶于时局有所裨益。"（端方：《端忠敏公奏稿》，1918 年铅印本，卷 11）

⑦ 中国第一历史档案馆编：《光绪宣统两朝上谕档》，广西师范大学出版社 1996 年版，第 34 册，第 93、95 页。

⑧ 案：据自订年谱，"二月奉旨：呈进经史国朝掌故各国历史讲义，著仍派荣庆、陆润庠、张英麟、唐景崇、宝熙、朱益藩，添派熙彦、乔树枬、刘廷琛、吴士鉴、周自齐、劳乃宣、赵炳麟、谭学衡轮班撰拟，并著孙家鼐、张之洞、总司核定进呈。予任宪法一门，轮日撰拟进呈，有时宣召面讲。"（台湾商务印书馆 1978 年版，第 43页）"近代史所藏清代名人稿本抄本（第三辑）"第 10 册（大象出版社 2017 年版）即收录了劳氏《经进宪法讲义》。

⑨ 中国第一历史档案馆编：《光绪宣统两朝上谕档》，第 36 册，第 87、177、193 页。

⑩ 1911 年 1 月 28 日"军机大臣钦奉谕旨，宪政编查馆奏馆员劳乃宣经手事竣请赴江宁提学使一折，著依议"。（中国第一历史档案馆编：《光绪宣统两朝上谕档》，第 36册，第 558 页）

⑪ 中国第一历史档案馆编：《光绪宣统两朝上谕档》，第 37 册，第 315—316、363 页。

⑫ 参考劳乃宣：《清劳韧叟先生乃宣自订年谱》，第 22—48 页。

⑬ 1910 年 4 月 17 日，"军机大臣钦奉谕旨，农工商部奏南洋劝业会开会有期请派大臣为审查总长前往莅会一折，著派杨士琦为审查总长。又奏审查总长莅会一切经费请准作正开销一片，又奏请派勔光典就近为劝业会提调一片，均著依议。又奏将会场陈列各品评定甲乙给予褒奖一片，知道了。钦此"。（中国第一历史档案馆编：《光绪宣统两朝上谕档》，第 36 册，第 63 页）

⑭ 中国第一历史档案馆编：《光绪宣统两朝上谕档》，第 35 册，第 235—236 页。

⑮ 1909 年 8 月 28 日，"内阁奉上谕，振兴实业为国家富强要政……我国地大物博，诚非荟萃观摩，不足以造精进。兹据农工商部会奏议复南洋筹设劝业会及赛物免税一折，两江风气早开，民物繁盛，自应就地设会，树各省之模型。著派南洋大臣两江总督张人骏为该会正会长……钦此。"（中国第一历史档案馆编：《光绪宣统两朝上谕档》，第 35 册，第 328 页）

⑯ 此乃刘孝标注引《续晋阳秋》之记载，见《世说新语译注》，中华书局 1998 年版，第 750 页。

⑰ ［唐］房玄龄等撰：《晋书》，中华书局 1974 年版，第七册，第 2077 页。

⑱ 查慎行，范道济点校：《查慎行全集》，《敬业堂诗集》，卷四，中华书局 2017 年版，第六册，第 290 页。

⑲ ［晋］郭象注，［唐］成玄英疏，曹础基、黄兰发点校：《南华真经注疏》，中华书局 1998 年版，下册，第 524 页。

⑳ 赵尔巽等撰：《清史稿》，第 42 册，第 12786 页。

㉑ 李国杰参劾直督端方于慈禧梓宫奉安大典中"沿途派人照相""迁奠礼焚化冠服时该督乘舆横冲神路而过，又于风水墙内借行树为电杆"。1909 年 11 月 20 日朝廷下谕，训斥他"实属恣意任性，不知大体"，交部议处；当月 23 日端方被革职。（中国第一

历史档案馆编：《光绪宣统两朝上谕档》，第 35 册，第 424、429—430 页）

㉒ 中国第一历史档案馆编：《光绪宣统两朝上谕档》，第 37 册，第 102 页。

㉓ 端方：《端忠敏公奏稿》，1918 年铅印本，卷首。关于端方遇害的前因后果，尚秉和的《辛壬春秋》有清晰记述，学界引用较少，摘录如下：端方署理川督，释放谘议局正副议长，严厉弹劾川省官吏，"提法使周善培等畏其来，及端方入川，说尔丰遣人监视沿途邮电，不为达，更致书端幕，以尔丰吓端方，端方懼甚，驻资旬余不敢进，乃遣随员刘景沂、弼良赴成都谒尔丰，尔丰以川局愈危，已释前嫌，嘱速来，而将军玉昆尤殷勤任保护。景沂返报，端方仍犹豫。田征葵等更假弼良名，电端方北京失守，两宫幸晋，诏率鄂兵入陕勤王，端方得电哭失声，即以牛酒犒军，传令北上……鄂军以不愿赴陕，又恨端方匿湘楚乱耗不令众知也，大哗，剪发辫，毁肩章袖缀白布，主张回鄂。端方午夜闻变，与弟端锦相持而泣。端方乃许众，果至陕，犒银四万。三十二标已允矣，三十一标不从……端方自入川，遇士卒厚。至是，其幕客劝出城微服遁，端方恃于众有恩也，不从。辛丑平明，军官数十人入辞，伏地哭失声，端方亦哭，仍以银二千两为赆。众既去，队官刘怡凤率兵入，拥端方、端锦至天上宫。问欲何为。怡凤大呼曰：请大帅升天耳。即与端锦同被害。端方嗜古成癖，收蓄鼎彝碑版书画甲海内，仓猝遇害，古物散失，一时名流多惜之。"该书第四十二"清臣殉难记"亦有端方传，记述大同小异。（尚秉和：《辛壬春秋》，中国书店 2010 年影印版，第 47—48、291—292 页）

㉔ 劳乃宣：《〈端忠敏公奏稿〉序》，载端方：《端忠敏公奏稿》，1918 年铅印本，卷首。

㉕ 《陈寅恪集·诗集（附唐篔诗存）》，生活·读书·新知三联书店 2009 年版，第 16—17 页。

㉖ 罗振玉：《序》，《清劳韧叟先生乃宣自订年谱》，台湾商务印书馆 1978 年版。

㉗ 陶葆廉：《跋》，《清劳韧叟先生乃宣自订年谱》，台湾商务印书馆 1978 年版。

㉘ 黄宗羲：《明儒学案》，沈芝盈点校，中华书局 1985 年版，下册，第 1375 页。

㉙ ［明］徐渭：《会祭沈锦衣文》，《徐文长三集》，卷 28，《徐渭集》，中华书局 1883 年版，第 659 页。

㉚ 《枣强县志》，文化艺术出版社 1994 年版，第 882 页。

㉛ 顾敦鍒在《中国议会史》（苏州木渎心正堂 1931 年版，上海书店出版社 1991 年影印本）、张朋园在《立宪派与辛亥革命》（1969 年在中国台湾地区出版，吉林出版集团有限责任公司于 2007 年出版简体字本）等著作中论述了资政院的大致情况，但对具体问题因为主题关系则不够详明，其评述则能本学术立场，较为公允，足以引起后学对资政院的重视。这些前辈学者，在该领域所做的筚路蓝缕之工作，实具有重要的学术传承价值。

㉜ 姚光祖：《清末资政院之研究》，台湾大学政治研究所硕士论文 1977 年，第 105、201 页。

㉝ 《国风报》，"法令"，第一年廿四号。

㉞ 资政院各部院衙门官议员汪荣宝在日记中即有"订正《速记录》数篇"（1910 年 10 月 30 日）、"订正第九会至第十四会《速记录》"（1910 年 11 月 14 日）的记载。（韩策等整理：《汪荣宝日记》，中华书局 2014 年版，第 207、214 页）

㉟ 姚光祖：《清末资政院之研究》，台湾大学政治研究所硕士论文 1977 年，第 348 页。

㊱ 刘文典撰：《淮南鸿烈集解》，冯逸等点校，中华书局 1989 年版，第 439 页。

上　编

第一次常年会研究

第一章　资政院筹设

综观中国近代史，"立宪为戊戌变法后，中国多数开明的知识分子所共同追求的中心目标……是近代中国有识之士经过痛苦挣扎，牺牲奋斗发光发热有血有泪的一段艰苦历程"。[①] 筹设资政院是晚清君主立宪运动的重要组成部分。没有君主立宪国策的确立，就谈不到资政院的筹设，故笔者先予以扼要追溯。

第一节　晚清君主立宪国策的确立

一、立宪与近代中国的社会转型

法制是整个社会的重要组成部分，社会变革一经发生，法制当然会随之或早或迟发生变动。帝制中国两千年，基础架构从未发生根本性改变，故其法制成形之后，其间只有微调，而无彻底更张。降及19世纪，时处王朝周期盛世已过的衰世，清王朝遭遇了具有强烈侵略性且富于活力的西方，内政不修更引起外敌觊觎，外力重压引发了内部变革。随着变革逐渐由表及里、从海疆一隅到内陆腹地，整个社会已慢慢转型，法制亦不能不随之而转。西方不同于传统夷狄之处，已不只限于一时的武力优势，其背后有一套足以对中国以外儒内法为主导的政治文化传统构成致命威胁的文化体系。由此，中国在经历了两千年之久的定型期后，进入了转型期。

转型期的近代中国，最主要的特点就是"大变""剧变"，李鸿章形容为"合地球东西南朔九万里之遥，胥聚于中国，此三千余年一大变局也"。② 中国近代史研究大家郭廷以指出：

> 历史是延续的，但永远是变的，因革损益，随时而异，其间仅有缓速显晦之别。就中国而论，以19世纪中期以来，最为显著……中国遭遇到前所未有之强敌，处境大非昔比，不仅不再是独一无二的神州，甚至存亡系于旦夕。前此的中国并非绝对的孤立，曾接触过许多或友或敌的民族，亦遭受过严重的侵凌，何以不曾使其大变？何以不曾引起如是的认识和忧惧？因为以往所接触的民族，纵能凭其一时武力，乘中国之敝，以图一逞，彼此形势犹可相埒。近代所接触的西洋大不然。除了强大的武力，尚有别具一格的政治组织、经济力量、高度文化，一旦彼此短兵相接，中国的藩篱为之突破，立国基础为之震撼。于是张皇失措，自处处人，两无是处，遂陷入悲运。"西洋人之入中国，为天地之一大变"，并未过甚其辞。③

面对此种"危局"和"变局"，越来越多的人逐渐意识到必须学习西方。他们对西方的不同认识决定了学习的具体内容。近代中国对西方的学习和借鉴，随着对西方认识的加深，按照梁启超的说法，大致经历了三个阶段，即从器物到制度，最后深入整个文化领域。自晚清以降的中国社会，通过对西方的学习和借鉴，必然发生从量到质的变化，从而开启了规模空前的社会大转型。

这次社会大转型，是中华民族从传统向近代的转变。转型之后社会和国家的形态，按照张君劢的归纳，理应具有下述特征："是一个民主国家，对内工商业发达，注意科学研究，乃至于军备充实；对外维持其主权独立，领土之完整，且能与各大国相周旋；至于政府机构方面，一定有内阁、议会以及选举制度。"④ 在所有这些特点当中，最核心的就是立宪政治。

既然为转型，必然是从传统转变而来的，自不能不受传统的影响和制约。我国自秦王朝开始以来两千余年间，皆是皇权专制帝国，到明清两朝，皇权专制在制度设计和思想观念上更是登峰造极，已成君主独裁。近代中国的有识之士将宪制作为追求的目标，顺理成章，必从君主立宪开始。君主立宪之所以能在 20 世纪之交登上近代中国政治舞台的中心，主要是西方宪制思想的传播受传统皇权政体制约的结果。

二、19 世纪立宪思想在近代中国的传播略述

征诸中国近代史，尽管思想家们将"立宪"作为政纲正式登上政治前台始于 19 世纪末的戊戌维新前后，但早在海禁大开之初，即有思想家向国人简略介绍了宪制思潮和学说。举其著者略言之：魏源在《海国图志》中即吸收了林则徐《四洲志》中关于议会制度的介绍，并对其多数决原则给予正面评价，"众好好之，众恶恶之；三占从二，舍独循同"；[5]梁廷枏、徐继畬等都在其著作中直接介绍了宪制制度。[6]

在此之后的二三十年时间内，近代中国人对宪制思想更为详细的介绍和深入思考较少，但到七八十年代，随着洋务运动的展开，和西方的接触增多，时人对宪制思想有了更深入系统的认识。

为顺利办理交涉事件，年过花甲的斌椿于 1866 年受总理衙门委派，陪赫德（Robert Hart）出洋游历，对英国的议会政治颇多赞誉。其中有一则讲："申刻，至公议厅。高峻宏敞，各乡公举六百人，共议地方公事。（意见不合者，听其辩论，必俟众论佥同然后施行，君若相，不能强也。）"[7]尤其要注意，斌椿的《乘槎笔记》曾经总理衙门奏进，供皇帝和两宫太后御览。[8]北洋大臣李鸿章曾于 1876 年派郎中马建忠到法国学习政治学。马氏在法国学习一年后，曾向李鸿章条陈欧洲政事，指出西方的富强，不只在船坚炮利，而是"讲富者以护商会为本，求强者以得民心为要"，而上下议院制度实为"得民心"的重要制度设施，即"议院立则下情可达"。[9]

通过这些渠道，这一时期开始有朝廷大臣、重臣已认识到，可借鉴西方的议院制度以通上下之情，达朝廷决策集思广益之效。文祥在光绪甫即位时，上疏密陈，西方设议院，"义可采取"，"不能稍缓"：

　　说者谓各国性近犬羊，未知政治，然其国中偶有动作，必由其国主付上议院议之，所谓谋及卿士也；付下议院议之，所谓谋及庶人也。议之可行则行，否则止，事事必合乎民情而后决然行之。自治其国以此，其观他国之废兴成败亦以此……外国无日不察我民心之向背，中国必求无事不惬于民心之是非。中国天泽分严，外国上议院、下议院之设，势有难行，而义可采取。凡我用人行政，一举一动，揆之至理，度之民情，非人心所共惬，则急止勿为；事系人心所共快，则务期于成。崇节俭以裕帑需，遇事始能有备；纳谏诤以开言路，下情借以上通。总期人心永结，大本永固，当各外国环伺之时，而使之无一间可乘，庶彼谋不能即遂，而在我亦堪自立。此为目前犹可及之计，亦为此时不能稍缓之图。⑩

两广总督张树声于 1884 年《伏枕口授遗折》，云："惟时势之艰难，外患日亟，寰海骚然"，恳请朝廷开设议院：

　　西人立国自有本末，虽礼乐教化远逊中华，然驯致富强，具有体用。育才于学堂，议政于议院，君民一体，上下一心，务实而戒虚，谋定而后动，此其体也。轮船大炮洋枪水雷铁路电线，此其用也。中国遗其体而求其用，无论竭蹶步趋，常不相及。就令船舰成行，铁路四达，果足恃乎……法人悔祸，然后及时间暇，断自宸衷，通筹全局，去琴瑟不调甚者而改弦更张之，圣人万物为师，采西人之体以行其用，中外臣工同心图治，勿以游移而误事，勿以浮议而隳功，尽穷变通久之宜，以奠国家灵长之业。⑪

　　"鸟之将死，其鸣也哀；人之将死，其言也善"，文祥在历经事变后于 1875 年过世，张树声更是亲身经历了中法战争。⑫马尾海战南洋海军全没，台闽、两广危机就在目前。值此国难，痛定思痛，促使他们借鉴外洋的做法，向朝廷正式提出了开设议院的建议。这些大臣、重臣的骨鲠之言，可能会对慈禧等朝廷决策层产生一定的心理影响，尽管在当时"如泥牛入海，未被当道采用"。⑬

在思想方面，郑观应具有代表性，他在介绍了西方议会制度之后，为当时中国开了君主立宪的良方，认为在君主之国，设立议院，可以"集众思，广众益，用人行政，一秉至公，法诚良意诚美矣"，君民相通，从而根本改变君主制下君民之间的隔阂，正面批评了那种"议政院宜西不宜中，宜古不宜今"的观点，明确揭示"中国而终自安卑弱，不欲富国强兵为天下之望国也则亦已耳，苟欲安内攘外，君国子民持公法以永保太平之局，其必自设立议院始耳"。⑭

黄遵宪则对日本维新之后的宪制状况有所关注，他于甲午战争前后撰写了《日本国志》，介绍了日本的地方议会。尽管他对其效果持怀疑态度，但由于它"仿于泰西，以公国是而伸民权，意甚美也"，仍认为这乃"设法之至巧者""霸者之道也"。⑮在黄遵宪那里，议会尚不属于至高境界的"王者之道"，但当时中国免于亡国灭种之不暇，那这种属于"霸者之道"的制度范畴，仍为当时中国所急需。因此，黄氏对于议会制度的取向不言自明。

1887年，上海《申报》发表了一篇社论，较早提出在中国设立各级议院以通上下之情，云：

> 仿泰西之制，设立国会、议院于京师及各省会城。许由乡镇公举，达之于州县；州县公举，达之于府郡。必其人品望倍隆，德行兼备，洞知时事，通达洋务，出于众口一词，循四国舍寡从众之例，方许入院。凡国之大事，皆令上下议院集议以闻。⑯

在这一时期前后，更有一些思想家提出了在中国设立中央议院的具体方案。如汤震大致于1890年主张以中央官员品级（四品）为界，分别产生上下两院：

> 泰西设议院，集国人之议以为议，即《王制》众共众弃之意。今欲仿形之，而另拣议员，方苦官冗；另筹岁俸，方虞饷绌，亟切

未易行也。莫如采西法而变通之，自王公至各衙门堂官、翰林四品以上者，均隶上议院，而以军机处主之；堂官以下各员，无问正途、任子、訾郎及翰林院四品以下者，均隶下议院，而以都察院主之。[17]

汤震的这个中央议院设计方案，基本上是一个大型朝议，不过予以经常化、制度化罢了，其主要功能是君臣之间的充分沟通。尽管他尚未意识到宪制限制朝廷这一最大公权力的精义，但毕竟回答了在中国如何建立中央议院的问题。

1894 年香港议员何启在《新政论议》中以"托古改制"的方式为当时中国非常不尽人意的政治现状开出了七条革新之方，其中第七条就是"开议院以布公平"，其具体办法是在县一级由二十岁以上、能读书明理的成年男子（除暗、哑、盲、聋以及残疾者外）选秀才六十人为县议员组织县议会，从举人中选举六十人产生府议会，从进士中选举六十人组成省议会。地方议会的主要职权是上达民隐，做到官民、君民一体，最大程度实现"民之所好好之，民之所恶恶之"：

> 议员者，将出其所学，而施之于政，以济民之困，而养民之和，地方之利弊，民情之好恶，皆借议员以达于官。兴革之事，官有所欲为，则谋之于议员，议员有所欲为，亦谋之于官，皆以叙议之法为之，官与议员意合，然后定其从违也。从违既定，乃由县详府；府议员意合，则由府详省；省议员意合，则详于君；君意合，则书名颁行；意不合，则令其再议。若事有不能衷于一是者，则视议员中可之者否之者之人数多寡，而以人多者为是，所谓从众也。推之凡军国大政，其权虽出于君上，而度支转饷，其议先询诸庶民，是真为政者矣。[18]

按照何启自己的说法，之所以要设置议院，主要是从"公"这一理念出发，沟通舆情，群策群力，达到国运昌隆之目的：

夫天下公器也，国家公事也，公器公同，公事公办，自无不妥，此选议员辟议院之谓也。若以天下为私，更张无法，而以谄谀面谀，不学无术之辈出而布政，自无不危，此不选议员不辟议院之谓也……夫行选举设议员者，非以政徇人，而欲人人而济之也。乃善与人同，而取诸人以为善也。盖政令者因乎时、因乎事、因乎地、因乎人，故同一政令也，有往时以为可，置于今时则否矣；有此事以为可，置于彼事则否矣；有一处以为可，置于他处则否矣；有斯人以为可，置于他人则否者矣。使不随时随事随地随人而议之，断不能斟酌尽善措置咸益，则以一人之智虑，应万民之所求，何如以万民之心思，奉一人为总理。是故议院、议员之法立，则奕世无失德之君，国运之隆，将继继绳绳与民无极矣。[19]

之所以在这里花费较多篇幅来分析何启关于中国设置议院的主张，主要是之前思想家的关注点是外国的议院介绍、回答中国为什么需要设立以及如何设立中央议院等，到何启这里，他进而设计了在中国这样一个具有自己悠久文化的大国如何设立地方各级议院的具体方案，标志着以地方自治为根基的宪制思想的逐步成熟，表明在当时中国推行君宪即将从理论思考步入实践层面。总体说来，这一时期宪制思想的传播，"戊戌以前，政党、议员之说虽为部分知识分子所留意，尚未形成输入的主流"。[20]

到戊戌维新，君主立宪已从"坐而言"发展到"起而行"的阶段，正式登上政治前台。[21]虽很快失败，但它对中国思想界的触动和影响巨大。有些党人因戊戌变法失败而流亡日本，直接接触西方文化，对宪制的认识更加深刻。除了众所周知的康、梁外，就是那些我们今天不太熟悉的人，其认识亦大有可观者存焉。如沈翔云驳斥张之洞关于湖北官费留学生的谴责：

下议院者何？全国人民所代表者也。曷为之代表？全国人民不能人人入议院以议定其政事，故于人民中选举若干人以代议其事，所谓代议政体也。代议者，人民之权利不能以君主之威而使之不议，即不能以君主之威而使之无权。此所谓民权也。故议院者，为民而设，非为君而设。若出备采择，是专制国之顾问官，而议院不如是也。㉒

自戊戌政变开始，清朝进入了"维新变法的反动时期"，㉓这种反动引发庚子国变。经此一役，帝、后蒙尘，国势危如累卵，朝廷舍真正革新振作，别无出路。于是发布诏令，迅速启动了改革事宜，开始推行长达十年以救国图强为目标的"新政"。"新政"后五年，朝廷的"国是"集中于预备君主立宪。这即表明：晚清朝廷为疗治国弱民贫之症，几经摸索，最终才找到君宪这一药方。

三、朝廷正式确立君主立宪国策

近代自海禁大开到预备立宪前后的时代演变，《东方杂志》创刊号有篇文章，从中国朝野对西法的态度变迁这一角度有这样的归纳：戊戌维新前为浮慕西法时代，戊戌维新为实行新法时代，戊戌政变后为阻遏新法时代，庚子国变后为敷衍新法时代，因敷衍不能，今后当为试行新法时代。在此之前，施行的旧法，"除弊且不能，况于兴利"，故而呼吁改变国是的"革政"。㉔

经庚子国变后，清廷宗庙震惊、京师残毁，"士大夫之流离者数千家，兵民之死伤者数十万"，㉕遂启动新政。上谕（1901 年 1 月 29 日）把造成如此窘境的原因剖析得很到位，略云：

世有万祀不易之常经，无一成不变之治法……盖不易者三纲五常，昭然如日星之照世；而可变者令甲令乙，不妨如琴瑟之改弦……深念近数十年积敝相仍，因循粉饰，以致酿成大衅，现正议和。一切政事，尤须切实整顿，以期渐致富强……严祛新旧之名，浑融中外之迹。中国之弱，在于习气太深，文法太密，庸俗之吏多，豪杰之士少。文法者，庸人借为藏身之固，而胥吏恃为牟利之符。公私以文牍相往来，而毫无实际。人才以资格相限制，而日见消磨。误国家者在一私字，祸天下者在一例字。晚近之学西法者，语言文字制造器械而已。此西艺之皮毛而非西学之本源也。居上宽，临下简；言必信，行必果。服往圣之遗训，即西人富强之始基。中国不此之务，徒学其一言一话一技一能，而佐以瞻徇情面，肥利身家之积习。舍其本源而不学，学其皮毛而又不精，天下安得富强耶？总之，法令不更，锢习不破，欲求振作，须议更张。[26]

朝廷找到了病象和病因，虽"深切时弊"，[27]但并不一定能开出妙方，故而咨询于群臣。后来朝廷暂时选择将《江楚会奏变法三折》作为改革蓝图，但政治改革究竟应走向何方，是在传统体制内进行修补维护还是彻底改弦更张、大胆西化，朝野尚无明朗共识。该折主要起草人为湖广总督张之洞，这一时期他对议院的认识可从《劝学篇》中看出来：

或曰："民权固有弊矣，议院独不可设乎？"

曰："民权不可僭，公议不可无。"凡遇有大政事，诏旨交廷臣会议，外吏令绅局公议，中国旧章所有也。即或咨询所不及，一省有大事，绅民得以公呈达于院司道府，甚至联名公呈于都察院。国家有大事，京朝官可陈奏，可呈请代奏。方今朝政清明，果有忠爱之心，治安之策，何患其不能上达？如其事可见施行，固朝廷所乐闻者。但建议在下，裁择在上，庶乎收群策之益，而无沸羹之弊，何必袭议院之名哉！此时纵欲开议院，其如无议员何？此必俟学堂大兴，人才日盛，然后议之，今非其时也。[28]

张氏主张，集中在两点：第一，设立议院，取决公议之精神为中国旧制所固有；第二，限于人才，中国现今设立议院尚非其时。在统治集团内以开明官僚著称的张之洞对设议院的态度都是如此，他人可知矣。另外，朝廷刚经历了戊戌维新、政变、庚子国变，国是摇摆不定，尽管此时朝廷多次表达其励精图治的决心，要求朝臣疆吏知无不言、言无不尽，但避祸全身，对敏感问题不着急表态，多方刺探消息以窥朝廷实际态度，则是高层官僚之通常选择。张之洞也是如此，他与时任军机大臣的姐夫鹿传霖多番通信，就可见端倪。其公开建言与私下议论之反差，足以说明问题。深受慈禧眷顾的张之洞都是如此，其他朝臣疆吏更可想见。前不久，湖北巡抚曾鉌因呈递《酌量变通成例疏》被革职永不叙用，"以为莠言乱政者戒"，更令不少官员心生疑忌。㉘与大多数高官对设立议院这个敏感问题保持缄默不同，公开倡言者惟有两广总督陶模，于1901年5月奏陈的《变通政治宜务本原折》中他明确讲：

> 至于议院之制，中国诚未易举行。然议院议政，而行政之权仍在政府，交相为用，两不相侵，而政府得由议员以周知民间之好恶，最为除壅蔽之良法。或谓中国民智未开，骤难创立。窃考泰西选举议员，本有限制，民智未开，限可从严，民智渐开，限亦渐宽，自无众论纷淆之弊。谕旨所谓取外国之长补我国之短者，议院亦其一端也。㉚

与大多数高官们恋栈保位谨慎小心不同，离政治中心较远的一些士大夫继戊戌维新之后再次呼吁朝廷从速设置议院。以状元身份从事实业的张謇，于1901年应朝廷征询革新意见诏令，写作了《变法平议》宏文，依照六典之次第，逐条列出变法内容，其中第一类是吏部之事十条，首要就是设置议政院，其理由和办法为：

> 日本明治维新之始，置公议所，旋废，置集议院，后设元老院。凡制定新法，改正旧章，上有所建，交院议行；下有所陈，由院议达。故下无不通之情，上无不行之法。今闻西安已仿置公所，督催各省新政条陈，其意甚善，但新旧之际，固贵有改弦调瑟之方，尤不可忘纳约自牖之诚，况因时审势，通变化裁，经纬万端，国是所系，宜合京外四五大臣领之。此四五大臣者，予以自辟议员之权，慎选通才，集思广益，分别轻重缓急，采辑古今中外政法之

切于济变者，厘定章程，分别付行法、司法之官。次第举行，随时斟酌损益，不必专事督促，复蹈操切之辙。[31]

观张氏建议，重点在通上下之情，集思广益，以追求治理之实效，即在借鉴日本做法基础上酌予变通，让多数议员参与到立法活动中来，力求制定善法，交与有司施行。较之传统治道，更能划清立法和行法的界限，希望能达到趋时济变的效果。

1904—1905 年的日俄战争与清廷将预备立宪定为国策大有关系。本来，日俄战争是两个帝国主义国家在中国领土上的一次争夺势力范围和霸权之战，从表面上看，跟清廷如何决策没什么直接关系。但这次战争表明清廷危亡已在眼前，确定用什么办法来救亡图存，已不容稍缓。那到底要如何才能救亡图存，时人对战争胜负关系的解读为朝廷提供了君主立宪方案。在战前，中国舆论普遍认为，日俄开战，乃黄种人和白种人之战，日本战败，不待智者即可断定。戊戌维新前后，叶德辉即认为日本战胜中国并非变法维新的必然结果，而是有许多偶然因素在；如它能战胜穷兵黩武的俄国，其所谓变法维新、富国强兵才有说服力：

> 今人动言日本变法骤致富强，不知日本幸遇我恤兵爱民之中国耳，向使以区区三岛，抗行于穷兵黩武俄、法之间，吾知成败之数，且有不可逆睹矣。又使中国虽败，而陆战持久，终不言和，则胜负兵家之常，亦不知鹿死谁手矣。夫强邻逼处，势利之口，亦乌足凭？[32]

战争之结果，颇出国人意外，反思其原因，原来主要是立宪制度的优越性。日本战胜俄国，就被当时很多国人解读为立宪战胜专制："于是反对变法立宪的人也没得话说了。俄国的人民也暴动起来了，俄国的政府也有立宪的表示了，中国还可独居为专制国么？"[33]

战争刚爆发不久，《时报》即断定：

　　世界进化之运，及于二十世纪，举全地球中万无可以宽容专制政体之余地，立宪自由主义所向无敌，遇者死，当者坏。苟顽然不知变计者，有归于劣败淘汰之数而已。天特假手于日本，取全地球最大之专制魔王国而惩创之。[34]

战争甫结束，《大公报》撰文，认为振兴中国的当务之急在"变专制为立宪"：

　　中国当务之急，在变其政体。今立宪政体通行全球，惟我与俄尚为专制。俄之强也，地跨两大洲，控弦五百万，而不敌三岛之日本，君悉其故否？非俄之败于日本，乃专制败于立宪耳。政体不变，无论所变何法，法愈变，其弊愈深，害益烈，而国亡愈速。[35]

《东方杂志》指陈了立宪之巨大好处：

　　其一，则能使上下相通也……其次，则能使民教调和也……再次，则能使筹款易于措置也……此数利者，皆就其小者言之。若夫其大者，则能公是公非，万人一心，上下同德。以守则固，以战则克。以谋内政，足以泯偏私之见；以谋外交，足以杜贿赂之原。夫岂非独一无二之政策哉！[36]

又云：

　　我国十余年来，每言及专制、立宪问题，辄曰："专制既不足以立国，何以俄人富强如此？"自有此战，而此疑释矣。[37]

考察政治大臣端方即受此类舆论的影响，在考察总结报告中，从立宪为富国强兵之基这个角度来看待日俄战争，从而恳请朝廷定"国是"，宣示立宪：

　　以俄国土地之广，人民之众，几为世界之冠。而以言乎兵强，则军事之竞争，曾不足敌一新起之日本……此无他，专制政体有以使其君与国两危也……俄国今者因战败之后，其君与民皆推其所以失败之原因，共求所以振兴之道，方日汲汲然谋改为立宪政体，各国中将无复有专制政体之存余。[38]

　　达寿也有类似见解："于是一战而胜，再战而胜，名誉隆于全球，位次跻于头等，非小国能战胜于大国，实立宪能战胜于专制也。"之所以能有此奇迹，其背后的理由为："今天下一国际竞争之天下也。国际竞争者，非甲国之君与乙国之君竞争也，实甲国之民与乙国之民竞争也。故凡欲立国于现世界之上者，非先厚其国民之竞争力不可……立宪政体者，所以厚国民之竞争力，使国家能进而行帝国主义者也。"[39]

　　晚清一批开明派官僚于甲辰日俄战后产生了这样的认识：立宪能强国，能挽救国族、朝廷危亡，故需立宪。

　　亦须指出，在晚清朝野中，对日俄战争胜败的不同解读在很大程度上与他们的政治取向一致。有从国民道德心来解读的，其政治取向就未必要立宪。如候补道许珏即认为：

　　上年日俄之战，日本所以胜者，由于文官不爱钱，武官不怕死，彼固不以富贵为心也。惟不以富贵为心，故能国而忘家，蹈死不悔，意气所激，众志成城，苟反其道而行之，人心之私伪，即足致国势之阽危。窃谓今日中国士大夫，如不洗心涤虑，澄叙官方，虽欲仿行外国宪政，亦无所施。盖官方不饬，即改定官制，不过易一官名，何裨实事？纵使勉强仿行，亦所谓有形式而无精神，仍于国计民生无丝毫之益。[40]

　　内阁中书王宝田认为日本获胜应主要归因于天皇英明神武、乾纲独断，且教育方针以圣学为本，因此反对限制君权的立宪：

（日本维新以来）所有一切设施皆以独断行之。至于建立学校，尊用儒术，尤以圣学为本，而以欧罗诸科学辅之，以故朝廷之上，公卿庶僚，皆私淑程朱，躬行实践，以弼成大业。而水陆将弁，又以阳明氏良知之学私相砥砺，以养其心源，而发之于武事，故其兵锋所指……是故论日本之政，其所以致富强者，以其能振主权而伸国威也。今之议者不察其本，而切切以立宪为务……夫日本以收将权而存其国，今我国以限君权而速其祸，不可谓善谋国者也。[41]

这类看法基本上被视为保守派之曲解，被淹没在立宪制胜论的洪流中，未能引起多大反响。

与此同时，以康有为、梁启超为首的改良派在海外极力主张君主立宪，以孙中山、章太炎为代表的革命派则以共和宪制相号召，双方各自创办报刊杂志，撰文宣传自己的宪制主张，形成了持续数年之久的论战。朝廷一方面需要顺应国内舆情，一方面要对付海外的反对派——立宪派和革命派，都需要尽快作出是否立宪之决定。

1905 年朝廷派了包括宗室亲贵这类"自己人"在内的五大臣出洋考察各国政治，以为朝廷决策之资。载泽于 1906 年 2 月在由日本转赴英国考察途中，在给朝廷的汇报奏折中即表达了对日本的格外青睐，"不耻效人，不轻舍己，故能合欧化汉学熔铸而成日本之特色。"[42]五大臣考察归来，载泽先是两次被慈禧和光绪召见，有过推心置腹的交谈，更于 1906 年 8 月 26 日上了《奏请宣布立宪密折》，盛赞君主立宪，认为抽象而言"宪法之行，利于国，利于民，而最不利于官"，对于当前局势来说，其好处大致有三，即皇位永固、外患渐轻、内乱可弭，且还能平满汉畛域，故须宣布立宪。但鉴于人民程度不足，建议朝廷先进行立宪之预备。于密折结尾，载泽讲：

奴才谊属宗支，休戚之事与国共之。使茫无所见，万不敢于重大之事，鲁莽陈言。诚以遍观各国，激刺在心，若不竭尽其愚，实属辜负天恩，无以对皇太后、皇上。伏乞圣明独断，决于几先，不为众论所移，不为浮言所动，实宗社无疆之休，天下生民之幸。事关大计，可否一由宸衷，乞无露奴才此奏，奴才不胜忧惶迫切。

这种"与国休戚与共"的自己人所说的体己话，对朝廷决策的影响不容低估，因而有学者把载泽称为"清末立宪中的'设计师'和积极推行者"。⑬载泽于1907年出任度支部尚书，在宗室之中声誉不错，当时有人评价他："立心正大，尤能束身自好，断无苟且之行，所可惜者，局量稍偏，胆气稍差。然有此内美，已真正不可多得。"⑭

1906年9月1日，朝廷正式下达切实预备立宪的上谕：

> ……现在各国交通，政治法度，皆有彼此相因之势，而我国政令积久相仍，日处阽险，忧患迫切，非广求智识，更订法制，上无以承祖宗缔造之心，下无以慰臣庶治平之望，是以前派大臣分赴各国考察政治。现载泽等回国陈奏，皆以国势不振，实由于上下相暌，内外隔阂，官不知所以保民，民不知所以卫国。而各国之所以富强者，实由于实行宪法，取决公论，君民一体，呼吸相通，博采众长，明定权限，以及筹备财用，经划政务，无不公之于黎庶。又兼各国相师，变通尽利，政通民和，有由来矣。
>
> 时处今日，惟有及时详晰甄核，仿行宪政，大权统于朝廷，庶政公诸舆论，以立国家万年有道之基。但目前规制未备，民智未开，若操切从事，涂饰空文，何以对国民而昭大信。故廓清积弊，明定责成，必从官制入手，亟应先将官制分别议定，次第更张，并将各项法律详慎厘定，而又广兴教育，清理财务，整饬武备，普设巡警，使绅民明悉国政，以预备立宪基础。⑮

至此，清廷明确将预备立宪定为未来几年的"国策"。资政院就是预备立宪期必有的重要机关，如何筹备设立的问题由此被正式列入朝廷的新政日程表中。

袁世凯是支持预备立宪的关键人物。张謇曾为此专门致函袁世凯，称美推重有加：

> 自七月十三日朝廷宣布立宪之诏流闻海内外，公之功烈昭然，如揭日月而行。而十三日以前与十三日以后，公之苦心毅力，如水之归壑，万折而必东，下走独心喻之。亿万年宗社之福，四百兆人民之命，系公是赖。小小波折乃事理所应有，以公忠贞不贰之心，因应无方之智，知必有屈伸尽利者。伟哉，足以伯仲大久保矣……钦仰不已，专书述臆，愿闻宏旨。⑯

1907 年 7 月，袁世凯又奏请朝廷选派大臣赴德、日两国详细考察宪政实施的详情，以为清廷预备立宪的重点借鉴：

> 立宪纲目，端绪至繁，近数十年来，环球各国无不颁布宪法，顾国既有情势之不同，则法亦有范围之互异。况宪法一定，永永不易，则所以绸缪未雨，斟酌而别择之者，非假以岁月不为功。前者载泽等奉使出洋，原为考求一切政治，本非专意宪法，且往返仅八阅月，当无暇洞见源流。臣闻日本之预备立宪也，遣伊藤博文等周游欧美视察宪政，绵历九年，始宣布七十六条之宪法。各国政体，以德意志、日本为近似吾国，现奉诏切实预备立宪，柯则具在，询度攸资。拟请特简明达治体之大臣，分赴德、日两国，会同出使大臣专就宪法一门，详细调查，博访通人，详征故事，何者为入手之始，何者为收效之时，悬鉴照形，立杆取影，分别后先缓急，随时呈报政府，核交资政院会议定夺，请旨施行。政府居出治之地，资政院当发轫之初，遇有疑难，正可与该大臣函电相商，使其发明真理。至该大臣回国之期，不必预定，总以调查完竣巨细不遗为断，庶可由浅及深，随时搜录，俾宪法未定以前，折衷至当，层递推行，模范既良，厘定自易。⑰

9 月 9 日，清廷接受袁世凯的建议，从自军机大臣大学士、各部尚侍到内阁学士的 48 人朝廷要员大名单中，朱笔圈出外务部右侍郎汪大燮、邮传部右侍郎于式枚、学部右侍郎达寿三人，谕令其分别充任出使英国、德国、日本的考察宪政大臣，[48] 是为清廷第二次派大臣出洋考察宪政。与上次五大臣出洋相比，这一次的目标很明确，主要考察英、德、日三个君主立宪制国家，"日、英、德为君主之国，朝廷遣派大员，前往考察，用意极为深远"。[49]

当时更有人意识到立宪国必须是法治国，预备立宪就是要切实预备从专制国向法治国的转型。掌安徽道监察御史黄瑞麒指出：

> 臣尝考之各国立宪政体，参以各国政治家之学说，所谓立宪国者，质言之，则法治国之谓也。法治国任法而不任人，人失而法不失，故其国能长治久安。非法治国任人而不任法，人失则法亦失，故常朝治而夕乱。今欲进非法治国为法治国，舍立宪莫由。立宪云者，立法以统治官吏、人民，使人人皆受治于法，法有权而人无权。故司法为独立机关，而行政官吏但能奉法而行，一有诡失，国家执法以绳其后，人民据法以发其私。立宪各国之所以政治修明，人能尽职，而不肖官吏不常有者，非其人尽圣贤，实其法有以限制之，一己之私无由逞也。然而欲立一法，不经全国人民之公认，则法无由定，不有各种机关之辅助，则法不能行，故欲立宪必先预备。今朝廷既已明示期限，以十五年为期，此十五年中，固由非法治国进而为法治国最要时期也。[50]

按照黄氏的论述，立宪国和专制国的区别就在于"法有权"还是"人有权"，立宪国"任法而不任人"，专制国则"任人而不任法"。立宪国"法有权"，故须立"全国人民之公认"之法，还要有独立的司法，以限制官吏，使其"一己之私无由逞也"。预备立宪，就是要从这立法、司法两个方面切实预备，以确立"法"的权威。因此，筹设反映全国民意的预备国会资政院就是特别重要之举，关涉到预备立宪之真伪。这表明：朝廷中已有人认识到立宪精义之所在。

1908 年，光绪和慈禧相继去世，清廷最高统治者出现更迭。在帝制王朝，最高统治者的更迭往往牵连到国是之变动。为了坚定人心，1909 年 3 月，摄政王载沣以宣统新帝名义明发上谕，重申预备立宪之宗旨，略云：

> 国家预备宪政，变法维新，叠奉先朝明谕，分年预备，切实施行。朕御极后，复行申谕依限筹办，毋得延缓，今特将朝廷一定实行预备立宪维新图治之宗旨，再行明白宣示。总之，国是已定，期在必成，嗣后内外大小臣工皆当共体此意，翊赞新猷。[51]

之后，尽管争议一直存在，但反映在朝廷内部，争议主要集中于预备立宪之期限，也就是正式立宪之迟速上，要不要立宪已经不是问题。因此，资政院要不要设立已经不是问题，问题是如何来筹设。

第二节　资政院的设立过程

一、一院制还是两院制

设立预备国会，以为训练民众参与国家大政之机关，为正式立宪后国会之顺利运作进行切实的经验累积，乃预备立宪期应有之义。但当时的西方主要立宪国家，其国会则有一院制和两院制之别，那清政府之预备立宪应作何种抉择呢？

在清廷还未正式宣布预备立宪之前的 1904 年七八月间，新闻记者获悉朝中有大臣奏请立宪之举，遂未雨绸缪，提出方案，供朝廷参考。《大公报》率先刊出了《论中国立宪之要义》一文，后为《东方杂志》所转载。该文主张当时中国以推行两院制为妥：

> 欲立宪，必有所以维持宪法而成为辅车之势者，则议院为要焉。盖议院者，实立法权之机关也……近世政治家，对于议院，有

一难决之问题，则主张两院及主张一院两派是也。主张两院之说者，其所执之理约有三端：一、议院之所以须两院者，在矫轻忽急遽决事之弊；二、为一议院时，议事有流于偏颇之弊；三、议院分为两院，能防政党之诡计，制有力者之专横。主张一院之说者，其所执之理约有六端：一、联立两院，当举政务，甚费时日，有失政机之虞；二、为二院时弊，亦及于财政上；三、虽分两院，实际与一院无异；四、分为两院，有少数制多数之弊；五、分为两院，则复杂政治之机关，有混乱政务之弊；六、设两院者，背反思想之原理。两派之论，各皆持之有故，言之成理。然中国如果立宪，吾宁主张两院之说，宜兼设上下议院。盖中国政府狃于专制之积习，民间则缺乏对于政府之信心，有两院以调和之，则法立而令行，下不致有疑虑观望之虞，上亦不至有倒行逆施之弊。㊼

1906 年 10—11 月间考察政治馆厘定"阁部院官制节略清单"，指出要设立"集贤院以备咨询"，"资政院以持公论"。㊼在"拟设资政院节略清单"中，该馆的"案语"概括了设立资政院这一新机构的理由，即采择舆论。为什么现时要如此重视采择舆论，还需专门机构？原因有三：（一）朝廷关于预备立宪的谕旨中强调"大权统于朝廷，庶政公诸舆论"；（二）要解决现时的财政困难而不致民怨沸腾；（三）为了避免官制改革中权臣尾大不掉威胁君权的情况出现。之所以不惮其烦专门设立资政院这一采择舆论新机构，其必要性在于设立议院采择舆论，上合古圣先贤治平之义，亦为近世各文明国之良规；现今中国民智待开，程度不足，不能马上设立议院，故而先设立以通上下之情为宗旨的资政院。㊼

五大臣中的戴鸿慈、端方于 1906 年 8 月 25 日在给清廷的奏折里建议：应仿照日本的做法，在国会难以立即召集之时设立"集议院"作为国会基础，"集议院"可由都察院改设，但议员要由选举产生，其主要职权是建议条陈、兼通舆情并监督朝廷预算。㊼此意见甫一提出，集议院应否设立、何时设立以及如何设立等问题在官僚阶层，尤其是言官中引发了激烈的讨论。御史王步瀛于同年 10 月 7 日上《新定官制多有未妥应饬认真厘定折》，他针对《北洋官报》10 月 3 日所载"改订官制折内，闻已奏请将都察院改为集议院。兹闻近日王大臣又经提议，以本院奉准设立后，即应添置议员参与新政，惟充议员之资格者颇难其选，仍须宽筹办法，借资得人，故目下对于此问题颇费踌躇"，批评了缓设做法，认为天下之大，何患无人，"八旗以及二十二行省，现任京官奚啻千百，每旗每省亦当有德望隆才谙练者数人，可以举令与议朝廷大政。不此之求，而曰天下今尚无合格议员，人谁欺乎？"[56] 御史叶芾棠于同年 10 月 16 日向朝廷上《官制不宜多所更张折》，主张现今中国民智未开，作为议院预备之集议院应缓设。[57] 1907 年 10 月补用知府岳福主张过渡时期应调和新旧，上折建议："组织资政院，似宜仿日本明治元年闰四月置上下议政二局，及四年七月改设左右两院议员之制，斟酌取舍，期于政体民情两无窒碍。"

在考察政治馆看来，将来必是两院制之国会，现今以集贤院和资政院分别为上、下两院的预备。考察政治馆作为宪政编查馆的前身，直接隶属于军机王大臣。其意见经审核，到 11 月 2 日庆亲王奕劻等《奏厘定中央各衙门官制缮单进呈折》中有所修正，废除了集贤院名目，只保留资政院：在"分权以定限"条目下指出"立法、行政、司法三者，除立法当属议院，今日尚难实行，拟暂设资政院以为预备……资政院以持公论……亦皆独立，不为内阁所节制，而转能监督阁臣。此分权定限之大要也。"[58] 11 月 6 日上谕裁决，将资政院定性为"博采群言"之机关，[59] 原折中的"独立""监督"之意转趋模糊，反映了以慈禧为首的清廷最高决策集团对政治革新的疑惧心理。孙宝瑄在日记中即感慨："编制局所议定之草案，人人知之，及诏旨又似全然改易，则朝廷收权之微意也。"[60] 至此，预备国会确定为一院制，"资政院"为其正式名称。

为什么要将这个一院制的预备国会命名为"资政院"呢？为什么不用戴鸿慈所借鉴自日本的"集议院"而改称资政院？虽然没有特别直接的证据材料，但根据时代背景，似可合理推测，主要是更能强调该机构作为君上顾问机构的性质；当然也不排除朝廷考虑到"资政"是中国固有之名称，本为闲散之职，既能暗示朝廷对其的定位，又于国人更为熟悉。如此命名，朝廷颇费斟酌。

二、资政院职权的确定

机构名称固然重要，但更要观察其法定职权。欲探讨资政院的法定职权，应尽可能避免就资政院来谈。因为资政院是晚清预备立宪这个重大政治体制改革中成立的新机构，而晚清预备立宪又是传统君主专制政体逐渐转型到君主立宪政体的必经阶段，其间任何一个机构的设立及其职权厘定都和相关机构在权力和利益分配上密切相关。具体而言，未来的君主立宪政体必然采取一种三权架构。在晚清预备立宪这个转型阶段，司法一权尽管也很重要，但其影响要通过较长的和平稳定时期才能充分体现出来，故在当时，行政和立法二权更加重要且密切相关。

在君主专制政体下，皇帝总揽大权，但不能事必躬亲，必须通过各级官吏来治下临民，即韩非子所讲的"明主治吏不治民"。其统治思路就是君主以其"势"明用法、暗用术，以驾驭群臣，治理百姓，进一步巩固其"势"。君主一贯的策略是维持亲信大臣、重臣之间的平衡。在预备立宪期，要从君主专制向君主立宪转型，君主的首要关切就是防止大权旁落。在三权分立这个框架中，君主要居于三权之上，必须防止一权独大。具体到晚清，就是要防止行政权坐大。

清廷将预备立宪的上谕宣布之后，即着手官制改革。次日派载泽、世续、那桐、荣庆、载振、奎俊、铁良、张百熙、戴鸿慈、葛宝华、徐世昌、陆润庠、寿耆、袁世凯为编纂大臣，命地方督抚端方、张之洞、升允、锡良、周馥、岑春煊选派司道大员进京随同参议，由庆亲王奕劻、孙家鼐、瞿鸿禨总司核定。几天后编制馆设立于恭王府朗润园，着手拟订中央官制改革草案。该馆核心成员来自北洋幕府，以日本法政留学生居多。

前不久，端方在奏请清廷实行预备立宪的奏折中，正式提出了在中央设立责任内阁，主持行政权，代君主负行政责任：

君主立宪国之政府，必有责任内阁之设。所谓责任内阁者，乃于内阁中设总理大臣一人及国务大臣数人，国务大臣以各部之行政长官充之，是之谓阁臣。凡此阁臣，皆代君主而对于人民负其责任者也。使其行政而善乎，则阁臣之位得安；使其行政而不善，为人民所怨，则是阁臣之责任，而非君主之责任。其怨毒之极，亦不过变易阁臣而已，无丝毫之责任可以及于君主之身。故君主不仅常安而不危，且神圣不可侵犯之权亦载入于宪法之中。此无他，既无责任，则自不至有侵犯，此二者相因而并至者也。此所谓立宪则君主安者是也。⑥

编制馆关于中央行政权分配的草案，大抵采纳了端方所奏方案。这因编制馆起草人员多出自北洋幕府，在一定程度上受北洋大臣袁世凯的影响；且袁世凯与端方为儿女亲家，在预备立宪等政治立场上相近，甚至有可能端方在提出责任内阁制建议以前即与袁世凯有所商议。李细珠曾撰有《袁世凯与清末责任内阁制》专文，探讨了袁世凯之所以在预备立宪初期即强烈主张责任内阁制的理由。即袁世凯本以投机政客为世人所知，并无固定的政治主张。他之所以在此时主张责任内阁，是为自己留退路。因为他在戊戌年得罪了光绪，他担心在年迈的慈禧过世后，光绪势必亲政，难免被报复。故他想用责任内阁制限制君权，以保护自己，他"就是想推自己手中的傀儡奕劻为总理，自己以副总理实际控制内阁，操纵中央大权"⑥。编制馆拟定基本代表袁世凯主张的责任内阁制方案，一提出即引发了激烈争论。⑥御史交章弹劾，铁良、荣庆指名攻击，瞿鸿禨更是在幕后总指挥。迫于压力，袁世凯连上三疏辩解。即便如此，仍被慈禧太后责备。于是，他以南北新军会操为借口，离京回到直隶总督任上，暂时远离这个是非窝。⑥

以奕劻为首的核定官制大臣对编制局拟定的草案仅做了一番无关紧要的改动便上奏。⑥但就在同一天，陕西道监察御史史履晋上折，建议朝廷先设议院，以监督内阁：

中国之专制，非君上之专制，实政府之专制也……欲行宪法，非取决于公论不可；欲取决于公论，非先立议院不可。议院者立法之地也，政府者司法执行之地也。议院可以监督政府，则政府有所顾忌，不敢蒙蔽以营私，然后君民一体，呼吸相通，宪法之精意胥在于是。倘未立议院，先立内阁，举立法、司法、行政三权握于三数人，则政府之权愈尊而民气不得伸，民心无由固，不但立宪各国无此成法，亦大失谕旨庶政公诸舆论之本意矣。⑥⑥

五天后慈禧裁决时，采纳了瞿鸿禨的独对意见，⑥⑦对奕劻等的上奏案作出实质性变动，即仍旧保留军机处和内阁，"各部尚书均著充参预政务大臣，轮班值日，听候召对"。⑥⑧如此，既有军机大臣每日入对承旨，又有各部大臣值日召对，实际上完全否定了责任内阁制。

不仅如此，此次有端方等率先主张，后由袁世凯等正式提出且得到奕劻等赞成的责任内阁制，经御史弹劾和反对派的争议，使得慈禧太后等最高决策者加深了因施行责任内阁制而架空皇权的疑虑。慈禧之所以否决奕劻关于责任内阁制的上奏，我赞同李细珠的分析："虽然她并不想背着顽固派的恶名而在某种程度上赞成立宪与改官制，但权力欲望极强的她同样不想看到如反对派所谓实行责任内阁制将导致大权旁落的后果。"⑥⑨换言之，慈禧最关心维护其掌控整个帝国的最高权力，不论是改革还是守旧，都须服从和服务于这一最高目标。在不触动这一根本原则的情况下，改革亦可，守旧也行。如果触动了这一根本原则，改革不行，守旧也不能。这不仅仅是慈禧太后一个人的想法，绝大多数政权的最高掌控者都会如此，所不同的是机遇、才具和魄力的差别，导致其能否或在多大程度上达成其目标。具体到晚清，慈禧和光绪过世后，实际执掌最高权力的隆裕太后和摄政王载沣也是如此想、如此做的，即集权于中央、集权于个人，防止大权旁落。

既已宣布预备立宪为国是，那设立责任内阁就是早晚的事。如何能不让在责任内阁制下的国务大臣成为莽、操之类的权臣架空君主，乃至行篡逆之举，就是最高当国者对待一切新政举措的首要考量。也就是说，如何能在预备立宪这个大背景下防"责任内阁"之患于未然，是当国者念兹在兹的大问题。因此，以预备国会来监督、限制责任内阁，就成为一种符合预备立宪乃至将来正式立宪的制度选项。这个思路直接影响到资政院的职权规定。

其实，在端方奏请预备立宪的折子里即表达得很清楚，尽管用语较委婉，略云：

> 然如此君主固安矣，而国家之所以安者，尚不全在乎此。何也？责任内阁以大臣组织之。大臣者，固所以代君主而负责任之官吏，然其行政之善不善，人民之怨与不怨，未可知也。既令其代君主而对于人民负责任矣，则人民之意向如何，不可不一视其从违以为行政之方针；而欲观人民意向之从违，又非可执国人而人人问之也。于是不能不设议会，由人民分区选举，以为议会之议员。以议会的可决否决而觇国民意思之从违焉。⑩

袁世凯在官制改革中极力主张责任内阁制引发朝廷亲贵的嫉视和御史弹劾。在这些弹劾辞章中，一个特别显著的观点是为了预防责任内阁制的流弊，必须设立独立于责任内阁的机构，予以牵制，保证大权不旁落。在这些独立机构中，最重要的就是资政院和将来的国会。这类材料很多，这里仅举一例。

御史赵炳麟，1895 年中进士后被授予翰林院编修。其间他经历戊戌维新、庚子国变，忧时之念愈烈。1905 年回乡丁忧，与乡绅一起创办新式学堂。1906 年任京畿道监察御史。上任次日即上疏"正纲纪，重法令，养廉耻，抑幸臣"，希望学习日本明治维新，立宪宜慎始慎终。1909 年上《劾袁世凯疏》，同年成为资政院各部院衙门官议员。1910 年上奏弹劾庆亲王奕劻，因不畏权贵而誉满全国。乃晚清著名言官"三菱公司"（赵启霖、江春霖与赵炳麟）成员之一。1907 年 8 月他上折，要旨即是"组织内阁宜明定责任制度确立监督机关以杜专权流弊"，怎么才能杜绝专权流弊呢？除了最重要的兵权独立于政府权之外，重要举措之一是资政院先于责任内阁成立，并赋予其享有弹劾权：

> 资政院宜实有议院之性质。议院者立于人民之地位而监督政府者也。中国国会未能成立，资政院宜预备为国会一部分之上议院，须别以议院法令定之，与官制之性质迥相径庭，宜与政府分离，不为政府兼并。宜就钦选、会推、保荐三法，选通达治体极言敢谏之人组织是院。凡院中所陈，得过半人数同意之决定者，政府不得拒绝。政府如违法失政，得院中人数过半同意之弹劾者，必付行政裁判官评议。其重大者，政府不得居其位。彼此相维，跻于完善，非此不可，故资政院必须先内阁而建也……倘各种监督机关全不预先设立，骤建此无限制之政府，臣恐大权久假不归，君上将拥虚位，议院无期成立，小民莫可谁何。颠覆之忧，将在眉睫。此固非朝廷之福，又岂政府诸大臣之福哉？是故非先设各种监督机关，责任制度，断不完全，甚非所以预备立宪之义。⑦

无独有偶，为了防止内阁专权，与袁世凯同为汉族重臣且互为政敌的张之洞虽反对司法独立，但对开国会却不是太反感，认为开国会才能更好地体现出立宪之"宗旨"。早在1898年的《劝学篇》中，即介绍了西方的议院制度，认为当时中国"此时纵欲开议院，其如无议员何？此必俟学堂大兴，人才日盛，然后议之。今非其时也"。⑫这也就是说，议院等到条件成熟，是可以设、应当设的。到庚子国变后，危亡日亟，他于1901年4月致电刘坤一，明确指出："其实变法有一紧要事，实为诸法之根，言之骇人耳。西法最善者，上下议院互相维持之法也。中国民智未开，外国大局茫然，中国全局本省政事亦茫然。下议院此时断不可设，若上议院则可仿行。"⑬1906年甫当官制改革草案出台前后，他即致电中枢："如虑立宪之宗旨不能显露，则与其过重裁判之权力，莫如稍扩议院之规模。地方要政，准其入告；时政阙失，准其陈言；京外大臣有不职者，准其举发上闻。上下议院，互相补益；官吏绅民，互相匡救。盖议院虽重，仍是专属立法一门，不能兼揽司法之权，流弊尚少。"[74]1907年丁未政潮,瞿鸿禨、岑春煊一派失势,朝局平衡被打破,奕劻、袁世凯一系势力独大。这为惯于利用朝臣搞平衡的慈禧所担忧,旋即着意培植新势力牵制奕劻、袁世凯一系,让载沣参与军机处事务以防奕劻专权,同时将袁世凯和张之洞由督抚任上内调入军机处任职。善于揣摩慈禧意旨的张之洞自然明白慈禧将其调入中枢的主要意图所在。张之洞内调进京后,第一次被慈禧太后召见,在奏对中便要求"速行立宪",痛切指出,"立宪实行,愈速愈妙;预备两字,实在误国",应从开设"民选议院"或"下议院"着手。[75]1908年8月27日,清廷颁布《钦定宪法大纲》《议院法要领》《选举法要领》和《九年筹备立宪清单》,重点谈及了资政院筹设问题,回避了责任内阁这一预备立宪过程中应有的大问题。随着慈禧和光绪的先后过世,清廷最高权力移到摄政王载沣那里,权倾朝野的袁世凯成为其主要政敌,张之洞依旧秉持其固有思路,主张先设议院,再立责任内阁,以议院监督责任内阁。

晚清预备立宪,势必影响到朝廷权力的分配,能对朝廷决策产生较大影响的各派系都有自己的考虑。他们在预备立宪这个"政治正确"的话语中,都希望能产生一个对自己有利的制度设计。奕劻、袁世凯一系主张率先设立责任内阁,张之洞一系以及部分满洲亲贵则主张先设立预备国会,待监督机制顺利运行后再设立责任内阁。最高当国者,先是慈禧,后为载沣,希望能在朝廷各派系之间保持平衡,防止某一派系尾大不掉。在晚清预备立宪期,奕劻、袁世凯一系在朝廷内外的势力极大,使得朝廷最高决策者不得不予以防范。朝廷有设立资政院以制约权臣的意图,势必会影响资政院的法定职权。

1906年11月6日,奕劻奏进《资政院官制草案》。该奏折之内容全部来自考察政治馆《拟设资政院节略清单》,按语云:

> 资政院设立之意,即为将来立宪预备。恭绎谕旨:大权统于朝廷,庶政公诸舆论。仁至义尽,中外同钦……近世文明日进,议院林立,与《周书》谋及庶人之义符合。日本仿之,明治二年设集议院。凡上有所创,必付院议行;下有所陈,亦由议院达。以故君

民一体，上下同心，有战事则人尽当兵，有巨费则人愿加税。富强之故，有由来也。中国此时程度诚不能早设议院，但谕旨明示预备立宪，则必采择多数国民之舆论，以宣上德而通下情。若仍用保举征辟之法，与原设政务处无异，即与谕旨公诸舆论之意不符。且国民义务，以纳税为一大宗。现在财政艰难，举行新政，何一不资民力。若无疏通舆论之地，则抗粮闹捐之风，何自而绝；营业税、所得税法，必不能行。日本明治元年岁入仅三千八百八万余元，至明治三十年岁入已二万三千八百七十余万元，三十年中，增加七八倍，而民不怨。中国岁入仅八千余万两，一言加税，阻力横生，对镜参观，其故安在。此不能不采舆论者一也。现拟官制，内阁设总理大臣一人，左右副大臣各一人。言官交章弹奏，多以政府权重为词。不知东西各国内阁只总理大臣一人，从无专权之事，因有议院持其后。舆论所是者政府不得尽非之，舆论所非者政府不得尽是之，不得已而解散议院，惟君主大权可行之，虽政府无权焉。所以尊君权而抑相权，有互相维持之妙用，安有前明阁臣自作威福之事乎？此不能不采舆论者一也。近日民智较开，收回路矿之公电，告讦督抚之公呈，纷纷不绝，若听其漫无归宿，致人人有建言之权，时阅数年，政府将应接不暇，惟专设一舆论之地，非经由资政院者，不得上闻。则资政院以百数十人，为四万万人之代表。通国之欲言于政府者，移而归诸资政院。化散为整，化嚣为静。又限制该院只有建言之权，而无强政府施行之力，使资政院当舆论之冲，政府得按行其政策，而民气疏达，亦不致横决难收，保全甚大。此舆论不能不归于资政院又其一也。[76]

按照考察政治馆的说法，设立资政院，对朝廷主要有三点好处：（1）增加朝廷财政收入；[77]（2）监督权臣，尤其是将来设立责任内阁制下的总理大臣；（3）汇集舆论、代朝廷承担舆论压力。据此，该草案规定资政院职权如下：（1）奉旨饬议事项；（2）新订法律事项；（3）岁出入之预算事项；（4）税法及公债事项；（5）人民陈请事项。该草案虽非正式法律文本，但其关于资政院职权之规定，却为后来正式生效的《资政院章程》所采纳。根据该规定，资政院职权已超出"资政"这一顾问范围，具有三权分立政制中议会的诸多权力。

为什么关于资政院实际职权的规定超出了朝廷所预想的"资政"范围？其原因，除了部分朝廷重臣乃至最高决策者们希望能监督即将成立的责任内阁、主要草拟者奕劻诸人为避责任内阁专权之嫌外，还跟参与拟定该草案的青年留学生对三权分立理论的推崇和国内立宪舆论的不断高涨有关。据张一麐回忆："迨编纂官制局设于海淀之朗润园，孙宝琦、杨士琦为提调，周树谟副之。编纂员十余人，皆各部院调入者。余与金君邦平，从项城入都，故亦与焉！各员皆东西洋毕业生，抱定孟德斯鸠三权分立宗旨，立法机关即议院，资政院及各省谘议局章程皆当时所草（辛亥革命皆以谘议局为发端），对于司法独立，说帖尤多。行政官以分其权，舌剑唇枪，互不相下……自都察院以至各部或上奏，或驳议，指斥倡议立宪之人，甚至谓编纂各员图谋不轨。同事某君自京来淀，告余曰：'外间汹汹，恐酿大政变至有身赍川资预备届时出险者。'其严重可知。"⑱ 张氏为人，乃政客之中较正派者，且在"前识"中自承"兹所纂辑，意在存真，苟有然疑，宁从盖阙"，故其记载，尽可怀疑其有渲染夸大之处，但基本事实应还可靠。

盖时处晚清，革命党排满之论大盛，满汉矛盾愈加尖锐，满洲亲贵希望借立宪来集权中央以排汉；汉族高官也想借立宪来自保，免于满洲亲贵之欺凌，甚或扩大其优势地位。立宪之后的满汉力量盛衰取决于预备立宪期间之政策，预备立宪期的政策在很大程度上决定于新官制之编纂。因此，围绕新官制之编纂，满汉大官僚之间，乃至汉族大官僚之间，明争暗斗，非常激烈。

就最高当国者来说，希望能在预备立宪期间乃至随后的正式立宪后，大政依然统于朝廷，一方面要防止权臣借立宪，尤其是以责任内阁制之名篡权，形成尾大不掉之势；另一方面也要警惕真正的民权，以防止资政院借民权而要挟朝廷。

袁世凯作为直隶总督，和张之洞同为汉族大官僚之领袖，自然就成为满洲亲贵攻击之目标；且袁世凯因在戊戌年之所作为而处境微妙 ⑲。正是在满汉争斗一朝局之中，出自北洋为袁世凯所卵翼的官制局具体编纂人员，禀承其意旨，大打立宪牌，欲用其立宪知识为以袁世凯为首的汉官僚争取在新官制中的有利位置，因此主张设立责任内阁制。

最高当国者则不希望袁世凯集团一家独大，获得操控朝局的机会。以张之洞为代表的一批汉族高官、御史，以及朝廷部分亲贵，则希望先设资政院，使其发挥监督责任内阁避免权臣篡权之功能，因此在一定程度上扩大了资政院的权限。这是《资政院官制草案》所规定其职权多超出"资政"字面的主要原因。

尚需指出，随着袁世凯于 1909 年被开缺回籍，奕劻、袁世凯集团的势力被极大削弱；不久张之洞去世，载沣亲贵集团的中央专权举措看似得以奏效，在他们看来，对朝廷的威胁似乎更多直接来自立宪党人要求扩大资政院的权力、速开国会等宪制运动上，因此对资政院及其所代表民意的打压和控制又成为朝廷关注的重心。前一阶段所设定的资政院字面上的权力，朝廷不能公然收回，却希望在行动中予以打压。这就是资政院正式开院前的大致背景，决定了资政院和朝廷之间的复杂微妙关系。

三、资政院的设立过程

自朝廷 1906 年宣布预备立宪之后，革命党人不仅拼命揭露清朝廷立宪之伪，且多次发动起义和暗杀。为了有效对付革命党，朝廷最好的办法是切实推行君宪，给革命党的宣传和行动来个釜底抽薪，因此大多数疆臣要求朝廷切实立宪以挽救危局。1907 年 6 月 10 日，两广总督岑春煊上奏要求设立资政院和各省谘议局，其所持理由，在今日看来，尚有几分振聋发聩，略云：

> 查宪政原理，苟非人民得有参政权者，决不足语于宪政。欧美宪法往往由其国君主褫夺人民之权利，征收不法之租税，横暴过甚，于是人民各思自为保障，激于反动而成民约宪法……（清朝）

虽然以一人而保障千万人，与千万人之自为保障，且使一人之地位愈益巩固，其为得失相去何如……设彼国之人民人人能自为保障，而我国之人民必依赖少数人之保障，而此少数人者又浸淫失其保障之具，其为得失相去又何如？且所谓人人自为保障者，非谓轶出乎一人范围以外也，本人人心意之所同，而制为一定之宪法，一人遵守之，千万人亦遵守之，此即所谓法人也。惟其制定之在上，故谓之钦定宪法，惟仍须得人人心意之所同，故上下议院之制不可不预备。臣已请速设资政院以立上议院之基础，并以都察院代国会，以各省谘议局代议院。⑧⓪

7月在丁未政潮中胜出的直隶总督袁世凯奏请实行预备立宪，眼前要做十件事，尽管他心目中的重心在设立责任内阁制度，即他所说的"内阁合议制度"，但为了避嫌，同时也要迎合当时盛行的三权分立立宪理论，他提出要在中央设资政院。按照他的建议，近年争路争矿，时有所闻，应因势利导，先在州县设议事会，次在省一级设谘议局，最后递升设资政院，以借群力。⑧①

9月20日，朝廷明发上谕，"立宪政体，取决公论。上下议院，实为行政之本。中国上下议院，一时未能成立，亟宜设资政院以立议院基础"，派溥伦和孙家鼐充任总裁，并命令该总裁会同军机大臣一起详细拟订《资政院章程》（以下简称《院章》），上呈朝廷批准。⑧② 至此，朝廷正式承认在立宪政体下，议院为朝廷施政的本原所在，资政院为议院未设立之前的预备机构，亦当为朝廷施政本原支柱，其地位不可谓不重要。在传统中国，机构重要与否，在很大程度上取决于该机构负责人地位之崇卑。资政院两位总裁，一为核心圈的宗室亲贵，一为状元帝师出身的礼部尚书武英殿大学士，可谓位极人臣。于此，可见朝廷此时对资政院这一新机构重视有加。

10月19日资政院奏请启用关防，借内阁衙门汉本堂为开办公所，调入人员开始草拟《院章》。1908年1月20日朝廷谕令景星、陆元鼎（前江苏巡抚）、丁振铎（前云贵总督）、曹鸿勋（前陕西巡抚）和俞廉三（前山西巡抚）5名前任封疆大吏"协理开办资政院事务"；⑧ 3月15日令宝熙、沈云沛帮办资政院开办事务。⑭ 同军机大臣商量后，资政院又以宝熙、沈云沛、顾瑗、汪荣宝、俾寿、赵炳麟、章宗祥、曹汝霖、程明超9人负责拟定《院章》纲目，进而分别起草。⑧ 也许是事关重大，须慎重其事，但资政院的开办情形，尤其是《院章》之拟定速度，颇有令人不满意处。6月22日，有官员上折，要求"资政院事务宜切实举办"，云：

> 资政院设立以来，性质若何，权限若何，应选者何员，应办者何事，外人既概未闻悉，当局亦虚与委蛇……资政院系采取泰西一院制，合上下议院为一冶，国会之先声，而立法之关键也。现在组织之方法，与将来上下议院分设之规模，对于公论，何以不致遏抑，对于政府，何以实行监督，必先无敷衍之章程，而后有坚确之基础，否则精神内荼，形式空在，徒造成一种似是而非之议院而已。⑧

7月8日，资政院将《院章》"总则"和"选举"两章上奏，同时请求朝廷申请新的办公地点、调入人员、划拨经费：

> 臣院筹办伊始，一切均无凭借。前经奏明暂借内阁汉本堂作为筹办之所，奉旨谕允在案，该处屋宇过隘，每届会议，几有不敷列坐之势，自应另觅相当地方，以资应用。俟勘妥租定，再行奏闻。现拟分设文牍、庶务两科，掌理臣院来往文牍及一切杂项事件，由臣等遴调各部院衙门人员，分别派充科长科员，责成办理，将来资政院成立，再将各该科事务归并本院秘书厅办理。惟臣院经费未经筹措，所有租赁房屋、置备器具及笔墨纸张并开支办事人员薪水，均系必不可少之款。拟饬下度支部筹拨臣院开办经费银四万两，由臣等樽节核实支用，嗣后如有不敷，再行酌量奏请添拨。⑧

朝廷当即批准，要求资政院把《院章》其余部分迅速拟定上奏。7月22日，宪政编查馆奏定《各省谘议局章程》和《议员选举章程》。8月27日宪政编查馆和资政院会奏《宪法大纲》和《议院法》《选举法》要领及逐年筹备事宜。在"逐年筹备事宜清单"里明确规定了资政院和各省谘议局的成立年限：1908年各省筹办谘议局；1909年各省谘议局开办，颁布《资政院章程》、举行资政院议员选举；1910年召集资政院议员，正式开院。⑧

1908年11月，慈禧和光绪相继过世，宣统生父载沣成为摄政王，掌握了朝廷最高权力。但载沣年轻望浅，为巩固地位，只能绍述两宫遗志，将筹备立宪继续进行下去；再者他本人又是光绪之弟，立宪党人以为他能继续光绪以立宪为中心的革新事业，对之抱有莫大希望，他也就乐得利用"立宪"的旗号来巩固权势。12月3日，也就是宣统登基次日，他即以宣统皇帝的名义下达申明九年筹备期限的上谕，同月18日又要求各衙门分期胪列九年应有办法，⑧将继述立宪之意昭告天下；他更于1909年3月6日以宣统的名义明发了"重申实行预备立宪"的上谕，说"国家预备宪政，变法维新"不仅为先朝"国是"，更是本朝已定"国是"，并要求内外臣工共体此意，贡献真知灼见。⑨为表明他推行预备立宪之决心，同年6月，陕甘总督升允因上奏论立宪之利弊以及冒犯朝廷权威而被开缺。⑨

在这个大背景下，《资政院章程》（1909年8月23日）、《资政院议员选举章程》（1909年10月26日）、《资政院议事细则》（1910年9月22日）、《资政院分股办事细则》（1910年9月22日）等与资政院规范运作的法规得以按时制定出来。对于各该法规之功能，起草者这样概括："《资政院章程》为将来上下议院法之始基，提纲挈领，义主赅括；而《议事细则》等项，所以规定院内会议治事之方法，曲防事制，义取谨严……议场内全院会议，则适用《议事细则》；议场外股员会议，则适用《分股办事细则》。"⑨

实行宪制，搞民主政治，先要把会开好！但要把会开好，并不容易。据梁漱溟回忆，到资政院开会过去二十多年，国体、政体都发生了多次变更，但最高层次的会议还是开不好。

> 前年南京开内政会议时，因讨论地方自治，说到如何开乡民大会，熊式辉先生极力说会不能开，他说："以我的经验，在开会的时候或者是没有人，有人也开不好会，只有打架。"晏阳初先生就说："我知道你那里的农民开不好会，因为你没办平民教育。"熊先生又说："不然！不是程度低的问题，实在说，我们中央执行委员会的会议就没开好过，不要说那些农民。"而团体非会开不可。⑨³

会开不好，原因很复杂，但要开好会，首先得要有较为科学详密的规章。孙宝瑄根据自己在晚清邮传部会议的经历所进行的思考就道出了会议规则的重要性："夫议事厅者，乃公理发现之地，无一人得行其私者也。我国议事，素无规条，往往名为评议，权实操诸一二人手中，其余诸人皆得不预闻。是故不开会议，不设章程，则所投意见书何殊上条陈。虽云采择群言，其果采择与否，不可知也。即偶有所撷取也，其当理与否，又不得而问也。惟合聚于一室，许其尽言，则笔所不能尽者，舌可以引伸其意；意有不相通者，面谈可以表其情，又况有主座之人，静听两造之词，孰是孰非，有自然之判决，更无虑筑室道谋也。夫何疑何惧？"⑨⁴ 那为资政院第一次常年会开会所制定的规章如何呢？

《资政院章程》由资政院主稿，会同军机大臣办理上奏，于1909年8月23日正式颁布。它共十章六十五条加两条附则，规定了资政院之宗旨、议员的产生方式、资政院职掌、资政院与行政衙门之关系、与各省谘议局的关系、与人民的关系、会议之进行、纪律、秘书厅官制和经费等内容，是资政院议员行事最重要的法律根据。与早先的《资政院官制草案》相比，资政院的权限略有变化，即在集中规定资政院权限的第十四条中删除了草案中本有的议决上奏"人民陈请事项"，将其内容移到"资政院与人民之关系"一章，略示限制之意。但整体而言，它关于资政院权限之规定，保留了草案较为灵活的措辞，为以后资政院通过对《院章》涵义的扩大解释来对抗行政衙门起到了一定作用；在组织方面则有重大的变化：章程规定资政院议员分为钦选和民选两种各一百人。[95] 资政院议员分为钦选和民选，使得该院在人员构成上同时具有了上下两院制国会的特征，与日本立宪之前的集议院有一定的区别。民国学者顾敦鍒将资政院和其他国家的议会进行比较，其重要结论之一就是：凡在大国，未有行一院制，而以钦选议员和民选议员联合组织之者，有之，则自前清资政院始。[96] 也就是说，这种合钦选、民选议员于一院的做法，在世界大国之中具有独特性。这种制度设计到底好不好，离开了其实际运作，很难从纸面上进行直接评价。[97]

《资政院议事细则》和《资政院分股办事细则》是资政院自己拟定，于 1910 年 9 月 22 日，也就是第一次常年会召开前夕上奏，很快获得朝廷批准。《议事细则》共十二章一百五十条，第一到三章规定会议预为筹备之事，第四章会议是重点，第五到十章规定会议应遵守之各项规定，第十一、十二章规定的是会议后应办之事及细则本身改订之条件。《议事细则》一个主要特征是强化行政权力对会议的控制，大致包括以下几个方面：资政院议员无程序委员会的设置，从而赋予了秘书厅在议员资格审查、议事日程安排、发言顺序等方面的巨大权力，在一定程度上能左右资政院之大会；议员座席以宗室王公世爵、外藩王公世爵、满汉世爵、宗室觉罗、各部院衙门官、硕学通儒、纳税多额者、各省谘议局互选议员为序，身份阶级次第分明，多少违背了《院章》关于议员于院中应有之权力一律平等之规定；对议员发议次数进行严格限制而对行政大臣不予限制；准许政府大臣派特派员出席议会接受质询而非大臣本人出席。[98]《分股办事细则》共十章六十四条，其内容以第七章会议为主，其余各章大致包括议员之分股、股员之分类及职责、股员长及副股员长、专任股员之分科、分科中的审查长、额外股员之产生及职责、股员会之审查及报告、会议录及参考文书、附则等，是股员办事之一般通则。内容十分详备，但随着会议的实际召开，事后来看，也有其内容上的缺陷，比如说股员长因故不出席大会，且又不按照第五十三条之规定委托股员报告其审查事件，导致大会无法进行，应该做何处分之处，缺乏规定。

虽然，《议事细则》和《分股办事细则》皆有这样那样的缺点，但总体来看，它们还是大量参考了各立宪国家议会之议事规则，并结合《院章》内容而制定出来，基本上采取了"公开议事、多数取决"这个现代民主制度的会议准则，在我国立法史上具有开创性意义。

"议员分配额数，与议院之建筑物大有关系。"[99]1909年8月23日资政院奏请择定贡院旧址建筑资政院，以为将来开会之场所。[100]这个大楼，资政院计划参照各国议院大楼、主要是柏林国会大厦的定式来建筑，由德国设计师罗克格（Curt Rothkegel）设计，预计五年完工，到1915年建成。1910年8月正式动工，到年底初步完成基址建筑，此后还在陆续兴建。随着第一次常年会开议，预备立宪期缩短，资政院又与承修该院工程的德商Telge & Schroeter公司商量，计划将竣工日期缩短为三年，争取1913年完工。[101]截至清亡，该大楼并未建成。[102]资政院于1910年12月22日还专门上折要求朝廷拨款100万两作为修建费用。因第一次常年会正在审查预算案，资政院遂请求朝廷命令度支部将这个款项列入追加预算中。100万两，在晚清财政竭蹶之际，不是个小数目，故资政院侧重从"壮观瞻"这一理由来论证其必要性：

> 资政院总裁贝勒衔固山贝子臣溥伦跪奏为绘就资政院暨上下议院分图覆估兴修公款请旨饬发恭折具陈仰祈圣鉴事。臣前于本年六月初四日具奏进呈资政院暨上下议院工程总图并陈明遵即饬绘详细分图核实估工请旨拨款以便克期兴修等因在案，旋即督同随办工程各员，饬据外国工程师按照原绘总图，悉心区画，详晰分绘。迄今数月，叠将建筑工程逐项核估，并与该工程师订明选材之法式，落成之限期，磋议经时，始克就绪。一面饬将地基按图刨掘，坚筑基础，业于七月间次第兴工，现已将筑基工程渐次告竣。惟全院规模系仿外国制度，不但议场铁穹原料固须购自重洋，即其他营造所需，亦非尽中土产销之品。加以安设电机、电灯暨蒸汽管等件，均

须先期定购，方免临事张皇。迭经臣饬令随办工程各员一再研求，务为遵节，核实估计各项用款，约需银一百万两。拟恳饬下度支部归入追加预算，俟前项工程应用何款，随时由臣院咨明，以便陆续支拨。将来工竣之时，于原估银数或尚有赢余，或稍形短绌，均当逐细造报，咨部核销。至此次建筑，关系议院久远之宏规，未便形式苟完，致见讥于穷陋；亦不敢帑金徒耗，俾略涉于虚縻。容俟全工告竣，并即饬取该工程师暨承办中外商厂保固年限切结，分别由臣院暨度支部存案，以昭详覆而便稽查。此外，如有未尽事宜，再当续行奏明办理，所有建筑资政院暨上下议院绘就分图并覆估公款请旨饬拨各缘由，理合恭折据陈，伏乞皇上圣鉴训示。谨奏。⑱

　　新楼既未建成，资政院总裁、协理等经多次考察，最后选择并借用了相对较理想的顺治门内象坊桥京师法律学堂作为两次常年会的会址。⑲

资政院会场外景

资政院会场内景

该处本为学堂，其建筑本为教学之用，临时改为资政院开会场所，难免功能受限。最主要的是学校礼堂作为大会会场，空间狭窄，将主席台和二百议员座位排好都不容易，故政府特派员和旁听席的设置不免因陋就简。据档案记载：

> 资政院开议在即，遇有议及各主管衙门及有关系衙门议案之时，侍郎均与尚书一同到院，以便接洽……各衙门外务部、民政部、度支部、学部、陆军部、海军处、法部、农工商部、邮传部、理藩部等，因查本院议场限于地位狭小，未便添设生位，遇有议及各主管衙门及有关系衙门议案之时，各部侍郎可到院内政务大臣室接洽。[16]

条件所限，也是没有办法的事。

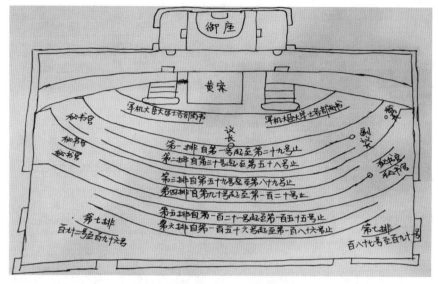

资政院会场座位草图 ⑱

随后资政院又奏请到议员们的公费和差旅费，以为召集议员之预备。⑲1910 年 9 月，因总裁孙家鼐于上年 12 月过世，朝廷改派沈家本充任副总裁，稍微充实了该院负责人选。9 月 23 日，资政院议员召集完毕，第一次常年会召开。10 月 3 日，资政院举行了隆重的开院典礼，自摄政王以下，朝廷贵族要全体亮相，以表明朝廷对资政院的重视有加和期望之殷，朝廷明发上谕，云：

> 宣统二年九月初一日，内阁奉上谕：前经降旨，以本年八月二十日为第一次召集之期，尔议员等各能遵守定章，将开院以前应有事宜妥行准备。兹据奏报成立，秩序谨严，朕心实深嘉悦。钦惟我兼祧皇考德宗景皇帝，慨念时艰，深思政本，仰承慈训，俯顺人情，毅然宣布德音预备立宪，开千古未有之创局，定百世不易之宏规。凡我臣民，同深悦服。朕承先朝付托之重，御极伊始，即以实行宪政为继志述事之大端，迭谕内外臣工按照筹备清单次第举办，而资政院为上下议院之基础，尤为立宪政体之精神，经划数年，规模已具，中外观听，咸在于兹。今当开院集会之初，朕特命军机大

臣暨参预政务大臣将各项案件妥慎筹拟，照章交议，尔议员等其各泯除成见，奋发公心，上为朝廷竭协赞之忠，下为民庶尽代议之责，弼宏功于未竟，垂令范于将来。朕与亿兆臣民实嘉赖焉！将此特谕知之。钦此。⑩

至此，资政院"正式开院"。

第三节　社会各界对资政院的预期

甲午战后直至清亡，当时中国主要的社会力量有四派：满洲亲贵主宰的中央朝廷、以地方督抚为核心的汉族高官、主张渐进式改良的立宪党人和主张暴力排满的革命党人。晚清一系列政潮之推演，其背后的决定因素就是这四派所产生的不同分化组合、此消彼长的力量博弈。本节即分别从这四种力量的角度来观察他们对资政院的各自预期。

一、朝廷的预期

清代最大的矛盾是满汉矛盾。汉族作为历史悠久、文化发达、人数众多的民族，而被一历史短暂、文化水准不高、人数仅及汉族1%左右的满族所统治，自然有严重的不平心理。到晚清，经太平天国运动和革命党大肆宣传，满汉矛盾重新趋于尖锐。满族势力随着湘淮军的兴起被严重削弱，滋生了不自信心理，新一轮的排汉运动呼之欲出。随着预备立宪之诏下达，立宪成为既定国策，满族亲贵即希望以立宪为名行集权中央——当然也是集权于满族亲贵——之实。具体到资政院，由于人口的绝对劣势，在资政院议员中，满族人绝不可能占到多数。

日本法学博士中村进午撰文，认为当时中国不适合立宪，即便要立，也应"以立宪之计划延之百年之后"。江瀚让其子江庸将该文译成中文，刊载于《外交日报》，且由江瀚专呈军机大臣瞿鸿禨。尽管其关于中国能否立宪的观点太过悲观，但其论据有一点是可靠的：

满人、汉人之争阋，由来夥矣。立朝者，或欲因立宪以弭此争端……满人若以为借自己立宪之功为能得亿兆之心，必有感戴讴歌之报，其愚遂不可及矣。选举之结果，议员之多数为汉人所占无疑，然则立宪之结果，于满人有何利益？诚不待智者而后决也。⑩

所以无论如何，朝廷都不能让资政院成为朝廷的核心机构，当然更不允许它成为立宪国家的"准"国会。但如能将资政院控制在手，则有如下好处：第一，可用成立资政院之事实来驳斥革命党人所说的满洲人不能为中国立宪之宣传；第二，能部分满足立宪党人和汉族高官要求立宪的要求，扩大自己的统治基础；第三，可利用资政院来实现朝廷裁抑督抚的决议正当化而迫使其就范，有助于实现集权朝廷和满族亲贵之目的；第四，以资政院之名义加税，可望税收正当化，从而减少征税之阻力，解决迫在眉睫的财政危机；第五，将来责任内阁制度建立，可利用资政院来监督政府，防止权臣出现，确保"大政统于朝廷"。

实现这些目的，必须要将资政院牢牢控制在朝廷手中，按照朝廷的旨意行事。但资政院会不会如此轻易就范呢？资政院既然是预备国会，议事必定取决于多数。如何才能控制多数？必须寄望于钦选议员。所以朝廷就要让亲贵出任议长，扩大钦选议员数量，减少民选议员之员额，在资政院相关法规中保持行政官员之优势地位等。这些举措，是否产生了预期的效果，留待下文，兹不赘述。

二、汉族高官的预期

长期以来，清廷在中央机构中实行满汉复职制，除少数衙门外，设一汉官必设一满官，满官班列汉官之上。在地方，封疆大吏虽无满汉员额如何分配的规定，但在洪杨事变之前，以满族官僚居多。⑩在平叛期间，随着湘淮军的崛起，地方督抚多由湘淮系汉族将领担任，形成了"内轻外重"的政治格局。戊戌政变后，清廷"渐渐向用满人，摈抑汉人"，⑪到庚子国变，汉族督抚推行"东南互保"，公开和朝廷唱对台戏，尽管它是一突发事件，事后也为朝廷认可，但它表现出来的独立倾向则更加重了朝廷的嫉视。如何裁抑汉族重臣，满洲亲贵念兹在兹，却苦于一时找不到合理的借口。因为庚子国变后迫于国际、国内压力，朝廷暂时不能像前几年那样公然搞满族集权。

随着立宪呼声骤起，朝廷又有了集权满洲亲贵的口实，以地方督抚为主的汉族高官为防满洲亲贵之压制，希望以立宪为招牌来保有并扩大既有权势。在督抚们看来，如朝廷能在他们的要求下立宪，既可获得立宪党人的支持，又能减少革命党人的威胁。朝廷既要立宪，势必发展地方自治，有了地方自治这个合法理由，自然能保持已有权势。故而有不少督抚力主朝廷预备立宪。1904 年河南巡抚林绍年奏请朝廷改专制为立宪政体；1905 年直隶总督袁世凯、湖广总督张之洞、两江总督周馥、两广总督岑春煊等，建议朝廷速行立宪。⑫当然，这些地方督抚们的利益又与朝廷休戚相关，君主立宪能挽救危亡，也是他们吁请立宪的另一个动机。

在强大的立宪思潮冲击下，尤其是面对作为地方实力派督抚们的呼吁，满洲亲贵也渐渐知道立宪乃势不可挡，遂将计就计，在掌握预备立宪主导权的情况下，在制定新官制之时，利用立宪这个合法手段来集权；满洲亲贵一面由陆军部渐次吸收各督抚的军权，用清理财政监理官汲取各督抚的财权；一面将汉人督抚领袖——直隶总督袁世凯和湖广总督张之洞——调入中央，阳为尊崇，阴实裁抑；改设提法使、新成立各级审判厅，逐次剥夺督抚的司法权，不一而足。

这种与满汉矛盾紧密相关的地方督抚和中央朝廷之间的矛盾斗争，在资政院设置上也反映出来。朝廷一方面希望通过资政院裁决谘议局和督抚之间的异议事件来裁抑督抚，另一方面欲借助资政院议决税赋的权力来逐步剥夺督抚的财权。督抚则希望扩大资政院的地方色彩，让资政院代表民意来牵制朝廷，进而以民意为由，以保持督抚的既有权势不被朝廷所肆意剥夺，同时又可为其权势披上合法外衣。督抚的这种想法，作为慈禧宠臣的岑春煊⑬在奏折里说得很明白：

资政院官制，参议员有钦选、会推、保荐三种办法，其督抚保荐……惟合二十二行省共举六十六人似嫌其少……督抚者，外省最高之行政官，即政府之代表也。乃者西人既笑我十八省为十八国矣，以臣观之，微特十八省而已，此省与彼省固疆线之甚分明，前任与后任又意见之难融洽，推而至于司道府州县皆然。若明定宪法，则无论此省与彼省，前任与后任，咸奉宪法为依归，如神圣之不可侵犯……中国各省辄借口于因地制宜之习惯，于是彼一是非，此亦一是非，论者不揣其本，更托为中央集权之说，欲收一切财政、兵权，以为暗师日本削藩之议。不知中国幅员固非日本所可比例，且军兴以来，督抚之权似已稍重，然进止机宜，悉秉庙谟，大难敉平，幸赖有此。中国政体早含有中央集权之习惯，天下更安有无四方而成中央者哉……故今日扼要之图，不患不能齐一天下之命令，而患不能齐一天下之心志。欲先齐一督抚之心志，则宜寓下议院之制于都察院，以考核督抚，而令各督抚于年终派员来京会议于资政院、都察院，以讲求实政，而渐谋画一之法……非先颁行厘定外省官制及设资政院，则不足昭示天下人之信义，非在京设都察院会议，在省设谘议局会议，则不足提振行政官之精神而亟亟焉。为培养全国命脉计，即为宪政本原计者，则地方议事会与夫地方自治，二者相为表里，其尤要也。⑩

尽管岑春煊所主张的以都察院和资政院共同组成两院制预备国会、以都察院会议来监督督抚而不是朝廷直接裁抑督抚的想法并未能实现，但督抚通过控制地方谘议局进而施加影响于资政院，借助预备立宪制下的资政院监督作为反对朝廷裁抑督抚之想法则依然延续下来。借资政院来规避朝廷直接集权中央，是以地方督抚为主的汉族高官对于资政院的主要预期所在。

需要指出，在预备立宪的初期阶段，基于对立宪之共同愿望，面对中央朝廷的威胁，督抚和立宪党人之间的利益共同点大于其分歧。及至各省谘议局的设立并运作，立宪党人借助谘议局这个平台，要求以立法来监督行政，和督抚的矛盾冲突上升；且督抚主要是为了保持一己之权力而赞成立宪，立宪党人是希望倡导和主张民权来立宪，宗旨上的差异导致其矛盾升级。督抚和谘议局之间的矛盾，势必影响督抚与资政院之间的关系。

三、立宪党人的预期

对资政院抱有最大期望的是立宪党人。立宪党人多被史家称为立宪派，并非现代通常所说的政党，而是一批以君主立宪为目标、主张在既有体制内渐进改良的政治人。晚清七十年，内忧外患不断，士大夫阶层中不乏以天下为己任者。随着宪制思潮在近代中国的输入，到上个世纪之交前后，即有人以为宪制是救亡图存的不二法门，立宪党人开始正式登上政治舞台。⑮到甲辰日俄战后，立宪思潮风起云涌，立宪党人逐步壮大，开始成立自己的组织，⑯创办刊物，⑰鼓吹立宪。但这些组织乃是民间团体，处于不稳定状态。到朝廷派五大臣出洋考察宪政，立宪党人表示了欢欣鼓舞之情。颇能代表其舆论的《时报》著文称："今以考求政治之故，特命重臣出洋。朝命甫下，固未卜其后效之何如也，而人人意中，皆若有大希望之在前，以为年月之间，必将有大改革以随其后。人心思奋，则气象一新。"⑱到朝廷宣布预备立宪，立宪党人抓住朝廷对革命党的仇视和恐惧心理，积极活动，以壮大其声势，巩固其组织。1907 年 10 月 16 日，郑孝胥、张謇等立宪党人上书民政部，"近数月来……闻革命风声远近哄起。孝胥等愚昧，以为天下希望立宪之良民多于鼓吹革命之乱党，何啻千倍。但希望立宪者多和平，和平故隐没而不彰。鼓吹革命者多暴烈，暴烈故喧嚣而易动。流风所煽，世患方滋。故为大局计，正宜利用多数希望立宪之人心，以阴消少数革命之患气……俾希望立宪之人心迎机而大畅，鼓吹革命之患气不遏而自炽，似于立宪前途，不无小补"，⑲游说民政部正式承认这已有 153 名会员的预备立宪公会。

各省成立谘议局，立宪党人终于得以在合法的地方机构中展开活动，但全国性的合法活动机构仍未形成。及至资政院设立，规定民选议

员由谘议局议员互选产生，资政院自然成为立宪党人的全国性合法舞
台。在资政院，议员们一则受传统儒家忠君报国思想的影响，在现实中
又不同程度受到朝廷之恩遇，希望能报效朝廷，尽忠君上；二则自认为
是人民代表，有为民请命之义务。他们崇尚君宪，认为切实推进君宪，
挽救危亡，既能报效朝廷和皇上，又能真正为民请命。故他们希望能很
好地利用资政院这个全国性的大舞台，切实监督朝廷，真正实现君主
立宪。

　　对于资政院之态度，以谘议局议员为核心的立宪党人，根据其活动
重心之不同，大致可分下述两种：一是持特别积极的态度，认为资政院
搞好了，就为将来的正式国会打下好的基础，这主要是那些积极参选资
政院民选议员的谘议局议员；另一种则对资政院持相对消极的态度。推
其所以消极的原因，大致有二：一是基于对朝廷和时局之认识以及对自
身力量的把握，认定建立在地方自治基础上的谘议局才是自身活动的中
心舞台和根据地所在，资政院能成功当然好，即便资政院不成功，还有
谘议局在，这才是进可攻、退可守的稳妥之道；二是认为资政院无论如
何只是预备国会，在此期间，因无责任内阁，对君宪的推进作用有限，
因此部分立宪党人将其活动重心放在了国会请愿上面。[20]

　　即便立宪党人内部有这些分歧，但他们还是不同程度寄望于资政院
能切实推进君宪，为将来成立正式国会奠定坚实基础。立宪党人在第二
次国会请愿活动失败以后，代表团原定 1911 年 3 月进行第三次请愿，
经江苏谘议局议长张謇的建议，改在资政院第一次常年会期间进行，资
政院则以多数决通过速开国会案并上奏。正是立宪党人的团结这一因
素，部分促使朝廷在重大压力面前做了让步，将原定九年的预备立宪时
间缩短为六年，预定宣统五年（1913 年）召集国会。

　　总之，立宪党人对资政院寄予厚望，借助这个合法的全国性平台，
将预备立宪落到实处，切实推进近代中国的君宪。

四、革命党人的预期

　　任何政权之维持，必取决于社会各阶层之间能否基本相安无事。到

晚清，一系列的外患彻底暴露了朝廷的无能，社会不满情绪在快速滋生，从内部冲击着朝廷的统治，又到了人心思变之时。但如何来变，大致不出两条思路：一是在既有的君主制框架内变，一是超越君主制框架来变。前者主要是立宪党人，当然在广义上也包括满洲亲贵和以督抚为核心的汉族高官显宦。立宪党人多希望用自己的力量推动朝廷切实进行君宪，通过朝廷的主动政改，以达救亡图存之目的。后者主要是革命党人，认为要挽救民族危亡需要厉行宪制，而清廷不可能真正立宪，反而是立宪之障碍，故要立宪就要先推翻清朝廷，建立共和政府。

尽管孙中山于1895年即成立了革命团体，但整个19世纪，近代中国的革命势力还很弱小。进入20世纪，革命思想发展迅速，经过留学界的努力，得以传播于国内。1905年同盟会的成立就是一重要标志。李剑农把1905—1911这六年间称为"革命与立宪的对抗运动时期"，[⑫]很准确地概括了这个阶段求变的特点。

革命党人最主要的理论武器是民族主义。尽管孙中山在《民报》发刊词上即首揭三民主义对当时中国革命的必要性，主张举政治革命、社会革命毕其功于一役，但多数革命党人专注于民族主义。民族主义的核心理念是非我族类其心必异。立宪成功必须有一前提，即是人民内部的和谐，这一点在满洲统治下的中国做不到。朱执信有精练归纳："能立宪者惟我汉人，汉人欲立宪，则必革命。彼满洲即欲立宪，亦非其所能也。"汪精卫说得更明白直截：

> 宪法者，国民之公意也，绝非政府所能代定……况今之政府，异族之政府也，非我族类，其心必异，彼惧其族之孤，而虞吾之逼，乃为是以牢笼我，乃遽信之乎……则知满洲政府之立宪说，乃使我民族诚心归化之一妙用，而勿堕其术中也。[⑫]

同盟会成立后，革命党人有了全国性组织，遂发动多次起义，但都以失败告终。其重要原因在于清廷以预备立宪相号召，获得了立宪党人的支持。立宪党人和革命党人同出于"民"，存在此消彼长之关系。[⑫]

清廷既倡议预备立宪，其立宪之"伪"尚未充分暴露，立宪党人比较
得势，革命党人力量较弱小。欲使革命成功，必须让更多的人意识到
清廷是在"伪立宪"，让清廷主动立宪，无异与虎谋皮，从而加入到革
命行列中来。故革命党人宣传清廷立宪的反动本性，更希望清廷自曝
其短，在严厉批判立宪党人的同时，也欢迎他们幡然悔悟，共襄革命
大业。

革命党人对清廷基本上都持激烈态度，认为其立宪较之前的专制更
邪恶：称后者为"一重专制"，推其极也就是人民敢怒不敢言；前者则
是"数重专制"，国会则是其中的"第二重专制"，人民非惟不敢言，且
不敢怒，专制极矣。对立宪党人的批判则有激烈、和缓之别，前者如吕
志伊，云："以今日之提倡立宪，要求国会者，皆欲利用国民者也，非
代表国民者也。彼辈日日言爱国救国，而实则背叛祖国；日日言合群保
种，而实则戕杀同种；日日言监督政府，改造政府，而实则谄媚政府，
依赖政府。则以开国会为利用国民之策者，非独预备立宪公会中人，而
实一般要求开国会者之肺肝，诚于中而形于外也。"后者如汪精卫，曰：
"今之立宪党人……既自弃于汉，而又非倾心于虏等，则其所以言立宪
之故，毋过曰为一己利禄计……立宪党人中，或有百之一二，以立宪为
有利于人民因而甘之如饴者。然使一为省察立宪预备以来所及于人民之
疾苦，当必翻然而悔，知向者之为虏所愚而无以对于人民也。知向者之
为虏所愚而无以对于人民而思有以补其过，则其所处之地位，固有足以
助革命之进行者。"[120]

职此之故，革命党人希望资政院失败，好彻底打破清廷和立宪党人
的合作状态。这是革命党人对资政院的主要预期。

上面分析了朝廷、以督抚为主的汉族高官、立宪党人和革命党人等
四种在晚清具有较大力量的政治派别对于资政院之各自预期。及至资政
院开议，其预期或实现，或落空，或不同程度地实现或落空。其结果，
将会影响晚清这四种政治力量的重新分化组合。正是这种政治力量的重
组，决定了清末民初的政局走向。

第四节 资政院的下属机构

资政院除议长和议员外，还有秘书厅和速记学堂等下属机构，本节大致作一评介。

一、秘书厅

朝廷于1907年9月决定筹设资政院并派溥伦、孙家鼐为总裁后，很长时间没什么实质性进展，只是成立了一个开办公所。到1908年10月资政院会同军机大臣奏资政院总纲和《资政院章程》（以下简称《院章》）前两章的时候，才申请设立文牍和庶务两科，从各部院衙门遴调人员充任科长、科员，掌理资政院来往文牍和其他杂事。⑮这两科就是秘书厅的前身。1909年8月《院章》完全颁布生效后，⑯总裁溥伦等才打算正式设立秘书厅，来具体负责资政院的筹备事宜，⑰于同年12月任命金邦平为秘书长。⑱

金邦平（1881—1946），字伯平，又字亚梓，安徽黟县人。其父金庆慈，由莲池书院修业后曾担任北洋武备学堂教习，颇得直隶总督李鸿章器重。自此，金家与北洋建立了密切关系。金邦平为金庆慈之长子，自小在天津上学。于1899年从北洋大学堂律例科毕业（与王宠惠、王正廷同学），旋留学日本，先入东京高等商业学校，其间加入译书汇编社，后到早稻田大学学习法学。1905年回国，参加留学生考试，因成绩优异，获得进士出身，并被赐予翰林院检讨之职。因袁世凯奏请，他入直隶总督幕府任文案、练兵处参议等。在此期间，他与天津知府凌福彭等，将天津的地方自治办得风生水起。于1909年以留直道员用出任直隶谘议局筹办处两位总办之一。⑲因直隶新政在全国的模范影响，金氏逐渐以熟稔新政而知名于朝野，1910年底入宪政编查馆任编制局正科员上行走等职。⑳

《院章》第九章为"秘书厅官制"，共九条，规定了秘书厅的职责、机构组织和人员构成。秘书厅掌理资政院文牍、会计、记载议事录及一切庶务，由正四品的秘书长领导，下辖机要、议事、速记和庶务四科，由正五品到正七品的一、二、三等秘书官各四人分掌。

《资政院议事细则》（以下简称《议事细则》）即由秘书长金邦平拟订初稿，[⑳]经总裁、副总裁审定而生效，共有九条跟秘书厅直接相关，从而将其职掌落到实处，是常年会期间秘书厅运作的主要法规依据。具体而言，主要包括以下几个方面：

第一，初步编制议事日表，呈由议长、副议长审定后，交给官报登载。同时将相关议案及其资料印刷分送给议员及相关人。

第二，编制议员发议表。于议场开议之前，议员就该议题有发议要求，书面告知秘书厅本人姓名、编号以及发议主旨是赞成抑或反对，秘书厅据此登记，并根据议员们知会的先后，制作成发议表，呈报给议长。议长于议场开会时，按照发议表顺序指定议员发议。

第三，收受各地给资政院的陈请说帖并以星期为单元制作陈请事件表，然后将该表连同说帖，交给议长，由议长转给陈请股员会予以审查。

第四，印刷分送议员提议事件相关资料。按照《议事细则》的规定，议员有对各项事件提议的权利，但须书面出具议案并附加理由，在议场得超过三十位议员赞成并会同署名，即可向议长提出，作为议场正式议题。这些资料都由秘书厅印刷，分送议员和相关人等。

第五，负责议员请假和续假的登记。

以上是秘书厅法定职权之大要。

1910年10月2日，也就是第一次常年会召开的前一天，溥伦和沈家本奏请朝廷，将以前陆续从吏部、翰林院等衙门调入人员充任实职秘书官，以保证秘书厅能在常年会期间顺利开展工作：

　　资政院总裁贝勒衔固山贝子臣溥伦等跪奏为请将臣院咨调暨续行咨调各员衔名分缮清单奏明立案恭折仰祈圣鉴事。窃臣院秘书厅额设一、二、三等秘书官员缺，前以院务尚简，未经请设，所有院中文牍、庶务，仅调派吏部郎中李绍烈等四员兼差行走。迨本年七月，因预备开院事务日繁，续行遴调翰林院庶吉士王孝缜等九员到院，以资任使。合将先后咨调各员衔名，一并分缮清单，奏明立案，俟开院时，一体遴酌，请补一二三等秘书官，以符定章。至现调臣院行走各员均有原官，应于奏补奏留时再行咨照吏部改用，合并声明。所有请将臣院先后咨调各员衔名分缮清单奏明立案各缘由，谨恭折具陈，伏乞皇上圣鉴。谨奏。[132]

谨将臣院前调人员衔名，缮具清单，恭呈御览。计开：吏部考功司郎中李绍烈、前内阁中书范熙壬、内阁中书黄镇、内阁中书崇需。[133]

谨将臣院续调人员衔名，缮具清单，恭呈御览。计开：翰林院庶吉士王孝缜、候选郎中蔡璋、候选郎中周启濂、度支部学习员外郎陆定、学部候补主事张祖廉、学部补用主事冯阅模、法部补用主事高种、邮传部候补主事曾彝进、新进山东济南府同知内阁中书赵世骏。[134]

由于秘书厅已然顺利运转，开办公所遂于 1910 年 11 月 14 日被撤销：

资政院总裁贝勒衔固山贝子臣溥伦等跪奏为陈明资政院成立应将开办公所裁撤恭折仰祈圣鉴事。查臣院开办之始，奏明暂设公所，节经先朝简派暨特简大员协理，并由臣院奏派人员帮同办理，筹画一切，深资赞助。现在议员业经召集开院，即为臣院成立之期，所有前设开办公所应即裁撤；其协理、帮办各员，自当一并销去差使。至前经臣溥伦奏派随办臣院工程暨办理速记学堂各员，现在尚未竣事，仍应照常分任，俾专责成。所有资政院成立应该开办公所裁撤缘由谨恭折具陈，伏乞皇上圣鉴。谨奏。[135]

1910 年 11 月 19 日，第一次常年会召开一个多月后，秘书厅事务繁冗，资政院奏请从度支部等调入官员 8 名临时当差，12 月 9 日，将他们作为秘书官候补，进一步充实了秘书厅：

奏为臣院奏调人员分别留院候补恭折具陈仰祈圣鉴事……于十月十八日请补秘书厅秘书官员缺折内声明"其余调院当差者仍逐细考核，分别等差，另行奏请留院候补"等语各在案。兹查奏调行走之度支部学习员外郎陆定、学部补用主事冯阅模、候选知府俞朝桀拟请改以一等秘书官候补，花翎五品衔外务部七品小京官黎渊、内阁中书鄂彤二员拟请改以二等秘书官候补，花翎五品顶戴分省试用府经历林尊俨、学部补用司务陈器、五品衔陆军部候补笔帖式代昌三员拟请改以三等秘书官候补，其黎渊、林尊俨、代昌三员拟请仍留翎枝顶戴。以上共计八员，拟请作为臣院候补员额，嗣后非值候补缺额不得续行奏留，以示限制。惟臣院开办三年，甫经成立，先后调用各员均系慎选才能，未便拘官阶之内外；且事关创始，与寻常调部者不同，所有前次奏补及此次奏留之员，其由外官改用者，应请一并免其补交银两，以资鼓励。至官缺仅分三等，对品补官，亦难恰合，将来出缺之时，或序补升补，或酌量借补，仍仿照新设各衙门办法，借收变通尽利之效。⑯

资政院奏调用人员分别留院候补一折……著依议。⑰

至此，秘书厅人员配置基本完善。此后还有个别变动，到1911年冬季第二次常年会期间，秘书厅组织和人员如下⑱：

秘书长金邦平

	机要科	议事科	速记科	庶务科
科长	范熙任	曾彝进	蔡瑝	李绍烈
	冯阅模	高种	黄镇	王孝绌
科员	余建侯	黎渊	冯文俊	陆定
	林尊俨	朱绍谦	陈器	崇霈
	鄂彤	代昌	俞朝桀	
奏调人员	赵世骏	沈成鹄	周启濂	

从字面规定上看，秘书厅的职掌，是秉承议长、副议长之指令承担资政院会议期间的具体事务，本身没有决定权。但由于议长、副议长未必都能事必躬亲，且很多时候没这个必要，端看其驾驭能力如何。议长溥伦乃少年亲贵，阅历不多，但社会关系复杂，要应付方方面面；副议长沈家本年纪较大，精力难免不济，且身为副贰，长期为刑曹职业官僚，距离权力中枢较远，自不愿多管。故实际上，秘书厅权力较大。总体上来说，在常年会期间，秘书厅基本上还能恪尽职守，保障了资政院大会的顺利进行。

但秘书厅亦有不少违规之处，有些还极其严重，下面将予以指陈。

按照法律规定，秘书厅有草定议事日表、议员发议表、陈请事件表的权力，没有严格的外部监督机制，特别易于上下其手。如以准备不及为理由，将重要议案予以积压，以为搪塞。议员于邦华在1910年10月17日的大会上就公开批评秘书厅："今将重大议案总不提出，陈请速开国会亦不提出，岂不是政府将此不要紧以为搪塞之计？（拍手）请问议长，陈请案子应该交陈请股审查，现在时间甚促，请问议长，陈请的案子已否交出？万不宜积压于秘书厅。"[18] 又如在议场朗读文件时，秘书官随意插话，妨碍议场观瞻和秩序。议员陶镕于开院之初，鉴于议场秩序欠佳，即登台发言："我国第一次开办资政院，为天下观瞻所系，议场秩序宜整齐严肃，况今日并有外人参观，尤宜注意。如关乎私人事件，须俟散会时商酌，不得在议场上交头接耳（拍手）。至于休息、散会，必有一定规则，不然任意离座，殊不雅观。再者秘书厅员宜恪守权限，承议长命令报告宣读，不得自由发言。"[19]

此尚为其小者，更恶劣的是秘书厅本没有起草和修改奏稿之权，但偶尔借印刷之便，私自篡改字句，据我所见材料，即有两例，实属屡教不改，可能也是有恃无恐。

第一次是刚开院时，资政院于1910年10月6日大会议决广西关于禁闭土膏店谘议局和督抚的异议事件，多数通过特任股员会的审查报告，后来秘书厅却擅自改易报告。消息传出，对资政院造成严重负面影响。为惩前毖后，于11月3日的大会上，议员雷奋就公开批评秘书厅，矛头直指议长：

方才湖南巡抚发行公债的事情已经表决，本员本无异议，但是我们资政院所表决的事情，总以不使外间有后言为是。奏稿问题，应由议长起稿，然后再置本院通过，不要交秘书厅办理。因为我们资政院作事要从实事上着想，不要流于苟且。今日有一分的苟且，将来就有一分的流弊。资政院奏案是全体的，不是总裁、副总裁的。（拍手）从前广西的事情已经过去，自此番湖南事件以后，无论有什么事，奏案都要经大会通过，不可交秘书厅办理。⑩

12 月 15 日，资政院大会讨论表决剪发易服案，秘书厅又在审查报告油印过程中擅自改动关键字句，以致引起掌京畿道监察御史惠铭上奏论理，指出问题的严重性：

当剪发易服案提议时，由议长指定庄亲王载功为特任股员长，牟琳为副股员长。至报告之日，由牟琳当场宣读毕。越日，忽由秘书厅将审查报告再用油印，分送各议员，将"凡军界、警界、学界一体剪发，农工士庶则听其自便"等语，改为"拟请明降谕旨，凡官员、军警、学界人等，一体剪发，农工商民，悉听其便"，私将"官员"二字加入此本。至今流播于外，无人不知。以对众宣布，而又印成分送，之后无端又由秘书厅送此窜易之本，尚复成何事体？此私改案语之罪也。⑫

不仅如此，老式衙门的贪腐之风也迅速渗进秘书厅。庶务科购买徽章三百枚，原料和加工成本合计在五钱以内，一共估价不超过 150 两银子，结果庶务长报销了 2940 两之多。针对此事，《申报》有披露和感慨，云：

据闻该庶务长系某权要所荐引，故秘书长亦无权核查。因此外闻啧有烦言。按吾国最大弊病，莫如官吏中饱。今资政院为崭新创建培养宪政之机关，而其中饱又复如此，至可伤心。⑬

阎王好见，小鬼难缠。旧衙门如此，新衙门也难逃此通例。秘书厅需要整饬官方，秘书长乃至副议长、议长难辞其咎。

二、速记学堂

因资政院开院，议场辩论要有专人当场录写，各级审判厅、地方谘议局也有此需，且当时通行繁体字，根本无人能精确快速记录。故资政院要求设立专门的速记学堂。

1910年2月4日资政院奏《筹设速记学堂拟定章程》十九条，定速记学堂以教授速记法为主，预备资政院及各地方议会速记之用，学生以一百人为定额，由京师考取和各省派送，其堂长、教务员、庶务员均由秘书厅员兼职，请派李家驹、汪荣宝和程明超负责学堂的筹备和管理事宜。[⑭]该章程由李家驹和汪荣宝商酌草拟，经溥伦审定上奏获得批准。[⑮]

开办学堂，除管理人之外，最重要的是教员、教材和学生。下面分别予以简要介绍。

关于教员，由于日本有这方面较为成熟的知识和经验，李、汪、程三名创办人和管理者又都有留日或考察日本的经历，故可肯定，在资政院创办速记学堂的想法是因他们借鉴日本做法才有的。顺理成章，他们首先想到借才于日本，以收事半功倍之效。早在1909年9月，汪荣宝即打算请日人熊崎健一为教习，因为种种原因而未果。后经管理人多方打听，聘请了蔡璋担任速记课教习。蔡璋（1872—1958），字子英，其速记法乃承袭其父而来。

蔡锡勇（1847—1898），蔡璋之父，字毅若，又字启运，福建龙溪人，中文速记的创始者。于1865年从京师同文馆毕业后，他随陈兰彬出使美国、日本和秘鲁等国达十来年之久，担任使馆翻译、参赞等职。在任驻美使馆文化参赞的四年期间，他发现美国人在立法和司法辩论中，能"笔随口述，不假思索，手不停挥，率一分钟能作二百余字"，认为这种方法有助于普及文化。于是，他进而参考凌氏速记学（Lindsay Tachygraphy），创造出一种以认读为主、声韵相拼，分平仄四声的中国式拼音文字，并撰有专书《传音快字》，于 1896 年在武昌印行，开中文拼音速记之先河。蔡锡勇十分重视该法的推广运用，在家族亲友中广泛传授，并以之作为通信工具。其诸子皆受庭训，熟悉此法。

蔡璋乃蔡锡勇次子，得以在速记学堂担任教习，是汪荣宝先了解到蔡璋之弟蔡玮（字子馨）精通速记法，拟聘其为教习，但蔡玮因在其他学校授课，不能到任，遂推荐其兄蔡璋。[146] 后来蔡璋根据教学实践，在"传音快字"的基础上采用连书法，进一步加快了书写速度，并于 1912 年出版了《中国速记学》专著，由此多次获得民国政府的表彰。[147]

经李家驹和汪荣宝商定，[148] 既以蔡璋担任速记法教习，自然就以其父蔡锡勇所著的《传音快字》为速记学堂学生的教材。[149]

> 《传音快字》一书导源于美国凌士礼，锡勇随使美国，研求速记，因取曲直斜正粗细之记音符号，揣合华音，增损变化之。片称日本熊崎健一郎著有《中国速记术》，系就日本速记文字，斟酌变通，因无娴习之人，暂未能用，则亦将来速记学粗明之日，所当参考以会其通，而冀其有进者也。[150]

关于学生。从筹设速记学堂算起，到资政院开院不足一年，招考合格学生的任务非常艰巨。在正式招考前，溥伦还曾跟李家驹商量，拟托驻日公使从日本留学生中物色合适人选，并许诺给以优厚待遇：如实在得力，"即派其办理速记学堂一切事宜，借资教导"。[151]

速记学堂于 1910 年 2 月公开发布招生章程，定在该年 3 月开学，"以六个月为毕业之期，凡年十八以上，三十以下，曾在中学堂毕业或学力程度相当，通晓官话，且身家清白确无嗜好者"，京师于 3 月 10 日前到西斜街资政院开办公所报名。[152] 招生考试于 3 月 23 日举行，科目为历史、地理和国文，当场收回考卷 208 份。阅卷后，"定正取、副取、备取各十二名"。

4 月 4 日速记学堂举行典礼，正式开学。汪荣宝记载了典礼之详情：

资政院附设速记学堂定于本日午刻行开学礼，余于十时顷往，总裁以下先后咸集。十一时顷，余与柳溪侍郎、子端太史、伯屏秘书长及学堂教员、公所办事员等，率同诸生行谒圣礼。旋入讲堂，引总裁、协理、帮办以次与诸生相见，坐定，贝子述训词，柳溪侍郎演说设学宗旨，蔡子英太守演说速记术大意及中国速记术（传音快字）之历史。⑬

速记学堂开设速记、国文、法政和官话等课程，速记教员蔡璋、蔡瑞，国文教员秦汝钦，法政教员朱绍廉，官话教员荣绶。学生分甲、乙两班，共112人，其中京师考取24人，各省派送88人，学制为半年。⑬

速记学堂正式开班的消息传出后，时任大理院正卿的刘若曾还正式写信给溥伦，"以他日审判衙门需用此术甚广"，请求咨送4名学员来速记学堂学习。8月9日，资政院在京议员召开准备会例会，即让速记学堂派遣4名学生现场速记，"实地练习，成绩甚佳，堪备应用"。

10月初第一届学生即毕业，11月16日第二届学生举行毕业典礼。汪荣宝于当日日记中记录：

本日速记学堂第二班举行毕业式，（午）饭后，与柳溪侍郎同往。候至二时许，沈侍郎、伦贝子先后至。余与柳溪、子端、伯屏及本堂教员、诸生先谒圣，行三跪九叩礼，礼毕，与诸生行三揖礼，旋相将入讲堂，贝子与沈侍郎随入，以次唱名授毕业文凭。事迄，全堂合照一相。⑬

第一次常年会于10月3日正式召开，第一届毕业的速记生恰好赶上。今天能有翔实的《资政院议场会议速记录》保存下来，成为今日了解资政院的最重要资料，即跟资政院开办速记学堂、其毕业生受过专业训练有直接关系。

1911年6月，第二次常年会又将召开，社会对速记人才亦很有需求, 资政院奏请续办速记学堂, 并将原定章程略作修改, 获得了朝廷的批准。⑮考虑到速记学堂学制三个月, 可合理推测, 这届学员能顺利毕业。这即表明, 资政院为晚清民初培养了不少速记人才, 部分满足了各项政务的时代需要。

注释

① 姚光祖:《清末资政院之研究》, 台湾大学政治研究所硕士论文 1977 年, 第 7 页。

② 李鸿章:《复议制造轮船未可裁撤折》,《李鸿章全集》, 安徽教育出版社 2008 年版, 第五册, 第 107 页。

③ 郭廷以:《近代中国史纲》, 香港中文大学出版社 1979 年版, 第 1 页。

④ 张君劢:《宪政之道》, 清华大学出版社 2006 年版, 第 136 页。

⑤ 魏源:《海国图志》, 岳麓书社 1998 年版, 第 1161 页。

⑥ 梁廷枏:《海国四说》, 中华书局 1993 年版, 第 72—81 页; 徐继畬:《瀛环志略》, 上海书店出版社 2001 年版, 第 235 页。

⑦ 斌椿:《乘槎笔记》, 湖南人民出版社 1981 年版, 第 25 页。

⑧ 奕訢:《奏陈斌椿等游欧归来恭呈笔记一本》,"中研院"近代史研究所编:《近代中国对西方及列强认识资料汇编》,"中研院"近代史研究所 1966 年, 第 2 辑第 1 分册, 第 427—428 页。

⑨ 黄濬:《花随人圣庵摭忆》, 中华书局 2013 年版, 第 299 页。

⑩ 赵尔巽等撰:《清史稿》, 卷 386, 列传 173; 中华书局 1977 年版, 第 38 册, 第 11691—11692 页。引文着重号为笔者所加, 以下同。

⑪ 何嗣焜编:《张靖达公 (树声) 奏议》, 沈云龙主编:《近代中国史料丛刊》, 第二十三辑, 文海出版社 1968 年版, 第 222 册, 第 559—560 页。

⑫ 继张树声任两广督臣的张之洞曾讲:"臣之洞到任以来, 措置一切, 得有所凭借者, 树声经营先事之力为多。"(《两广总督张之洞等会奏积劳病故胪陈事宜折》, 载何嗣焜编:《张靖达公 (树声) 奏议》, 沈云龙主编:《近代中国史料丛刊》, 第二十三辑, 第 222 册, 第 11 页)

⑬ 关晓红对其原因讲得特别中肯:"曲高意深, 和众者寡, 不仅与此期内外官员中得到普遍认同的'中体西用'成说相抵牾, 亦缺乏内忧外患迫在眉睫, 不得不改革的外在压力为依托, 终如泥牛入海, 未被当道采用。"(关晓红:《从幕府到职官——清季外官制的转型与困扰》, 生活·读书·新知三联书店 2014 年版, 第 114 页)

⑭ 郑观应:《盛世危言》, 王贻梁评注, 中州古籍出版社 1998 年版, 第 96—102 页; 其君主立宪思想的研究可参考李启成等:"著书敢谓匡时论: 郑观应的《盛世危言》与近代转型",《北大法律评论》第 20 卷第 2 辑。

⑮ 黄氏指出:"是制之建, 人人皆谓政出于民, 于地方情弊宜莫不洞悉, 坐而言, 起而行, 必有大可观者。然余读明治十二年府县议事录, 吾未知其果胜于官吏否也。虽然, 为议员者已由民荐, 荐而不当, 民自任之。苟害于事, 民亦自受。且府县会之

所议，专在筹地方之税以供府县之用，官为民筹费而民疑，民为民筹费而民信。民自以为分官之权，谋己之利，而官无筹费之名，得因民之利以治民之事，其所议之当否，官又得操纵取舍于其间，终不致偏菀偏枯，使豪农富商罔利以为民害。故议会者设法之至巧者也，民可使由，不可使知。圣人以私济公而国大治，霸者以公济私而国亦治，议会者其霸者之道乎？"（黄遵宪：《日本国志》，吴振清等点校，天津人民出版社 2005 年版，上册，第 396 页）

⑯　《论宜通民情》，《申报》，光绪十三年四月初九日。

⑰　汤震：《危言》，光绪十六年刻本，卷一。

⑱　何启：《新政真诠》，辽宁人民出版社 1994 年版，第 115 页。为何要"托古改制"？"兹当玉弩惊张之余，金瓯荡动之辰，将欲再奠元黄，永安社稷，则必奋然改革，政令从新，若是者，窃以为宜复古帝王执中精一之心传，而行古帝王因时制宜之运量，则试议而论之，所谓复古者，其要有七焉。"（同前书，第 104 页）他之所以采取"托古改制"的话语以及没有提及在中央层级如何设立议院，是为了不直接触动皇权，以打擦边球的方式推进君宪。

⑲　何启：《新政真诠》，第 128—129 页。

⑳　张玉法：《清季的立宪团体》，北京大学出版社 2011 年版，第 37 页。

㉑　关于宪制思想，尤其是议会思想进入中国的过程，请参考张朋园："议会思想之进入中国"，载《中国民主政治的困境（1909—1949）：晚清以来历届议会选举述论》，第 1—48 页。

㉒　沈翔云："复张之洞书"，转引自张耀杰：《陈其美的谋士沈翔云》，《温故》，第 19 辑，广西师范大学出版社 2010 年版，第 94 页。

㉓　"从戊戌年（1898 年）秋间到庚子年（1900 年）夏间，可称为维新变法的反动时期。反动的事实以所谓'戊戌政变'开幕，以义和团大闹北京收场。"（李剑农：《中国近百年政治史》，复旦大学出版社 2002 年版，第 172 页）

㉔　"论中国必革政始能维新"，（光绪三十年正月十五日），《东方杂志》第一年第一期，李细珠编：《清末立宪运动史料丛刊·立宪运动的酝酿与发动》，山西人民出版社 2020 年版，第 373—375 页。

㉕　《上谕》（光绪二十六年十二月二十六日），载故宫博物院明清档案部编：《义和团档案史料》，中华书局 1959 年版，第 947 页。

㉖　朱寿朋：《光绪朝东华录》，中华书局 1960 年版，第八册，第 4601 页。

㉗　陈恭禄：《中国近代史》，中国工人出版社 2012 年版，第 395 页。

㉘　张之洞：《劝学篇》，李忠兴评注，中州古籍出版社 1998 年版，第 87 页。

㉙　朱寿朋：《光绪朝东华录》，第四册，第 4289 页。

㉚　陶葆廉辑：《陶勤肃公奏议遗稿》，沈云龙主编：《近代中国史料丛刊》，第四十五辑第 441 册，文海出版社 1966 年版，第 25—35 页。

㉛　张怡祖编辑：《张季子九录》，文海出版社 1965 年版，第一册，第 52—53 页。

㉜　叶德辉：《叶吏部答友人书》，载苏舆编：《翼教丛编》，上海书店出版社 2002 年版，第 175 页。

㉝　李剑农：《中国近百年政治史》，第 208 页。

㉞　《论俄罗斯致败之由（敬告中国当道）》，《时报》，光绪三十年五月初四至初六日，载

李细珠编:《清末立宪运动史料丛刊·立宪运动的酝酿与发动》，第 385 页。
㉟《振兴中国何者为当务之急》,《大公报》1905 年 4 月 21 日。
㊱《立宪法议》,《东方杂志》，第一年第十二期，1905 年 1 月 30 日，载李细珠编:《清末立宪运动史料丛刊·立宪运动的酝酿与发动》，第 429 页。
㊲《论日胜为宪政之兆》,《东方杂志》第二年第六期，1905 年 7 月 27 日，载李细珠编:《清末立宪运动史料丛刊·立宪运动的酝酿与发动》，第 466 页。
㊳ 端方:《请定国是以安大计折》,《端忠敏公奏稿》，1918 年铅印本，卷六。
㊴ 达寿:《考察宪政大臣达寿考察日本宪政情形折》，载故宫博物院明清档案部编:《清末筹备立宪档案史料》，中华书局 1979 年版，上册，第 29 页。
㊵ 故宫博物院明清档案部编:《清末筹备立宪档案史料》，中华书局 1979 年版，上册，第 409 页。
㊶ 同上书，上册，第 152—153 页。
㊷《出使各国考察政治大臣载泽在日本考察大概情形暨赴英日期折》，载迟云飞编:《清末立宪运动史料丛刊·清廷的预备仿行立宪》，第一卷，第 8 页。
㊸ 夏新华等整理:《近代中国宪政历程：史料荟萃》，中国政法大学出版社 2004 年版，第 40—42 页。
㊹《汪康年师友书札》，上海书店出版社 2016 年版，第 1 册，第 826—837 页。
㊺ 故宫博物院明清档案部编:《清末筹备立宪档案史料》，上册，第 43—44 页。
㊻ 张謇:《为运动立宪致袁直督之函》，载张怡祖编:《张季子九录》，第一册，文海出版社 1965 年版，第 127—128 页。
㊼ 故宫博物院明清档案部编:《清末筹备立宪档案史料》，上册，第 202—203 页。
㊽ 中国第一历史档案馆编:《光绪宣统两朝上谕档》，广西师范大学出版社 1996 年版，第 33 册，第 181—182 页。
㊾ 李细珠:《新政、立宪与革命——清末民初政治转型研究》，北京师范大学出版社 2018 年版，第 29 页。
㊿《御史黄瑞麒奏筹备立宪应统筹全局分年确定办法折》(光绪三十三年十二月十五日)，载故宫博物院明清档案部编:《清末筹备立宪档案史料》，上册，第 315—316 页。
(51)《重申实行预备立宪谕》，载故宫博物院明清档案部编:《清末筹备立宪档案史料》，上册，第 71 页。
(52)《论中国立宪之要义》，载张枬、王忍之编:《辛亥革命前十年间时论选集》，生活·读书·新知三联书店 1960 年版，第一卷下册，第 943—944 页。
(53) 关于集贤院和资政院之组成和职能，该节略清单进而指出:“耆臣朔望，则仿成周优礼老更之例，上备垂询；裁缺庶官，则援宋代特定祠禄之条，暂令待用。故设集贤院，以昭恩礼。欲广皇仁，宜求民瘼，上自亲贵，下及绅民，妙选通才，广搜舆论，祛下情之雍蔽，备盛世之刍荛，故改政务处为资政院，以彰公溥。”(中国第二历史档案馆编:《中华民国档案史料汇编》，第一辑，“辛亥革命”，江苏人民出版社 1979 年版，第 89—91 页)
(54) 牛贯杰编:《清末立宪运动史料丛刊·资政院》，山西人民出版社 2020 年版，上卷，第 3—4 页。
(55) 其意见具体为:“考日本历设公议所、待诏局，皆使臣庶尽言，以为国会基础，嗣又别置集议院，取决公论。良以国会既难骤开，若不设此机关，则宪制终难成立，不如先立此院以为练习之区，凡各省外县所陈利病得失，皆上达政府，以备采择，而定从违，亦准建议条陈，兼通舆情，而觇众见。至于财政之预算，亦必属之。此院议员选举，除王公、勋爵、京员额公推，此外则分……二十二选举区，每区荐举议员八人，共为总额一百七十六人。选举时暂行投票公举，凡被举者，无论绅商、士子，不拘资格，惟在位之实官不得被举。其议事以多数决议之制行之，议长由议员中互选，有代表言事之权，无论平时有无职衔，既被举为议长，则应加以优异职衔，以示朝廷殊典。此集议院与国会组织之分别也。将来程度日高，可由国会立法，自可与以立法之权，另行组织。今为一时权宜之计，拟请改都察院为集议院，姑照以上办法行之，是选额既已平均，意见自无畛域，而本省利病亦可因此研究，以补中央耳目所不逮矣。"（端方：《奏改行官制以为立宪预备折》，《端忠敏公奏稿》，1918年铅印本，卷六）

⑤⑥　故宫博物院明清档案部编：《清末筹备立宪档案史料》，上册，第426—428页。

⑤⑦　"集议院为国会基础，但民格太低，一时尚无议员资格，遽集二十二省未经教育之人于一院，各执己见，党同伐异，徒事喧哦，广东粤汉铁路之事已可概见。宜俟将来民格稍高，然后再议，则集议院可以缓设。"（故宫博物院明清档案部编：《清末筹备立宪档案史料》，上册，第447页）

⑤⑧　故宫博物院明清档案部编：《清末筹备立宪档案史料》，上册，第294、464页。

⑤⑨　该上谕关于资政院的原文为"其应行增设者，资政院为博采群言，审计院为核查经费，均著以次设立"。《德宗景皇帝实录（八）》，中华书局1987年版，第468页。

⑥⓪　孙宝瑄：《忘山庐日记》，上海古籍出版社1983年版，第942页。

⑥①　端方：《请定国是以安大计折》，《端忠敏公奏稿》，1918年铅印本，第六册，第31—32页。

⑥②　李细珠：《袁世凯与清末责任内阁》，载《变局与抉择：晚清人物研究》，北京师范大学出版社2017年版，第225—227页。

⑥③　御史胡思敬于1911年春上折，亦可旁证此点："丙午之役，袁世凯挟兵入京，用二三浮薄小人仓卒起草，百端恫吓，欲倾翻政府而代其位，潜拟疏稿，授已故尚书张百熙保己为总理大臣，由是立宪议起，而筹备单出，遂成今日不可收拾之势，此监国摄政王所亲见也。"（迟云飞编：《清末立宪运动史料丛刊·清廷的预备仿行立宪》，第二卷，第583页）

⑥④　相关内幕可参考"齐东野语（陶湘致盛宣怀函，光绪三十二年十月初七日，北京）"，迟云飞编：《清末立宪运动史料丛刊·清廷的预备仿行立宪》，第一卷，第523—527页。

⑥⑤　奕劻在奏折中这样说："行政之事则专属之内阁各部大臣。内阁有总理大臣，各部尚书亦均为内阁政务大臣，故分之为各部，合之皆为政府，而情无隔阂；入则参阁议，出则各治部务，而事可贯通。如是则中央集权之势成，而政策统一之效著。"（《庆亲王奕劻等奏厘定中央各衙门官制缮单进呈折》，载故宫博物院明清档案部编：《清末筹备立宪档案史料》，上册，第464页）

⑥⑥　迟云飞编：《清末立宪运动史料丛刊·清廷的预备仿行立宪》，第一卷，第512—513页。

㉖ 关于这段历史，当时担任编制馆馆员的张国淦回忆："光绪三十二年十月，考察政治大臣载泽回国，主张立宪，首先厘定官制，在海淀朗润园编纂。是时外省督抚到京参予者，惟袁世凯一人。那些充编纂的大臣，多守沉默，惟袁独有主张，他最坚持废除军机处，改组责任内阁，设总理大臣一人（一般人揣摩说，他的用意，此总理一席自属奕劻，他就可以凭借奕劻势力为所欲为，异日奕劻去位，似乎也留下自己的地步）。北京亲贵骤然看见袁这样作风，便以为他的气焰凌人……此时亲贵对袁都是侧目而视，所以他不等官制拟完，就被排挤回天津去了，连他带来的随员如张一麐、金邦平等也站不住，不由得不悄悄的跑走了。袁出京后，官制草案，军机处改内阁，总理大臣一人，添副大臣二人，交到考察政治馆总司核定的王大臣审核。其时馆中设有提调为宝熙、刘若曾，军机大臣不常来馆，提调主持馆务。我是该馆馆员，叫我整理并拟折稿，由瞿鸿禨改定具奏。大家都以军机处要废止，总理和副大臣要设立了。九月二十日谕：'军机处为行政总汇……自毋庸复改内阁，军机处著照旧行……'据说，这是瞿鸿禨揣测西太后意旨于独对时决定的。"（张国淦：《北洋述闻》，上海书店出版社 1998 年版，第 17—18 页）据档案材料看来，这确是慈禧和瞿鸿禨君臣独对的结果。（周育民整理：《瞿鸿禨奏稿选录》，《近代史资料》，第 83 号，中国社会科学出版社 1993 年版，第 34—37 页）

㉗ 《裁定奕劻等核拟中央各衙门官制谕》，载故宫博物院明清档案部编：《清末筹备立宪档案史料》，上册，第 471 页。

㉘ 李细珠：《袁世凯与清末责任内阁》，载《变局与抉择：晚清人物研究》，第 236 页。

㉙ 端方：《请定国是以安大计折》，《端忠敏公奏稿》，1918 年铅印本，第六册，第 32 页。

㉚ 故宫博物院明清档案部编：《清末筹备立宪档案史料》，上册，第 512—513 页。

㉛ 张之洞：《劝学篇》，李忠兴评注，第 87 页。

㉜ 张之洞："致江宁刘制台、广州陶制台、济南袁抚台、安庆王抚台、苏州聂抚台、杭州余抚台、上海盛大臣"，苑书义等主编：《张之洞全集》，第十册，第 8540 页。

㉝ 《致军机处厘定官制大臣、天津袁宫保》（光绪三十二年十二月二十四日丑刻发），苑书义等主编：《张之洞全集》，第十一册，第 9578 页。

㉞ 《八月初七日张之洞入京奏对大略》，《时务汇录·丁未时务杂录》，中国社会科学院近代史研究所藏《张之洞档案》，乙 F99；转引自李细珠：《张之洞与清末新政研究》，上海书店出版社 2003 年版，第 331 页。

㉟ 《拟设资政院采择国民舆论以宣上德而通下情并限制其权限节略》，中国第一历史档案馆藏，档号：50-00-000-000002-0002。

㊱ 当时，有很多士大夫即意识到立宪政体的确立有助于改善政府财政状况。如孙宝瑄 1902 年 1 月 3 日的日记云："财之在天下也，分之则至少，合之则甚多。故善理财者，每分取众人之财，以合办国家之事，法至善也。然而在立宪国内，君民相通，故有事每敛于民，民乐输焉。何也？无官吏借端渔利之弊也。在专制国内，君民不相通，故有事敛于民，民不乐输焉。何也？君取其一，官吏将取其十，民不胜扰也。是欲治国者，必先理财；欲理财者，必先改政体。政体不改，而言理财，未有不病民也。"（孙宝瑄：《忘山庐日记》，上海古籍出版社 1983 年版，第 447—448 页）

㊲ 张一麐：《朗润园风波》，载《古红梅阁笔记》，上海书店出版社 1998 年版，第 45 页。

㊳ 杜亚泉即指出："辛丑回京以后……迨袁世凯等以君主立宪之说进，彼西太后者，当

垂暮之年，岂犹为国利民福计，而为此立宪之预备耶？亦欲借此限制君权之说，使光绪帝不能行权于其身后耳。”（伧父：《立宪运动之进行》，载中国史学会编：《辛亥革命》（四），上海人民出版社 1957 年版，第 4 页）按：杜亚泉与梁启超关系密切，从光绪受制的角度来解释慈禧主导的预备立宪，虽有几分实情，但单独从此解释，亦难免过甚其辞。

⑧⓪ 牛贯杰编：《清末立宪运动史料丛刊・资政院》，上卷，第 13 页。案：岑春煊奏折所言都察院所代之“国会”，实际上是下议院；谘议局所代的“议院”实则为地方议会。上折之日，正处丁未政潮期，岑春煊被排挤出朝，由邮传部尚书转任两广总督，心内愤懑，以养病为名，滞留上海。该折乃为岑氏在上海所撰写，只是限于资料，不知实际撰写者为何人，有此较深的西学素养。可以肯定，随着瞿鸿禨和岑春煊在政潮中彻底败北，其建议对朝廷决策的影响也就有限了。

⑧① 《德宗景皇帝实录》，卷 575，光绪三十三年六月。

⑧② 中国第一历史档案馆编：《光绪宣统两朝上谕档》，第 33 册，第 192 页。

⑧③ 同上书，第 321 页。案：景星，由部属简放道员，历任按察使、布政使，荐擢湖北巡抚、福州将军，转任资政院协理，1909 年 2 月 20 日病逝。（中国第一历史档案馆编：《光绪宣统两朝上谕档》，第 36 册，第 10 页）资政院协理是资政院正式开院前辅助总裁、副总裁筹备事宜的临时职，存在时间为 1908 年 1 月 20 日—1909 年 10 月 3 日。陆元鼎于 1908 年 7 月 6 日因病辞职获准，朝廷于 1909 年 9 月 23 日另派李家驹任协理。（赵尔巽等撰：《清史稿》，《陆元鼎传》，中华书局 1977 年版，第 41 册，第 12538 页；《交旨》，《政治官报》，第 229 号；《谕旨》，《政治官报》，第 249 号）

⑧④ 中国第一历史档案馆编：《光绪宣统两朝上谕档》，第 34 册，第 34 页。

⑧⑤ 《敬陈开办资政院大略情形并请派员帮同厘订章程折》（光绪三十四年二月），牛贯杰编：《清末立宪运动史料丛刊・资政院》，上卷，第 51 页。

⑧⑥ 《前工部员外郎刘桪条陈预备立宪之事应实力举办折》，载故宫博物院明清档案部编：《清末筹备立宪档案史料》，上册，第 341 页。

⑧⑦ 《为具奏拟定资政院总纲院章缘由等事等》，第一历史档案馆藏档案，档号：05-08-032-000053-0095。

⑧⑧ 故宫博物院明清档案部编：《清末筹备立宪档案史料》，上册，第 61—62 页。

⑧⑨ 《重申仍以宣统八年为限实行宪政谕》《再命各衙门六个月内奏报筹备宪政办法谕》，载迟云飞编：《清末立宪运动史料丛刊・清廷的预备仿行立宪》，第一卷，第 276—277 页。

⑨⓪ 故宫博物院明清档案部编：《清末筹备立宪档案史料》，上册，第 71 页。

⑨① “宣统元年五月初六日，内阁奉上谕。前以预备立宪系奉先朝明谕，朕御极后，复行申谕内外大小臣工，共体此意，栩赞新猷，毋得摭拾浮言，淆乱聪明。乃陕甘总督升允前奏请来京面陈事宜，当经电谕尽可由折电奏陈。原以新政繁巨，不厌详求，内外大臣如有所见，不妨随时条陈，以资采择。兹据该督奏陈立宪利弊，并恳请开缺，迹近负气，殊属非是，本应予以严惩，姑念该督久任封圻，尚无大过，著照所请，即行开缺。钦此。”（中国第一历史档案馆编：《光绪宣统两朝上谕档》，第 35 册，第 229 页）又《东方杂志》评论：“说者谓升允之得罪，不尽由于阻挠宪政。然究未尝以阻挠宪政为能，巧伺上意，而开众不肖转借顽固为侥幸之门，此亦于式枚之流

所较为丧气者。"（孙家红编：《孟森政论文集刊》，中华书局 2008 年版，上册，第 394 页）

㊈②　《清实录》，第 60 册，中华书局 1987 年版，第 731 页。

㊈③　梁漱溟：《乡村建设理论》，上海世纪出版集团 2006 年版，第 78 页。

㊈④　孙宝瑄：《忘山庐日记》，上海古籍出版社 1983 年版，下册，第 953 页。

㊈⑤　故宫博物院明清档案部编：《清末筹备立宪档案史料》，下册，第 630—637 页。

㊈⑥　顾敦鍒：《中国议会史》，上海书店出版社 1991 年影印本，第 66 页。

㊈⑦　时人关于《院章》之评论，具有代表性同时也产生了较大影响的是梁启超以"沧江"署名的《资政院章程质疑》（《国风报》第一年第二十号）和孟森以"心史"为笔名在《东方杂志》（第六年第十三期）"宪政篇"中发表的评论。（孙家红编：《孟森政论文集刊》，中华书局 2008 年版，上册，第 472—474 页）他们的批评，一则是以在野知识分子所秉持的批判者立场立论，一则以条文之字面立论，自有其道理。但结合以后第一次常年会之实际情形来看，则很多批评都落了空。以孟森的批评为例，他对《院章》的批评集中在下述几点：（1）因为总裁、副总裁之名额、职能规定模糊，导致钦选总是压倒民选；（2）议员回避之规定更不利于民选议员；（3）资政院与行政衙门关系之规定将导致议会附和于政府，否则生解散之虞；（4）资政院与行政衙门冲突，君主可能当争执之冲。在资政院会议期间，结果恰与第一点相反，第二点对民选议员未产生多大影响，第三点解散资政院的担心恰是政府所尽力避免的，反而是有议员以解散作为要挟朝廷之手段，惟有第四点成为现实。

㊈⑧　参考姚光祖：《清末资政院之研究》，台湾大学政治研究所硕士论文 1977 年，第 72—73 页。

㊈⑨　《论国民宜速筹国会实行方法》，《申报》1908 年 9 月 4 日，载尚小明编：《清末立宪运动史料丛刊·国会请愿运动》，山西人民出版社 2020 年版，上卷，第 152 页。

⑩⓪　《清实录》，中华书局 1987 年版，第 60 册，第 329—330 页；《资政院奏择定贡院旧址建筑资政院请旨饬修折》，《政治官报》，1909 年第 657 号；《资政院奏工程重要派员随同办理折》，《政治官报》1910 年第 799 号。

⑩①　参考《资政院近闻一束》，《申报》1910 年 11 月 23 日。

⑩②　《德文新报》曾详尽报道了建筑方案："在内城的东南角，北京观象台前以北，即前贡院的旧址上，将要矗立起象征着中国步入立宪制、走向现代化的国会大厦。新的国会大厦将用长方形的花岗石砌筑，面朝西，正对皇城，四条大街从城市的东部一直延伸至国会大厦。气势宏伟的圆形拱顶顶端设有塔式天窗，下面是议会大厅、参众议院的会议厅，宽阔的回廊门厅贯穿主楼的西侧；大厦的四周将高筑围墙，正面宏伟的正门、后面以及两侧设坡道；大厦前后均开辟宽阔的广场，正门前计划建造一条宽阔的行车坡道，后面则准备修建三条分别供皇帝、文武大臣和外国使节使用的坡道；国会大厦的中轴线是坡道、露天平台、门厅和能容纳 800 人的议会大厅，接着是皇帝的宝座、皇帝与群臣的议事厅等……根据政府建设当局的要求，中央议会大厅的座位参照柏林国会大厦的模式呈扇形设置。根据计划，中央的大圆顶将用铜铁锻制，但具体细节尚未确定……"随着清廷覆亡，资政院工程也被迫停工。此后罗克格和建筑公司试图通过德国公使馆使用外交手段追讨未付的酬金，新成立的民国政府开始也不希望工程半途而废，根据当时达成的协议，如果建筑公司和罗克格

本人能够通过贷款筹措到足够的资金，工程便可继续下去。但这座具有象征性意义的巨大建筑对于刚刚成立的新政府来说，实在是太过昂贵了！随着"一战"爆发，罗克格赶赴青岛参战并被俘，这座建成后足以让罗克格名垂中国建筑史的大厦的建造合同最终被取消。当时整个工程已完成所有 4800 平方米的地基施工，墙体砌筑高出地面近 1 米，耗资高达 99 万余马克。（王栋：《罗克格：在中国卓有成就的德国建筑师》，《北京规划建设》2011 年第 4 期）

⑩③ 《奏为绘就建筑资政院及上下议院分图核估工款请旨饬拨事》，第一历史档案馆藏，档号：03-7569-020。

⑩④ 资政院商议开院场所，初奏贡院旧址，又拟外务部衙门，以有窒碍而止，乃议于财政学堂、法律学堂择用其一。1909 年 5 月 3 日，汪荣宝、曹汝霖、金邦平前往踏勘，先到财政学堂，"以寄宿学生稍众，一时无地可迁，惟讲堂稍有余裕，若将法律学堂借作资政院，而以财政学堂之一部借与法律学堂应用，则甚合式……（法律学堂）讲堂甚大，可作议事堂之用，余屋改为休憩、办事等处，约计亦尚敷用"。（韩策等整理：《汪荣宝日记》，中华书局 2014 年版，第 143 页）7 月 7 日总裁溥伦奏进呈资政院工程总图并陈明大概情形，又奏暂借法律学堂为议场，获得朝廷正式批准。（《交旨》，《政治官报》1910 年第 969 期，第 2 页）

⑩⑤ 《为资政院议场狭小遇有议及主管及有关系衙门议案时各部侍郎可到院内政务大臣室接洽咨送其应戴徽章事致陆军部》，宣统二年九月初六日，第一历史档案馆藏，档号：15-01-001-000026-0148。

⑩⑥ 《资政院会场座位图》，中国第一历史档案馆藏，档号：50-00-000-000002-0015。

⑩⑦ 1910 年 8 月"资政院奏，议员公费拟定每员常年会期支六百圆，计共十二万圆。议员旅费除京员毋庸支给外，应以省分之远近为多寡，最远者八百圆，最近者一百圆。每常年会期，计共六万圆……总裁公费年支一万圆，副总裁五千圆……统计全院经费每年共支三十万圆。如遇临时会期，除议员旅费照常年会期外，议员公费照常年会期减半。加以开会费用，每一临时会期，定为经费十三万圆。"（《清实录》，中华书局 1987 年版，第 60 册，第 706 页）按照当时银元的购买力来说，给议员的公费和旅费相当可观，朝廷不无笼络之意。

⑩⑧ 中国第一历史档案馆编：《光绪宣统两朝上谕档》，第 36 册，第 339 页。

⑩⑨ 《江瀚致瞿鸿禨函（附清国立宪之危机）》，载《瞿鸿禨朋僚书牍选》，迟云飞编：《清末立宪运动史料丛刊·清廷的预备仿行立宪》，第一卷，第 164 页。

⑩⑩ "为使地方大权不致旁落，清廷任命督抚多用旗人，自 1644 年到 1735 年，全国除陕西、山西、甘肃外，累计各省总督为 185 人次，其中满人 32 人次，汉军 128 人次，汉人仅 25 人次；巡抚共 515 人次，其中满人 36 人次，汉军 260 人次，八旗蒙古 4 人次，汉人 215 人次。八旗满洲、汉军、蒙古通称旗人，他们牢固掌握了各省地方政权。"（孔令纪等主编：《中国历代官制》，齐鲁书社 1993 年版，第 326—327 页）

⑪⑪ 孙宝薇：《读魏源"进呈元史新编序"的按语》，转引自余英时：《戊戌变法今读》，《二十一世纪评论》第 45 期。

⑪② 刘伟：《晚清督抚政治——中央与地方关系研究》，湖北教育出版社 2003 年版，第 174—188 页；刘硕：《地方督抚与清末预备立宪》，《河北学刊》1996 年第 5 期。

⑪③ 尽管在 1907 年的丁未政潮中，岑氏乃失败者，但在此之前，他深得慈禧太后之宠幸，

能够对太后说心里话。此奏折正是他圣眷正隆之时所上，故能道出当时督抚的一些真实想法。

⑭ 故宫博物院明清档案部编：《清末筹备立宪档案史料》，上册，第499—502页。

⑮ 有代表性的言论，如张謇在1901年《变法平议》中主张"置议政院"；又如孙宝瑄即是一立宪党人，出身官宦世家，好读书，笃志向学，对传入的新思想，尤其是政治和哲学，非常关注。他在1903年5月24日的日记中写道，"今之谈时务者，莫不曰议院之设，必在学校修明之后。余独谓无议院，则学校必不能修明。故每持先开议院改政体之主见，以为此乃一切政治之根本也。今而后所见又有进步，盖农工商不大兴，百姓无实业，富户太少，不堪纳重税之时，议院无从而设。盖凡民有举人及被举之资格者，必每年能纳重税于国家，纳重税则义务尽，而有益于其群，然后可予以权利，此宇宙之公理也。"（孙宝瑄：《忘山庐日记》，上海古籍出版社1983年版，上册，第686页）

⑯ 张玉法：《清季的立宪团体》，台北"中央研究院"近代史研究所专刊（28），1971年版，第365—383页。

⑰ 张朋园：《立宪派与辛亥革命》，吉林出版集团有限责任公司2007年版，第42—51页。

⑱ 《读十四日上谕书后》，《时报》1905年7月18日。

⑲ 《郑孝胥、张謇等为在上海设预备立宪公会致民政部禀》，载中国第二历史档案馆编：《中华民国史档案资料汇编》第一辑"辛亥革命"，江苏人民出版社1979年版，第100—101页。

⑳ 关于这一派，以《国会请愿同志会意见书》阐述得最详密，朝廷官僚反对速开国会的重要理由之一就是认为资政院与国会相似。在国会请愿同志会看来，二者性质根本相异：资政院是专制政体之议政机关，国会是立宪政体下的监督机关。因为《院章》将资政院议案之裁可权赋予了君主，既无法监督政府，又置君主于负责任之地。之所以请愿速开国会，正是要变专制政体为立宪政体，以满足天下臣民之望。总之，"资政院之设，非徒人民所不满意，且不利于国家全局，不利于君上，不利于官僚，必演成他日种种破裂，恐为主办资政院与编订资政院章程者意料所不及。"（张枬、王忍之编：《辛亥革命前十年间时论选集》，第三卷，生活·读书·新知三联书店1977年版，第611—614页）梁启超也持有类似观点，"若夫资政院，政府恒称之为议院之基础，在彼固以为与国会有密切之因果关系，吾则以为资政院非惟与国会不成关系，而且与国会不相容者也。"（沧江：《论政府阻挠国会之非》，载张枬、王忍之编：《辛亥革命前十年间时论选集》，第三卷，第638页）

㉑ 李剑农：《中国近百年政治史》，复旦大学出版社2002年版，第210页。

㉒ 精卫：《民族的国民》，载张枬、王忍之：《辛亥革命前十年间时论选集》，第二卷上册，第114、97页。

㉓ 汪精卫即明确指出："革命党者，民党也……惟于平民之中，合肯负责任之人以为一团体，遂从而名之曰党……即今之立宪党人，其初亦平民之一分子。"（精卫：《论革命之趋势》，载张枬、王忍之编：《辛亥革命前十年间时论选集》，第三卷，第525—544页）

㉔ 张枬、王忍之编：《辛亥革命前十年间时论选集》，第三卷，第457、525、456、544—545页。

⑫ 《为具奏拟定资政院总纲院章缘由等事等》，中国第一历史档案馆藏，档号：05-08-032-000053-0095。

⑫ 中国第一历史档案馆编：《光绪宣统两朝上谕档》，第 35 册，第 323 页。

⑫ 韩策等整理：《汪荣宝日记》，中华书局 2014 年版，第 86、90、91 页。

⑫ 宣统二年 11 月 19 日内阁奉上谕："资政院奏请补秘书厅秘书长一折，资政院秘书厅秘书长著金邦平补授，余依议。钦此。"（中国第一历史档案馆编：《光绪宣统两朝上谕档》，第 36 册，第 412 页）

⑫ 《督宪札发新定谘议局筹办处章程文》，载邱涛编：《清末立宪运动史料丛刊·顺直谘议局》，山西人民出版社 2020 年版，第 22 页。

⑬ 参考张绍组："著名政治家、实业家、教育家金邦平"，《天津政协公报》2008 年第 11 期；彭剑：《清季宪政编查馆研究》，北京大学出版社 2011 年版，第 216 页。

⑬ 韩策等整理：《汪荣宝日记》，第 173 页。

⑬ 《奏为资政院咨调续行咨调各员奏明立案事》，中国第一历史档案馆藏，档号：03-7443-084。

⑬ 《呈资政院前调人员衔名清单》，中国第一历史档案馆藏，档号：03-7443-085。

⑬ 《呈资政院续调人员衔名清单》，中国第一历史档案馆藏，档号：03-7443-086。

⑬ 《奏请裁撤暂设公所成立资政院事》，中国第一历史档案馆藏，档号：03-7474-013。

⑬ 《资政院奏调用人员分别留京候补折》，载牛贯杰编：《清末立宪运动史料丛刊·资政院》，山西人民出版社 2020 年版，上卷，第 129—130 页。

⑬ 中国第一历史档案馆编：《光绪宣统两朝上谕档》，第 36 册，第 458 页。

⑬ 参考内阁印铸局编：《宣统三年冬季职官录》，沈云龙主编：《近代中国史料丛刊》，第 29 辑，文海出版社 1968 年版，第 506—509 页。

⑬ 李启成校注：《资政院议场会议速记录》（修订版），商务印书馆 2022 年版，上卷，第 68 页。

⑭ 同上书，上卷，第 12 页。

⑭ 同上书，上卷，第 205 页。

⑭ 《奏为资政院议员伪填名票私改案语扰乱法纪请惩处事》，中国第一历史档案馆藏，档号：04-01-12-0689-048。

⑭ 《资政院开院后种种》，《申报》1910 年 10 月 18 日，载牛贯杰编：《清末立宪运动史料丛刊·资政院》，下卷，第 1021 页。

⑭ 《资政院奏筹设速记学堂拟定章程折并单》，《政治官报》第 827 期，第 14—16 页。

⑭ 韩策等整理：《汪荣宝日记》，第 89、91、101 页。

⑭ 同上书，第 92、104 页。

⑭ 参考蔡凯如：《自强——珞珈精神的源头：纪念自强学堂首任总办蔡锡勇先生》，《武汉大学学报（社会科学版）》1993 年第 6 期。

⑭ 韩策等整理：《汪荣宝日记》，第 104 页。

⑭ "军机大臣钦奉谕旨，资政院奏敬陈速记学堂开办情形一折，又奏呈进蔡锡勇所著《传音快字》一片，知道了，书留览。钦此。"（中国第一历史档案馆编：《光绪宣统两朝上谕档》，第 37 册，第 48 页）

⑮ 《东方杂志》1910 年第 4 期，《宪政篇》，第 108 页。

⑤　《资政院调取速记人员》，《大公报》1910 年 1 月 25 日。

⑬　《资政院速记学堂招考示》，《政治官报》1910 年第 844 期。

⑬　韩策等整理:《汪荣宝日记》，第 127—129、132 页。

⑭　《资政院速记学堂之内容》，载牛贯杰编:《清末立宪运动史料丛刊·资政院》，下卷，第 990 页。

⑮　韩策等整理:《汪荣宝日记》，第 133、178、215 页。

⑯　中国第一历史档案馆编:《光绪宣统两朝上谕档》，第 37 册，第 133 页。

第二章 资政院议员

孟子有句至理名言："徒善不足以为政，徒法不足以自行。"①制度和运用此一制度的人，交互影响。上章大略阐述了资政院相关的制度设计，但要考察资政院之实际运作及其影响，则不能忽视作为资政院主体之议员群体。盖不同特征之群体，直接影响于制度的运作及其所发挥的功能，故本章集中分析。

第一节 资政院议员之选定

资政院议员之选举，不论是产生方式、各类议员之名额，在第一次常年会正式开幕之前，有一个变化过程。

一、议员产生方式之变更

按朝廷最初计划，是模仿日本集议院，来设立作为上议院的资政院。到底上议院如何构成，当时颇有分歧。戴鸿慈在《奏请改革全国官制以为立宪预备折》中即建议将都察院改为集议院，其议员构成之具体设想如下：

> 良以国会既难骤开，若不设此机关（指集议院），则宪制终难成立，不如先立此院以为练习之区……议员选举，除王公、勋爵、京员额公推，此外则分奉天、吉林、黑龙江、直隶、山东、山西、河南〔陕西〕、甘肃、新疆、四川、广东、广西、云南、贵州、湖北、湖南、江苏、安徽、江西、浙江、福建为二十二选举区，每区

荐举议员八人，共为总额一百七十六人。选举时暂行投票公举，凡
被举者，无论绅商、士子，不拘资格，惟在位之实官不得被举。其
议事以多数决议之制行之，议长由议员中互选，有代表言事之权，
无论平时有无职衔，既被举为议长，则应加以优异职衔，以示朝廷
殊典，此集议院与国会组织之分别也。②

他的建议实际上是废除都察院。在预备立宪期间，都察院的存废成
为中央官制改革的焦点。因涉及饭碗，故御史群体就如何预备立宪上折
甚多。戴氏于 1907 年 3 月曾致函梁启超，请教部院权限争议问题，因
此其记述较为可信。他简单追述了这一过程，"自去年七月宣布预备立
宪之旨，其后组织内阁，以各部为行政大臣，拟以察院改为立法部，以
刑部改为司法省，嗣因察院御史不肯听裁，遂罢议立法一部，而刑部
遂为司法衙署"。③御史作为君主耳目，其监督臣下的功能为君主所需，
且御史来自民间，亦有为民请命、上达民隐之责。按照帝制中国的政治
传统，只要帝制存在，要"大权统于朝廷"，都察院就不可能废除。故
戴鸿慈的设想因为御史的抵制、朝廷的意向，不可能行得通。

考察政治馆于 1906 年拟定的《资政院官制草案》中，规定资政院
由政务处改设，设参议员 133 人，以钦选、会推、保荐之法定之。"钦
选"是皇帝从王公世爵勋裔中选定 10 人。"会推"是从京官中互推 54
人。"保荐"分为两种：一是宗室觉罗、京内外八旗士绅已满三十岁者，
由宗人府、旗内外将军、都统共保荐 3 人；二是由各地疆臣保荐各省官
绅士商 66 人。另外还设有数量不定的额外参议员，以增加朝廷干预的
弹性。④该草案经厘定官制王大臣修改后，在上奏的《资政院官制草案》
中有一微小变化，即取消了宗人府、京内外将军和都统对八旗士绅的保
荐一项 3 名议员，其他种类和额数不变，共设参议员 130 人。⑤

只有钦选、会推和保荐之参议员组成之资政院，与其后上谕所说
"预立上下议院基础"相矛盾，因此国内以御史、国外以留学生为主干
的立宪团体纷纷要求设立以民选为特征的下院，以切实监督政府。梁启
超及其所创设的政闻社做的工作，颇值一提。

1907年12月资政院总裁溥伦去日本报聘，顺便考察日本国会制度，梁启超撰写了《上资政院总裁论资政院组织权限说帖》一文，由政闻社总务员马相伯（良）等在横滨离宫当面呈递。说帖连署人达600多名，声势浩大。其内容关系议员组成者，主要包括：按照上谕之规定，"将来上下两议院，皆由现今之资政院胚胎而成；现今之资政院，即当兼有将来上下两议院之性质"。因此要分别设置皇族议员，西藏、蒙古议员，别置钦选议员以待亲贤，宜令各省谘议局派出议员以为一省之代表。其中，应以人民选举之议员为中坚，行政官不宜多占议员位置，人数当在六七百人之间。如此，全国人民用复选举法所选出的议员即构成下院基础，其余议员则构成上院基础，则资政院规制略备。⑥该说帖关于资政院组织之设计，是寓国会之组织于资政院，达到立宪党人所希望的速开国会这一实质目标。⑦尽管该说帖关于资政院议员构成之建议并未被全部采纳，尤其梁氏特别重视，以复选举法产生的议员为下院基础以构成两院制这个重点部分，完全被朝廷所忽视，但它事实上还是对朝廷后来决策产生了影响。⑧

江苏候补知县陈澹然于1907年9月应诏上折陈言，提出他的想法，不无出彩之处：

> 宪政良否，全视议员，必其人近民而远官，乃可直陈而无回护。若令疆臣保送，官尊必待钻营；若令省会公推，不过党援推引。则莫若同乡京官，名威未尊，见闻较确，拟请明诏先令在都京外各官，三品以下，除本管长官外，各举资政院长、总理大臣各一人，设金匮于内阁，定期投票，请皇太后、皇上御殿对众宣示。先立院长以振其纲，再令御史、翰林、部曹各举同乡未仕著书深明中外政治者，代呈其书，不拘钞刻，述其行谊，并陈都察院或学部鉴核咨询，高者入资政院为国会议员，余入本省咨议院，均援京秩，示天下与民相亲，然后由京至省，下逮州县，通设议会。⑨

他所说三品以下京官"名威未尊，见闻较确"，适合充当资政院议员，后来议员中非常重要的"各部院衙门官"一种，由四品以下京官选举产生，足见其影响。

1908年2月25日翰林院代奏编修朱汝珍请派蒙王藏僧及殷实商民为资政院议员，朝廷下旨会议政务处议奏。⑩

于1908年7月8日经朝廷批准的"资政院总纲、选举"两章规定议员由钦选和互选两项产生。其中互选议员是由谘议局议员互选之后按照得票高低由督抚咨送资政院，奏明立案；钦选议员则包括王公世爵议员、宗室觉罗议员、各部院衙门官议员和业主议员。其中王公世爵议员由军机处会同宗人府、理藩院查明合格人员，缮具名单，奏请钦选；宗室觉罗议员由宗人府查明合格人员，在资政院互选后按得票高低奏请钦选；各部院衙门官议员限制在四品官以下，且不包括审判官、检察官和巡警官在内，由吏部查明合格人员，在资政院互选后按得票高低奏请钦选；业主议员是由民政部查明资产在一百万元以上且为谘议局议员的业主，在资政院互选后按得票高低奏请钦选。至此，议员产生的两种方式——钦选和民选——得以基本确定下来。

二、钦选、民选议员名额之变动

1908年通过的"资政院总纲、选举"两章规定各省谘议局互选议员，其定额为各省谘议局议员总数的10%，统计同年7月22日通过的《各省谘议局章程》所规定的谘议局员额为1687名，故互选资政院议员大致为170名左右。它也规定了各类钦选议员的员额，其中王公世爵议员，不超过10名；宗室觉罗议员5名；各部院衙门官议员100人；业主议员10名。⑪共有钦定议员125名。合钦选、民选，议员总数在300名左右。

随后形势变更，《各省谘议局章程》《谘议局议员选举章程》和《钦定宪法大纲》陆续颁布，军机大臣和资政院又对资政院的章程进行了修订。1909年8月23日，朝廷正式颁布《资政院章程》（以下简称《院章》），成为议员产生的生效法律文件。

按照《院章》规定，资政院议员共200名，钦选、民选各100名。民选议员除名额减少外，产生方式不变；钦选议员包括宗室王公世爵议员 16 名、满汉世爵议员 12 名、外藩王公世爵议员 14 名、宗室觉罗议员 6 名、各部院衙门官议员 32 名、硕学通儒议员（新增加）10 名和纳税多额议员（即之前的业主议员）10 名。

比较《院章》修改前后的议员名额分配，可以发现：民选议员数量减少、钦选议员中各部院衙门官议员数量减少而增加了满蒙王公议员 33 名。联系到议员总数减少 50% 的事实，可见朝廷力图加强对资政院的控制，以免"民气嚣张"。既有顺应立宪风潮之名，又有防患于未然、以便控制之实，可谓用心良苦。即便如此，还有旗人不满意，奉天旗务处总办金梁于 1911 年 5 月上呈，云：

> 中国议院自必取制两院，惟议员资格之若何规定，所关甚大。资政院对于皇族议员限制极严，名额过少，而旗籍并不能如谘议局制，为定专额议员，一似旗人只能与闻一省之政事，不能与闻全国之政事，尤多未协，万不可取以为则。[12]

三、《资政院议员选举章程》和议员之最终确定

资政院于议改续订《院章》之际，汪荣宝建议另外单独草拟《议员选举章程》，得到了总裁溥伦的同意。1909 年 8 月 28 日，资政院会议编订选举章程，章宗祥建议分类为宗室王公、外藩王公、满汉世爵、宗室觉罗、硕学通儒及纳税多额者、各部院衙门官、各省谘议局等选举章程七种，由汪荣宝分任前四种，程明超任第五种，曹汝霖任第六种，章宗祥任第七种，限 9 月 3 日脱稿。[13] 后经几次签改会议，得以最终定稿。

10 月上旬，资政院奏上《资政院议员选举章程》（以下简称《选举章程》），奏折集中阐述了各类议员的产生方法及其理由，是资政院议员选举的最重要法律依据，引录如下：

> 查资政院议员选任之法，大别有二：一为钦选、一为互选，两者各有取义，办法已不能相同，而钦选议员中分类既多，等差匪

一，论名位则有崇卑之异，校人数则有多寡之分，势不能以同一之规程，求彼此之适用，要当因宜定制，取便推行。窃维宗室王公世爵、满汉世爵及外藩王公世爵，阶级既高，计数较少，权衡取舍，一秉圣裁，自应开列全单，恭候简命。至宗室觉罗、各部院衙门官及纳税多额者，合格人数与议员定额之比例，多少悬殊，若一律奏进全单，不足示限制而便甄择。考外国上院之制，敕任议员多有先经互选者，今拟略师其意，凡宗室觉罗、各部院衙门官及纳税多额者，均于钦选之前举行互选，各照定额增列多名，好恶既卜诸舆情，而用舍仍归于宸断。其硕学通儒一项，资格标准确定较难，人数几何，调查不易，互选之法，势所难行。拟略仿从前保荐鸿博之例，酌量变通，宽取严用，以搜访之任寄诸庶官，以抉择之权授诸学部。仍宽定开列名数，以广取材，冀不失钦选议员之本旨。以上各项，略采各国上院办法，即为将来建设上议院之基础。而资政院既兼有下院之性质，势不能无民选议员，以与钦选议员相对待。惟创办伊始，一切准备均未完成，骤行民选，恐多窒碍。故特以谘议局为资政院半数议员之互选机关，谘议局议员本由各省合格绅民复选而来，而谘议局公推递升之资政院议员，即不啻人民间接所选举。立法本意，实在于此。此项议员，即以公推递升之标准，则去取之法，自不能不以得票之多寡为衡。但监督之权在于督抚，非经覆定，不令遽膺是选。而覆选之际，仍以票数之多寡为后先。既与钦选大权示有区别，乃与下院要义不相背驰。[14]

《选举章程》详细规定了各该项议员选举的时间、地点、方式、监督、具体额数等内容。可知，"钦选"和"民选"议员之"选"字，既有票举之义，又有皇帝或官长选定之义。钦选议员除世爵王公等高级贵族之外，其他的以互选得票多少为序，按各自定额的四倍造册奏请钦定；民选议员更以互选得票多少为序，按定额二倍造册，呈请各该督抚核定。[15] 这种选定办法，"确系参照各国成例，量度国内环境，而审慎订定者。设当时议员全由民选，则必窒碍难行，流弊孔多。我人对于清末之一举一动，当不能概视为不合时宜，实则光宣两朝之典章制度，亦颇有足多称道者"。[16]与议员选举相关的法规已大致完备。

1909 年 10 月 14 日，各省谘议局按期开幕，[17]11 月 23 日按照《选举章程》，选出互选议员 98 人。因为新疆暂缓设立谘议局，故缺少互选议员 2 人；[18]相应地，钦选议员的人数也减少至 98 人。

1910 年 3 月 1 日各部院京堂以上高官、翰林、给事中、御史、各省督抚、提学司及出使各国大臣保送硕学通儒议员于翰林院。3 月 6 日学部以清秩、著书、通儒院三款，分择候补四品京堂劳乃宣等三十人咨送资政院。[19]3 月 11 到 14 日，各部院衙门官逐日互选资政院议员于都察院。[20]3 月 15 日开票选定度支部员外郎奎濂等一百六十人咨送资政院。[21]同时宗室王公世爵、满汉世爵、外藩王公世爵之合格者，亦相继缮册，咨送资政院。大约半个月之后，各省纳税多额合格者亦由各省城商会、商务局选出，待督抚决选后咨送。

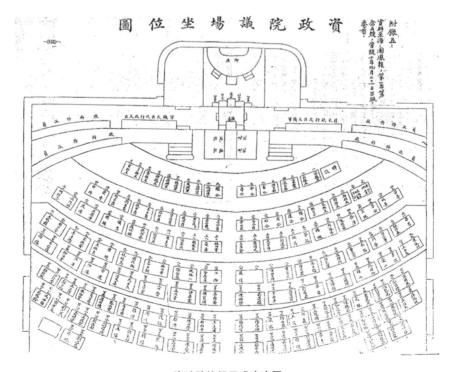

资政院议场正式座次图

5月9日，朝廷正式下谕确定满汉世爵、外藩王公世爵、宗室觉罗、各部院衙门官、硕学通儒议员名单，并表达了厚望："该议员等须知此次召集资政院，为中国前此未有之创举，即为将来成立国会之先声，务期竭尽忠诚，恪守秩序，克担义务，代表舆情，用副朝廷实行立宪循序程功之至意。"5月25日朝廷公布纳税多额议员名单，同日批准资政院奏各省谘议局互选议员名单。至此，资政院第一次常年会的参会议员完全选定。5月31日，御史陈善同上奏，"资政院开院会议，事属创举，请饬各议员先事实行筹备"，朝廷转给资政院，要求认真对待。[22]

在立宪思潮风云激荡的晚清，资政院议员享有较高的社会声誉且公费数额很可观，故选举中的竞争相当激烈。朝廷及各级官长想对选举施加影响，立宪党人则想趁机脱颖而出，直接参与政治。汪康年当时恰好在京城办报，作为著名政论人，就其观察所及，有这段札记：

> 去年，资政院将行京官互选之制，忽江西京官发起研究选举之会，于是各省继之，诸会馆所在，车马塞途。其意盖恐诸人随意选举，或有别一种团体之组织（如各衙门是也），或他省皆有组织，而一省独无，则一省必致无人以当选。故先集会，俾各省人均选本省之人，且先行研究何人得票最多，即令各人皆选此数人，庶此数人得以入选。惟如此则将囫囵互选之法，劈分为各省自选，不啻为分省选举之法，其利弊又当研究矣。[23]

在议员推举过程中，难免会出现很多花样，故御史胡思敬于1910年3月下旬上奏指陈"议员互选不公，各衙门官长以意私相属托，斫丧仕途廉耻，流弊滋多"；又说"选举硕学通儒，名实不副"，请朝廷饬令资政院变易名目，改定章程。[24]即便该御史指陈属实，也不足以根本否定资政院议员"选定"之价值。据张朋园的研究，对互选议员有最后决定权的督抚，大致尚能尊重谘议局投票，取决于多数的决定。[25]设置硕学通儒议员，本有朝廷罗致名流之意，即便有个别名实不符，但员额仅10名，不能对议员群体产生较大实质性影响。

第二节 议长与副议长

资政院的议长、副议长不同于立宪国国会由议员选出，而出于朝廷任命。㉖按照《院章》，资政院应设总裁、副总裁各二人，分别由"王公大臣著有勋劳通达治体者""三品以上大员著有才望学识者"特旨简任。实际上，大致在正式开院前，资政院只有两名总裁而无副总裁。自1909年底孙家鼐去世后，到1910年9月沈家本充任副总裁之前，资政院只有一名总裁。第一次常年会期间，议长是朝廷亲贵溥伦，副议长是晚清法律名家沈家本。按照《院章》和《议事细则》之规定，议长职权，择其要者言之，大致有：1.择员组建秘书厅，审核秘书厅拟定的一切文案，如议事日程安排等；2.主持资政院大会，宣布大会开始、休息、展会和休会；遇到特殊情况，可调整议事日表所列的议案顺序；3.维护议场秩序和议场纪律；4.以资政院名义将其议决上奏朝廷。在会议时，遇议长有事故时，由副议长代理议长行使职权。

一、议长溥伦

议长溥伦（1874—1927），字煦斋，满洲镶红旗人，本属皇族亲贵，乃道光之曾孙、宣统帝之从兄。因咸丰只有一独子同治，同治又无后，所以道光后裔成为晚清皇室最核心层。溥伦1904年以朝廷特使身份赴美，主持办理圣路易万国博览会。1907年8月任崇文门正监督这一要缺，9月与大学士孙家鼐一起被任命为资政院总裁，㉗时年33岁，为清朝廷着意培养主持新政的宗室人才；同年冬天，他又以全权大臣的身份报聘日本，重点考察日本国会制度。回国后

溥伦像

见闻日增，颇获两宫青睐。他于第一次常年会期间出任资政院总裁，对调停新旧议员、沟通议院与朝廷颇为得力。1911 年 3 月 22 日转任农工商部大臣，㉘辛亥革命后南北和谈之时担任清廷和谈代表，不得已赞同清帝逊位。在袁世凯称帝前夕，溥伦曾首先签名推戴，于 1915 年 12 月 1 日就任参政院参政，20 日出任参政院院长。㉙

宣统年间，以载沣兄弟、奕劻、载泽、善耆等构成了权力中枢，溥伦能为载沣认可，且与善耆、载泽相友善，能在朝廷说上话。但因他是近支亲贵中的佼佼者，不无嗣立希望，故遭奕劻之忌。赵凤昌记录"五大臣出洋考查事"，有关于他的一则轶事：日俄战后两国派员到美国朴茨茅斯议和，赵以为"和约倘涉及我疆域，我应干预"，跟张元济等一干沪上名流商量，得其肯定，于是游说端方、盛宣怀等疆臣。这时溥伦赴美参加万国博览会，因此赵就建议他就便到朴茨茅斯。溥伦也以为这很重要，愿意担任特使，但顾虑庆亲王跟他不合，害怕庆亲王怀疑他"在沪谋兼此差，公电待我到东洋后再发"。庆亲王复电但云："伦年轻资浅"，对这件事应不应该派人去没有提及，但"与伦不合果然"。黄濬在按语中指出："溥伦行四，道光之孙，近支王公，有嗣立希望，扼于庆亲王奕劻，不得志，久之始得资政院议长也。"㉚压抑既久而始得此位，故他希望能借此好好表现，以见知于摄政王载沣。可能正是因溥伦与奕劻不合，及至资政院弹劾军机案发生，矛头直指领班军机奕劻，溥伦不留明显痕迹，利用议长的法定职权，因势利导。如奕劻能辞去枢揆，则将来责任内阁成立，溥伦未必不是总理大臣的潜在人选。

在第一次常年会 42 次会议中，溥伦共主持 28 次，占整个会期的三分之二。在开始的几次会议时，他能较准确把握议院之性质。据报道："政府某公往访伦贝子，谈及资政院议员与政府争执。贝子曰：'枢府观察资政院之眼光根本谬误，彼以为资政院乃衙门，吾辈乃堂官，吾辈有弹压之职务。殊不知所谓议长者，原是议员之一人，不过为议员之长而已，本是一体。所议之事，亦是从众取决，初不得违众独异。'"㉛溥伦的解释，固有在枢府那里卸责之考虑，不过也能表明其对立宪国议院性质超出一般满洲亲贵的认知。当资政院有重要议案上奏，或与朝廷发生正面冲突时，就会有议员请求议长利用其特殊地位为资政院效力。如讨论速开国会具奏案之际，议员李榘即请求议长向朝廷"力争将来中国可望有转机者惟速开国会，此时不能解决，恐将来欲开国会而不可得"，议长当场应允，说："贵议员所说甚是，本议长当极力陈说。"[32] 由此，他与议员们形成了良好的互动关系。1910 年 10 月 26 日资政院讨论速开国会具奏案，度支部尚书载泽到资政院演说预算案之大旨，最后归结到速开国会问题，"现在责任内阁未成，国会未开，本部困难情形难以尽述，惟有盼望将来国会一开，诸位竭力赞成担负义务，实本大臣之幸也。（拍手拍手）"，[33] 有力支持了议员速开国会之主张。载泽之所以亲自到院作长篇演说，是因其与溥伦良好的私人关系而受邀，并成为资政院议员速开国会议题的有力后援。

在第一次弹劾军机案上奏后朝廷讨论时，溥伦即在摄政王旁，"力陈立宪国制，万不能与旧时制度并容。现在小有冲突，务须平和解决。监国亦颇首肯，遂将两谕中严厉语大加删节"。到弹劾军机案接近尾声时，摄政王特招溥伦，要求他在军机和议员间两处说和、解释，勿令激成解散辞职种种风潮。[34]

总之，议长溥伦能充分尊重议员的发议权和决议权，因此在议员中享有特别威望；且出身亲贵，乃朝廷决策核心圈中的人物，能在朝廷说上话。因此，他在沟通朝廷和议员之间发挥了很大作用，避免了朝廷和资政院走向决裂。

二、副议长沈家本

副议长沈家本，长期任职于刑部并在当时主持了变法修律事业，在晚清民初法界具有极大影响。他于 1909 年 5 月 9 日被钦选为资政院硕学通儒议员。[35] 1910 年 9 月 15 日，距第一次常年会召开只剩下半个多月，朝廷方任命他出任副议长。[36]

自孙家鼐于 1909 年 12 月去世后，《院章》定额总裁、副总裁各两名，现在只剩溥伦一位总裁在职，不仅另一名总裁未补，副总裁更一直没有任命。及至开院前夕，才让沈氏补缺副议长。朝廷如此作为，有其

沈家本像

深意。较之状元帝师出身、以礼部尚书武英殿大学士之尊且死后被朝廷盖棺论定以文臣最高礼遇"文正"谥号的总裁孙家鼐，不论官衔、名望，沈氏都有明显差距。很明显，朝廷也是注意到此点，故而只任命沈氏担任副议长。负责人地位降等，暗示该机构在朝廷心目中，地位不如从前重要。《院章》赋予议长广泛职权，尤其是开大会时，议长万一有事，需要有人代理其主持会议，因此，为保证大会之顺利进行，资政院至少必须得有议长、副议长两个人。沈氏在这个背景下被任命为副议长，主要是为了开第一次常年会时，有人能在溥伦因事无法到场时，暂时顶替他主持大会，保障会议顺利进行。沈氏位列卿贰多年，官场资历较老；作为职业官僚，远离朝廷中枢决策圈；年龄偏大，无多少上升空间，没什么政治野心；性格内向，与人相处偏柔，在高层官场属与世无争型。这种种因素，决定了在朝廷眼里，沈氏是副议长的合适人选。久历宦海，沈氏自然心知肚明，他就是为溥伦有事走不开之际临时承乏"看家"的。关于资政院事务，该管的不推脱，不应管的绝不越位揽权。在这个位置上，不免要"任劳"，但更重要的是能"任怨"。可以设想，沈氏自己是不愿来资政院蹚混水，但朝廷有命，身为人臣，以沈氏性格，自不便也不能拒绝。

仓促上任，沈氏未能参加资政院的前期筹备工作，对资政院的情况并不熟悉。已年届七十，资政院议员的平均年龄大致在 41 岁，[37]他是资政院议员中年纪最长者。年龄上的较大差距，同时就意味着经历和认识上的不同；且资政院会议的时间一般从下午一两点到晚上六七点，有时甚至到晚上九十点钟，这么长的时间，对一个七旬老人而言，精力难免不济。更重要的是，他明白自己的"看家"定位，多一事不如少一事。沈氏明白朝廷布局的这个深意,绝大多数议员和秘书厅官员都明白。这种种因素加在一起,使得沈家本在资政院的权威自然不如议长溥伦。

笔者在阅读《速记录》时有一直观印象,沈氏主持会议伊始,对会场秩序之整顿和引导远不及溥伦。当时即有报道:"十五日,资政院开院,秩序又大紊乱……散会时亦未奉有副议长之命哄然而散。其原因盖为正议长伦贝子并未到院,由副议长沈侍郎代理,沈既乏资格又不孚众望。"⑱

沈氏在资政院,一度处境尴尬。于1910年10月19日召开的第八次大会上,议员们对《议事细则》关于政府特派员在议场发议的权利辩论激烈,先后有民选议员雷奋、于邦华和陶峻指责沈氏没能主持好会议,耽误时间,难辞其咎。雷奋在会场上讲:"(副)议长此句说,本议员不当回答。因整理议场秩序是议长的权限,前日议员中有不照《议事细则》而说话者,政府特派员中有不照《议事细则》而说话者,其责任不在议员,而在议长。(拍手)"于邦华则埋怨:"今天这件事就是议长一句话引出来的。"陶峻则直接指出沈氏主持的偏袒:"政府委员演说,不过于先后次序稍有误会,其实算不得大大错处。议长为全院之主理,应综筹全局,调和意见,使议员与政府委员结成一体,以便维持危局。今乃故意袒护政府委员,以致议场骚动。将来议员设与政府委员生出意见,民选议员与钦选议员生出意见,彼此冲突,有议论而无成功,谁执其咎?以后务请议长维持大局,勿存私见,使本院将来得收良好之结果,为望为祷!"⑲沈氏主持不力,两边受气:民选议员以为他偏袒政府特派员,耽误了议事时间;政府则认为他对民选议员弹压不力,致使民选议员控制了会场,对政府不利。舆论界也有这种看法,时任《帝国日报》总编辑的宁调元说得很尖锐:"外国之议长以政党之领袖充之,中国之议长不过政府特派员之护符而已。呜呼,沈敦老!"⑳故而议员中酝酿了倒沈暗潮。此暗潮因何而起,有报纸以为是汪荣宝受政府收买,私下运动议员,暗中操纵的结果:"资政院议员汪荣宝辈欲去沈子敦,暗潮甚烈,将来之结果,虽不可定,亦资政院开院后之一有趣味耐研究之一问题也。夫沈子敦之柔懦寡断，遇事不能主持，固也。然汪荣宝辈何独欲去沈子敦，此中深意，饶有供人研究者，有心人试一思之。或曰：使无雷奋、于邦华、易宗夔一般民选议员，汪荣宝辈决不倡此议，其或然欤？"⑪《时报》的报道，则更能说明此中关节所在："委员愤怒议员不容说话，公推李家驹特谒庆王要求发言权，庆王允当咨资政院。该院甚为为难，尚未敢公布。"针对当时议场完全为民选议员操纵的情况，"各特派员密议，多归咎于沈家本副总裁，柔懦寡断，遇事不能主持，乃拟请改派李家驹充任"。⑫《申报》说得更具体："钦选议员汪某及特派员某某等屡开秘密会议，研究对待之法，其议决者三事：（一）议长沈家本人太老实，不能极力压伏民党议员，拟运动以李家驹或宝熙代之……"⑬这并非完全空穴来风，李氏果然于次年出任资政院总裁。

　　自此之后，沈家本主持资政院大会，多采取顺其自然、无为而治的策略，凡事按照议员多数的意见来进行，一则自然消弭了倒沈暗潮，且之后再没有明显冲突情事发生。

　　溥伦与沈家本致力于调和资政院内部冲突，跟议员们缓和了矛盾，但必定会招致政府的不满。资政院弹劾军机案达到白热化之时，舆论又传出："政府中人以沈副议长主席时不能整理议场秩序，拟于民选议员中择一人为副议长，江苏议员许鼎霖颇具调和精神，拟令其代沈接充斯席。"⑭联系到许鼎霖于次年最终执掌资政院，可谓早已"简在帝心"；且为民选议员，让他接替沈家本出任副议长，更显政府本无成见，且大公无私，力促宪政早日观成。从朝廷和政府的角度言，可谓一箭数雕。只不过因为种种原因最终未能如此而已。久谙官场、身处局中的沈家本，对此当然心知肚明。俗语讲，两姑之间难为妇，沈氏既要面对日趋激烈的议员，又要应对越发颟顸的政府，真是难为这位七十老翁了。

　　沈氏对会议的主持，多是议员和朝廷发生对立，议长溥伦不便来院的情形，特别不容易。沈家本共主持院会14次，占第一次常年会会期的三分之一。所以资政院第一次常年会不致中辍，沈氏自有其作用。

　　议长溥伦的锐气、手腕以及亲贵出身，配合以副议长沈家本的老成、忍辱，反映在主持会议时果断、激昂和顺其自然、无为而治。一刚一柔，相得益彰，使得大会一直能顺利进行下去，且能保持会议之独立风格。

正是议长溥伦、副议长沈家本的主持得法，在第一次常年会中，议员们表现颇有可圈可点者。

第三节　议员们的发议

议员们的风采，主要是通过他们各自的发议集中体现出来。尽管从《速记录》所反映的实际结果来看，将议员按照钦选和民选的分类进行价值判断并以此为前见来展开论述并不是特别妥当，但自资政院设立伊始，朝廷即希望以钦选议员来对抗民选议员，并笼络一部分民选议员，达到控制资政院之目的，以避免出现"民气嚣张"的后果，历来的研究者也多以这两类议员的划分作为考察议员行为的基本框架，这种分类亦自有其合理处。本节之分析，也拟从此入手。故先概述一下这两类议员发议之整体状况及其背后的原因，然后在此基础上论述其表现之值得圈点之处何在。

第一次常年会期间共开会 42 次，按照《速记录》的记载，经统计，议员共发议 3928 次，列表 2-1、2-2 如下：

表 2-1　资政院议员发议统计表

	钦选议员	民选议员
未发议者人数	46	22
发议十次以下者人数	32	33
发议十到四十次者人数	10	21
发议四十到一百次者人数	7	13
发议一百次以上者人数	2	8
发议总次数	1112	2816

续表

	钦选议员	民选议员
各类议员发议平均数	11.5	28.7
实际发议人平均发议次数	21.8	37
发议人最高发议次数	279	419
除掉最高发议议员的发议平均次数	16.7	32.1

表 2-2　钦选议员发议统计表

类别	宗室王公世爵议员	满汉世爵议员	外藩王公世爵议员	宗室觉罗议员	各部院衙门官议员	硕学通儒议员	纳税多额议员
发议总次数	25	27	4	1	742	238	75
议员人数	14	12	14	6	32	9	10
平均发议次数	1.8	2.3	0.3	0.2	23.2	26.4	7.5

42 次大会中，除 9 月 23 日的预备会人数无法确知外，12 月 29 日的大会（第 32 号速记录所载）因人数不足三分之二展会，但根据"少一人不能开会"的说法，推测为 119 人，因此，这 41 次会议总出席次数为 5748，平均出席次数 140 人次，占应出席议员的 72% 以上。按照梁启超的比较研究，"英国限制如彼之宽，然犹常常以不满此数，不能开议"，并预测资政院"苟必三分之二以上列席乃得开议，恐一会期之中，其能开议之日，不及十之一，如此则资政院将成虚设矣"。⑮ 故可合理推测，出席人数占议员总人数之比例和当时各立宪先进国家相比还算挺高。正是因为第一次常年会有较高的出席比例，才保证了研究者对《速记录》中的发议所进行的数据分析较为可靠。

一、钦选议员发议概况及其原因

经统计，钦选议员发议总次数为 1112 次，相比于民选议员的 2816 次，只有 39.4%，显见其远不如民选议员活跃。分析其内部构成，如表

2-2 所反映的，高级王公贵族和宗室觉罗议员共 46 名，发议才 57 次，基本处于沉默状态；在议场比较活跃的钦选议员主要是各部院衙门官、硕学通儒和纳税多额等三类，尤其是前两类。这两类议员的发议平均数已相当接近于民选议员之平均水平。

那些基本没有发议的钦选议员，之所以保持沉默，其原因比较复杂，大致有以下几点：第一，他们的近代法政知识，尤其是与议会运作、议场辩论方面的知识贫乏；第二，他们一般年龄较大、地位较高，侧重考虑如何保持一己之安荣，所以保持缄默、少招惹是非，就容易成为其议场表现之常态；第三，晚清社会，等级观念尽管较之以前有所淡化，但整体上仍非常浓厚，因多数钦选议员位尊年长，不愿意甚或是不屑于降尊纡贵去和官品较低甚或没有功名的年轻草民公开论辩；第四，他们更能够洞悉朝廷和官场的弊端。王朝到了晚期，种种不堪事体，想必甚多，这也使得他们耻于为朝廷辩护、仅为朝廷所用而为一般舆论所不容。正是这种种原因掺杂在一起，使得他们在议场保持了沉默。

据报道，摄政王载沣对资政院开议很重视，逐次阅读《速记录》，对钦选议员之沉默表示失望，曾对军机大臣说拟将另行选派，军机大臣告以不符合《院章》而止。[46] 钦选议员不发议，并不代表他就是傀偶摆设，其实他们内心有自己想法，而且某些想法还非常坚定。如在议员中地位很尊贵的庄亲王载功，就曾在议场外公开发表演说："今日入见院中情形，多以民气嚣张为虑，其实以某意论之，此乃忠君爱国之嚣张，并非犯上之嚣张。又有人谓议员为轻蔑朝廷，以某论，今日议员愤慨之余，轻蔑政府则有之，轻蔑朝廷则无之。"[47] 此种将朝廷和政府区分开来，从而驳斥批评者所说的"民气嚣张"，有助于消除朝廷对资政院的疑虑。当然，与其说所有的这类钦选议员都持如此想法，毋宁庄亲王之演说乃是一特例，况且公开演说也未必是其内心真实想法。但有此特例，加上他们之中大多数在议场内外等公开场合的沉默，就为其他议员提供了更大的发挥舞台。

各部院衙门官议员来自于中下级京官，因为《选举章程》将之限定在四品到七品之间。他们多具有进士、举人等高级功名，是传统社会的佼佼者，年纪较轻，富有朝气，接受新式法政教育的概率较高，和朝廷的联系自不如那些宗室王公、外藩王公、满汉世爵议员那么紧密，有极大的官位上升空间，因此其发言也就更不至于公然站在政府一边而让自己的声誉受损。

那些硕学通儒议员，从全国遴选出 10 人，即便有个别滥竽，达不到一般舆论所预期的标准，但说他们属于当时的文化精英，当没什么问题。他们作为传统精英文化的承载者，完全可能反对一些新事物，比如说西化的刑法典等。但他们反对理由却和朝廷不尽相同。他们更多地站在传统文化，尤其是儒家的立场，维护自己的信仰和价值判断；而朝廷更多则是关注如何维护其权力和权威。需要指出，儒家士大夫自有其相对独立的是非判断标准，并以此为基础评议朝政之得失，故并非绝对以朝廷之是非为是非。晚清时处衰世，弊政多多，很可能成为这些硕学通儒的批评对象。如沈林一对于弹劾军机大臣就持赞成态度；又如被目为极端保守的喻长霖，对于速开国会问题持赞成态度，并据儒家民本思想将摄政王的军，他说：（速开国会）"于一般国民之心看来，摄政王无不答应。何以故？因为民之所好好之，民之所恶恶之，速开国会事情，朝廷以民心为心，同民好恶。据本议员看来，速开国会的事我们已经决定，摄政王没有不竭力赞成的。"⑱ 这些硕学通儒议员是传统文化的承载者，对于提交到资政院的议案，他们都会根据自己的学养和信仰来表达自己的见解，自然在议场比较活跃。

纳税多额议员属有产阶层，有自己的身家事业，一般不愿意深度介入政治，所以自始至终保持沉默者有人，此是一方面。另一方面，这些有产阶层，在传统政治格局中社会地位较低，只有在真正的立宪政体下才能确保其身家、提高其政治地位，因此也有纳税多额议员对朝政持批评态度，力图促进立宪政体之实现。如王佐良在弹劾军机大臣时持较为激进的态度，对于军机大臣以"不负责任"答复议员的质询时，强烈主张军机大臣来院说明理由："请议长打电话请军机大臣到院答复，该大臣等既然不负责任，必有不负责任的理由。可以请军机大臣把这个理由对本院说明"，由此得到了众多议员的支持。⑲

总之，钦选议员并不甘心为政府所用。那些王公贵族、宗室觉罗议员，尽管与朝廷休戚相关，但面对王朝晚期的诸多弊政，即使欲为政府辩护，也不便堂而皇之，许多人选择了沉默，因为理不直则气不壮。那些低级官员、硕学通儒和纳税多额议员，发议较多，但也非尽是附和朝廷，甚至对朝廷有诸多严厉的批评，很多时候和民选议员的立场无太大分别。比如在弹劾军机案、速开国会案等重大议案中，即有一些钦选议员持较为激进的态度。

二、民选议员发议概况及其原因

在逐个撰写资政院议员简介之后，笔者发现很多民选议员有相似的人生经历：早年寒窗苦读，欲获得功名，在科举阶梯上爬了或多或少的几步，在家乡成为较有声望的士绅；适逢留学潮，或公费或自费出去学习，回国后即回到生于斯长于斯的家乡，不管是省城商埠还是边远小县，去从事新式教育或实业工作，以切实启迪民智或使民脱贫为己任，渐渐搞出了名堂，享有了极高的社会声誉，被推举为省谘议局议员，最后在互选中胜出，成为资政院议员。[50]正因他们来自民间，有真正改造社会的理想、责任感和自己认可的方式，加以海外留学的见识，所以在《速记录》中保留下了不少精彩言论。他们这种将一己人生和社会基层改良紧密结合在一起的选择，固然出于传统士大夫以天下为己任、"觉民行道"之信念，亦有以民权观念为中心内容的法政新知的激励，还包括榜样的影响。这样的榜样，张謇为其著者。张氏"以'状元公'之尊，竟薄仕宦显达，毅然归乡兴办实业，倡修水利，经营盐垦，然后创设各级学校，提倡地方自治。张氏盖认定地方自治为救国之道，而实施地方自治端赖教育，教育又以实业为本。必先富而后施教，所谓'父实业而母教育'，然后始可产生地方自治之宁馨儿"。[51]

于第一次常年会之初，民选议员中的佼佼者本于自己的法政知识，通过对《院章》和《议事细则》中关于资政院及其议员的职责条款进行解释，逐渐掌握了议场的话语主导权。观察《速记录》，发现这些民选议员的发言和辩论，直接围绕相关法律规则来展开。比如某议员说，我之所以要登台发言，如此这般主张，是根据哪部法律哪一款来的，因此这是我的权利，你议长或者其他议员就不能以各种方式阻止或打断我的发言；又如政府特派员到资政院议场有说明政府提案的权利，有接受质询答辩的义务；且《院章》和《议事细则》对其发言既无次数，也无时间限制，因此就有很多登台发言的机会。有些特派员，倚仗自己来自核心部门，与朝廷中枢有密切关系，盛气凌人有之，恃才傲物有之，该说明提案内容的时候过多强调朝廷的威严而不是议案本身，该回答质询之际以权力为护符，顾左右而言他，因此常和议员发生冲突，故《速记录》中常有"彼此争辩、议场大哗""众大哗""拍手拍手"等记载。在这些辩论中，有些民选议员渐渐崭露头角，成为资政院中有重要影响的人物，最著者为"资政院三杰"，即易宗夔、罗杰和雷奋。

易宗夔原名鼐，戊戌变法失败后改名宗夔，字蔚儒，湖南湘潭人，1874 年出生，家贫，刻苦自学，成为廪生。他以弱冠之年即撰文《中国宜以弱为强说》，登于梁启超创办的《湘报》，为朝廷计议，提出四条主张，为激烈之全盘西化，即中西法相互参酌、中西教并行、君权与民权两重、黄人与白人互婚，以我就人，消弭外患，转弱为强。[52] 此种主张一传播，致群士大哗，为乡里舆论所不容。1903 年赴日入法政大学学习，期间曾参与革命杂志发行。后以学费无以为继归国，曾任湘潭学务公所董事，创办湘潭中学堂，先后在明德学堂、湖南高等学堂、清华高等学堂执教，主讲政治学。1910 年经湖南谘议局议员互选为资政院议员，于第一次常年会共发言 419 次，发言次数最多，是激进派议员代表，被当时舆论戏称为《水浒传》中的李大哥。

罗杰，字峙云，湖南长沙人，1867 年出生，附贡生，先后补用县丞、统带振字全军左营文案、统带遵义罗斛各军文案。游学日本法政大学之后回国，历充奏办湖南官绅法政二校、全省高等学校、中路师范学校、全省自治研究所等校教员，立达师范学校监督、群治法政专门学校校长、筹办长沙选举所所员、官立长沙自治研究所所长、长沙筹备自治所所董、湖南谘议局审议长等。早在 1902—1903 年间，他就"极主张国会，千无一和，撰《春温诗》以寄意"，1908 年夏间撰有《早开国会问答》，其序言曾刊登于《东方杂志》，在正文中铺陈列举了缓开国会的二十一条坏处，在当时产生了很大影响，属速开国会派健将。㊼1910年经湖南谘议局议员互选为资政院议员，共发言138次。1910年6月，值第一次国会请愿失败后，即将发动的第二次请愿，其结果亦不容乐观，作为湖南代表，他打算辞职后，无所顾虑再度请愿。为此，孙洪伊还致函挽留："国会一事，关系国家安危，足下主张最早，研究较深，去岁为国奔走，不辞辛劳，同人感激热忱，推为代表团中巨子。"㊔于第一次常年会期间在朝廷下谕缩短国会期限并不准再议后直接上书摄政王载沣，请求速开国会以救亡，颇显风骨。㊕

雷奋，字子琴，又字继兴，江苏华亭人，1877年出生，附生，为清末状元张謇门生。日本早稻田大学卒业，期间曾在《译书汇编》社编译日本书籍。回国后任《上海时报》记者，入苏抚程德全幕府，1909年当选谘议局议员，自治筹备所副所长，张謇称之为"谘议局之英""上流之辩才"。1910年经过江苏谘议局议员互选为资政院议员。《时报》有一则关于雷氏任资政院议员的短评："雷奋君者，今日之议场之健将也。眼光犀利，口齿明快。"㊖于第一次常年会共发言146次。

上述三人，在第一场常年会的总发议次数高达703次，占整个民选议员发议数的四分之一左右，且他们在弹劾军机案、速开国会案、新刑律案、预算案中都有突出表现，正是易宗夔的质问军机大臣说帖拉开了弹劾军机案之序幕。

除了这三杰之外，还有一位铁骨铮铮的民选议员，在阅读《速记录》时给我留下深刻印象。他就是传统中国最后一个状元刘春霖。刘春霖，字润琴，号石筼，直隶肃宁人，1877年出生，1904年中状元，日本法政大学毕业，曾任翰林院修撰、福建提学使、直隶法政学校提调、北洋女子师范学校监督。1910年经直隶谘议局议员互选为资政院议员。嗣因捐款兴学被朝廷奖给四品卿衔。㊗于第一次常年会期间，虽仅发议29次，但特能坚持原则，大有直道而行不畏权贵的书生本色、燕赵慷慨悲歌之士风。在弹劾军机案中，因为他在议场发言激烈，许鼎霖与之交厚，私下告诉他，"有人在政府献议，说议员胡闹，非照戊戌那年办几个人不可"。针对这赤裸裸的威胁，他不仅没有退缩，且在次日大会上说了这些掷地有声的言论，令闻者肃然起敬："本员说话诚不免有过激的地方，但是发于忠爱之至诚，本员受先朝特达之知，今日又为国民代表，断不敢作诡谀的话贻误全局。诚以有几个议员在政府里头平素多奴颜婢膝，而政府遂轻视资政院。这一种议员不但自失身分，并且说所谓全体议决，其实并不是全体，不过几个人胡闹而已。政府觉得你不是全体，所以越发看着资政院很轻，致使资政院议案全归于无效。这全是坏在这几个议员身上。所以本员昨天不得不有激切之词，然而语虽激切，实发于忠爱之至诚。在上可以对皇上，在下可以对国民。就是本议员见了监国摄政王，也是这样说，不敢作诡谀之词。"⑱

正是有这些杰出代表，使得民选议员于开院之初即掌控了议场，打破了朝廷意图以一半左右的钦选议员加上一部分民选议员来掌控资政院、将大会严格约束在"资政"范围内的企图，反而刺激一部分钦选议员加入了批判朝政、速开国会、弹劾军机等活动中来，令资政院得以摆脱御用机构"资政"的帽子，成为政府和朝廷在这一时期全力应付的对象，无愧于预备国会的职责。正是这些杰出民选议员的表现，吸引了一些外国观察家的注意。如当时美国驻华公使在给政府的报告中即指出："资政院议员表现了他们无上独立的精神及其尊严与权力感，此实使清廷及观察家大感惊奇。民选议员紧握控制议会之权力已大获成功，钦选议员已在彼等之牵制及左右下。议事及票决均以民选议员为转移。几位显得有卓越能力及善辩之民选议员，已成为该院之领导者。"⑲长期旅居中国的传教士李提摩太更略显夸张地指出："吾辈居中国四十余年，一旦得目睹此景象，殊堪惊讶。吾辈今日所见者，与前日之想望者，有过之而无不及。土耳其、葡萄牙之两大革命尚不能比。盖今日之有资政院，一若满人权利递交人民，仿佛二十国同时革命而不流一滴血云云。"⑳

第四节　儒学信仰、法政新知与议员风骨

百年前，正值资政院开院前后，上海滩有位叫陆世谔的中医，出版

了《新中国》这部预言小说，云：四十年后的"新中国"已成为甲冠全球的立宪国，作者借书中主角之一"李女士"之口，有这样的描述："国会开了，吾国已成立宪国了，全国的人，上自君主，下至小民，无男无女，无老无幼，无贵无贱，没一个不在宪法范围之内。"作者接着感慨："立了宪有这样的好处，怪不得从前人民都痴心梦想，巴望立宪。"⑥该小说虽是预言，没能成为现实，但它在当时出现并很快成为畅销书，自能反映时人极力热望立宪。

历史进程毕竟不像小说情节之展开那般，可以随意畅想。事实上，小说所言四十年后之中国，不但没能成为甲冠全球的宪制之国、法治之国，就是离最低程度的宪制、法治国家都还差得很远。蔡枢衡于20世纪40年代撰文，明确指出现实乃警察国，法治国仅仅只是理想。⑫中国近代宪制路之曲折，其原因归纳起来大致有：皇权专制政体之余毒难消、外来列强之干预和破坏、经济形态及其影响下的思想观念之滞后等。毫无疑问，它们都是阻碍中国真正走向宪制之路的重要因素。但这些不同因素之间并非一种孤立的存在，而是有本末主次之复杂关系：内因与外因、经济形态与社会意识、社会意识与政治制度等。如何来厘清这些重要因素之间的关系，可能是回答这个重大问题时，首先需要思考的。

自1898年戊戌维新开始算起，晚清新政、创建民国、倡导党治等，除了五四前后较为短暂的一段时间外，近代中国精英多相信制度万能，以为只要采用先进制度，所有的问题即迎刃而解，甚至不解而解。其实，制度的继受甚至是创造都不是最难的问题，关键是如何全面施行此一制度，使该制度的积极功用得到较充分发挥。这就直接回到人的问题上来了，正所谓"徒善不足以为政，徒法不足以自行"。⑬这个思路，也就是梁启超以及五四一干先驱要倡导新民、力主启蒙的主要依据。近代中国处于"千年未有之大变局"这个转型期，要成就这个转型，人的"转型"较之制度的"转型"实为更难。这种难度又主要体现在人的思想观念上。在人的思想观念中，信仰则占据着重要位置。基于此，本节即以近代中国议员群体之信仰作为切入点，将资政院议员与北洋时期国会议员之操守来进行对比，力图考察其风骨背后的精神所自来。

一、资政院议员之风骨

资政院第一次常年会开院典礼极其隆重，朝廷政要——从摄政王到军机大臣、大学士和各部院长官——全部出席。连革命党人所编的报纸都记载："资政院开幕之期，诚中国五千年来未有之盛典，都中各商民人等，由内外城警厅传知，届时一律悬挂龙旗，以为庆祝。"[64]其时皇帝宣统尚年幼，由其父摄政王载沣代为出席并致训词。训词中的这段话，足以反映资政院被寄予厚望：

> 资政院为代表舆论之地，各议员等皆朝廷所信任，民庶所推崇，必能殚竭忠诚，共襄大计。扩立宪之功用，树议院之楷模。岂惟中国前此未有之盛举，亦实于国家前途有无穷之厚望者也。[65]

作为议员，如何才能不辜负这种厚望呢？当时清廷已病入膏肓，如立时施予猛药，则适以促其猝死，应先固本培元，辅以慢慢治疗。即便方法对头，最后能否起死回生，尚要看几分天意。何谓"天意"？那就是各种偶然性事件是否有利，按照中国传统的说法，是因人事而知天意。对清朝廷而言，"本"和"元"何在？是那已离心离德的天下苍生。站在朝廷的角度，要起死回生，就需真正了解并尊重民意。在当时谁能代表民意？舍资政院议员其谁！所以议员们最重要的职责是反映他们所了解的民意，并给朝廷施加压力，使之尽可能接受。

在开院之初，民选议员中的佼佼者本于自己的法政知识，通过解释《院章》和《议事细则》中关于资政院及议员的职责条款，逐渐掌握了议场的话语主导权，对朝政的批评成为舆论基调。一些硕学通儒议员和部院衙门官议员也加入到批评阵营中来；那些与朝廷联系较为紧密的宗室王公、满汉世爵议员在这种氛围下不便抑或耻于公然发议为朝廷辩护而保持了沉默。尽管朝廷私下里给议长施加压力、收买威胁议员，但在议场基本未能奏效，批评一直是资政院"议政"之主旋律。

一般而言，在立宪政体中，国会对政府并非总要出以批评之言，有时甚或须同舟共济。但晚清时处衰世，内忧外患空前，国势陵夷如此，作为朝廷施政核心的军机处及各部院安能辞其咎？诚如汪龙光所说："现在中国危险，比如驾船在大风大浪中，主柁的人不管事，一味叫人撑篙荡桨，其危险何可胜言！"⑯议员们如不对政府之所为加以真切批评，反而装聋作哑，甚至是一味颂扬，那才是有负民众付托之重，亏于议员之操守和职责。议员们激烈批评朝政，不能不说是中国近代宪制史上的一抹亮色。

二、北洋时期议员之堕落

北洋时期，各种临时、正式国会开开闭闭，议员们一茬又一茬，但他们对政府的慷慨批评之词却越来越微弱，反之特别费、贿选总统等丑闻迭出。⑰顾敦鍱于1931年刊印的《中国议会史》中有这样痛心的描述：

> 吾国议会于袁世凯时，已开贿赂之端。"安福"当国，更发挥而扩大之，积扇成风，盛行一时。及十二年大选之际，乃造其极，军阀政客与议员间之贿赂行为，其卑鄙龌龊，有不堪言状者。而若辈固行所无事，恬不为怪，舆论攻击，非所顾也。是时议员所中贿赂之毒，盖已至心死之期矣……吾国议会自十二年之后，遂为国人唾弃，因而政权全入"迭克推多"之手。⑱

这段话已将民国国会议员的腐化历程做了精当简练的概括。自1913年民国第一届国会开始，经被称为安福国会的第二届国会，议员们之所作为，是每况愈下，不能令一般舆论满意。到第一届国会的重新恢复（当时美其名曰"法统重光"），更出了猪仔议员贿选总统之闹剧，其腐败已达时人所能想象之极致。

自袁世凯死后，民初政坛最有实力的北洋系一时群龙无首，被分为直、皖二系。段皖当国，以溥仪复辟为由，经以徐树铮为首的安福俱乐部之操纵，组织了民国第二届国会。皖系战败，直系继而当国，其首领曹锟虽一粗鄙无文之军人，却希冀国家元首高位，遂借首届国会被非法解散为由将其第二次恢复，再由议员们选举其为正式大总统。在这一背景下，闹剧因而发生。

赈选发生之时，即有浙江籍议员邵瑞彭在获得赈选确据后到京师地方检察厅起诉。虽一度有受理之说，但最终迫于巨大压力，检察厅未能立案，邵瑞彭也避祸南下，《大公报》曾登载了邵氏所撰写的通电和诉状，通电云：

> 各省区军民长官、各省议会、各公团、各报馆公鉴：瑞彭幼承庭诰，自行束修，及为议员，不骛党争，不竞名利，十载以还，嵩目世变。以为宪典未立，拨乱无方，曩岁恢复国会之役，蒙犯艰难，奔骤夙夜，方冀大法早悬，私愿已足，未敢贪婪竞选，为我邦家盖羞。暨乎六月十三，政变又作，瑞彭虽切腹巢之忧，犹殷补牢之望，不图构难之人，志在窃位，金壬鼓煽，思欲重贿议员，使选举曹锟为总统。初疑报纸谰言，未足凭信。乃本月一日宵分，竟有授瑞彭五千元支票之事。窃谓政变之应如何处置，曹锟之宜为总统与否，皆当别论。若夫选举行贿，国有常刑，不为举发，何所逃罪，特向京师地方检察厅依法告发。又恐京师受制强暴，法律已无效验，用是附告发状原文布告天下，以求公判。邦人父老百尔君子，其鉴察焉。

诉状核心部分云：

> 为告发高凌霨、王毓芝、边守靖、吴景濂等因运动曹锟当选为大总统，向议员行贿，请依法惩办，以维国本而伸法纪事。窃民国总统，职在总揽政务，代表国家，地位何等重要！乃直鲁豫巡阅使曹锟者，以骚乱京师、翊戴洪宪之身，不自敛抑，妄希尊位。国会恢复以来，以遏制中枢，连结疆吏，每多方搜括，筹集选费为第一步；以收买议员，破坏制宪，明给津贴，暗赠夫马费为第二步；以勾通军警，驱逐元首为第三步；以公议票价，速办大选，定期兑

付，诱取投票为第四步。近日以来，高凌霨、王毓芝、边守靖、吴景濂等与三数不肖武人，假甘石桥梁宅房屋组织买票机关，估定票价，一律给价，传闻每票自五千元至万余元不等，于本年本月一日于甘石桥俱乐部，竟公然发行通知，召集在京议员五百余人至该处，表面称为有事谈话，实则发给大有银行支票，此项支票系用"洁"记字样加盖"三立斋"图记，均由王毓芝、边守靖商同高凌霨、吴景濂等亲自办理，所签票数在五百张以上，而当时领票人员有一百九十余人，其经中间人过付持送者，不在此数。瑞彭持身自爱，于此等事，未敢相信，适值同乡议员王烈将前往该处，托其向上边探听。王君回称该被告等已将选举曹锟之票价五千元交我带交，退还与否，听君自便，我不负责等语。当将支票留下即行，追之不及。似此公然行贿，高凌霨等显犯刑律第一百四十二条、第八十三条、第一百五十九条第一项第二款规定，彭瑞为国家立纪纲，为国会保尊严，为议员争人格，不得不片言陈诉……请求即日实行侦查起诉，严惩凶顽，民国幸甚，此呈京师地方监察厅检察长龙。众议院议员邵瑞彭呈。⑥

邵瑞彭（1887—1937），一名寿籛，字次公，淳安人。1908年就读于慈溪浙江省立优级师范，先后加入光复会、同盟会，第一届国会众议院议员。后弃政从文，先后在北京大学、民国大学、河南大学等诸多高校任教。工文学，曾"疏证《说苑》，笺《盐铁论》"。⑩为什么选举大总统非行贿不可且留下如此明显的证据呢？据李剑农分析：

（直系政客在强力驱逐总统黎元洪之后）曹派因为议员走了一部分，恐怕选举总统得不到法定人数；又因为走了的议员大都是比较热心制宪的人，便用回京制宪的话来挽留他们。骨头比较硬一点的议员，终于不为所动；那些假装的硬汉，由天津跑到上海，再由上海跑到天津，再由天津跑回北京；他们把自己的骨头和五千元的银行支票用天秤较量较量，觉得那五千元的支票还要重一点；他们跑来跑去的时候，就是较量他们自己的骨头和支票的轻重的时候。到 10 月 5 日，五百几十个"猪仔"把他们的骨头和五千元的支票正式交换了；曹锟篡夺的计划完全成功了……选举的前后几天，那五百几十个卖身的议员觉得彰明昭著的卖身，万目所视，也有点难过，想起一件物品来遮一遮羞，于是把争持十余年以来制不成功的宪法，在两三天工夫以内通过了二读、三读；10 月 10 日曹锟就任总统，吴景濂等也在那一天举行公布宪法的仪式了。⑦

早在总统黎元洪被军警流氓逼迫离京之时，即有诸多议员袒护直系军阀，非但不谴责追究该"逼宫"行为，反而对黎元洪落井下石，少数议员以褚辅成为首即发表通电，云："同人等对于今次政变，并无拥护何方、反对何面之成见。惟议员职责所关，在法言法，不能知而不言。况以一国元首受军警流氓之骚扰，致不能安其职，而国会未闻主持正论，整饬纪纲，乃组织一似是而非之机关与军警流氓相呼应，合力以去之。天下后世，其谓之何？"⑫对这些"猪仔"议员来说，既然无耻了第一次，何妨继续无耻下去，以求得一己之利禄？以五千至一万大洋，换得选票一张，何乐而不为？

如此众多的议员卖身而被称为"猪仔"，不顾廉耻，热衷利禄，已令国人失望，更兼不务正业。1917—1918 年间，议员们"开会的期间将近一年，专闹意气，对于现成的宪法草案，二读尚不能告竣，并且尚有一部分未经过审议的程序"，⑬如此之低效，将之解释为慎重，是说不过去的。有学者翔实描述了此一过程：

> 国会恢复之后，仍以继续六年制宪工作为其主要任务。但因宪法会议开议时，不足法定人数，而致流会，于是减少宪法会议之出席法定人数：原来《国会组织法》第二十一条规定宪法会议非两院各有总议员三分二以上之出席不得开议，非出席议员四分三以上之同意，不得议决。此时则修正为"宪法会议以两院议员总数过半数之出席开议，出席议员之过半数之同意议决"，同时又修改宪法会议，

增设宪法会议出席费，每次出席得支二十元之出席费，这是无异于以金钱诱饵议员之出席议宪了。查民国六年国会宪法会议未决之重要问题，为地方制度案。所以宪法会议之宪法起草会，依宪法会议之议决起草，将地方制度全章通过二读，六日又将国权一章及民六悬案完全通过二读，并推举蓝公武、籍忠寅等整理宪法全部文字。十月八日宪法全案通过三读。因为这个宪法是于七日之内的短时间议毕，所以对于教育及生计两章遂被遗弃而不付议了。这个宪法，是于十月十日以宪法会议的名义公布，这就是世人所称之"贿选宪法"。[74]

以前如此拖沓，此次制定宪法又是如此之速，其间的理由，顾敦鍒解释得很到位："宪法之所以匆匆议毕者，盖欲赶在国庆日正式宣布也。"[75]

前后反差如此之大，视国之重器的宪法有若弁髦，何能让人信服？当时的舆论对此有严厉的讽刺与批评，如《大公报》即以谐音呼议员"诸公"为"猪公"：

> 此非议员诸公之良心选举，亦非议员诸公亲手所写之票，乃议员猪公各人袋中之五千元支票，所命令议员猪公移其玉趾至象坊桥，抬其贵手所写"曹锟"二字。吾人但觉议场上支票飞舞，金钱铿锵，乌烟瘴气，暗中活跃者，尽见金钱魔力，而未见议员之真正行使职权，表现良心也。[76]

至此，国会也好，议员也罢，除了为有权势者掌控之政府撑撑门面，为独裁打上民主之招牌，尚有何存在之价值？少数未被收买的议员所组成的国会维持会在"卖票须知"文中说得很中肯：若买票卖票，"议员变人身为猪仔，视金钱为从违，此尚能得国民之同情者乎？吾知无论在朝在野，无论属南属北，无论男女老幼，必一致反对之。即彼出钱买票之当局及其徒党，亦必一面议价，一面怀恨"。[77]

曹锟靠贿选得以成为总统，满足了自己的"皇帝"瘾，但招来了国内其他实力派的群起反对,直系内部裂痕加大。1924 年,第二次直奉战争爆发,直系战败,奉系成功入主中枢,国会被解散,南北对立加剧,军事第一,救亡不暇。北方政府的共和宪制已走到尽头。在这个三权分立的共和宪制之下,国会堕落、行政蛮横、政客无耻之尤,吸引了国人的绝大部分注意力而致整个共和宪制声名狼藉,以致时人有"民国不如大清"之浩叹,随着南方革命新势力的兴起并即将武力北伐以统一中国,北洋军阀已是穷途末路。政局的大变动,使得近代中国的宪制轨迹发生了大转变,从而进入了党治主宰一切的另一阶段。

三、儒学信仰与资政院议员之操守

笔者并不是要为那些杰出的资政院议员唱赞歌,他们自因其杰出表现已进入历史而不需要人来树碑立传;笔者思考的是另一个问题:辛亥革命成功建立了民国,而作为先进国体共和国之中的国会议员之操守,为何反不如君主预备立宪期中的资政院议员呢?

议会乃民治精神之所寄托,没有健康的议会,曷能有真正的宪制国家?我们可以找出很多外在理由来为民国时期这些腐化的议会、议员们开脱。比如说帝制余孽、军阀买办对议会和议员的严重摧残,胡萝卜和大棒双管齐下,造成议会和议员们不得不就范之势。但这些干预对议员们来说都是外在因素,人必自侮而后人侮之,必自轻而后人轻之。议会腐化堕落,议员们难辞其咎。同为代表"民意"之议员,晚清资政院议员不仅仅是面对专制余孽,尚处于登峰造极的皇权专制之中,且当时还是预备立宪,为什么未曾堕落腐化至斯?因此,仅从外部找原因,恐是避重就轻之举。议会不单是一抽象存在,其风骨、品格是通过一个个议员的具体行为体现出来。那究竟是什么原因让资政院议员们能在中国议会史上写下这相对较为光彩的一页呢?

通过爬梳史料,对资政院全体议员的生平略作考察,笔者发现传统儒学在他们身上刻下了较深的烙印。从下面的这些统计表格中更能充分证明此点:

表 2-3 资政院议员出身背景统计

出身背景	议员数量	占总数的百分比
进士	45	23.1%
举人	44	22.6%
贡生	48	24.6%
新式学堂毕业生	46	23.6%
不明	57	29.2%

表 2-4 毕业于新式学堂之资政院议员功名统计

功名	议员数量	占总数的百分比
进士	8	17.4%
举人	14	30.4%
贡生	17	37.0%
没有传统功名	7	15.2%

从以上统计可知：在资政院议员中，拥有传统功名的多达147名，占议员总数的75.4%。在那些正式接受过新式教育的46名议员中，拥有传统功名的达39名，比例高达84.8%，其中以举人、贡生为多。[78]这很容易理解：那些已然在科举之路上攀爬到最高层的进士，在王朝体制内已具备显赫的资历，自然都有较好渠道入仕；不以既有的显赫位置为满足，还要重新进入学堂学习新学的进士们，一般而言是感受到了时代之变化，多具有忧国忧民之理想。举人和名目繁多的贡生就不同了，他们的出路虽也不错，但毕竟和进士比起来，差距较为明显；随着科举的废除、新学的兴起，既然举路已断，没有机会继续攀爬，那转攻新学，有助于自身出路的拓宽，甚而后来居上。当然，这并不是说他们对国族的忧患意识就不如那些进士们。[79]还需说明，那些出身背景不明的议员，主要集中在满蒙王公议员和满汉世爵议员这两大块。这些人深受儒家文化的熏陶，儒家文化对其所发生的影响，较之其他有出身背景可查的议

员，并无任何逊色之处。可见，儒学修养实对资政院议员之立身行事产生了重大影响。

儒学自春秋时期形成以来，随着社会变迁和王朝更迭，自身也发生了各种变化，但在这不断的变易中，儒学尚保存着一不变的基本性格，那就是真正的儒者应以天下苍生为念，并以此谏诤于暴君，甚或直斥其非。

自西汉中期，尤其是东汉以降，儒学正式成为官方意识形态而受到朝廷的尊崇。在理论上，皇帝也应按照圣贤的教导来行事，力争做个"圣君"。像孔孟那样的圣人已逝，其言行事迹虽不可复见，但却在经书中有所记载。对经书的解释则成为判断当下是非的最重要标准。作为最高权力者的皇帝，尽管可以通过召集大儒会议、颁行权威教本和官方解释，从而在一定程度上对经书之阐释施加影响，但始终无法彻底完成对经典解释的垄断。经书内容具有较大客观性，那些自小即浸淫于经书的儒生们对经义自有其体认，且对自己的体认高度确信。大儒们在教育机构中的讲学，非常有助于儒生们达成对儒家经义的某些共识。换句话说，对经义的共识是儒生之所以是儒生的知识基础和信仰所在。儒家士大夫在传统中国是"四民之首"，自能在整个社会中起到表率作用，其是非观奠定了整个社会的基础。在这个意义上，传统社会自有一套以儒家为主的基本价值观。

根据儒家经义的教导，任何人，包括皇帝在内，都需要不断的修身才有可能接近圣贤，成为圣君贤臣，进而造福天下苍生。没有不断的修身，谁也不能自封圣贤、自为圣贤。这就是《四书》之首的《大学》所讲"自天子以至于庶人，壹是皆以修身为本"。[80]皇帝要力争"修身"以成为"圣君"，才有望真正造福苍生，这是皇帝作为天子的本分所在。那皇帝应如何修身呢？除了皇帝自己阅读儒家经典，体悟儒家经义之外，还要亲近儒生，尤其是以当代大儒为师。关于儒家经典和儒学者对帝王之影响，下面这则材料从反面进行了印证：

（会昌三年六月）癸酉，仇士良以左卫上将军、内侍监致仕。

其党送归私第，士良教以固权宠之术曰："天子不可令闲，常宜以奢靡娱其耳目，使日新月盛，无暇更及它事，然后吾辈可以得志。慎勿使之读书，亲近儒生，彼见前代兴亡，心知忧惧，则吾辈疏斥矣。"其党拜谢而去。[81]

对儒生们来说，最大的理想就是以大儒身份，成为帝王师，引导皇帝领会儒家经义，实现其平治天下的梦想。儒生即便不能成为帝王师，退而求其次，尚可入朝为官。既为官，则有义务对皇帝之不恰当言行进行谏诤，将之尽可能纳入儒家经义的教导中来。这不仅为儒生们所服膺，皇帝本人亦肯定这一理念之为正当。这一理念落实到制度层面，最集中的体现就是自宋代兴起的经筵制度和历代相沿的谏官制度。为了鼓励臣下尽言，广开言路，彰显君之所以为"圣"、为"明"，故历代多有"不罪言官"之规定。

在这种由理念和制度所营造的社会氛围中，自然形成了传统中国独具特色的是非观：是非不是仅由社会中的权势者，尤其是皇帝所能单独决定。在权势之上、权势之外，是非具有相对的独立性。用中国传统的语词来说，那就是"道"。对儒者而言，志于"道"就是其基本的道德义务。这主要表现在两个层面：一是正面的，如孟子所言的士大夫的操守和担当，即"居天下之广居，立天下之正位，行天下之大道。得志，与民由之；不得志，独行其道。富贵不能淫，贫贱不能移，威武不能屈"。[82]真正的儒者为了坚持、践履心中所认可的"道"，可以无视外在的功名利禄，甚至可牺牲自己的俗世生命以殉"道"，舍生取义、杀身成仁，使其道德生命达致圆满之境。一是反面的，即某些儒者，可能在绝大多数时候还是儒者的通常选择，为了功名利禄，为了苟且偷生，尽可私下里曲解"道"、放弃"道"，但他们绝不否认此种"道"之存在；到了公开场合，还要更肯定此种"道"之神圣性，为其不合于"道"的行为进行掩护或辩解。不仅作为臣下的儒者如此，有很多帝王亦这样行事。如明成祖朱棣，为掩饰其篡位大逆之行，标榜其继统的合法性，一方面篡改历史，如重修《明太祖实录》、组织班子撰作《奉天靖难记》

等；另一方面极力推崇正统儒学，钦定程朱注疏以开科取士，编纂《永乐大典》《性理大全》《四书五经大全》等。尽管此种尧舜之言、桀纣之行有其巨大危害，对士大夫的人格操守更是一种践踏，但亦能从反面说明儒家思想乃一种为人所广泛认可的意识系统。

既然皇帝要把儒家当作治国之正统理念，那自然须表彰此"道"，承认要秉"道"而行，乐意纳谏。如此一来，即很可能会置皇帝于尴尬境地，尽管他可以动用手中的权力来打压那些不识时务的进谏者，甚至消灭其肉体，但却不能毁灭进谏者在精神上的自信。如皇帝不顾舆论，一意孤行，适足以将其暴虐形象公诸天下、质诸鬼神、传诸后世。明代理学家吕坤的《呻吟语》，内容平实，自万历二十一年（1593年）成书以来，在士大夫中影响很大，[83]其中有句话，深刻阐释了皇帝所握有的"势"和儒家士大夫所秉持的"理"（也就是"道"）之间的关系：

> 天地间，惟理与势为最尊，虽然，理又尊之尊也。庙堂之上言理，则天子不得以势相夺，即相夺焉，而理则常伸于天下万世。故势者，帝王之权也；理者，圣人之权也。帝王无圣人之理，则其权有时而屈。然则理也者，又势之所恃以为存亡者也。以莫大之权无僭窃之禁，此儒者之所不辞而敢于任斯道之南面也。[84]

尽管这种"道"的存在对君主独断专行颇有不便，但历代君主都没公然否定。其主要原因大致是君主和儒生们都希望王朝的长治久安。历代王朝建立的基础是君主和读书人的通力合作，君主失去了读书人的支持，而与宦寺妃嫔为伍，那就真成为"孤家寡人"，离王朝灭亡也就不远了。对入仕的读书人而言，谏诤也是他们能够参与王朝政治，实现其理想抱负的重要渠道。毕竟，保持本朝的长治久安而不是通过改朝换代以另寻明君，多数时候是儒家"以天下苍生为念"的真正体现。在这里，苍生与社稷、君上获得了统一。海瑞在《论治安疏》中把这个道理说得特别明白：

> 君者，天下臣民万物之主也。惟其为天下臣民万物之主，责任至重，凡民生利瘼一有所不闻，将一有所不得知而行，其任为不称。是故养君之道，宜无不备，而以其责寄臣工，使尽言焉。臣工尽言而君道斯称矣。[85]

进谏和纳谏关乎臣职和君道，二者尽则治安可期。海瑞视之为"天下第一事"，舍此无所谓"臣职"、何谈"君道"，更无"万世治安"之可言。

像海瑞那样，以置生死于度外之勇气来践行"臣职"，不是一般儒家士大夫能做到的，但采取恰当的方式向皇帝进忠言仍是很多儒臣的追求。在这些儒臣看来，直接指陈朝政甚至是君上之缺失，而非一味阿谀奉承才是真正的"忠"。为什么呢？因为皇帝一言一行所产生的影响巨大；而皇帝身处高位，诱惑太多，难免一时为物欲所蔽而有错误的言行。作为臣下，就有义务本其所知，为王朝之长治久安而进谏。"文死谏，武死战"这句话，鼓舞了很多忠臣烈士做出行为选择。这一传统在资政院议员发议中表现明显，黎尚雯在弹劾军机案发言时即讲：

> 从前极言敢谏之士，因参劾庆亲王而去位者已非一人，自古君明臣直，何必隐言？本员主张此次上奏，先弹劾军机大臣首领庆亲王，要历数其误国殃民之过失，以昭示天下而儆将来……我们资政院议员，对于朝廷是议员，对于人民是代表，本有兴利除害之责任。现在既未能兴利，应为朝廷先除一害，也就可以上对朝廷、下对人民了。[86]

除了儒家士大夫一以贯之的谏诤传统之外，降及明初，随着皇权专制的更加强化，儒家士大夫逐渐意识到他们在庙堂所能做的很有限，转而在民间花工夫，希望造出一个黎民百姓能相对自治的空间，从而能在一定程度上免于朝政之苛虐。这就是说，儒家士大夫改造社会的重点或者说路线从以往的"得君行道"渐渐转向了"觉民行道"，余英时即归纳：

> （王阳明）龙场顿悟的最大收获是他找到了"行道"的新路线。他决定向社会投诉，对下层老百姓说法，掀起一个由下而上的社会改造的大运动……"致良知"之教以唤醒社会大众的良知为主要的任务，所以我称之为"觉民行道"……阳明死后，"觉民行道"的理想终于在王艮的泰州学派手上，得到最大限度的发挥而"风行天下"。[87]

这批以"觉民行道"为己任的儒家士大夫，以宗族、乡党等社会关系为基础，以族田、义田等为物质载体，通过民间宗教崇拜、撰修族谱、制定家法族规、乡规民约等手段，力图为大多数黎民百姓创造一个相对自治的生存空间。这种传统为清代诸帝所承认，即圣谕所言"笃宗族以昭雍睦，和乡党以息争讼"。[88]降及晚清，随着西方地方自治思潮的传入，士大夫逐渐意识到地方自治乃国民进步之阶梯、宪制之根本，同时这种地方自治之内容以教育、实业等为基干，恰与明清士大夫所一直努力创建的民间社会空间有相通之处，因此诸多士大夫愿意投身到此种自治活动中来。

我这里略举几例。

赵炳麟（1876—1927），广西全州人，1895年中进士，得授翰林院编修，在回乡丁忧期间，即在全州创办了小学堂，1906年升任监察御史。从其经历看，他没有受过西式新教育，但却在奏折中明确提出"今日而言立宪必自地方自治始"。究竟在当时中国应如何构建关于地方自治的制度？他的思路是借鉴西方地方自治之精神，结合中国固有之传统，曰"设乡职"：

> 乡官之职，雍正时御史龚建飏请行，世宗即欲建置，旋为鄂尔泰等议格乃寝。日本明治七年开地方官会议为自治基础，十二年开

府县会，十八年始组织新内阁，二十二年遂实行宪政。彼其立宪起点，因从地方自治始。我皇太后皇上仿行宪政，亦必以地方自治为根基。应请饬下政治馆定乡官位置、郡县议会章程，颁行天下，谕各省督抚选正绅分充乡职，开地方议会，及内地外洋毕业各学生，并请分三等试职：一等十之一，试各部职；二等十之二，试各省职；三等十之七，咨回原籍分补乡官。政治实业用视其学，变通郡县旧章，准以本省之人补省守令，情形熟则易见效，声气通则不扰民。如是可立民选议院之本基，然后宪法可行。⑧

徐定超（1845—1917），浙江永嘉人，1883 年中进士，后长期任官户部，转任御史。他在戊戌前后即主张开办学堂以造就人才，1909年任浙江两江学堂监督。他在关于官制改革的奏折中亦主张设乡官以切实推行地方自治：

顾亭林曰：天下之治，始于里胥，终于天子。自古及今，小官多者其世盛，大官多者其世衰。此真通达治体之言也。三代上政治之美莫如周，而姬公六典地官最详；三代下政治之美莫如汉，而西京设官，乡职极备，三老司教化，邮徼御盗贼，啬夫掌财赋，权限分明，规制井然，故西汉之治远非唐、宋所可及。东西各国号称富强，究其富强之原，非地方自治不为功，今者预备立宪诚为中国目前当务之急，然预备立宪不从地方自治入手，则立宪终无实行之一日。谓宜远师古代乡官之制，旁参西国自治之法，由民间公举才望卓著之人，上之有司，使之办理地方之事，以补助地方官吏之所不及，优其礼貌，厚其薪水，严其赏罚，十年以后，王道大行，虽媲美成周、陵铄西汉不难矣。⑨

随着 20 世纪初科举被废除，传统士大夫的入仕之路被斩断，取而代之的是学堂教育。新式学堂教育和科举相比，一个较显著差别就是前者在受教育人数上大大增加。那些处在新旧学制交替之际的学人，自小接触举业，多有功名在身，后又接受新式学堂教育，在官员职缺没有大幅度增加的情况下，原有靠科举进身的官场之路被斩断之后，遂不得不进入新的地方自治领域，在乡梓投身于教育和实业。

那些投入教育和实业领域的士大夫，有的是不得已，有的是以退为进，有的是将之当作安身立命之事业。他们动机虽不尽一致，但只要做了一段时间，自然就会在该领域积累一定的社会基础，这种基础包括物质上的、人际关系方面的，等等。当这些人作为民意代表成为资政院议员后，在批评朝政时也就有了更足的底气。如在弹劾军机案讨论时，有人提出朝廷可能解散资政院，很多议员根本就不害怕，反而以解散作为手段向朝廷施压。[91] 在他们看来，大不了不当议员，"虽是解散，我们回去也可以办学堂，也可以办实业，对于国家还是负责任的"。[92] 易言之，他们有不当议员的实力，故进退之间，稍为裕如。

所以，自小饱读圣经贤传的儒生们，以天下苍生为念，对官府、朝廷乃至皇帝之缺失进行批判或谏诤，而不是顺其所失来主动谄媚以获一己之利禄，在他们接受了新式教育之后，这一底色并未随之褪去。同时，长期为黎民百姓创造自治空间的传统与西方的地方自治思想很易结合，共同推动他们在学业完成之后投身于教育和实业等基础性工作。这类人中的精英分子成为代表民意的资政院议员后，当然有此道德勇气，也有此实力来批判朝政了。这是资政院议员发议质量较高的主要原因所在。

20 世纪初，出现了留学潮。科举在制度层面被废，但科举意识很难在短时间内消除，在新情况下必然会以新形式复活。新式学堂分科中的法政学即在很大程度上代替了科举，成为新的入仕之路。在晚清朝廷所举行的留学生考试中，人数最多的名目是所谓"法政科举人"或"法政科进士"。此种新旧结合之名词，可称为"洋科举"，就是该情形的集中反映。

一般而言，建设宪制国家，需要有较多的人学习法政。新式教育之重要功能之一就是它有助于"新民"，法政学习者在这方面所起的作用理应更显著。因为他们通过研习法政，明确在现代国家中如何做一个国民，即在法律框架之内有何权利义务，又有哪些权利是神圣不可侵犯的，等等。他们在研习法律的过程中所产生的尊崇法律意识，如能和已有的信念妥当结合，无疑会促使他们更能坚持原则，秉"道"而行。换一个角度而言，这种新知识对于他们信守"道"提供了新的武器。这在资政院议员身上表现得较为明显。比如他们通过对《院章》和《议事细则》相关条文进行阐释来证明议员批评朝政的正当性；又如在弹劾军机案时，将在立宪国中政府应对国会负责的法理和传统中国"官守言责"之箴诫相结合，批评军机大臣不负责任之荒谬，从而证明弹劾军机之为正当。故可以说，新法政知识可以让他们从全新角度来阐发其所信守的"道"，从而为他们批评朝政提供新视角。

四、民国议员操守缺乏之原因

降及民初，大部分较为"保守"的君主立宪党人，以资政院议员为代表，因不赞同共和立宪而被边缘化，更年轻同时也更倾向革命的新一代人成为民国议会的中坚，情形遂逐渐发生了变化，体现之一就是真正信念的弱化。正是因他们信念弱化，才有前述在压力逼迫下议员们的集体腐化而导致舆论对代议文明的失望。

为什么会出现这种情形呢？原因主要在于：新一代议员成长之时，科举已被废除，儒学，尤其是圣经贤传，不再是他们自小浸淫并进而内心服膺的信仰。此一价值之源被抽空，儒家经典多等同于诸子，成为章句记诵之学，不再有安身立命之大用，"虽然四书五经仍列为必修科目，但在各学堂引进各种西方学科，四书五经不再是进身之阶后，要想继续维持儒家的价值系统，事实上有很大的困难"。[93]本来，处于近代这个千年未有的大变局之中，包括价值系统在内的新陈代谢本就含有某种必然性，无可厚非。但取代儒学、代替科举的新学问，在当时情形下，却无法为研习者提供价值之源、安身立命之道。英国学者彼得·沃森（Peter Watson）在费正清研究的基础上有这样的论述：

> 新课程是现代的、日本式的和偏重于西方科学的，但新课程对中国人显然过于陌生，实在难以接受，致使绝大多数中国学生抱住

较为容易理解的、更熟悉的儒教不放，尽管到处都证明这套学说已无济于事，或并不能满足中国需要。不久便变得一清二楚的是，对付古典理论体系的惟一方法乃是彻底消灭它，这一幕恰恰发生在 4 年后的 1905 年。作为中国的伟大转折点，这在当时中断了对具有功名意识的精英即高层人士的培养。所以，旧秩序失去了其知识根基，因此也失去了知识内聚性。就某种程度来说，人们可以做这样的思考。不过，取代旧学术界人士的学生阶层，用费正清的话来说，是中西思想的"集成者"，在中西思想熏陶下学生们获得种种特殊技能，这些特殊技能不管有多现代化，仍不能使其形成新的伦理纲常："新儒学的综合不复是合法有用的，然而取代它的东西尚未面世。"理解中国的重要知识点，乃是中国有史以来是如何保持不变的。近百年来，中国在思想和行为方面与西方有许多相似之处，但自儒教退出中国历史舞台后，中国社会中心的道德真空一直未得到填补。[94]

沃森侧重于制度变革的角度，将清廷废除科举的 1905 年视为此转折发生的关键时间节点，虽有其道理，但具体到一个群体的信仰问题，它自有其连续性。信仰之重大变更，制度方面的剧烈更新在长时段内其作用固不可低估，但更重要的因素可能还在人群的代际陈谢之间。故具体到以法政人为主体的议员群体上，晚清逊位民国肇造这段时间，才是一个关键点。亦即，儒学作为价值之源早在科举被废除之时即从制度上被切断了，但它在以法政人为主体的议员群体身上集中反映出来则恰好是民国肇造之后。如果限定在价值之源，《东方杂志》"时评"所言，不无道理："未有新学，犹有旧之可守，既有新学，并此几微之旧而荡亡之矣。孰谓近来风气之有进步耶！"[95] 张朋园虽说得较委婉，但颇值得玩味："早期的功名绅士，其传统儒家背景并不完全阻碍民主政治的发展，反倒是新式教育下产生的精英，未必都是民主政治的斗士。"[96] 为什么会如此呢？

科举被废，学堂代之而兴，学堂毕业生和传统儒生因为所学不一，价值观因之而异，自是当然。一般而言，价值观差异之大小，决定了其政治选择，差异大的倾向革命，差异小的倾向改良。晚清开资政院和谘议局,主要是与传统价值观差异较小的立宪派所主导。及至革命成功,民国创立,激进的立宪派转趋革命,与转趋稳健的革命党人共同构成了民初政治架构的中坚。他们自然在价值层面上趋向于革传统价值观之命,但又不能建设一个能为整个社会所认可的新价值观。这种变化,时任《东方杂志》主编的杜亚泉即深有感触,于1915年11月发表评论:

> 返观吾国,则人心庞杂而无折衷之公理也,众志分歧而无共循之涂辙也。数十年前,国势虽衰弱,社会虽陵夷,犹有伦理之信念,道德之权威,阴驱而潜率之,故纵无显然可指之国性,而众好众恶,公是公非,尚能不相悖戾。其辨别邪正,对待事情,咸本其夙昔所储之知识,平日固有之良心,以为应付;个人之意见,推之群众而大体不殊;私室所主持,质之大廷而相距不远。而下级社会,则又有风俗之习惯,鬼神之迷信,以约束而均同之。今则不然,伦理道德,风俗迷信,均已破坏而无余,又别无相当者出承其乏,而利禄主义,物质潮流,复乘其虚而肆其毒。于是群情惝恍,无所适从,人心摇惑,失其宗主,人人各以其爱憎为好恶,利害为是非。⑨⑦

类似的观察在现今所目为保守主义者那里多有论述,梁漱溟的父亲梁济就说:

> 今世风比二十年前相去天渊,人人攘利争名,骄谄百出,不知良心为何事,盖由自幼不闻礼义之故。子弟对于父兄,又多有持打破家族主义之说者,家庭不敢以督责施诸子女,而云恃社会互相监督,人格自然能好,有是理乎?⑨⑧

在这个"革命疲了,战争疲了,失望疲了"⑨⑨的时代,混乱失序。建立在统一价值观基础上社会最低限度的共识没有了,为人自然就缺乏底线,议员们又何能例外?

下面我将根据学界既有研究,列出统计数据来加以说明:

表2-5　议员传统功名比较 ⑧

名称	议员总人数	传统功名								
		合计		进士		举人		贡生及其他	
		人数	比例	人数	比例	人数	比例	人数	比例
资政院	195	147	70.3%	45	23.1%	44	22.6%	48	24.6%
第一届国会	520	257	49.4%	37	7.1%	82	15.8%	138	26.5%
第二届国会	473	108	22.8%	41	8.7%	40	8.5%	27	5.7%

据表2-5可见：晚清拥有传统功名的议员比例很高，大致相同的教育背景使得该群体能有程度较高的共识；降及民国，具有传统功名、深受儒家熏陶的议员人数下降到一半以下，且当时存在较严重的反儒、反帝制、反传统的思想倾向，整个社会缺乏基本的共识。

表2-6　毕业于新式学堂之议员所学专业统计

	合计		法政		师范		军警		不详及其他	
	人数	比例	人数	比例	人数	比例	人数	比例	人数	比例
资政院	46	100%	32	69.6%	5	10.9%	5	10.9%	4	6.5%
第一届国会	489	100%	230	47.0%	48	9.8%	30	6.1%	181	37.0%

观察表2-6得知，晚清和北洋时期，出身于新式学堂接受新教育的议员们，学习法政者比例最高，且法政出身的议员常起关键作用，下面即以法政之学为例予以说明。

自晚清开始大规模输入法政学问之际，当时就弥漫着一种"最新即最精"的氛围，一个重要表现就是在立法上追求最新立法例。这种风气在整个民国时期基本都是如此。这段时间，在欧美日本等法治先进国，较有影响的恰恰是法实证主义和社会法学思潮。法实证思潮作为对自然法学和历史法学的反动，试图将法之所以为法的价值和历史根据排除出法学领域，但概念法学强调归纳、演绎等逻辑思维，与中国人的思维方式存在较大差异，故在近代中国未能产生大的影响，可不具论。在民国时期影响较大的是社会法学，尽管它强调个人与社会的关系，但绝没有抹杀个人、是以个人的独立人格为基础进而推扩至社会的；且在法治先进国，有强调个人独立人格和尊严的自然法学作为历史底蕴，自不会滋生太大问题。但近代中国的法学完全是一种舶来品，在社会法学思潮和社会本位立法的影响下，很容易与社会权势、义务本位法律相混淆，势必造成这种社会法学思潮和社会本位的立法很难单独提供价值之源这一严重后果。

不仅如此，更重要的还在于学习法政之人多为热衷功名利禄者。这一点在清廷废除科举，举办回国游学生考试并直接授予官职之后更为明显。章太炎曾批评：

> 盖闻东方学生之言开国会者，期以三年；满洲政府之言开国会者，期以十年；西方学生之言开国会者，期以二十年。淹速之度，相去绝远，何也？东方学生，以为吾习法政既成，暖暖姝姝，足以自喜，他日习者猥众，则其贱与帖括无异，乘其未集，以高材捷足掩袭得之，犹可以取富贵。西方学生，以为吾习法政未成，今富贵为东方学生袭取，吾辈归国以后，特循资除授耳，未能据要津也，故力遏其流，以待明王之梦。一则曰开国会过迟，时不我留；一则曰开国会过速，时不我待。所持不同，其为利禄则一也。[⑩]

章氏于晚清长待日本，与留学界过从甚密，其所论述，尽管可能有偏颇之处，但绝非无的放矢。御史赵炳麟在晚清预备立宪初期即指出这一需要预防的流弊：

> 近日朝廷用人过于骤升，自微员而遽陟大僚，由杂吏而忽登卿贰，一疆臣保，疏逖者遂参枢密，一新部开，下流者亦列冠裳。现以官制变更，而京外官之无行及游学生之干进者，尤以联络权贵为终南捷径。[⑩]

此种风气，随着国内新学校的勃兴，很快传布到国内。晚清已肇其端，及至民国，此风愈演愈烈。这就有了时任北大校长蔡元培的那句名言：

> 外人每指摘本校之腐败，以求学于此者，皆有做官发财思想，故毕业预科者，多入法科，入文科者甚少，入理科者尤少，盖以法科为干禄之终南捷径也。⑩

中国近代法律教育兴起后产生的法律人，就法学水平而言，不乏可圈可点者，但其中许多却如章太炎所归纳，为利禄去学法，故也易出卖学得的新法政知识。那些功利心很重的法政人，为了获取一己或一小团体之功名利禄，不惜一切，进而不顾一切，以求一逞。

改革者就学习对象发生心理变化亦是原因之一。晚清之时是近代中国第一次以较长时间借用西方法政知识来推动政法改革，改革者对西方法政知识有几分神秘，多几分信仰；而到民国时期，国人已多次运用法政知识来进行革新，但其结果颇出乎人意料，甚至流行着"民国不如大清"、改革后不如革新前之说。传统社会的读书人，自小受儒家经典熏陶，成长之后还有一套传统信仰和道德规范，读孔孟，讲忠孝，信"食君之禄，忠君之事"，还有一定的"王法"观念。读书人中，从事法律实务的刑名师爷没有组织，却有规则。而近代以来，特别是民国以后，这些道德和内在规则随着政治秩序的瓦解，都被摧毁殆尽。这种现实，导致时人很容易产生西法、西政也只不过如此的心理，尊崇、信仰之念也就日趋淡漠，甚而至于引发对它的反动。

没有操守根基且热衷功名利禄之士来研习法政，且其时所研习之法政本身又缺少价值之源，那可以想见，这批人在现实功利面前能保有几分原则且信守不渝呢？从这批人里面所产生的国会议员，其热衷功名利禄的程度较之普通研习者尚有过之而无不及。故当这些议员们面对外来压力的时候，较容易走极端：刚开始之际，为一时激情所支配，缺乏审慎的妥协；及至决裂，又不足以应付此局面，转而受暴力之胁迫，更易被金钱、官位等利诱。这就是民初国会及其议员们行为之大略写照。

当代表民国精神的国会受暴力和利诱等裹挟，沦落到"为国人所唾弃"的程度之时，改造此种国会，进而彻底改造整个国家的想法，遂兴盛一时。孙中山的以国民大会代替国会行使民国最高统治权的思路（以直接民权为本）于是登上时代舞台：

> 国民党之民权主义，于间接民权之外，复行直接民权，即为国民者不但有选举权，且兼有创制、复决、罢官诸权也。民权运动之方式，规定于宪法，以孙先生所创之五权分立为之原则，即立法、司法、行政、考试、监察五权分立是已。凡此既以济代议政治之穷，亦以矫选举制度之弊。近世各国所谓民权制度，往往为资产阶级所专有，适成为压迫平民之工具。若国民党之民权主义，则为一般平民所共有，非少数者所得而私也。于此有当知者：国民党之民权主义，与所谓"天赋人权"者殊科，而唯求所以适合于现在中国革命之需要。盖民国之民权，唯民国之国民乃能享之，必不轻授此权于反对民国之人，使得借以破坏民国。详言之，则凡真正反对帝国主义之个人及团体，均得享有一切自由及权利；而凡卖国罔民以效忠于帝国主义及军阀者，无论其为团体或个人，皆不得享有此等自由及权利。[104]

国民大会在理论上是要让民众真正享有包括选举、罢免、创制、复决等在内的直接民权，是行使中央统治权之机构，但它在宪制开始时期才着手召集，在此之前的军政和训政时期，都是由当时唯一的革命政党——国民党所主导的，即便在国民大会召集之日，国民党仍起着主导作用。也就是说，国民大会必然受制于国民党，国民党所信奉的主义、政纲自然会成为国民大会之指导思想。如此一来，国大代表们的信仰或者说价值之源从形式上看倒是有了，但他们和政府之五院同受一种理论之指导，其对政府之监督、批评功能就较易丧失，取而代之的可能就是国大代表们和政府之间的"同舟共济"。

如政府作为总是正确的话，那这种"同舟共济"对于提高效率倒很有帮助。万一政府并不总是那么正确的话，那此种监督、批评功能之丧失，问题就很严重。不论是历史经验所昭示，还是权力行使规律使然，政府之作为完全有可能存在大缺失甚至犯下严重错误。如何以国大代表们所组织的国民大会来纠正五院制政府之缺失，是国民政府时期如何厉行宪制始终面临的一大难题。

资政院议员处于新旧教育交替时期，新的法政知识与儒家传统得到了较为良性的结合，是议员们发议质量较高，同时也更有风骨的重要原因。降及民初，主要靠掌握法政知识的新人成为议员之主流。但随着政治上王纲解纽、社会上内在秩序和价值观念的被破坏，因而不再有全社会基本认可的是非观，取而代之的法政新知又不足以为研习者找到新的价值之源。在这种情况下，议员们没有了操守之根，加以政治本身的不上轨道，导致国会本身的腐化堕落。反思此段历史，有两点值得注意：第一，儒家以天下苍生为念，主张在权势之上自有独立的是非，在此基础上所形成的社会共识有助于提升民意代表之资质；第二，法政新知取代传统儒学乃势所必至，惟必须注意使研习者在获得法政新知之际，培育独立的而非为权势所决定的是非观，并以这种内在的是非观作为指引自己外在言行之最高依据。

第五节　议员不尽人意之表现

资政院议员，其表现多有可圈可点者，但因为是第一次开这种全国性大会，故也有议员在某些场合表现不尽人意，乃至比较糟糕，不能不予以指出。择其要者，有以下三点：

一、为达目的，不择手段

某些议员对具体议案坚持一元化的真理观，自以为真理在手，为达目的，不择手段。资政院议场围绕《新刑律》爆发了激烈的礼法之争。时人已洞若观火，认定它是"新旧的冲突，非官民的冲突"。[⑩]法派在之前的争论中即感到大事不妙，一度酝酿由宪政编查馆直接上奏朝廷，绕过资政院议决；但因为明目张胆违犯《钦定宪法大纲》和预备立宪所明示的资政院立法协赞权，不得已把它提交到资政院。到资政院会议上，争论的焦点集中于无夫奸是除罪还是入罪？如果入罪，是在刑律正文还是《暂行章程》？在议场辩论无果，只好付诸表决。1911 年 1 月 8 日表决之结果，颇出法派之意外，赞成与反对无夫奸入罪者分别为 77 票和 42 票，赞成将之保留在刑律正文的议员占多数（61 位赞成，49 位反对）。[⑩] 至此，法派在这个问题上基本完全失败，也是整个礼法之争法派没能获胜的标志性事件。本来，在未表决之前，法派议员大多主张尽快通过《新刑律》。[⑩] 表决之后，第一次常年会除了最后的闭幕会议外，还有两次正式会议，按照议员们讨论法律案的一般速度来看，完全可将《新刑律》在资政院第一次常年会通过，然后上奏，让《新刑律》完全合法生效。既然礼派在议场获胜，如此通过的《新刑律》就非法派所希望的版本，故他们就要想办法按照其愿望选择性地通过《新刑律》，以变相达到自己的目的。

据《汪荣宝日记》记载：

> 得闰生书云，昨日散会后赞成新律诸君皆愤愤，约定今日不到会，属余毋往，即诣闰生商论办法。旋同往宪政馆，饭后院中屡有电话来馆述议长命促往，诡词却之，寻与伯初、闰生同出名作一启，召集昨日投蓝票诸君于明日午前九时至十二时在财政学堂会议善后之策……往财政学堂，同人陆续来会。余起述开会宗旨，旋讨论本日到会后之举动，议决如下：（一）变更议事日表，破坏刑律分则之再读；（二）将刑律总则付三读。[⑩]

法派议员利用他们在法典股的优势地位，1 月 9 日，汪荣宝请假缺席当天大会，作为法典股实际上的股员长，本人不出席，也不按照惯例委托法典股其他成员代为说明。[⑩] 因法派议员不出席或晚出席，大会到下午四点才得以召开。当礼派议员在议场质问法典股股员长不出席会议的原因以及其他成员是否可回答疑问，股员刘景烈说："今天法典股员会的人多没有到会的缘故，其实并不是因为昨天与诸位意见不合，故意不来，本员也是法典股员之一，今天到会的亦不止本员一人，正股员长为告假不到，大家是知道的，至于副股员长，今天不到，究竟告假不告假，本员不得而知。若因股员长未到，就要本员为法典股之代表，本员没有这个权限。并且昨天股员长并没有委托，所以本员虽系法典股的人，而对于诸位所发之议论，本员终不能答复。因本员不是代表，我们只能按章程办事，这是本员要声明的。"按照刘景烈所言，"其实并不是因为昨天与诸位意见不合，故意不来"，难说是此地无银，但容易引起礼派议员的猜疑则应属实。好不容易会议开始，先是法派议员罗杰等强烈要求变更议事日表，将列为第一的新刑律议案议决拖后。他在会场上是这样说的："《新刑律》非常重大，股员长不到，万一有疑问，何人答复？请议长咨问本院，一面把议事日表改正，开议《商律》，一面俟股员长来时再讨论刑律……法律的事体关系重大，今天股员长没有到会，无人答复疑问，万不能随随便便付表决的。"及至在议长极力主持下议决《新刑律》时，又因法派议员的离席，五点四十即散会，只议了不到四条。法派议员当天要么不出席大会；要么即使出席，也是采取各种措施，阻挠《新刑律》的议决。[⑩]法派议员纷纷发言，说明今年不通过《新刑律》乃是好事。陈树楷说："《新刑律》今年提出来很晚，要想通过，是很难的事。"陈命官接着讲："今天法典股股员长及股员不来，是因为全院不信任之故。《新刑律》本是宣统五年方能实行，现在可勿急于议决，且即此草草通过，是不中不西不新不旧之刑律，万不能适用的，请另议别事为是。"罗杰也说："刑律要到后年才能实行，即未议完，亦无大关系。"到1月10日最后一次正式大会，经法派议员提议，得多数赞成，又改订议事日表，将《新刑律》讨论置于最后。最终导致《新刑律》不能全部完成三读立法程序，只是议决将总则上奏，如此一来，处于分则中的无夫奸条文自然无法生效，礼派在议场的胜利遂化为乌有。更让人惊诧的是，在本次大会召开前一天下午，汪荣宝已召集法派议员商议出延迟《新刑律》三读的办法，却在正式大会上，为了隐瞒头天大会故意不到的企图，甫一开始却说"照议事日表，《新刑律》在前，关系重要，今天不能不议完"，⑩ 如此手腕，让后人惊诧。

将《速记录》和《汪荣宝日记》的相关记载比照，法派议员的幕后动作清晰可见。汪荣宝将之记入日记，固有其诚实记录之一面，也在一定程度上表明他认为如此幕后作为，没什么不对。因为在这些法派议员看来，模范列强，制定新律，乃是中国进步的唯一正确道路；礼派人员完全是程度不足，无法理喻。不光法派议员是如此认识，其实背后还有强大的社会舆论背景。无夫奸表决后，有报纸即评论："服从多数之说，只可施之于文明人。中国人民程度果尽如高凌霄、于邦华等，则唯有励行开明专制以治之。"⑫ 为了坚持他们所认为的唯一"真理"，规则对其有利时就严格遵守；规则对其不利时，玩弄规则、超越规则也就是理所当然，没什么内疚不安。殊不知，这些规则，包括《院章》《议事细则》和《分股办事细则》虽由朝廷颁布，但都是法派议员所实际认可的规则。法治之真精神，必包含守法；守法之要义，不在于有利时能遵守，恰在于不利时亦能遵守，只要它本身为我所认可。在这个方面，号称"趋时"的法派议员，反不如"守旧"的礼派议员表现得好，实在是近代中国的悲哀。

传统中国越到后来，皇权专制愈登峰造极，是非实际上越来越被定于一尊。这强化了中国人一元化的真理观，成为时人根深蒂固的思维定式。近代西学东渐，中国人虽逐渐接受西学，但这种一元化的真理观并没有发生变化，只不过真理从中学移至西学而已。到 20 世纪初，以进化论为实质内容的《天演论》风靡中国思想界，⑬ 而进化论是以肯定已发现从自然界到人类社会的普遍发展规律为前提。这一时期，正是这些法派议员接触并学习西方新知的阶段。他们接受了进化论，自然更强化了其本就固有的一元化真理观。一元化真理观表现为判断是非的标准唯一，那些信奉一元化真理观的人也往往倾向于真理掌握在自己手里。既然真理在我手，那采取各种手段以传播真理、推动真理之实现就完全应该。在他们看来，只要目的正当，用什么方式方法，都无所谓，完全正当。这是法派议员之所以为达目的、不择手段的思维逻辑。

二、超越法律规则行事

资政院议员表现另一个不尽人意之处是有超越法律规则行事之记录。于1911年1月4日的第三十五次大会上，议员们辩论了他们与《公论实报》的冲突及处理办法：

> 153号（易议员宗夔）：本员有个倡议，请议长咨询本院，我们资政院是一国的舆论机关，报馆亦是一部分的舆论机关，现在《公论实报》把我们资政院议员二百多人都比作狗，请议长咨询民政部，取缔报馆才好。因为报馆亦是一部分舆论机关，万不能以一部分舆论机关辱骂全国舆论机关。至于报馆批评议员之言论本来是可以的，因为我们议员的言论未必都是〔跟〕对的，报馆原可以批评，至于恣意辱骂是万不行的。资政院本是代表民意之最高机关，若被报馆恣意辱骂，不独于本院名誉有碍，且于国体上亦大有妨碍。
>
> 178号（高议员凌霄）：我们二百个议员是全国公举的代表，而《公论实报》说我们全是狗，岂不是辱骂全国吗？
>
> 151号（黎议员尚雯）：据本员看来，该报馆所说的是政府。
>
> 153号（易议员宗夔）：据该报上说，资政院议员都是丧家之狗，本员意见，报馆不能肆意辱骂议员，既已辱骂议员，就请议长咨行民政部取缔报馆，请问大家赞成不赞成？
>
> 众议员呼"赞成"。
>
> 副议长：可以咨行民政部查照报馆办理。[114]

现在已很难找到《公论实报》这篇辱骂资政院议员的原文，按照《速记录》的上下文来看，大致为形容资政院二百议员是丧家之狗。戈公振将《公论实报》归入"民报勃兴时期"的报纸，民报与官报相对，其大部分"始因外侮之激刺，倡议维新，继以满人之顽固，昌言革命"。[115]据此，《公论实报》的宗旨可知，大致因倡导革命，而对以议员为代表的立宪派所作为有不满意处。

《公论实报》的批评在议员中引发轩然大波。议长溥伦一方面为了平息议员们的愤怒，另一方面也希望回应朝廷施加的压力，借此打击民选议员领袖之声望，故事先有所谋划，据探访：

> 罗议员云：取缔报馆，伦议长嘱余出头发议，余以为未可。不料易宗夔竟堕其术中……易议员云：股员室之会议取缔某报也，或公推高凌霄发言。高凌霄谓报馆常以我为材料，我今深幸大家同受一骂。于是易议员乃出头。⑯

经议场讨论后，资政院移文民政部，最终《公论实报》被巡警总厅给以停版七日的处罚。资政院多数赞成取缔报馆的行为，引发了舆论的严厉批评。革命党人宁调元即指出：

> 以资政院议员至于受骂，原以其不能代表国民而骂之，必非以其为国民代表而骂之……资政院议员诸君对于此事，诘问理由可，面开谈判可，贻书驳难之可，函请更正之可，惟用全体名义移文取缔，则大不可。取缔则是监谤也，夫监谤又岂资政院所有事哉？虽然，某报之骂资政院，未能别择，报馆之失。资政院取缔报馆，滥用威力，资政院亦失。⑰

同为立宪党人的汪康年亦有较为辛辣的批评：

> 问资政院议员：都中各报，干犯法律，毁蔑人名誉，颠倒是非，蔑视议员，应究问者多矣！何独于《公论实报》不甚彰著之插画，而忽以全力干涉之？有数议员起而指其鼻曰："为其所言我也。"问民政部、警厅：都中各报，干犯法律，毁蔑人名誉，颠倒是非，蔑视议员，贵部贵厅应据报律纠绳之者多矣！何皆一不问，而于《公论实报》不甚彰著之插画，忽大干涉之，且即永远封禁焉，何也？曰："为所干犯者，赫赫资政院之议员也。"君子曰："噫！噫！噫！"⑱

属梁启超晚清民初宪制圈的吴贯因亦撰文评论，认为这是"宪政史上的污点"，"非国家前途之福"。他在评述英国宪制史上的类似冲突后，对报馆和资政院各打五十大板，认为双方应团结起来，共同对付摧残舆论的政府，略云：

> 使为新闻记者者，其能力仅在能谤毁资政院，则社会何贵有新闻？使为资政院议员者，其能力仅在能封禁报馆，则国民亦何贵有资政院？两方皆挟意气以从事，则报馆之价值将见轻于社会，而议员之地位亦见轻于国民矣。夫资政院为代表舆论之机关也，报馆亦代表舆论之机关也。同为代表舆论之机关，则其所可视为敌者当在反对舆情之人，而非可同室操戈，以各自弱其力也。夫今日国民之志望，在于求成真正之立宪国，而今之政府外假预备立宪之名，实则事事与立宪相反对，然则资政院所可视为唯一之敌者当在政府，报馆所可视为唯一之敌者亦当在政府。而以现在政府势力之顽强，国民势力之薄弱，使资政院与报馆相提携，合力以抵抗政府，犹惧不胜；若复鹬蚌相持，令政府得收渔人之利，则不特资政院与报馆同归于失败，而其所以贻误宪政者亦非浅鲜矣……议员之议事使有失当，诚难禁新闻之指摘，然而轻薄之言辞，失实之记事，在报馆终非可以是加诸议员也。而报馆违法，亦岂能逃乎法网，然法外之罚与不提起诉讼于法庭而擅行封禁，终非为立法机关之资政院可以出此举动也。而不幸资政院与《公论实报》皆昧于此义，以致造出此一段不名誉之宪政史。⑪

不论报馆有多少错，资政院的这种举动都不应该。这种立法机关带头犯法的事情之所以发生，在于议员们自认为他们是全国民意机关的代表，不论是议员还是作为机构的资政院，都神圣不可侵犯。殊不知没有经过司法机构的裁决，侵犯与否本身尚在未定之中。议员在此充当自己案件的最终裁决人，实违背立宪政体基本原则。被《报纸》骂为"群狗"，其愤怒情绪可以理解，但在议场讨论时，情绪完全压倒理性，出之以特权，仗势凌人，将近二百议员，竟无特别的反对声，实堪叹息！联想到弹劾军机时几经反复，对付小报如此果断，资政院在这个事件上，今日看来，难逃阿 Q 之讥，这是"该院第一年开院所干的最不可原谅的蠢事"。⑳

三、惩戒规则流于虚文

惩戒规则没能严格遵守，甚至流于虚文，是议员表现不尽人意的又一重要方面。《院章》有"纪律"专节，《议事细则》有"惩戒"之专节，㉑对议员之惩戒有较为具体之规定，严格执行起来本不会有太大问题。

可在 1910 年 11 月 15 日大会上，因议员不足开议人数，邵羲、易宗夔等反复指出，硕学通儒议员严复屡次不到散会即离开，还经常缺席，要求议长付惩戒，最后却不了了之；㉒还有同年 12 月 15 日大会记名表决剪辫易服具奏案时出现了弊混，有议员冒充未出席的汤鲁璠之名义投票，顾栋臣主张彻究，因为"议员之中而有此种弊端，尚成何议员，成何立法机关？"但最后被多数议员以实质正义为名（因为赞成与反对票数相差悬殊，一票之差不能对实际结果有所影响）而放过去了。㉓

为什么当有议员明确要求将违规议员付惩戒之时未得到大多数议员的支持，也没有得到会议主持者的支持？个中缘由，耐人寻味！主要原因，大致有三：（1）古人云：法之不行，自上犯之。㉔按照《院章》规定，资政院议员停止到会，以十日为限。议长溥伦就有十四次大会不到，由副议长沈家本主持会议，就在除名处罚之列。如果说议长之缺席尚有可以争辩之处：议长是不是议员，该不该受《院章》该条之拘束？那法典股股员长润贝勒多次不出席股员会议和大会，遇事多由副股员长汪荣宝代理，亦未见除名受罚。王公亲贵犯规在先，何能单独责备普通议员？（2）议长、副长都有自己的考虑。议长溥伦，欲借助议员的力量扩大其权势，提高其在朝廷中的地位，故需要拉拢议员；㉕副议长沈家本，在经过了倒沈风波后，遇事更加谨慎，亦不愿意得罪个别议员。（3）中国是个人情社会，如严复等又是当时社会名流，加以惩戒，于颜面上过不去；绝大多数议员也不想因此把事情做绝。如易宗夔多次要求惩戒严复，并得到许多议员支持，而议长答以："此意本议长极以为是，但行之实觉为难。因诸位议员有于休息后散去的，亦有常不到会的，如何能专将一人付惩戒？"⑱正是这些考虑或顾虑合在一起，导致资政院两次常年会期间，没有一次惩戒的例子出现，说惩戒规则流于虚文，应该没有问题。

资政院对违规议员未予惩戒，遂给人以攻击之口实。1910 年 12 月 30 日，即有监察御史上奏，建议朝廷对违规议员予以惩治：

> 掌京畿道监察御史臣惠铭跪奏为议员伪填名票私改案语扰乱法纪证据确凿请旨惩处事。窃惟资政院为上下议院之初基，议员为全国舆论之代表，会议事件应详求是非利害之真，取决于多寡从违之数，然后奏请圣裁，分别可否，以待施行。为议者，应如何尊重其人格，自尽其天职，以无负朝廷重视宪政之至意。乃以臣所闻湖南人民周震鳞陈请剪发易服一案，于本月十四日开会公议，议长宣告，令议员以记名投票表决。是日，议员汤鲁璠因病请假，并未到会。及至开票，则赞成票内居然有汤鲁璠名票。当时议员中有罗其光离坐声言，汤鲁璠并未出席，此票从何而来，应请议长查办。议长未为处理，仅由秘书长答称票应作废。事后汤鲁璠再三辩诘，皆置不理。查议场投票时，并无外人阑入，此等作伪犯法，必为议员中之不肖者所为，可知此伪填名票之罪也……夫议院既为立法机关，资政院即为议院基础。以立法之地，立法之人竟有扰乱法纪之事，对于个人为侵害自由，对于国家为大逆不道。一事如此，他事可知。决议之案，上何以献于明廷，下何以表示中外宪政肇端？先有邪辟诡谲之夫滥厕其间，以后何堪设想？议院决议事件，往往争一二票之多少以定可否。若遇有重于剪发易服之事，皆以此鬼蜮伎俩行之天下，岂复有是非利害之真？外国以决于公论而驯至富强者，吾国不将以此致乱耶？应请旨饬下该院，即日查出此等奸伪之徒，拟定罪名，请旨办理，以示惩儆，无得瞻徇见好，戕坏立法之纪。又剪发易服之事，无论可行与否，应候朝旨宣示天下，臣庶一

体遵行。乃该院正在会议之时，议员如罗杰、吴赐龄之流，均先将发辫割弃，未知视国法为何物？臣不为发惜，实为法惜。朝廷不为祖制惜，亦当为将来统治法权惜。按照各国法理，新法律未生效力以前，未有特别命令，旧法律无废弃之理。臣不知该议员何以恶发而灭法若此，应请饬下该院，将先行剪发之议员一并除名，再行补选，以昭中正。是否有当，伏乞皇上圣鉴。谨奏。宣统二年十一月二十九日。⑫

综观该御史上奏之内容，揆诸当时之法律和国情，实为有理有据之言。尽管朝廷没有接纳此奏，但资政院的这类违规行为，对其声誉造成了不良影响，则不容讳言。

即便如此，瑕不掩瑜，议员们在资政院会期中，尤其是讨论一些重大议案，如在弹劾军机案、速开国会案、预算案中的表现都可圈可点，很多议员能以民意代表自处，其不畏权势、认真负责等都给后人和外人以深刻印象，无愧于预备立宪政体下"议员"之名。《纽约时报》即有这样的评论：

> 资政院在北京第一次召集时，并没有人把它当回事……资政院被当成一个温顺的、斯文的喝茶聊天机构。在中国的外国人几乎没有意识到，它即将开幕……民选议员们在去年10月份开幕，为期4个月的会议中突出大胆的表现，让外国观察家听着听着就从旁听席上站了起来。直到1910年10月3日，中国人民的声音才开始被听到……资政院是用学者式的、精心思虑过的方式来表达人民要求正义和权利的第一个明确标志……资政院插手国家财政事务。若干世纪以来，人民第一次对政府收入多少、钱是如何开支等问题有了一个大概的了解。预算之类的东西从来没有过，政府的财政一直都是没有计划地胡乱花钱，然后再向各省要钱补充。资政院所做的最好的一件事情，就是开始教给朝廷立宪政府的基本原则……资政院议员们的宪法知识，他们的论辩能力以及捍卫省谘议局和他们自己

的资政院所授权力的坚定决心，都是外国旁观者们所钦羡的。这完全是一个惊喜。人民选送的代表是有能力的人，他们中的许多人是在日本大专院校所接受的教育，许多人是学习政治和经济的，其他许多人则是在中国的新式学堂中接受的教育，他们所学的专业是立宪政府。他们立即打消了中国人民还需要七年到十年才能为立宪政府做好准备的观念，并证明他们去年就已经像七年以后一样适合于在国会之下管理国家。⑳

该评论虽有些史实上的瑕疵，但其关于资政院开院价值和议员们的亮眼表现，则大致中肯。即便他们之中有人在特定场合表现出欠缺守法精神等缺点，但考虑到他们是中国最早的准国会议员，初次参政议政，我们事后设身处地来观察，自不应苛责。

注释

① 《孟子·离娄上》。
② 故宫博物院明清档案部编：《清末筹备立宪档案史料》，上册，第 374 页。
③ 丁文江、赵丰田编：《梁任公先生年谱长编（初稿）》，中华书局 2010 年版，第 195 页。
④ 第五条云："其勋德闻望之绅耆或富商报效巨款至五万金以上者，均得奉特旨钦派为额外参议员。"（《考察政治馆拟具资政院官制草案》，载中国第二历史档案馆编：《中华民国档案史料汇编》第一辑之"辛亥革命"，江苏人民出版社 1979 年版，第 93 页）
⑤ 《资政院官制草案》，《东方杂志》第 5 卷第 12 期，临时增刊"宪政初议"，1908 年。
⑥ 梁启超：《〈饮冰室合集〉集外文》，夏晓虹辑，北京大学出版社 2005 年版，上册，第 527—544 页。
⑦ 梁启超对这一事件及其内幕在私人信件中记载甚详，可信度极高。梁氏在给长福、麦孟华的信中阐述了该说帖之写作缘起和思路："吾社日内必当建言，而建言之题目，久难选定，前此本欲就资政建言，而一部分之社员嫌题目太小，今弟此文其注重者则在民选，且从种种方面解其疑团，并为设切实可行之法，则范围可谓极大……且要求国会最多不过求其颁示年限耳。今此文则欲以国会之组织寓诸资政院，资政院为明年即设之机关，若能采用，则明年即已见国会之成立，岂非更快之举！况与今之政府言，当如狙公饲狙，朝三暮四，今骤与语国会，恐其惊为河汉，因其既有之资政院而改其组织权限，为暗度陈仓之计，或其竟能采择，亦未可知。弟之此文，自觉得意已极，巧言如簧，易于动听，又多为烘云托月之法，使易堕我玄中，苟望多人上之，可望其能有影响，以视凭空要求国会以为名高者，不犹愈乎？"（丁

文江、赵丰田编：《梁任公先生年谱长编（初稿）》，中华书局 2010 年版，第 222 页）

⑧ 一则梁氏说帖署名人数众多，不能不引起溥伦的重视；二则梁氏及其组织，不论帝国宪政会还是政闻社，皆与朝廷高层有紧密联系。康梁一贯走"得君行道"的改革路，沟通高层势所必然。仅举一例，梁氏于 1906 年 11 月给康有为关于组党的信件中即透露其与朝廷要员的深入接触，云："一、袁、端、赵为暗中赞助人，此则秉三已与交涉，彼许诺者。一、拟戴醇王为总裁，泽公为副总裁（此事须极秘密，万不可报告，不然事败矣。袁、端、赵等之赞助亦然……）俟得先生回信决开会后，秉三即入京运动之。"（丁文江、赵丰田编：《梁任公先生年谱长编（初稿）》，中华书局 2010 年版，第 191 页）按：此事虽未成，但足见其与朝廷之密切联络。"袁、端、赵"分别为袁世凯、端方和赵尔巽，是当时明确赞成立宪的地方督抚；秉三为熊希龄。政闻社正式成立之后，派出了大批社员回国活动；其本部更于 1908 年初迁至上海，与高层互动更为便利。（丁文江、赵丰田编：《梁任公先生年谱长编（初稿）》，第 223、228 页）徐佛苏的回忆则给我们提供了一个梁启超直接影响晚清新政决策的资料，云："自政闻社被封禁后，清大员如奕劻、张之洞、袁世凯诸人，深恐民气激昂，流为革命，乃请清主颁布'预备九年立宪'之上谕，并创设宪政编查馆，专司预备立宪各事。当时清大吏不解宪政为何物，其馆中重大文牍，大率秘密辗转，请求梁先生代筹代庖。尤可笑者，例如当年之法部与大理院两署，常争论权限，甚至双方之辩释之奏议公函，均出于先生一人之手，而双方各诩主张之精辟。故先生当年代宪政馆及各衙署、各王公大臣所密撰之宪政文字，约计有廿余万言。"（丁文江、赵丰田编：《梁任公先生年谱长编（初稿）》，第 262 页）

⑨ 故宫博物院明清档案部编：《清末筹备立宪档案史料》，上册，第 270 页。

⑩ 中国第一历史档案馆编：《光绪宣统两朝上谕档》，第 34 册，第 16 页。

⑪ 故宫博物院明清档案部编：《清末筹备立宪档案史料》，下册，第 670—671、628—629 页。

⑫ 同上书，上册，第 354 页。

⑬ 韩策等整理：《汪荣宝日记》，第 8、55—70 页。

⑭ 《清实录》，中华书局 1987 年版，第 60 册，第 392—393 页。

⑮ 如直隶，据总督陈夔龙的奏报："谘议局互选资政院议员，已由该局用记名连记投票法互选议员十八人，呈由前护督臣将前列当选人九名，复加选定，发给执照，并造册咨送资政院在案。"（《直隶总督陈夔龙奏胪陈第三届筹备宪政情形折》，载邱涛编：《清末立宪运动史料丛刊·顺直谘议局》，山西人民出版社 2020 年版，第 73 页）

⑯ 董霖：《战前中国之宪政制度》，台湾世界书局 1968 年版，第 8—9 页。

⑰ 关于各省谘议局议员选举之一般情形，张朋园有深入的研究，据其实证统计：到 1909 年各省谘议局选举结束，当选的谘议局议员"大多数为具有传统功名之士绅；若干士绅同时又曾接受过新式教育；大多为有产阶级；高层士绅中多曾在中央或地方担任过官职，有一些政治经验，对政府有所认识。这些背景兼具传统性和现代性，主导他们在议会中的论政方向"。（张朋园：《立宪派与辛亥革命》，第 11—34 页）

⑱ 新疆因为其特殊情形，谘议局未能按期设立，故不能举出资政院议员。参见"联魁为筹备新疆立宪新疆情况特殊拟变通办理折"（1909 年 4 月 27 日），载中国第二历史档案馆编：《中华民国档案史料汇编》第一辑之"辛亥革命"，江苏人民出版社 1979 年版，第 106—109 页。

⑲　《学部咨资政院遵章择定硕学通儒议员文》，《政治官报》1910 年第 870 期，第 13—14 页。

⑳　汪荣宝 3 月 11 日的日记简要记载了他在都察院投票的经过，略云："午初，到都察院投票互选资政院议员，予举胡伯平，并代陆闰生投一票，投票场秩序颇为整肃。"（韩策等整理：《汪荣宝日记》，第 123 页）

㉑　《都察院奏互选资政院议员完竣折》，《政治官报》1910 年第 873 期，第 7—8 页。

㉒　中国第一历史档案馆编：《光绪宣统两朝上谕档》，第 36 册，第 87、109、122 页。

㉓　汪康年：《汪穰卿笔记》，中华书局 2007 年版，第 183 页。

㉔　中国第一历史档案馆编：《光绪宣统两朝上谕档》，第 36 册，第 35 页。

㉕　姚光祖：《清末资政院之研究》，台湾大学政治研究所硕士论文 1977 年，第 82 页。

㉖　在国会请愿中，有立宪党人据此论证资政院与国会之不相类而主张速开国会，略云："立宪国国会之议长，系就议院选出之数人中而敕任之，是议长本煦育于议员之中，体制毫无轩轾，且多有即为一党派中之领袖者，故议长与议员情感相通，政见相同。今资政院之议长、副议长，即系原有之总裁、副总裁，论其地位则由特旨简放，论其品级则为王公大臣及三品以上之大员，与议员阶级悬殊，不相接洽，若行政部院之有堂属者然……此资政院与国会正义大相反者，又一也。"（《国会请愿同志会意见书》，载尚小明编：《清末立宪运动史料丛刊·国会请愿运动》，山西人民出版社 2020 年版，上卷，第 508 页）

㉗　中国第一历史档案馆编：《光绪宣统两朝上谕档》，第 33 册，第 192 页。

㉘　同上书，第 37 册，第 37 页。

㉙　《政府公报》，《命令》，第 1301 号（1915 年 12 月 21 日），第 7—8 页；《政府公报》，《奏折》，第 7 号（1916 年 1 月 12 日），第 23 页。当时有评论云："溥伦以推戴功特任参政院院长，以溥伦之明达时变，诚宜得此酬报。但溥伦之在前清，固曾任资政院院长者也。以旧资政院院长充新参政院院长，驾轻就熟，盖于赏功之中，仍寓有遴取资格之意焉。虽然清皇族之阘茸无能，久为世人所诟病，不意至于今日，乃有此识时俊杰之溥伦，当亦清朝列祖列宗之所不及料者矣。"（无妄：《闲评》，《大公报·天津版》1915 年 12 月 18 日）

㉚　黄濬：《花随人圣庵摭忆》，中华书局 2013 年版，上册，第 480—481 页。

㉛　《时报》1910 年 11 月 2 日。

㉜　李启成校注：《资政院议场会议速记录》（修订版），上卷，第 131 页。

㉝　同上书，上卷，第 129 页。

㉞　马鸿谟编：《〈民呼〉〈民吁〉〈民立〉报选辑》，河南人民出版社 1982 年版，第 624、651 页。

㉟　中国第一历史档案馆编：《光绪宣统两朝上谕档》，第 36 册，第 87 页。

㊱　"宣统二年八月十二日内阁奉上谕，沈家本著充资政院副总裁。钦此。"（中国第一历史档案馆编：《光绪宣统两朝上谕档》，第 36 册，第 316 页）

㊲　姚光祖：《清末资政院之研究》，台湾大学政治研究所硕士论文 1977 年，第 221 页。

㊳　马鸿谟编：《〈民呼〉〈民吁〉〈民立〉报选辑》，第 407 页。

㊴　李启成校注：《资政院议场会议速记录（修订版）》，上卷，第 93 页。

㊵　杨天石等编：《宁调元集》，湖南人民出版社 2008 年版，第 471 页。

㊶　《帝京新闻》1910 年 10 月 23 日。

㊷《本馆专电》,《时报》1910 年 10 月 27 日。

㊸《资政院开院后种种》,《申报》1910 年 10 月 27 日。

㊹《资政院拾闻种种》,《申报》1919 年 11 月 20 日。

㊺ 梁氏说:“考英国之例，其上议院议员有三人列席，即得开议；下议院则四十人列席，即得开议。德国上院，无规定之明文；其下院，则过半数列席，乃得开议。美国、法国、意国等，其上下两院皆过半数列席，乃得开议。日本则上下两院，皆以有三分之一列席，即得开议。综较各国，英国限制最宽，日本次之，其余各国，大抵同一。”(梁启超:《〈饮冰室合集〉集外文》，中华书局 1989 年版，上册，第 542 页)

㊻《时报》1910 年 11 月 3 日。

㊼ 马鸿谟编:《〈民呼〉〈民吁〉〈民立〉报选辑》，第 407 页。

㊽ 李启成校注:《资政院议场会议速记录》(修订版)，上卷，第 132 页。

㊾ 同上书，上卷，第 384 页。

㊿ 这段论述的根据在于本书附录之议员简介。张朋园根据议员们出身和教育背景所做的实证分析，也能在很大程度上证实此点(张朋园:《立宪派与辛亥革命》，第 27—29 页。

(51)《影印“张季子九录”缘起》，载张怡祖编:《张季子九录》，第一册，文海出版社 1965 年版。

(52) 易鼐:《中国宜以弱为强说》,《湘报》第 20 号，第 77—78 页。

(53)《〈早开国会问答〉自序》,《东方杂志》第五年第十一期;《早开国会问答》，1908 年铅印本。载尚小明编:《清末立宪运动史料丛刊·国会请愿运动》，上卷，第 159、163—164 页。

(54)《孙洪伊等挽留湘省国会代表罗杰函》,《申报》1910 年 6 月 10 日，载尚小明编:《清末立宪运动史料丛刊·国会请愿运动》，上卷，第 559 页。

(55)《资政院议员罗杰上摄政王书》,《申报》1910 年 11 月 9 日。

(56) 转引自张朋园:《立宪派与辛亥革命》，第 70 页。

(57)《学部会奏议覆直督奏修撰刘春霖捐款兴学请奖折》,《政治官报》,《折奏类》，1910 年 11 月 24 日第 1105 号。

(58) 李启成校注:《资政院议场会议速记录》(修订版)，下卷，第 656 页。

(59) U. S. D. S. 893. 00/482. 转引自张朋园:《立宪派与辛亥革命》，第 70 页。

(60)《民立报》1911 年 1 月 3 日。

(61) 陆士谔:《新中国》，中国友谊出版公司 2009 年版，第 10 页。

(62) 蔡枢衡:《警察国与法治国之矛盾及归宿》，载《中国法理自觉的发展》，清华大学出版社 2005 年版，第 121—123 页。案：蔡先生此文最早于 1942 年 10 月 1 日以专论的形式刊登在云南《民国日报》。

(63)《孟子·离娄上》。

(64) 杨天石等编:《宁调元集》，第 560 页。

(65) 李启成校注:《资政院议场会议速记录》(修订版)，上卷，第 6 页。

(66) 同上书，上卷，第 410 页。

(67) 清末资政院和北洋时期首届国会议员的选举皆采取需要两次投票的复式选举。(民国第二届国会大致是选民直接选举，且削减议员名额，单从制度上看不无创造，但南北法统对立，安福俱乐部把持其中，腐败不可避免。)这种复式选举在当时中国这个幅员广阔、人口众多且受教育程度较低的情况下有其必要性，但其最大的缺点就是容易被人操纵，选举时往往贿赂公行。

⑥　顾敦鍒：《中国议会史》，上海书店出版社 1991 年影印本，第 413—415 页。案："迭克推多"乃 dictator（独裁者）一词在当时的中文音译。

⑥　《贿选案引起诉讼矣——众议员邵瑞彭之通电及诉状》，《大公报》1923 年 10 月 4 日。

⑦　杨树达：《积微翁回忆录》，北京大学出版社 2007 年版，第 11 页。

⑦　李剑农：《中国近百年政治史》，复旦大学出版社 2002 年版，第 535—536 页。

⑦　《众议院公报》，十一年六月十三日；转引自顾敦鍒：《中国议会史》，上海书店出版社 1991 年影印本，第 366 页。

⑦　李剑农：《中国近百年政治史》，第 447 页。

⑦　吴经熊、黄公觉：《中国制宪史》，上海商务印书馆 1937 年版，上册，第 69—70 页。

⑦　顾敦鍒：《中国议会史》，第 374 页。

⑦　秋士：《曹锟居然当选为总统——所反对者金钱选举》，《大公报》1923 年 10 月 7 日。

⑦　《大公报》1923 年 10 月 5 日。

⑦　这里所用的传统功名包括进士、举人和贡生，按照张仲礼先生的研究，都属于上层绅士；贡生成分较复杂，清代有五种贡生（岁贡、恩贡、优贡、拔贡和副贡），资政院议员中，这五类基本都有。（参考张仲礼：《中国绅士：关于其在 19 世纪中国社会中作用的研究》，李荣昌译，上海社会科学院出版社 1991 年版，第 140—143 页）

⑦　根据张仲礼的研究，清代文武官员职位大致保持在 27000 个左右，显要的职位大致在 3500 个左右，而在太平天国后的任一时期，绅士阶层大致在 145 万左右，其中上层绅士约 20 万，约占 14%，其数量较前大为增加；且正途出身绅士的比例有较大下降。（张仲礼：《中国绅士：关于其在 19 世纪中国社会中作用的研究》，李荣昌译，第 127—128、151—154 页）因此除进士之外，其他绅士要获得重要官职，竞争就较之以前为激烈，这种局面当然会刺激这些绅士们继续学习新知。

⑧　朱熹撰：《四书章句集注》，中华书局 1983 年版，第 4 页。

⑧　司马光编著：《资治通鉴》，胡三省音注，中华书局 1956 年版，第十七册，第 7985—7986 页。

⑧　《孟子·滕文公下》。

⑧　《四库全书总目》对《呻吟语摘》（吕坤晚年关于《呻吟语》之定本）有这样的评价："大抵不侈语精微，而笃实以为本，不虚谈高远，而践履以为程。其在明代讲学诸家，似乎粗浅，然尺尺寸寸，务求规矩，而又不违戾乎情理。视陆学末派之猖狂，朱学末派之迂僻，其得失则有间矣。"（《钦定四库全书总目》，中华书局 1997 年整理本，上册，第 1230 页）

⑧　《吕坤全集》，中华书局 2008 年版，中册，第 646 页。

⑧　《海瑞集》，中华书局 1962 年版，第 217 页。

⑧　李启成校注：《资政院议场会议速记录》（修订版），下卷，第 649 页。

⑧　余英时：《史学研究经验谈》，上海文艺出版社 2011 年版，第 74—75 页。

⑧　周振鹤撰集：《圣谕广训：集解与研究》，上海书店出版社 2006 年版，第 15—23 页。

⑧　《御史赵炳麟奏立宪有大臣陵君郡县专横之弊并拟预备立宪六事折》，载故宫博物院明清档案部编：《清末筹备立宪档案史料》，上册，第 127 页。

⑨⓪　《御史徐定超奏更定官制办法十条折》，载故宫博物院明清档案部编：《清末筹备立宪档案史料》，上册，第168—169页。

⑨①　参考李启成校注：《资政院议场会议速记录》（修订版），上卷，第380—393页。

⑨②　同上书，上卷，第626页。案：此乃议员郑际平所说。易宗夔在讨论刘廷琛以京师大学堂总监督身份弹劾资政院的奏折时亦言："据刘廷琛奏折云，包藏祸心就是图谋不轨，罪名甚大，不如请旨解散，还可保全回去，想各位必表同情的。"〔李启成校注：《资政院议场会议速记录》（修订版），下卷，第790页〕

⑨③　罗久蓉：《救亡阴影下的国家认同与种族认同——以晚清革命与立宪派论争为例》，载"中央研究院"近代史研究所编：《认同与国家：近代中西历史的比较》，1994年版，第71页。

⑨④　〔英〕彼得·沃森：《二十世纪思想史》，朱进东等译，上海译文出版社2006年版，第78页。

⑨⑤　《论今日新党之利用新名词》，《东方杂志》，第一卷第十一号，1904年12月31日出版。

⑨⑥　张朋园：《中国民主政治的困境（1909—1949）：晚清以来历届议会选举述论》，第215页。

⑨⑦　杜亚泉：《国民共同之概念》，载许纪霖等编：《杜亚泉文存》，上海教育出版社2003年版，第258页。

⑨⑧　梁焕鼐等编：《桂林梁先生遗书》，文海出版社1969年版，第442页。

⑨⑨　蒋廷黻语，引自"南京的机会"，《独立评论》第31号（1932年12月18日）。

⑩⓪　本表格的制作，第二届国会议员的统计数据直接参考了张朋园的研究。参见张朋园：《中国民主政治的困境（1909—1949）：晚清以来历届议会选举述论》，第99、160页。第一届国会议员的相关数据，张朋园和库柏（Samuel Y. Kupper, *Biographical Analysis of Members Elected to 1913 National Congress*, presented at the Institute of Modern History, Academia Sinica, March 6, 1971.）都有翔实的研究，张玉法在前两位研究的基础上进行了新的统计，考虑到张玉法的研究在后，故引用了他的数据。惟张玉法所列百分比乃是根据学历数为基础算出的，我这里则以学历可查的人数为基础略作修正。（张玉法：《民国初年的政党》，岳麓书社2004年版，第293—295页）

⑩①　《马良请速开国会》，载汤志钧编：《章太炎政论选集》，中华书局1977年版，上册，第446页。

⑩②　故宫博物院明清档案部编：《清末筹备立宪档案史料》，上册，第126页。

⑩③　蔡元培：《就任北京大学校长之演说》，载高平叔编：《蔡元培全集》，第三卷，中华书局1984年版，第5页。

⑩④　《中国国民党第一次全国代表大会宣言》（1924年1月23日），《孙中山全集》，中华书局1981年版，第九卷，第120页。

⑩⑤　杨天石等编：《宁调元集》，第477页。

⑩⑥　参见李启成校注：《资政院议场会议速记录》（修订版），下卷，第995—999页。

⑩⑦　于1911年1月6日的大会上，法典股股员长汪荣宝代表法典股说明审查情况时，于结束时即明确说"务请各位赞成，早早通过才好。"更有多数法派议员主张当日即付

再读，刘景烈更提议有无省略的法子，足见其急迫心情，"再读本来是逐条讨论，但是现在闭会只有几天了，看看还有省略的法子没有？"（李启成校注：《资政院议场会议速记录（修订版）》，下卷，第915页）

⑩⑧　此乃汪荣宝1911年1月9日和10日的日记。"闰生"即"润生"，乃陆宗舆的字；"伯初"乃章宗元的字。（《汪荣宝日记》，第二册，近代中国史料丛刊三编第六十三辑，文海出版社有限公司1991年影印版，第742—743页）

⑩⑨　李启成校注：《资政院议场会议速记录》（修订版），下卷，第1006页。

⑩　同上书，下卷，第1005—1006页。

⑪　同上书，下卷，第1016页。

⑫　杨天石等编：《宁调元集》，第489页。

⑬　郭湛波曾评论："自严氏译《天演论》，介绍赫胥黎、达尔文、斯宾塞的思想学说到中国来，影响中国思想界甚大，进化论的思想，风行一时。"（郭湛波：《近五十年中国思想史》，上海古籍出版社2005年版，第259页）

⑭　李启成校注：《资政院议场会议速记录》（修订版），下卷，第846—847页。

⑮　戈公振：《中国报业史》，上海古籍出版社2014年版，第90—94页。

⑯　杨天石等编：《宁调元集》，第459页。

⑰　同上书，第456页。

⑱　汪康年：《汪穰卿笔记》，中华书局2007年版，第226页。

⑲　柳隅：《资政院与报馆之冲突》，《国风报》第二年第三号，"时评"，第35—36页。

⑳　姚光祖：《清末资政院之研究》，台湾大学政治研究所硕士论文1977年，第218页。

㉑　《院章》第四十八条规定："资政院议员无故不赴召集，或赴召集后无故不到会延至十日以上者，均除名。"第五十条、五十一条分别规定了除名处罚之程序："资政院议员停止到会，以十日为限，由总裁、副总裁同意行之；除名，以到会议员三分之二以上议决之。资政院议员有应行除名者，如系钦选人员，应由总裁、副总裁奏明，请旨办理。"《议事细则》第一百三十五条明确规定："议员中遇有应行惩戒事件，除院章及本细则别有规定外，议长得付惩戒股员审查，经本院议决后，即行宣告。"

㉒　李启成校注：《资政院议场会议速记录》（修订版），上卷，第315页。旁观记者都注意到，"当休息后，严复到院，以白布手巾围颈，倚几欲卧，旋即出院。"（《宁调元集》，第476页）

㉓　李启成校注：《资政院议场会议速记录》（修订版），上卷，第609页。

㉔　《史记·商君列传》。

㉕　据载"奔竞之风，由京中遍及各省，上行下效，恬不为怪……谈宪政者又趋于伦贝子之门。"可见溥伦在晚清借重宪政、借重资政院议员以提高自己的朝廷中的地位，当为顺理成章之事。（刘禺生：《世载堂杂忆》，中华书局1960年版，第144—145页）

㉖　李启成校注：《资政院议场会议速记录》（修订版），上卷，第461页。

㉗　《奏为资政院议员伪填名票私改案语扰乱法纪请惩处事》，中国第一历史档案馆藏，档号：04-01-12-0689-048。

㉘　《资政院大胆要求改革》，《纽约时报》1911年12月7日，王宪明编译：《清末立宪运动史料丛刊·外文资料》，山西人民出版社2020年版，第477—481页。

第三章　资政院议案

欲考察资政院的实际运作情况及其影响，最重要的就是其所议决的议案。当时即有议员认识到此点，在会上以此激励同事。易宗夔曾在大会上讲："在东西各国议会，一年中议决几个有价值的议案，谓之有价值之议会；一年中未议决有价值的议案，谓之无价值议会。本院今岁亦多有价值之议案，如缩短国会期限具奏案、修正《报律》、请赦国事犯案、请剪发易服具奏案、禁烟具奏案、请昭雪戊戌六人冤狱具奏案、弹劾军机大臣不负责任具奏案、修正院章议案、请改用阳历议案，这些议案都是很有价值的。但是现在有结果的，就是缩短国会一件，此外都没有结果……如果这些议案都办不了，今年资政院就谓之无价值的议会。如果能够办齐，就谓之有价值的议会。此非特议员之光荣，亦议长之光荣也。"①

第一节　资政院议案概览

一、资政院所议决上奏的议案概况

按照《院章》第三十一条之规定："资政院常年会，自九月初一日起，至十二月初一日止，其有必须接续会议之事，得延长会议一个月以内。"第一次常年会因重大议案尚未议决，资政院于12月29日议决延长10天，得到朝廷批准。②故第一次常年会的开会时间为1910年10月3日到1911年1月10日，共开大会42次。除去9月23日的预备会议、开幕闭幕典礼外，实际开议事大会39次。在这39次会议里，资政院所议决的议案大致列表3-1如下：

表 3-1　资政院第一次常年会议案统计表 [③]

议案类别	议案名称	资政院会议之结果	上谕裁决结果
国家岁出入预决算议案	预算案	审议通过	依议
特旨交议议案	广西禁闭土膏店事件	桂抚侵权违法	无处分
谘议局与督抚异议议案（主要）	河南试行印花税核议案	是否征印花税乃资政院权限，电豫抚撤回	依议
	湖南发行公债核议案	湘抚侵权违法，请旨处分	无处分
	湘汉航业议案	湘抚与谘议局协商在预算案内解决	依议
	湖南禁烟案	赞成谘议局缩短年限的主张	依议
	广西限制外籍学生案	照民政部章程办理	先是交民政部察核具奏，后是依资政院议
	江西统税改征洋码案	同意度支部议驳意见	依议
	云南盐斤加价案	具奏请旨饬交局议，云贵总督命令应停止施行	先是交督办盐政处察核具奏，后是依资政院议
弹劾议案	弹劾军机案	以军机溺职辜恩上奏	先指责资政院越权，最后留中
陈请议案（主要）	速开国会案	宣统三年开国会	宣统五年开国会
	赦免戊戌党人开党禁案	具奏请旨	否定开党禁
	四川铁路公司倒款事件	以川路总理违反公司律规定请求罢免并治罪	宣布铁路国有
	全国禁烟办法议案	宣统三年底全部禁绝	不详
	剪发易服案	赞成剪发易服	无效，按农工商部具奏所降旨意办理，只默认剪发，而禁止易服
	速定官制设立责任内阁案	尽早设立	依议

议案类别	议案名称	资政院会议之结果	上谕裁决结果
陈请议案（主要）	申明资政院立法范围议案	未上奏	
	收回澳门中葡界务案	未上奏	
立法议案（全部）	振兴外藩实业并划一刑律议案	只是议题，不是议案，咨回理藩部重拟	自动生效
	地方学务章程	三读通过	依议
	著作权律	三读通过	依议
	修正报律	三读通过	修正第十二条，余依议
	出版律	三读通过	依议
	新刑律	未完成，上奏总则部分	朝廷裁可颁布新刑律全部
	修订集会结社律	三读通过	依议
	改订商律	未完成	
	统一国库章程	三读通过	依议
	运送章程	三读通过	依议

在第一次常年会会期内，议员们审查了预算案和特旨交议案件各1个、主要的异议案件和陈请案件15个、立法议案10个，其中除了2个陈请案件和1个立法案件未能审议结束，其他议案大多完成。从数量来看，其成绩尚属满意。从议案内容来看，都是当时矛盾聚焦从而急需解决的问题，涉及政治、经济、风俗、法律等方方面面。议员们经过讨论、表决，最终做出决定，或直接回复，或上奏请旨，较好地履行了职责，有其功劳。

有三个特别重大的议案，花费了议员们很多的时间和精力，那就是弹劾军机案、预算案和新刑律案。其中，弹劾军机案是议员与政府之间的冲突，考验的是议员的风骨和职责；新刑律案是议员之间的冲突，是议员价值观差异在法律上的直接对垒；审查预算案，是真正的庞大烦琐工作。预算股股员长刘泽熙在大会报告时即道出此点："政府所提出之预算案，计总册四十二本，分册八十一本，又追加预算二十四本，后经政府陆续送来各处原册计三千二百八十余本，股员会以四十日之光阴，竭四十八人之精力，逐日钩稽，稍稍得其端绪。"④要在此基础上做出令各部院、地方督抚能大致接受的报告，辛苦和智慧缺一不可。

议员们虽付出很多，但劳苦未必功高。故有必要来分析一下资政院关于议案审议之结果在多大程度上受到了尊重。

二、法律性议案与政治性议案

根据《院章》所规定资政院的职权来看，资政院所议决的议案大致可分为法律性议案和政治性议案两种。那些政治性议案，大致包括异议案件、弹劾案件和陈请案件，其中尤其重要者为弹劾军机案、速开国会案、赦免党人案，还有就是与满汉民族关系有关甚至牵涉到清廷合法性的剪发易服案。按照《院章》，资政院对议案议决之结果一般要具奏请旨，由皇帝做最终裁决。

从议案统计表格来看，一共28个议案，除了3个资政院未做出决定、1个结果不明确之外，朝廷批准的有13个，经资政院争取后批准的有2个，部分批准（也就是部分否决）的有4个，完全否决的有5个。单纯从数据来看，似乎资政院议案还比较受朝廷尊重。在法律性议案中，总共10部法规，朝廷除修正个别条文和裁可资政院未及议决的《新刑律》分则外，其余都按照资政院议决的结果颁布，从数量上看，资政院的立法协赞权得到了尊重。

但这种据数据实证分析所得出的结论是否可靠呢？未必尽然。因为这组统计数据的可靠性必须满足一个前提条件，即各议案之间的重要性应该大致差不多。而议案之间的重要性存在差异，是资政院和朝廷的共识。因此，不能简单根据统计数据来判定资政院议案的受尊重程度。

何种议案更重要？资政院和朝廷之间是既有共识，又有差异。在开院之初，朝廷和议员都把预算案和新刑律案视为最重要的议案。开院之后，民选议员逐渐控制了议场，导致原本并不为朝廷重视的异议案件和陈请案件变得重要了。朝廷赋予资政院议决异议案件和陈请案件之目的是要借作为全国民意代表的资政院来裁抑督抚、当舆论之冲。民选议员既控制了议场，遂不甘心仅作为朝廷稳定秩序、集权中央的工具，而是借助舆论来挑战中央朝廷和地方督抚的权威，提高资政院和谘议局的地位，真正推进实质意义上的君主立宪。结果，朝廷发现失算，经过权衡，认为原本要打击的督抚至少在当前尚不足以直接威胁自己，反而是它原本用之敲打督抚的资政院，已成为眼前大患，防止其日渐坐大才是当务之急。因此，当资政院议决地方督抚和谘议局异议案件要求处罚督抚时，朝廷多否决资政院的主张，以裁抑资政院。资政院当然不甘心被裁抑，但在君主立宪预备期，君主及代表君主的摄政王都神圣不可侵犯，遂把矛头对准了负责拟旨、副署谕旨的军机大臣，导致了弹劾军机案的发生。弹劾军机案自然成了第一次常年会期中最引人注目、持续时间也最长的一个议案。其最终结果也是以朝廷实际上否决资政院的议决而告终。此时，在朝廷看来，最重要的议案是政治性议案，而资政院的决议大多被否决。

原先被视为重要的预算案和新刑律案，甚至包括所有的法律议案，朝廷认为它们多属于技术性范畴的议案，和眼前的政治大局没有直接牵连，不妨对资政院加以敷衍，以免议员们铤而走险，主动解散资政院，使预备立宪直接陷入僵局，让朝廷完全走向立宪舆论的对立面。

在议员们一面看来，只要资政院能确实监督政府、协赞立法，即提高了资政院的权威，推进了君主立宪。预算案和新刑律案之所以重要，其原因即在于此。他们之所以主动弹劾军机，也是希望朝廷能切实尊重资政院这两方面的职权，而不是通过否决资政院之议决来贬抑资政院。如果朝廷能做到此点，发动弹劾亦可，冷冻弹劾乃至取消弹劾亦未尝不可。事实上，朝廷即通过提交预算案和新刑律案的审议来转移议员们的注意力，最终缓解在弹劾军机和速开国会等议案中所体现出来的资政院和朝廷之间的激烈对立情绪。

关于资政院对议案的审议结果，朝廷大致采取如下做法：在政治性议案中，出于裁抑资政院之考虑，或消极或积极地否决资政院的议决；

为了不使裁抑引起议员们彻底决裂而自行解散，故在被朝廷视为技术性范畴的那些议案里，多批准其议决，让议员们意识到其存在价值。与此相应，议员们的行动逻辑则是在避免与朝廷决裂的情况下保有或扩大资政院监督政府和协赞立法等方面的权力。正是双方互相试探、争斗同时又妥协，所以资政院和朝廷的行为很难保持一贯性。诚如时人所批评：（议员）"弹劾军机，不见明文。请赦国事犯，不知下落。盐法改征，暗中搓消。时行则行，时止则止。"⑤朝廷又何尝不是如此。资政院关于广西限制外籍学生案、云南盐斤加价案的决议，朝廷先是交相关行政衙门察核具奏，最后又同意资政院之议决；对于弹劾军机案，先是申斥资政院越权妄议，最后又留中不发，不予理会，让事情冷淡下来。

在资政院和朝廷的关系中，朝廷实居于主导地位。朝廷的优势地位主要体现在君主神圣上，它既有法律的保证，亦有历史和现实的根据。但在西潮涌入、预备立宪的背景下，朝廷的优势地位又在不断削弱，要保持此种优势地位就需要善用这种优势地位。事实上，朝廷在对待资政院这件事情上，就没能用好。

尽管立法较之具体的政治举措对于朝廷的长治久安在长时段中起的作用更大，但其前提是朝廷还能在此一长时期内延续下去。于邦华即明确讲："法律案之效力缓，政治案的效力速。"⑥到第一次常年会召开之时，朝廷已是危机四伏，很多议员即直言不讳，如江辛即说："盖国会早一日成立，即国家早一日有些转机。现在国家危险已达极点，救亡问题除速开国会更无别法，如再迟延，则国家前途，本议员就不忍再说了。"⑦故只有妥当解决了眼前的政治热点问题，让朝廷有延续的可能，经朝廷裁可由资政院议决的法律案、预算案才有意义。

恰恰是在政治性议案中，朝廷多否决资政院之议决，即便有几件依议，也是为了不致和资政院完全决裂所做的不情愿妥协。朝廷所认可的，主要是预算案和法律案，在当时多是不解近渴的远水。资政院所议决的热点政治问题，时为整个社会所关注，朝廷既要资政院当舆论之冲，让民气化嚣为静，又否决资政院之议决，以达到裁抑资政院之目的。朝廷算计虽巧，但聪明反被聪明误，结果却是朝廷和资政院的双输。资政院之议决不能得朝廷之尊重，尤其到关键时候，更是"大政统于朝廷"；朝廷否决资政院关于异议案件和陈请案件之议决，则直接把自己推到了立宪舆论的对立面。朝廷不愿意立宪，而专制不足以图存，其原本微弱的正当性逐渐消耗殆尽。

在那些法律议案里，最重要的当属《新刑律》，最后由代表政府的宪政编查馆有倾向性地上折，以新刑律和宪政大局关系紧密为由，请求朝廷裁决未经资政院议决的新刑律分则应如何处理。朝廷据此明发上谕："《新刑律》颁布年限定自先朝筹备宪政清单，现在开设议院之期已经缩短，《新刑律》尤为宪政重要之端，是以续行修正清单亦定为本年颁布，事关筹备年限，实属不可缓行，著将《新刑律》'总则''分则'暨《暂行章程》先为颁布，以备实行。俟明年资政院开会，仍可提议修正，具奏请旨，用符协赞之义。并著修订法律大臣按照《新刑律》迅即编辑判决例及《施行细则》，以为将来实行之预备。"[8]这实际上严重侵犯了资政院的立法协赞权。简言之，资政院在法律议案方面也未得到朝廷的实际尊重，更遑论那些政治性议案了。

所以，尽管从议案的统计数据上看，似乎资政院的议决得到了朝廷极大尊重，但议案之间有重大和点缀之别，有缓急之异。朝廷所尊重的议决多是不急之务，所否决的是当务之急。它证明了：资政院在预备立宪之下不足有为，朝廷对预备立宪不可能有为。下面扼要介绍资政院第一次常年会中的几个重大议案。

第二节　重大议案（一）：速开国会案

一、速开国会案的缘起

速开国会即意味着立宪预备期的缩短。立宪预备期究竟需要多长时间？朝廷于1906年发布宣布预备立宪上谕，没有明说预备期到底要多久。朝廷内外关于预备期长短的主张亦不一致。其著者如载泽等五大臣奏请立宪时建议预备以五年为期；[9]两江总督端方奏请立宪折内建议预备期为十五到二十年之间。[⑩] 预备立宪诏书下达后，朝廷派达寿、于式枚和汪大燮分别赴日、英、德三国重点考察其君主立宪之情形。在他们给朝廷的考察汇报奏折里，意见也不一致。达寿没有明说，但列举了日本预备立宪的情形；于式枚则认为不必预定期限，反对躁进立宪。[⑪] 到1908年8月27日，宪政编查馆和资政院会奏《议院未开以前逐年筹备事宜折》获得朝廷批准，正式确立了九年预备立宪的期限，即正式君主立宪应始于1916年。为什么预备期是九年，其依据何在？这里是清末关于预备立宪期限的一份统计表格[⑫]：

表 3-2 清末预备立宪期限统计表

提议人	提议人职位	提议时间	建议预备年限	建议开国会年份	资料大致出处
《时报》	不详	1904	10 年	1913	"立宪平议"
张美翊	瞿鸿禨弟子	1904	10—15 年	1913—1918	"张美翊致张绍熙、朱桂辛函（附说帖）"，《瞿鸿禨朋僚书牍》
孙宝琦	出使法国大臣	1904	10 年	1913	"出使法国大臣上政务处书"
袁世凯、张之洞、周馥	封疆大吏	1905	12 年	1916	《新民丛报》第 3 年第 21 号
罗振玉	江苏师范学堂监督	1905	3 年	1908	"调查政治管见"，《大公报》
《大公报》		1905	6 年	1911	"论立宪"
胡玉缙	学部主事	1905	12 年	1916	"元和胡君玉缙论立宪书"，《时事采新汇编》
载泽	考察政治大臣	1906	15 年	1920	《东方杂志》第 4 年第 8 期
章绍洙	无极县令	1906	20 年	1925	"无极县章大令绍洙禀陈改行宪政"
不详	某尚书	1906	10 年	1916	"尚书条陈宪政"，《大公报》

提议人	提议人职位	提议时间	建议预备年限	建议开国会年份	资料大致出处
范源濂	学部员外郎	1906	10年	1916	"范源濂致瞿中堂函"，《瞿鸿禨朋僚书牍》
赵炳麟	御史	1907	10年	1916	"论都察院不可代国会疏"，《赵柏岩集》
李翰芬	署理广西提学使	1907	5年	1911	《清末筹备立宪档案史料》
徐敬熙	候选内阁中书、副贡	1907	10—15年	1916—1921	《两江总督端方代奏徐敬熙呈整饬行政立法司法机关折》
雷奋、孟昭常	附生、举人	1908	2—3年	1910—1911	《江苏绅民请开国会公呈》
罗杰	江苏国会请愿代表	1908	2年	1910	《速开国会问答》
陈景仁	法部主事	1908	3年	1911	光绪三十四年六月二十七日上谕
郑孝胥等	上海立宪公会	1908	2年	1910	上海立宪公会上宪政编查馆电
刘次源	度支部郎中	1908	3年	1911	《申报》1908年7月22日
杨度	宪政编查馆参议	1908	3年	1911	《国会期限问题续志》
李经羲等	云贵总督	1910	1年	1911	《各省督抚速开国会设责任内阁电》
锡良	东三省总督	1910	1年	1911	《锡良遗稿》
张荫棠	出使美国大臣	1911	即开	1911	《清末筹备立宪档案史料》

通过表 3-2 大致可见，在 1908 年清廷确定九年预备立宪期以前，主张以 1916 年正式立宪的最多，1913 年次之；之后，则以 1911 年的

为最。换个方式说，之前是以九年预备期为主，六年次之；之后以四年预备期为主。这反映出越到后来，人们对即开国会的愿望越强烈，这当然跟国会请愿运动的展开密切相关。

对确定预备期长短有较大决定作用的是宪政编查馆及其直接领导军机大臣。在宪政编查馆的一次关于国会年限的讨论会议上，有主张五年、六年、七年的，也有主张十年甚至二十年的。⑬管理宪政编查馆的军机大臣意见也不一致，领班军机大臣庆亲王奕劻即不赞成预定年限，当时即单独上奏，道出了讨论之内幕，略云：

> 近日各省绅民复有要求开国会年限之事，其中有乱党勾结，无非使权柄下移……今张之洞、袁世凯拟以预定年限即开议院，据奴才愚见，不可预定年限，在军机处详细妥商，张之洞等总以定准年限为是。查日本明治十三年宣布立宪，二十四年宣布开设议院，今本朝立宪，一切应办各事尚未举办，先宣布开设议院年限，无此办法。此事关系甚大，惟有据实声明，恭请圣意坚持，总以应办各事实力奉行后，届时再行宣布开设议院年限，不可先定准期，庶权操自上，于大局有益。⑭

经过多次会议讨论，军机大臣张之洞和袁世凯的意见举足轻重，⑮朝廷于 1908 年 8 月 27 日发布上谕，决定仿照日本以九年为期预备立宪。⑯这是明面上的理由。还有一个不能明着说的理由，那就是实际当国的慈禧于 1835 年出生，当时已是 73 岁的高龄，中国古语有云，73、84，阎王不接自己去。以九年为预备期，慈禧也就放心，生前不用受国会之掣肘。朝廷将筹备清单刊刻誊黄盖用御宝后，下令京外各衙门于慈禧万寿当天悬挂于衙署大堂，可能有深意在内。⑰

不管理由如何，九年期限出台后，不能满足立宪派的期望。立宪派一般要求在两三年内开国会，如预备立宪公会电请"以二年为限"，政闻社致电宪政编查馆"请限期三年召集国会"。上海总商会欢送国会代表沈缦云的颂词说得特别好：

今时吾国之需国会，如日月之经天，江河之丽地，人生之于布帛菽粟，万不可缺之物也；今时吾国民之需国会，如寒之思衣，渴之思饮，幽室之思日星，大旱之思云霓，又万无可缓之时也。以万无可缺之物，处万不可缓之时，请愿之责，亦綦重矣！⑱

体制内的官员亦有作如此主张者，如署理广西提学使李翰芬主张预备期缩短为五年，其理由很有说服力：

> 方今时局艰危，事机日亟，外人每以宪政之成否占中国之存亡，若必预备于十数年前，施行于十数年后，虽缓急不容不审，而收效实觉过迟。论者谓国民程度尚低，资格尚浅，未可轻率从事。抑知程度以造就而益高，资格以历练而渐进，东西国民程度资格不同，而其为立宪则一，又岂有一定标准哉？先预备，后施行，年复一年，不免有苟且因循之患。即施行，即预备，急所当急，乃以倍道兼进之功。日本立宪之议，虽萌于明治初年，而自明敕国人预备立宪，以至开国会、布宪法，其间不过十载，而亦因日本当时确信宪政之可行于东方民族，故迟回详慎，乃抵于实行。今则立宪为中国救时之惟一要政，中外通人已无疑义，而变巨期迫，又非可待十年，拟请明降谕旨，于光绪三十七年颁布宪法，开上下议院，有五年为之绸缪预备，则各省之议局，各府州县之议事会，渐多合格之议员，而两院不难成立，即宪法亦必编纂完善行之有效矣。⑲

归纳李翰芬的理由，大致为：国族危机巨大，不容缓图；立宪固对民众素质有要求，但民众素质更可在实际训练中提升，实可于宪制施行中逐步预备。李氏速开国会的主张实非孤例，代表了一部分立宪派官僚士绅的想法。

自朝廷宣布预备立宪期为九年以后，要求缩短预备期的呼声不断，且越来越高。有些立宪党人还在报纸上撰写极其通俗的白话文以鼓动宣传，如孟昭常，辛辣批评了朝廷确定九年预备期的主要根据——人民程度不足：

有人说，这国会既然是保护国家的，为什么政府不愿意，要今年延宕，明年延宕呢？难道政府不要这个国家，和我们心肠不一样么？咳，却不是这么说。政府里头不愿意的，也只有几个营私罔利的，其余也多晓得国会是一件好东西。就是一句话，说我们百姓程度不够，到了国会里头，不会议什么事，徒然闹得稀糟，所以今年的不肯，明年不肯。你想，一省里举几十个有智识的人到国会里去议议事都举不出来么？况且做议员的，也并不要三头六臂，能言舌辩，只要晓得地方上情形和百姓的疾苦，到大会上去说说就完了。就是有个不会说罢，或说得不好，说得不完全，一百个里头，算他有这么四五个，毕竟还有九十几个，还怕什么呢？所以，政府这一片好意，断断不可领情，耽误一年，是吃一年的亏。如今，我们却要自己挣得出，说道不要等了，我们程度够了。若不相信，先开个会，叫我们举几个议员来试试看他会说不会说就知道了。[20]

及至各省谘议局陆续成立，立宪派始有了合法的活动机关。1909年秋，各省谘议局陆续组织。同年10月13日张謇与两江总督端方、议员雷奋、杨廷栋、孟昭常、许鼎霖等聚谈，决议请求朝廷组织责任内阁以及迅速召开国会，并有具体分工，组织内阁，由端方约请各省督抚联奏；速开国会，由张謇联合全国代表请愿。[21]随后，张謇以江苏谘议局议长的身份，公开发表"请速开国会建设责任内阁以图补救意见书"，发起谘议局联合会，邀请各省选派代表，于谘议局年会闭幕后齐集上海。这是立宪派主导的速开国会运动的开端。张謇在意见书中陈述了速开国会的理由和具体方案，略云：

宪政馆立宪之预备，定开国会，期以九年，以各省地方财政与人民知识之程度，参差不齐，必一千七百余州县自治之事，一一按年表而行，至于完备而后开国会。即加多于九年之外，岂得为迂？然列强之欲逞志于我者，则正恐九年之后，全国人民合力拱卫国家，必将难于专制时代，但劫持一二政府大臣，即可行其强权猾

计，而愈以促其及早催我之政策。我不为备，而惟是循序以进，是
何异揖让而救焚！其为不及，可以断言。故救急之法，惟有请明降
谕旨，声明国势艰危，朝廷亟欲与人民共图政事，同享治安，定以
宣统三年召集国会……或虑人民之程度未至，政府之筹备方新，速
开国会，则庞杂无益于事。请质言之，曰：国会之所以备列强非礼
之侵，岂有拯溺救焚而可以诿之程度不足，迁延观望，以待将来
之理？㉒

在张謇等人的大力推动下，11 月初，包括各省谘议局议员、已经
当选为资政院议员的各省代表 55 人聚集上海。他们多次举行记者谈话
会，为请愿国会造舆论。以这批立宪党人为核心，先后发动三次全国性
的速开国会请愿活动。

第一次请愿的时间为 1910 年 1 月 20 日，由 33 位谘议局议员作为
请愿代表签名上请愿书，请求朝廷一年之内召集国会以救危亡。代表们
请都察院代为奏呈。都察院先是不愿意，几经周折才同意，于 30 日递
交。清廷予以拒绝，理由主要是"国民知识不齐，遽开议院反致纷扰，
不如俟九年预备期满，国民教育普及"。㉓经请愿代表多次请求，他们
于 1 月 28 日到资政院，拜访了总裁溥伦和协理李家驹。据报纸记载，
溥伦的态度是无可无不可，李家驹则表示同情。㉔

被朝廷拒绝后，请愿代表并没气馁，认为朝廷之所以严拒，是因
为请愿组织规模太小，其力量不足以动朝廷之观瞻，于是进而与北京已
有的"国会期成会"合在一起，共同组织"请愿即开国会同志会"，分
电各省谘议局、商会、教育会、海外华侨团体，要求各派代表，共同参
与第二次请愿活动。此时，请愿代表意识到宣传活动的重要性，专门在
京创办了《国民公报》，引导舆论，以壮声势。6 月 16 日，请愿代表进
行了第二次请愿活动，递交了多份请愿书。同时，请愿代表还推举相关
关系人进谒王公大臣，沥陈速开国会之必要。这次请愿，依然被朝廷拒
绝。以第一次常年会在即，请愿之激进者甚至以"不应资政院召集"为
手段向朝廷施压。㉕

　　尽管两次请愿被拒，立宪派仍然没有放弃，抱定屡败屡战之决心，继续准备第三次请愿，"矢以百折不挠之心，持以万夫不拔之力，三续、四续，乃至十续"，㉖不达目的誓不罢休。此时，距资政院开院仅有三个月，作为立宪派推动君宪的全国性合法机关，速开国会请愿由资政院议决上奏是较为理想的选择。张謇即以江苏谘议局议长名义发电，希望于第一次常年会期间，陈请资政院上奏速开国会，建议："国会请愿两次无效，群望三请。近日敝省公论，以为前次谕旨，既断再请之路，现资政院开，专达民隐……此次请愿，拟向资政院陈请建议，以期必达……请愿之期，以十月底成行，十一月到院陈请……尚在资政院开院之期。"㉗《顺天时报》于 1910 年 7 月 3 日刊文《论国会请愿代表宜向资政院集势力》，呼吁：

　　　　资政院定期开办，其时日尚有三阅月，为国会请愿代表计，必须注重在兹，游说资政院议员，引为同志，据资政院以发表意见，使直行陈奏，莫便利于此者。各代表员果欲厚积势力，以拜访资政院议员，热心游说之，在此三阅月之内，势力集成，届期资政院开办，当头提议速开国会之奏请案，事无不可实行者。然为时已迫，图之正在今日。大谋不可乱也，能实行筹备立宪与否，具视此矣。㉘

　　由此，资政院积极介入国会请愿运动中来。

二、资政院关于速开国会案的讨论

　　1910 年 10 月 14 日，资政院秘书处收到孙洪伊等一百八十七人陈请速开国会书一件，由秘书官在大会宣读，资政院当天没来得及讨论。17 日大会时，易宗夔发言请议长改动议事日表，优先讨论速开国会议题："现在我们资政院开院已有半月，政府交议之案及核议各省之案，均是枝叶上之问题，不是根本上的问题。至于根本上的问题，就是速开国会。当此存亡危急之秋，惟国会可以救亡。现在各省谘议局联合会陈请速开国会，这是本院根本问题，应当先解决的。请议长改定议事日表，请议速开国会事件。"于邦华更指出政府不将速开国会等重大议案提出则是其搪塞之计。尽管主持大会的副议长沈家本不愿意改动议事日表，但有很多议员强烈要求开议速开国会议案这一根本议题。就因为要不要先讨论速开国会议案，令很多议员不满意于沈家本。19日大会上，有议员认为当前讨论的印花税核议案只是枝节问题，主张提前议速开国会案。因为资政院陈请股已经将孙洪伊等的陈请书审查完毕，方还代表陈请股说明如下：

> 各省谘议局陈请速开国会之说帖，其理由第一项谓国会不能速开者，必为筹备宪政尚未完全，顾欲求完全之筹备必先有完全之机关，欲求完全之机关必先有负责之内阁，有负责任之内阁就不能无对待之国会，此应速开者一也。第二项谓国会不能速开者为人民程度之未划一，但人民程度亦无一定之标准。何者方能划一？何者作为标准？将以政府为比例抑以外洋为比例？现在各省谘议局业已办过，今年资政院业已开院，何独人民程度必不能开国会？此应速开者二也。第三项谓国会不能速开者，资政院为议院之基础，基础稳固然后能开国会。但既欲为议院之基础，必有与议院对待之内阁，而资政院无对待之内阁。议院为独立之机关而资政院非独立机关，是不可为基础。此应速开者三也。第四项谓议院不过立法机关，必不能参预一切，则又不然。各国国会制度有协赞权，有承诺权，有质问权，上奏弹劾受理请愿权，实兼监督行政而言，非可谓议院于立宪无大关系。此应速开者四也。且国会迟开一日，即人心不能安定一日。人心不能安定，即有种种可危之象。至财政上紊乱如此，不开国会，更何从解决？㉙

是尽快讨论速开国会议案还是按照程序先列入议事日表按部就班讨论，副议长沈家本又和诸多议员发生了冲突，最后沈氏意见占了上风。到22日大会上，当时议事日表第四项即为讨论速开国会陈请案。罗杰、江辛、牟琳、于邦华、陶镕等登台发言，沥陈速开国会之紧迫性和必要性。随即议员表决，据《速记录》记载："全体议员应声蓦立，鼓掌如雷，并齐呼'大清帝国万岁！大清帝国皇帝陛下万岁！大清帝国立宪政体万岁！'者三，全场震动。"资政院全体议员将陈请速开国会案通过后，决定将之作为资政院的具奏案上奏朝廷。由副议长沈家本指定赵炳麟、陈宝琛、孟昭常、汪荣宝、许鼎霖和雷奋为起草员，负责起草具奏稿。至此，整个议场弥漫着一种乐观的气氛。刘春霖满怀信心，讲："今年资政院开会以来，所议皆一枝一节之事，惟有今天所议速开国会算是一件要紧之事。"

在接下来的 26 日大会上，议事日表第一项就是陈请速开国会具奏案。首先是汪荣宝代表起草员说明了折稿之主旨：

> 第一是先把陈请的要义铺叙一遍，所有陈请书原本既须简折一并奏上……合计陈请书共三件：第一各省谘议局陈请书，第二代表孙洪伊等陈请书，第三海外华侨汤觉顿等陈请书。叙述三件陈请书大意之后，然后加入本院自己意思……说过两种理由之后，然后说到设立国会是立宪政体题中应有之义，无论如何，国会是万万不能不设。既然知道立宪政体可以救亡，何必一定要待到三五年之后，民心难得而易失，事机一去而不还，现在已经到了十分危险的时候。若从此赶紧设立，还可以巩固国家的大局，不然就有难言之隐。所以本院的意思，务求皇上毅然独断，把上下议院提前设立，这便是奏稿体裁及大旨。再者，此件初稿是赵议员炳麟起草后，经孟议员昭常修改，又经本议员修改一次，三次斟酌乃始定稿，起草同人均以为然。[30]

经议员们充分讨论后，资政院以全体名义具奏"提前设立上下议院"，奏折略云：

> 奏为具奏请旨事。前据顺直各省谘议局及各省人民代表孙洪伊等，又侨寓日本横滨、神户、大阪、长崎四埠中华会馆代表汤觉顿

等，各以陈请速开国会说帖赴臣院呈递，当由臣溥伦、臣沈家本交陈请股审查。陈请股于九月十六、十九等日开股员会审查两次，均经该股全体议员表决，认为合例可采……随于九月二十日开全院会议。全体议员合词赞成，认为应行具奏之件，表决之后，群呼大清国万岁，皇帝陛下万岁，大清国立宪政体万岁。众情踊跃，欢动如雷，合王公士庶于一堂而表其一致，此中国数千年来所未见也。查顺直各省谘议局说帖称，立宪政体根原于三权分立，若无国会，则无立法机关，即无所谓立宪；筹备宪政未完全，由于立宪政体未确定。欲确定立宪政体，非速开国会不可。又称资政院性质与议院不同，以法制言，议院为独立机关，而资政院不然；以效力言，议院议决之案，经君主裁可，大臣署名而实行，而资政院不然；以责任言，议院议决案，对之负责任者为内阁，而资政院不然，资政院以不能独立之故而丧失其议决之效力，于此而负其责任者，惟吾皇上一人，按之立宪精神，尤无一当。故谘议局等以为，资政院与议院居于反对之极端，实非基础之预备。欲预备立宪基础，非速开国会不可。此顺直各省谘议局说帖之要义也。查各省代表孙洪伊等说帖称，求治莫要于审缓急先后，而缓急先后不能徒征诸理论，当以事实为衡。今中国非实施宪政，决不足以拯危亡，尽人而知之矣。然宪政若何而始能实施？此最不可不审。比者筹备宪政之有名无实，天下共见。中外臣僚涂饰敷衍，捏报成绩苟以塞责者，固所在多有，而一二忠勤忧国之大吏，亦尝知虚名之不可以久假，欺罔之不可以公行，力陈现在筹备之失当，成绩之难期，如督臣李经羲、陈夔龙，抚臣陈昭常、孙宝琦，藩司王乃征等，皆先后有所献替。虽所筹补救之策各有不同，至其言现在筹备之不能举实，则一也。盖立宪之真精神，首在有统一之行政机关，凡百设施，悉负责任，而无或诿过于君上，所谓责任内阁者是也。责任内阁何以名，以其对于国会负责任而名之也。故有责任内阁谓之宪政，无责任内阁谓之非宪政。有国会则有责任内阁，无国会则无责任内阁。责任内阁者，宪政之本也。国会者，又其本之本也。本之不立，末将安立？两年以来所筹备，一无成绩，而"宪政"二字，几终于为世诟病者，皆坐是也。是故他事皆可缓，而惟国会宜最先。他事皆可缓，而惟国会宜最急。谕旨谓缓急先后之间为治乱安危所系者，岂不以此耶？此各省代表孙洪伊等说帖之要义也。查侨寓日本横滨等处代表汤觉顿等说帖称，日本因开国会，财政始能发达，内乱始能消灭，外交始能平等；朝鲜以不开国会，监督机关不立，百事皆有名无实，庶政废弛，民生凋悴，以至于亡。今我国欲统一财政，消弭内乱，维持外交，鉴于日本之所以兴，朝鲜之所以亡，皆非有国会不可。此侨寓日本商民汤觉顿等说帖之要义也。臣院窃惟世界政体渐趋一轨，立宪者昌，不立宪者亡。历史陈迹，昭然可睹。而立宪政体之要义，实以建设国会为第一。国会之作用，在协赞立法，监察财政，与政府、法院鼎立并峙，而为国家统治机关之一，不可不备者也。今朝廷实行立宪，不啻三令五申，筹备不可谓不密，督责不可谓不严，而未尝有成效之可言者，则以财政之未精确，法制之未统一，而实国会之不早建设，有以致之也。今各省谘议局及各代表等，以臣院为朝廷取决公论，预立上下议院基础之地，爰于开会之始，持书陈请，哀痛迫切，远近一致，于国会不可缓设之故，均已抉发靡遗，无庸赘述。惟臣等区区之愚，尚有欲陈于君父之前者。则以近世东西各国，除一二小国外，其国会之制，殆无不以两院集合而成。两院制之善，在议事之际，必经两次表决，两次通过。甲院以为可者，乙院或从而否之；乙院以为是者，甲院或从而非之。必两无异议，而后致诸政府，上奏施行，其善一也。两院协商，一再驳复，而政府不预，则彼此各有居间调和之用，而政府与国会无直接冲突之嫌，其善二也。有此二善，则与其维持现状，得偏遗全，不如采取各国通法，径设两院之为愈也。臣等内审国情，外考成法，窃以为建设国会，为立宪政体应有之义，势既不可中止，何必断断于三五年迟早之间！人心难得而易失，时会一往而不还，及今图之，犹可激发舆情，又安大局，朝廷亦何惮而不为！用敢合词赞可，披沥上闻，伏乞皇上毅然独断，明降谕旨，提前设立上下议院，以维危局而安群情，不胜激切待命之至！除将陈请说帖三件汇总封固恭呈御览外，理合遵照臣院《议事细则》第一百六条，恭折具奏，请旨裁夺，伏乞皇上圣鉴训示。谨奏。宣统二年九月二十六日。资政院总裁贝勒衔固山贝子臣溥伦资政院、副总裁法部右侍郎臣沈家本。㉛

值得注意的是，这次大会由议长溥伦主持，并邀请了度支部尚书载泽来资政院议场，说明预算案大旨，因此议员们讨论速开国会案时，载泽在场，无形中就是一种支持。㉜

三、朝廷决策和资政院的反应

在资政院讨论速开国会案期间，1910 年 10 月 22 日，经云贵总督李经羲倡议，获得了大多数封疆大吏的支持，由东三省总督锡良领衔，合词奏请朝廷速设内阁和国会，略云：

> 内阁、国会为宪政根本……老成过为持重，必求谋出万全，政府首当其冲，不敢轻于一发。其争执不过数年期限之迟早，其关系乃在目前国势之存亡。锡良等疆寄忝膺，忧危共切，忍视朝廷为孤注，独举中央以责难。第外觇世变，内察国情，立宪既无反汗之理，则阁、会决无不成立之理。与其迟设而失事机，不如速设以维邦本……阁、会利弊，理势所在，均无可疑。舍此则主脑不立，宪政别无着手之方。缺一则辅车无依，阁、会均有逾辙之害。程度不足，官与民共之。不相磨砺，虽百年亦无所进；法律难定，情与俗碍之，互为参考，历数载可望实行……伏恳圣明独断，亲简大臣，立即组织内阁，特颁明诏，定于明年开设国会，敕宪政编查馆克期拟呈议院、选举各法，钦定施行。㉝

同月 28 日，朝廷下旨：资政院具奏陈请速开国会一折，"又据锡良等及陈夔龙、恩寿电奏组织内阁、钦颁宪法、开设议院等语，著将原折电交会议政务处王大臣公同阅看后预备召见"。㉞就在这一天，已有内幕消息传出，李素在大会上讲："国会问题，据一般传言，恐有缩短五年之说，看现在情形，外人对我国势事，不止一日千里，而我政府必主张迟迟缩短，只就我一方面言，何不恪遵先朝谕旨，待以九年，诚恐人不我待，请议长极力主持速开国会，中国幸甚！"㉟这实际上已证明所谓交会议政务处王大臣讨论，只是朝廷的一种故作姿态，决定早已做出，只等相应的程序走完，即可宣布。

10月31日，军机大臣毓朗来到资政院会场跟议员们见面，毓朗格于身份，对议员们关心的速开国会问题打起了"太极"式官腔，让其静待御前会议的召开，即有万全之策。据此，各议员纷纷陈述需速开国会之理由，更有议员要求军机大臣对此问题明确表态，还有议员提到如果是迟开国会的上谕，军机大臣应承担副署责任，结果军机与议员们不欢而散，成为以后资政院发动弹劾军机案的重要原因。易宗夔指出："上谕出来的时候，如果国会明年可开，就可以达全国人民之目的；如果明年不能即开，军机大臣就有副署的责任，即请军机大臣不必将名字副署。现在有反对的，说是人民一请，国会即开，未免有失国家威令。殊不知请速开国会，出于人民善意之请求，非由于人民恶意之胁迫。朝廷取重舆论，一定无不可行。军机大臣如果能够赞成速开国会，本员可代表全国人民十分感激。但外间有人传说，必须宣统五年才能开国会。如果待到五年，不但生出许多危险，就是天下人民亦大失所望。"李素更痛切指出："我中国之最可宝贵、最可凭恃者，惟此民气。倘迭次请愿不准，人民爱国之气，稍一冷淡，则中国真亡矣。请军机大臣要利用现在之民气，赶速扶植之，以救我中国于不亡，则人民爱戴各军机大臣，当何如也！"㊱

11月3日资政院大会上，针对缩短为五年的传闻，陈树楷指出："速开国会的奏案现在未奉明谕，我全国人民甚属盼望，外间议论纷歧，有说是明年开的，有说必待五年的。将来上谕一下，挽回甚难，请议长再将王公大臣官绅士庶合意请求速开国会的意思，代达天听，力请明年就开才好"，得到很多议员的响应。㊲议员们在议场内对速开国会已经尽力，可朝廷和军机大臣非但没有深切体会到议员们救国图存的苦心，反而觉得议员们的激切表现是要挟，只能打压，不能纵容，否则潜滋暗长，伊于胡底！

经会议政务处王大臣讨论后，朝廷最终决定将预备立宪期由原来的九年缩短到六年，即到宣统五年召集正式国会。朝廷的速开国会谕旨云：

> 宣统二年十月初三日，内阁奉上谕：前据各省督抚等先后电奏，以钦颁宪法、组织内阁、开设议院为请。又据资政院奏称：据顺直各省谘议局及各省人民代表等陈请速开国会等语。当将原折电交内阁会议政务处公同阅看，旋据该王大臣等各抒所见，具说呈进。又于本月初二日召见该王大臣等，详细垂询，切实讨论，意见大致相同。溯自分年筹备立宪期限，定自先朝。朕仰承付托之重，夙夜兢惕，无时不以继志述事为心，既不敢少事迟回，亦不敢过形急切。前经都察院两次代奏呈请速开国会，均即明白剀切宣谕。彼时为郑重要政起见，诚有不得不一再审慎者。乃揆度时势，瞬息不同，危迫情形，日甚一日，朝廷宵旰焦思，亟图挽救。惟有促行宪政，俾日进而有功，不待臣庶请求，亦已计及于此。第恐民智尚未尽开通，财力又不敷分布，操之过蹙，或有欲速不达之虞，故不能不验向背于舆情，决是非于廷议。今者人民代表吁恳既出于至诚，内外臣工强半皆主张急进，民气奋发，众论佥同，自必于人民应担之义务确有把握，应即俯顺臣民之请，用协好恶之公。惟是召集议院以前应行筹备各大端，事体重要，头绪纷繁，计非一二年所能藏事，着缩改于宣统五年实行开设议院，先将官制厘定，提前颁布试办。预即组织内阁，迅速遵照《钦定宪法大纲》编订宪法条款，并将《议院法》《上下议院议员选举法》及有关于宪法范围以内必须提前赶办事项，均着同时并举，于召集议院之前，一律完备，奏请钦定颁行，不得稍有延误。总之，决疑定计，惟断乃成。此次缩定期限，系采取各督抚等奏章，又由王大臣等悉心谋议，请旨定夺，

洵属斟酌妥协，折衷至当。缓之固无可缓，急亦无可再急。应即作为确定年限。一经宣布，万不能再议更张。尔内外各大臣务当协力进行，时艰共济；各省督抚领治疆圻，责任尤重，凡地方应行筹备各事宜，更当淬厉精神，督饬所属妥速筹办，勿再有名无实，空言搪塞，必使一事有一事之成绩，一时有一时之进步。无论如何为难，总当力副委任。如或因循误事，粉饰邀功，定即严惩，不少宽假。顾官吏有应顾之考成，国民亦有应循之秩序，此后倘有无知愚氓借词煽惑，或希图破坏，或踰越范围，均足扰害治安，必即按法惩办，断不使于宪政前途稍有窒碍，以期计时收效，克日观成，上慰先帝在天之灵，下慰海内喁喁之望。将此通谕知之。钦此。

又谕：现经降旨以宣统五年为开设议院之期，所有各省代表人等，著民政部及各省督抚剀切晓谕，令其即日散归，各安职业，静候朝廷详定一切，次第施行。钦此。㊳

朝廷决定将预备立宪期缩短至六年，其决策内幕如何，限于资料，不便悬揣，但谕旨中有两点值得特别注意：（1）朝廷之所以要求缩短期限，并不是来自资政院所代表的民意及其相应的压力，而是朝廷"不待臣民请求"的庙谟胜算；之所以选择在此刻正式宣布，也是"采取各督抚等奏章，又由王大臣等悉心谋议，请旨定夺"。换句话说，缩短国会期限跟资政院，乃至全国立宪党人的请愿呼吁没什么直接关系。㊴（2）既然缩短期限乃庙谟胜算，当然就禁止臣民，尤其是立宪党人再度请愿，否则就是不晓事理的闹事，是"借词煽惑，或希图破坏，或踰越范围，均足扰害治安，必即按法惩办"。

该谕旨发布后，政府还自编自导了庆祝歌曲和盛大的庆祝活动。㊵但在资政院宣布后，多数议员非常失望。首先李素针对江浙关于宣统五年正式召开国会的贺电予以批评："外人对我国家瞬息万变，实有不可思议之状态。倘我中国有幸到宣统五年，仍是完全无缺之中国，尔时致贺犹不为迟。今速开国会之目的不能达，人民失望而江浙独争先电贺，以懈怠民气，本员甚觉痛心。"易宗夔提交了会议政务处王大臣一定要宣统五年开国会的质问说帖，吴赐龄更补充指出了三点重要理由：（1）从立宪法理开看，"日前国会议案已经全院表决具奏，凡在立宪国，一个议案经表决之后，须请皇上裁可。所谓裁可者，不过是名义上之裁可，并没有经议院表决之后不实行的道理。前天表决这个议案的时候，王公大臣士庶人民无不欢欣鼓舞，以期翘日公布施行，即外国人亦皆分电各国，以为已经通过之后必定有效。如果无效，我们资政院必为外人所轻视。今本院具奏案主张明年速开而王大臣议定宣统五年，则这议案效力全失。所谓资政院立议院基础，养议院精神者何在？"（2）从融合满汉的角度看，"自筹备宪政以来，朝廷无日不以消融满汉界限为事，前天表决国会，无论王公大臣士庶人民都是欢欣鼓舞，意气相同，感情非常之深，满汉界限已经破除净尽，何以会议政务处王大臣必要迟至宣统五年表示保全朝廷自动力的意思？此等意思即是不信任人民的意思，岂不引起满汉之恶感？"（3）将矛头指向在实际决策中影响较大的宪政编查馆，"自筹备宪政以来，皇上尚在冲龄，监国摄政王采纳群言，一切立法悉委任宪政编查馆王大臣。而宪政编查馆之起草的就是一二小臣，大概全是在东洋留学的。其程度之高下，本议员不敢轻议，但是他自己以为程度非常之高，遇事迎合王大臣意旨，附会以文明学说，卖弄手段。揣度其心，不过为固宠邀荣之计，恐国会一开，多数新人才出现，使他们无立足之地，所以此次彼辈百般运动主持，迟开国会，以抑民气"。这三个理由，有力批驳了朝廷拒绝资政院具奏案的根据，在舆论上让朝廷很被动。于邦华要求议长请会议政务处王大臣到会，以便质问。李搢荣通过对上谕的解读，认为："大家如能继续请求，自能挽回天听，宣统三年即可以开国会是最好的。"罗杰则主张："请求议长咨询本院，可否指派特任股员，再具议案，请求即开，请议长速将再具即开国会案倡议宣付表决。"之后他直接上书摄政王载沣，请求速开国会以救亡，赤忱于中而自然发于外，略云：

总之，国势民心及大权作用，均系之国会迟速，而分结果之良恶。乞王力排群议，代行乾断，俯允即开，转将亡之国而措之存，聚将涣之人心而使之萃。巩摄政之大权，而使民慰，胥在是矣。倘国会即开，旋召瓜分之祸，酿内乱之忧，请斩杰之头，以谢天下，以为莠言乱政者戒。人情于既已厕身之地恒保守之，即开国会，则资政院之钦选议员或改上院，依然存在；互选议员，当然改选。杰既以互选厕身资政院矣，与同院议员何故不自保守资政院，而反求变更己之地位？其所以佥求即开，宁牺牲资政院者，以国家存亡在即开不即开决也，且在王之断不断决也。[41]

朝廷将预备期限缩短为六年，大多数议员非常失望，但也有个别持赞成态度，如喻长霖就讲："开国会的问题，方才听大家讲得很痛切。这个事情固是早一天好一天。况是国会一开，国民都有负担，于朝廷很有益。然朝廷不欲即开者，岂是王公大臣的知识都不及我们的高明？王公大臣的关系不如我们的紧要？不过中间有许多理由在……我中国现既改为宣统五年，已经比日本速的多了。"可惜，喻长霖并未讲完，"众论纷然，声浪大作"。最后由议长溥伦做了个总结，即按照《院章》，由议员易宗夔提出质问说帖，质问会议政务处要到宣统五年开国会的理由，然后按照其答复予以交涉。[42] 之后，资政院的重点转向了弹劾军机案，速开国会案在资政院就基本拉下帷幕。

在第一次常年会期间，速开国会案还有点余波，即东三省立宪派因为日本对东北虎视眈眈，危亡迫在眉睫，对宣统五年才开国会的朝廷决议特别不满意，发起了第四次速开国会请愿活动，于11月下旬致电资政院，痛陈危局之时不我待；[43] 12月下旬更专门向资政院递交了陈请书。奉天籍议员陈瀛洲于26日在会场剀切陈言："前天东三省代表为速开国会的事，陈请书已经递到本院，此次无论有无效果，已经议长允许即交陈请股审查，代表人等是感激不忘的。但是前天上谕非常严厉，凡我臣民皆当遵守……东省代表十二人于前天早八点钟已经由巡警押送回籍，还有四人留在内城总厅，始终不肯回去。今天早晨复由总厅派令巡警数名，强迫送至车站，勒令回奉。上火车的时候，有跳下火车碰坏头颅的，甚有顿足捶胸、痛哭流涕，令人耳不忍闻、目不忍睹之情状。据本员看来，此事恐怕不能中止。盖东三省人民对于四次请愿非常激烈，悬想将来，难免有不辞艰险、不避斧钺，接续来京请愿者。果有此举，恐难得良好之结果。所以本员对于这件事再四踌躇，万分焦灼。请求议长咨询本院，对于此次请愿有什么完善办法，以防隐患而保大局。东三省幸甚，全国幸甚！"因为朝廷对继续请愿已定下弹压方针，坚持既定期限毫不动摇，议长也没什么好办法。[44]到1911年1月6日，此时已距第一次常年会闭会期很近了，于邦华指出："东三省与别省更有不同，东三省请速开国会，我们资政院对于东三省若无特别注意，代为设法，恐怕东三省闹出旁的举动，如果有不测的时候，必定要等到明年开会时候，就不得了的。我们资政院全体议员当与政府协商，应谋一个援救的方法，请议长咨询本院，看大家赞成不赞成？"虽得到议员们赞成，但因为闭院在即，此案终不了了之。[45]

就请愿速开国会一事而言，朝廷将原定的预备立宪期由九年缩短为六年，说它是成功抑或失败都有其理由。但无论如何，朝廷决策缩短到六年这件事本身跟资政院奏请没什么直接关系，这一点很多议员都承认。资政院在速开国会议案上的全盘失败是其随即发动弹劾军机案的一个重要因缘，吴赐龄即指出："奉天请愿国会四次代表驱逐回籍，军机大臣已经酿成亡国的祸根。""如请开国会的事情，各省人民是一种披肝沥胆出于忠爱的本性，有万不得已之苦心。军机大臣他还说该请愿代表等是胡闹，这样看来，还不弹劾，要到什么时候才可以弹劾？"[46]不论是早期的速开国会案，还是随后的弹劾军机案，都以资政院的失败告终，这不仅加大了朝廷与立宪党人之间的裂痕，更使清廷失去了很重要的一派支持力量，越来越成为孤家寡人。可以说，速开国会案和弹劾军机案，都是敲响清王朝走向灭亡的一声声丧钟。

四、"国会万能论"评析

跟举国上下的立宪士绅多主张尽可能早地速开国会的论调大不一样，国际舆论多认为清廷的预备期过短，反而导致清廷的宪政根基不牢。即便国会在形式上骤开，但难免宪政有名无实，故而他们视国内风起云涌的速开国会运动为"国会万能论"的天真认知。

1909年谘议局正式开会伊始，《泰晤士报》即有这样的评论：

> 但是我们担心，要把曾经加速了日本进化的那种精神引进到中国在实施这些措施的过程之中，要困难很多。现代日本的缔造者直到行政改革的艰巨任务接近完成时，才尝试引进代议制。尽管天皇发布了大誓章程（日本天皇在1869年发誓要到适当时候创设议会），但是直到12年后的1881年，他才发布了一个类似于去年由中国皇太后发布的上谕。在这期间的12年里，日本致力于对国家各个部门进行大量的内部改革，其用力之勤、效率之高，都令人钦佩，而这方面的改革，中国几乎尚未开始。改革的确是当今中国大家都在谈论的事情，但是官僚机构的哪一部分已经认真地改革了？有能力实现重要改革的人物在哪里？袁世凯和唐绍仪比政府高官里的凡夫俗子可能更聪明，更能适应新的条件。但是就性格和教育而言，他们能与大久保利通、伊藤博文、山县有朋、大隈重信诸人相比吗？更重要的是，当今中国在哪里才能找到强烈而又严肃的爱国心和激励日本武士个人自我牺牲的那种精神？中国目前形势下最重大的特征之一是中央和地方政府之间不断扩大的冲突，在不断增长的外债压力之下，北京的财政困难预计只会进一步加剧……这样的顾虑对那些相信国会制度本身是一剂万能万灵药（无论哪一个国家一剂下去肯定立刻见效）的人来说，可能是不愿意接受的。但至少可以说，我们不能对中国几乎未经任何准备就开始进行这类重大试验所带来的各种危险视而不见。我们目前主要的希望一定是在中国突然趋于西方发展的外部形式之时，教育能够胜过政治。⑪

及至资政院第一次通过速开国会案后，该报又云：

> （议员们）做每件事情都好像是性命攸关，都好像一致渴望到达立宪政体的福地，一天也不敢耽搁。代表们的演讲简短、尖锐、

切题。由议院交给特别委员会的问题反馈异常迅速，所有由各省谘议局提交给资政院的问题都通过电报发送，其速度比欧洲国家快大约十倍……一定不要忘记，中国政治分子（主要是外国培养的）中所有的炫耀和诱骗迄今为止对这个民族的大众来说并不重要甚至毫无意义——事实上，这只不过像中国上层社会的妇女在通商口岸集会讨论女性解放一样，对内陆地区千百万辛勤劳作的人而言毫无意义。表面上是骚动和空论，深层里未收到扰动的则是这个古老而又神秘的民族忧思的心灵……摄政王的行动是谨慎的。因为国会意味着预算、直接税收以及其他一些将会触动人民的事情。但是少年中国党急于求成，于是就有了这个十分绝妙的问题和异常有趣的形势。[48]

当时在斯坦福大学担任史学教职的一位学者亦撰文指出：

　　想到过去十年中国国内外的形势，就很难看出任何人有任何理由为中国改革的进程感到悲观。一个能够把备受尊敬的科举考试制度抛弃在一边的民族，一个能够以意想不到的成功进行了一场反对鸦片的民族，确实是不用再对之有任何怀疑……四亿人民不可能在一天之内或一代人之内完成改造。重要的考验是方向而不是距离……几年之前，"中国国会"一词听起来会显得很不真实，然而一年多以后，它马上就要开幕了。为如此重要的一步进行较长时间的准备，可以说是必须的，但是，政府似乎与此背道而驰，以出乎预料的速度前进……在日本的个案中，整整用了二十年的时间，来为新的政治制度做准备。这样长的时间是自由派和保守派领导人之间妥协的结果，但在中国，所允诺的时间只有不到日本的三分之一……中国的各项条件都不如日本有利……然而许多人（保守者）认为他们已经用危险的速度向民选政府前进，因为中国允许用七年去完成日本认为二十二年都嫌不够的事情……这些改革中某一些措施比引进议会制政府更为重要——诸如在教育、货币、金融、法律以及诉讼程序方面的改革——但是没有一项引起民众的兴趣。在剩余的时间内还有许多事情要做：代表的基础、投票资格、议院章程以及需要仔细考虑的现实问题。[49]

此类言论还有不少。大致可以断言，主流国际舆论多认为清廷立宪的主要危险在于预备期过短，举国上下难以完成烦琐困难的预备工作。他们认为，立宪之成败在很大程度上取决于优秀人才的培育，教育就变得至关重要。如果不充分注意到此点，在他们看来，国内的速开国会论者都持有"国会万能论"的天真想法。这种类似观点在清廷宣布预备立宪这个国是之前，较为流行，如1903年即有报纸撰文，云：

> 议院设而民权伸，民权伸则国本固。民志定，人心正，有议院治，无议院亦治；民志不定，人心不正，虽有千百议院不能治。故强国以议院为本，议院以学校为本。[50]

但到清廷宣布预备立宪之后，这种看法在国内就属于保守的少数意见。这里就产生了一个很有意思的问题：整个晚清，国际观感都会对国内舆论风向产生巨大影响。国内的各色主张往往要想方设法找国际友人来背书，以获得更有力的支持。如礼法之争，法派找冈田朝太郎等日本学者来助阵，礼派就找赫善心等德国专家来捧场。又如部院权限之争，双方都从西方理论中找根据，结果不约而同都找到流亡日本的梁启超。在速开国会问题上则不然，不论是朝廷、政府当局还是一般的保守论者都基本没有拿这类国际人士的言论来作证的，其间缘由何在呢？

国际人士更多是从各国立宪通例来立论的，自有其合理性。立宪之预备确实有太多太艰难的工作要做。若根基不牢，则百弊丛生，欲速不达；甚者沙上建塔，百无一可；若人才之德才不备，将来的立宪也是徒有虚名；立宪在保障人民权利，不一定跟救亡和富国强兵有必然关系。朝廷于1910年6月27日拒绝第二次国会请愿运动，颁发的谕旨中所持理由即是如此，进而侧重论证资政院与国会之间的一致性：

> 朕仰承先朝付托之重，俯念臣民呼吁之殷，夙夜孜孜，深望宪政早一日成立，即早纾一日忧劳。亦何所靳于议院耶！惟思国家至重，宪政至繁，缓急先后之间，为治乱安危所系。壮往则有悔，虑深则获全。论议院之地位，在宪法中只为参预立法之一机关耳。其与议院相辅相成之事，何一不关重要，非尽议院所能参预。而谓议院一开，即足致全功而臻郅治，古今中外，亦无此理。况以我国幅员之广，近今财政之艰，屡值地方偏灾，兼虞匪徒滋事，皆于宪政前途，不无阻碍。而朝廷按期责效，并未尝稍任松懈。宵旰急切图治之心，当为薄海臣民所共谅。本年九月即届资政院开院之期，业已降旨选定议员，先期集会。如能上下一心，共图治理，不惟立议院之基础，兼以养议院之精神。(51)

本来，从字面上看，朝廷的解释也在理，但具体到晚清，尤其是朝廷宣布预备立宪之后的那几年，国际局势于我太糟糕。日本吞并韩国，在东北虎视眈眈；俄国在策动外蒙分裂；英国在云南边境制造事端。不仅如此，英日同盟、俄日协议，列强合谋对我，美国于庚子国变后张罗的门户开放政策实际上已破产。说当日国际局势危如累卵，并不夸张。如何才能救亡，才是当时的头等大事。1907 年署黑龙江巡抚程德全即提出速开国会，在督抚里面是特别早的，就跟东三省形势危急大有关系，“大势日逼一日，若必待事事皆有程度可言，则竟将无一事可办矣”(52)。知道全面抗战前夕，忍辱主持华北局势的黄郛就曾对其夫人私下慨叹：“中国两个邻居都不善；若是个家，我早已搬。如今是个不可搬的国，只得先顾缓急轻重。”(53)这句话很沉重心酸，于晚清最后几年亦特别应景。

换言之，晚清那些速开国会论者，难道是真不明白这些基本的立宪预备道理吗？观察他们的言论，如张謇等立宪精英，肯定完全明白。1908 年，《中外日报》上刊载的一篇文章，即把缓开论者的道理讲得特别透彻，略云：

以地广人稠如中国，则实际之调查也难；以各省方言彼此难通如今日，则议院之建设也难；以满蒙藏回汉杂居之民族，则户籍之清查，国税之标准，住所之规定，选举区之分配，选举权、被选举权之限制，其手续甚繁也；以百废待兴，财政紊乱，预算制又未确立之中国，则规定预算制度，为他日预算案提出之预备，而有待议会之协赞者，其编制又甚难也。即此数端，已非仓猝能办之事，其他关于国会之组织，至细极繁，而召集之前，必当为一切之预备。以如此重大之事，而谓二年、三年或五年终了一切，此当为主缓者批难之理由，不识主急者曾熟筹之，而有以解决与否也。[54]

他们既然明白，为什么又将其置之度外？其背后必有更深层次的苦衷。这个苦衷，就是要救国；持君宪主张者还要救清王朝。

如一直倾向于保守的恽毓鼎在日记中记载了他的心路历程：

（1910 年 10 月 24 日）车中撰速开国会疏，构定大意。灯下纵笔成之，共分三段，皆辨正反对党之言。当士民之初次陈请也（在光绪三十四年），余颇病其骤。今年觉内治之凌杂腐败，外患之迫近鸱张，实有俍焉不能终日之势，更不能待九年。闻各省督抚联衔电请，而京朝堂上官尚无发其端者，余将以此疏为先声也。[55]

于第二次国会请愿失败后，邓孝可即指陈国内危机深重，事后看来确有先见之明：

夫吾人所断断于国会，非与政府争此数年朝暮之期也，所栗栗危惧者，虑无术达宣统八年耳。今不遑举其他，单语财政一事。此虽政府劳心焦思，智尽能索，而敢断言其无术以纾此难。财政紊乱之结果，而为此大乱之导火索者，一则饥民，一则新兵。[56]

梁启超亦痛切指陈：

> 吾敢断言曰：中国而欲有国会者，惟开设于宣统四五年以前为能有之，过此以往，吾中国永永无开国会之时矣……我国民所以泪尽眼枯以求国会者，徒以一失不可复得，故愿及未填沟壑而睹其成。使诸公而有一铢一粟之良心，有一铢一粟之能力，能保我国家之祚命及国民之生命至于宣统八年者，则此区区期限之久暂，敬当忍以待之，何辱命焉！⑰

尽管论者言之凿凿，将速开国会与救亡、富强联系在一起。但笔者以为，这只是他们的论证策略。其实他们自己也未必深信，只是如此时局，以冀望于万一。父母子女之间，不管是谁身罹绝症，对方都会尽力寻医问药，存万一之望。晚清那些速开国会论者，对斯土斯民，其情感之深挚诚恳，亦如子女之于父母。《异苑》有"鹦鹉救火"条，云：

> 有鹦鹉飞集他山，山中禽兽辄相贵重。鹦鹉自念，虽乐不可久也，便去。后数日，山中大火，鹦鹉遥见，便入水濡羽，飞而洒之。天神言："汝虽有志，竟何足云也！"对曰："虽知不能，然尝侨居是山，禽兽行善，皆为兄弟，不忍见耳。"天神嘉感，即为灭火。⑱

"侨居是山者"不忍火焱昆岗、玉石俱焚，尚知其不可而为之，何况是祖祖辈辈定居此土者！

故那些将速开国会视为"国会万能论者"的国际舆论，是只见其一、不见其二的皮相之言。因为他们身处局外，没有"亡国灭种"的危机意识，更遑论切肤之痛。尽管如此，当国族危机度过去后，仍当立宪之际，这类国际舆论对我国族，当为一剂反思"制度万能论"的有益针砭。

第三节 重大议案（二）：弹劾军机案

弹劾军机案是第一次常年会期间所做的最轰动事情：民意机关弹劾一直倍受尊崇的朝廷中枢大员及其所代表的国家最重要行政机关，要求其负责任，在我国历史上尚属首次。1912 年《东方杂志》办了《十年以来中国政治通览》专刊，在其第四篇《议会及政党》里简略谈及了弹劾军机案的过程：

> 时湖南谘议局，以巡抚杨文鼎举办公债，未经交局议决，请资政院核办。资政院据实奏陈，朝旨以该抚未交局议，系属疏漏。既经部议奉旨允准，仍照旧办理。资政院议员，以该抚侵权违法，不加处分，仅以"疏漏"二字了之，因提出质问，要求军机大臣出席。军机大臣卒不至。院议复质问军机：对于内政外交，是否完全负责。军机大臣以此种问题，须俟内阁成立，方可解决，现在无从答复。适云贵总督令盐斤加价，云南谘议局以未经局议，请院核办。院议以此举如为国家行政，应候中央法令。如为地方行政，应交局议决，具奏请旨。同时广西谘议局因高等巡警学堂限制外籍学生议案，与督抚异议，亦由资政院核办请旨。朝旨命盐政大臣及民政部议奏。资政院以本院议决上奏之案，乃交行政衙门覆核，是以行政机关蹂躏立法机关，实侵夺资政院权限，决议弹劾军机大臣。朝旨乃将前奏依议。院议以军机大臣反覆无责任，弹劾案仍不取消。即以大臣责任不明，难资辅弼，具折上奏，请将军机大臣必须担负责任之处，宣示天下。军机大臣奕劻等，亦奏请开去军机要差。朝旨以军机大臣负责任与不负责任，暨设立责任内阁事宜，朝廷自有权衡，非该院所得擅预，所请著毋庸议。全院大愤，决议继续上奏，奕劻复辞职，温旨慰留。上奏案以根据条件，起草员中彼此异议，卒不成立。⑤⑨

从上引记述足见该案之影响，但其缺陷在于记述过于简略且未能对该事件的因果进行分析。

一、为何要弹劾军机？

资政院是晚清预备立宪期间所设置的预备国会，军机处则是适应君主专制极端强化所需要、直接服从和服务于君主的传统行政官僚机构。在资政院筹组尤其是在《院章》制定过程中，军机处尽管不希望有资政院这个可能会妨碍其"自由"行使权力的新机构出现，但"预备立宪"已成既定国策，全国舆论对于立宪抱有极高期望，阻止其出现将势所不能，故力图将其实际权力控制在一定范围内，这在军机处主持拟定的《院章》里面即有明确的反映：既要借之统一财政，当舆论之冲，又将其严格限定在咨询顾问的范围以内。而资政院既然是"预备立宪"之下的预备国会，当然不会甘于顾问咨询之地位。在传统君主专制政体之下，君主处于神圣不可侵犯的尊崇地位，资政院欲突破《院章》的限制，扩充其权力，与"国会预备机构"名实相符，势必不大可能与君主直接冲突，与作为事实上的最高行政机构的军机处则可能有所龃龉。到第一次常年会开会不久，这种可能性变成了现实。

开院之初，二机构还能相安无事。当资政院开幕之际，军机大臣全部莅临，首席军机大臣庆亲王奕劻还曾代皇帝宣读谕旨，以示郑重。资二者初次发生不愉快是在 10 月 31 日的第十二次大会上。这天军机大臣毓朗到资政院就请愿速开国会一案代表政府向全体议员作解释。

当时即有议员已经听到传闻，国会有缩短至五年之说，议员对此说多不满意。易宗夔拟了一个给军机处质问军机大臣副署责任的说帖，得以提交大会通过，该说帖略云：

> 具说帖议员易宗夔……本院恭承明诏，为上下议院之基础，议院则必有对待之机关，负执行之责任；议院则必有独立之权限，为法律之构成。本员为此遵章质问，现在之军机大臣采用副署制度，断非署名敕尾而已，必当如各国之内阁，国务大臣负完全之责任。请问军机大臣：对于各部行政、各省行政，是完全负责任，抑不完全负责任？又宪政编查馆从前为国内最高之立法机关，现在资政院既已成立，照章应议决新定法典，宪政编查馆是否仿各国内阁所设之法制局，抑仍握最高之立法权？[60]

这是议员以书面形式正式质问军机大臣之始。10月31日，军机大臣毓朗在那桐和徐世昌的陪同下[61]来资政院，一方面是想给议员做朝廷的解释工作，另一方面也想探探议员们对于速开国会的真实态度。

毓朗，字月华，号余痴，郡王溥煦之子，光宣之际历任内阁学士、步军统领、军谘府大臣、军机大臣，颇为摄政王载沣所倚重，被视为晚清亲贵中的佼佼者。当时刚入军机处不到两个月，[62]实伴食军机而已。其弟毓盈（字损之）[63]记述了毓朗到资政院的前因后果，虽有溢美之词，但大致与《速记录》和当时高层实情相合。其中谈及毓朗对立宪的态度为：虽赞同，但反对速立，理由是当时中国"户口未备，学识未足"，该记载和《速记录》对照，颇有价值，录之如下：

> 资政院力邀庆邸出席，不得已，拟以军机大臣一人往。公推余兄，余兄乃毅然受命，退谓人曰：予非不能婉辞也。予苟辞，将无人出席，事愈棼，而耻莫大焉！明知枢府丛怨久，且革命暗潮正烈，实无善法以处之，况伺隙者视予后。刚则将曰：某以安抚众议员，可无事矣，而彼实激之，某可告无罪，将辞职矣。柔则又曰：某已镇摄之，彼实示之以弱，复至嚣凌不可制矣，请辞职。余兄固无以求全也。届时往会场，既出席，宣读答词甫毕，即有起于坐上质问者云：朝廷对于速开国会是否赞成？余兄答曰：朝廷应有旨，将开御前会议，取决于众矣。又问军机大臣所负责任若何。答之曰：此事已接到贵会质问书，日内即有复文到院，此时不便以口语答复。又有起于坐上，问军机大臣是否赞成速开国会。答之曰：庆邸诸公是否赞成，非予所知。要言之，此时固无反对之人可知也。又问贵大臣是赞成抑系反对？答之曰：国会是否宜于速开，本大臣筹之已熟，惟日内即有御前会议之召，此时不敢先行宣布，以涉猜嫌。又有起于坐上者，质问未已，即有搀越而问，语多唧哜，不能了了。迟之又久，有言质问时间已长，当开议他案者，乃退席。概历两小时矣。既退旁席，那相、徐相皆曰：时已久矣。乃归……后有人以之问余兄，余兄曰：予之到院也，请诸极峰、庆邸，皆未有

所表示，不得已，请庆邸饬章京拟就答词，持以往。余同徐相甫入值枢垣，备位而已，更何能有所主持，非不欲以虚言要誉于众，取悦一时，实不欲矜张为幻，蹈人覆辙也。果问予之所见，国会固宜早开，筹备宁非最要者？苟不求实在民意，岂不更买椟还珠耶？中国户口未清，学识未足，假立宪庸非祸国取乱之道乎？要当督责筹备之真假，不当为叶公好龙之举耳。然举国汹汹，惟求缩短年限，速开国会，岂容少有商榷之余地，固无暇求真是非也。予不敢盲从，亦何敢以代表资格，为朝廷敛怨耶！㉔

《睋向斋秘录》记载，"贝勒毓朗为军机时，见国会请愿团代表多留学生，怒曰：'妖党。'人问之，蹙眉曰：'他们口口声声事实法理，实则无法无天。咱昔年渡东洋考察政治，适学生与蔡钧大起冲突；咱以国家体面攸关，婉劝学生含怒静待解决。向众长揖，盈千累百，竟无一人回答。狂暴放恣，目空一切，言之犹有余痛。试问他们如何够得上做立宪国民。'"㉕该记载未必靠谱，但于此可见时代风气以及舆论对毓朗之批评。

双方会见开始，毓朗先行安抚，"本大臣等今日系第二次到资政院，原以资政院本上下两议院之基础，为中国数千年来未有之盛举，本大臣实深钦佩之至"。随即表达了遵照预备立宪之宗旨，希望宪政早日观成的愿望。有议员发言寄望军机大臣赞助速开国会，更有议员请军机大臣就应否速开国会问题当场表态，气氛急转直下。毓朗当即表示朝廷既定方针尚未决定，因此无从预言。接着又有几名议员发言，强烈要求军机大臣表态。自此毓朗也开始趋于强硬："今日本大臣以法人之资格到院，所以所说的话不能越法人资格之范围。若说个人的意见，本大臣未经呈明君上之前，自不便先为宣布。"紧跟着邵羲问到一尖锐问题，即上谕由军机大臣副署，此种副署与立宪国家副署是否相同？如相同，则军机大臣的副署要对皇帝和资政院负责。实际上这就将军机处置于资政院的监督之下，军机处无论如何不能接受。如不同，则军机处将被置于立宪舆论的对立面。至此军机大臣已是骑虎难下，故毓朗的回答也只能打太极："方才这位议员所说的话，本大臣听不甚懂。是否副署的话？如果是副署问题，先已有说帖过去，将来可用文书答复。"⑯

《院章》第十九条规定："资政院会议时，军机大臣及各部行政大臣得亲临会所，或派员到会，陈述所见。"这原本可为资政院和军机处提供一个当面沟通的渠道。毓朗在军机处说不上话，本不愿出席资政院大会，即便来了，也是替庆亲王受过。且他认为当前应切实进行宪政筹备，但速开国会已成举国汹汹之势，难以在议场讲自己的道理，故在会场受到了议员们的围攻责难。以和事佬著称的毓朗再不愿来资政院，精于世故的老官僚且被视为袁世凯一系的徐世昌自然不会来蹚这道浑水，资历更老的那桐和议员们矛头直接所指的奕劻更不会来，因此在第一次常年会期间再没有军机大臣到资政院会场进行面对面沟通。双方既不能当面沟通，且互不满意，其直接冲突只需一个事件作导火索。

1910 年 4 月湖南饥民因要求平抑米价，发生民变，官兵严厉镇压，行政支出浩大。奉旨：巡抚岑春蓂（岑毓英之子、岑春煊之弟）开缺，由杨文鼎接任。⑰杨文鼎到任后，更需弥补行政亏空，遂主张发行公债。湖南省谘议局认为这加重了本省人民负担，多数反对发行公债。此案因督抚与谘议局异议，被交到资政院审查。资政院特任股查明了争议事实：湖南巡抚杨文鼎鉴于该年无钱弥补行政亏空，于是仿照安徽、湖北的办法发行公债。在各省谘议局成立以前，公债的发行都由督抚上奏朝廷获准施行。而湖南巡抚此次发行公债则在该省谘议局成立之后，按照《谘议局章程》的规定，议决本省公债事项属于谘议局的权限范围。⑱湖南巡抚在情况已变之时仍照老办法直接越过本省谘议局上奏朝廷发行公债，实违反《谘议局章程》之规定。湖南谘议局遂电陈资政院，认为湖南巡抚侵夺谘议局权限。湖南巡抚解释的理由是：该年发生非常事件，行政支出浩大，既不能请求度支部拨款，又不能盘剥商民，发行公债是不得已的办法，至于其直接上奏朝廷，则是援照湖北等省的成例办理，并无不合之处。湖南谘议局的理由是其他各省发行公债之所以通过上奏朝廷办理，是因那时该省谘议局尚未成立，与湖南已经成立谘议局情况不同。

资政院特任股详细审查了该案情况，认为湖南巡抚侵夺谘议局权限，实属违法。有议员指出，现在发行公债已丧失其本意，因当时法律规定公债券可随意转让，认票不认人，此种公债的利息甚高，超出银行存款的数倍，炒公债有利可图，因此就有一些外国人来购买中国公债。在伦敦市面上即有中国的公债券，一百两的公债券已经上涨至一百零八两之多。故发行公债徒使外人获利，就是和直接借外债相比，损失犹大。议员们鉴于湖南巡抚事实上的侵权违法，考虑到要防各省发行公债之微、杜损失利权之渐，经多数议员通过，以资政院全体的名义，上奏湖南巡抚侵权违法，请求皇帝裁决。

11月8日裁决资政院具奏的上谕下达：

> 资政院奏湘省发行公债……一折，此次湖南发行公债，系奏经度支部议准之件，该抚未先交谘议局议决，系属疏漏。既经部议，奉旨允准，著仍遵前旨办理。嗣后各省有应交谘议局议决之案，仍著照章交议。钦此。[69]

该上谕判定湖南巡抚仅有疏漏之处，但没有给予任何处分。议员们得知上谕内容后，非常失望，情绪相当激烈。易宗夔讲："这回湖南公债事体，请旨裁夺。现在已经奉旨，一点处分都没有。既有军机大臣署名，应该处分而不加处分，我们须请军机大臣出席，说明理由。就是一个御史参一个督抚，亦不至如此无效。而资政院全体议决之件如此无效，何必设立资政院？并且这件事体是侵权违法的事体，一点处分没有，以后侵权违法的事更多。若是无处分，将来资政院就可以不核办这种事体了。"易宗夔的发言，将矛头对准了军机大臣在谕旨上副署所应承担的责任。朝廷谕旨直接引发资政院弹劾军机案，朝廷究竟是怎么考虑的？

清王朝曾创立了一套君主集权在中国史上登峰造极的政治框架：作为事实上最高政务机构的军机处由皇帝的亲信组成，直接秉承皇帝意旨；中央各部首长和地方督抚互不统属，都直接受命于皇帝。这种精心设计的君主独裁制度到太平天国前后出现了意想不到的问题。伴随着湘淮军的兴起，地方督抚权力坐大，逐渐形成了实际政治架构"内轻外重"的局面。当时有些议员即清楚意识到这一点，并将解决该问题作为资政院的职责所在。李文熙指出："向来各省督抚惟我独尊、任意自由，已成习惯，故对于中央机关之命令，往往视为具文。"[70]晚清朝廷既无实力，也无合适的借口解决它，在预备立宪时期需设立代表舆论的资政院，朝廷原打算让资政院借舆论的力量帮助其解决该问题，这是朝廷规定将谘议局与督抚异议的问题交由资政院复议之后上奏的原因所在。

按照朝廷的这种制度设计初衷，本应该赞同资政院的主张，给督抚一个警告。但湖南巡抚侵权违法案还有另外两个因素在起作用：湖南巡抚是越过谘议局直接向朝廷请旨，并没有藐视朝廷权威。如朝廷反过来支持资政院的处理办法，无异助长了资政院的气势。资政院借助对《院章》的解释来扩大其权限，非朝廷所愿；作为皇帝亲信的军机大臣已经和资政院有了隔阂，资政院力图以立宪国的"责任"制度约束军机处，军机处绝对不能接受，资政院任何实际权力的扩张都会引起军机处的高度警惕，而军机处的态度在很大程度上影响了谕旨的内容。此谕旨的深层含义就是朝廷给资政院敲警钟，不要肆意扩张其权力，证明大权应统一于朝廷。

继易宗夔发言将矛头直接指向军机大臣的副署责任之后，更有议员指出该谕旨乃是军机大臣欺罔朝廷的产物，要求军机大臣到资政院说明其副署理由："我皇上、我摄政王遇事取决廷议，此次谕旨确是军机大臣所主持，然度支部核议奉旨允准，试问《资政院章程》《谘议局章程》是否奉旨依议？推其原因，各省督抚办事不过信用一二幕府，（幕府）欺罔督抚，督抚即以之欺罔朝廷；行政大臣不过信任一二部员，部员欺罔行政大臣，行政大臣即以之欺罔朝廷。如果朝廷可以欺罔，不但我们资政院议决之案都可以取消。此次督抚侵权违法，只以'疏漏'二字了之，没有处分，将来资政院所议决之事件皆失效力，所以本议员对于军机大臣署名甚不满意，须请军机大臣出席说明理由。"[71]由于众多议员情绪激昂，力主军机大臣立即到院说明副署理由，并停止议事，表示等军机大臣说明理由后方可开议别的事件。经副议长沈家本多次打电话催促，军机大臣皆以公务繁忙，始终未曾到院。军机大臣的蔑视，让议员们更加愤怒。

于 11 月 12 日大会上，易宗夔首先询问议长，军机大臣能否当天到资政院就湖南公债案说明副署理由，吴赐龄更草拟了质问军机大臣说帖，一时议员们纷纷发言，讨论质问军机大臣事。在议员们的发言里，李搢荣的论证值得注意，他首先指出根据《宪法大纲》之规定和守法之必要性来论证军机大臣有负责任的理由，最后谈及仅有质问说帖之不足，要求资政院提议请旨，明定军机大臣侵权违法的处分：

> 然资政院议员所必请军机大臣答复者，根据光绪三十四年八月初一日王大臣拟定宪法大纲原奏原折云，必以政府受议院之责难者，即由君主神圣不可侵犯之义而生。军机大臣虽不是责任内阁，究不能不算政府。既是政府，就不能不替君主负责任；所以请军机大臣说明理由者，尊重法律也……法律可违背，推其极必成为无法律之国。本议员想法治国者，非仅颁行法律也，遵守法律也。盖国之有法律，如人之有精神，人无精神则死，国无法律，其危殆不可胜言。然有法律而不遵守，与无法律等……（德宗上谕）大意谓现值国势积弱，事变纷乘，非朝野同心不足以图存立。朝野同心者，同此尊重法律之心也。又曰：非纪纲整肃，不足以保治安。纪纲整肃者，上下同处于法律范围之内也。又曰：非官民交勉，互相匡正，不足以促进行而收实效。交勉者，官民以遵守法律交勉，有逾越者，则互相匡正也。⑫

因此，质问军机大臣并要求朝廷惩处侵权违法行为正是遵循先皇谕旨、严格守法护法的正当行为。吴赐龄的质问说帖经全体出席议员的表决，得到多数赞成。

为了保持资政院的预备国会性质，议员们与军机大臣发生了一系列龃龉，传统朝廷大员高高在上的权威受到了严重挑战。当资政院开院伊始，朝廷要顾及立宪舆论，不得不与资政院周旋。当资政院议员要求军机处对资政院负责之时，这已触及传统政治架构的敏感神经，随着二者之间龃龉不断，朝廷遂感到有裁抑资政院权威的必要，议员们又不甘退让。矛盾一触即发，弹劾军机案已是箭在弦上。

二、弹劾军机案的曲折过程

朝廷有了裁抑资政院的意图，军机大臣与议员们的积愤都在与日俱增。11 月 20 日，有军机大臣副署的三道谕旨交资政院：关于资政院奏核议江西改征洋码一案依议；云南盐斤加价一案交盐政处察核具奏；广西警察学堂禁止外籍学生案交民政部察核具奏。[73] 前一道谕旨没什么，后两道谕旨似乎将资政院当作盐政处和民政部的下级。同日，军机处答复易宗夔的质问说帖亦有回复，认为责任内阁尚未成立，军机处乃按照先朝旧制行事，无责任可负，“惟查光绪三十四年军机署名之制，实本乾隆年间旧制，与日本内阁附署用意不符。根本既殊，说帖所谓是完全负责任抑不完全负责任之处，自无从答复。将来新官制之内阁设立，此种问题届时自可解决。”[74] 于是议员们群情激愤，弹劾军机案正式爆发。

这三道谕旨在资政院宣读之后，对弹劾军机最为积极的易宗夔首先发言：“对于现在政府有甚不满意的地方，我们中国已经先朝确定为立宪政体之国，所以才设立一个资政院为上下议院之基础。资政院系立法机关，凡立宪政体之国，皆系三权鼎立，一种是立法，一种是司法，一种是行政。何谓三权鼎立？说是立法、司法、行政都是独立不能侵犯的。现在这两道阁抄……系军机大臣拟旨、军机大臣副署。既是军机大臣拟旨、军机大臣副署，则军机大臣有应负之责任。军机大臣岂不知这个立法机关是独立的么？既然知道为独立的机关，就不能将立法机关所议决的案子交行政衙门去察核。可见军机大臣是侵资政院的权、违资政院的法了……我们应该照《院章》第二十一条上奏弹劾军机大臣为是。”[75] 就连在宪政编查馆任职、跟政府走得很近的汪荣宝都感慨：“以多数议决请旨裁夺之件，而委诸行政衙门之覆核，不得不疑枢廷辅弼之失宜也。”[76]

关于军机大臣答复的"不负责任"，罗杰的主张在议员中颇具代表性："现在既是立宪政体，则专制政体当已消灭。何则？军机副署的制度就是一个立宪国的政府了。虽现在没有责任内阁的名目，然军机大臣确是有责任内阁的关系，当有责任内阁的精神……其答复'责任'二字，非常含糊。'责任'虽系日本制度，然实用我们中国固有名词，就如古书所谓'有官守者，不得其职则去；有言责者，不得其言则去'，皆大臣以道进退、肯负责任之意也。责任制度，东西各国遥遥相印，不独日本，古之圣贤恐一国政治有不完善，人民与君主生出直接冲突，特责成大臣。"所以军机大臣答复"不负责任"，既不符合立宪国精神，又与圣贤关于"官守言责"之教导不符，军机大臣难辞其咎。

面对群情激愤的议员，特派员李家驹代表军机大臣在大会解释："鉴于中国当时的政治制度与欧美日本等立宪国家有不同之处，故谕旨的处置不会完全相同，但军机处仍然明白"资政院究竟是独立机关，不能在此机关上再有一个议决机关，更不能以独立机关议决之后再交行政衙门议复，致与资政院《院章》不符。不过前天广西、云南两件事与盐政处、民政部现行章程原有关系，具奏时既未将全案声叙，所以上谕文内用'察核'二字，是察核这两件事体与盐政处、民政部的章程是否相符，并非察核资政院议决之是非。将来盐政处、民政部具奏，断不至把资政院议决的话再加置议之词，而民政部、盐政处具奏后，必另有一道谕旨，以裁夺资政院具奏的案，那一道上谕，才算是对资政院具奏案而发的。"但这种似是而非的遁词并不能得到议员们的谅解，在继续质问下，李家驹无法作答。

易宗夔和罗杰的主张得到了很多议员的赞成，决定以《资政院章程》和《谘议局章程》为法律依据，以草拟前述谕旨为事实，弹劾军机大臣侵权违法，经多数议员赞成作为正式议题，并由议长溥伦指定赵炳麟等六人为起草员，负责弹劾军机上奏案奏稿的起草工作。

于 11 月 25 日的大会上，朝廷宣达谕旨，云南、广西两案依资政院所议，⑦ 做了一定让步。面对这种变化，在秘书长宣读起草完毕的弹劾军机折稿时，有议员主张取消此次弹劾奏稿，并要求就取消奏稿一事由全体议员表决，因为单纯"不负责任"是否违背法律还不一定，从《院章》找不到弹劾的根据，可以不提弹劾，只提军机不负责任，请求废军机处速设责任内阁。持此种意见的多是钦选议员，大部分民选议员则坚持不能全体取消，只能取消一半，因为军机大臣确有不负责任的事实，弹劾军机大臣也并非完全起因于云南、广西两案，建议另选定起草员重新起草弹劾折稿。双方经激烈争论，最后议长溥伦决定仍以"不负责任"为题继续弹劾，并重新指定起草员起草奏稿。⑦

起草员经过三次会议商讨如何写作，到 12 月 10 日才拿到大会宣读，前后时间达半个多月之久，而奏稿标题变成"明定枢臣责任并速设责任内阁具奏案"，相应地，其内容也由弹劾军机大臣个人的不负责任改成弹劾军机处不负责任，要求设立责任内阁，从而将弹劾的重点从个人问题变成制度问题。

对此，李素强烈表达其不满："这篇奏稿不是我们资政院弹劾案，是我们资政院调停案。不然，何以表决时主张弹劾军机，个人起草时又变为弹劾军机机关也？"但他的发言没有得到其他议员的回应，即由议长倡议表决，得以多数通过。

在弹劾军机处奏稿表决后，议长溥伦又借故没有及时上奏，于 12 月 15 日的大会上，易宗夔曾催促："现在再迟延几天，就要闭会了。军机大臣对于本院很反对的。本议员为开国会的事情有个质问说帖，至今还没有答复；吴议员为湖南公债事件有个质问说帖，也还没有答复。他不以本院为平等机关，所以本院对待亦不可过于迁就，还是请议长从速具奏为好。"⑦18 日，弹劾军机处奏稿始上。与此同时，军机大臣风闻资政院将上弹劾奏稿，遂向监国摄政王提出全体辞职的要求。⑧朝廷经简单权衡后，于 18 日当天下达两道监国亲笔朱谕，一是不准军机大臣辞职，一是指责资政院越权妄议。前一道云："军机大臣庆亲王奕劻等奏才力竭蹶，无补时艰，恳恩开去军机大臣要差一折，披览均悉，该大臣等尽心辅弼朝廷，自能洞鉴。既属受恩深重，不应渎请。所请开去军机大臣等处，著不准行。"这是朝廷明确表示支持军机；后一道朱谕则对资政院直接斥责："资政院奏大臣责任不明难资辅弼一折，朕已览悉。

朕维设官制禄及黜陟百官之权为朝廷大权，载在先朝《钦定宪法大纲》，是军机大臣负责任与不负责任暨设立责任内阁事宜，朝廷自有权衡，非该院总裁等所得擅预，所请著毋庸议。"⑧

于11月20日大会上，议长宣读完朱谕后，激进议员首先发议反对，甚者主张解散资政院，李素首倡其议："现在内政外交种种失败，都是军机大臣不负责任之故。而军机大臣中握权最久者，孰逾于庆亲王、那中堂，我们弹劾案只对于机关说话，不弹劾其人，本员本不赞成。看昨天朱谕的意思，似乎以本院为不知大体、擅行干预，我们何必自己取辱？况此谕一出，外洋各国愈知我国立宪是假的，反与国体有碍，还是请议长咨询本院请旨解散，倒觉痛快。"有的主张继续弹劾军机，由先前的弹劾机关改为弹劾个人，由先前的法律弹劾改为政治弹劾，即直接弹劾军机领班庆亲王奕劻。易宗夔深入剖析朱谕本身对于弹劾案的影响及应对之方："朱谕比不得从前的谕旨。从前的谕旨，我们有可以说话的地方，因为军机大臣拟旨，军机大臣署名，这回朱谕是摄政王自己用朱笔写的，而军机大臣没有署名，使我们没有说话的地方……立宪国精神，是议院与政府对待，现在弄成议院与君主对待……我们要想个法子解决这个问题……我们不能对朱谕说话，是应该还要拿军机大臣出来。"还有议员主张继续具奏，明定军机大臣责任。三种意见相持不下。最后由议长溥伦倡议以"仍请明定军机大臣责任"作为议题付表决，得到多数议员的赞成。随即指定起草员从速起草弹劾具奏稿。⑧从表决结果看，在朝廷的压力下，尽管有不少议员情绪激昂，但绝大多数议员开始退缩。

11月21日"仍请明定军机大臣责任"折稿在大会宣读。该折稿避重就轻，仅谈及在立宪政体下，国会只应与行政机关对待，而不能与君主对待，资政院与军机处的关系类同于立宪政体之下国会与政府，因此军机处应该负责任。20日表决时为弹劾案议题，经起草的折稿成为完全的具奏议题，不少议员起而责难、质问。为什么起草员将奏案内容作如此重大的变化？估计政府在其中做了大量工作，收买有之，威胁有之。起草议员面对此种情况，有被收买、威胁之虞，也有主动气沮的因素。因为有很多议员的批驳，起草员起草的折稿在表决时被否掉。最后，大会以多数表决通过了籍忠寅的修正案，其主旨是：在阐述立宪各国政体精神之后，解释《钦定宪法大纲》相关条文，得出政府应与国会对待，因为军机大臣是办内阁之事，应该对资政院负责。如军机大臣不负责，资政院有监督之权。朝廷朱谕本是不错，但担心军机大臣以朱谕为借口，更不负责任，于立宪前途非常危险，要求朝廷明降谕旨，确定军机大臣责任。

　　这个修正案与原先的奏折并没有本质不同，只是在措辞方面稍微有所区别，全失弹劾军机大臣的原意。到24日大会上，新起草的折稿主题又演变为"速设责任内阁"具奏案。据起草员解释，其理由是："资政院最初的目的与全国人民之目的都是希望责任内阁成立，如新内阁不成立，就是申明军机大臣的责任，仍恐靠不住的，所以就没有提起这一层……朱谕说负责任不负责任朝廷自有权衡，资政院不能擅预，若一定要请申明军机大臣责任，是与前次朱谕相反，恐这个折子上去，就没有法子下上谕了……明知道没有效果而必以此折尝试，就不如抱最初之目的，请立责任内阁为妙。"[83] 尽管仍有些激进议员坚持主张弹劾军机大臣，尤其是领班军机庆亲王，但在表决时，"速设责任内阁"具奏案以多数通过。

　　与此同时，朝廷也没有闲着，采取了先发制人的手段来应付资政院对朱谕的可能反映。除了暗里拉拢、威胁议员外，朝廷还于资政院通过"速设责任内阁"具奏案的当天下谕，饬民政部和步军统领衙门将奉天第四次国会请愿代表遣送回籍。25日朝廷明发上谕，饬令宪政编查馆修正筹备立宪清单，并将内阁官制一律详慎撰拟，以候御览，明确表达尽快设立责任内阁之意。针对奕劻个人的再次请辞，次日又下谕挽留他继续领班军机："现在时会艰危，全赖亲贤辅弼。庆亲王奕劻老成谋国，为先朝倚任，历数十年……该亲王分属懿亲，允宜任劳任怨，始终将事，岂忍遽行引退，稍卸仔肩！"[84]

　　于26日大会上，议长首先建议取消具奏案："诸位前次议决的请速设责任内阁上奏案，本拟今天上奏的，因为昨日奉了上谕……既然有这个上谕，就与这个奏折内所说的不符，所以昨晚又将此奏折撤回。现在咨询本院这个上奏案是否应当取销？"议员们马上分成两派，一派主张上谕下来，速设责任内阁之目的已达，不用再上奏；一派主张军机大臣负责任的问题没有解决，还应该继续上奏弹劾军机。双方争论多时，最后付诸表决，主张撤回具奏案的议员有 85 名，占多数。资政院第二次弹劾军机奏折被暂时撤销。

其实上谕只是要求拟定内阁官制，并没有直接宣布设立责任内阁的具体时间，与速设责任内阁或弹劾军机本无太直接关系，为何能够得到多数议员的赞同？当然跟朝廷极力运动议员有关，主张撤销奏案的议员曾于会前密议："二十五日未曾开会之先，有首要数十人，先于休息所秘密计划，大部以取消为是。著名强项之某议员[85] 即其一人，而某议员乃于会场中敷衍数语，明其不可取消之理由。事为《国民公报》所揭载，其举动尤令人不能倾仰矣。大抵此所谓秘密会议者，秘书厅中人，实操纵之，伦议长业忧积谤为政府侧目，故力主调停之政策。"[86]

资政院始则弹劾军机处和军机大臣，一变为具奏速设责任内阁，再变为撤销弹劾具奏，此种反复无常，被朝廷操纵于股掌，颇为舆论所讥刺："资政院取消弹劾军机折后，京师各报馆著论痛骂冷嘲，议员愤甚。"[87] 在舆论刺激下，议员们，尤其是那些自视为民意代表的民选议员很愤怒，弹劾军机案又发生了新的反复。12 月 28 日大会伊始，李素重新提出弹劾军机议题："我们资政院因情形不同，将弹劾军机案取消，本员不解'情形不同'作何解释？现在中国依然，军机大臣依然，何得谓之'情形不同'？我们资政院敷敷衍衍、反反覆覆，何面目以谢天下？本员今日有个倡议：前日之表决是取消奏稿，并非取消问题，我们此次须指实弹劾，不要再如前次之调停，方足以对天下。"李素的提议得到众多议员的赞成。最后由议长重新指定起草员起草弹劾奏折。于 29 日大会上，易宗夔要求议长催促起草员起草弹劾稿。次日弹劾稿拟就，指出枢臣溺职辜恩，不堪辅弼，并列举了军机领班庆亲王当国以来种种外交内政的失败作为弹劾的根据，[88] 在大会以八十八票的多数通过。

之所以资政院能多数通过这个措辞激烈的弹劾稿，直接原因是京师大学堂总监督刘廷琛呈递"为宪政初基宜祛流弊请明降谕旨巩君权而防陵替事"封奏，痛劾资政院：

> 议员品类不齐，恒视朝廷之威福以为进退，纪纲振则收公听并观之效，纪纲废则有下凌上替之忧，不可不慎之于始也。资政院为议院基础，其议事自有范围，议决事宜由该院总裁具奏，请旨裁夺，是议决之权在议院，准驳之权仍在朝廷。今该院议员习气嚣张，议论偏激，轻更国制，各竞私谋，持正者不敢异同，无识者随声附和，赞成虽云多数，鼓噪实只数人，勾通报馆以煽乱人心，奔走权门以刺探消息，始缘轻蔑执政，继且指斥乘舆，一似议决事宜朝廷不能违异，是朝廷避专制之名而议员行专制之实，神圣不可侵犯非皇上乃议员矣。若不严惩一二，以儆效尤，流弊所极，必至包藏祸心，窃窥神器，其害有非臣子所忍言者。且一资政院弊已至此，若待国会成立之后，诚恐大权一去而不可复回，民气一张而不可复遏。履霜坚冰，由来渐矣……愿我皇上此后凡于议案可者许之，不可者拒之，荒谬者严惩之，则魁柄不至下移，国基可以巩固……今之议者动谓军机制度不善，组织内阁，不知是人之不善，非法之不善。若得其人，即军机旧制亦可济时；不得其人，虽内阁新制亦足以速亡。更请我皇上诰诫军机大臣，正己率物，然后政治清明，纪纲以振。即无责任内阁，亦足郅治。[89]

据说，刘廷琛折子递上去后，摄政王载沣初不以为然，后经各军机进言，说资政院近来所议各事，确有逾越权限，即如请剪发辫、开党禁等案，或更张祖制，或大背先朝，殊非臣子所宜倡议。该监督所陈，虽言之过甚，然亦不为无因。载沣于是将该折批交宪政编查馆会议政务处知道。[90]免得议员们看到刘折之内容而另生事端，庆亲王等军机大臣要求保密，要求李家驹和宝熙"两提调须将原折慎密收存，如有泄露，即惟该两提调是问"。[91]确实，按照立宪法理，惟有内阁可以奏请皇帝解散国会，且有次数限制。于预备立宪之际，更须防行政权肆意干涉立法权之渐，更遑论个别行政官，诚如梁启超所言："资政院为立法机关，惟宪法可以制裁之，非行政官可以参劾之。此风一开，无怪各省督抚之不满意于该院者之纷纷起而乘其后也。"[92]朝廷如此处理，确实于理有亏。

尽管议员们没有看到原始折搞，但还是通过各种渠道得以知悉其大致内容。[93]在很多议员看来，刘廷琛的奏折是因资政院前次弹劾军机直接引起，而朝廷将刘折批"著宪政编查馆知道"，明显是朝廷不信任资政院，俨然视宪政编查馆为资政院的上级机关，更与立宪精神相悖，弹劾稿遂得以多数通过。1910 年 12 月 31 日由议长溥伦上奏朝廷，云：

> 资政院总裁贝勒衔固山贝子臣溥伦等跪奏为枢臣失职不胜辅弼之任谨再披沥奏陈恭折仰祈圣鉴事。恭读本月十七日朱谕，窃幸圣明在上，军机大臣之责任，皆在朝廷衡鉴之中。惟臣院所鳃鳃过虑者，则以该大臣等素工趋避，不知仰体宸衷，甚且阴恃为保障之资，益弛其辅弼之责，不特于臣院有进行之阻碍，或更至宪政有根本之动摇，故不敢不竭尽愚诚，再为我皇上披沥陈之。窃查东西君主立宪各国，所以异于专制政体者，专制政体以君主与人民相对待，而君主负责任。凡政治之失败，恒丛怨于君主一人之身，必至酿危亡之结果。征之中外历史，殷鉴昭然。立宪政体以内阁与国会相对待，而内阁负责任，君主则超然而治，以保持神圣不可侵犯之尊严。故无论政治有何种之变更，其影响绝不及于君主。观于各国，虽国会、内阁亦常有政见之冲突，或内阁辞职，或国会解散，不但于国本无关，其政治且因以进步。此立宪政体优于专制政体之要点也。钦惟我德宗景皇帝慨念时艰，深惟政本，确定我国为君主立宪政体，并颁特诏设立资政院，以为上、下议院基础，薄海臣民，莫名钦感。夫国会一日未开，既以臣院为现在之议会；即内阁一日未立，应以军机大臣为现在之政府。内阁对于国会负责任，则军机大臣对于臣院亦应负责任。顾自臣院开会以来，军机大臣奕劻身为领袖，并未亲到臣院说明大政之方针，致臣院至今尚多迷惑。而溯诸平日，该大臣等入值枢廷，则毫无建白；出宣政令，则坐误

机宜，以致内政外交著著失败，宗庙社稷息息堪虞。谋国不臧，谁尸其咎？前经臣院议员质问军机大臣责任，而答覆文内乃有"内阁未经设立，军机大臣是否负完全责任，无从答覆"等语。律诸善则归诸君，过则归己之义，似有未符。出入于彼此之际，瞻顾于新旧之间，其失职情形，固已显然若揭。恭读本月二十四日上谕，前经降旨，饬令宪政编查馆修正筹备清单，著即迅速拟订，并将内阁官制一律详慎纂拟具奏，候朕披览详酌。钦此。是军机大臣之难资辅弼，与其制度之不适宜，于今日圣谟默运，早已烛照无遗。第际兹国事艰难，内阁未立以前，举朝野上下托命于不负责任之大臣，至险极危，莫甚于此。而臣院亦以无对待机关之故，虽有议决之具文，难责执行之实效，恐臣院将成虚设，宪政亦属空谈，实不胜疑惧之至。臣院为公论所在，激于忠爱之忱，未敢自安缄默。所有枢臣失职不胜辅弼之任各缘由，谨按照臣院议事细则第一百六条，恭折奏陈，伏乞皇上圣鉴。谨奏。

宣统二年十一月三十日

资政院总裁贝勒衔固山贝子臣溥伦

资政院副总裁法部右侍郎臣沈家本（感冒）[94]

对于资政院再度弹劾军机，摄政王可能觉得难以批答，因为批答的结果如是斥责资政院则得罪于立宪舆论，准军机大臣辞职则大损朝廷威信，故留中不发。针对这个情况，李素于1月3日大会伊始就指出摄政王留中的处理不妥，"留中之意，本员甚是不解。如果朝廷以资政院弹劾为是，即须准军机大臣辞职；如果以资政院弹劾为非，即须着资政院解散。若模棱两可，坏议院之基础，恐中国不亡于军机大臣而亡于资政院"，因此要求议长请旨明白宣示。易宗夔响应李素，申明解决此问题的主张："我们弹劾军机大臣的折子留中不发，又是无效的事体，因为资政院三个月会期，现在即将闭会，就是再上一个折子，亦是枉然……所以本员主张上一个折子，说明资政院的性质与地位。"其主张有众多议员的赞成，作为议题得到通过，副议长沈家本当即指定易宗夔、汪荣宝等六人为起草员，草拟声明资政院性质和地位的具奏案。这个具奏案到资政院闭会之时可能都没有上奏，因为在此之后，资政院忙于讨论通过在议员们看来更重要的预算案、《新刑律》案及其他众多的法律案；且他们多认为，即便上奏也没什么结果，不必做此无益之事。于1月5日大会时，李素曾质问副议长沈家本："申明资政院立法范围案从前业已指定起草员，现在报告书已经成否？"沈家本答曰"尚未拟成"。李素的提问并没有引起其他议员的任何响应。[95] 弹劾军机案至此草草收场。

三、弹劾军机案的影响

资政院两次上奏弹劾军机，时间长达两个多月，是资政院第一次常年会中的大案要案。这在中国史上亘古未有，其价值应得到充分的评估。

从弹劾军机案的结果来观察，"朝廷对于全国人民意思机关，实未尝稍有重视……是以立法机关为不足信，而委其权于行政机关矣"[96]。清廷对设立资政院的预期即是为了对付日渐高涨的立宪舆论，所谓"当舆论之冲"，但要限制其权力，不能对君权专制构成真正的威胁，最多只能让它充当"咨询顾问"的御用机关，最好是成为专制皇权的仆从。到议员正式弹劾军机，朝廷直接袒护后者，破坏了君主立宪的根本原则：君主神圣不可侵犯就体现在其超然于政府和议会之上，由政府负责，直接面对民意机关和舆论。尽管当时有不少议员苦口婆心地向军机和朝廷陈述这个道理，但因以摄政王载沣为首的满洲权贵出于集权皇帝的需要且不谙政治经验，直接出面偏袒军机处，将自身置于舆论的对立面，无异于将清廷"立宪"之本意昭告天下：立宪只不过是朝廷收揽民心的手段，绝不是真正的君主立宪。结果，作为收揽民心手段的立宪因为弹劾军机案反而使清朝廷失去了民心：原本真诚希望在既有的政治框架内实行"君主立宪"的立宪人士深感失望。尤其是年轻人，失望更甚，以致有自残明志者，东三省民族危机深重，人更多一些，这里仅举天津一例：

有江元吉者，湖北人，肄业天津法政学堂，因接东三省请开国会通告书，忧懑不知所出，适日昨又得资政院弹劾军机无效之恶耗，悲从中来，知非即开国会不可挽救，遂在学堂割去臂肉一块，写成血书，布告同胞，题曰《为国请命敬告同胞书》。当时同学目观情状，人人感动。[97]

黎尚雯在刘廷琛上奏弹劾资政院之后即在大会上讲："国家所以要立宪的缘故，就是要君民一气，保护国家。要使君民一气，必使民间信任朝廷。要使民间信任朝廷，就要使民间信任谘议局、资政院，然后才能信任朝廷是真立宪。当此危急时代，如果资政院所上的奏案没有一点效力，民间就不信任资政院了，不信任资政院就不信任朝廷立宪了。如此看来，于立宪前途很有危险……不如请旨解散，等到将来再召集国会，或者尚有点效力。"[98]虽然最终资政院没有解散，但其发言在会场引起了不少议员的共鸣。

如果说军机处毕竟是专制政体下的衙门，有些立宪人士还将希望寄托在责任内阁上面，那弹劾军机案直接促成责任内阁的出台，且弹劾案还深深影响了责任内阁制度的走向。关于设立责任内阁与弹劾军机案的关系，陶葆霖分析得非常清楚："此时军机大臣均为先朝所遗，故上下所期望，遂有仅仅书谕查案为不满足之感，因是而宣统二年，资政院开院，遂发生军机大臣须负责任问题，因此问题实生今日之新内阁，故军机处等之裁撤，可谓由于不负责任，而新内阁之成立，实在于能负责任。"由于朝廷在弹劾案中发现了资政院站在其对立面，对之产生了戒心，遂更倚重行政权力。为了在法律上提高内阁的地位，《新内阁官制折》有"参仿德日两国国务大臣所负责任，用对于君上主义，任免黜陟，君上皆得自由，与英法之注重议院者不同"的规定，意味着"议院一旦议决不信任内阁案，内阁大臣不能不辞职，故预为地步，使将来议院纵反对内阁，而内阁犹可依君主以自固"。[99]光有法律规定扩大内阁权力、稳固内阁地位还不够，最关键还要新成立的责任内阁一定掌握在自己人手里，所以出现皇族内阁是其逻辑结果。到皇族内阁成立，朝廷

"伪立宪"真相大白，很多立宪人士认识到与朝廷谈立宪无异与虎谋皮，遂加入革命阵营，寄望于共和立宪。

总之，在资政院、军机处和朝廷三个机构之间，尽管其性质迥异，但他们论证其主张的根据都集中于两点：一是传统的君权神圣，一是立宪原则。弹劾军机案以及围绕它进行的论辩对中国近代宪制的开创意义主要在于立宪原则作为合法性根据上。考察三机构之间的文字往来就能发现：资政院一直以立宪原则立论，来对《院章》所规定的该院权限做扩大解释，以"不负责任"直接发起军机弹劾、酝酿本院解散等。军机和朝廷也多次在书面表示要尊重立宪原则和精神，尊重《钦定宪法大纲》，尊重资政院的国会预备地位，军机在被弹劾后先发制人，主动请辞，就形式而言，也符合立宪原则。只是到了弹劾的最后关头，朝廷才祭起皇权神圣大旗，但还要顾忌立宪原则，只能采取冷处理方式，将资政院的折子留中。如没有朝廷对立宪原则的有限尊重，又何能有弹劾案的发生？立宪原则在当时已成为上层社会的共识，假以时日，未必不能在整个社会上生根发芽。一位外国观察者即指出：

> 无论资政院有多少缺陷，但它的精神影响力却是巨大的。代议制政府存在的基础是获得了一定范围内的民众的认可，而之前中国人认可的都是专制的皇帝和地方督抚。过去，由于地方自治的传统，士绅们只能在各自的生活区域内发表影响政府的言论，而现在他们已经可以对国家和省级事务发表意见，虽然政府不一定尊重他们的意见。代议制政府的原则一旦确立，就绝对无法取缔，无论它在具体实践中要遭受多长时间的限制。[10]

第四节 重大议案（三）:《新刑律》案

按照《院章》的规定，资政院的重大职责之一就是议决除了宪法之外的法典及其修改，即立法协赞权。议决作为基本法典的《新刑律》，是资政院第一次常年会中行使立法协赞权的最重要行为，本节将予以集中讨论。

一、前资政院阶段的《新刑律草案》

沈家本等所主持的晚清变法修律，大致以清廷宣布预备立宪为界分为两个阶段，前一阶段主要是对旧律，尤其是《大清律例》进行系统性修改，《大清现行刑律》是其主要成果；后一阶段是服务于预备立宪大局，制定将来正式立宪所需要的一系列基本法典，《新刑律》就是其一。

为了在刑法方面模范列强以收回领事裁判权，适应未来正式立宪之需，沈家本主持的修订法律馆自成立以后不久，即根据民刑分立原则，开始起草单独的新刑律草案。早在 1905 年，章宗祥和董康即联合纂拟了《刑律草案》稿本。⑩1906 年秋，修订法律馆聘日本人冈田朝太郎帮助修撰新刑律。《刑律草案》稿本经冈田审定后，认为它主要是参考日本《旧刑法》而成，不合适的地方甚多，因而重起炉灶，于 1907 年完稿，由修订法律馆于同年 10 月 3 日上奏。

《新刑律》分总则、分则两部分，"总则为全编之纲领，分则为各项之事例"。据沈家本归纳，该律综合中西之异同、考较新旧之短长，较之传统律典，有下述重大革新：（1）更定刑名：改传统笞、杖、徒、流、死五刑为新五刑，即死刑、徒刑（有期、无期）、拘留、罚金。（2）酌减死罪：《大清律例》死刑条目在中国历代中偏多，比之列强尤多，但实际上，死刑案件经过会审、秋审之后，真正执行的并不多，很多死刑都属虚拟死罪。与其因死刑条款多而背重刑残酷之恶名，不如循名责实，参照唐律和各国通例，酌减死罪条目。（3）死刑唯一：旧律死刑分斩、绞，斩因身首分离，较之绞为重。刑罚至死而极，不宜再有轻重之别，改死刑一律用绞，于特定场所秘密执行。（4）删除比附，引进罪刑法定制度。（5）惩治教育：罪责与行为人的年龄密切相关，刑罚为最后之制裁，不到刑事责任年龄的少年行为人是教育主体而非刑罚主体。这类人如有相关犯罪行为，宜在专门惩治场所接受强制教育，据情节之重轻，定期限之长短，以矫正其行为。

《新刑律草案》由修订法律馆上奏后，朝廷转交宪政编查馆"知道"。宪政编查馆于 1907 年 10 月和 1908 年 1 月分别将草案总则和分则发交给中央各部院和各省督抚，要求他们在六个月内向宪政编查馆提出修正意见（即签注）。[⑩]但"事隔年余，依限送馆者仅有数省，其余各省或尚未咨覆，或咨请展限，或仅送总则，未送分则"。[⑩]按照朝廷1908 年所颁布的立宪筹备事宜清单，《新刑律》限 1909 年核定，1910年颁布，"事关宪政，不容稍事缓图"，[⑩]经法部奏请，1909 年 2 月 16 日朝廷发布上谕，要求京、外各衙门尽快完成签注，送到宪政编查馆，以为立法之参考。[⑩]随着签注意见陆续返回到宪政编查馆，朝廷下旨让修订法律大臣会同法部参考签注意见进行妥善修改。经修订法律馆和法部修改后的草案被命名为《修正刑律草案》，于 1910 年 2 月 2 日由法部尚书廷杰等领衔上奏，朝廷随即将之交给宪政编查馆复核。

本来，清廷的修律宗旨在前后期已有所变更，在修律初期，强调取长补短，侧重法律继受；到修律后期，则更强调保守固有的纲常伦理，礼法论争渐趋激烈。《修正刑律草案》即本朝廷保守纲常之谕旨，将与纲常伦理最相关的条文列入附则五条中，即（1）旧律采绝对确定法定刑，与新律不相适应，让相关衙门"另辑判决例以资援引而免歧误"。（2）中国向来尊孔孟重纲常，传统律中如"十恶""亲属容隐""干名犯义""存留养亲"和"犯奸"等关于伦纪礼教的条文，"未便蔑弃。如中国人有犯以上各罪，应仍照旧律办法，另辑录单行法，以昭惩创"。（3）如危害乘舆、内乱、外患及对于尊亲属有犯者，应处死刑时处斩，以昭炯戒。（4）强盗之罪，在警察和监狱未普及之前，另辑录单行法酌量从重办理。（5）中国人，卑幼对于尊亲属不得援用正当防卫。概言之，附则五条，大致包括两部分：一是侧重于实体内容，基于中外政教风俗之别，别辑独适用于中国人的单行法，于特定种类犯罪予以特殊刑罚；一是侧重于具体操作，编辑判决例，以规范司法官的具体量刑行为。

宪政编查馆编制局乃考核修订法律馆所拟法典草案的直接机构，[⑩]《修正案》到宪政编查馆后，编制局以礼教、人权和条约三端为准，写出了意见书。[⑩]经参考编制局的意见后，宪政编查馆馆员多留日学生，思想趋新，认为当此预备立宪之时，良善的法律须坚持"根诸经义""推原祖制""揆度时宜"和"裨益外交"四原则。以此为据，该馆对草案逐一审查、修正。1910 年 11 月 5 日，宪政编查馆审查完毕上奏朝廷，认为（《修正刑律草案》）附则"第二条""列举各项仍用旧律，几致全体效力尽失，殊乖朝廷修订本意"，仍应改回修订法律大臣沈家本的第一次上奏文字，即"将危害乘舆、内乱、外患、对尊亲属有犯、强盗、发塚各项及和奸无夫妇女之罪并附则第五条，酌拟《暂行章程》五条，借以沟通新旧而利推行。将来体察全国教育、警察、监狱周备之时，再行酌量变通，请旨办理"。⑱也就是说，宪政编查馆只承认效力限于预备立宪期的《暂行章程》，反对与《新刑律》正文时效相同的附则。

　　宪政编查馆核订后的《新刑律草案》较之《修正刑律草案》的最大变化就在《暂行章程》和"附则"的内容以及所涉及的相关条款（"和奸无夫妇女"为其最者）。附则应该是修订法律馆内资深律法专家吉同钧草拟，他曾回忆："新刑律之编，延用东人起草，举中国数千年之礼教服制名分划除殆尽，其表面之文法名词条类尽用外式……随即刷印散布，外而各省督抚，内而六部九卿，群相攻击，举国哗然……尚书廷杰亦极反对，即派鄙人总司修改之事。鄙人调和其间，以为逐条改正，不惟势有不能，亦且时有不给，因另拟章程五条附于律后，借为抵制弥缝之计。"⑲也就是说，附则的重点是站在中国悠久历史和传统文化的立场，对相当西化的《新刑律草案》予以校正。领衔上奏《修正刑律草案》的法部尚书廷杰说得更直接："揆诸中国名教，必宜永远奉行勿替者，亦不宜因此致令纲纪荡然，均拟别辑单行法，借示保存，是以增入附则五条。庶几沟通新旧，彼此遵守，不致有扞格之虞也。"⑳《暂行章程》和附则之别，主要体现在时效上，附则与《新刑律》一致，乃"永远奉行勿替"；《暂行章程》则突出其暂行性质，最多只在预备立宪期间适用，还有可能奉旨提前终止施行。

　　至此，按照清末预备立宪期基本法律的立法程序，宪政编查馆复核过的法律草案，奉旨允准后，就要交到资政院议决。是按照这个立法程序正常进行还是采取非常手段直接上奏，在宪政编查馆内部即有争议。据《汪荣宝日记》记载：

> 宪政馆同人对于《刑律草案》，分新旧两派，各持一说，争论不已。主张新说者均欲赶紧定稿出奏，不交资政院议决，余虽赞成新案，而以资政院有议决之权，若不交议，即为违法。今当第一次开院，即开政府规避院议之端，殊于立宪精神不合。持论颇与仲和诸君异同。晳子、伯平述仲和意，以资政院议员中有法律知识者尚鲜，交议恐致破坏，劝余深思熟虑。余坚持初议，与二君反覆辩论，二君亦无以难，允再设法运动交议之事。（1910年9月27日）
>
> 到宪政馆，覆校《刑律草案》一过。饭后，月华贝勒、那相到馆，批阅文牍，并议决将《刑律草案》提出于资政院。（1910年9月29日）[⑩]

宪政编查馆决定下来后，及至资政院第一次常年会开幕，《新刑律》进入资政院议场辩论议决阶段。

二、资政院对《新刑律》的议场辩论

按照《议事细则》的规定，资政院议决法律案，原则上须经过三读程序。具体而言：（1）初读。军机大臣、各部行政大臣、政府特派员或提议议员应说明议案之主旨，回答或说明议员对议案的疑义。（2）审查。初读完毕后，议长应将该法律案送交法典股审查。（3）再读。股员审查之报告，经议员讨论大体以后，即议决应否再读。再读之际，议员得提起修正议案之倡议，再读以前预将修正案提出。再读应将议案逐条议决。再读已毕，议长得将议案付该管股员，令整理议决修正之条项及字句。（4）三读。即议决全体议案之可否。三读除改定文字外，不得有提起修正之倡议。其议案中有互相矛盾或与现行法律互相抵触事项，经议员提起倡议，必须修正者，可以作为例外，提出修正。作为基本法律的《新刑律》，在资政院议决自然要按照这三读程序走。

1910年12月2日，是《新刑律草案》在大会的初读日。在议长宣布开议以后，首先由宪政编查馆特派员杨度来阐述该馆关于《新刑律》议案的主旨。杨度的演说是整个第一次常年会期间非常重要的一次，洋洋洒洒达八九千言。其主旨大致可归纳为以下几个方面：（1）正条的主旨。朝廷基于在预备立宪期内的国内、国际情势需要改定刑律。在国内，旧律已不适于用，如比附援引即与现今通行的罪刑法定相矛盾，不得不改从罪刑法定；在国际方面，中国要求生存发展，就要收回法权、废除领事裁判权，就要改良自己的法律。此次提交到院的《新刑律》草案，较之历代相沿的旧律，有五大区别，这五大区别也就是《新刑律》正文主旨之集中表现，即更定刑名、删除比附、死刑减少、死刑唯一和惩治教育。正文主旨，其实也就是整个《新刑律》之主旨，为国家主义，以此别于旧律主旨的家族主义。国家主义和家族主义法律之别，是杨度整个演说的重点，同时也是该演说在会场引发反响最热烈处，赞成者拍手欢迎，反对者不以为然。在杨度看来，社会是进化的，法律也要随之而进化，进化有规律可循，即要由家族主义法律向国家主义法律进化。本次新刑律草案，就是本于进化高级阶段的国家主义而制定的。（2）《暂行章程》的主旨。它与《新刑律草案》正文之宗旨不合，具体而言，第一条与死刑唯一宗旨不合，第二、三条与死刑减少宗旨不符，第四条于国内国际情势有碍，第五条违反刑法的国家主义。因宪政编查馆复核该草案时，有强大的"人民程度不足"舆论，需要沟通新旧，宪政馆鉴于此"为难情形"，没有列入正文，也没有删除，而将之列入《暂行章程》。在演说的最后，杨度暗示人民程度不足之说未必可靠，希望资政院在议决时能将该《暂行章程》删除："现在所谓人民程度之说，早有贵院诸君子请开国会之时，已经说明白了。政府对于人民程度，虽然确实把握的，然而资政院议员是全国人民的代表，对于人民程度，较之政府观察，必能深切著明。究竟应该适用何种刑律，人民有何种程度，不能不凭诸君之论断。资政院是立法机关，协赞立法的时候，对于政府提出《新刑律》，何者宜存，何者宜去，都有独立之权限，算是中国有历史以来第一法典之改良，是资政院协赞法典之第一次，为从来未有之盛典。现在政府所最希望的是国内则于宪政无丝毫之妨碍，国际则于外交无丝毫之妨碍，必使国家主义圆满发达。"⑫

杨度演说完毕后，赞成与反对者纷纷发议，硕学通儒议员劳乃宣的发言尤其值得注意。

劳乃宣在宪政编查馆参议任上，认为《修正刑律草案》"于父子之伦、长幼之序、男女之别有所妨"⑬，背弃礼教；附则规定旧律礼教条文另辑单行法适用中国人是"本末倒置"，据此撰写了《修正刑律草案说帖》一文，要求把旧律有关伦纪礼教各条，直接修入新刑律正文。⑭ 随后，沈家本、冈田朝太郎等撰文反驳，掀起了礼法之争的一轮高潮。由于宪政编查馆法政新青年人数众多，基本未采纳劳乃宣的意见，故而他特别希望能在资政院议场得到议员们的支持，采纳其主张。

在《新刑律草案》初读大会上，当杨度演说完《新刑律草案》的主旨后，劳乃宣即申请发言，在获得议长准许后，劳乃宣针对判决例和《暂行章程》的"暂行"二字之含义对政府特派员提出质问。雷奋没等劳乃宣讲完即予以打断，批评劳乃宣本就是宪政编查馆人员，对于该馆提交上来的《新刑律草案》不应有疑问，"今天可以不必发表意见"。章宗祥作为政府特派员，简要回答了劳乃宣的疑问，但没有明确正面回答劳氏关于"暂行"期限的问题，跟杨度差不多，将这个皮球踢给了资政院："现在《新刑律》已经交到资政院，议员是国民代表，应该看得到人民到什么时候是什么程度，就可以适用什么刑律。这是资政院议员可以看得到的。"值得注意的是，与劳乃宣这样的持保守倾向的议员针锋相对，以易宗夔为代表的激进议员，力主彻底废止《暂行章程》："本员对于这《暂行章程》不赞成的，因为这个法律总是要统一的，怎么于全部法律之后又有这种《暂行章程》？本议员看来这《暂行章程》一条都不适用的"，并质问政府特派员为何不删除这个《暂行章程》。⑮ 随后议长宣布讨论终局，将草案交付法典股审查。

法典股共有议员十八人，股员长为润贝勒，副股员长是汪荣宝。由于作为亲贵的润贝勒经常缺席，将其职务委托给汪荣宝，故汪荣宝在法典股很有发言权。在法典股审查新刑律草案的过程中，劳乃宣邀集亲贵议员一百零五人，向法典股提交《新刑律修正案》，对宪政编查馆核订之《大清新刑律》修改、移改、复修、增纂有关礼教条款十三条又二项，在新刑律已有的礼教条款上，增加或加重卑幼对尊长、妻对夫杀害伤害等罪的刑罚，减轻尊长对卑幼、夫对妻杀害伤害等罪的刑罚，以求更全面地维护亲亲、尊尊的传统纲常名教。法典股经过大约半个月的审查，否定了这个修正案，提出报告书并由汪荣宝代表股员会于 1911 年 1 月 6 日大会上报告了审查之结果及理由。

汪荣宝的报告书也是洋洋洒洒近九千字，比杨度的新刑律主旨演讲还略长。概括其报告内容，大致有以下几点：（1）总则部分按照学理、法律的系统性等原则增删了一些条文。（2）分则部分修改较少，但主要是"将其中与现在情形最不相合的地方删去了些"。在股员会看来，宪政编查馆提交到院的草案，"凡是中国特别的国粹可以保存的地方，大概都保存的"，"股员会审查以后，以为这个草案于家族主义保存的地方很多"，因此删改了一些跟家族主义有关的条文，其最著者为和奸无夫妇女条文。（3）删除《暂行章程》。"《暂行章程》存在的理由，据当时政府委员的演说就不十分充足，其后股员会讨论，以为此《暂行章程》可以不要。"综观汪氏报告大旨，结合后来议场争议之情形，不无强调技术细节、略于精神原则的特点，对股员会关于宪政编查馆提交的《新刑律草案》的核心修订作了淡化处理，以图减少争执，尽快通过。汪荣宝作完报告后，经简单讨论，《新刑律草案》即进入再读阶段。

在再读阶段，到了总则第十六条，劳乃宣提出修正案，主张应将《暂行章程》第五条即卑幼对于尊亲属不得援用正当防卫之规定，加入正当防卫正文之后。劳氏修正案得到三十位以上议员赞同，作为修正案表决，以少数没能通过，算是法派的胜利。当日再读至第十六条，即因天色已晚，议场内议员人数不够而散会。

于 1911 年 1 月 7 日的大会上，继续《新刑律》的再读。因为临近闭会期，议员江辛建议改变逐条表决形式，改为秘书官逐条朗读，分章表决，获得多数通过。到正式接续再读《新刑律草案》时，为调和新旧、遵循程序且节省时间起见，主持会议的副议长沈家本改为"逐条朗读。有反对的就讨论，没有反对的就表决"。在这次大会的再读进行得比较顺利，通过了二百来条。

到1月8日的大会上，刚开始也比较顺利。及至第二百八十八条关于无夫和奸条文，情势急转直下。

三、资政院议场对"无夫奸"条款的表决

1月8日的大会讨论到第二百八十八条的时候，即应议员们要求，秘书官先后朗读了劳乃宣、高凌霄和杨锡田等三人的修正案。劳乃宣先说明修正主旨，即将无夫奸条文移入《新刑律》正文，争论无益，请立即付诸表决。由此看来，劳氏认定胜券在握，有信心通过；再者，各位议员都有自己的明确主张和理由，争辩无益。接下来高凌霄陈述主旨，不是很清楚，从而引发各位议员和政府特派员的陆续发言和争议。

在此次争议中，据统计，大约有二十位议员发议，总计五十八次。争论之激烈，于此可见。争论各人的观点及其理由大致如下：

（1）无夫奸入罪，应规定于《新刑律》分则正文里。这一派主张的代表人物是劳乃宣，发议明确支持的议员有崇芳、蒋鸿斌和康咏等；其秉持的主要理由在他们看来特别坚实有据，甚至可以说不言自明，根本不需要过多论述，以费唇舌，大致包括：中国普遍社会心理认为无夫奸应当有罪，法律必须顺应社会普遍心理，才有望施行顺利；伦理、礼教是刑法之根本，绝对不能舍伦理教育而讲刑法。

（2）无夫奸入罪，但应规定于《暂行章程》。这一派的人数较多，政府特派员杨度即在议场讨论时赞成此观点，发议明确表示支持或同情的议员有汪龙光、陈树楷和许鼎霖等。他们的主要理由有二：第一，社会普遍风俗习惯认为无夫奸应该有罪，《新刑律》必须予以尊重，但要收回领事裁判权，就要与列强在刑律上划一。杨度讲："无夫妇女和奸之罪，各国刑律都没有这一条……但是以中国风俗礼教而论，似乎不能不认无夫妇女和奸为罪……国家改良法律，其宗旨系要与各国刑律一律，使外国人民都能遵守，为撤去领事裁判权之预备，便不宜把这条载在正条里，生出交涉时之困难，故载在《暂行章程》。"第二，法律必

须考虑国民之现状，但也要顾及未来的发展方向。陈树楷指出："凡规定法律，必先本于社会情状，若以最高的法律施之于社会情状不合之国民，其危险更有甚于法律不完全之弊者。以上等社会看待国民，本员很赞成，不过对于中国现在的社会情状不合，非所以保持秩序之本意也。"

（3）无夫奸出罪。这一派最著名的议员是法典股副股员长汪荣宝，法典股绝大多数议员都同意此种做法，在议场发议表示明确支持的还有籍忠寅、雷奋、文龢、陈敬第和胡礽泰等。其主要理由为：第一，法律与道德是有界限的，不容混淆。无夫奸在道德上是天然的罪，在法律上只能是亲告罪，告诉乃坐，事甚暧昧，检察官提起公诉很困难；若是定了有罪，国家立法不得其平。汪荣宝明确讲："东西洋各国，凡基督最盛之时代，男女犯奸都是死罪，非常之重。道德、宗教、法律分晰以后，才渐渐改良，所以到现在这个样子。可见无夫奸，外国中古时代有之，并不是没有。"这即是说，无夫奸是道德与法律分离之后的必然产物，社会进化，法律与道德应分离，无夫奸不宜入罪。第二，无夫奸主要是个教育问题，要预防它，教育，尤其是家庭内的教育，较之刑法上的规定更有效。第三，就无夫奸发生原因而言："向来放荡不道的人要想奸人妇女，然有所忌惮而不敢公然去行的……并不是因为法律上有杖八十的刑法，是一则怕于社会上名誉有关系，一则是因为所奸妇女他家里有男人，一定要忿恨，忿恨之极就有杀伤种种事情，所以有所忌惮……社会上终少这种事情的原因，就是因名誉有所妨碍，这是实实在在的情形。"⑯ 既然如此，刑律上无夫奸罪规定与否，就无太大关系。

在议场关于无夫奸的激烈争论中，有两个问题值得玩味：第一是政府特派员杨度对《暂行章程》的态度变化。第二是领事裁判权与改良刑律之关系的深入论述和分歧。

杨度于半个多月前在资政院议场就《新刑律》所作演讲中，非常强烈寄望于议员们能废除《暂行章程》。他曾讲，宪政编查馆审核《新刑律草案》，之所以没有删除《暂行章程》，是因为有"为难情形"。这种"为难情形"是什么呢，是基于对人民程度判断的强大舆论压力。他鼓励议员们坚持在速开国会案中对国民程度的判断，基于无妨宪制和外交、发达国家主义的考虑，大胆进行《新刑律草案》删革之立法协赞大业。及至资政院法典股按照其预期，删除了《暂行章程》后，没想到在无夫奸这个新旧争论的焦点问题上，法典股员会"将《暂行章程》一概删除，于是主张保全礼教一面之人争执尤力，而人数亦加多"，在他看来，无夫奸入罪的可能性大幅增加。审时度势，他毅然改变了自己演讲中的观点，强调无夫奸条文保存在《暂行章程》中的极大合理性，既能考虑到中国固有的风俗礼教，又能在国际交涉中攻守裕如："这个《暂行章程》与刑律有同一之效力，则在国内可借此以维持本国礼教，不过从外国一方面看来，中国刑律总是完全的，以救刑律之不济，而为新旧刑律交替之媒介，所以《暂行章程》是断断不可少的。且俟实行数年，若各国不以此条为然，即可废去《暂行章程》，却无受人干涉而改刑律正条之名。若各国以为此条可存，则现在虽不加入，俟将来刑律改良，领事裁判权收回之后，再加入正条亦不为迟。"他还在接下来的争论中以政府的口吻讲："刑律的内容条件不能不同各国一律，明知有不合于中国今日社会情形者，但因急欲撤去领事裁判权，有不得不委曲从权之处……与其将来删去，不如现在不加入正条，（拍手）股员会意见亦甚相同，所以此条列在《暂行章程》甚为相宜。"⑩明明法典股员会的意见是删除《暂行章程》、无夫奸彻底出罪，如何能与他此时所主张的将无夫奸条文列入《暂行章程》的意见相同？于此可见，他作为政府特派员，在议场的发言，众目睽睽之下，前后矛盾如是，颠倒黑白巧言令色如斯，如何能令人信服？于无形之中损伤了政府乃至整个朝廷的威信。

关于领事裁判权与晚清修订刑律之关系，实际上朝野都有这样的共识：之所以修订刑律，就是要充分考虑与列强刑法接轨之需要，如此才能和平收回领事裁判权。至于刑律的重心究竟是应放在照顾国内民众之风俗民情还是与国际接轨这一点上，礼法双方各执一词，互不相让，于是而有旷日持久的激烈礼法之争。每当双方争议趋于白热化之际，法派在不能获得充分的证据或者理由来有力驳斥礼派主张的情况下，最后都会祭起要不要维护法权、收回领事裁判权这个大旗来逼迫礼派就范；而且在一般情况下，效果都很明显。各议员就无夫奸出入罪的相关争议，也包含这个逻辑。针对杨度以撤废领事裁判权为由将"无夫奸"条文放入《暂行章程》之说法，陈树楷虽然也赞同此一做法，但他不同意政府特派员杨度和议员雷奋讲的理由，即《新刑律草案》规定了无夫奸条文，就必会对收回领事裁判权造成妨碍，好像将无夫奸条文放入《暂行章程》就会大大促进领事裁判权的收回。在他看来，这纯属一厢情愿："收回领事裁判权之问题，非仅刑律改良即可办到，且非刑律内无夫奸一条之规定可办到，据事实上说，必须各种法律如民法、商法、民刑诉讼法、裁判法等，一切修订妥当后，始能议收领事裁判权。果如是，则本员想，这个事件非一二年所能办到的。若谓仅刑法上无夫和奸无罪一条定好，当下即能收回领事裁判权，此说实不敢信。"许鼎霖更指出："本员以为特派员所说列在《暂行章程》甚妥，将来或添入或删去，均易办理。若说此条专为收回领事裁判权起见，本员却不以为然。窃谓洋人必不愿无夫妇女与中国人相奸，何至以此条有罪为非！亦不至利与中国妇女相奸，以此条有罪为不便！"

实际上，议员们围绕无夫奸条文之争议，已深入触及领事裁判权与改良刑律乃至与整个晚清变法修律之关系，部分跳出了模范列强舍己就人式的改良法律即可撤废领事裁判权这个直线思维模式，意识到三个层面上的内容，即第一，并不是每一条实体法上的内容都与收回领事裁判权有直接关系；第二，要收回领事裁判权，需要系统的法律和司法改良；第三，收回领事裁判权，不专门是一个法律问题，决定性的功夫可能在"法"外。

议场关于《新刑律草案》"无夫奸"条款的争议，看似闹热，都在说理，但各在说各的理，都认为自己的理才是真的有理，辩论根本解决不了任何问题。诚如汪龙光所说："此条只有想个法子表决，无须讨论。两方面之人一主无罪，一主有罪，不独院内之人各持一说，不能相下，即院外一般舆论对于此条，纷纭聚讼，已经闹了好久，终不能彼此通融。座中百数十名议员，虽不人人皆有法律知识，独对于此条两方面所持之理由，皆彻底明白，而各有其专主。凡主张无罪者，任是如何演说决不能动此一方面之心；凡主张有罪者，任是如何演说亦决不能动彼一方面之心。岂非徒费口舌么？这样看起来，只有速付表决为是。"⑱鉴于此，议长宣布讨论终局，统计在场议员人数。经邵羲和籍忠寅提议，分两层表决，即第一，无夫奸是否入罪；第二，如入罪，是入《新刑律》正文还是《暂行章程》？由于事关重大，采取了记名投票法表决，赞成入罪者用白票，反对入罪者用蓝票。

表决后经统计，蓝票 42 张，白票 77 张。由此之后，议员们有了蓝票党和白票党之说，蓝票党大致相当于法派，白票党即相当于礼派。无夫奸经第一次表决入罪，接下来表决究竟是进入《新刑律草案》正文还是《暂行章程》。此时，议场秩序大乱，当议长宣布赞成规定在《暂行章程》者起立，结果起立者 49 位，居于少数。按照这个表决结果，无夫奸当入《新刑律》正文。因有议员对表决结果提出疑义，汪荣宝、刘景烈等即请求议长反证表决，即赞成无夫奸条文入《新刑律》正文者起立，达到 61 位，是多数。故议场对无夫奸条文的表决结果是入《新刑律》正文。

表决结束后，法派议员非常沮丧，陆宗舆即讲："本议员同陈议员方才讨论的时候，陈议员说中国程度不够，如此看来，陈议员的话真是，佩服佩服。"汪荣宝随即附和："此之谓程度不够。"时间已到了晚上十点半，多数议员已离开，议长遂宣布散会。汪荣宝在当日日记中写道："于是新党全体失败，有愤怒退场者，闰生起言，此之谓程度不够，余附和之。众大怒，一哄而散。余惘惘而归。"⑲

按照议事日程，接下来的大会当继续《新刑律草案》的再读。本来，在未表决之前，法派议员多主张尽快通过《新刑律》。于1911年1月6日召开的大会上，法典股股员长汪荣宝代表法典股说明审查情况时，于结束时即明确说："务请各位赞成，早早通过才好。"多数法派议员主张当日即付再读，当主持会议的副议长沈家本宣布："现付再读，请逐条讨论"后，刘景烈更提议"再读本来是逐条讨论，但是现在闭会只有几天了，看看还有省略的法子没有"，⑳足见其急迫心情。"无夫奸"条文表决后，除闭幕大会外，还有两次大会，按正常情况，完全可将《新刑律》议案在资政院完成三读上奏。既然礼派获胜，如此通过的

《新刑律》则非法派所希望。法派遂利用其在法典股的优势地位，1月9日大会，汪荣宝请假拒不出席，且作为代理股员长主事的副股员长，他也没按照惯例委托其他成员代为说明。因法派议员不出席或晚出席，到下午四点大会才开始。会议开始，法派议员罗杰即发议，要求变更议事日表："本员倡议昨日表决无夫奸是表决主义，非表决条文，现在条文未改好，请更动议事日表，先把商律初读，明日续议刑律，请议长咨询本院意见如何？"针对罗杰的提议，于邦华则主张还是按照议事日表，先议《新刑律草案》："这个《新刑律》若今日不议，明天一天不能通过，现在可否当场修正……无夫奸条文本有修正案，若今天不议，明天就议不完了，是很危险的。"于邦华此论一出，主持会议的副议长沈家本按照程序提出一疑问："今天法典股员长没有到，《新刑律》如有疑义，应由何人解释？"接着法派议员纷纷发言，找出种种理由，反对接续议决《新刑律草案》。如陈树楷讲："《新刑律》今年提出来很晚，要想通过，是很难的事。"陈命官说得更明确，道出了绝大多数法派议员的真实想法："今天法典股股员长及股员不来，是因为全院不信任之故。《新刑律》本是宣统五年方能实行，现在可勿急于议决，且即此草草通过，是不中不西不新不旧之刑律，万不能适用的，请另议别事为是。"罗杰马上帮腔："刑律要到后年才能实行，即未议完，亦无大关系。"经过短时期的嘈杂争议，李素提出："这《新刑律》很多没有更动，请依次朗读。"刘志詹则提请提前会议山西盐务议案，副议长沈家本利用主持权力，询问："刘议员的倡议更动议事日表，先议第七，众赞成否？"得多数议员赞成，由此成功将列为当日议事日表第一的"《新刑律》议案三读"拖后。很有意思的是，山西盐务议案由税法公债股委员会审查，其正副股员长也皆未到议场，即由文溥代为报告。

及至山西盐务案议毕，应该轮到继续再读《新刑律草案》，罗杰再次强调法典股员长汪荣宝没有来会场，不能开议："《新刑律》非常重大，股员长不到，万一有疑问何人答复？请议长咨问本院，一面把议事日表改正，开议《商律》，一面俟股员长来时再讨论刑律……法律的事体关系重大，今天股员长没有到会，无人答复疑问，万不能随随便便付表决的。"那这就不能不让人联想：为什么山西盐务案股员长没有到会可以开议，《新刑律草案》就不行，难道真的是它关系特别重大，非股员长出席不可？正因为其关系重大，难道就因股员长一人缺席就可以随便迟延通过？这显然难以自圆其说。高凌霄即提出："照《院章》规定，凡上一天没有议完的事情，下一天当接续再议，请议长今天把大清《新刑律》议完了再作别论。"对罗杰的说法，于邦华即质问："法典股员长今天虽未到会，然法典股员今天未必无人到会，本员以为股员长虽然未来，大家若有疑义，法典股员亦可以说明。"法典股股员刘景烈则回答："今天法典股员会的人多没有到会的缘故，其实并不是因为昨天与诸位意见不合，故意不来。本员也是法典股员之一，今天到会的亦不止本员一人，正股员长为告假不到，大家是知道的，至于副股员长，今天不到，究竟告假不告假，本员不得而知。若因股员长未到，就要本员为法典股之代表，本员没有这个权限。并且昨天股员长并没有委托，所以本员虽系法典股的人，而对于诸位所发之议论，本员终不能答复。因本员不是代表，我们只能按章程办事，这是本员要声明的。"⑫时间就在这种所谓程序争议中拖下去了。及至继续《新刑律草案》再读时，又因法派议员的离席，只议了不到四条即因议场议员人数远不够而于下午六点不到即散会，四个小时左右的时间就这样被浪费。

到 1 月 10 日最后一次大会，经法派议员提议，得多数赞成，又改订议事日表，将《新刑律》议案置于最后。在这个过程中，法派议员有的唱红脸，有的唱白脸，唱和之中，达到了目的。试看：

67 号（王议员璟芳）：会期就是今天一天，有了许多重要议案没有议完，今天议事日表里头最重要的就是《统一国库章程》，这个议案好在只有十几条，今天可以议得完，如果不成立，明年预算又不好办了，请议长改定议事日表，把统一国库章程一案提前会议。

73 号（汪议员荣宝）：照议事日表，《新刑律》在前，关系重要，今天不能不议完。

67号（王议员璟芳）：改定议事日表不止今天一次，从前往往有上会没有议完的事，次会也〔就〕有不接续开议的，改定议事日表，将前会未议完的案移下去，是有先例的，并非本员一人创议。

149号（罗议员杰）：《新刑律》条文甚多，今天一定议不完的，至于《国库章程》，不过十数条，而且关系全国财政，今天很可以通过。

48号（陈议员懋鼎）：今年办预算很困难的，原由就是没有统一国库，今天如果不通过，到明年办预算还是一样困难，请议长改定议事日表，将《国库章程》提前会议。

68号（文议员溥）：议事日表第四与第五这两个议案很要紧的，今天如果议完，明年就可以实行，实在有益于国，无损于民，请议长提前会议。

137号（邵议员羲）：议事日表第八议案很容易解决，请议长提前会议。

159号（蒋议员鸿斌）：还是照议事日表开议，如果议不完，议到十二点钟议不完，议到明天十二点钟，总要遵守议事日表，把他议完才好。

123号（江议员辛）：本员以为除了第一个议案，从第二个议起，一起通过，通过后再议《新刑律》。⑫

议员们接着又争辩很长时间，最后江辛的意见获得多数同意，及至议完当日议事日表中的议案，已很晚了。籍忠寅建议：即便现在开议《新刑律草案》，一定不能完成再读，"如果把总则再付三读通过去，即行上奏，仿佛对于资政院也是觉得有精神的"。他的建议得到了陆宗舆、罗杰等的支持；许鼎霖和蒋鸿斌等反对单独三读总则，许氏的理由主要有二：第一，按照改定后的预备立宪清单，《新刑律》要到宣统四年，也就是后年才实行，不一定非要在今年通过。第二，议员们当初表决的时候，大多数赞成《暂行章程》，现在表决，列席议员已不足法定人数。针对两位的意见及其所持理由，章宗元有这样的答复："要把总则同分则通通通过是很难办的，况且总则已经表决过了，都无异议了，又何妨通过？所以把总则付三读，省略三读就通过了。至于人数不够，只要我们今日到场的人三分之二里头的多数赞成就通过了，好在这个总则已经表决过了。当初既通过，现在没有不能通过的。此刻虽人数不够，总以多数赞成为断，于章程没有什么违背。"鉴于此，主持会议的副议长沈家本建议："今天到会议员一百二十九位，现在已经走了许多位，在场的只有八十余位，拟照籍议员的倡议，将《新刑律》总则付三读，即付表决，以为一二九位计算，若是多数起立就可作为通过。"经起立表决，赞成者六十九位。《新刑律》总则终得"三读"通过，仓促完成了立法手续。

关于当日会议之情形，汪荣宝在日记中记载颇详，对照看来，颇有意思：

> 往财政学堂，同人陆续来会。余起述开会宗旨，旋讨论本日到会后之举动，议决如下：（一）变更议事日表，破坏刑律分则之再读；（二）将刑律总则付三读。午后一时顷到院，旋开会。本日议事日表凡十七件，《刑律》居首，伯初倡议将第二至第十七顺次议毕，再议《刑律》，得多数之赞成……七时顷休息，余因润田招饮，与小宋、季兴、仲和同往。八时半回院，时已开会，余起报告《集会结社律》修正要旨，旋付再读、三读，多数可决。日表各件一律议毕，籍议员忠寅请以刑律总则付三读，反对党哄然退场，留者仅七十余人，余请省略三读，即付表决，不起立者仅三四人，遂通过。时已十时许，遂散会。仍至润田家续饮，十二时许回。[⑩]

以上是《新刑律》草案议案在资政院议场的大致情形。最终《新刑律》不能全部完成三读立法程序，只是匆忙议决将总则部分上奏。为什么议场在表决总则单独通过并上奏的提案时能够多数通过，大概这两个因素都起了作用：第一，确实表决时已过晚十点，该次大会从下午两点钟即开始，时间太长；且第二天还有闭幕典礼要开，故很多议员提前离开。第二，既然资政院先有法典股对宪政编查馆提交的《新刑律草案》进行了为期半个月的审查，更在资政院议场议过多次，在议员们看来，既有功劳也有苦劳，是资政院行使协赞立法权最集中的体现，如因此次会期迫促，对整个《新刑律》势不可能完成整个三读程序而上奏，单独奏上总则也算是第一次常年会的重大成绩之一。既然只上奏总则，那分则中已经表决过的"无夫奸"条款自然有效，明年召开第二次常年会时当继续进行分则的再读工作。这是总则能够单独上奏的原因所在。

四、朝廷对《新刑律草案》的处置

1911 年 1 月 11 日，资政院第一次常年会闭幕。因资政院大会议决的《新刑律》与宪政编查馆所提交到院的草案差别较大。在开院前，宪政编查馆对是否提交到院本就有争议，出现这个结果，更非馆内主事诸人所乐意看到。因此，对如何上奏，在馆内再次起了争议。据《汪荣宝日记》记载：

> 馆议将以刑律原案颁布，不复与资政院会奏。余闻之愕然，殊为宪政前途危惧。（1911 年 1 月 11 日）
>
> 十一时半往宪政馆，遇达侍郎，告以关于颁布刑律意见，请力为维持……随往财政学堂，蓝票同人约本日午后一时集此，商榷刑律善后事宜也……决议办法如下：（一）要求会奏总则，不成则（二）请变通颁布年限，又不成则（三）请开临时会，又不成则辞职。二时半往石桥别业，议长尚未到，得达侍郎书，云枢堂将于本日三时以后到馆，商酌颁布刑律问题，属余与闰生、向之速来一谈。因密示闰生，立即驰往，则枢堂在会议政务处，并不到馆，而招提调往谈。余等因皙子计议办法：（一）会奏总则，惟将其中不同意之点特别声明，请旨裁夺；（二）由宪政馆草奏分则，请与总则同时颁布，但声明明年交资政院追认。皙子怂恿闰生及余诣政务处面陈，即同往，枢堂谢不见，仍退回馆中，候提调还，乃以顷间所提办法商之，宝侍郎颇有异同，卒不得要领而散。（1911 年 1 月 12 日）

十二时顷，以朱小汀京卿母太夫人七十生辰往祝，旋往西安楼，应刘仲鲁、达稚甫招饮，坐皆同馆诸子，商榷颁布刑律问题。（1911年1月15日）㉔

资政院与军机大臣往来磋商，实际主要取决于宪政编查馆的意见，最终对《新刑律》总则中"刑事责任年龄"条款仍有分歧，因资政院闭会，无法复议，按照军机大臣的意见，"拟于会奏新刑律总则折内声明彼此异同之处，恭请圣裁"，㉕于1月23日会同上奏，略云：

> 开议之日，经议员质疑及政府特派员说明主旨后，当付法典股员会审查。嗣经股员会就修订法律大臣刑律原案暨宪政编查馆修改案语参互钩稽，详慎考覆。凡律义精微所系，必推勘尽致，会观而求其通；或条文字句未妥，则斟酌从宜，润色以蕲其当。一再讨论，提出修正案。复行开会再读，由到会议员先将《刑律总则》逐条议决；其《刑律分则》虽经开议，旋因延会期满，未克议毕。窃维《刑律总则》纲领已呈其大体，部居有别于全书，现值朝廷博采良规，亟图法治，自应援先河导海之例，勒为成编，抑将收伐柯取则之功，垂兹令典。从前修订法律大臣于初次草案编纂未竣，曾将总则先行奏陈，此次臣院情形相同，拟即查照成案办理，并省略三读，经议员等当场表决，多数从同。谨将议决新刑律总则缮具清单，恭呈御览，请旨裁夺。㉖

1月25日，朝廷下发上谕，将刑事责任年龄根据军机大臣的意见改为十二岁，并修正了相应的法律条文：

> 宣统二年十二月二十五日，奉上谕："资政院议决《新刑律》'总则'会同军机大臣具奏缮单呈览请旨裁夺一折，《新刑律》'总则'第十一条之'十五岁'著改为'十二岁'，第五十条'或满八十岁人'之上着加入'或未满十六岁人'字样，余依议。"㉗

与资政院上奏同时（1月23日），宪政编查馆单独就《新刑律》分则和《暂行章程》应否公布这一法律重大问题上奏，请旨裁夺。直接参与此事的汪荣宝在日记中有这样的记载：

> 馆议对于《新刑律》决定会奏《总则》，单奏《分则》，将于明日同时呈递，《分则》由绥金就股员会修正案及原案斟酌取舍，昨已定稿。余索阅，复采用股员会修正案数条，绥金亦首肯，议遂定。⑱

关于宪政编查馆单独上奏的理由，奏折中这样说：

> ……特派员于资政院初读后开股员会时协同讨论，经月蒇事，惟至本月十一日资政院闭会后，仅将议决"总则"会奏，其"分则"仍未及议决。查《资政院议事细则》第一百四十七条：届期闭会时，所有议案尚未议决者，均即止议，于次会期再行提出。窃维资政院为立法机关，既经提为议案，自应俟下次开院再行照章办理。惟揆诸今日时局，实有数难……查筹备清单，本年为颁布《新刑律》之期，按此项清单乃德宗景皇帝钦定之案，誊黄刊布，分限程功，最足握宪政进行之枢轴。以故年来内外臣工钦遵定宪，胪陈成绩，未敢稍缓斯须。现在议院改于宣统五年开设，所有各项事宜更皆钦遵谕旨，提前办理，以副我皇上殷殷求治之至意。刑律与宪政关系尤切，如将克期颁行之事项，反行展缓，恐将来各主管衙门援为先例，适长因循玩愒之阶，于国会前途影响颇巨。此遵照筹备清单，不能不陈明者一也。《新刑律》修订大旨，固根据现行刑律，而采用各国立法例者亦复不少，其中因革，若非先期研索，难免临事张皇。此次钦定修正逐年筹备事宜清单，宣统四年为实行《新刑律》之期，如待至来年秋冬议决，始行颁布，为时过促，准备毫无。方今法官虽经考试，并非纯粹拔自学堂，且强以素未谙习之法律，责令奉行，似难收观成之效，此为司法官吏预备不能不陈明者

一也。刑律为实体法之一种，凡实体法必须赖手续法为之运用。手续法者，即刑事诉讼律是也。刑律若不确定，则核订刑诉，即无率由之准绳。此外，如《刑律施行细则》乃沟通新旧之办法，判决例为适用刑律划一之基础，亦须俟刑律确定之后方能从事编纂，庶次第告竣，不误实行之期。此为续订关于刑律之各项法令不能不陈明者又一也。臣等再四慎审，既不敢擅请颁布，以侵资政院协赞立法之权；复不敢缄默因循，以干违背誊黄、贻误要政之咎。公同商酌，惟有将《刑律》"分则"并《暂行章程》未经资政院议决者，应否遵照清单年限颁布，恭请皇上圣裁。⑱

宪政编查馆所列理由，大致包括：第一，资政院于《新刑律》分则未能按期完成三读立法程序，尽管它有立法协赞权，但预备立宪期限提前，因刑律与宪政关系紧密，为了遵照筹备清单所列时间表，为杜因循效尤之弊，情况特殊，不得不出此下策；第二，较之《现行刑律》，《新刑律》有重大变化，司法者需要时间，才能预作深入钻研，运用时方有把握；第三，就法律体系而言，作为实体法的《新刑律》跟作为程序法的《刑事诉讼律》关系紧密，前者不确定，后者即无从进行；且《刑律施行细则》和编辑判决例都需要刑律确定。总之，在宪政编查馆看来，不论是整个宪政进行，还是形成包括立法和司法在内的法律体系而言，都需要提前颁布《新刑律》分则和《暂行章程》，哪怕涉嫌于直接侵犯资政院的立法协赞权，也顾不得了。

1月25日，朝廷下发谕旨，同意宪政编查馆的意见：

又据宪政编查馆奏《新刑律》"分则"并《暂行章程》资政院未及议决应否遵限颁布缮单呈览请旨办理一折，《新刑律》颁布年限定自先朝筹备宪政清单，现在开设议院之期已经缩短，《新刑律》尤为宪政重要之端，是以续行修正清单亦定为本年颁布，事关筹备年限，实属不可缓行，著将《新刑律》"总则""分则"暨《暂行章程》先为颁布，以备实行。俟明年资政院开会，仍可提议修正，具奏请旨，用符协赞之义。并著修订法律大臣按照《新刑律》迅即编辑判决例及《施行细则》，以为将来实行之预备。余悉照所议办理。钦此。⑩

　　朝廷谕旨裁可的包括"总则""分则"和《暂行章程》，就被合称为《钦定大清刑律》，由宪政编查馆于1911年4月刊刻成书，颁行京外。

　　如此一来，无夫奸条文就留在了《钦定大清刑律》的《暂行章程》中，礼派在议场的获胜遂变成了一种点缀，盖《暂行章程》重在"暂行"二字，其期限就在预备立宪期。即便清廷没有走向灭亡，按照其改定的筹备立宪清单，也就仅剩下几年时间。

　　在议场就新刑律议案所爆发的争议及后来朝廷的裁决，可视为晚清礼法之争一大焦点：礼、法双方面对面的辩论以及辩论无果诉诸多数决，其意义自然重大。《时报》登载了《新旧之争》一文，有言："中国向有新旧相争一说，然皆一面之起落，而非两面之交绥；若今日则势渐紧，军机处之与资政院，尚在文字，新律与旧律则肉迫矣。由是而进，新旧之胜负乃能解决。"⑪该评论道出了围绕《新刑律》议案所发生争议的"肉迫"性质，但以为通过资政院表决即能获得根本解决，就不免太过乐观。随后朝廷的裁可即部分证明了此点。即便后来清廷被推翻，民国肇建，这一问题依旧没有解决。直到20世纪40年代，蔡枢衡于几十年后回过头来省视晚清变法改制，还在感慨："中国讨论变法和实行变法，都远在三十年前。三十年前的中国和三十年来的中国虽然大不相同，但仍不妨认为没有质的变化。因此法律和社会不适合的具体情形，今昔虽然不同，在不适合这一点上，今昔都成问题则一。换句话说，现在也只是觉得不合适，当时便已看出了不合适。至于和历史不连接或脱节的问题也是从讨论变法的时候，客观上即已存在的问题。讨论和实行变法当时，沈家本派和反沈家本派的对立，便是把不适合问题作出发点产生出来的两大阵营。中国当时接受西洋近代和现代的新法律，算是反沈家本派的国情论失败的表现，也是沈家本派的政策论胜利的记录。三十年来的中国法律、法学和法学人士，大体上都是这种胜利记录的继承和维护者。"⑱ 据此，关于《新刑律草案》在议场所引发的争议所指向的法律和社会的关系，即法律应在多大程度上应适应社会、其改造社会的空间为何等问题，在这个至今仍处于转型期的中国来说，仍远未过时。

第五节　重大议案（四）：预算案

一、晚清的预算思想和制度设想

甲午、庚子之后，因巨大的赔款数额，清政府的财政危机空前，户部为应付眼前的筹款而顾不了其他，尤遑论更长远的制度规划，但舆论界则非常担忧这种财政紊乱现状，力图在制度方面有所更张。借鉴西方的预算制度来予以彻底整顿，即是思路之一。江西九江德化知县沙昌寿在条陈中建议：

> 今请自州县以至省库、部库，各立预算表。综一县之用款，胪列条目，纤悉备载，无漏无遗。县上之省，综一省之用款如之；省上之部，综通国之用款亦如之。均以甲年预算乙年之数，算既定，稽其所征，以此县之盈补彼县之绌，以此省之盈补彼省之绌。⑲

张謇于 1901 年在《变法平议》中，借鉴日本的预决算制度，将"行预计"列入户部应办事宜十二目之一，略云：

> 日本维新之初，国之贫盖甚矣。大隈重信始仿西法，作会计预算表，人犹未信；及决算表出，款明数核，其为用乃大白。夫取人之财以供我用，与取人之财为其人用而不使知所以用，皆能致嫌，嫌生阻，阻生困。预计决算以释嫌即以释困。法以每年七月朔至次年六月晦为一年，分岁出、岁入为常用、准备二部……黄遵宪所谓权一岁入，量入为出；权一岁出，量出为入者也。今宜将每年还款

用款（如朝廷、官禁、官吏、兵备及官办制造、学校及一切经常兴作之费），析以户部总出入之数，由户部按各省向来解部外销多寡，析一省出入之数，复由各省布政使按各府州县解司及本地支办多寡，析一府州县出入之数，各府州县自析应解布政使者为一类，本地方已办养教诸事为一类，应兴学堂警察测量水利兴业备荒诸事为一类。凡岁出若干。又析赋税为一类，杂入为一类。凡岁入若干，出入相抵；不足若干，应增入若干，事前预算，揭告于众；事后决算，揭告于众。增入之法，议会筹之。要使聚之官，散之民，与天下共见共闻而已。[14]

张謇的建言，指出预决算的精义在"聚之官，散之民，与天下共见共闻"，有望解决当前的财政困局。于 20 世纪之交，有此识见，实属难能可贵。但这些设想，没能在庙堂上产生多大影响。直至日俄战后，清朝廷宣布预备立宪，户部改为度支部，将财政处亦归于度支部下，在全国范围内推行预决算的想法才引起朝廷的重视。

刘彭年（曾在日本考察政治）于 1906 年 10 月 19 日上折，认为财政是预备立宪最急迫的三件事之一，预算决算又在财政中最应筹备："查各国赋税重于中国，然多取而民不怨者，以地方之财办地方之事，涓滴归公，毫无中饱故也。日本大藏省总理财政，而银钱出入则帝国银行掌之，会计检查院以时稽核，又有储蓄银行以存民间之财，不问多寡咸收纳之，按日拆息，国家可得巨款以资周转，官民两益。我国藏富于民，但足取信则集款易易耳。所尤要者颁预算、决算程式，岁入岁出，咸令闻知。此财政之亟宜预备者一也。"[15] 同年年底，御史赵炳麟上疏，奏请朝廷制定预算表以整理财政：

拟请谕令度支部，选精通计学者，制定中国预算决算表，分遣员于各省，调查各项租税及一切行政经费，上至皇室，下至地方，勾稽综核，巨细无遗，定自何年何月起，作为会计年度支开始期。[16]

赵折的关键之处有三：其一，由度支部组织全国和各省预算；其二，由度支部直接派员赴各省清查财政，编制详细的财政收支表册；其三，经费划分为皇室、中央和地方三种类型，禁止互相混杂。他指出，推行预算，既是对东西各国整理财政的经验总结和制度沿革分析之结论，更是《周礼》"冢宰制国用"的古圣遗意。

御史江春霖于次年 8 月上奏，指出行预算为立宪要义，因为立宪体现在财政政策上，要量出为入，迥异于中国传统的量入为出政策，征之目前情况，当以节用为要：

> 王制，冢宰制国用，必量入以为出，立宪则量出为入，宪法所以贵预算也。然直省自摊还赔款、举行新政以来，用如泥沙，取尽锱铢，搜括已不遗余力。设更额外科派，无论民不堪命，或激事变，即踊跃输将，亦将罗雀掘鼠，必有雀鼠俱尽之一日，是宜以节财用为首。⑰

1907 年两江总督端方与江苏巡抚陈夔龙联衔上奏《清理财政归并各局折》，将原先支应局、筹防局、筹款局合并为江南财政总局，以江苏藩司为总办。据此，可认为江苏是南方最早统一财政的省份。其思路与做法，后来成为度支部清理全国财政、统一财权的重要参考。⑱

光宣之交，清廷财政中枢机构"倾向于以西式财政新制取代中土理财旧规，期能摆脱财政困境"⑲。御史赵炳麟于宣统元年上折指出预决算的政治意涵，即人民参与财政事宜："夫立宪国之贵有议院者，盖其以人民而协赞立法审察岁用也。法律财用必许人民参预者，盖君主行一政、出一令，必度民力察民财，法出能顺舆情，令行斯如流水。故西国政治家谓财政为无形之道路舟车，以其非此，虽有良法美意，亦不能行也。"⑳预算制度隐含政治功能是当时的共识，晚清预备立宪就必须真正施行预决算。第一次常年会议决的"宣统三年预算案"，是我国近代历史上民意机构首次对国家财政收支进行监督和审核，意义重大。

二、资政院议决宣统三年预算案

资政院设立之目的，其中重要一项就是为政府向民间征税，开辟财源，增加岁入。《院章》第十四条关于资政院职掌之规定，其中前两款就是议决国家岁出入预算事件和决算事件；第十五和第十六条规定了一些基本的程序，即资政院议决之前应由军机大臣或各部行政大臣先期拟定具奏请旨，于开会时交议；议决之后由资政院总裁、副总裁分别会同军机大臣或各部行政大臣具奏，请旨裁夺。第三十七条规定：资政院对于预算案，应先由议长交该管各股议员调查明确，方得开议。《议事细则》在"会议"章下更以两节十三条的篇幅专门对预决算的会议程序予以详密规定，涉及预算案之股员会审查、股员会报告、预算案跟法律案的关系、预算案的会议次第、预算案的再审、预算案的修正、决算案之审查和决算案之效力等内容。预算案要由议长交付预算股员会审查，以 30 日为限；预算会议时有更须审查事件，应再由股员会审查；议员要提出修正案，须获得三十人以上赞成；预算额数非经军机大臣和各部院行政大臣提出修正案，不得议决增加。《分股办事细则》考虑到预算案的庞大和繁杂，规定预算股员和决算股员各二十四人，各分四科；以预算股为例，其四科分别为：第一科，股员八人，掌审查度支部所管之预算事件，凡京内外衙门预算事件不在各部所管之列者皆属之；第二科，股员五人，掌审查外务部、海军处、陆军部、理藩部所管预算事件；第三科，股员五人，掌审查吏部、民政部、法部所管预算事件；第四科，股员五人，掌审查礼部、学部、农工商部、邮传部所管预算事件。[14]

1910 年 10 月 6 日，根据《分股办事细则》，资政院分别选举产生预算股员和决算股员各二十四名。因本年度未有决算事项且初办预算头绪纷繁，会议决定将决算股员并入预算股，会同办理预算事宜。次日，会议又选举刘泽熙和许鼎霖分任预算股正副股员长。

依照《院章》第十五条，度支部原本应将预算议案编制具奏，请旨后于资政院开会时提交，但直到 10 月 22 日，朝廷才予以批准，[15]度支部于次日始将预算表册交由资政院议决审核，且不时又有各部门追加预算与说帖送来。半个多月的时间就被度支部和朝廷延误了，议员们的审核更是仓促。负责审核的四十八名预算股与决算股股员分成四科，分组讨论审核预算草案的相应内容，其间又增设额外股负责公费标准的制定。10月26日，度支部尚书载泽亲赴议场说明预算案的宗旨，他称预算案岁出入不敷之处达五千余万两，各项新政皆需巨款，而收入又较往年匮乏，财政困难已达极点，且中国财政向来量入为出，现在仿效外洋办法量出为入，一时颇难做到，度支部"固不能专用积极主义置财力于不顾，又不能反用消极主义碍宪政之进行"，因此本次预算"惟有就节流的办法"进行会商筹度。⑭这一节流的方针，成为之后资政院审查预算案的最重要标准。

11月30日，预算股员会原定审查截止日期届满而预算案尚未审查完竣，经与会议员多数赞成，同意再展限十日继续审查。12月24日，原定由预算股股员长报告审查预算案结果并开议预算案，后又因议事日程临时变更调整而延期。

12月26日，资政院正式开议预算案。根据《议事细则》第八十七条，预算会议应先议大纲，后及各项，因此首先由预算股员长刘泽熙向会议报告审查结果并说明理由。刘泽熙，湖南善化人，1870年出生，廪贡，1905年以私费生毕业于日本法政大学法政速成科第一班，与罗杰、陶葆霖为同班同学。⑮回国后任度支部候补主事，以部院衙门官充任资政院议员。著有《中国预算要略》《法政粹编·商法》等。在资政院被选为预算股股员长，因其度支部官员、钦选议员身份主持预算审查，在当时曾引起舆论之怀疑：

> 刘泽熙以度支部人员，且为编定预算之人，而充预算股股长，此不得谓非吾国民缺乏政治常识。刘泽熙之议员为钦选的，而预算股长非钦选的。各国议会率以预算案为与政府冲突对垒之利器，不肯丝毫放松。其选举之委员长，必民党中最有力量而最富于财政经验之人。今乃付之政府部内之人自行编定，自行审查，天下事之矛

盾孰有过于此者耶？此固不当责刘，而当责之选举刘之人。然刘果有责任心者，亦当声明辞职，犹不失为磊落之男子，否则此责任太暗昧。刘明法学者，谅不至此。⑱

古圣有云："以貌取人，失之子羽"，单纯以身份论人，不免片面。晚清朝廷首次办预算，资政院也是第一次审查，刘氏熟悉政府财政收支内情，且预决算方面知识丰富，识见高超，责任心强。在整个资政院二百议员中，除他之外，难有更合格的人。以过程和结果来观察，平心而论，他主持审查预算，劳苦功高，实乃议员中的佼佼者。

刘泽熙代表预算股在大会上的报告达11000多字，比杨度所作《新刑律》主旨报告还长，足见预算案之繁难。在报告中，刘泽熙指出，办理预算，此次系我国创举："这部预算最为繁难，审查之时，将中国政治腐败情形及财政危险情形都已看出……政府所提出之预算案，计总册四十二本，分册八十一本，又追加预算二十四本，后经政府陆续送来各处原册计三千二百八十余本，股员会以四十日之光阴，竭四十八人之精力，逐日钩稽，稍稍得其端绪。"在股员会看来，预算本为全国财政和政治的照相片，度支部提交的预算案虽然体例上与国外预算册表无甚区别，但精神上有重大缺点，没有财政上的计划也没有政治上的计划。没有财政上的计划体现在入不敷出之处金额巨大却没有弥补的办法；没有政治上的计划则体现在预算案里各项行政事宜新旧内容纷然杂陈，毫无轻重缓急区别。此外，皇室经费与国家经费未能分离，各省协拨款项又数量不等。这些政治上和财政上的毫无计划，归根到底又是因为国家财权和政权的不统一，而要解决政权和财权的不统一，只能将来通过尽快设立责任内阁来统一政权，通过厘定官制来统一财权。在目前财权未统一的情形之下，股员会对于相当部分的费用无权利也无义务重新调配，只能从核减浮滥费用着手进行。初次审查，相较度支部提交的草案削减岁出五千八百余万两，增加岁入四百九十余万两，使岁入较有盈余，但各部送来说帖及追加预算不断，尚需进一步审查，因此这一数目仍将再次变动，股员会只能以"消极主义之形式而积极主义之精神"来办理。

刘氏最后谈及审查完预算的总体感想和展望："今日中国不图强则已，苟欲图强，非改良政治组织不可；不办预算则已，苟欲办预算，亦非改良政治组织不可。顷所言责任内阁也，新官制也，皆改良政治之根本策也，即改良预算之根本策也，甚望政府急起直追，于数月内见之实行，则本员所馨香祷祝者也。"⑯

刘泽熙的发言不仅对于预算案的审查情形进行说明，更直接指出财政弊端与宪制实行困难的原因，从多方面提出了将来改良预算进而改良政治的途径，发言中多次得到与会议员的拍手肯定。他所提出的通过核减浮滥费用来修正预算案是嗣后资政院讨论预算案时所重点关注的目标。归根结底，预算不单是预算，更与整个君主立宪的顺利进行息息相关，有了君宪就有了责任内阁，预算才能真正成为国家政治和财政的照相片而发生预算之功效。

12 月 28 日，资政院开始对于预算案内各科的具体审议表决。章宗元首先向会议报告了审查京内京外各衙门公费的情形。作为涉及预算四科内各衙门的重要支出，公费不同于廉俸与办公经费，而具有津贴性质，但预算草案内各衙门所提供的公费数额参差不齐且数额巨大。因明年将实行新官制，官员编制与薪俸需重新确定数额，因此公费具有过渡性质。本着核减支出的原则，审查股确定了从军机大臣到各部司员，从地方督抚到道府州县的公费等级标准，并以此标准删核各科各衙门的具体公费支出。议员们对于公费标准展开了激烈讨论，从公费标准的数额、具体适用的币值单位以及各部门差异等发表各自见解，一时不能统一，最终由刘泽熙向议员阐明公费标准的制定缘由并吁请尽快表决通过，此争议才暂告段落。

同日，籍忠寅等预算第一科审查议员向资政院报告审查情形并与议员展开讨论。预算第一科职责包括岁入以及由度支部专管的京内外衙门的财政经费、官业支出、行政经费以及地方行政经费等项的审查。在审查中，预算股根据往年成案所报数目以及之前清理财政报告中所言切实整顿可增加的数目，对预算案的岁入做出了较大修正，较度支部草案增加了四百九十余万两的岁入，尽可能地开源。此外对于部分省份及衙门结余的款项，议员们普遍赞成将其统归度支部进行调配，但统一国库议案又尚未表决，只有等其通过后才有望实现。至于岁出部分，对在京各衙门经费、度支部财政费、各省经常财政费、各省临时财政费、行政经费、官业支出、各省预备金等内容，审查股议员们就核减情形向会议作了说明，较之度支部草案核减了一千三百余万两。其中除官业支出核减幅度较小外，其余都有较大幅度的核减，如各省行政经费就核减了三百余万两，这得力于公费标准的确定，将原先各地督抚虚报开具的金额予以压缩。值得注意的是各省预备金一项，按预算法理原应有此一项内容以备不时之需，但审查股从财政实际情况考虑，即使规定也难以实现，索性一并删去。涉及机构众多，金额庞大复杂，经过三次开会，预算股第一科审查内容才得以顺利表决通过，这也是预算案中耗时最久的一项。

预算案第一科通过后，本应按序对第二科开始审议，但第二科涉及军费，占预算案相当比重，恐一时讨论不尽，且本次会议的会期临近结束，而需讨论的议题仍有许多，因此只好先对内容较少的第三、四科进行报告讨论。

1911 年 1 月 3 日，资政院对第三科内容进行审核讨论，预算案第三科所审查者主要为吏部、民政部及法部三个衙门的预算。吏部作为帝制中国的重要部门，却在官制改革中即将被裁撤取消，新机构又尚未确定，缺乏标准来核减其出入款项，因此其预算虽然入不敷出十二余万两，仍行照旧，未有改动。每年国库拨发吏部的款项只有二万多两，其多数收入来自于官吏注册银两，并不给国库造成较大负担。民政部所涉预算包括民政部衙门行政经费以及部分事关民政的地方行政经费，诸如民政司或巡警道衙门、禁烟公所、巡警公所等机构的收支款项。这一部分核减力度不大，主要在于相关调查数据仍不完善。如京城内外人口总数没有确切的统计数字，导致具体巡警名额无法确定，没有一定的标准也就不能随意核减金额，只能照章审查通过，一仍其旧。此外由于中央与地方权限的模糊，使许多属于谘议局审核的地方民政经费也被上报，对这一部分内容，资政院碍于权限也无法裁减冗费予以修正。

第三科预算审议中，司法经费是一大争议点，主要包括大理院经费与司法官员薪俸等。根据《法院编制法》，大理院作为司法审判机关，其行政经费仍应归法部，但制定预算草案时大理院却不予理会单独另行造册上交，导致实际预算案内诸多混乱，如总检察厅隶属大理院，其经费却造册于法部经费之下；增设详谳处等不属于《法院编制法》的机构，并列出了预算费用。据此可见不同司法部门之间权责定位不清以及对权力的互相争夺。资政院虽然意识到问题所在，但因自身权限所在，无法从预算案中直接予以拨乱反正，只能向法部提出意见书要求答复。关于法官薪俸问题，属于各省司法经费的重要部分，审查股仿照公费标准予以核减一百五十余万两。但法部特派员予以交涉，以推事薪俸过少无法养廉且地方司法审判从州县官员分离乃另起炉灶，经费不足则难以为继，要求新增七十七万余两款项。新增款项没有经过审查股再次审核，部分议员对其程序是否合法有所质疑，但因会期限制，经多数议员同意予以追加。

1月4日开议的预算第四科审查内容包括礼部、学部、农工商部及邮传部预算情况四项，审查股审查时核减了二千余万两，幅度极大。这其中礼部同第三科的吏部一样属于即将被裁撤的衙门，因此核减标准无从下手，只能从地方祭祀费用入手，以其属于地方行政经费范畴而从预算案内予以删减。学部预算中，大学堂的预算款项受到不少议员的质疑。虽然预算股已经核减了七万余万两，但是仍有议员要求进一步核减。他们主张的理由强调大学堂靡费过多且用人不当，其矛头所指在于前不久大学堂监督刘廷琛曾上奏指责资政院议员"轻蔑执政、包藏祸心"，因此决定从删减预算予以报复。但审查大学堂预算的易宗夔强调不能因人废事，学堂监督好坏与资政院无关，不能因此肆意删减经费，于国家教育不利。易宗夔是刘廷琛上奏风波中态度最为强硬的议员，曾不惜要求解散资政院以回应刘的奏折，却也能从职责出发不挟怨报复，因此资政院最终对大学堂预算不再进一步压缩。农工商部预算的议决，争议问题在于预算股与农工商部间对衙门经费金额的互不相让。预算股核减农工商部经费约三十三万余两，而农工商部坚决只承认核减二十六万余两，农工商部特派员与议员们在现场激烈争辩。议员们先是以多数赞成同意了预算股对农工商部经费的核减，使得农工商部的特派员中途离场，嗣后农工商部又向资政院发来说帖，坚持不肯让步。因第一次常年会即将闭幕，为尽快通过预算案，议员们只好又推翻先前决议，重新同意农工商部的预算。

至于邮传部预算的审议，更是大费周章。对于预算案，邮传部的态度并不积极，在预算股开会要求其提供详细表册时迟迟未交，在大会审议时又不派人到场。而对于核减预算金额，邮传部认为预算股核减过多，而议员们又认为核减过少，双方剑拔弩张，对具体各项金额锱铢必较，最终仍核减了一千余万两，邮传部甚至扬言对预算案不予承认。

相较于其他三科的审核，第二科关于陆军部及外务部的预算审核反而相对较为迅速。清廷晚期虽然国力衰颓，军费预算仍占到了本次预算案的三分之一以上，但如此巨大的军费却不能支持起一支强大的军事力量。资政院一方面大刀阔斧地删去了旗营、防营、绿营等的预算费用，另一方面对于新军军费也予以删减，这一删减不仅仅是出于对国家财政的考量，更有对政治局势的考量，新军备受诟病，实则指向"办理新军者之咎"。至于外务部预算，虽然议员们对于国家外交失败的现状并不满意，但相较其他部门来说核减的力度却是最小的，并未有太大的变动。

1月7日，在将预算案四科内容大体审议通过之后，资政院对各部追加预算款项予以表决通过，不少之前已经通过的预算内容，因为各衙门的坚决维护原案，又发生变化，承认了新增支出。至此，宣统三年预算案经过资政院股员会与大会的多次审议终于得以通过，并编造成册，最后上奏请旨。相较于度支部原奏入不敷出五千余万两的草案，资政院通过的预算案裁减了七千余万两支出，使得收支得以平衡而竟有盈余。

三、朝廷对预算案的态度

1911年1月28日资政院主稿、会同会议政务处奏上《议决试办宣统三年岁入岁出总预算案请旨裁夺折》，略云：

查此次预算，本系遵照筹备清单试办各省预算，故内阁会议政务处奏交原案，一省为一统系，而本院分股细则又系以事分科，是预算之组织与分科之方法不免冲突。欲由分离之预算，求为统系之预算，洵属非常困难。加以办理预算，本系中国创举，前此既无预算案、决算案援照比较，欲逐款、逐项丝丝入扣，又属非常困难。经股员会迭次讨论，佥以为审查预算固贵有精严之考核，尤贵有确当之方针。诚以预算一事，全国政治财政，概系包括在内。以政治论，则现在这个情势，自应注重教育、实业、交通等项，以培养国家之元气；以财政论，则预算案内不敷之数五千余万，拟追加预算又二千余万，自应节靡费、去冗员，以巩固国帑之现状。本此方针，其审查结果，于国家新政，仍敦促进行，而于浮滥经费，则大有削减，或以之弥补亏空，或拨充军事要需。

现计原预算案、追加预算案，岁出总共 376355657 两，经本股审查，总共核减 77907292 两……嗣经资政院开会讨论，逐项表决，多数议员赞成无异，会议之时，并由各该主管衙门到场发议，悉心斟酌，彼此均归一致。总计预算全国岁入共库平银 301910296.877 两，全国岁出共库平银 298448365.238 两，以入较出，尚盈 3461931.639 两。除将各项详细表册汇送内阁会议政务处查照外，谨缮具总预算案及说明书清单，遵照《院章》，会同具奏，请旨裁夺。一俟命下，即由内阁会议政务处知照京外各衙门钦遵办理。[147]

1911 年 1 月 28 日，朝廷批准了经资政院审议的预算案：

……现在国用浩繁，财力支绌，该院核定宣统三年预算总案，朕详加批览，尚属核实。如确系浮滥之款，即应极力削减。若实有窒碍难行之处，准由京外各衙门将实用不敷各款，缮呈详细表册，叙明确当理由，迳行具奏候旨办理。至裁汰绿防各营，于各省现在地方情形有无妨碍，著陆军部会同各省督抚，悉心体察，熟权利害，从长计议，详晰具奏。又会奏、议决京外各官经费标准一片，著俟编订官俸章程时，候旨遵行。[18]

综观资政院对宣统三年预算案的审议过程，不难看出资政院本身定位的尴尬，使得其在审议预算案时面临诸多困难。资政院虽拥有议决预算案的职责，但对于预算全案并没有绝对的权力，因此对于预算案中许多不合理之处，资政院虽明显意识到，却不能直接予以更正。此外，邮传部、农工商部等部门的不积极配合，地方督抚对于预算案的交涉，都使得资政院对预算案的审核接连遭遇挑战。在预算案的审核议决过程中，议员们始终坚持"裁冗员、减靡费"的宗旨对预算案进行商议，而这其中既有因应现实财政困难的考量，也存在着政治斗争的因素。预算案通过之后，各地督抚与朝廷反复交涉，使得清廷在预算案之外又重新留有余地，加之不久革命爆发，彻底改变了行政运作，使得宣统三年预算案的实际操作不尽人意。但资政院作为民意机构对国家财政审核监督的尝试，议员们的认真审核与讨论，对推动中国近代财政转型具有开创性意义。[19]

第六节　重大议案（五）：开放报禁案

一、晚清的报馆与报纸

传统中国报纸起源很早，有人将之追溯到《春秋》，主要根据王安石对《春秋》的著名评语"断烂朝报"。王安石之所以如此评论，重在其记述方式和功能与后世报纸相近，但《春秋》是一部史书，与报纸在本质上有别。帝制中国时期自汉代开始即有官方信息传递的"邸报"。它作为一种官报，当是中国报纸之起源。《西汉会要》载："大鸿胪属官有郡邸长丞"，颜师古注释云："主诸郡之邸在京师者也。按郡国皆有邸，所以通奏报、待朝宿也。"[20]可见，邸报是在帝制中国这样一个疆域辽阔的空间里君臣上下之间传递信息的工具。历代因之，日渐发达。到唐代，"京师与诸道，交通利便，消息灵通，无隔阂之病。吾国文化之统一，实利赖之。而报纸在政治上之地位，亦由是确立矣"[⑤]。到宋代，士大夫政治进入鼎盛期，对政治信息的需求更大，邸报更为流行和发达。苏东坡曾以邸报入诗，云："坐观邸报谈迁叟，闲说滁山忆醉翁。"[⑫]自明代崇祯年间开始，邸报开始以活字印刷，有助于其发达。

　　到清初，有荣禄堂纸铺，因与内务府有关系，印制《缙绅录》和《京报》售卖以图利。《京报》所载，首宫门抄，次上谕，又次奏折，都是每日内阁官方文书之抄录，以竹纸或毛太纸印刷，多者十来页，少者五六页，以黄色纸为封面。《京报》内容简略，寄递延迟，且价格昂贵，故咸丰元年，有官员奏请刊刻邸报，发交各省，被皇帝以"不知政体"而严词拒绝。由此可知，在整个传统社会，中国基本上只有官报。尽管其渊源甚早，但始终未至发达之境。个中消息，与专制政体紧密相关，戈公振的分析极为透彻：

　　　　"邸报"之所得而传录者，仅在习闻习见之事，至于机要大事，则付阙如。专制之下，言禁必严，势也……西人之官报乃与民阅，而我国乃与官阅……故官报从政治上言之，固可收行政统一之效，但从文化上言之，可谓毫无影响，其最佳效果，亦不过视若掌故……进一步言之，官报之唯一目的，为遏止人民干预国政，遂造成人民间一种"不识不知顺帝之则"之心理；于是中国之文化，不能不因此而入于黑暗状态矣。[⑬]

　　中国近代意义上以报道评论时事为核心内容的报纸，起先出自于来华外国人之手。较早的几份报纸，因为清廷海禁之故，由外国人创办于东南亚一带。较早的是英国传教士马礼逊（Robert Morrison）在马六甲主办的《察世俗每月统纪传》（*Chinese Monthly Magazine*），其所登载之内容，大半是关于宗教的，也有一些新闻和其他社会新知方面的内容。该报自嘉庆二十年（1815 年）创立，道光元年（1821 年）停办，共七卷 574 页；最初每期印 500 册，后增至 2000 册。继该报而起者，还有一些报纸，如发刊于巴达维亚的《特选撮要》（*Monthly Magazine*）、发刊于马六甲的《天下新闻》（*Universal Gazette*）等。大约此一时期，《东西洋考每月统计传》（*Eastern Western Monthly Magazine*）在广州发行，后迁至新加坡，所载内容包括宗教、政治、科学、商业和杂俎等。因其发刊于中国境内，故有人将之视为中国近代报纸之滥觞。

鸦片战争后，香港被割让给英国，很多报纸开始出版发行于此。随着中国在对外战争中的多次失败，开放程度越来越高，在很多商埠，尤其是其中的租界，报馆大批出现。为了照顾中国市场，中文报纸出现并逐渐占据主导地位，其著者如香港的《华字日报》、上海的《申报》、北京的《顺天时报》、天津的《时报》、沈阳的《盛京时报》等。

近代中国早期，外报一直居于主导地位。外报对于近代中国人接受新知固有重要作用，但它主要代表外人之意思；固有的官报又不能有民意之可言。受此影响，中国人自己办理民间报纸的主张开始出现并逐渐诉诸施行。定都于南京的太平天国政权，干王洪仁玕向天王进呈《资政新篇》，其中有设新闻馆的建议。洪仁玕曾长期居住于香港，受英国之影响，颇知报纸之重要，"设新闻馆以收民心公议及各省郡县货价低昂事势常变。上览之得以资治术，士览之得以识变通，农商览之得以通有无"。更主张于形势稳定后在各省设立独立新闻官，以收"人心公议"之效。⑧郑观应于1894年出版的《盛世危言》即有"日报"专文，系统论述了报馆对社会的益处，呼吁国人自主办报，官方保护报馆和报人，略云：

> 夫报馆之设，其益甚多，约而举之，厥有数事：各省水旱灾区远隔，不免置之膜视，无动于中。自报纸风传，而灾民流离困苦情形宛然心目。于是施衣捐服，源源挹注，得保孑遗，此有功于救荒也；作奸犯科者明正典刑，报纸中历历详述，见之者胆落气沮，不敢恣意横行，而反侧渐平，闾阎安枕，此有功于除暴也；士君子读书立品，尤贵通达时务，卓为有用之才，自有日报，足不逾户庭而周知天下之事，一旦假我斧柯，不致毫无把握，此有功于学业也。

其余有益于国计、民情、边防、商务者，更仆数之未易终也。而奈何掩聪塞明，钳口结舌，坐使敌国怀觊觎之志，外人操笔削之权，泰然自安，庞然自大，施施然甘受他人之陵侮也！⑮

同治十二年（1873年）汉口出版了中国较早的民报《昭文新报》，随后在香港有《循环日报》、上海有《汇报》刊行。此一时期，因风气尚待开通，民报对整个社会的影响有限。及至甲午战后，国人受空前刺激，力图振作，遂有强学会的《中外纪闻》和《强学报》，先后刊行于北京和上海。主事者为康梁之维新党人，开始发表政论，直接影响于时局。虽然政治维新旋即受挫，但民间办报风气日盛，主其事者不乏巨儒硕学。据统计，降及清末，全国报纸达数百种之多，遍及各商埠、较大都市和海外华人居住地。⑯

报馆和报纸数量增加，对整个社会的影响扩大，⑰需要专门的新法律予以规范，清廷急需回应这个时代要求。

二、晚清《报律》的制定和施行

本来清廷处理包括报纸在内的各种出版物中违碍言论所适用的法律是比附《大清律例》中"盗贼"类的"造妖书妖言"条。该律所犯，属十恶重罪，对罪犯的处罚极其严厉。到近代初期，中国报业尚处于起步阶段，初创惟艰，且影响较小，又是在外报占优势的情况下，扶持尚来不及，所以干预较少。到1894年，清政府才针对官报制定了《官书局报章程》三条，规定（官书局报）"不准议论时政，不准臧否人物，专译外国之事"⑱。及至甲午到戊戌年间，因维新人士的提倡和积极参与，民间报纸发展迅速，涌现了一批政论性报刊，引起朝廷的注意。在维新期间，康有为上奏，鉴于"当开新守旧并立相轧之时，是非黑白，未有定论……他日或有深文罗织，诬以颠倒混淆之罪，臣岂能当此重咎？""西国律例中，皆有报律一门"，可资借鉴，遂建议："酌采外国通行之法，参以中国情形，定为中国报律。"⑲光绪随即发布上谕，命康有为负责翻译外国报律并参酌起草中国报律，送交孙家鼐呈览。康有为在奏疏中所提及的参酌西法制定报律:"这大概是'报律'一词首次提出。"⑱旋即戊戌政变,此事中辍。此后,整个朝局趋于保守和反动,朝廷意识到报纸及其所代表舆论的巨大力量,加强对报馆和报纸的控制成为基本政策。随着庚子国变而来的整个统治危机的加深,朝廷逐渐确立了预备立宪国策。既然要为立宪切实预备,制定报律被提上议事日程。

在预备立宪时期,清朝廷相继制定颁布了五个管理报刊的法规,即《大清印刷物专律》(1906)、《报章应守规则》(1906)、《报馆暂行条规》(1907)、《大清报律》(1908)和《钦定报律》(1911)。资政院议决报律的基础文本是修正《大清报律》。

1903年发生的苏报案以及清廷围绕案犯的处理与列强的交涉,更让朝廷意识到以专门的法律约束、规范报馆和新闻从业人员的急迫性,尤其是那些在租界内具有革命嫌疑之报馆及其从业人员。⑯同年10月即有御史上奏朝廷,请求尽快制定报律。

次年更有《鹭江报》主笔冯葆瑛发表《论中国宜定报律》一文,代表了民间要求朝廷制定报律以保护报业发达的舆论。作者鉴于朝廷制定报律旋议旋止,指出报律在现今社会作用很大,可以奖进报务、开发民智,有益于国政民风,有助于振衰起敝。作为民间人士,作者特地指出,报律乃奖进报务而非应对风潮而制定,"若因风潮之起而始议律,则议律之意则为报界中之压制,非奖进也"⑱。可见,当时对于制定报律的主要考虑,朝廷和民间即有别,前者主张以此规范言论,后者则主张依法予以保护。

1904年朝廷让商部负责报律之起草。到1905年商部起草的报律草案告成。经修律大臣沈家本、巡警部酌加修正,形成草案。后来该草案为外务部以及其他政府大员所阻而未能颁行。该草案全文今日已无,仅能从巡警部根据该草案撮举大纲先行颁布的《报章应守规则》中知其大概。⑱

1906年6月,朝廷派出考察宪政的五大臣相继考察结束回国,尤其是载泽,在给朝廷的考察报告里,建议朝廷为预备立宪,"开风气之先,肃纲纪之始,有万不可缓,宜先举行者"三件事,其中之一就是订立集会、言论和出版方面的法律，并认为这是"宪政之精髓""富强之枢纽"："集会、言论、出版三者，诸国所许民间之自由，而民间亦以得自由为幸福。然集会受警察之稽察，报章听官吏之检视，实有种种防维之法，非若我国空悬禁令，转得法外之自由。与其漫无限制，益生厉阶，何如勒以章程，咸纳轨物。宜采取英、德、日本诸君主国现行条例，编为集会律、言论律、出版律，迅即颁行，以一趋向而定民志。"⑭载泽的奏折对清廷决策影响很大，前此处于停滞状态的报律制定又得以加速启动。

同年 7 月《大清印刷物专律》颁布。该律大致与报律一起，由商部起草，经巡警部、学部会同核定。之所以要将出版律与报律分开制定，主要是受日本的影响。《大清印刷物专律》共 6 章 41 条。其内容要点可大致归纳为：（1）实行注册登记制度。凡印刷物及新闻记载均须向所在地方巡警衙门呈请，报交京师印刷总局注册。（2）实行事后检查制度。（3）规定了禁载内容，即毁谤。毁谤又可分为普通毁谤（对私人或朝廷官员之毁谤）、讪谤（对皇帝、皇室、皇族及朝廷之大不敬）和诬诈（利用出版物，向人恫吓，要求财物）。（4）惩罚由所在巡警衙门和督抚办理，重要案件交商部、朝廷办理；对违法经营者采取罚金或监禁等。它成为晚清制定其他新闻法规的重要参考。

《大清印刷物专律》刚颁布一个多月，震惊中外的"彭翼仲案"发生。彭贻孙，字翼仲，出身于官宦世家，因蒿目时艰，故毁家办报，以开通民智，为晚清著名报人，时任中华报馆馆主。该报馆因披露保皇党人吴道明、范履详等被袁世凯秘密迅速处决一案，涉帝后冲突之隐衷，为当道所忌。巡警部于 9 月 29 日，以"妄议朝政、捏造谣言、附和匪党、肆为论说"为理由，饬令京城外城巡警总厅查封报馆，逮捕馆主和主笔。⑮此时，正值清廷刚宣布预备立宪不久，巡警部处理该案颇感头疼。太轻则无以对上交差，太重则必当中外舆论之冲。一向对以预备立宪为宗旨的新政不甚热心、被舆论视为保守的江苏巡抚陈夔龙于 9 月亦上折，认为应将报纸、电讯、集会、演说限定在法律范围内。在他看来，报纸管理不当，导致它们对于军国大计，"附会其词，任意讥评……益启外人轻视中国之心"，足为宪政之阻碍，故建议朝廷饬令外务部与各国公使交涉，制定专条，使通商口岸的中文报纸能遵守中国报律。⑩为更好地管理报馆，对付主笔等新闻从业人员，巡警部于10月匆忙颁发了《报章应守规则》9条。该规则的核心要点包括：（1）采取呈报批准制。规定除已开报馆之外，新开设报馆者，都要经呈报批准后方可开设。（2）重点规定了报纸禁载内容：不得诋毁宫廷、妄议朝政、妨害治安、败坏风俗；凡关乎外交内政的内容，如经该管衙门传谕报馆秘密者，报馆不得刊登；凡关涉词讼之案，于未定案以前，该报馆不得妄下断语，并不得有庇护犯人之语；不得摘发人之隐私，诽谤他人之名誉。（3）报馆记载错误失实，必须更正。"规则九条由于是大纲，故简单模糊，没有具体规定呈报批准手续、负责部门和惩罚形式等。其禁载内容……界线范围不明，给清政府及官员大开方便之门，政府官员任意解释，报馆动辄获咎。"⑰

由于该规则为巡警部颁发，与预备立宪时期的立法程序不合；且其重心在限制报馆之言论，故为舆论所抨击。此时清廷为预备立宪，先在中央改革官制，巡警部改为民政部。制定报律的职责遂因之转移到民政部。既已预备立宪，如何以正规法律形式在保障和限制言论自由之间维持平衡就成为朝廷必须面对的大问题。此时，内外臣工纷纷上折，请求朝廷从速制定报律。其著者，如外务部于1907年3月"以报馆林立，处士横议，流弊不可胜防"为由，建议朝廷催促民政部会同农工商部，迅即参照各国报律，早日拟定发布报律。8月，广州汉军副都统李国杰上奏，建议朝廷尽快制定《报律》，以约束舆论，使之归于正轨。⑱大约同时，御史俾寿上折，指陈没有报律所引起的危害："东西各国，自政府以致庶民，无不以报馆为重，而其对待报馆之法又最严。今日中国报界，言论既多不实，而各报主笔亦复良莠不齐，若不明定报律，必至莠言乱政，大为风俗人心之害。拟请明降谕旨，饬部速定报律，并仍仿照外国赔偿办法，参酌颁行。"朝廷迅即下谕，将该折通过军机处转交民政部，"著民政部速定报律"。⑲

民政部体会到朝廷担心报馆莠言乱政之意，采取双管齐下的措施，即一方面侧重于现实需要，将《报章应守规则》重加修正，成《报馆暂行条规》10条，于1907年9月具奏，获准颁布，作为正式报律颁布前的暂行法令。另一方面，民政部与相关衙署会商，争取尽快制定出报律草案。

因为报律牵涉到内政外交，尤其是朝廷力图以报律来约束通商口岸和租界内的中文报馆，其起草、修正过程非常复杂。经与外务部、军机处、宪政编查馆反复磋商协调，民政部将原46条的草案修订为42条，于1908年1月16日与法部会奏朝廷。朝廷当日将草案批交宪政编查馆考核议复。宪政编查馆经审核后，将报律草案修订为45条，于3月14日上奏，同日经朝廷批准。此即《大清报律》。

民政部上奏的草案多采用日本报律和香港报律条文，宪政编查馆和军机大臣修改报律时参采了俄、奥等国的报律，[⑩]多侧重于严防报馆和新闻从业人员之言论。宪政编查馆在奏折中直言不讳，云："激扬清浊，不无代表舆论之功；颠倒是非，实滋混淆民听之惧，以故各国俱特设专例为之防闲……中国报界知识甫经萌蘖……横言泛滥，如川溃防，亦宜严申厉禁，以正人心而昭公是……现在逆党会匪窜伏东南洋一带，潜图窃发，方且借报纸之风行，进狂言之鼓吹。"[⑪]这种"严防"，较之民政部原案，主要体现在下述几个方面：（1）增加报馆的保押费，提高开办报馆的门槛。即每月发行四回以上者，保押费由三百圆增至五百圆；每月发行三回以下者，由一百五十圆增加到二百五十圆。（2）报纸由事后检查改为事前检查。（3）报纸禁止登载的范围扩大。以五条的篇幅予以强调，尤其是第十三条"凡谕旨章奏未经阁钞官报公布者，报纸不得揭载"。还增加了第十五条的规定："发行人或编辑人不得受人贿嘱，颠倒是非。发行人或编辑人亦不得挟嫌诬蔑，损人名誉。"（4）加重处罚力度。如报纸登录了诋毁宫廷、扰害公安的内容，发行人、编辑人和印刷人罚金数额增加，且可处以两年以下监禁，情节较重的，还要按照刑律治罪。

在预备立宪背景下颁行的《大清报律》，是朝廷的一厢情愿，迅即遭到社会舆论的严厉批评，且"各报馆延不遵行，外人所设者尤甚"。[⑫]

负责报律执行的民政部本就主张较为宽松的报律草案，以减少自己的压力，遂以《大清报律》在"执行之际尚有窒碍难通之处"为主要理由，于 1909 年 10 月上奏修改。其修改之处，主要集中于两点：（1）改事前审查为事后审查；（2）违犯报律之案应归各级审判厅负责管辖，以符立宪权力分立之旨。民政部关于改变审查方式的理由，值得注意：

> 官署虽有检查出版之权，并无核定报章之责。报馆如有违犯，自可于发行之后，执法严惩，要不能于发行以前先事干涉……呈送查核，必在发行以前，似各种报纸均须该管官署核定之后始准发行，仓猝从事，既难保无疏漏之病；遍加勘定，又不胜其检索之烦。且制定报律原为严防流失起见，若必待检查而后发行，则一切违犯之处，报馆转可不任其责，而此数十条之报律亦属赘疣，似与定律初意不相吻合。[⑪]

民政部拟定的报律修正案上奏朝廷后，朝廷发交宪政编查馆复核。宪政编查馆归军机大臣管理，有些军机认为该修正案改订各条对报馆太过宽纵，主张从严修改，尤其事关外交军政及诋毁亲贵诸问题。如此一来，宪政编查馆对修正报律条文的审核越来越严，引起民政部尚书善耆的抵制，"以立法贵乎能行，该馆复核若有仍难实行之处，本部必当奏明，不能担任实行之责，以免法律虚设之诮"[⑫]。经此交涉，宪政馆基本上依照民政部理由和修正草案原文议复报律，将报律定为 45 条（律文 40 条，附条 5 条）。

1910 年 9 月 26 日朝廷批准经宪政编查馆复核过的《修正报律》草案，并同意其建议，特派杨寿枢担任总核。[⑬] 杨寿枢，时以军机处三品章京兼充宪政编查馆总核，征之次年出任奕劻内阁制诰局局长，当为庆王奕劻所亲信。11 月 7 日朝廷再度下谕，要求民政部认真对待御史温肃所上《报律宜严示限制折》，[⑭] 表明朝廷对报馆和新闻从业人员取防范之态度，希望能影响随后的资政院议决。

综观此一时期，民间办报已呈星火燎原之势，朝廷既然将预备立宪作为国策，断不能完全禁止民间办报，但对民间报纸影响舆论的力量甚为担忧，故其对制定报律有一种矛盾心态，一方面新闻自由为立宪国民应有之权利，不能肆意剥夺以给人仍蹈专制覆辙之口实，更要通过制定报律来证明朝廷真有意于宪制；另一方面对无法操控的舆论忧心忡忡，希望通过报律来约束报馆和报人，将舆论导向对其有利的方向。简言之，朝廷希望制定报律，获得开放言论之名与钳制舆论之实。

三、资政院对《报律》的议决

宪政编查馆将《修正报律》草案审核完毕，即遵照预备立宪时期的法律制定程序，送交资政院议决，派章宗祥等为特派员到议场说明法案主旨，后主要是顾鳌与议员们沟通。

顾鳌（1879—1956），字巨六，四川广安人。1904年中举，次年赴日留学，1906年毕业于日本法政大学。旋即归国，以法政新人供职于政府，先后任京师巡警厅警官、司法部佥事，京师地方审判厅民科第二庭庭长、大理院推事、民政部参议厅帮办、统计处提调、宪政编查馆正科员。顾氏因多站在政府立场上讲话，遂为舆论不容。宁调元即云："顾一无赖，敢于定野蛮之报律，犯天下之大不韪，故各报攻之不遗余力。"⑰其实，综观《速记录》中所记载关于《修正报律》草案之辩论，顾氏一方面代表政府，希望能对报馆严加限制，另一方面他又接受过近代法政教育，明白宪制之下臣民所应享有言论自由的价值。立场与认知方面的矛盾，导致他在议场之发言，时有理不直气不壮之感，到关键时候还能在权限范围内对议员们所代表的开放舆论要求做些让步。《修正报律》草案能够在资政院议场顺利通过，《大清钦定报律》得以顺利颁布，顾氏自有其作用。当时报章杂志对其的一些激烈批评，事后观察，失之偏颇。在某种程度上，也可说顾氏在替朝廷背黑锅。

1910年10月14日，资政院大会开始议决《修正报律》草案。经10月14日、11月7日、11月12日、11月15日、11月17日、11月25日、11月30日的初读，初读完毕之后省略再读，即交付法典股整理字句，12月10日进行三读。资政院完成《修正报律》草案三读，历时将近两月，经过八次大会的讨论议决，尽管其中有弹劾军机案占用了大会议事的很多时间和精力，但考虑到《修正报律草案》仅三四十个条文，足见讨论之激烈。

因宪政编查馆对民政部所草拟的《报律草案》所作的严苛修正以及军机大臣希望压制报馆言论空间的一贯主张，已通过报纸报道为社会舆论所深知，有不少报馆寄望于资政院对宪政编查馆提交的《修正报律草案》再予以修正。于大会议决《修正报律草案》之前，有报馆先递交陈请说帖到资政院，向议员们阐述其主张，希望能获得同情。就在《报律》条文交到法典股期间，《国民公报》等七家及北京报界代表朱淇都有陈请书送到陈请股。该陈情书的主旨是宪政编查馆的"《报律》条文议案制限太苛，非斟酌删除，碍难遵守"，经陈请股审查，认为要求合理，遂将之作为大会会议的参考材料，由秘书科印刷给各位议员。

据陈情书的主旨和《修正报律草案》在大会初读的会议记录来看，争议的核心要点主要是第十一、二十六、十二、四、十条，下面分别予以概述。

宪政编查馆草案第十一条为"损害他人名誉之语，不论有无事实，报纸不得登载"；第二十六条为对违反第十一条的处罚，即"处该编辑人以二十日以上，六月以下之监禁，或二十圆以上，二百圆以下之罚金"。"除涉及私事者外，若被告人能证明其专为公益起见，并无恶意者，得免其处罚。"陈请书认为"侵害他人名誉信用，固为法律所当惩，而报纸监督社会，若专为公益起见，即持论稍激，其情亦尚可原。若一律科以诽谤之罪，未免太苛"，建议"量加区别，以专为公益不涉恶意者为限，免其处罚"，在尊重名誉和保障言论自由二者之间维持妥当平衡。⑩

顾鳌于初读时即为政府如此规定的原因进行解释，可概括为：法典股所主张的事实证明主义在实施方面可能窒碍难行，这是政府主张规定"不论事实有无，不得登载"一语的主要考虑，不是如议员们所担心的认为这是政府钳制舆论的手段；政府对报馆的限制，只有两个，一是国家政务，二是个人名誉，谈不上严苛。"因为报馆固是言论机关，然于私人名誉可以任意损害，究为法律所不许。举私事以公益为范围，盖所以奖进个人爱惜名誉之旨也。"

针对特派员的说法，易宗夔指出，个人名誉固然重要，但这是对一般人而言，应规定在《新刑律》里，"不能专为报馆施以苛刻的限制"，且"'损害他人名誉'这句话没有范围，因为损害他人名誉没有一定标准，如此规定，将来报纸一句话都不能说"。他主张不如以民政部所拟定的草案相关条文为好。雷奋则重点阐述处罚方面存在问题，对犯禁的文人处以监禁，在现今情况下失之于苛刻。因为《报律》是为保护报馆而存在，报馆又是开启民智，报馆违犯《报律》，固然相关责任人应受处分，但不能在如此差的监狱里面受监禁。在监狱里面受监禁，一般人都受不了，何况办报的文弱书生呢！故希望《报律》之处罚，取消监禁一层。易宗夔提出的修正案遭到部分议员和特派员的反对，因"颠倒是非"和"挟嫌"也难以在司法审判上界定。随后高凌霄、刘泽熙的修正案都被否决。经较充分讨论后，通过了特派员的修正案，删去"不论有无事实"一语，即"损害他人名誉之语，报纸不得登载，前项规定除摘发阴私外，其专为公益起见者，不在不得登载之限"。及至下一次开大会，受弹劾军机案政府和议员们矛盾激化的影响，有议员提出政府特派员不能在会场临时提出修正案，遂提议取消前此大会表决通过的第十一条，而由议员重新提出修正案来予以表决，多数通过了于邦华的修正案，即"损害他人名誉之语，报馆不得登载，其专为公益者，不在此限"。这即成为资政院上奏的第十一条正文。

关于第二十六条，因表决时，将第十二条关于文书秘密之规定和第十三条关于通常外交海陆军事件之规定并为一条，故第二十六条变为第二十五条。该条在会场引发激烈争议。易宗夔以此条关系国家政务，主张用监禁或罚金；雷奋主张只用罚金，因监狱尚未改良，对于报馆文人，宜取从轻主义。特派员则主张定《报律》尤应以国家政务机密为重，改良监狱是另一个问题。经表决，雷奋的提议获得多数通过，报馆违反通常政务保密的处罚遂限于罚金。[18]

关于第十二条，法典股将宪政编查馆原案修正为"关于海陆军秘密事件及国家政治上的事体，经该管官署禁止登载者，报纸不得登载"，这在大会没有引起什么争议，只有雷奋提出一些文字上的细微修订即获通过。⑱

关于第四条，是报馆需要按章交纳保押费的数量问题。宪政编查馆修正案定的保押费较高，法典股修正后将数额大为减少。在大会上，易宗夔首先提出，开通民智诚为中国当务之急，对于白话报等地方小报应免予交纳保押费以示鼓励，如要征收，实在不便。其提议得到了顾栋臣、汪龙光等的赞成。顾氏剀切指陈："宣讲白话等报，最足开通民智，于改良社会极有关系。宪政馆《修正报律》案理由书内称此种小报，无甚价值，遂从删节，未免视之太轻。"汪氏进而指出："宣讲白话报与大报不同，大报是营业的性质，宣讲白话报颇含有义务的性质。内地风气闭塞，如有能办此种报者，应提倡之不暇，似乎保押费尽可免缴。"经表决，易宗夔的修正案得以多数通过，即法定保押费得酌量情形减少三分之一及至三分之二，"其宣讲及白话报，专以开通民智为目的，得全免保押费"。⑲

关于第十条，及报纸禁止登载的内容，冒渎乘舆、淆乱政体、妨碍治安和败坏风俗。这一条在会场没什么争论，只有邵羲对特派员就"淆乱政体"的含义提出疑问，特派员这样回答："国家政体本有一定，例如立宪政体之国而报纸登载主张专制政体之语，即为淆乱；君主立宪政体之国，而报纸登载主张非君主立宪政体之语，即为淆乱……我国现在自然是君主立宪政体。"⑳

此乃资政院大会议决《修正报律草案》之大概情形。

按照《院章》规定，资政院议决《修正报律草案》后，由总裁、副总裁会同军机大臣共同上奏，请旨裁夺，资政院遂将议决后的草案咨送军机处，要求军机大臣会同具奏。军机大臣认为资政院议决草案"第十一条、第十二条确有与现行法律抵触并施行窒碍之处"，要求资政院开大会复议。㉑12月11日，资政院开大会复议军机大臣的提案。

关于第十一条，军机大臣的修正案为："损害他人名誉之语，报纸不得登载，但专为公益、不涉阴私者不在此限。"雷奋又提出修正："因为资政院的原案是'其专为公益起见者,不在此限',现在宪政馆修正案于'专为公益起见'下加以'不涉阴私'四字,本员以为太无范围,所以改加'并无恶意'四字。"在表决时,雷奋的修正案被否决,政府的修正案得以通过。

关于第十二条,军机大臣修正案的主旨是扩大政务的保密范围,课报馆以更广的保密义务,即"外交海陆军事件及其他政务,经该管官署禁止登载者,报纸不得登载"。军机处和资政院争议的关键在"其他政务"四个字。本来这一条政府特派员顾鳌当时在讨论时已经和议员们达成一致意见,现在又要扩大秘密范围,他也觉得为难,在会场解释时似乎有意无意与军机大臣(即他发言中所称的"政府")划清界限,云:"后来政府不愿意,以为政务机密是刑法上有规定的,当时本员已经说明,政治上秘密事件云云,范围太宽……现在政府要删除'秘密'二字,是以《报律》之规定,指通常事件而言,当时股员会的意思也同政府一样,不过文字上易涉误会,所以复议案主张删除,现在政府也是说关系秘密者不得登载。"如此出尔反尔,当然议员们不买账,质问特派员可否完全代表政府,闹得特派员在会场颇为狼狈。经表决,法典股员会的修正案得以多数通过,即"外交、陆海军事件及其他政治上秘密事件,经该管官署禁止登载者,报纸不得登载。"复议否决了军机处对第十二条的修正。[184]

资政院随即将复议的结果咨送军机处。军机处认为复议结果于国家政务窒碍难行。双方最终不能达成统一意见,遂按照《院章》分别上奏。军机处的理由为:资政院"于政务上之秘密仍执前议,似认为当然有登载之自由。违犯禁止登载之命令者,又仅处以罚金,是于保持政务机密之意实有未合,即与刑律限制之条互相抵触。若如该院复议施行,恐于国家政务之前途,殊多危险"[185]。1911年1月30日,朝廷发布上谕,将《修正报律草案》第十二条中的"其他政治上秘密事件"改为"其他政务",[186]正式否决资政院关于此条文的修正而支持军机大臣的意见。至此,《钦定大清报律》正式颁布生效,计正文三十八条,附则四条。

帝制中国时期,在思想上崇尚"天下有道,庶人不议";在制度上,随着皇权专制的强化，通过舆论来参政议政越来越不可能。故只有为有效治理帝国由官方垄断的信息流通渠道。降及近代，受西方的影响，开始有了近代意义上的报纸。因救亡自强的要求，以及随之而来的预备立宪，报纸在社会上的地位越来越重要。如何以法律来规范报馆及其从业人员这个近代新事物，统治者必须做出回应。传统中国法律本是治民之具，到近代必须转而保障民权。在这个转型过程中，清廷亦须做出改变。到底要什么样的报律，是约束之以控制舆论还是要依法保障报馆及其从业人员的相关权利，即报律的制定宗旨问题，就成为晚清争论的焦点。但当时处于预备立宪期，保障臣民的合法权利成为主流意识形态，朝廷也只能在一定程度上承认这一时代潮流。议员们利用西方相关理论和制度实践，以及传统中国当政者要重视民意的固有思想，在资政院这个舞台上，与代表朝廷的宪政编查馆特派员展开了辩论。结果，一个经民意机构协赞的新闻法规得以出台，以法律的形式部分保障了报馆及其从业人员的权利。这是《钦定大清报律》的主要历史意义。

这部报律对执法官员也有一定的保护作用，即将法律作为抗拒压力的挡箭牌。如1909年6月，宪政编查馆提调宝熙因为屡受报纸批评，欲以辱骂官长的罪名，要北京内城巡警总厅厅丞章宗祥将某报封禁，而为章宗祥拒绝，理由是："指摘官长未犯《报律》，何能任意罗织？且《报律》为宪政编查馆所定，尤未便出尔反尔。"宝熙的要求遂由此堂皇被拒。又如1910年第一次常年会期间，某军机大臣对民政部尚书善耆说："现在民选议员敢如此狂纵嚣张者，系多以报馆为后援之故。否则，断不至此；且各报登载续请国会及剪发等问题，均足以扰害大局，尤非严加禁缔不可。"善耆不以为然，如此答复："资政院既准报馆旁听，则照议场情形登录，即不能限缔。且会议剪发、国会等事，亦为确有之事，并非虚捏，与违犯《报律》者不同。本部虽有管理报馆之责，亦断不能滥行干预，致负摧残舆论之谤。"[⑧]

新闻法制的近代转型非一蹴而就，议员们对报律的认识也存在差异，朝廷仍然本着固有控制舆论的思路，裁可了军机大臣关于便利政务秘密的条款，即是其集中表现。

综上，可说资政院对报律的辩论和所通过的报律条文本身，推进了近代新闻法制的建立和转型过程。《钦定大清报律》基本上按照资政院议决的条款所公布，自有其历史价值。

第七节　重大议案（六）：赦免党人案

在传统中国，"党"和"党人"等概念都具有浓厚负面意义。《论语·卫灵公》有云："子曰：'君子矜而不争，群而不党'。"许慎《说文解字》对"党"字解释："不鲜也。从黑尚声。"⑱到帝制中国，皇帝一人高据于臣民之上，出于管官治官的需要，特别忌讳臣下结党。"朋党""结党营私"等俗语即道出此中含义。对于"党"，士大夫避之唯恐不及。"盖传统中国之所谓党，乃'朋党'，皆敌党加以党之名，自己并不承认为政党也。"⑲臣下结党，自然与君为臣纲之义相悖，且朝政因之而紊乱，东汉党锢、南北宋党禁、明末东林等为其著者，故传统法律有"党禁"条目。朱子在世时，距离北宋新旧党争不远，且及身遭逢庆元党禁，祸几不测，其注释《论语》君子"群而不党"云："和以处众曰群。然无阿比之意，故不党。"⑲很明显，在朱子那里，"党"自然是一种小人之间的"阿比"。雄才伟略刻薄寡恩的明太祖，自不能容忍臣下结党，于《大明律》中严定"奸党"专条，将朝臣有结党实迹乃至嫌疑的各种行为归类，给予重惩，其最著者云："若在朝官员，交结朋党，紊乱朝政者，皆斩。妻子为奴，财产入官。"⑲明人雷梦麟将该条予以重惩的理由解释为"恶其背上行私，党众乱政"。⑫降及清代，皇帝集权登峰造极，更严防臣下结党。清代诸帝除沿袭明代，重申厉禁外，更多次发布谕旨，申诫臣下。其最为人所知者，如雍正的《御制朋党碑》，要求臣下与君父同其好恶。乾隆亦继承乃父乃祖，公开声称："乾纲独断，乃本朝家法。"⑬可说，严防臣下结党是清代诸帝一脉相承的祖宗家法。

一、杨锐所藏光绪密诏呈缴案

诚如欧阳修所言，"朋党之说，自古有之"，尽管有此严防，但清朝诸帝亦不能将之根本消灭，朋党之案迭见于史册，最多只能是在一时之内将其控制在一定范围内。降及光绪朝，光绪以外藩入承大统，慈禧以太后垂帘而秉政。随着光绪逐渐长大成人而名义上亲政，慈禧实际上继续当国，朝臣渐渐形成帝、后二党。帝党主导的戊戌维新为后党的政变所强行终止，而有光绪被幽禁、"六君子"喋血菜市口之惨事。

及至晚清宣布预备立宪，朝野开始有痛定思痛同情维新之意。及至1908年光绪和慈禧相继去世，摄政王载沣以光绪之弟、宣统生父秉政，以继志述事昭告天下，保皇党人长时间鼓吹于海外，颇有士大夫同情于壮志未酬之先帝。早在戊戌政变后，康有为流亡海外，即以光绪的"密诏"相号召，以组织保皇党。这一"密诏"广泛流布海外，渐而为国内知悉。不过，"密诏"牵涉到宫闱之事，甚为神秘，外人难道其详。经学者考证，当时广为流布的康有为所持光绪密诏实为伪作，⑲但在当时，康氏伪诏还是影响甚大，对光绪、慈禧乃至整个清廷的统治非常不利。

1898年七月三十日，因帝后两党逐渐势同水火，变法阻力加大，时有中辍可能，光绪有一封密诏给军机章京杨锐。及至杨锐喋血菜市口，该密诏为其子杨庆昶保存。到1909年9月杨庆昶给都察院具呈，请缴还密诏。杨庆昶在呈文中略述其原委，云：

> 窃生故父杨锐，以内阁候补侍读，于光绪戊戌年七月仰蒙先皇帝特擢四品卿衔军机章京上行走，参预新政事宜。当时在事诸臣，生故父惟与同乡京官刘光第相契。生故父列衔在前。蒙先皇帝特旨召见，亲赐手诏，令详议以闻。生故父敬将手诏令生恭藏，云已复奏。生敬叩，"手诏拟当恭缴"，生故父云："本已面缴，圣恩仍复见赐。"生又敬叩："如何复奏？"故父云："事关重要，当未存稿。"略举大纲三条语生。第一条言皇太后亲擢天下以授之皇上，应宜遇事将顺，行不去处，应不固执己意；第二言变法宜有次第；第三言进退大臣不宜太骤。生当时所闻封奏情节实止于此。⑳

都察院京畿道于收到杨庆昶呈文后，"就送到台长，台长奏请宣付实录馆，而这个折子上去之后留在上头，没有宣付实录馆"，[⑨]也就是说，朝廷因为种种原因没有理会都察院代奏的杨庆昶折子。这很好理解，宣统能入承大统、载沣能成为监国摄政王，主要是靠慈禧的遗命，肯定杨庆昶所呈缴的密折，势必要为戊戌维新党人平反，对朝局的震动可知。

到第一次常年会召开，按照《院章》，资政院有受理关系全国利害事件陈请之权。对于人民陈请事件，资政院可以将之作为议案。因此，杨庆昶的折子经都察院代奏而石沉大海之后，消息传开，获得了议员陈宝琛的同情。于1910年12月15日的大会上，陈宝琛等议员提议"奏请宣布杨庆昶所缴景庙手诏并昭雪戊戌冤狱一案"。陈宝琛在提案中指陈了它在历史上，尤其是对于当下预备立宪的种种必要性，认为当前的预备立宪实肇始于当年的戊戌维新，乃光绪之既定国策；为被害的戊戌党人平反，可以振作人心，推进宪制：

> 窃比年以来，朝野上下汲汲于筹备宪政，促开国会，固由时会所趋，而变法图强之宗旨，则我德宗景皇帝十数年前实造其端。乃事势牵阻，使吾仁孝英断之圣主，不能伸具其志而永其年，此天下臣民所同为恸慕者也。戊戌年之事，不知者非以为先帝求治之太急，即以为新进诸臣献谋之不臧，甚至以风影之谈妄测宫廷，积成疑议。幸而杨锐奉有先帝手诏，于孝钦显皇后顾念人心、慎重变法之至意，与先帝承志不违、委曲求全之苦心，皆已昭然若揭。此诏去年秋间由杨锐之子杨庆昶呈由都察院恭缴，外间多能传诵，并闻当时杨锐等覆奏，亦复仰赞孝治，谓变法宜有次第。是先帝所以任用诸臣，与诸臣所以恪承诏旨者，皆在于妥筹变法之良策，而必以不拂慈意为指归。于素所规划者，且不免踌躇审顾，靳出万全，岂有感激酬知而反悖逆，自甘为危害两宫之举者！其为取嫉贵近，致遭诬陷，情迹显然。一二小人又故作张皇，巧行构间，狱词未具，遽予骈诛。在小臣邂逅蒙冤，亦史册所常见，所可痛者，是非失实，不但有累先帝用人之明，且使我两宫至孝至慈，皆无由大白于

天下。此则在天之灵长留隐憾，而尤为天下臣民所不可忘者也。窃以为非明降谕旨，将杨庆昶所缴诏书宣布，无以彰先帝仁孝之真。非援据先帝手诏，以昭雪被罪诸臣之冤，无以服人心，而作士气。应请交议，候公决后照章具奏，请旨施行。[97]

同时，罗杰等提出"请赦国事犯罪人具奏案"。在大会上，议长溥伦考虑到陈宝琛和罗杰提出的两案主旨相近，提议将之归并，由陈请股审查，得到多数议员同意。

1911年1月3日，经陈请股审查完毕，大会正式议决该案。按照议程，先应讨论预算案。经吴赐龄提议，易宗夔等附议，先开议"请赦国事犯罪人具奏案"。因戊戌党人是当时最要国事犯，故先讨论"请宣布景庙手诏具奏案"。由汪荣宝代表陈请股提出陈请意见，略云：

> 德宗景皇帝以天亶之姿，洞观世变，愤积重之难返，思并日以兼营，然于乾健震奋之中，仍复虑出万全，求无拂孝钦显皇后慎重之心，以蕲造中国无疆之福，而以杨锐等登进之骤，眷任之隆，取忌同朝，构成疑狱，致使先帝之苦心豫顺，传说失真，难两宫慈孝交孚，终于同揆。而当时先帝以事与愿违，忧勤成疾，至不获亲见宪政之成，宜乎薄海臣民哀感涕泣，不能自已也。我皇上继述方殷，阐扬为函，拟请明降谕旨，将杨庆昶所缴德宗景皇帝手谕一道，宣布中外，昭示万世臣民，并纂入实录，以成信史。至杨锐等竭忠致身，沉冤未白，可否降旨昭雪，比照许景澄等成案，开复原官，加恩量予赠恤，以慰幽魂而餍众论。本股员等全体议决，意见相同，应请议长咨询本院全体议员讨论，表决具奏。特此报告。[98]

该议案没有任何讨论即得到全体议员赞同。"请宣布景庙手诏具奏案"经大会表决后，资政院即按照《院章》上奏，请朝廷裁决。

二、开放党禁案

立宪党人呼吁开党禁由来已久。自庚子国变，发生了戊戌党人和庚子汉口自立党人案后，即有立宪党人呼吁朝廷开放党禁。朝廷宣布预备立宪国是之后，呼声愈高。及至资政院正式开院，罗杰在"请赦国事犯罪人具奏案"中指出，赦免党人乃立宪通例，对内可调和满汉，对外可免受外人运动，希望朝廷大赦包括革命派在内的所有党人：

先帝洞烛时局，庙谟深远，知救危莫急于变法，而变法首在乎得人。是以戊戌以来，凡一材一艺之长，莫不逾恒擢用。我皇上圣明天纵，仰继先志，爱才之心，先圣同揆。惟是地大职繁，赶办宪政，仍不免乏才之叹。追忆戊戌、庚子以还，忧世之士或感先帝破格录用之知，急于报称而不免激切；或痛内政外交之窳败，求进太速而主张政治改革。当此之时，先帝锐意维新，臣下欲仰体上德，无如风气未辟，谣诼飙起，心虽忠爱，迹近嫌疑，以致或畏罪出亡，或铤而走险，为国事而得罪朝廷者，不知凡几。自兹厥后，得罪之臣，或沦窜异国，或寄身图圄，而眷怀君国，往往见之诗歌。自确定立宪政体以来，朝野舆论，窃以为天地之大，何所不容？国正需才，当恳特赦。查各国宪法将颁，凡为国事犯罪之人，一律大赦，与民更始。日本第一期议会，议员菊池侃二等为请特赦，奏称：曩者大典发布之时，凡国家犯罪，皆蒙赦宥，然现时罪囚中因望立宪政体之设立，误触刑律，其未蒙赦免者尚多，伏愿明敕有司，审查犯罪，其心事之可怜者，概与赦宥。征诸我国历史而论，管仲有射钩之戾而桓宠为相，雍齿得罪于汉高而特祚以侯。今者宪法行将颁布，其规模或大于他邦，国事犯罪之人，名实远殊于雍、管。臣等躬负言责，凡健全舆论，不敢上壅而隘皇仁。合当仰恳天恩，附顺民好，或以登极庆典，或以颁宪大典，凡戊戌以来为国事犯罪者，准予特赦。在圣朝宽大，一秉天地之心；而罪人自新，得有濯磨之路。至于期间先帝倚信之人，心可怜而其才可用者，可否特蒙起用，俾效微劳之处，出自朝廷逾格之旷典。用人之大权，非臣下所敢擅渎。不胜冒昧惶悚之至。⑱

同时方还亦有开党禁议案。因开党禁，立宪党人即可合法组建政党，有力推进宪制。一时之间，开放党禁以符立宪宗旨之声大振。孙洪伊等立宪党人在京成立"代表同志会"，为请开党禁，一面联合签名呼吁，一面上书朝廷当道，冀其成功。他们在上载涛书中指出："顾立宪机关诚在设内阁、开国会，然其所以成此阁会者，势不可不有政党……非得朝廷举旧时党禁廓然解除。"⑳在签名通告书中说得更明白："今当资政院开院期内，拟上书陈请开释党禁，昭示天下，宏政党之先声，广贤能之登进。朝局一新，则庶几举国耳目易视改听，宪政进行，为效尤捷。"㉑在这种宣传鼓动下，不久资政院就接到了王法勤等500多人及举人王敬芳等50多人先后呈递的"陈请开释党禁"的说帖。㉒随后御史温肃、赵熙，还有部分封疆大吏等上折以请。㉓

1911年1月3日，经陈请股审查完毕，大会正式议决该案。由长福代表陈请股向大会报告关于"请赦国事犯罪人具奏案"的审查主旨，即请求朝廷一体特赦戊戌党人和革命党人：

查戊戌变法，先皇帝愤列强轻侮，慨国势之凌夷，以为非改良旧制不可以图存，非登庸新进不足以佐治。在诸臣感恩图报，不免操之过急。诚有如原案所称，心虽忠爱，迹近嫌疑者。顾法与时为变通，今日所行之宪政，实与戊戌之变法大致相符。在当时风气未开，而诸臣变更旧章，不知度势审时，固属咎由自取，然原情略迹，其心实属无他。用敢吁恳天恩，将戊戌犯罪诸臣曲予赦宥，广圣朝宽大之德，溥天地浩荡之仁，此亦古圣主罪疑惟轻之微意也。自戊戌以还，国事日亟，愤时嫉俗者虑政体之如旧，疑立宪之无期，铤而走险，遂逾常轨，其行为可诛，其情亦不无可哀也。今朝廷实行宪政，锐意维新，薄海臣民同深感戴，往日之被其煽惑者，大都解体；治之过急，则自知为法所不宥，悔罪之念既绝，党附之志益坚，甚非所以安反侧而清乱源也。诚能因而赦之，解散胁从，涤除旧染，上之可以开其自新之路，次之亦可离其负固之心，则戊戌以后之国事犯，亦未始不可宽其既往，策其将来。[205]

讨论时，黎尚雯更是将之与弹劾军机案联系起来，批判政府违背光绪遗旨："这个赦党人案请速具奏，以彰先皇帝之明，而安天下之人心。现在政府假立宪之名行专制之实，有意隔阂，以保不负责任之禄位，而人心尚未尽瓦解者，皆感先皇帝戊戌年所行之政策与上年颁布立宪之明诏，足以维系人心。此案即速行具奏，不独党人感激图报，天下臣民莫不颂皇帝之继志述事，有以慰先皇帝在天之灵也。"[206]该案经表决多数赞成。

"请宣布景庙手诏具奏案"和"请赦国事犯罪人具奏案"经大会表决后，资政院即按照《院章》上奏，请朝廷裁决。[205]此后，善于审时度势，跟朝廷中枢关系甚密的杨度也曾上书，要求开党禁，奏请赦免任用梁启超，并预言："臣固知朝廷宽大，必不容党禁之长存，宣统五年颁布宪法之时，凡在逋亡，必蒙赦宥。"[207]

资政院奏折递上去，摄政王载沣和几位军机大臣商议后，没有交议和批答，将这两个议案拖事实上予以否决。

《大同报》曾有一篇名"摄政王对于开除党禁之郑重"的评论："开除党禁一事，亦宪政上最紧要之问题。监国与枢臣屡经提议，因其中阻力甚多，迄未决定。兹闻日昨特交谕枢臣转饬各政务王大臣，即将开除党禁之种种利弊及应如何分别办法，详细参核，各抒己见，缮具说帖，交由枢臣进呈，以备采择。"[208]据该报道所言，好像是摄政王载沣和军机大臣都主张开党禁，只是各种阻力太大，需要慎重。征之其后载沣否决资政院关于赦免戊戌党人和开放党禁之陈请，表明他和军机大臣等决策集团对开党禁持反对态度，该报道纯属一厢情愿。主要原因有二：

其一，载沣决策出发点是强化自己及其亲信集团的权力，并非如他所宣扬，为先帝"继志述事"，厉行君宪。光绪和慈禧相继过世，清廷最高权力虽转到隆裕和载沣那里，但其权力基础较之以前的慈禧，脆弱太多，因此必须借助各种社会力量来正当化乃至强化自己的权力。十多年前主持戊戌维新的光绪，因推行新政而被幽囚终身，壮志未酬而谢世，以立宪党人为基础的社会舆论非常同情这位"先帝"，希望其妻隆裕太后和其弟载沣能继承其遗志，真正推进君宪。隆裕和载沣有鉴于此，乐得打起这块"继志述事"牌，但他们并不志于为受"冤屈"的先帝光绪平反，更不关心是否要真正君宪，只想借此巩固自己的权力。黄濬即指出："戊申袁世凯之被放，为监国之载沣兄弟借此逐之，以便揽权，非翻戊戌旧案也。杨叔峤之子不知其隐，亟取德宗赐其父密诏，上书求雪冤，隆裕执不可，其始终憾德宗之情可见。"又云："杨叔峤子上德宗之衣带诏，谓将有追念惊痛之语，乃置不问，（隆裕与载沣之）昏庸尤可哀也。"[⑳]为什么说其"昏庸尤可哀"呢？是因为他们将传统中国治国之大本，即君臣、夫妻等最重要纲常置诸脑后，置夫妻和兄弟情分于不顾，连"先帝"皆能不管不认，如何能谋国治国？所谓自曝其短，于此为甚，难怪立宪党人为此失望殊甚。连辅助先帝殒身不恤的臣下都不能在事后平反昭雪，"以慰先帝在天之灵"自然属空话，更遑论开放党禁呢？朝廷拒绝开放党禁尚有可说，但宣布光绪手诏以成信史都予以拒绝，"继志述事"何从说起？治国无方，于斯可见。

其二，历来专制者都喜欢独断，不到万不得已，不会主动开放党禁。尽管开放党禁是君主立宪政体之惯例，但当时最热心运动者，是自戊戌之后流亡海外的康、梁等。张玉法于精密考证后指出："开党禁似为当时朝野间的大事，实际上不过部分立宪派人为康、梁所运动……康梁派的宣传不足，亦为解禁运动失败的原因之一。"[㉑]换句话说，康、梁诸人运动部分立宪党人所造之势，不足以让清廷最高层感受到不得不开党禁的压力。当然，朝廷能开放党禁，绝大多数立宪党人还是乐观其成。早年为康梁同路人、时在北京办报的汪康年即撰文予以披露，此文亦为张玉法考证的核心证据：

> 近数年来，哗言大赦党人、大开党禁者，不可缕述。其创言者，挟有意思者也，而从而和之者，且惘然莫辩焉。吾辈若于各国

近事一无所知者，则必以为吾国中力争国事之故，锢诸黑狱者不知若干人，流诸烟瘴、罚作苦工者又不知若干人。盖必若是，始足以与大赦党人、大开党禁之说相称也。顾大索之，乃无有。戊戌诖误之员，大率赦回，或复其官职，甚至擢居重要之位置。其庚子汉口之人，有组织日报者，有为议员者。然则所谓赦党人、开党禁者，究亦何指？无已，则侨居海外著名之一二人耳。㉑

汪康年所说，侧重于从事实上言之，于君主立宪理论而言，当不如是。我将于下面论及《集会结社律》时具体分析。就事实而言，汪康年所说有根据。戊戌党禁，朝廷一直重点关注、未予赦免的只有康、梁等首要。康、梁之所以未被赦免，一则是戊戌首要，一旦赦免，岂非承认戊戌政变为不正？二则康、梁在海外保皇，对慈禧痛骂乃至诋毁未已，在慈禧看来，不仅没有悔过表示，反而是怙恶不悛，她在世一日，不可能赦免他们。其余的戊戌党人在政变之后不久即陆续被赦乃至重新起用。㉒

汪康年所言"庚子汉口之人"，即1900年参加唐才常自立军起事之人。当时为张之洞所捕杀者百多人，不久由清廷传谕各省，严拿自立党人，这就是"庚子党禁"。该党主要由湖广总督张之洞负责办理，此时朝廷远在西安，实际上并未深究。

到1904年慈禧七十大寿时，朝廷正式下达了普赦戊戌党人的上谕："因思从前获罪人员，除谋逆立会之康有为、梁启超、孙文三犯，实属罪大恶极无可赦免外，其余戊戌案内各员，均著宽其既往，予以自新。曾经革职者，俱著开复原衔；其通饬缉拿，并现在监禁及交地方官管束者，著即一体开释。事在此次恩旨以前者，概行免究。"㉓时人评价很高，认为"实为意料所不及，而我朝廷居然行之……已足为空前之特举矣。"为什么呢？"中国之党祸即胎于戊戌一案，其后新旧水火两不相容。旧者当权，新者失势。旧恨新为大逆不道，新恨旧为误国殃民。新党以旧党之阻抑新机因疑朝廷今日非真变法，旧党每以康党旧案挟制新党。新党愤怀难下，因激起革命之风潮"，朝廷下此上谕后，"旧党从

此不再挟制新党，新旧两党或从此相和而不复争。数年之党祸，一旦解释，其关系岂小哉！"㉔

新旧党争既大体消弭，在没被赦免的三人中，孙文乃革命党，根本就不承认清廷，遑论希望被清廷赦免，所以只有以保皇改良自居的康、梁，才希望被清廷赦免，方便回国合法参加政治活动，实现其政治抱负。尽管康、梁通过其国内友好、同道进行了大量的沟通工作，乃至运动朝廷亲贵，但仍不足以动清廷最高决策者之观瞻，开放党禁不成，亦属意料中之事。

可能还有一个理由，作为隆裕、载沣最大政敌的袁世凯，在晚清极力推动包括预备立宪在内的所有新政，成为晚清最著名持开明立场的实力派权臣。据报载，早在1902年还在直隶总督任上的袁世凯即有请开党禁之议。㉕隆裕和载沣好不容易于1909年将袁世凯开缺回籍，如开党禁，岂非证明袁氏有先见之明！

有此种种理由，第一次常年会的开党禁议案被朝廷搁置不予理睬，自是意料中之事。

三、资政院关于《集会结社律》的修正

士民集会结社干政，被历代当国者视为朋党比周而予以严禁。君主专制到清代愈加强化，朝廷不许民间公开群体发议以讽当道。府学县学都有明伦堂，清廷于顺治五年（1648年）在明伦堂里置有卧碑，上镌几条禁令，即生员不得言事、立盟结社和刊刻文字。㉖这三条禁令，恰好对应着近代西方人所要争取的言论自由、结社自由和出版自由等三大自由。才子金圣叹就为犯了卧碑禁令而被杀头。因为当时科举考试官员贪污，一些生员跑到明伦堂向孔子牌位前鸣冤，就犯了言事结社的禁令。降及戊戌维新，一些维新人士发起成立一些政治学术团体，旋即政变，被归于非法。

及至朝廷宣布预备立宪之后，仍不以士民结社干政为然。但立宪人士以为朝廷既然宣布立宪，就应学习西方立宪国家，保障臣民的结社集会权利，因此有结社集会之行为。1906年12月在上海成立的预备立

宪公会为其著者。1907 年 10 月，发生了苏杭甬铁路风潮。因清政府向英国借款修路，只准苏浙绅商搭股，不允商办。利权外溢，引发民间抗议。争路运动遂"成了民间与政府之争"，且引发外交纠纷，清廷为此焦头烂额。[㉑]12 月，朝廷发布谕旨，在重申各省绅商士庶干预政事之禁条后，要求宪政编查馆会同民政部，以限制臣民的言论、集会结社范围为宗旨，制定政事结社条规：

> 惟各国君主立宪政体，率皆大权统于朝廷，庶政公诸舆论，而施行庶政、裁决舆论，仍自朝廷主之。民间集会结社暨一切言论著作，不有法律为之范围。各国从无以破坏纲纪干犯名义为立宪者，况中国从来敦崇礼让，名分严谨，采列邦之法规，仍须存本国之礼教。朝廷预备立宪，期望甚殷，乃近各省绅商士庶，其循分达礼者，固不乏人；其间亦颇有浮躁蒙时不晓事体者，遇有内外政事，辄借口立宪，相率干预，一唱百和，肆意簧鼓，以讹传讹。侵寻日久，深恐谬说蜂起，淆乱黑白，下陵上替，纲纪荡然。宪政初基，因之阻碍；治安大局，转滋扰攘。立宪更将无期，自强之机，更复何望！盖民情固不可不达，而民气断不可使嚣。立宪国之臣民，皆须尊崇秩序，保守平和……著宪政编查馆会同民政部，并将关于政事结社条规，斟酌中外，妥拟限制，迅速奏请颁行。倘有好事之徒，纠集煽惑，构酿巨患，国法具在，断难姑容，必宜从严禁办。并著京外各衙门，督饬所属，懔遵此次谕旨，实力奉行。倘敢瞻徇故纵，养成祸患，该管衙门不得辞其责。[㉒]

清廷严禁绅民干预政事的谕令引发朝野的反弹。御史赵炳麟于 1907 年底上奏，认为在预备立宪期，开会结社未可一概禁止：

> 考我朝名臣，远如汤斌，近如曾国藩，亦皆立会讲学，蔚为良辅。日本大隈重信，持其所学教授生徒，聚八千余人，在早稻田研究政治，日本国家大受其益。宋明末造，严禁讲学，卒以钩党亡其

国。方今时局艰难，正赖京外士民同德同心，讲求政学。若不分别办理，一概禁止，实非治平之道。[19]

各路报纸亦争相抨击。《申报》登载的《上谕谨注》即犀利批评政府假立宪而阴行专制：

> 立宪国有三大自由，一言论自由，一集会自由，一出版自由。有此则为立宪，无此则为专制。理极粗浅，世人类皆知之。顾立宪之动机，发之于下，则人民立于其所欲立之地，为能享受自由之福。否则政治团体，势力微弱。虽日日言立宪，言自由，将去立宪与自由也益远。于何证之？证之历次颁行立宪之谕旨……吾国人民，旧时栖息于专制政治之下，本不知有宪政……自建设立宪政体，只以人民与政治思想能力两皆薄弱，故政府得以假改革之名巩固其专制之力。即果推因，则国人无政治团体之过也。然自近月以来，外事逼迫，各省绅商士庶，若江浙之争路、闽皖之争矿、粤东之争捕，其举动也轨于文明，其宗旨也根于忠爱。政治团体蠕蠕欲动，引而进之，即足以促宪政之早日成立。乃政府以为于己不利，视若仇敌，一则曰"肆意簧鼓，以讹传讹"；再则曰"谬说蜂起，纲纪荡然"。如其说，吾知淆乱黑白之言，将不在各省之绅商士庶，而在中央之专制政府矣。限制言事，限制结社，吾又知阻碍宪政之言，亦不在各省之绅商士庶，而在中央之专制政府矣……乃知政府敌视人民之意，蓄积于平素，发泄于一朝，一切集会结社诸禁令，直倾筐倒箧而出也。[20]

反对舆论如此汹汹，宪政编查馆亦不愿完全秉承朝廷意思，直当舆论之冲。该馆于1908年3月即拟定出《结社集会律》35条，上奏朝廷，获得批准颁行。按照该馆的说法，此律制定宗旨"参酌中外"，肯定结社集会为发达立宪所必需，但为预防流弊，须用法律予以限制。关于结社集会与宪政进行之关系，宪政编查馆的奏折与朝廷严禁之谕旨有很大差别：

结社集会种类甚夥，除秘密结社潜谋不法者应行严禁外，其讨论政学、研究事理、联合群策以成一体者，虽用意不同，所务各异，但令宗旨无悖于治安，即法令可不加以禁遏。其在欧西立宪各国，国愈进步，人民群治之力愈强，而结社集会之风亦因之日盛。良以宇宙之事理无穷，一人之才智有限，独营者常绌而众谋者易工。故自学术、艺事、宗教、实业、公益、善举，推而至于政治，无不可以稽合众长，研求至理。经久设立则为结社，临时讲演则为集会。论其功用，实足以增进文化，裨益治理。㉑

该律分别对结社和集会下了定义，着重强调其关于政治者，分别赋予"政事结社"和"政论集会"之名。其要点包括：政事结社和政论集会须呈报批准，秘密结社在禁止范畴，教员和学生不得列入政事结社及政论集会。政事结社和政论集会皆有人数限制，前者规定为 100 人，后者为 200 人。该律施行前已设之政事结社，应于一个月内补行呈报。㉒颁布《结社集会律》，固然打破了之前的厉禁，赋予臣民结社集会的法定权利，但限制人数、禁止教员学生干预政治和开会演说，以"维持公安"为法定理由，给予各级官府随意解散或停止结社、集会、游行的权力，法定权利难以落实。㉓

该律施行后，遭到立宪党人的强烈反对。经充分酝酿，1910 年 8 月，各省谘议局联合会向资政院递交陈请书，陈请修改《结社集会律》。该陈请书以为在预备立宪期，政府应力求政治结社集会之发达，提升国民之政治素养，原《结社集会》律条文与立法宗旨互相矛盾，必须予以修正：

> 《结社集会律》大端仿自日本……本律条文与定律宗旨，两相抵触之处，有不能不改正以归于一贯者。盖定结社集会律之宗旨，认政治结社集会之有益于国家，扶持正当之结社集会而禁抑不正当之结社集会，苟非在禁抑之列，即当扶持以求其发展。若一方扶持其成立，而一方限制其发展，意旨矛盾，即无事实之障碍，亦当在改正之数，而况乎其障碍固甚大也。

修正的内容有二：一是删除教习加入政事结社和政论集会之限制，理由大致有四：限制教习不得列入政治结社集会与本律宗旨相背驰；与现行各项法律相背驰；于教育政策大有妨碍；于事实上必不能实行，法律规定悖于事实。一是删除政事结社和政论集会的人数限制，其理由为：限制人数不合法理；事实上亦无实效；于政策上会发生重大恶果。㉔

法典股经慎重审查，于 1911 年 1 月 10 日大会上，汪荣宝报告审查主旨及其内容："现在既是宣布立宪，确定国会年限，这集会结社必定一天一天发达的"，如《集会结社律》"有妨害的地方，总要想法子去掉"。应该修正的地方不止陈请书所说这两点，遂把全案都予以修正。主要是增加条款，一是议会中议员组织正当之集会结社，可以不必按照法律呈报；二是集会结社之时，选举人、被选举人，举行前两个月之内集会结社，为准备投票起见，亦是法律上当然的，与普通集会结社不同，亦不用普通呈报规定；三是结社社员发言表决，社外人不得干涉。

汪荣宝报告完毕之后，议员们开始逐条讨论法典股修正案。当讨论到第十二条时，籍忠寅予以批评，认为"民政部或本省督抚为维持公益起见，似乎没有界限，因为并未定出条件，只以民政部及本省督抚之眼光为据"。陆宗舆遂建议将"维持公安起见"改为"认为妨害治安者"，得到多数赞成通过。经林炳章提议，大会多数同意删去第十八条中的"迎神赛会"，即迎神赛会不在法律允许之结社范围内。㉕至此，资政院修正《结社集会律》议案得以在大会通过。

第一次常年会旋即闭会，因为与政府意见不一致，㉖资政院遂按照法律规定，咨会军机处，商讨会奏事宜。1911 年 4 月 3 日，军机处答复，倾向于等下半年第二次常年会资政院复议后再议。此案遂被暂时搁置。军机处咨文略云：

> 为咨复事。准贵院片称议决陈请修改结社集会律遵章会奏稿……等因前来。本大臣等公同复核，此案据各省谘议局呈请修改原律第九条、第十条删除人数及教员制限两条，系为维持发达政治会社起见，本大臣等极表同意。惟股员会审查修改全体条文内第三

条及增添第六条、第十四条，核与现行律意不符，本大臣有未能同意者。查各国结社集会法有呈报和许可两种主义，恭按《钦定宪法大纲》，臣民于法律范围以内结社集会准其自由，盖采日本宪法条文，于准其自由之中限以法律，故有呈报结社集会者，须由官署核准呈案，即是采用许可主义。不仅如该股员会修改条文第三条按语"所谓'核'之一字，为官署应行之职务"，亦不得谓结社者只负呈报之义务，无俟官署许可之必要也。日本初订集会规则本用许可主义，欧洲各国如普鲁士、葡萄牙等亦莫不定有限制。中国政治会社萌芽伊始，人民智识程度不齐，但若听其呈报即可自由结社，安能保其尽合法律！与其有所侵佚而为事后禁止之方，何如早加查核而为事前准驳之据！果使不越范围，原无不准结集之理，并不因此于发表政见有所阻碍。此第三条删除"核准"二字之未能同意者也。第六条议会议员之结社、第十四条选举人被选举人之集会均不适用本律。夫国家定律，凡属臣民同负遵守之义务，议会议员只能享权利于议会之中，不能享权利于议会之外。政治结社为臣民常设之团体，与国家所设政治机关不能例视。若可不遵本律任意结集，究其是否尽属议员，安得人人而辨之？更何从知其失议员之地位而令其退社乎？至选举人、被选举人范围尤广，选举人尚有选举人名簿可查，若被选举人，则在议会议员未经当选之先，凡属褫夺公权以外，人人皆被选举人也，人人可以集会，本律将成虚设。况各国运动选举，久成弊习。欲求政见接洽之利，而先开选举混乱之门，实为利不胜弊，而又有破坏本律之嫌。此第六条、第十四条增添条文未能同意者也……此案送处已在资政院闭会之后，既不及交复议，又与分别具奏之例未尽相符，是否俟下届开会再交复议之处，即请贵院酌核办理。[22]

及至第二次常年会召开，军务倥偬，资政院无暇讨论这一法律案。清室覆灭，该律在资政院的修正遂不了了之。

资政院修正的《结社集会律》尽管被搁置，但其修正内容事实上却在发生作用，清政府对于党、会之注册，尚持较宽松态度。《时报》于1911年6月曾撰论指陈这一事实：

> 修正集会结社律，去年已经资政院通过，闭会后忽以政府不同意，不肯会同上奏，遂搁置不行。然各社团诣民政部立案者，则无不立准，如请开国会同志会，如统一党，皆批准立案。今年宪政实进会已立案，宪友会、辛亥俱乐部亦将联翩而至矣。可见政府不注意于法律，未尝不注意于人情。㉘

据档案记载，资政院在修正《结社集会律》后，民间很多社团和集会都超过《结社集会律》的人数限定。1910年10月，江汉大学期成会即在给内城巡警总厅的申请登记文件中写明其现有会员计229人，且逐一列出会员姓名，内城巡警厅即准予立案并报民政部备案，根本没有审查会员人数这一项。1911年1月，慧仙女学堂教员孔劳细等成立女子戒食纸烟社，社员更达1048人，内城巡警总厅照样予以立案批准，民政部也予以备案。据1911年9月内城巡警总厅给民政部上报的清册来看，尚志学社会员115人，江汉大学期成会229人，女子戒食纸烟社1048人，华德交通社华人会员100人、德人会员60人，南洋公学旅京同学会有会员112人，都超过法律规定会员人数。㉙这即证明，资政院通过的修正《结社集会律》尽管未获朝廷的明确批准，形式上看没有正式法律效力，但在实际执行中，军机处认同的条款，似乎已隐然生效。

四、晚清开放党禁的结果

第一次常年会闭会后，资政院将为光绪手诏、开放党禁大赦党人的议案上奏，但未获朝廷批准；其修正的《结社集会律》更因没能获得军机处的认可因而根本没有上奏。朝廷将自己置于立宪舆论浪潮的对立面，给民间和列强一个无视民意的顽固形象，必然会付出高昂代价。

在朝廷事实上否定资政院要求开放党禁的主张后，有些本就比较保守顽固的官员上奏指陈开放党禁、成立政党对朝廷的危害，在他们看来，新式政党与朋党的界限难以清晰分划，弄得不好，就给权臣窃国柄以正当理由，到那时，朝廷悔之晚矣。1911年2月，柯邵忞上折，云：

> 外国之政府必树党援，以抵制议院之冲突，然其分党也，犹为政见之异同。中国近年以来，官常日紊，运动钻营，无所不至，如再以组织政党为柄臣自固之基础，则内阁大臣之所用者，无非奔走夤缘之士，有劾其援引私人者，彼必曰此与吾政见不合者也，不然即排挤吾之政党，而不利于吾者也。虽有法家拂士，不足以回其听而觉其迷。信用一非，弊端百出。⑳

开放党禁一事因此被搁置，直到第二次常年会召开，革命党已兵临城下，清廷才不得不正视此一问题，具体过程下文再述。

第八节　重大议案（七）：剪发易服案

中国自古即被称为礼仪之邦，头发、服饰自远古开始即承载了超越实用价值的文化内涵。自春秋战国时期，夷夏大防的标志之一为头发和服饰之别。孔子尽管批评管仲的奢侈和僭越，讥其不懂礼，但仍肯定其尊王攘夷之功，云："民到于今受其赐。微管仲，吾其被发左衽矣。"这里，"被发左衽"成为"夷狄之俗"的代称。㉑《孝经》的《开宗明义章》所讲的这句话为帝制时代中国人耳熟能详："身体发肤，受之父母，不敢毁伤，孝之始也。"孝可说是中国传统文化最重要的价值，这个"孝之始"的重要性不言而喻。所以，历代制礼定乐，发式、服饰都是核心内容。

一、晚清的剪发易服风潮

金人占领中原后，即短时期推行剃发。到清代，头发和衣服具有特殊的敏感性。盖清以满族入主中原，习俗自与汉民相异。在初入关之际，尤其是下江南以后，满清更受到了汉族的顽强反抗。顺治二年多尔衮当政时下达剃发令，并不惜代价严厉推行，以彻底根除汉族的反抗意识。而汉人视长期保存下来的发式为汉家故物，剃发令更唤起其故国之思，反抗尤烈。到康熙时，尚有因隐匿未剃发而被仇家告发者。[②] 如此长时期的激烈对抗，血腥遍地，满汉之间的民族矛盾积累日深，留辫、满族服饰成为汉民族之隐痛。康雍乾盛世之后，天下大定，民族矛盾渐趋缓和，随着世代推移，辫发和服饰几成汉民族之"新传统"，当年祖辈们的血腥抗争似乎成为久远历史。随着清王朝由盛转衰，民变渐趋激烈，又开始有人故事重提。到太平天国起事，以民族大义相号召，清初的发辫服饰之争被重新用来作为起事宣传的绝佳材料。降及晚清，革命者为"驱逐鞑虏"，大力发掘那些被遗忘或湮没的发辫服饰历史，以凸显清廷作为征服政权之野蛮残酷，革命、光复成为汉民族之复仇壮举。20 世纪初，邹容即在脍炙人口的《革命军》中讲：

> 吾读《扬州十日记》《嘉定屠城记》，吾未尽，吾几不知流涕之自出也。吾为言以告我同胞曰：扬州十日，嘉定三屠，是岂非当日满人残戮汉人，一州一县之代表哉？夫二书之记事，不过略举一二耳，当日既纵焚掠之军，又严剃发之令，则满人铁骑所至，屠杀掳掠，必有十倍于二地者也。有一有名之扬州、嘉定，有千百无名之扬州、嘉定。吾忆之，吾恻动于心，吾不忍而又不能不为同胞告也……父兄之仇不报，而犹厚颜以事仇人，日日言孝弟，吾不知孝弟之果何在也。高曾祖若有灵，必当不瞑目于九原……呜呼！此固我皇汉人种，为牛为马，为奴为隶，以服从满洲人之一大纪念碑也。[㉓]

"抛汉唐之衣冠，去父母之发肤"，革命党人的宣传很有力量。大致与朝廷预备立宪国策宣布同时，居舆论之先的《大公报》以"剪发易服议"为题公开征文，其中有文章这样讲："幸哉幸哉，我国军人竟易服也；惜哉惜哉，我国之易服竟只行于军人也；怪哉怪哉，我国军人竟将发辫盘于头顶之上也。"[㉔] 此可代表部分在野之舆论。

就朝廷内部言，主要靠汉族士绅所组织的军事力量镇压了太平天国之后，汉族势力大增，全国政治成"内轻外重"之局。朝廷为扭转此不利形势，进行了多种努力，但收效甚微。戊戌政变后，朝中保守势力当权，由于在戊戌维新中被清洗的多是汉人，以致舆论有朝廷"内满外汉"之说。[㉗]经庚子国变，保守势力虽受挫，但满汉矛盾被一再触及而成为政治敏感神经。清廷确定预备立宪国是后，借用立宪这个具有高度正当性的借口来集权朝廷、集权满洲，是晚清十年新政的政治主旨之一。

与此同时，朝中的开明一派和民间则出现了剪发易服的倡议，希望能以此弥合逐渐扩大的满汉裂痕。如康有为，于戊戌维新期间，公开奏请朝廷断发、易服、改元，表示朝廷彻底变法，与民更始的决心：

> 发尚武之风，趋尚同之俗，上法泰伯、主父、齐桓、魏文之英风，外取俄彼得、日明治之变法，皇上身先断发易服，诏天下同时断发，与民更始。令百官易服而朝，其小民一听其便。[㉘]

姑且不论康有为的主张是否可行，在清代，辫服可谓列圣家法，居然可公开上折予以讨论，足征风气已发生变化。尽管戊戌维新很快失败，康氏主张亦被视为乱臣贼子之谬论，但风气一开，国外留学生、外交使节等即以职业便利等为理由，实际上已开始剪辫易服。朝廷上下，也是睁一只眼闭一只眼。

1905 年五大臣出洋考察宪政归国，载泽即准备趁预备立宪之机，正式奏请朝廷剪发易服，为慈禧以风气未开等由婉拒。[㉙]戴鸿慈等在为考察各国学务事宜所上奏折中建议朝廷"请定学校冠服以壹民志"，指出易服乃时代风会所趋，不可遏止：

> 自西学东渐，数十年间，海内靡然从风，起居服御，颇乃改易旧观，更从新制……交通既广，凡商业之贸迁，绅民之游历，及夫各国选派学生留学于各国者，又皆改易服装，以与其官商士庶相

周旋，几入焉而与之俱化，不觉歆之羡之，而因而仿效之，十余年来，学界之风尚，固有然矣。于是不待有改定学堂制服之明文，而纷纷以西服为文明，以旧饰为朴野，一时之浅见，以为不改西装，不足以言西学者。地方官吏又以为未见国家功令，则起而禁之。乃禁者自禁，而变者自变。既非刑法之可强迫，而宗旨奇袤之辈，则借是以为煽鼓之机，诬朝廷以守旧之名，谓政府即不变，国民亦当自变。㉘

尽管该折关于学生易服之规定因为来自朝廷内部的巨大阻力而未能立即生效，但"禁者自禁，而变者自变"却是实情，且被摆到朝廷决策层面：朝廷禁令与民情相反，该如何处理以善其后？1907年9月，清廷采纳张之洞建议，颁布《文学堂冠服章程》，其主旨为寓禁于易，规定文学堂学生在操场及整列出行时可穿仿西式操衣，但礼服和讲堂服均为中式长衫。常服虽可听便，但必罩长衫，不准短衣。虽在一定场合可易服，但不准剪辫。㉘

自慈禧太后去世后，清廷政出多门，军谘大臣载涛和陆军部尚书荫昌对士兵剃发剪辫持宽容态度，以至于军中剪辫发者日渐增多。1909年11月，钱恂在奏折中以亲历者之口讲出：

> 查剪发易服之习，起于留学生。在学生入彼学校，又只身就学，诸事宜从简易，诚不得不剪发易服。在使馆中无关轻重人员，苦于在外无剃发匠，无成衣匠，偶一为之，亦尚可原。㉘

后载涛还正式奏请摄政王允准剪发："摄政王以祖制所关，未便遽议更张，且教育未能普及，难保百姓不囿于习惯，未允所请。涛贝勒乃禀知醇亲王福晋（摄政王之生母），谓不先剃发，中国断难自强，老福晋面谕摄政王照办，摄政王迫于母命允涛贝勒所请，谓俟显皇后永安后即颁剃发之命，惟拟先从军队及巡警入手，并拟先剃半边盘辫戴帽。涛复力争，谓先从军队剃起，转疑轻视军人，若剃一半是犹不剃，更足贻人话柄，闻摄政王刻已悉如所请。"[21]就在这个剪发易服已成风潮，朝廷内部争议很大，最高决策者尚犹疑未决，资政院开会讨论了剪发易服议案。

二、资政院议决剪发易服案

在第一次常年会期间，湖南宁乡县人周震鳞向资政院递交陈请说帖，其要旨为：世界日趋大同，剪发乃有不得不然之势，于国防、工业、治安、卫生和中外交际应酬有益。综合此五个方面看来，"辫发也者，一入二十世纪时代，实有天然淘汰、变亦变不变亦变之趋势也"。易服则可分常服和礼服而言，常服问题较少，礼服则需要改良，方向是向常服靠拢，以革除社会，尤其是官场奢靡之俗。总之，周震鳞之所以上该陈请说帖，是"外审世局，内察国情，深以剪除辫发、改良礼服，于移风易俗、富国强兵有所裨益"。[22]

该说帖到院后，即交陈请股第二科审查。经审查，陈请股认为"无庸会议"。按照《资政院议事细则》第一百二十条的规定："毋庸会议事件，若一星期内议员不提起倡议请交会议者，即以陈请股员会议决定之。"1910 年 11 月 25 日，易宗夔在大会发言，认为陈请股的结论不妥，应将该说帖作为议题提交大会会议。其理由为："以世界主义论，因为世界各国没有带辫发者，独中国留此野蛮制度，甚不雅观；以国家主义论，因为一国的国民必有军国民的资格，如果要人人当兵而辫发不去，实在不便；以社会主义论，社会之进步，非振兴实业不行，而实业里头有种种之机器，一发之牵，异常危险，如果辫发不去，实业上更多滞碍的；以个人主义论，不独损坏衣服，无论作何事，有辫发的均不便利。"议长以未收到陈请股的正式报告为由委婉推脱押后，罗杰则提出他已就剪发易服一事拟具奏案交给秘书厅，其内容和理由大致如下：

变法贵有精神，而精神即寓于形式。我国辫装，其形式特异于六十余国，辫装不变，其害有六：军人挽辫，操演不便，衣长袖博，妨碍运动，一也。工厂舟车，易生危险，工人买夫，不便厥职，二也。与列强交，脱帽为礼，我独不便，感情难洽，三也。华人出游，恒受讥刺，国民外交，不能亲切，四也。形式不改，精神不振，垂辫如故，民忘维新，五也。浣沐不便，尘垢易凝，脑气不清，卫生有碍，六也。至我国服制纱皮叠更，官绅坐累廉俸不给，则必取之非义，则必病民；苟能改用西服，则通刺整装，取携自便，仆从因而减免。向之官吏为珠顶衮带，辄费万金，以致罢官而不能自存者；今则出寰而有赢金。向之社会为冠服相耀，而侈及轿马家丁，以成侈俗；今则以简质而有余润。㉔

罗杰奏案主张剪辫，礼服变为西服。于邦华顺势指出："这个事情不必讨论，亦不必作废，就请作为议案编入议事日表就是。如果陈请股作废，我们议员有人倡议，得三十人以上的赞成，就可作为议题。"㉕于是，剪发易服案因有众多议员的支持成为大会议题。因此时正是议员们讨论弹劾军机案进入激烈之际，该案没有充分讨论，即被编入议事日表中。

易宗夔作为弹劾军机案的核心人物，之所以在这个关键时候专门提出周震鳞这一说帖，除了该说帖内容的价值外，估计跟易、周二人属于同省近邻这层老乡关系分不开。周震鳞（1875—1964），字道腴，晚号苦行翁，湖南宁乡人，早年成为诸生后入两湖书院，与黄兴同学，喜读经史、兵法、地理，有志于救国。两湖书院肄业后回乡，于1901年在长沙创办宁乡师范学堂、宁乡中学堂，1902年到长沙，任湖南高等学堂教务长。1903年受胡元倓之邀，至明德学堂任地理教习。在此期间与黄兴等人创立华兴会。次年加入同盟会，任同盟会湖南支部长。1906年夏，因革命行动暴露被通缉，流亡日本，入法政大学学习，在东京初谒孙中山。1907年回国，在芜湖安徽公学任教，随后辗转到北京，就任北京师范学堂舆地教习，常于《帝国日报》《顺天时报》等报刊撰文宣传革命。1909年因公开反对君主立宪而被捕，经吴禄贞等营救出狱，后回长沙。㉖"自周震鳞陈请资政院审议剪除发辫后，颇招社会之欢迎。随又发起剪发不易服会，不数日而签名赞成者达数百人之多。周君遂于初二日实行剪去辫发，以为众会友之倡。同志各君亦拟于日内专雇理

发匠教以西式理发之法，特赁房屋设店，以为全国理发营业之模范。"㉖
易宗夔与他曾共事于明德学堂和湖南高等学堂，尽管一主张革命，一赞
成君宪，但易宗夔属于君宪派中的激进者。二人本有交谊，且对于剪发
易服的主张相近，易宗夔在议场发议支持周震鳞的陈请说帖，自在意料
之中。

　　于 1910 年 11 月 30 日的大会上，当秘书官按照程序"逐件朗读陈
请股报告书至审查剪发易服无庸会议之件"之时，易宗夔再度提请议长：
"剪发易服一案，前天倡议已经多数赞成，请议长仍将此案交议。"议长
采纳其建议，经 30 名以上议员的同意，将剪发易服案作为议案编入议
事日程，且更名为"拟请明谕剪发易服具奏案"，将于下次大会议决。㉗
这里需注意，该案经议员提议，由陈请案变成具奏案，不再只是臣民个
人意见，而是代表全国舆论的资政院议员群体共同主张。1910 年 12 月
2 日，多数议员赞成将该案交特任股员会审查，并由议长指定了 18 名
特任股员，负责审查此事。㉘

　　在特任股员会审查该案期间，礼部主事林师望向资政院呈递陈请说
帖一件，专言易服之害，重点在阐述易服对全国民众财产生业必有不利
影响。据股员长陈宝琛的归纳，其大意为：

　　　　第一条说是不得已而议剪发，则应请剪辫以顺舆情，并引《金
　　史》《齐书》为证据，不必以国俗为疑；第二条说是不得已而议剪
　　发，仍照前剃发以存祖制，说明我朝入关下令剃发，是剃发著于命
　　令，以命令行之，即以命令废之，原无不可，但不改官制而效洋
　　人，剃发殊不好看，仍照旧剃发为宜；第三条说是不得已而议易
　　服，则请专易军人、巡警之服。因为军界不易服，则不利于军用，
　　拟请军人、巡警改用洋装；至于军官，仍旧日官服，因为到了朝会
　　时候，一国不能有两种制度。这一条是单赞成军人、巡警易服的，
　　又说现在学堂的学生本有操衣，不必另改服制；若是学生一律改
　　服，这影响就大了。他这个说帖，痛言易服之对于全国人民财产
　　业关系很大。㉙

1910 年 12 月 15 日大会议事日表第一项就是"拟请明谕剪发易服具奏案"的"股员长报告"和"会议"。牟琳向大会简要报告该案的审查主旨，即分剪发和易服两点，关于剪发，分两层：第一是军、警、学三界先剪；第二是请求作为海陆军大元帅的皇上，"躬行剪发为天下先"。关于易服，主张常服不变，礼服从简，具体由皇帝定出礼服规制。接着，议长按照程序，提出将林师望的陈请说帖并入审查，故由陈宝琛介绍了林师望陈请说帖的主旨。随后罗杰、杨锡田、易宗夔、方还、闵荷生等相继发言，赞成者居于上风，反对者也有自己的声音，如杨锡田、闵荷生即持反对主张。最后由议长宣布讨论终局，以记名方式投票表决股员会报告书，即剪发和请定礼服。经统计，赞成剪发易服者 102 票，反对者 27 票，股员会报告书得以在大会通过。

此次投票，是第一次常年会期间首次使用记名投票方式来予以表决，足见议员间争论之激烈。以前速开国会、弹劾军机，尽管事关重大，但因为议员意思较为一致，都用的是无记名投票法。按照《议事细则》规定，表决有起立法（包括反证法）、无记名表决法和记名表决法三种："议长认为重要或经议员二十人以上之声请者，得不用起立法，以记名或无记名法，令为表决。""记名表决者，以为可之议员用白色票，以为否之议员用蓝色票，各记本人姓名投入票匦。""用记名、无记名表决者，应封闭议场，禁止出入。"㉚这些规定，皆为郑重起见。在此次记名表决中，出现了恶作剧，即冒用未出席本次大会的汤鲁璠来投赞成票的情况。郭策勋于开票后披露，"汤议员鲁璠坐位就在本议员坐前，今日汤议员未见到议场，议员之票究从何来？请议长及诸议员注意"。针对此种情况，顾栋臣主张重新投票，以昭郑重，其理由很有说服力，略云：

> 此种上奏案极其重大，所以要用记名投票表决者，原期信而有徵，乃汤议员鲁璠并未到会，竟有他的赞成票。似此弊混，何足以昭信用？假如此种假票在反对一边的，只要把票子取消，还不要紧，现却是赞成的，一方面有这样假票子，恐外间辗转讹传，谓这

些赞成的一百零二人都不足凭信。除了汤议员之外，这种假票恐尚不少。就是这个议案之表决赞成全靠不住，况资政院为最高立法机关，何等重大！我们在此当议员，负何等责任！议员之中而有此种弊端，尚成何议员，成何立法机关？一事如此，他事可知。不将此事解决，恐以后资政院之议决案全失信用。本议员非仅为此一案计，为资政院全院立法计，所以发此言论。至于何人舞弊，此时亦查不出来，应请将此案重付表决，以间执人口。

易宗夔马上反驳，不能说毫无道理："汤议员鲁璠反对剪辫易服，差不多通国皆知。今天的票是什么人写的呢？可以想得出是一个反对的人写的。怎么知道是反对的人写的呢？因赞成者断不肯牺牲白票，惟反对者剩白票一张，乱写他名。他的意思，是希图破坏这个事。现在已经表决，经多数赞成，如果再表决，是没有这个办法的。"最后多数议员以实质正义为据，即一张或几张假票不至于影响投票结果，将此次事件放过。到大会再次以记名投票表决《新刑律》关于无夫奸条文时，高凌霄还提出此次弊混之事，以为警诫："请议长注意，头一次用记名投票法表决时，内有伪票一张，是我们资政院的大污点。如果这回再有此事，应请付惩戒股惩戒。"此次投票，现场出现弊混，议长等当时未予以追究，也没有重新投票，实是第一次常年会的污点。

针对剪发易服议案，还有几位议员的态度及其理由颇堪玩味。一是闵荷生，一是魏联奎。

闵荷生在大会上公开声称："决不肯剪发，如定要剪时，也不做官了，也不当议员了。"他而立之年进士及第，其后历任京官，后以知府外放，是为传统士大夫之典型，作为年长的汉人议员（时年63岁），他反对剪辫，其立场之坚定，殊堪玩味。魏联奎年少苦学，将近不惑之年中进士，一直在刑部任职，以部院衙门官被推举为议员，在议场发议较少，除了对其精通的《新刑律》议案有三次发议外，只于此次会议时发过一次言。他在票上写有"赞成报告书"字样，当议长因其投票不合乎形式要件而询问时，他有这样的阐释："对于剪辫一项，就是专指军警学三界而言，议员中有于三界外提及政界者，窃以为政界剪辫，宜与农工士庶均在听其自便之列。盖此事于大端无甚关系，且习惯所在，不得概用激烈手段，致生阻力也。至易服一项，如得尽用本国材料，并经济上不大受影响，本员亦极其赞成。盖近来服制杂乱极矣！贵贱之不分也，侈靡之竞尚也。无论礼服、常服，果能均定限制，统上下胥纳于轨物，将救时正俗，咸在于斯，其尤要者实力奉行，须先自士大夫始。士大夫人民之表也，未有表不端影能直者。"他很少在议场发言，但言必有物，非其所熟知自信，则必不肯孟浪发言以出之，诚笃实士大夫也。

奏稿通过后，议长按照《院章》规定交特任股员会修正奏稿字句，待大会通过后上奏。在两天后的大会上，未出席大会参与表决的郭家骥就讲：资政院剪发易服的议案通过后，已影响到市面，据说"北京当铺现在已经不当官衣了，就是当便服的价钱亦减下来了，估衣铺、绸缎庄也非常恐慌"。[28]因为议员们忙于弹劾军机案，到 12 月 21 日开大会，已距具奏案表决通过将近一周，剪发易服案修正奏稿迟迟未提交大会表决，牟琳、罗杰等要求议长催促股员会从速提交大会表决，罗杰还质问："本员倡议剪发易服后面附有请废拜跪的礼节一层，何以该股员会的报告书未曾加入？不知道是什么意思，请议长咨询股员会。"议长回应因奏稿仍需修正，待修正完成方可上奏。于 12 月 24 日的大会上，罗杰先倡议："请赦国事犯、剪发易服、修改筹备宪政清单三件议案，都是关系重大，已经审查好了。请议长催股员会从速报告。"易宗夔紧接着讲："请赦国事犯与剪发易服具奏案，审查报告书宣读一遍，明天就可以上奏，不然恐怕生出别的变故。"[29]《大公报》于该日全文刊登了《资政院剪发易服审查报告书》。

到 12 月 28 日大会上，秘书长朗读已拟就奏稿，以起立方式表决，98 人起立赞成，30 人未起立，奏稿得以多数通过，12 月 30 日溥伦将奏稿上奏：

> 资政院总裁贝勒衔固山贝子臣溥伦等跪奏为具奏请旨事。前据臣院议员提议，拟请明谕剪发易服、与世大同一案，其大旨谓……

等语。当经照章付特任股员审查，旋据该股员会称，审查得此案主旨系以中国辫装妨碍动作，朝廷整军经武，非剪除辫发、改制冠服，不足以灿新天下之耳目，改除骄奢之习惯。其于辫装之利害得失，剀切详明，而其扼要之端，尤在以中国之棉丝定适宜之冠服，不必纯用外国呢货以保利源。本股员等以为，世界交通皆取大同主义，各国皆无辫发，我独立异于人，国际外交致生扞格，且列强环伺，隐患方长，宜振尚武之精神，祛文弱之积习。与其惮于改革，徒增形式之参差，何如显为变通，以示精神之肃整。拟请明降谕旨，凡官员、军警、学界人等，一体剪发，农工商民悉听其便，国家绝不干涉，自无惊世骇俗之嫌，此剪发之办法也。中国服制有朝服、吉服、公服、便服之分，便服宽绰适体，本可无事更张，朝服、吉服皆有关于庙祀典及一切庆贺之礼，自未容轻议改变。至于公服之制，不无宽博，非特趋公，有妨动作，即寒燠易序，应候而更，烦费较多，财力自耗，似宜酌示变通。应请旨简派王公大臣，博稽中外制度，厘订公服详具图式，并限用本国材料，奏请钦定颁行，示天下以准绳，作维新之气象，此易服之办法也。抑更有进者，尚武之风气倡之自下，则迂缓而难行，倡之自上，则势顺而自易。伏维圣朝整军经武，力图自强，薄海臣民同深忭舞，我皇上为海陆军大元帅，我监国摄政王代理大元帅之职，发皇武勇，巩固国防，锐意维新，不遗余力。倘蒙鉴睹时变，昭示大同，采日本明治剪发易装之制，首御军服为天下先，则文靡之风不期绝而自绝，刚勇之气不期生而自生，是在圣明之独断而已。本股员等多数表决，应请交付会议等情，具书报告前来。复经臣院会议，将报告书所拟办法详细讨论，多数议员意见相同，当场议决，谨遵照《议事细则》第一百六条，恭折具奏，请旨裁夺，伏乞皇上圣鉴训示。谨奏。㉚

三、剪发易服案被朝廷否决及其原因

折稿奏上后，朝廷当日下旨：

军机大臣钦奉谕旨：资政院奏拟请明谕剪发易服一折，前经农工商部具奏，已降旨明白宣示京外矣，著仍遵前旨办理。此奏应即著毋庸议。钦此。[28]

所谓"先前降旨"，即 12 月 21 日农工商部具奏，朝廷所下默认剪发、禁止易服的谕旨：

十一月二十日内阁奉上谕，农工商部奏，"京师商务总会禀称京师各行商会暨各省商众，以喧传剪发易服，力陈商业危迫，恳予维护"等语，国家制服，等秩分明，习用已久，从未轻易更张，除军服、警服因时制宜，系前经各衙门奏定遵行外，所有政界、学界以及各色人等均应恪遵定制，不得轻听浮言，致滋误会。特此明白宣示，俾京外周知，以靖人心而安生业。钦此。[29]

农工商部在奏折中援引京师商务总会的禀帖，极力夸大易服所造成的经济恐慌并指责议员们"肆口妄议"，不顾国本，不恤民情，直以亡国相威胁，议员们何能承受如此之重！该奏折略云：

京城商务总会禀称：近来剪发易服之事，喧传京外，前京师当行绸缎靴鞋布行各商会均经陈请，生意行将消灭，各行生命财产发发难保，即未附商会之领帽、翎枝、估衣等行亦纷纷来禀，恳乞禀部，设法维持。即武昌绸缎行、江苏浙江等省丝业各商均有公函，请联合各行省众商，力陈商业危迫，请合力维护。此京外各商无不惶恐之情形也……使因剪发易服一举，致全国商务失败，大局何堪设想？兹统京师已入商会、未入商会，各行商纷纷来会争议，群惧商务失败。因报载资政院议决剪发易服，众情更属浮动，致有谓议员未深察中国情形，肆口妄议，未详民情。如果实行，商亡，国未有不亡者。并谓国家现既许民议事，商等即下议院之基础，恳即禀部入奏，以救商危，以固国本，群情惧而且愤。[30]

与此同时，议员们探听到大学堂监督刘廷琛的参折，指责有议员"始而藐视执政，继而指斥乘舆。奔走权门，把持舆论。近且公倡邪说，轻更国制"。这种种事件放在一起，使得一些激进议员更愤激，易宗夔即直言要求朝廷解散资政院："前天剪发易服奏案上去，上谕著无庸议云云，可见朝廷信任农工商部，不信任我们资政院的立法机关。就这件看来，以后无论议决何事都归无效。本员有个倡议，我们资政院可以请旨解散。""前次农工商部奏折是为易服，上谕下来也是说易服，并未说到剪发上。我们的具奏案是只说剪发，并未说到易服上，乃上谕就说遵照前次谕旨著无庸议，这是朝廷不信任我们资政院了。"㉗议员们经长时间讨论，最后决定再上一折说明资政院的地位和性质，冀能上悟君心。后来随着议员们将精力多放在预算案和《新刑律》案上，资政院对剪发易服案的谈论即到此为止。也就是说，在第一次常年会期间，资政院关于剪发易服案的讨论完全为朝廷所否决而基本归于无效。

为什么会有此结果？最主要原因是资政院因为弹劾军机，已跟"行政总汇"军机处，尤其是领班军机大臣奕劻势同水火。尽管资政院所上奏折没有直接涉及军机处，但宪政编查馆、会议政务处都是以军机大臣为核心人员所组成。摄政王载沣性格一向优柔寡断，面对这种跟"祖制"攸关的事体，怎么可能不郑重听取军机大臣尤其是两朝元老重臣、在朝廷势力颇大的庆亲王奕劻的意见呢？甚至可说，在这个问题上，奕劻的意见举足轻重。前引农工商部所上奏折，实大有深意。《大公报》评论，农工商部尚书溥颋是奕劻的亲信，该部所呈禀帖是奕劻授意的结果；㉘《申报》也怀疑农工商部是否受人指使，因自剪发易服风潮以来，并未闻京外各商有惶恐急迫，此前，虽浙商曾宣示反对，但风潮早已平息，且社会舆论多数赞成剪发不易服，于工商业并无妨碍。农工商部"乘此时禁之于先，而使资政院不敢再奏之"。㉙《帝国日报》对农工商部因经济问题反对剪发也提出质疑："全国人民早已大量使用洋货，每年进出口都大量入超，农工商部为何早不设法防御，却在剪辫问题发生后始知实业困难？今年春秋两季蔓延全国的金融恐慌使国家经济几近破产，农工商部无一策维持补救，却在剪辫问题发生后始知有经济界？"⑱既然朝廷对农工商部关于剪发易服刚下上谕，且要求民众"恪遵定制，不得轻听浮言，致滋误会"，又怎么可能在短短几天后就因为资政院两百来个文弱议员的上奏就自我否定呢？12月26日奕劻以老病奏请开缺，奉"温谕慰留"；⑲12月28日资政院通过剪发易服案当天，四大军机"均不值"。⑳资政院上折之时，其失败结局即难以挽回。

尽管资政院上折请求朝廷剪发易服归于失败，但也并非毫无意义。就于12月15日资政院大会表决之后，北京即掀起了剪发之风：

> 是晚各学堂学生等立将辫发剪除，翌日调查，为数当在三千以外。新律维持会会员内阁中书钱维骥君日前因感于辫发有种种之不便，亦已实行剪除……豫学堂学生八十余名中，已将辫发剪去者共有五十余人。陆军第一中学学生……当时即剪者三百余人，晚上续剪者一百余人，一时辫发纷落，欢声雷动。㉑

不仅剪发蔚为风气，更重要的是作为预备国会，资政院在议场公开就剪发易服展开辩论，且最后得以多数通过，朝廷对奏稿也仅是轻描淡写的"著毋庸议"四字例行否决公文，而未予严词斥责。这都说明，随着形势的变更，发辫这一原本令人谈虎色变的"祖制""禁区"，都可在最正式的官方场合公开辩论，且朝廷亦曾开会正式讨论，全体极力赞成者有之，赞成剪发而不易服者，模棱两可者均有之，㉒最后下达的谕旨没有提及剪发禁止与否，已是默认，这本身即是一大进步。

第一次常年会总评

1911年1月11日，资政院举行了第一次常年会的闭会典礼。典礼大致进行了半小时，主要是军机大臣毓朗代表宣读谕旨，其内容主要是扼要总结和劝勉今后。亲历者汪荣宝在日记里还告诉我们一些生动细节，年迈的副议长沈家本在退出议场时摔倒受伤，未能参加合影等：

十二时集议场行礼，军机大臣朗贝勒登台宣读闭会上谕，议长前跪受恭捧，退置黄案上，序立致敬，各退。同人合摄一影，以为记念。沈副议长自议场退出时，举足触地毯裂口，致倾跌伤鼻，血流甚多，未预摄影。议长备香鞭酒及饼饵之属，分饷各议员于分股室，亲诣酬酢，互祝健康，感情甚洽。㉖

　　至此，第一次常年会正式结束。自1910年10月3日到1911年1月10日，这一百来天里，二百议员同聚一堂，共开议事大会39次，讨论了不少在当时，甚至在后世看来都颇具意义的议案，如速开国会案、弹劾军机案、预算案、开放党禁报禁案、修正集会结社律案、《新刑律》案、剪发易服案等，贡献了不少真知灼见，苦心功业兼备，任劳任怨皆有。议员们表现多可圈可点：不少议员以民意代表自处，其不畏权势、认真负责的直言敢言风骨，令人印象深刻，无愧于预备立宪政体下"国民代表"之名。

　　第一次常年会是晚清君宪运动走向高潮的标志，议员们本于对君宪的信仰和代表职责的认知，其所作为在近代中国宪制史上有开创性贡献。梁启超的这段评论，深得我心，值得三复，云：

部分资政院议员合影

今次资政院，其举措不满人望之处甚多，吾亦何必为讳。而或者惩于其失，遂疑此监督行政参预立法之机关，为非吾国人所能适用，甚且疑为有害，而思蔑弃之，摧残之，此大不可也。夫此种机关为吾国数千年来所未尝有，最初用之，不能尽如法，此实事理上所当然，毫不足怪。初学语者，而责以演说；初学步者，而责以竞走乎？况彼资政院议员，亦不过国民全体中之一人耳。国民全体于宪政之精神功用，多未了解，而欲责议员以超群绝伦之智识才力，云胡可得？且齐民属望于议员者太奢，观其结果而觉失望，犹可言也。若以政府官吏而菲薄议员，则厚颜抑更甚矣！政府官吏，其为国家公人也非一日，且号称筹备宪政也亦既有年，在理则才智识力，固宜在议员上。而今也官吏之什八九，懵然不解宪政之精神功用，视议员中之下驷且更甚焉。愈居上位者，则愈梦梦，曾不知耻而顾责人乎？又况议员举措之失次，更大半由政府激之使然乎？夫一树之果，有青有黄；一源之水，有清有浊。吾岂敢谓议员中无失职者？顾以之谤及全体，则乌可乎？谤议员全体犹且不可，而况于谤及机关乎……吾侪若谓中国自今以往可以毋立宪也，夫复何言！若信中国非立宪不足以救亡，宜如何深惜调护，其忍自为牛羊以牧此萌蘖乎？⑳

第一次常年会闭幕不久，朝廷借一英国人之口，真正道出了自己对资政院的恶感，于此更可反证其成功：

　　……资政院叠生风潮，与政府极力反对……所有议案概须邀准，居然视资政院无异行政总机关，故以负责任迫请军机允可，且又要求裁撤军机，即行设立内阁，并种种与政府为难，直视上谕为弁髦。此岂无故哉？皆由缩短期限，曲体民意，致有若斯之任情耳……今中国倘再准其裁军机即立内阁之请，其祸必尤剧烈，俨为逆迫而成之宪政……试观近日资政院之举动，可知从前所拟之章程未尽完善。惟各国试办议院基础之时，所最宜注意者，实恐新政行之过急，不疾则颠；又恐有侵夺君权以扩张民气之流弊。然所拟办法章程如何为妥？必须与风俗习惯成例一切相符。如有不妥之处，随时改良……今中国资政院所定之办法，皆系采各国完全之宪法。揆之试办，起点大相悬殊。其议长与各议员程度皆为未及，况钦选议员虽居过半，毫无把握，未能发起讨论，不过附和众意为事。民选中多系留学东洋，蓄有革命之思想。是其选派之时，各封疆大吏未能详察，竟徇于民意，为之咨送。以致彼等一达目的，不胜满意，凡于讨论，悉为倡议，大见嚣张。惟既无压制之策，反多附和之人，安得不肆意要求也。然钦选之员不顾大局，如冷血动物而已，致使一切讨论，皆为民选所通过，每议案皆迫政府准行，否则要挟以解散之举动。设使中政府悉从其请，姑息苟安，不务设法改良，诚恐资政院即成为全国行政之机关，则将来不免为民选揽其大权，以扩张民权之地步，酿成巨祸，适以启外人乘隙之机，以达侵吞之目的。[10]

注释

① 李启成校注：《资政院议场会议速记录》（修订版），下卷，第671—672页。
② 中国第一历史档案馆编：《光绪宣统两朝上谕档》，第36册，第496—497页。
③ 本统计表主要参照《速记录》、《政治官报》（1910年9月—1911年2月）和姚光祖的"资政院陈请具奏权使用范围表"、"资政院第一次常年会立法概况表"（《清末资政院之研究》，第141、164页）而做出。
④ 李启成校注：《资政院议场会议速记录》（修订版），下卷，第725页。
⑤ 杨天石等编：《宁调元集》，第458页。
⑥ 李启成校注：《资政院议场会议速记录》（修订版），下卷，第1015页。
⑦ 同上书，上卷，第119页。
⑧ 上海商务印书馆编译所编纂：《大清新法令》（点校本），第十卷，商务印书馆2011年版，第205页。
⑨ 《出使各国考察政治大臣载泽等奏请以五年为期改行立宪政体折》，载夏新华等整理：《近代中国宪政历程：资料荟萃》，中国政法大学出版社2004年版，第38—39页。
⑩ 端方：《请定国是以安大计折》，《端忠敏公奏稿》，1918年铅印本，第六册，第35—37页。
⑪ 参考夏新华等整理：《近代中国宪政历程：资料荟萃》，第55—68页。

⑫　这是笔者阅读资料范围所及整理出来的，需要说明：主张不预设期限的，没有包括在内。这一时期资料太多，挂一漏万，在所难免。

⑬　《会议开设国会年限》，《正宗爱国报》1908 年 7 月 2 日。

⑭　《庆亲王奕劻为开设议院不可预定年限据实直陈折》，《光绪朝朱批奏折》，中华书局1995 年版，第 33 辑；尚小明编：《清末立宪运动史料丛刊·国会请愿运动》，下卷，第 968 页。

⑮　彭剑经慎密考证，指出："张之洞、袁世凯在清季都是能对朝政产生巨大影响的'强督'，他们在督抚任上发表的意见本来就很容易引起高层的重视。1907 年他们又都内调中央，成为军机大臣，而军机大臣都是宪政馆的馆务大臣，对宪政馆更容易产生直接影响。因此，基本上可以认定，筹备清单以九年为期，是张之洞、袁世凯以其权势确定下来的。"（彭剑：《清季宪政编查馆研究》，北京大学出版社 2011 年版，第40—41 页）

⑯　中国第一历史档案馆编：《光绪宣统两朝上谕档》，第 34 册，第 173—174 页。

⑰　《东方杂志》第 5 年第 11 期，1908 年 12 月 18 日发行，第 119 页。这里尚有此种心理的一个旁证："日前王大臣在朗润园会议国会年限问题……某中堂犹主持十年之议。某邸谓，果如此，则召集国会之时，吾人亦早成腐骨矣。闻者皆大笑。"（"国会问题汇志"，《晋阳公报》1908 年 9 月 1 日；尚小明编：《清末立宪运动史料丛刊·国会请愿运动》，下卷，第 1113 页）

⑱　《顺天时报》，1910 年 5 月 31 日；尚小明编：《清末立宪运动史料丛刊·国会请愿运动》，下卷，第 749 页。

⑲　《署理广西提学使李翰芬条陈五年预备立宪及速立内阁等事宜折》，载故宫博物院明清档案部编：《清末筹备立宪档案史料》，上册，第 300 页。

⑳　孟昭常：《开国会真正好》，《大公报》1908 年 6 月 2 日；尚小明编：《清末立宪运动史料丛刊·国会请愿运动》，上卷，第 134 页。

㉑　参考张朋园：《立宪派与辛亥革命》，第 52 页。

㉒　张怡祖辑：《张季子九录》，文海出版社 1965 年版，第一册，第 153—155 页。

㉓　清廷谕旨见《东方杂志》第 7 年第 1 期，第 9 页；请愿书全文见《政治官报》，宣统元年十二月二十七日。

㉔　溥伦讲："资政院何异于国会，如有办理不妥之处，可请酌改，何必急需国会？……北方人民程度非南方可比，终难骤行召集国会。诸位皆谘议局或资政院议员，彼此犹如一家，皆当尽心于谘议局、资政。如果奉旨准开国会，我亦甚愿。"李家驹则回答云："枢臣怕担责任，借词法律未备，国会恐难速开，诸公可详拟办法晓之，我当从旁鼓吹。"（《时报》1910 年 1 月 30 日，第 2 页，"专电"）

㉕　"人民既举代表要求速开国会，非得政府之允许誓不干休，乃国会未允速开，而又选出不伦不类之资政院议员，是国民默认资政院为国会。一举一动，自相矛盾，无已两次请愿，政府往往以人民程度不足为辞。呜呼，我国民何其拙也。今宜通告各省谘议局，撤回上年所选资政院议员，本年九月资政院开院，万不可应召集。"（《明新子致国会请愿代表团书》，《顺天时报》1910 年 7 月 21—22 日）

㉖　《国会请愿之近况》，《东方杂志》第 7 年第 7 期。

㉗　《中国记事》，《国风报》第 23 号，第 107 页。

㉘　尚小明编:《清末立宪运动史料丛刊·国会请愿运动》,上卷,第229页。

㉙　李启成校注:《资政院议场会议速记录》(修订版),上卷,第65、86—87页。

㉚　同上书,上卷,第106、130页。

㉛　《奏请提前设立上下议院事》,第一历史档案馆藏,档号:04-01-01-1095-068。

㉜　《时报》有一比较靠谱的评论,略云:"此次国会后援之有力者,伦贝子殆为其中之一人。泽公之到院演说财政,即资政通过奏稿之日,伦贝子突邀之来,泽公因言财政危迫种种,并种种无法,而归结于国会不可不速开。大众鼓掌雷动。既以表白泽公之嫌疑,又为资政院得一有力后劲。论者谓固由伦邸之热心国事,而亦可见伦、泽二邸之交亲矣。"(《时报》1910年11月5日;尚小明编:《清末立宪运动史料丛刊·国会请愿运动》,下卷,第1137页)

㉝　《各省督抚速开国会设责任内阁电》,北京大学图书馆藏抄本;尚小明编:《清末立宪运动史料丛刊·国会请愿运动》,下卷,第1016—1018页。

㉞　中国第一历史档案馆编:《光绪宣统两朝上谕档》,第36册,第370页。

㉟　李启成校注:《资政院议场会议速记录》(修订版),上卷,第152—154页。

㊱　同上书,上卷,第178—179页。

㊲　同上书,上卷,第200页。

㊳　中国第一历史档案馆编:《光绪宣统两朝上谕档》,第36册,第376—378页。

㊴　国会请愿代表即质问:"此次缩定期限,系采取各督抚等奏章,此上谕所公言也。然各省督抚连翻电奏,皆主张明年即开国会,并主张阁、会并立。其以为先立内阁,后开国会者,惟直隶总督陈夔龙一人耳。既云采取督抚奏章,何以不采取多数之意见,急开国会,而独采取少数之意见,缓开国会?"(《国会代表质问政务处王大臣条件》,《帝国日报》,1910年11月14日;尚小明编:《清末立宪运动史料丛刊·国会请愿运动》,上卷,第584页)

㊵　《京师庆祝国会之盛况》,《申报》1910年11月14日。同日的《民立报》有"北京人儿之狂热",认为属"愚民狂闹","初三、初四两日,京城东西长安街及正阳门外大街,皆张灯悬旗,达旦未息,灯上皆大书'庆祝国会'四字,观者塞途。其实无知愚民不识宪政之内容,徒以总厅传示,附和为之。有心人辄从旁叹息,逢人便曰:'不知国会在那儿,值得如此庆祝。'"(尚小明编:《清末立宪运动史料丛刊·国会请愿运动》,上卷,第641页)

㊶　《资政院议员罗杰上摄政王书》,《申报》1910年11月9—10日;尚小明编:《清末立宪运动史料丛刊·国会请愿运动》,上卷,第430页。

㊷　李启成校注:《资政院议场会议速记录》(修订版),上卷,第220—226页。

㊸　"东省大局,危在呼吸,缩短三年,恐国会成立时,东土已非吾有。现奉明谕,人心惶恐万分,叩恳钧院力请明年即开国会,以救危亡。"("东省仍请即开国会之迫切",《申报》1910年11月23日,尚小明编:《清末立宪运动史料丛刊·国会请愿运动》,下卷,第906页)

㊹　针对锡良代奉天绅民要求明年速开国会电奏,朝廷于12月24日下谕,明言:"实属不成事体……朝廷于无知愚民因迫于时艰,妄行陈说,已屡从宽宥。然岂有国民不循理法者?深恐奸人暗中鼓动,借词煽惑,希图扰害治安者……各省如再有聚众滋闹情事,即非安分良民。"(中国第一历史档案馆编:《光绪宣统两朝上谕档》,第36

册，第489页）
㊺ 李启成校注:《资政院议场会议速记录》(修订版)，下卷，第715—716页、900—901页。
㊻ 同上书，下卷，第708页。
㊼ 《立宪的中国》,《泰晤士报》1909年10月16日；王宪明编译:《清末立宪运动史料丛刊·外文资料》，第249页。
㊽ 《中国的国会运动——朝代、改革家和人民》,《泰晤士报》1910年11月30日；王宪明编译:《清末立宪运动史料丛刊·外文资料》，第380页。
㊾ 佩森·J.屈德:《中国制宪》,《人种发展杂志》，第2号(1911—1912)；王宪明编译:《清末立宪运动史料丛刊·外文资料》，第503—508页。
㊿ 《中国立议院利弊说》,《新闻报》1903年11月10日；李细珠编:《清末立宪运动史料丛刊·立宪运动的酝酿与发动》，第234—235页。
(51) 中国第一历史档案馆编:《光绪宣统两朝上谕档》，第36册，第170—171页。
(52) 《署黑龙江巡抚程德全请速开国会片》(光绪三十三年八月十一日)，载迟云飞编:《清末立宪运动史料丛刊·清廷的预备仿行立宪》，第一卷，第218页。
(53) 沈亦云:《亦云回忆》，岳麓书社2017年版，上册，第303页。
(54) 《开设国会年限缓急问题》,《中外日报》1908年7月9日；尚小明编:《清末立宪运动史料丛刊·国会请愿运动》，下卷，第1204页。
(55) 史晓风整理:《恽毓鼎澄斋日记》，浙江古籍出版社2004年版，第506页。其奏疏见《恽学士亦请速开国会》,《申报》1910年11月5日；尚小明编:《清末立宪运动史料丛刊·国会请愿运动》，下卷，第972—973页。
(56) 孝可:《论中国不速开国会无以达宣统八年》,《帝京新闻》1910年7月17日；尚小明编:《清末立宪运动史料丛刊·国会请愿运动》，下卷，第1335页。
(57) 沧江:《论政府阻挠国会之非》,《国风报》第一年第十七期，1910年7月27日。
(58) 李昉等编:《太平广记》，卷460,《禽鸟一》，中华书局1961年版，第3769页。
(59) 《东方杂志》第九卷第七号，第23—24页。
(60) 《为遵章质问军机大臣采用副署制度对于各部各省行政是否完全负责并宪政编查馆是否仍握最高立法权事》，中国第一历史档案馆藏，档号：50-00-000-000001-0013。
(61) (九月二十九日)“未初到资政院，朗贝勒为军机大臣代表演说方针，余与徐中堂旁坐。众议员有八九起诘问速开国会事，语尚和平。月华略答，众拍掌。”(《那桐日记》，载尚小明编:《清末立宪运动史料丛刊·国会请愿运动》，上卷，第501页)
(62) 8月17日，谕命世续开去军机大臣、吴郁生毋庸在军机大臣上学习行走，以贝勒毓朗、徐世昌代之。(中国第一历史档案馆编:《光绪宣统两朝上谕档》，第36册，第254页)
(63) 汪荣宝11月1日(毓朗出席资政院大会的第二天)的日记记载:“损之将军传贤兄命，以散会后往谈……饭后诣定邸，谈比日政局及昨日到院为难情形，觉其利害之心太重，因为竭力剖解，冀释其疑。”(韩策等整理:《汪荣宝日记》，第208页)案:定邸即毓朗，据此可知，毓盈对其兄来资政院的情况和前因后果颇为了解。
(64) 毓盈:《记余兄往资政院事》,《述德笔记》，民族出版社2009年版，卷七，第8—9页。

(65) 庄建平编:《清末民初政坛百态》，四川人民出版社 1999 年版，第 435 页。

(66) 李启成校注:《资政院议场会议速记录》(修订版)，上卷，第 174—179 页。

(67) 《清史纪事本末》云:(宣统二年)“三月，湖南省城饥民暴动，焚毁巡抚衙门及教堂学堂。先是，上年长沙府属秋收歉薄，是年奸商复运米出省，售于外人，乡民阻境不获，米价因之而昂贵。是月初五日，饥民数百拥之抚署，要求平粜。巡抚岑春蓂议劝绅捐，先办义粜。劣绅王先谦首先梗议，叶德辉积谷万余石，不允出粮，遂至变起。莠民痞棍，聚至数千，纵火焚署及教堂、学堂。先谦等仍归咎抚臣激变，电请简易巡抚，孔宪教、杨巩倡议，拥戴藩司庄赓良，由少数劣绅推为巡抚，朋陷抚臣，不遗余力。事间，朝命春蓂开缺，派湖北藩司杨文鼎前往，暂行署理湖南巡抚，旋命湖广总督瑞澂会同文鼎，彻底查究。复经查明，地方文武办理不善，及绅士挟私酿乱，奏请分别惩儆。”(黄鸿寿:《清史纪事本末》，上海书店出版社 1986 年版，卷 75，第 564 页)

(68) 故宫博物院明清档案部编:《清末筹备立宪档案史料》，下册，第 676 页。

(69) 中国第一历史档案馆编:《光绪宣统两朝上谕档》，第 36 册，第 383 页。

(70) 李启成校注:《资政院议场会议速记录(修订版)》，上卷，第 202 页。

(71) 同上书，上卷，第 248 页。

(72) 同上书，上卷，第 270 页。

(73) 中国第一历史档案馆编:《光绪宣统两朝上谕档》，第 36 册，第 413 页。

(74) 同上书，第 36 册，第 414 页。

(75) 李启成校注:《资政院议场会议速记录》(修订版)，上卷，第 381—382 页。

(76) 韩策等整理:《汪荣宝日记》，第 216 页。

(77) 中国第一历史档案馆编:《光绪宣统两朝上谕档》，第 36 册，第 419 页。

(78) 李启成校注:《资政院议场会议速记录》(修订版)，上卷，第 382—384、393、406—420 页。

(79) 同上书，上卷，第 526—529、591—592 页。

(80) 请辞原文中这几句话特别关键:“以辞职而辜恩其最小，以溺职而辜恩其罪大……臣等更有请者，内阁未经成立以前，一切用人行政，均须欲为布置。”(中国第一历史档案馆编:《光绪宣统两朝上谕档》，第 36 册，第 478—479 页)

(81) 同上书，第 36 册，第 475—476 页。

(82) 李启成校注:《资政院议场会议速记录》(修订版)，上卷，第 615—633 页。

(83) 参见同上书，下卷，第 647—676 页。

(84) 中国第一历史档案馆编:《光绪宣统两朝上谕档》，第 36 册，第 489—491 页。

(85) 按：应该是易宗夔。

(86) 《资政院之一反一覆》，载《时报》，宣统二年十二月四日，第二版。

(87) 《时报》，1910 年 12 月 29 日，《专电》，第二版。

(88) 《时报》，1910 年 12 月 31 日，《专电》，第二版。

(89) 中国第一历史档案馆藏:《大学堂总监督刘廷琛奏为宪政初基请整饬纲纪以固君权事》，档号：04-0101-1107-041。

(90) 中国第一历史档案馆编:《光绪宣统两朝上谕档》，第 36 册，第 492 页。

㉑　《宪政馆慎密刘廷琛之参折》,《大公报》1911 年 1 月 8 日。

㉒　《中国纪事》,《国风报》第一年第三十三号,第 87 页。

㉓　与李家驹等来往密切的汪荣宝至迟于 12 月 27 日即知道了刘折的内容,在日记中写道:"刘幼云祭酒有疏痛劾资政院议员嚣张偏激,轻更国制,公倡邪谋,请旨严防流弊。此种迂谬之论,真足淆惑圣聪,动摇国是,令人气短神索。"(韩策等整理:《汪荣宝日记》,第 227 页)

㉔　《奏为沥陈军机大臣失职不胜辅弼之任事》,中国第一历史档案馆藏,档号:04-01-01-1107-035。

㉕　李启成校注:《资政院议场会议速记录》(修订版),下卷,第 742—744、781—783、788—801、814—817、881 页。

㉖　宣樊:《政治之因果关系论》,《东方杂志》1910 年第 12 期。

㉗　《国会请愿风云之复起》,《帝国日报》1910 年 12 月 23 日;尚小明编:《清末立宪运动史料丛刊·国会请愿运动》,上卷,第 648 页。

㉘　李启成校注:《资政院议场会议速记录》(修订版),下卷,第 788—789 页。

㉙　陶葆霖:《论新内阁官制》,《惺存遗著》,商务印书馆 1922 年版,卷一,第 24—30 页。

⑩⑩　〔美〕阿瑟·贾德森·布朗:《中国革命 1911:一位传教士眼中的辛亥镜像》,季我努译,重庆出版社 2018 年版,第 184 页。

⑩①　参考孙家红:《清末章董氏〈刑律草案〉稿本的发现和初步研究》,《华中科技大学学报》(社会科学版)2010 年第 3 期。

⑩②　《理藩部咨覆宪政编查馆蒙古案件仍照蒙例办理文》,《政治官报》,第 10 册,第 473 页。

⑩③　《正月初六日宪政编查馆发各省督抚暨热河都统电》,《政治官报》,第 17 册,第 63—64 页。

⑩④　《修改新刑律不可变革义关伦常各条谕》,故宫博物院明清档案部编:《清末筹备立宪档案史料》,下册,第 858 页。

⑩⑤　故宫博物院明清档案部编:《清末筹备立宪档案史料》,下册,第 851 页。

⑩⑥　《宪政编查馆奏拟办事章程折》,《政治官报》1907 年第 1 期,第 12 页。

⑩⑦　《编制局校订新刑律意见书》,《国风报》第一年第三十二号,第 93—97 页。

⑩⑧　《宪政编查馆核订新刑律告竣敬谨分别缮具清单请旨交议折》(宣统二年十月初四日),载高汉成主编:《〈大清新刑律〉立法资料汇编》,社会科学文献出版社 2013 年版,第 590 页。

⑩⑨　吉同钧:《论新刑律之颠末流弊并始终维持旧律之意》,《乐素堂文集》,中华印书局 1932 年铅印本,卷七。

⑪⑩　《法部尚书臣廷杰等跪奏为修正刑律草案告成敬缮具清单折》,《钦定大清刑律》,《奏疏》,第 17—18 页。

⑪①　韩策等整理:《汪荣宝日记》,第 192、193 页。案:仲和即章宗祥、皙子为杨度、伯平为胡礽泰、月华贝勒即军机大臣毓朗、那相为军机大臣那桐。

⑪②　杨度的演说全文参见李启成校注:《资政院议场会议速记录》(修订版),上卷,第 479—488 页。

⑪　劳乃宣:《清劳韧叟先生乃宣自订年谱》,台湾商务印书馆1978年版。

⑭　劳乃宣:《修正刑律草案说帖》,载《桐乡劳先生遗稿·新刑律修正案汇录》,1927年刻本。

⑮　李启成校注:《资政院议场会议速记录》(修订版),上卷,第491—492、494—495页。

⑯　同上书,下卷,第983—989页。

⑰　同上书,下卷,第985—987页。

⑱　同上书,下卷,第986—989页。

⑲　韩策等整理:《汪荣宝日记》,第231页。

⑳　李启成校注:《资政院议场会议速记录》(修订版),下卷,第911、915页。

㉑　同上书,下卷,第1006页。

㉒　同上书,下卷,第1014页。

㉓　韩策等整理:《汪荣宝日记》,第232页。案:润田即曹汝霖,小宋即王璟芳,季兴即雷奋,仲和即章宗祥。

㉔　韩策等整理:《汪荣宝日记》,第233—238页。

㉕　中国第一历史档案馆编:《光绪宣统两朝上谕档》,第36册,第536、538—539页。

㉖　上海商务印书馆编译所编纂:《大清新法令》(点校本),商务印书馆2011年版,第十卷,第248页。

㉗　中国第一历史档案馆编:《光绪宣统两朝上谕档》,第36册,第548—549页。

㉘　案:董康,字绶经,时在宪政编查馆和修订法律馆任职。韩策等整理:《汪荣宝日记》,第238页。

㉙　高汉成主编:《〈大清新刑律〉立法资料汇编》,社会科学文献出版社2013年版,第700—701页。

㉚　中国第一历史档案馆编:《光绪宣统两朝上谕档》,第36册,第548—549页。

㉛　《时报》1910年12月29日。

㉜　蔡枢衡:《中国法理自觉的发展》,清华大学出版社2005年版,第31页。

㉝　《九江德化县沙令昌寿覆议新政策条陈》,《北京新闻汇报》,第2册,第753—754页。

㉞　张怡祖编辑:《张季子九录》,台北文海出版社1965年版,第一册,第65—66页。

㉟　《给事中刘彭年奏立宪宜教育财政法律三者并举折》,载故宫博物院明清档案部编:《清末筹备立宪档案史料》,上册,第163页。

㊱　赵炳麟:《赵柏岩集》,广西人民出版社2001年版,上册,第427—429页。

㊲　《御史江春霖奏立宪宜先务理财并宜变通学制酌定律例消弭党祸等事折》,载故宫博物院明清档案部编:《清末筹备立宪档案史料》,上册,第204页。

㊳　该折原文见《端忠敏公奏稿》,沈云龙主编:《近代中国史料丛刊》,第十辑,第94册,文海出版社1967年版,第35—36页。

㊴　刘增合:《"财"与"政":清季财政改制研究》,生活·读书·新知三联书店2014年版,"序论",第8页。

㊵　《赵炳麟为确定行政经费推行新政折》(1909年7月2日),载中国第二历史档案馆编:《中华民国档案史料汇编》第一辑之"辛亥革命",江苏人民出版社1979年版,第110页。

⑭ 参考李启成校注:《资政院议场会议速记录》(修订版),下卷,第 1095—1124 页。

⑭ "军机大臣钦奉谕旨,会议政务处王大臣奏遵议度支部试办宣统三年预算请旨饬交资政院照章办理一折,著依议。钦此。九月二十日。"(中国第一历史档案馆编:《光绪宣统两朝上谕档》,第 36 册,第 365 页)

⑭ 李启成校注:《资政院议场会议速记录》(修订版),上卷,第 128—129 页。

⑭ 日本法政大学大学史资料委员会编:《清国留学生法政速成科纪事》,广西师范大学出版社 2015 年版,第 137—138、146 页。

⑭ 《资政院、谘议局之新现象》,《申报》1910 年 10 月 23 日;牛贯杰编:《清末立宪运动史料丛刊·资政院》,山西人民出版社 2020 年版,下卷,第 1023 页。

⑭ 李启成校注:《资政院议场会议速记录》(修订版),下卷,第 725—737 页。

⑭ 上海商务印书馆编译所编纂:《大清新法令》(点校本),第十卷,第 297—299 页。

⑭ 中国第一历史档案馆编:《光绪宣统两朝上谕档》,第 36 册,第 556 页。

⑭ 宣统三年预算案的深入研究,参见郑金鹏:《资政院试办宣统三年预算案研究》,北京大学法学院博士学位论文,2020 年。

⑮ [宋] 徐天麟撰:《西汉会要》,卷六十六,《方域三》。

⑮ 戈公振:《中国报学史》,上海古籍出版社 2014 年版,第 23 页。

⑮ 苏东坡:《小饮公瑾舟中》,《苏文忠公全集·东坡续集》,卷二,明成化本。

⑮ 戈公振:《中国报学史》,第 51 页。

⑮ 洪仁玕:《资政新篇·法法类》,载夏春涛编:《近代中国思想家文库:洪秀全洪仁玕卷》,中国人民大学出版社 2014 年版,第 254、260 页。

⑮ 郑观应:《盛世危言》,中州古籍出版社 1998 年版,第 115 页。

⑮ 参考戈公振:《中国报学史》,第 90—94 页;桑兵:《清末民初传播业的民间化与社会变迁》,《近代史研究》1991 年第 6 期,第 53—75 页。

⑮ 如于晚清朝局关系颇大的丁未政潮,恽毓鼎参劾军机大臣瞿鸿机的罪状为"暗通报馆,授意言官,阴结外援,分布党羽",足见报馆和报纸的巨大影响力。(叶昌炽:《缘督庐日记》,民国上海蟫隐庐石印本,卷十三)

⑮ 转引自朱寿朋编:《光绪朝东华录》,张静庐等校点,中华书局 1958 年版,第七册,第 4143 页。

⑮ 康有为:《请定中国报律折》,汤志钧编:《康有为政论集》,中华书局 1981 年版,上册,第 334 页。

⑯ 王学珍:《清末报律的制定》,《中山大学学报论丛》,1994 年 2 月 15 日出版,第 228 页。

⑯ 参考李启成:《领事裁判权与晚清司法改革之肇端》,《比较法研究》2003 年第 4 期,第 22—28 页。

⑯ 冯葆瑛:《论中国宜定报律》,《鹭江报》1904 年第 76 期,第 2 页。

⑯ "查此项报律,先经原设商部拟具草稿,由原设巡警部酌为修改,共成 46 条。当以事关法律,非详加讨论,不易通行,且以京外报律,由洋商开设者,十居六七,即华商所办各报,亦往往有外人主持其间。若编定报律,而不预定施行之法,俾各馆一体遵行,诚恐将来办理纷歧,转多窒碍。迭经咨商外务部,体察情形,妥为核覆。旋准复称,各项法律,正在修订之际,尚未悉臻完备,若将此项报律遽为订定,一

时恐难通行，是以暂从缓议等因。用是审慎迟回，未敢率行定议。"(《民政部法部会奏报律折》，《申报》1908 年 2 月 5 日)

㉓　《出使各国考察宪政大臣载泽等奏请以五年为期改行立宪政体折》，载怀效锋主编：《清末法制变革史料》，中国政法大学出版社 2010 年版，上卷，第 32 页。

㉔　参考姜纬堂：《"彭翼仲案"真相》，《首都师范大学学报》(社会科学版) 1996 年第 5 期，第 16—24 页。

㉕　《江苏巡抚陈夔龙奏报纸电讯集会演说宜范围于法律之内折》，载故宫博物院明清档案部编：《清末筹备立宪档案史料》，上册，第 149—150 页。

㉖　王学珍：《清末报律的制定》，《中山大学学报论丛》1994 年 2 月 15 日出版，第 231 页。

㉗　《广州汉军副都统李国杰奏请订立警章报律学堂管理法折》，载故宫博物院明清档案部编：《清末筹备立宪档案史料》，上册，第 210 页。

㉘　朱寿朋：《光绪朝东华录》，张静庐等点校，第十册，第 5729 页。

㉙　王学珍：《清末报律的制定》，《中山大学学报论丛》1994 年 2 月 15 日出版，第 232 页。

㉚　《宪政编查馆奏考核报律折》，载怀效锋主编：《清末法制变革史料》，中国政法大学出版社 2010 年版，上卷，第 201 页。

㉛　戈公振：《中国报学史》，第 252 页。

㉜　《民政部奏请修正报律条文折》，载上海商务印书馆编译所编纂：《大清新法令(1901—1911)》(点校本)，商务印书馆 2011 年版，第 6 卷，蒋传光点校，第 290 页。

㉝　《申报》1910 年 10 月 3 日"专电栏"；转引自王学珍：《清末报律的制定》，《中山大学学报论丛》1994 年 2 月 15 日出版，第 234 页。

㉞　中国第一历史档案馆编：《光绪宣统两朝上谕档》，第 36 册，第 324 页。

㉟　《著民政部认真办理御史温肃奏请严示限制报律事谕旨》，载李国荣编：《清末修订报律史料选载》，《历史档案》1988 年 9 月 30 日出版，第 44 页。

㊱　杨天石等编：《宁调元集》，第 222 页。

㊲　《北京报界公会上资政院陈请书》，《资政院知会、折奏、章程、说帖、质问、陈请等案件》之《资政院第九类陈请提议各案件》，清末铅印本。

㊳　参考李启成校注：《资政院议场会议速记录》(修订版)，上卷，第 333—334、344—355、452—455 页；上海商务印书馆编译所编纂：《大清新法令(1901—1911)》(点校本)，商务印书馆 2011 年版，第 10 卷，何勤华等点校，第 315 页。

㊴　参考李启成校注：《资政院议场会议速记录》(修订版)，上卷，第 423—424 页。

㊵　同上书，上卷，第 340—344 页。

㊶　同上书，上卷，第 352—354 页。

㊷　中国第一历史档案馆编：《光绪宣统两朝上谕档》，第 36 册，第 505—510 页。

㊸　参见李启成校注：《资政院议场会议速记录》(修订版)，下卷，第 1016—1023 页。

㊹　中国第一历史档案馆编：《光绪宣统两朝上谕档》，第 36 册，第 552、563 页。

㊺　《著民政部等改动报律第十二条字样事上谕》，载李国荣编：《清末修订报律史料选载》，《历史档案》1988 年 9 月 30 日出版，第 50 页。

㊻　转引自侯宜杰：《清末的言论结社集会自由》，《史学集刊》2009 年第 5 期，第 57 页。

⑱　［汉］许慎撰：《说文解字》，［宋］徐铉校定，中华书局 1963 年影印版，第 211 页。

⑲　王桐龄：《中国历代党争史》，上海书店出版社 2012 年版，第 7—8 页。

⑲⓪　［宋］朱熹撰：《四书章句集注》，中华书局 1983 年版，第 166 页。

⑲①　《中华传世法典·大明律》，怀效锋点校，法律出版社 1998 年版，第 34 页。

⑲②　［明］雷梦麟撰：《读律琐言》，怀效锋点校，法律出版社 1999 年版，第 90 页。

⑲③　《清高宗实录》，卷 323，乾隆十三年八月辛亥；《清实录》，中华书局 1986 年版，第 13 册，第 12522 页。

⑲④　参见黄彰健：《康有为衣带诏辨伪》，载《戊戌变法史研究》，上海书店出版社 2007 年版，下册，第 528—562 页。

⑲⑤　黄尚毅撰：《杨叔峤先生事略》，《碑传集补》，卷十二；转引自黄彰健：《戊戌变法史研究》，上海书店出版社 2007 年版，下册，第 563—564 页。

⑲⑥　李启成校注：《资政院议场会议速记录》（修订版），下卷，第 818 页。

⑲⑦　《议员陈宝琛提出奏请宣布杨庆昶所缴景庙手诏并昭雪戊戌冤狱案》，《资政院知会、折奏、章程、说帖、质问、陈请等案件》第五册《资政院第三类议员提出提议各案件其一》，清末铅印本。

⑲⑧　《为审查议员陈宝琛等提议奏请宣布杨锐之子杨庆昶所缴景庙手诏并昭雪戊戌冤狱一案事》，第一历史档案馆藏，档号：50-00-000-000001-0023；《审查提议奏请宣布杨庆昶所缴景庙手诏并昭并昭雪戊戌冤狱案》，《资政院知会、折奏、章程、说帖、质问、陈请等案件》之《资政院第十三类审查提议各案件》，清末铅印本。

⑲⑨　罗杰：《为请赦国事犯罪人以广皇仁事》，《资政院知会、折奏、章程、说帖、质问、陈请等案件》第五册《资政院第三类议员提出提议各案件其一》，清末铅印本。

⑳⓪　《代表同志会为请开党禁致涛贝勒书》，《时报》1910 年 12 月 1 日。

⑳①　《代表同志会为请开党禁通告书》，《时报》1910 年 12 月 1 日，第五版。《申报》（1910 年 12 月 6 日）还载有《同志会通告海内外书》，第三项内容就是"请释党禁"，所列理由大致相近。（尚小明编：《清末立宪运动史料丛刊·国会请愿运动》，上卷，第 520 页）

⑳②　王法勤等建议朝廷"特颁赦令，不问海内外，凡所谓党者，宽宥勿问，则庶几为弭乱之方，广用贤之途"。（《各省人民王法勤等陈请资政院速开党禁书》，《时报》，宣统二年十一月三十日，第一版）

⑳③　温肃主张赦免戊戌党人，主要理由是朝廷现在的变法维新，实始于戊戌维新，若不赦免戊戌党人，则"戊戌变法之功罪不明"；赵熙则指出还要赦免革命党人，主要理由在预备立宪，"立宪国无所谓党禁。现在朝廷既确立立宪政体，即革命党亦在赦免之列，何况戊戌党人！"（《大同报（上海）》1911 年第 14 卷第 21 期，第 28 页；《时报》，宣统二年十一月廿九日，第二版）山东巡抚"专折请开党禁"，理由是"朝廷锐图宪政，首倡新政。人才禁锢海外，殊为可惜"。（《新闻报》1910 年 12 月 11 日）

⑳④　《审查报告请赦国事犯罪人员以广皇仁议案》，《资政院知会、折奏、章程、说帖、质问、陈请等案件》之《资政院第十三类审查提议各案件》，清末铅印本。

⑳⑤　李启成校注：《资政院议场会议速记录》（修订版），下卷，第 820 页。

⑳⑥　"资政院请开党禁折早经宣读通过，因伦议长请假，故未奏。今日（1 月 8 日）吴赐龄催奏，伦议长允赶速呈递。"（《时报》1911 年 1 月 9 日）

㉗ 杨度：《奏请赦用梁启超折》（1911 年 1 月初），载左玉河编：《中国近代思想家文库·杨度卷》，中国人民大学出版社 2015 年版，第 267—268 页。

㉘ 《大同报》1910 年第 347 期。

㉙ 黄濬：《花随人圣庵摭忆》，中华书局 2013 年版，第 175、511 页。

㉚ 张玉法：《清季的立宪团体》，北京大学出版社 2011 年版，第 116—117 页。

㉛ 汪诒年编：《汪穰卿遗著》，朝华出版社 2017 年版，卷四，第 337 页。

㉜ 内阁学士张百熙，以滥保康有为被革职，戊戌当年十二月即开复处分；礼部尚书李端棻，于政变发生后被褫职流放新疆，中途生病留在甘州，1901 年即被赦回家；徐致靖政变后被定为永远监禁，庚子国变联军进京，出狱待罪，下诏赦免；南学会会长、经学大师皮锡瑞，交地方官管束，1901 年开复；铁路大臣张荫桓谪戍新疆后，虽为当事者矫诏杀害，但到 1901 年诏令复官。还有就是端方，以庚子年间护驾有功，擢升陕西按察使，后来成为晚清重臣，官至直隶总督。（张玉法：《清季的立宪团体》，第 113 页）

㉝ 《清实录·大清德宗景皇帝实录》，卷五百三十，光绪三十年五月上。

㉞ 《恭读五月初八日上谕谨注》，《大公报》1904 年 6 月 25 日；李细珠编：《清末立宪运动史料丛刊·立宪运动的酝酿与发动》，第 388—389 页。

㉟ 《集成报》第 31 期，第 4 页。

㉠ 钱穆：《中国历代政治得失》，九州出版社 2011 年版，第 149 页。

㉡ 郭廷以：《近代中国史纲》，第 298—299 页。

㉢ 《清实录·大清德宗景皇帝实录》，卷五八三，光绪三十三年十一月。

㉣ 朱寿朋：《光绪朝东华录》，张静庐等点校，第十册，第 5810 页。

㉤ 《二十日上谕谨注》，《申报》1907 年 12 月 26 日。

㉥ 上海商务印书馆编译所：《大清新法令》（点校本），商务印书馆 2011 年版，第三卷，第 39 页。

㉦ 参考第一历史档案馆藏：《清末结社集会档案》，《历史档案》2012 年第 1 期，第 35—38 页。

㉧ 参考侯宜杰：《清末的言论结社集会自由》，《史学集刊》2009 年第 5 期，第 54 页。

㉨ 《陈请修改结集会律提议案》，《资政院知会、折奏、章程、说帖、质问、陈请等案件·资政院第九类陈请提议各案件》，清末铅印本。

㉩ 李启成校注：《资政院议场会议速记录》（修订版），下卷，第 1046—1052 页。

㉪ 《修改结社集会律（资政院复议决定本）》，《法政杂志》第一年第四期。

㉫ 中国第一历史档案馆编：《光绪宣统两朝上谕档》，第 37 册，第 50—52 页。

㉬ 《政府与民党》，《时报》1911 年 6 月 16 日。

㉭ 第一历史档案馆藏：《清末结社集会档案》，《历史档案》2012 年第 1 期，第 45—74 页。

㉮ 故宫博物院明清档案部编：《清末筹备立宪档案史料》，上册，第 348—349 页。

㉯ 朱熹：《四书章句集注》，中华书局 1983 年版，第 153 页。

㉰ 陈生玺：《剃发令对清初的政治影响》，《南开学报》1999 年第 4 期。

㉱ 邹容：《革命军》，载张柟、王忍之编：《辛亥革命前十年间时论选集》，第一卷，下册，第 660—663 页。

㉞　效灵：《剪发易服议》，《大公报》1906 年 10 月 11 日。

㉟　《清实录·德宗景皇帝实录》，卷四二八，光绪二十四年戊戌八月下。

㊱　康有为：《请断发易服改元折》，汤志钧编：《康有为政论集》，中华书局 1981 年版，上册，第 368—369 页。

㊲　参见《中外日报》1906 年 9 月 5 日；《东方报》1906 年 9 月 18 日。

㊳　《出使各国考察政治大臣戴鸿慈等奏考察各国学务择要上陈折》，载故宫博物院明清档案部编：《清末筹备立宪档案史料》，中华书局 1979 年版，下册，第 970—971 页。

㊴　学部总务司编：《学部奏咨辑要》，沈云龙主编：《近代中国史料丛刊三编》，第 96 辑，文海出版社 1986 年版，第 305—314 页。

㊵　《清实录·宣统政纪》，卷二三，宣统元年己酉冬十月上。

㊶　《剃发易服之动机》，《广益丛报》1909 年第 219 期；转引自苏全有等：《从清末辫子革命看政府的危机应对》，《广东工业大学学报（社会科学版）》2013 年第 5 期。

㊷　《大公报》1910 年 12 月 6 日。

㊸　《特任股员长庄亲王审查报告剪辫易服事》，《资政院知会、折奏、章程、说帖、质问、陈请等案件》之《资政院第十类审查报告各案件》，清末铅印本。

㊹　李启成校注：《资政院议场会议速记录》（修订版），上卷，第 406—407 页。

㊺　参考周世贤：《周震鳞的家世和生平简述》，载中国人民政治协商会议湖南委员会文史资料研究会编：《湖南文史资料选辑》，湖南人民出版社 1986 年版，第 15 辑，第 114 页。案：周世贤乃周震鳞之子。

㊻　《京师剪辫之风云》，《申报》1910 年 12 月 13 日。

㊼　李启成校注：《资政院议场会议速记录（修订版）》，上卷，第 443—444 页。

㊽　这 18 名特任股员是庄亲王、盈将军、那亲王、李子爵、陈懋鼎、崇芳、汪荣宝、长福、沈林一、林绍箕、胡家祺、许鼎霖、江谦、文龢、邵羲、易宗夔、李文熙、牟琳，其中不少是在资政院特别活跃的民选议员，对剪发易服持赞成态度。（李启成校注：《资政院议场会议速记录》（修订版），上卷，第 509 页）

㊾　李启成校注：《资政院议场会议速记录》（修订版），上卷，第 595 页。

㊿　同上书，下卷，第 1110—1111 页。

251　同上书，上卷，第 602—618 页；下卷，第 994 页。

252　同上书，下卷，第 633—634、671 页。

253　《奏为资政院议员提议剪发易服请旨事》，中国第一历史档案馆藏，档号：04-01-12-0689-047。

254　中国第一历史档案馆编：《光绪宣统两朝上谕档》，第 36 册，第 497 页。

255　《政治官报》1910 年第 1133 期，第 1—2 页。

256　《农工商部奏京师商会以喧传剪发易服力陈商业危迫恳予维护折》，《时报》1910 年 12 月 30 日。

257　李启成校注：《资政院议场会议速记录》（修订版），下卷，第 788—789、795 页。

258　《某邸阻挠剪发之由来》，《大公报》1910 年 12 月 23 日。

259　《对于二十日上谕之疑问》，《申报》1910 年 12 月 23 日。

260　《帝国日报》1910 年 12 月 27 日。

㉑　北京市档案馆编：《那桐日记》，新华出版社 2006 年版，下册，第 676 页。

㉒　《恽毓鼎澄斋日记》，浙江古籍出版社 2004 年版，第 2 册，第 515 页。

㉓　《资政院会议剪辫易服之大解决》，《申报》1910 年 12 月 23 日。

㉔　参考《内外大员对于剪发易服之意见》，《新闻报》1910 年 12 月 31 日。

㉕　韩策等整理：《汪荣宝日记》，第 232—233 页。

㉖　梁启超：《敬告国人之误解宪政者》(1911 年 2 月 9 日)，载《饮冰室文集（点校）》，吴松等点校，云南教育出版社 2001 年版，第二集，第 1084 页。

㉗　《译公论西报》，载中国第一历史档案馆编：《光绪宣统两朝上谕档》，第 36 册，第 526—528 页。

第四章　资政院议事规则

中国近代政治转型，重大政治决策从少数人乃至一个人决定，转变为特定人群按照既定规则由多数人决定，需议事规则及顺利运作。传统中国也有会议，如汉代盐铁会议、唐朝政事堂会议、明代廷推、清代议事政务处等。但此种会议没有形成明确的会议规则，且在很大程度上仅为最后和最高决策者作"采纳众言"参考之用。何启和胡礼垣对于中国古代会议的评议尽管不全面，但道出了传统中国"会议"的弊端："中国廷臣会议，则有忌讳之弊，外吏局议，则有回护之弊。颠倒黑白、拨弄是非，不惟无益于民，兼之有害于国，盖其不能正谊明道，而惟逐言是争之故。"① 冰冻三尺非一日之寒，一个制度的设置到其较顺利运作，也非朝夕之事。议事规则在近代中国的生成和顺利运作，资政院有开创之功。

第一节　新政时期的会议尝试

一、近代中国人关于实现民权问题的主要思考路径

道咸之际，海禁大开，中国步入近代，开始了艰难的社会大转型。在政治领域，是要从专制转为立宪。既要立宪，就应发达民权。民权何由而发达？民权不同于民本：前者的根本在民自有其权，自行其权；后者则来于庙堂之恩赐，乃其推行仁政之一端。故民权之发达实意味着民真能自行其权。

民如何才能自行其权？民权本非我固有之良规，要在近代中国发达民权，必须充分借鉴他国的经验教训。但时人受传统之思维方式、价值

观念等影响，发达民权，实困难重重。

自戊戌维新以降，"先进的中国人"一方面深刻反思传统治道自宋中叶以后"治人"优于"治法"这一思维定式，热衷于制度变革，甚至走向制度万能，以为只要采用先进制度，所有问题即迎刃而解，甚至不解而解。只是在转型的不同阶段，他们所热衷的制度有所区别而已，这些制度大致包括君主立宪、共和立宪、党国体制等，其对待各制度的迷信态度则无本质差别。另一方面，关于如何落实这类先进制度，他们的思路立即又返回到"治人"优于"治法"的老路上，而对具体的制度设计，尤其是技术层面的操作，并不感兴趣。

关于民权，不少近代思想家侧重从参政权一面来理解。[②] 既然民权是一种参政权，百姓如何才能真正参政以实现民权？的确，将民权跟参政权大致等同起来，跟民权在近代中国走向激进的民权革命运动有密切关系。但这有一个过程，在初始阶段，激进思路还未登上舞台中央，以代议制的方式实现民权还是主流。但有代议制，未必会实现真正的民权。章太炎于清季所写《代议然否论》一文反对代议的主要理由之一为代议必行选举，但在中国行选举，不论单选抑或复选，其结果无外乎"所选必在豪右"，"选举堕于一偏"，不能实现真正民权。[③] 确实，要在一个基本无民权传统、君主专制之行长达数千年的大国搞代议制，实现真正的民权，难度可想而知，有些思想家对此提出很有深度的质疑也正常不过。

英国政治家、学者艾伯特爵士（Sir Courtenay Ilbert）比较英、美、法等国的国会运作规则和实践后指出：一位英国观察者很可能会意识到，美国国会的各种议事程序和细节，会让他想起威斯敏斯特（Westminster）。这并不让人觉得意外，因为时为副总统、参议院议长的托马斯·杰斐逊（Thomas Jefferson），根据英国国会的实际运作、规则和先例，编纂了一本程序手册供参议院议事之用。杰斐逊手册在国会两院议事程序上至今仍具有一定权威。而在法国，1789 年大革命初期的国民大会没有议事规则，乱成一团，代表米拉波（Mirabeau）从杜蒙（Dumont）那里得到一册英国下议院议事规则的节略本（该节略本是由罗米利编定，杜蒙译成法文），将其翻译复制一份，放在国民大会的议席上，希望在议事时能作为大会参考。但为大会所拒绝，以为"这个东西是英国的，我们不需要英国的任何东西"。到路易十八复辟之后，这本书得到采用。无论如何，法国所采用的议事程序受到英国模式的巨大影响，进而影响到其他欧陆国家。因此，所有欧美宪制先进国的国会议事程序，或直接或间接，其源头皆可追溯到英国。④ 法国革命之后历经多次动荡，而美国革命之后国家基础迅速稳固，原因之一就是来自于英国的国会议事规则能否得到较好的遵循。

近代中国的情形，较之法国，可能更复杂些。近代中国人对代议制运作之关注，不在于这类会议规则之类的技术性东西，而在于议员素质和能力是否胜任，即议员和作为潜在议员的民众之资质培养问题。笔者并不否认资质培养的重要性，相反地，在近代中国这个"千年未有之大变局"转型期，人的"转型"，亦即民众资质的提升，较之制度"转型"尤其困难。但这并非全部，会议规则这类技术性的规范亦有其特殊重要性。试略举几例：

郑观应认为，中国传统政治的一大问题是在君主制下，公卿大夫未必有才，即便有才，也多墨守成规，为保身之计。其原因在于"幸而事权在握，自谓可一展长才，然和衷少而掣肘多。往往创办一事，聚议盈廷，是非莫决，甚且谓其变更成法，蜚语中伤，谗书满箧。于是不得不出之因循粉饰，以求苟安，卒之豪杰灰心，而国势亦日趋于不振矣"。其改变之法，"非设议院不为功"。为什么呢？"盖议院为集众思以求一当之地，非聚群嚣以成一哄之场。"如何才能实现该目标？其主张马上转到实体问题，即议员的资质培养上，而根本没有注意到会议规则，"必民皆智慧，而后所举之员乃贤；议员贤，而后议论措置乃有真是非"。⑤ 议院是不是"为集众思以求一当之地"呢？恐怕未必。盖"一当"多从"是"与"非"相攻击、辩难中来，众"是"相集、相争，往往流于意气，不能有真是非出。

《新政真诠》在当时及以后都是一部很有思想性的理论著作，作者何启和胡礼垣久居香港，对外洋事物了解较深。他们认为，行新政必先明是非，是非可由论辩会议而得。而论辩非少数人的专利，人人皆有自

主之权，人人皆可参与到是非辩论中来，然后取决于多数。而中国传统
会议有重大缺陷，为防止当时中国再蹈覆辙，其思路主要是两点，一是
从实践、实效来加以检验；一是要求辩论者基于公心基础上的"虚心"。
与郑观应类似，这也没超出传统老办法之外，且作者不时还强调辩论之
有害，所谓"浅见之士，必欲争胜于言论之间"，天下"断无利口辩词，
而不至覆邦之人"。⑥

　　既然这些思想家们都没注意到会议规则上来，更遑论一般社会精
英。皇皇巨册的《清末筹备立宪档案史料》，其间即很少探讨议会议事
规则之言论。尽管晚清人士肯定要设议院、推行地方自治等制度来推进
君主立宪，以实现民权和君权的双赢，达到救亡图存、富国强兵之目
的，但朝野关注焦点多集中在如何提高议员之资质，而少有人探讨在西
方世界已发展得较为成熟的"议学"。

　　之所以说是"少有人"，是因还有个别人意识到会议规则之重要。
时在邮传部供职的孙宝瑄就是其中之一，他于 1906 年 12 月 26 日在日
记中写道："是日……议事细则已发给丞参及文案处，所最不解一事，
即诸人畏开议事厅也。夫议事厅者，乃公理发现之地，无一人得行其私
者也。我国议事，素无规条，往往名为评议，权实操诸一二人手中，其
余诸人皆不得预闻。是故不开会议，不设章程，则所投意见书，何殊上
条陈！虽云采择群言，其果采择与否，不可知也。即偶有所摭取矣，其
当理与否，又不得而问也。惟合聚于一室，许其尽言，则笔所不能尽
者，舌可以引伸其意；意有不相通者，面谈可以表其情。又况有主座之
人，静听两造之词，孰是孰非，有自然之判决，更无虑筑室道谋也。夫
何疑何惧？"⑦到底这个邮传部的《议事细则》施行效果如何，孙氏日
记没有后续记录，但根据邮传部后来之腐化，可推断它更多是一种装
潢"新政"门面的装饰品。尽管意识到会议规则的重要性，但到底如何
制定科学有效的议事细则，制定出来后又如何能让它顺利推行这类西方
"议学"的核心问题，孙本人也没有进一步思考。这个偶然记载，可能
是他针对现实的一种情感宣泄和简单的理性思考。即便如此，他的这一
见解仍大大超越了同侪。

二、新政时期会议制度的演进

晚清以"预备立宪"为导向的"新政",受西方三权分立原则的影响,行政系统的决策运作方式发生了一些变化。其中很重要的一点就是由行政长官的独断决策逐步走向会议合议。

与晚清对立宪的主要功能在于沟通舆情、利于上传下达的认识相应,朝廷对会议的认识也主要是它有助于集思广益,能更好地进行决策。

就中央机构而言,朝廷经庚子国变后,力图进行新政,以期振作,于1901年4月设置督办政务处,以中枢重臣和疆臣领袖组织之,"以专责成而挈纲领",考察条陈"可行不可行"、新政"行之力不力"。⑧到1906年10月,朝廷宣布预备立宪,进行中央官制改革。因内阁官制胎死腹中,遂将督办政务处改为会议政务处,作为一过渡性机构,充当"内阁的雏形",为"将来内阁之基础",⑨从名称强调了该机构的"会议"特征。⑩从组成人员上看,较原有的督办政务处有所变化,即由军机大臣、大学士和各部行政长官参加,没有地方疆臣领袖;其职责与之前的督办政务处并不存在本质差别;只是在议事形式上多些与预备立宪相应的会议色彩。

据载沣、那桐等当事人日记所载,会议政务处一直坚持"逢二会议"的原则,即每月的初二日、十二日、廿二日三天定期举行会议。会议地点一般在"内阁前面之宽厂大厅","后改于养心殿直房,而两宫幸园时,则尝假朗润、承泽各园会议,为从直诸臣之便也"。⑪到底会议政务处如何议事,议事结果在多大程度上改变了以前的专制决策传统,则限于资料,无法判断。据时任会议政务处司员金梁记述:"议时,各不敢多言,偶发数语,率视庆王意旨而定,常无决议,惟由主稿者揣摩附会,拟稿奏复。及送各大臣画阅,此是彼否,辄又嘱主稿者窜改,常有参差矛盾之处……于是政务会议如虚设矣。"⑫

值得注意的是,资政院总裁因该院"纯系议院性质,并无关于行政",故"政务处之参预,尤非所宜"。⑬理由虽冠冕堂皇,但这样一来,资政院无形中就远离了权力中枢，在朝廷中的实际地位下降了很多。

《续定直省官制清单》第六条，各省督抚应于本署设会议厅，定期传集司道以下官会议紧要事件，决定施行。如有关地方之事，亦可由官酌择公正绅与议。宪政编查馆作为晚清预备立宪的统筹机构，其中多法政精英，曾于1910年9月上奏设立会议厅，"内以辅导督抚，助宪政之进行；外以对待人民，备议案之审核，现经按照原奏，参酌各省办法"，拟定《会议厅规则》十九条。⑭

在此前后，清廷进行了地方官制改革，受日本、德国的影响，⑮省一级官府设立了"直省会议厅"。⑯1907年7月颁布的《各直省官制通则》第六条规定："各省督抚应于本署设会议厅，定期传集司道以下官会议紧要事件，决定施行。如有关地方之事，亦可由官酌择公正乡绅与议。"⑰1910年9月宪政编查馆奏准颁行《各省会议厅规则》："与幕府制依靠幕友参谋筹划决策相比，会议厅的设置，毕竟使直省一级政务初步实现从独断到合议的跨越"，是"行政决策权对社会有限开放的体现"。⑱

在地方，除了行政衙门采纳了会议制以外，晚清在推行地方自治之时，于1908年、1909年颁布了《城镇乡地方自治章程》《府厅州县地方自治章程》等，规定要在这些不同层级设立董事会、议事会、参事会等，按照会议规则议事。不论实际施行情况如何，但至少在纸面上，会议成为决策合法化的重要根据。1908年颁行的《谘议局章程》，第七章即为"会议"专章，并授权各谘议局自行酌定《议事细则》及《旁听细则》。1909年各省谘议局陆续成立并正式开会，初步将这类规则制定出来并在一定程度上将之落到实处，为资政院制定和修正相关规则提供了难得的经验教训。

第二节　资政院的会议情形

一、《议事细则》的制定

资政院即将开院，在主要借鉴日本《议院法》《贵族院规则》《众议院规则》的基础上，朝廷批准了《院章》《议事细则》和《分股办事细则》等相关法规。在这些法规中，施行后影响较大的当数《议事细则》。《议事细则》由资政院拟定上奏，于 1910 年 9 月 22 日获得朝廷批准。⑲资政院概要归纳其内容和功能：

> 　　查资政院为将来上下议院之始基，提纲挈领，义主赅括，而《议事细则》等项所以规定院内会议治事之方法，曲防事制，义取谨严。外国议院制度于议院法之外，一切会议治事方法均各另定规则，与议院法相辅而行，故各议员有所遵循，咸尽厥职……其《议事细则》一种，为整理议事之规律，自召集开会以迄停会闭会暨附则计十二章，凡一百五十条……所定以第四章会议为主，而第一章至第三章则会议之先预为筹备之事也，第五章至第十章则会议时应行遵守之事也，第十一章、第十二章则会议后应办各事及本细则施行改正之事也……议场内全院会议则适用《议事细则》。⑳

　　作为正式上行公文，该奏折侧重强调《议事细则》积极性一面，其消极面则没论及。其实，《议事细则》强化了行政权力对会议的控制。另外，受《院章》所限，《议事细则》的某些条文亦存在前后参差之处。如《议事细则》第二十四条规定，法律案三读程序有所省略，需到会议员三分之二可决；而对表决之额数则没有规定，只能适用《院章》第三十五条之过半数可决。三读程序是为了保证法律案之慎重，其可决与否才是目的，三读可否省略只是手段。轻重失衡，于斯可见。

　　《议事细则》的核心部分是第四章"会议"，含八节，除第六到八节分别规范三类特殊会议（预算会议、决算会议和秘密会议）外，第一到五节分别为"提议及倡议""三读""讨论""修正"和"表决"。这个编排顺序完全与日本国会两院规则"议事"章相同，大致按照会议所进行的程序逐步展开。之所以说是"大致"，是因为正式会议必经过提议（或发议）、讨论、修正和表决等步骤，而"三读"乃立法机关通过法案之特殊程序。尽管资政院作为立法协赞机关，立法权是其主要职能之

一，但毕竟资政院会议还有其他重要职能，《议事细则》的制定者如认
为"三读"很重要，非明文规定不可，那毕竟属于"特殊"范畴，完全
可以另辟专章专节，不宜插入到作为会议议事连贯过程"提议"与"讨
论"之中，以致失去逻辑连贯性和文气之顺畅。这是制定者不能深察于
会议原理而机械模仿东瀛的结果。

二、《议事细则》的实施概述

在诸多方面借鉴了近现代民主制度会议准则的《议事细则》在大会
会场中是否得到较好的遵循？一般而言，团体成员对会议规则之恪守，
其难度与议题本身的重要性和争议度成正比。欲回答该问题，可分两层
来剖析：如在会议普通议案时，《议事细则》都得不到遵循，那可推断，
它基本是一种具文；反之，则要通过重要、争议性较大的议案来检验。
如通过检验，则可推断该规则完全得到了遵守；如存在瑕疵，则只能说
规则得到部分遵循。

经检索，在《速记录》中，"议事细则"共出现了 205 次，"分股办
事细则"出现 43 次，"细则"出现 289 次，跟"议事细则"紧密相关的
"院章"和"资政院章程"共出现 214 次。这些统计数字，结合相关文
句经常出现"如此庶不至违背《议事细则》""按照《议事细则》之规
定"等语，可知议员们频繁动用《议事细则》之规定，来维护自己作为
议员之权利及保障会议照章进行。当然这些证据，也可反面解释：与会
者经常越规会议，以致常要其他人运用规则加以提醒。但无论如何，与
会人能常常运用规则来会议，亦证明了它有其实际意义。

《新刑律草案》是第一次常年会议决的最重要法律案，议员们因持
不同价值观导致他们对该草案的看法迥异，由此引发的争论异常激烈。
按照《议事细则》之规定，该法律案被列入议事日表后，到最终通过，
得完成下列程序：在议事日表所载当日初读；完成后即将该法律案交法
典股审查；审查股员会报告，议决是否再读；再读时逐条议决；三读议
决全案可否。资政院审议《新刑律草案》，是否遵照了这一程序？

从《速记录》得知，1910 年 12 月 2 日议事日表的第一项即是政府

提出之《新刑律草案》之初读，先由杨度演说了新刑律主旨，多名议员针对其解说提出疑义，随后议长宣布讨论终局，交付法典股审查。在会议过程中，大会本身即犯了程序错误：在杨度演说前，劳乃宣即提出初读讨论该法律案大体，得到全体议员赞成；及至演说结束后，按照《议事细则》第二十六条之规定："各议员对于议案若有疑义，得声请军机大臣、各部行政大臣、政府特派员或提议议员说明之。"询问"疑义"与讨论大体之界限本就较模糊，劳氏讨论大体的提议又通过在前，遂在议场引发了关于程序的激烈辩论：

109号（籍议员忠寅）：今天对于新刑律是初读，只要特派员说明主旨，我们议员对于议案有疑义可以质问的，这个时候不应该论到草案之内容，更不该说到本题以外。

137号（邵议员羲）：请议长把这个付审查，不必讨论。

80号（劳议员乃宣）：本员请发言。

议长：劳议员是否质疑？

80号（劳议员乃宣）：本员倡议已经全体赞成，第一次可以讨论大体。如不以为然，前此倡议可以作废。

议长：劳议员既是质疑，可以发言。

80号（劳议员乃宣）：如果第一次不能讨论大体，可以作废。若待提出修正案来，还到审查之后，再行讨论就不对了。总要经第一回讨论之后，然后有修正案。

议长：劳议员倡议，已经表决过了，现在可以依这个倡议办理。

议长：劳议员若是讨论大体，可以发言。

109号（籍议员忠寅）：劳议员倡议初读时候，可以讨论大体。可是初读时候不是今天，如果审查以后再到议场，可以讨论劳议员意见。就事实上看来，是不错的。可是新刑律才发出来，大家必须细细研究，方可以讨论。

48号（陈议员懋鼎）：按《议事细则》二十八条，应俟审查以后，方可讨论大体。㉑

正是全体议员赞成劳乃宣于初读讨论大体这个有悖于《议事细则》之提议，直接将随后的会议带入两难之中，集中表现就是议长时而认为劳乃宣因"质疑"可以发言，时而因"讨论大体"允许其发议。但按照《议事细则》，"质疑"在初读时进行，"讨论大体"是股员会报告后再读之前的事。之所以出现此争议，是包括议长在内的所有议员对《议事细则》没能熟练运用直接有以致之。

1911 年 1 月 6 日议事日表第一项是股员长报告《新刑律草案》的审查结果，是续初读和再读阶段，接下来的几次大会都有该法案的再读，到第一次常年会结束时，再读程序都没有全部完成。关于再读程序，《议事细则》第三十四条规定："再读应将议案逐条议决之"，眼见时间紧迫，《新刑律》全案难以在本次常年会通过，有议员提出可否变通《议事细则》之规定，建议逐章表决。㉒虽最后作了变通，但实际上，议员们还是很尊重《议事细则》"逐条表决"背后的法意——立法要慎之又慎。副议长沈家本没对"逐章表决"之提议本身进行多数决，即是尊重《议事细则》。再者观察《新刑律草案》第二百八十八条关于无夫奸立法所引发的激烈争论，到最后谁也说服不了谁的情况下付诸最严格的记名投票表决，即可证明该变通没有损害立法本意。

如说在此之前议员们讨论《新刑律草案》时尚能以《议事细则》为据，或主动或被动约束一己之行为，但在无夫奸条文表决以后，失败的法派议员开始肆无忌惮地"舞文"。姑不论那些合法利用规则、故意阻碍《新刑律草案》全案三读完成的诸多幕后伎俩，如没有充足理由擅自改动议事日表、故意不出席大会等，大会最后表决《新刑律草案》总则三读之行为，则开始明目张胆违背《议事细则》和"议学"原理：

109 号（籍议员忠寅）：……方才变更议事日表第一大清《新刑律》不议，现在开议，断不能完，就是再读也还有好几百条，不过总则已经议完了，大家没有异议，如果把总则再付三读通过去，即行上奏，仿佛对于资政院也是觉得有精神的。

74 号（陆议员宗奥）：这个总则已经表决过了，究竟这个《新刑律》是一代大法典，不是哪一个人的事情，凡国际交涉、国民身命财产都有密切之关系，政府提出这个大法典来，实在是于立宪国民前途大有关系。诸君千万不要私下闹意见，总得平心研究，况且这个总则已经表决了，何妨即付三读通过呢？

149号（罗议员杰）：这个总则已经再读表决了，时日无多，何妨省略三读通过，把他上奏去，也觉得资政院稍有成绩。现在资政院明日闭会，到底了了几件重大问题。

115号（许议员鼎霖）:《新刑律》是要宣统四年实行，并不是明年实行，又何必在此刻一定通过？况且当初都是赞成《暂行章程》，现在议员已经走了大半，就要通过也不行的。

159号（蒋议员鸿斌）：要通过就连分则都要通过，要不通过就都不能通过，现在人数走了大半，何能通过？

81号（章议员宗元）：要把总则同分则通通通过是很难办的，况且总则已经表决过了，都无异议了，又何妨通过？所以把总则付三读，省略三读就通过了。至于人数不够，只要我们今日到场的人三分之二里头的多数赞成就通过了，好在这个总则已经表决过了。当初既通过，现在没有不能通过的。此刻虽人数不够，总以多数赞成为断，于章程没有什么违背。

秘书官承命报告议长的意见，以为今天到会议员一百二十九位，现在已经走了许多位，在场的只有八十余位，拟照籍议员的倡议，将《新刑律》总则付三读，即付表决，以为一二九位计算，若是多数起立就可作为通过，众位议员意见如何？

众有赞成者。

副议长：赞成籍议员倡议的已得三十人以上。

109号（籍议员忠寅）：前天宣告再读，对于分则条文里边彼此有意见，现在本员倡议把总则通过，这是已经表决过了，大家都没有异议，是全体赞成的，现在通过就可以上奏。

81号（章议员宗元）：此刻三读，只要有六十五位赞成就可以通过，就可以上奏……

　　副议长：今天到会议员是一百二十九位，现在起来者六十九位，是多数。㉓

　　副议长沈家本接受了章宗元根据《院章》第三十五条"以到会议员过半数之所决为准"，亦即章氏所说"今日到场的人三分之二里头的多数"的主张，单独抽出"总则"完成三读之表决，是置《院章》第三十四条"资政院会议非有议员三分之二以上议员到会不得与议"于不顾的做法。理由在于：尽管《院章》是《议事细则》的上位法，但《议事细则》第十一、十二条是对《院章》第三十四条之进一步解释。按照《议事细则》第十一、十二条之规定，会议之时，议员离座，不满总数三分之二以上者，议长得酌定时刻，命秘书官计算员数。若计算二次，数仍不满者，即宣告展会。当许鼎霖和蒋鸿斌等先后提出议员们已走了大半，秘书官确认只有80多位在场，显然达不到表决的法定人数，应展会。这里所说的"总数"是应到议员之总数，而非实际到会议员之数。就在前次大会时，95名议员在场，都因人数不够而展会，为何一天之后就不必展会？显然此时应展会而不是继续表决，此其一。按照通行的"议学"原理，当有议员对"额数问题"（未达法定人数）有所提问，属于特殊的"秩序问题"动议。既为"秩序问题"动议，当提出后，在议场进行之议案，应马上间断，优先处理此问题，待其解决后，被间断之议案才能继续进行。该"秩序问题"动议是否有效，虽可由主席裁定，但动议者对裁定不服，仍可诉请会众，予以公断。副议长沈家本没有按照此等原理优先处理二位议员之动议并做出裁决就径直表决，实对议学原理有所违背，此其二。即便退一步不在"总数"二字上争执，按照《议事细则》第三十八条之规定，"三读之际，应议决全体议案之可否"，《新刑律》之"总则"只是《新刑律》这个"全体议案"之一部分，不具备三读表决之起码要件。故此次《新刑律》"总则"三读表决，是绝对违背会议规则之行为，断不应出现在议场中。

三、《旁听规则》

除了关涉国家机密所召开的少数秘密会议外，资政院大会皆允许旁听。资政院为此制定出了较为详密的《旁听规则》。该规则共十三条，大致分为以下四部分：哪些人经过何种手续能来院旁听？旁听注意事项为何？大会旁听之限制。违反旁听注意事项之惩戒。

旁听人员大致可分为三类：官员、普通人和报馆主笔。官员又有王公世爵、外交官和京外大员，申请手续各有差别。王公世爵通过宗人府、陆军部和理藩部来申请，并由各该衙门转交特别旁听券；外交官则由外务部申请，并由外务部将特别旁听券转交；京外大员则由本人致函资政院，由资政院酌送特别旁听券。这里顺便指出，在晚清的官方文书中，凡"京外"字样，指的是北京和外省，基本上是全国之意，不是"首都之外"的意思。普通人旁听，则需要有资政院议员介绍，其普通旁听券亦由该议员转交。报馆主笔等新闻界人士要去旁听，则不必每次都来申请，而是在会期内由秘书厅通过巡警总厅转给报界公会 16 张长期旁听券，具体由报界公会来分配。

凡来院旁听者应遵守下述六条规则：（1）穿着上要求便服着靴；（2）不得携带零杂物件；（3）不得吸烟和随地吐痰；（4）对于议员之言论不得表示可否；（5）不得喧哗，妨碍议场；（6）旁听人不得入议事场。这六条要求非常合理，前三条是出入公共场所的一般要求，后三条是保证议场会议秩序的最低要求。

关于旁听之限制，也属比较宽松，仅一条，即资政院开秘密会或旁听生有骚扰时，议长得令守卫将旁听人全部退出。㉔

资政院大会议场有专门的旁听席。但受议场场地影响，旁听席位有限，不能满足各方需求。10 月 3 日举行资政院的开院典礼，是中国开预备国会之端，自然会吸引大量的外交官和记者到场观摩，旁听席位供不应求，故《华盛顿邮报》的记者抱怨：

政府将建造一座宽敞的议院大厦，但在完工之前，资政院会议只能在法政学堂狭窄的校舍内进行。缺少空间被当作拒绝新闻界代表参加今天会议的理由。同样的规则也被用于对待其他人，甚至应邀出席会议的外交使团成员也未能列席会议。㉕

《泰晤士报》说得更直接，可能不是旁听席位过少，而是清廷不愿外国人据此指指点点，说三道四：

> 有很多评论指出，资政院开幕没有盛典，没有仪式，外国使团也没有被邀请，政府似乎有意不让此项宪政试验的开始吸引太大注意。也许，中国人不希望外国人对其立宪程序中所采取的试探性步骤提出批评。确实，开幕式地点所在的法政学堂太小，没有办法容纳资政院的全体议员。㉖

尽管如此，但从第四次大会开始，会场每次皆有上百人左右旁听，到重大议案讨论时，旁听席像开幕典礼时一样，供不应求，有人满之患。㉗据《申报》报道，都察院"以资政院为舆论汇归之地，决议每日特派四人（御史）前往旁听，以便指陈时政时与舆论一致"。㉘

中国第一历史档案馆有份1910年12月1日的档案，清晰呈现了旁听券之申请、批准和送达流程：

> 资政院为厅呈事。准贵府厅称，兹据多罗贝勒载瀛门上报称：本贝勒之侄花翎头品顶戴溥偁，二等镇国将军溥修，又镇国将军载勃、毓愍，奉恩将军毓犟，又二等奉国将军兴瑞，又三等奉国将军麒瑞，又奉恩将军文治，均情愿赴院旁听各等因。相应厅行贵院查照，刻即将旁听券送府，以便转交等因前来。今将特别旁听券七张厅送贵府查收，希即转交可也。须至厅者。右厅呈（计特别旁听券七张）宗人府。宣统二年十月三十日。㉙

这里的"厅"，应是资政院秘书厅。载瀛乃道光之孙，为资政院宗室王公世爵议员，这次一共为其家人申请到旁听券七张。这就说明，尽管旁听席位有限，但朝廷非常鼓励满洲亲贵及其家人来院旁听。

旁听之人，主要还是外交官、报馆记者等，普通民众极少，来的亲贵也多是应付差事，议员们在议场的发议极易成为舆论关注对象。[30]因此，一般议员不会明目张胆为政府辩护而成为中外舆论所批评的对象，即便想为政府辩护也只好选择沉默；雷奋在议员谈话会上即指出："以后愿诸君在院，不可如此缄默，揣诸君之意，无非以发言时有许多新闻记者在旁听席，恐发言不慎，致为报馆所批评。"[31]反之，批评政府的言论较容易得到舆论之扬，议员本人也会因此获得好评。旁听制度对资政院议员的发议产生了积极影响，是资政院能保有其批评本色，庶几无愧于预备国会的重要制度保证之一。从内容上看，中华民国临时参议院的《参议院旁听规则案》可能即受到它的影响。[32]

四、资政院议事总评

资政院与军机大臣会同上奏的《院章》、资政院单独拟定的《议事细则》和《分股办事细则》一起，共同构成了资政院大会议事的基本法律规范，从会议预备、议案提出、议员发议、政府官员发议、表决方式等都有明确规则可循，实为了不起的进步。尽管它们也有这样那样的缺点，但总体来看，还是"曲防事制，义取谨严"，盖因制定者参考过各立宪国家，尤其是日本议会之议事规则，吸取谘议局运作过程中已凸显出的弊病所得之教训，基本上采取了公开平等议事、法定人数、多数决、一事不再议、讨论自由这类近代民主制度的会议准则，在我国立法史上具有开创性意义。

在资政院第一次常年会期中，议决《新刑律草案》，议员们争论最激烈。当争论没达白热化、未到匕首相见之前，法派议员尚能遵守《议事细则》等法规，之后即肆意舞文弄法。通过此特殊个案之分析，大致可以断言，在一般性议案中，《议事细则》在多数情况下能得到遵守，当激烈的利益交锋之时，即免不了被践踏。

考虑到这是近代中国第一次在全国性会议上采用此种"新"会议规

则，能有如此成绩，也算很不容易。要养成严格遵守会议规则的习惯，绝非朝夕之间能竟其功，需要相当的经验累积。笔者大致同意作为资政院积极"旁观者"的梁启超的判断：

> 资政院讨论各议案，其理论及其秩序，较诸先进国之国会，虽甚有逊色，然得借此以为练习之地步，议员之见识能力，缘淬厉而日赴光晶，其中必有一部分能为将来国会人物之楷模者，又此次经验之结果。③

注释

①　何启、胡礼垣：《新政真诠》，辽宁人民出版社 1994 年版，第 422 页。

②　参见俞江：《近代中国的法律与学术》，北京大学出版社 2008 年版，第 64 页。

③　汤志钧编：《章太炎政论选集》，中华书局 1977 年版，上册，第 461 页。

④　Sir Courtenay Ilbert, *Parliament: Its History and Practice*, New York: Henry Holt and Company, 1911, p.226, 231—232.

⑤　郑观应：《盛世危言》，中州古籍出版社 1998 年版，第 98、104 页。

⑥　何启、胡礼垣：《新政真诠》，第 94、99 页。

⑦　孙宝瑄：《忘山庐日记》，上海古籍出版社 1983 年版，下册，第 953 页。

⑧　《清实录·德宗景皇帝实录》，卷四八一，光绪二十七年辛丑三月。

⑨　资政院弹劾军机案时，议员罗杰即将会议政务处视为责任内阁之前身，"当日立这个会议政务处的意思，就是责任内阁的雏形。会议政务处大臣，仿佛外国国务大臣，各部大臣对于本部尚书、对于会议政务处是政务大臣，军机大臣就是外国总理大臣。"（李启成校注：《资政院议场会议速记录》（修订版），上卷，第 623 页）

⑩　《清实录·德宗景皇帝实录》，卷五六四，光绪三十二年丙午九月。

⑪　转引自赵虎："仿行内阁：清末会议政务处述论"，《西北大学学报》（哲学社会科学版）2017 年第 3 期。

⑫　金梁：《光宣小记》，四川人民出版社 1988 年版，第 297 页。

⑬　《伦贝子不入政务处之耗》，《大公报》1910 年 8 月 1 日。

⑭　《清实录·大清宣统政纪》，卷四一，宣统二年庚戌八月，该规则具体情况参见刘伟：《晚清督抚政治——中央与地方关系研究》，湖北教育出版社 2003 年版，第 202 页。

⑮　《考察宪政大臣于式枚考察普鲁士地方行政制度》，《政治官报》第 606 号，1909 年 7 月 6 日，第 17 页。

⑯　参考关晓红：《从幕府到职官：清季外官制的转型与困扰》，生活·读书·新知三联书店 2014 年版，第 258—300 页。

⑰　故宫博物院明清档案部编：《清末筹备立宪档案史料》，上册，第 507 页。

⑱ 关晓红:《从幕府到职官:清季外官制的转型与困扰》,第265、290页。

⑲ 中国第一历史档案馆编:《光绪宣统两朝上谕档》,第36册,第321页。

⑳ 《清实录·大清宣统政纪》,卷四一,宣统二年庚戌八月。

㉑ 李启成校注:《资政院议场会议速记录》(修订版),上卷,第489—490页。

㉒ 同上书,下卷,第945页。

㉓ 同上书,下卷,第1056—1058页。

㉔ 中国第一历史档案馆藏:《资政院旁听规则》,档号:15-01-001-000026-0136。

㉕ 《中国资政院开幕》,《华盛顿邮报》1910年10月4日,《纽约时报》当日的报道"摄政王宣布中国资政院开幕"与此大致相同,载王宪明编译:《清末立宪运动史料丛刊·外文资料》,第345、348页。

㉖ 本报特别通讯员:《中国资政院由摄政王主持开院》,《泰晤士报》1910年10月4日,载王宪明编译:《清末立宪运动史料丛刊·外文资料》,第347页。案:此处有误,法政学堂虽小,但每个议员都有座席,说"没有办法容纳资政院的全体议员"则为失实。

㉗ 如宁调元在《帝国日报》有专栏"议场谭屑",其记载第七次会议时说"旁听席人数骤增,自开会以来所未见,想皆系国会问题为之引线",之后常有"旁听人数颇多"的记载。(杨天石等编:《宁调元集》,第472—497页)在讨论弹劾军机案时"旁听席三面俱满,至十二时半,已无立锥余地。"(马鸿谟编:《〈民呼〉〈民吁〉〈民立〉报选辑》,第633页)

㉘ 《申报》1910年10月10日;牛贯杰编:《清末立宪运动史料丛刊·资政院》,下卷,第1012页。

㉙ 《为片送贝勒载瀛之侄溥偁等赴资政院特别旁听券事致宗人府》,中国第一历史档案馆藏,档号:06-01-001-000399-0099。

㉚ 议员发言即可证实。陶镕在第三次大会讲:"散会时总要整齐严肃,不可紊乱秩序。如秩序紊乱,殊不雅观。况外国人在议场参观,若无次序,未免为外人所讪笑……我国第一次开办资政院,为天下观瞻所系,议场秩序宜整齐严肃,况今日并有外人参观,尤宜注意。如关乎私人事件,须俟散会时商酌,不得在议场上交头接耳(拍手)。至于休息、散会必有一定规则,不然任意离座,殊不雅观。"[李启成校注:《资政院议场会议速记录》(修订版),上卷,第12页]

㉛ 《民立报》1911年1月3日。

㉜ 《参议院旁听规则案》,载张国福选编:《参议院议决案汇编》,北京大学出版社1989年版,第21—23页。

㉝ 梁启超:《饮冰室合集》,中华书局1989年版,第三册卷二十五,第165—166页。

下编

第二次常年会研究

第五章　第一次常年会
闭幕后的朝局

第一次常年会于 1911 年 1 月 10 日闭幕后，朝局并没有因第一次常年会召开而有起色，反而还在急剧恶化之中。这种恶化主要体现在空前严重的外交和财政危机、出台皇族内阁以及因铁路国有引发的保路运动。这一系列重大事件的发生一直刺激着资政院要求召开临时会议，以解燃眉之急。

第一节　外交和财政危机

一、外交危机

俗语云：弱国无外交，尤其在 19 世纪这个弱肉强食的帝国主义野蛮时代，更为显著。研究清朝对外关系史的著名学者马士将近代以降的晚清对外关系划分为三个阶段，即冲突时期（1834—1860）、屈从时期（1861—1893）和被制服时期（1894—1912）。按照这种划分，也就是说自甲午战后，清廷已被列强基本制服。庚子国变后，中国的国际地位更一落千丈，"已经达到了一个国家地位非常低落的阶段，低到只是保持了独立主权国家的极少属性的地步"，"在惩罚之下，中国沦为这样卑微的一个被奴役的国家，以致帝国倘欲图存，根本改革的必要，已是不待明眼人可见的事"[①]。之后，清廷推行新政。前五年尚在摸索中，到 1906 年才确定要预备立宪。但不论是前一阶段零星琐碎的新政还是后一阶段的政改，皆对朝廷处理对外关系的帮助很有限，外交内政持续恶化。降及 1911 年初第一次常年会闭会前后，相继发生严重外交事件，即西南边陲和东北边疆告急。

还在第一次常年会延长会议期内的 1911 年 1 月 4 日发生了英人武装强占片马事件。[②] 片马位于滇西，腾越之北，怒江以西，西、南、北三面与缅甸接壤，乃军事重镇。英国据缅甸为殖民地后，1886 年清廷与英国订立《缅甸条款》，承认英国占据缅甸的事实，议定将来两国共同勘定中缅边界。[③] 1894 年的《中英续议滇缅界务条约》中，将片马地区作为未定界。[④] 之后英国一直想占据片马地区，没有得逞。其著者如 1900 年初，驻缅英军千余名，以勘界为名，侵入国境，被击退。1911 年初英国又以武力占据片马，希望逼迫清廷承认既成事实。片马虽处西南边陲，但为滇西门户，是英国经印度、缅甸入西藏和川边的重要通道，关系中国西南国防大局尤甚。《东方杂志》详细记载了此事件之始末，云：

> 去年秋间，英议派兵驻片马，冀以兵力定界。云贵总督李经羲曾屡电外务部，请向驻京英使诘阻，部中照会英使，该使覆词不认，事遂搁置。李总督复电催外务部，一面阻止用兵，一面迅请覆勘，英使皆置之不理。至十二月中旬，英军竟由密之那府分两路前进，有兵二千人、马二千五百匹，工程辎重各队皆具，声言高黎贡山以西为彼国领土，并令派派赖、茨竹、片马各彝寨迎降，于片马徧筑地营地道，为久远计，又在浪速一带，恣意侵掠。迤西道耿葆烜闻耗，急电李总督告警。李总督当与驻滇英领事交涉，请速撤退兵队。英领事覆谓："英兵现驻地方，皆属英国版图，并未过界，何能退去"云云。李总督遂电奏请派兵巡边，又请饬部严重交涉，要求退兵而后妥议。朝意虑生冲突，电令慎重勿启衅端。旋由外务部据情向英使交涉。[⑤]

西南边陲危机重重，而北方的蒙古和东北，在俄、日两个恶邻帝国主义的虎视眈眈下，更是险象环生，尤以 1911 年初的中俄交涉为甚。

因地缘之故，俄国对整个蒙古和东北觊觎已久。康熙朝即发端，一度被遏制。近代以来，中俄两国的国势呈此消彼长之态，清廷日益衰落，俄国始终为世界列强。到第二次鸦片战争，沙俄趁清廷内忧外患之际，趁火打劫，侵入中国东北和西北大面积领土，随后侵略不止，且有变本加厉之势。本于国势，清王朝对俄政策，"以维持现状，权衡利害，以保东北和西北边疆之安全为主要原则"，罗曼洛夫王朝的对华政策，则为"一贯的和平侵略"。⑥所谓"和平侵略"，即在维持两国和平的前提下，利用武力威胁，逐步蚕食。到1904年日俄战争爆发，俄国战败，其南下势头暂时受阻于日本。随着欧洲列强在国际范围内逐步形成同盟国和协约国两大集团的对立，影响及于远东，日俄两国基于各自利益的需要，由昔日仇敌逐渐走向合作瓜分之途。1907年两国缔结公开协定和密约，大致将满洲南北划分，别为两国的势力范围。之后，"我国开发满蒙之计划，在在均受日俄协商之阻挠，而一筹莫展矣"。此后，尽管清廷想借助美国的力量来"以夷制夷"，但受制于国际局势，收效甚微。到1910年7月，日俄两国再度签订公开协定和密约，不仅将南北满瓜分公开化，更严重藐视清廷对满洲这一"祖宗发祥之地"的主权，东三省形势更危于累卵：

> 一九一〇年日俄协定的重要性，大于一九〇七年之协定。一九〇七年之公开条约，尚"承认中国之独立与领土完整，及各国在华商工业之机会均等主义"，以掩饰美德诸国之耳目。第二次之公开条约，对于侵害满洲现状之第三国，含有威胁之意。至于第二次之秘密协定，较诸一九〇七年所订者，意义尤为重大。按其规定，俨然为一军事防守同盟，以抵抗凡威胁两国在满特殊利益之第三国，换言之，即暗指美国而言。⑦

俄国于北满获得日本的支持，进而基本排除其他列强的干预后，⑧其侵略当然更为急迫。1911年2月28日，俄国向清廷提出六项要求，并威胁"有一不允，俄国政府即否认中国政府有维持善邻之谊，将采自由行动"。这六项要求，其大体包括俄国在边界获得免税贸易权、俄人在蒙古和天山南北的自由居住权、俄国增设领事以及司法管辖特权、俄人在张家口购置土地等权。对于这些无理要求，清廷鉴于边疆危机重重，难以应付。所失主权，较之《伊犁条约》还多。此乃第一次常年会闭会后半年内外交危机之大体情形。

早在第一次常年会召开之际，议员们就为东北、西北边疆问题忧心忡忡，在大会慷慨陈词。议员们之所以主张速开国会、弹劾军机，原因之一即因为东三省危机深重。来自奉天的陈瀛洲对此感触尤深："现在东三省时局有朝不及夕之势，若不赶紧设法，力图挽救，则东三省前途将有不堪设想者！且本员等此次赴京，受本省父老委托，为万民请命而来，若对于东三省事情毫无补救，将何以对我父老子弟？"于邦华在讨论弹劾军机案时发言："如今时候，前半年一样，后半年又不一样。先有日俄协约，不几日又有日韩合并，各国对于中国，大有一日千里之势。"来自吉林省的徐穆如在讨论《黑龙江垦务章程》时讲："照东三省情形而论，现在日、俄竭力经营，东三省十分危险。"⑨针对东三省危机，资政院所主张的速开国会和弹劾军机都不了了之，讨论过的移民实边等举措一则没有形成正式议案，二则也是缓不济急，基本无助于危亡。很多议员寄望于来年的第二次常年会。

第一次常年会甫闭会不久，俄国即又向清廷提出无理要求，尽管政府守外交秘密主义，但议员们还是通过各种渠道听到了一些风声，于俄国提出六项要求的半个多月后，即上书给资政院总裁，请求召开临时会以应付此严重的外交危机：

> 时局日迫，风云屡变，资政院闭会才月余耳，而楚歌四面，其危险已至于斯。俄人之无理要求，外部含糊应允已矣，固莫可如何矣。而修订中俄商约一事，实关系西北大局，稍形退让，则屏藩尽失。况英法各国之相因而至者，后患将不堪设想耶！窃以为今日之事，竭数人之力以谋之，不如合全国之力以谋之。一则使国民悉外交之曲折，一则使外人知吾国之尚有民气。⑩

又云：

> 方俄事之初起也，突然有自由进行之文，其继也，复有限期
> 答复之语。邦交安在？国体大损，群情汹汹，职由于此。虽空文往
> 复，足以了事，未至决裂，然前日之政府何事而致生侵陵，后日之
> 政府又何事而宁思补救。玩日愒月，后患立至。[11]

二、财政危机

清代财政制度大体沿袭明代大一统"王朝财政"制度。自近代以来，为平定加剧的内乱，"外省督抚权势陡增，纷纷自立于中央之外，苦心孤诣地经营着本省的空间，互分畛域，户部对各省财政的整顿概无成效之可言"[12]。经光绪前期的大力整顿，在回归旧制和扩张财政方面都有些效果，但甲午和庚子战后，因巨额赔款而举借外债，不仅前述整顿的努力失效，更增添了巨大财政危机。据总税务司赫德向北京公使团提交的报告中统计，庚子之前清政府的岁入为8820万两，岁出13492万两，[13]不敷达4600多万两，比清政府当时半年的岁入还多。庚子赔款后失衡更为严重。据郭廷以归纳：

> 清季财用入不敷出，辛丑之后愈甚，惟有多方罗掘，加税派
> 捐，复三令五申，严饬筹解。在政府威信扫地，民不聊生，反感日
> 炽之时，自易激起事变。[14]

庚子之后，清廷危亡可立而待，只有力谋真正自强一途，各种新政陆陆续续举办，在在需钱。随着预备立宪的展开，朝廷大大加强了中央集权，逐步收回地方督抚的军权、财权、教育权、选拔官吏权和司法警察权等，督抚顾惜中央部院之各种考成，不惜紊乱地方财政以求苟安于目前。在财政领域，可以说是外患引发更严重的内忧，危机重重。

为改变紊乱的财政状况，度支部尚书载泽主导财政清理工作，根

据《清理财政章程》，强行派官设局到各省核查。当时，清廷中央需要巨款，但不明白各省的财政真相，而各省督抚也不愿和盘托出，故采取钦派大员强行清查的办法。通过这种举措，大致摸清各省督抚的家底，短时期内为中央获得数额不菲的收入，财政收入总量空前增加，强化了中央财权的集中。但出乎度支部预料，出入不敷每年仍达 5000 余万两，无论如何开源节流，这一巨大的财政赤字都难弥补，这种入不敷出的窘境在现有的财政体制下根本没有解决之法。

通过此次财政清理，度支部大致摸清全国央地财政的现状，因而就必须拿出具体的解决之方。其实，当时的主事官员已有规划。清理财政处总办杨寿枏即有六年计划："第一年调查全国财政，令各省造送财政说明书；第二年试办各省预算，令财政统一于藩司；第三年试办全国预算，划分国家税、地方税；第四年实行预算，办理决算；第五年施行会计法，金库制度；第六年各省设立财政司。至此事权统一，法治严明，使全国财政如辐在毂，如网在纲，度支部通盘筹划，调剂盈虚，而清理之事毕矣。"⑮该规划逻辑清晰，计划周密，但似乎忽略了制约制度运行的现实条件，事后看来，其缺憾就在于让现实彻底迁就理想，于事实上难以贯彻。简言之，杨寿枏的规划，是以实行西式预决算制度为中心。杨寿枏还没有说出来的，那就是预算虽好，但奈何远水不解近渴，如何渡过眼前难关？最直接的办法就是向列强借款，以因应燃眉之急。所以，清廷在摸清家底之后，应付财政危机的办法是推行预决算制度和借款。

随着西方预算思想传入近代中国，加深了朝野对传统财政思想和制度的反思，光宣之交，清廷中枢机构对以新式预算制度代替传统理财制度逐渐形成共识，同时也意识到预决算的政治意涵，即人民参与财政事宜，施行预决算，是预备立宪的主要标志之一。

经几年准备，及至第一次常年会召开，政府终于将宣统三年预算案提交上来，因朝廷设立资政院之目的之一就是为政府向民间征税，开辟财源，增加岁入。宣统三年预算案经股员会与大会的多次审议终于得以通过，并编造成册，最后上奏请旨。相较于度支部原奏入不敷出五千余万两的草案，资政院通过的预算案裁减了七千余万两支出，使得收支得以平衡而竟多少有些盈余。1911 年 1 月 28 日，经资政院审议的预算案获得朝廷批准。从法理上来说，1911 年，中央和地方政府本应遵照此预算案来施政。

但事与愿违，中央、地方违反预算案的施政频繁发生，议员们以预算来监督行政衙门的意愿大有落空之势。因清廷清理财政，地方督抚的财权被大幅度削减，地方财政有被中央严控之势，督抚本就有怨言，加之按照宪政编查馆厘定的指导全国宪政筹备的"立宪清单"所列事项，地方需筹办各种新政，在在需钱。权责分离，地方督抚施政颇多窒碍难行之处。两广总督袁树勋即向朝廷抱怨："历年各省关系国家财政经费，如海陆军各项，无一非责之督抚，又地方偏灾或意外损失，并九年筹备种种新政，各经费亦无一非责之督抚，是中央集权而四方负责任也。天下事安有权不之属而能负责任乎？"[⑯] 资政院审议度支部提交的预算，最主要的考虑是帮助政府实现收支平衡，在收入难以增加之际，只能靠削减支出来实现。尽管在股员会审查时，资政院尽可能照顾到本省籍议员参与其中，但就是那些本省籍议员也难以了解本省行政施设及其花费的具体情况。到大会开议削减经费的现场，各省督抚不能亲临，以当面答辩，沟通渠道只能是函电往来，效果可想而知。关于此种弊端及其由来，预算股员长刘泽熙说得很明白：

> 资政院审查预算，既无商榷督抚之必要，而督抚特派员又无到会发言之时机，将来此部预算行之各省，各省督抚是否能承认，是否于各省事实无所阻碍，是一疑问也。设各省不能承认，起而反对，全部预算能无动摇乎？近者奉天、吉林、云南、陕西、湖南、山西等省纷纷电争不能核减，并托各主管衙门就主管事务与资政院协商，而各主管衙门仅以公文送电到院，并未见一人来院协商……此弊坐在中央各部不能确定主管事务经费，而必须督抚确定之。夫督抚既能确定经费，而不能与闻预算，且又须执行事务，故必以电相争。各部不能确定经费，反能与闻预算，且不须执行事务，故可

置之不理。内外隔阂，如此其极，其弊又坐在中央政府与地方政府权限不分明之咎也。⑰

督抚及其特派员不能到场，中央主管衙门因权责关系也无法就各省事务派员来出席答辩，故只能由议员们按照他们所认为的常识常理来确定标准，然后以此标准来斟酌核减数目。就议员们来说，处于此央地权责不明，吏治不上轨道，常年会初开，其权威尚待树立之际，也只能如此做。但如此确立的预算，不无以现实迁就理想之特点。有人即根据议员们在速开国会案和弹劾军机案的表现，按照当时官场之生态，来予以评论，略云："资政院与政府对垒是由于有重要人物为之撑腰，可惜在前台能够唇枪舌战的人都是在政治上毫无经验的人，议论愈高，离事实真相愈远。"⑱对议员们来说，该评论基本以偏概全，甚至可以说不无以小人之心来度君子之腹的考量，但评论所云，议员们无政治经验或政治经验欠缺，议论与实情存在距离，倒是不争的事实。

经资政院审议的预算，尽管勉强实现收支平衡，但偏重于理想或书面数字，未必能跟实际政务相匹配，故中央各行政衙门，尤其是地方督抚反响强烈。摄政王载沣亦心知肚明，故在以皇帝名义裁可预算的上谕中写了这段留有伸缩余地的话："若实有窒碍难行之处，准由京外各衙门将实用不敷各款，缮呈详细表册，叙明确当理由，径行具奏，候旨办理。"⑲据当时报刊所探析的内幕，有这样的说法："预算案入奏后，枢府诸公曾于监国前，沥陈此次资政院对于行政费核减过巨，一经颁布，恐各项要政必难切实兴办等语。监国凝思许久，随饬枢臣拟旨颁布。至拟定进呈后，监国特将原稿增加数语，闻自'若实有窒碍难行之处'至'候旨办理'等语，皆系监国所亲加者。"⑳这种说法，细节虽未必全对，但大体可信。地方督抚看到这封明发上谕后，不啻吃下一定心丸，资政院所议定的预算就不再是不可移易的铁案，自可奏报朝廷予以伸缩。但如此一来，资政院审议通过宣统三年预算案岌岌可危。

有鉴于此，负责主管全国财政的度支部，好不容易借助资政院在预备立宪背景下所拥有的预算协赞权，才勉强达致了收支平衡，自然希望能够推行此预算。在这一点上，度支部和资政院的立场相近。度支部因而于1911年2月和4月两次上奏朝廷，申明其维持预算的决心。[21] 与此同时，为安抚督抚，度支部于1911年春在筹办宣统四年预算时，宣布采取妥协办法，即将预算编制分为两块，即正册和副册，"正册取量入为出主义，以保制用之均衡；副册取量出为入主义，以图行政之敏括"，此中即有度支部"用权之苦心"，希望能"为内外官民所共谅"。[22] 实际上这是度支部在告诉督抚，再难也就是宣统三年这一年，还望共克时艰，渡过眼前难关。度支部两次申明，已说明中央部院衙署，尤其是地方督抚破坏预算的情况比较严重，实际上动摇了预算之基础。第一次常年会闭会后不久，有议员提议召集临时会，理由之一就是商讨维持预算之法：

> 上年试办预算，议员等为欲立财政之基础，笃心苦思，勉令收支相合，不意会同政务处上奏之后，而破坏预算之文电纷至而沓来，军机王大臣依违两可，有度支部奏陈维持之法，仰蒙谕旨，而财政之基础则时时有动摇之虑，是宜公开会议，维持既往，将来预定今年各部各省整齐画一之办法，以成今年常会正当不易之预算，此应陈请者二。[23]

晚清本就财政困难，既要偿还巨额赔款，又需举办各项新政。在那个由传统向近代转型的初期，政府在经济上仍旧是农业为主，工商业虽有发展，但总体上薄弱且受制于列强，所得税额亦有限。朝廷开资政院，其目的之一就是希望能借立宪名目，以增加税入。到宣统初年，财政入不敷出，罗掘俱穷。若以国用不足，贸然向国内征税，恐征税未成，大乱方起。山西巡抚丁宝铨在致各省督抚的电文中即抱怨，督抚在中央和民众这两姑之间难为妇："中央无一事不与督抚为难。今日海军费，明日印花税；今日盐斤加价，明日税契加成，而上谕则曰：'不准扰民'。百姓习闻此不扰之谕也，一遇加捐，无不聚众反抗，试问又有何法加增税款乎？" [24] 国内既不能大幅度加税以增加税入，新政又不能不兴办，故朝廷就只能大借外债。列强也非常愿意给清廷借债，据以获得各种特殊利权。但自庚子以后，中国人的爱国心和民族意识与日俱增，要求对内改良政治，对外收回利权。朝廷和各级官府以利权为担保大借外债，与民众的期望相左，容易引发官民纠纷。

其中最激烈者为因修筑铁路所借之外债，引发民众与官府的直接冲突。1910 年 9 月盛宣怀出任邮传部侍郎，1911 年 2 月更代替唐绍仪升任尚书，密谋借款筑路。盛宣怀在邮传部堂官任上，兼帮办度支部币制改革事宜，大力推动与四国银行团的谈判。第一次常年会结束后不久，中央各部院衙署和各省纷纷商借外债。其著者，如盛宣怀与日本正金银行就铁路公债借款一千万日元签订了草合同，载泽与四国银行团就订立整顿币制兴办实业推广铁路借款合同也在谈判之中。议员们风闻此事，以为外债终归由百姓负担，因此要经资政院予以审查。不经资政院审查而擅自大规模借外债，是侵资政院之权，故审核外债成为议员们要求召开临时会的第三个理由：

> 比者借款之事纷纷而起，中央借款之事不止一部，部又不止一起；外省借款之事不止一省，省又不止一起。借款之后，利用之法，管理之方，皆不可知。外国募集公债，无不经国会之议决。我资政院之职掌，亦订有明文。今借款将定，而议员等尚未知其所用，待至常会然后预闻，则半年之间，危险百出。脱有损失，又将如何，此应陈请者三。㉕

第二节　皇族内阁

一、预备立宪后关于设立责任内阁的决策

自清廷决定预备立宪后，朝臣中出现设立责任内阁和预备国会先后顺序的争议，由袁世凯主导的先设立责任内阁的提议被谨防君上大权旁落的最高决策层所否决，先设立资政院予以监督可能出现的"权臣"这

一思路被采纳。㉖朝廷既已宣布预备立宪为国是，设立责任内阁早晚必行。如何避免责任内阁制下的国务大臣，尤其总理大臣成为莽、操之类的权臣架空君主，是最高当国者对待一切新政举措的首要考量。如何能在预备立宪这个大背景下防"责任内阁"之患于未然，是当国者念兹在兹的大问题。当时朝廷的思路之一就是设立资政院这个预备国会，保留作为君主耳目的都察院，以为监督和监察。

这里稍微提及晚清都察院的存废争议。自朝廷宣布预备立宪、宣布改革官制之后，作为专制君主耳目之司的都察院，其存废即引发广泛争议。外面争议姑不论，在御史团体内部，都莫衷一是。1907 年 9 月都察院都御史陆宝忠即上折，建议将预备国会定为两院制，资政院为上院，改都察院为下院，预备期下院不行选举，以御史充任议员。㉗这一建议甫经提出，即遭到忠廉、赵炳麟等 48 名御史的联衔反驳，其理由除了下议院必须建立在选举这个立宪常理外，更重要的是防止行政区一家独大而影响皇权下移：

> 议者有以都察院代国会，以保荐行投票之说，臣窃以为差之毫厘、失以千里矣……欲以都察院之实，强附下议院之名，不惟不得下议院之精神，且必失都察院之作用。夫都察院今日不可骤撤者，正以国会权力尚未巩固耳……今日国会即可与政府对立，必不能之势也。尚赖有都察院风闻弹事，借君上之威灵，拯民间之疾苦。倘混而一之，人将以国会合议为词，禁止言官专折奏事，是国会权力尚未巩固，察院制度先经破坏。㉘

都察院能与清王朝相始终，在整个预备立宪期都没被裁撤或根本性改造，根本原因即在于其作为君主耳目之寄有助于维护君权。按照会议政务处的正式说法，"都察院系独立之衙门，为国家广开言路，亦不可轻议更张"。㉙随着光绪和慈禧的过世，实际执掌最高权力的隆裕太后和摄政王载沣在威望、政治经验和权谋等政治资本方面都较慈禧远逊，对立宪之下皇权被架空的担忧愈切。

随着袁世凯被开缺回籍，朝廷中出现权臣架空君权的可能性已大大降低。且自辛酉政变后，慈禧改变了清王朝"懿亲不得干政"的祖制，懿亲执政成为清廷新家法。㉚在集权满洲亲贵这一整体政改动机支配下，即便设立责任内阁，内阁总理大臣必然是满洲亲贵。鉴于中国的中央集权传统，虽然君主要用资政院和都察院等新老机构来"敲打"责任内阁，以免其尾大不掉之势，但毕竟行政权仍居主导地位。1909 年 4 月 8 日宪政编查馆就行政事务明定权限酌拟办法疏中即指出，如果责任内阁迟迟不设，难免出现行政权为立法权操纵之弊端，从而妨碍正式君主立宪，到时悔之晚矣：

> 三权分立，固为宪政之精神。而君主立宪国，则以君主统治大权，冠诸其上，三权之中，惟司法机关，孑然独立，其互相维系，而处于对待之地位者，则立法与行政二者而已。然征诸实事，则二者对待，各不相下，必有一焉，隐握运用之权，始剂于平。其在议院政治之国，则议会操纵政府；其在大权政治之国，则政府操纵议会。不于此，则于彼，东西各国，有明征矣。我国宪法，既采大权政治主义，则于议院政治，绝不兼容。故造端之始，三权机关，必须同时设立，不可偏废，否则立法之基先具，既有以磨厉其才，增进其识。而行政机关，袭故蹈常，不能相副，虽有人才，无从历练，优劣相形，势必成以立法权操纵行政权之局，而君主立宪主旨，将破坏而不可收拾矣。㉛

可见，朝廷自一开始即对资政院握有协赞立法、监督行政等权力有隐忧。如能在"资政"的范围内为其所用则最理想。

二、第一次常年会与设立内阁之关系

及至第一次常年会开议之时，立宪派所主导的速开国会运动正风起云涌。在立宪派看来，国会乃当时中国存亡续绝的关键，也是判断清廷是否具有立宪诚意的最重要标准。鉴于之前两次请愿速开国会都已失败，作为立宪派推动君宪的全国性合法机关，资政院来议决上奏自然顺理成章。绝大多数议员，尤其是已经在一定程度上主导了议场的民选议员们此时基本上都是坚定的君宪论者，他们多将速开国会议案当成第一次常年会开议以来的最要议案。如能促成速开国会，则第一次常年会才算得上成功，资政院也就不负其预备国会这一历史定位。

资政院讨论速开国会案，势必上奏。资政院之举动当在朝廷洞悉之中，在此期间，摄政王载沣多次召集枢臣讨论，在资政院上折之前，即确定缓开国会的宗旨。[32]资政院上奏后，朝廷下发谕旨，即先组织责任内阁，等各项事宜预备妥当后，于宣统五年（1913 年）开国会。清廷这一决定，尽管将开国会的时间较原定筹备清单所确定的时间提前了三年，但立宪党人没能达成速开国会之目的，多数比较失望，议员们就把矛头指向了协赞摄政王的军机大臣，认为是军机大臣辅弼无状，蒙蔽圣聪，才有此缓开国会的上谕，故不久后即发生了轰动一时的弹劾军机案。

为什么要弹劾军机？是因为军机大臣不称职。为什么不称职，是人弊、法弊还是人法皆有弊？这种思路自儒家学说产生以来即存在，历代政治多沿此思路在实践。如果是人弊，则需遴选出新的合格军机大臣；如果是法弊，则要改革军机制度；如果是人法皆有弊，则应双管齐下，军机大臣与军机制度同时改变。资政院议员们在弹劾军机案中的表现大致可归入前述三类，即重在弹劾军机大臣个人，主要是首席军机大臣庆亲王奕劻；重在以责任内阁制度代替军机制度；同时弹劾个人和改革制度。当弹劾案发生后，在资政院议员中，第一种思路占了上风，即以庆亲王为首的军机大臣辅弼无状，导致国会不能速开，内忧外患日益加重，几成国将不国之势。军机大臣的最初答辩则以军机处乃雍正以来的老制度，不同于责任内阁，只对君主负责，不对资政院这个预备国会负责。既无独立责任，则不受资政院之弹劾。朝廷也站在军机大臣一边，明确表示，"军机大臣负责任与不负责任，暨设立责任内阁事宜"，应由朝廷决定，资政院不得擅自干预。针对军机大臣的答辩，在朝廷或明或暗的压力下，资政院内将此现状归咎于法弊的主张占了上风，即要求朝廷尽快组织责任内阁，让政府担负责任。尽管朝廷驳斥了资政院要求速设责任内阁的主张，但还是感觉到压力。同时，各省督抚因为朝廷日渐加剧的中央集权，事事被掣肘，亦联电军机处，要求同时速立国会和内阁。由此，朝廷明发上谕，饬令宪政编查馆修正筹备立宪清单，并将内阁官制一律详慎撰拟，候皇上披览，明确表达了尽快设立责任内阁的意思。资政院由弹劾军机大臣个人转而演变为"速设责任内阁"具奏，褒之者誉为对事不对人，贬之者诋为奔走于权贵之门。资政院被主流舆论大肆批评之后，一些更激进的议员在议场发言，坚持人法兼弊的看法，即主要弹劾庆亲王等军机大臣，同时劝说朝廷尽快组建责任内阁。

本来，"九年预备立宪清单"规定得很模糊，没有就何时成立责任内阁给出确切时间：第七年（1914年）有"试办新定内外官制"一项，可以解读为责任内阁应于此时设立；第九年（1916年）有"新定内外官制一律实行"一项，如将这个定为责任内阁成立时间，那就与国会同时成立。无论怎么解读，责任内阁都应早于国会成立，至迟也应与国会同时成立。既然朝廷在速开国会案所下谕旨中，已将"清单"中的"试办新定内外官制"一项的时间确认为责任内阁成立限期，那就应至少早于国会两年设立责任内阁。开设国会的时间已然提前，那设立责任内阁的期限当然随之提前。这就是谕旨所云"预即组织内阁"之确切含义。故宪政编查馆奉命拟定、经朝廷批准的《钦定修正逐年筹备事宜清单》明确规定1910年厘定内阁官制，1911年颁布施行。及至弹劾军机案发生，议员们和军机大臣都承认"法弊"这个原因，设立责任内阁遂刻不容缓。

三、皇族内阁的出台

设立责任内阁为中国之创举，且涉及重大权力分配，故朝廷极度重视，即于第一次常年会闭会后的1911年初，进行了内阁官制的集中酝酿讨论。5月4日，宪政编查馆与会议政务处将《内阁官制》上奏，朝廷于5月8日颁布，并同时公布《内阁办事暂行章程》和内阁成员名单。

照宪政编查馆和会议政务处所上奏折，《内阁官制》具有下述特点：

第一，特别强调主权在君原则，明定内阁对君主负责，实际上也就是对摄政王载沣负责。本来朝廷预备立宪，即要防止大权旁落，加之通过第一次常年会所发生的种种，尤其是速开国会案和弹劾军机案，朝廷发现原本寄望于制衡责任内阁防止权臣出现的资政院，对朝廷的威胁似乎更大更现实，对之产生了戒心，遂更倚重行政权力。于是《内阁官制》明确强调"恭绎《钦定宪法大纲》，统治之权属诸君上，则《内阁官制》自以参仿日、德两国为合宜。日本宪法……与英法之注重议院者不同，与德意志宰相对于其君主负责任，非对于议院负责任者则相类"，进而明确指出，"我国已确定为君主立宪政体，则国务大臣责任所负，自当用对于君上主义，任免进退皆在朝廷，方符君主立宪宗旨，议院有弹劾之权，而不得干黜陟之柄"。③这即意味着"议院一旦议决不信任内阁案，内阁大臣不能不辞职，故预为地步，使将来议院纵反对内阁，而内阁犹可依君主以自固"④。这样一来，即便正式国会成立，在制约行政权方面，与作为预备国会的资政院也没根本性差别。

第二，与强调主权在君原则相应，设立责任内阁重在防弊而不是兴利。之所以要在预备立宪时期设立责任内阁，从法理上来说，是为了有机关专门负行政责任，当其失职之时，可以有效追究，表现为内阁受到代表民意的国会弹劾时辞职；如内阁以为国会没能代表民意，可要求君主解散国会重新选举。责任内阁不同于传统衙署，重在其能负责任，循名责实，权责相当。内阁总理大臣提名内阁成员，组织内阁，庶收指臂之效。此次内阁设置，与总理大臣之"全权"相悖者，主要有二：设置内阁协理大臣；军权独立于内阁。

先来看内阁协理大臣。《内阁官制》本无此规定，但居于下位法的《内阁办事暂行章程》则规定内阁有由特旨简任的协理大臣一到两名，和总理大臣一样，有召集各部大臣于政事堂阁议之权，同总理大臣一起，每日入对。名为"协理"，实与总理大臣处于对等地位。如此，实违背于预备立宪期内设立责任内阁之初衷。熟悉立宪理论之人自然会认识到此种规定之不妥，理应对朝廷陈明此点。⑤当时在宪政编查馆兼职的署民政部左参议汪荣宝，在预备立宪时期作为知名的法政新秀，算是朝廷的红人，在日记中记载，他曾向肃亲王善耆陈明其不妥，希望肃亲王能向朝廷谏诤改正。㊱深谙朝廷决策内幕的肃亲王对汪氏的说帖进行了修改，去除汪氏力争之语，只是抽象指出《内阁暂行章程》与《内阁官制》两者之精神"似有未尽符合之处"，"惟此系施行之始，不得不稍示权宜，将来有无窒碍，应随时酌议修正，以臻完备"㊲。善耆为什么不明白说出来，是因为他完全洞察朝廷的顾虑。《内阁官制折》即道出了个中原因：

> 或者谓内阁权重，近于非宜。然冢宰本总百官，丞相实长卿尹，历代置相用意实与各国责任内阁无殊，而彼则无议院之对待，无弼德院之赞襄，故有时或失之专恣，今则互相维系，法理精严，加以兵柄别有专司，法权又归独立，更无从威福自擅，凡历代强臣之弊皆预揭于事先。且唐、宋三省之长，尚书以下几若属僚，行文论事多用申状，今则各部之长皆为同体，皆如宰相，地位比肩，孰甘附和，此皆其无可顾虑者也。㊳

谁最担心"内阁权重"？当然是主权所在的"君"。故此处"或者谓"，实际上就是皇帝的担忧，故这段话是写给摄政王看的。为什么要反复解释，不厌其烦？就是要释其疑。自古帝王最多疑，光一篇漂亮的奏折当然不足以完全让其放心。综观中国往史，一人独相，最易揽权逼上。自朱元璋废相以后，实际上握有部分丞相权力的内阁和军机处都由数人共同负责，多数是一起接受皇帝的召对，首辅和领班并不能一手遮天，从而保证皇帝乾纲独断。摄政王载沣虽无乾纲独断之能，但有其志。清末朝廷政出多门，如设责任内阁，总理大臣非位高权重齿尊的庆亲王奕劻莫属，尽管这并非摄政王载沣所愿。㊴肃亲王善耆与庆亲王奕劻不和，当然无意于替后者在摄政王载沣面前力陈协理大臣之非，以开罪于摄政王，反而是一方面指陈其理论上之缺失，是为"尽忠"，另一方面情势使然，以"见好"于庆亲王一系。此乃"非驴非马"之协理大臣⁴⁰规定于《内阁办事暂行章程》之深层原因。

再来看独立于内阁的军权归属。帝制中国一直都有武力打天下的传统，皇帝掌握军权，成为王朝稳定的最重要举措。摄政王载沣少年时受其父终身带兵治军的影响，刚成年时奉命出使德国，对德国的强大军事力量很着迷，经与德皇威廉二世和亨利亲王交流，对亲贵掌握一支强大军队很感兴趣。及至当国，他即致力于将军权抓到自己或其亲信手中。《内阁官制》第十四条规定："关系军机军令事件，除特旨交阁议外，由陆军大臣、海军大臣自行具奏，承旨办理后，报告于内阁总理大臣。"《内阁办事暂行章程》第七条再次强调内阁无需知晓军事事宜："按照《内阁官制》第十四条，由陆军大臣、海军大臣自行具奏事件，应由该衙门自行具折呈递，毋庸送交内阁。"在公布这些法令的同时，他还正式下谕设立独立的军咨府，规定军咨府直接承皇帝旨意行其参谋军事之权，"自宣统元年五月设立军咨处以为军咨府之基础，现已时阅两年，筹办已有端绪。参谋军事最关重要，著即设立军咨府，秉承诏命，襄赞军谟"⁴¹。

全权负责行政的内阁，无关乎军政军令，看似其来有自，按照《内阁官制》的说法，是借鉴日本的做法。日本的这一做法，在当时，也很难说它就是个好制度。后来的历史证明，此制流弊甚大。征之中国史实，宋代承唐末五代藩镇武人跋扈之弊，⁴²以文人典兵，另设枢密院，与中书分权，成为二府，又设三司使理财。承平之时尚可，及至外患内忧，即弊端大显，致时人批评："中书主民，枢密院主兵，三司主财，各不相知。"⁴³为行政便利，"中书总文武大政"自真宗朝后即成为惯例，因为"中书的宰相、执政参与军事，不仅对于强化执政集团的权力有利，同时也符合整个王朝的总体利益"⁴⁴。在清末内忧外患极其严重的情况下，全权负行政责任的内阁，完全无关乎军政军令，如何行得通？严格按照此一规定行事，则必致政事丛脞，军务废弛。如要政务军务两不耽搁，则势必将此规定虚设。如此，法令之权威何在？

既要设协理大臣来掣肘，又要总理大臣完全无关乎军政军令，无非是要从制度上防微杜渐，以防权臣架空皇权。此种制度设计，防弊未必足，兴利必不能，与清末内忧外患之危局恰背道而驰。王夫之有见于宋朝的诸多制度是出于帝王猜忌心理为防弊而设计的，评价其为"陋"，而有"孤秦陋宋"的论断。⑤清末之内阁官制设计，较之尚能治平数百年的宋制，"陋"更过之。

徒法不足以自行，制度要防弊，更关键的是要将责任内阁控制在自己人手里，所以必须是亲贵大批入阁当权。在颁布内阁官制官规的同时，朝廷公布了责任内阁总协理大臣和各部大臣名单，第一次责任内阁正式组成，其国务员名单如下：

总理大臣庆亲王奕劻（宗室，原军机领班大臣）

协理大臣那桐（满族，原军机大臣）

协理大臣徐世昌（汉族，原军机大臣）

外务大臣梁敦彦（汉族，原外务部尚书）

民政大臣善耆（宗室，原民政部尚书）

度支大臣载泽（宗室，原度支部尚书）

学务大臣唐景崇（汉族，原学部尚书）

陆军大臣荫昌（满族，原陆军部尚书）

海军大臣载洵（宗室，原海军部尚书）

司法大臣绍昌（觉罗，原法部尚书）

农工商大臣溥伦（宗室，原资政院总裁）

邮传大臣盛宣怀（汉族，原邮传部尚书）

理藩大臣寿耆（宗室，原都察院左都御史）⑥

名单甫一公布，舆论哗然。因责任内阁十三名国务大臣，满人竟然占九人，汉人仅四名，且都非要津，实属点缀。在满人国务大臣九人中，皇族（包括宗室和觉罗）多达七人，严重打破满汉平衡。按照清朝祖制，在中央官员任命上，推行满汉复员制，至少在数量上满汉大致相等。在预备立宪期，朝廷大肆宣扬满汉一体，以应对革命党人所批评的满洲朝廷不能为汉人立宪之说。如此满汉悬殊的内阁构成，不正坐实了革命党的判断吗？

　　吴宓当时还在北京清华学校学习准备留美考试，听到此消息后，于1911年5月8日在日记中写道："中国政府今日并无一人才能出众，可为国家有所建树者，终日改头换面、掉此易彼，往复其间者，实不过此数人而已。吁！国事尚可问矣！"[⑰] 作为青年学生中的一员，且还不是激烈者，都如此失望，其他激烈者更可想见。

　　就连忠于清室的汉族官员都为此叹息，恨铁不成钢之情跃然纸上。时长期任职于翰林院的恽毓鼎即于内阁名单公布的当天在日记中这样写道："上谕宣布新内阁官制……设弼德院……设军咨府……共计十七人，而满人居其十二。满人中，宗室居其八，而亲贵竟居其七。"眉批评论更激烈："十三人中，满人居其九。九人中宗室居其六，觉罗居其一，亦一家也。宗室中，王、贝勒、贝子、公，又居六七。处群情离叛之秋，有举火积薪之势，而犹常以少数控制全局，天下乌有是理！其不亡何待？"[⑱] 连恽毓鼎这样的忠于清室朝廷官员都认为如此倒行逆施，清室不亡无天理，一般舆论可见。

　　虽无关宏旨，但仍补充一句。载沣本想设协理大臣和军咨府等来预防总理大臣，也就是庆亲王专权，而非以积极立宪的精神来进行制度设计以挽救朝廷的危亡。利既不能兴，但真能起防弊效果吗？当时庆亲王已是老人，且宗支较疏远，对皇权构不成根本威胁，只是揽权固位而已。两位协理大臣那桐和徐世昌，长期在军机处与奕劻共事，事奕劻惟谨，绝对是奕劻之党，谈不上对奕劻的制约，反而是增加了奕劻在内阁中的势力。这种说法有其道理：内阁人选是"载沣与奕劻以及其他满洲亲贵之间不断较量而寻求平衡的结果。这个结果充分地反映了满洲亲贵内部各派系的权力与利益关系，而向来权大势重的奕劻派很明显地占了一定的上风"，[⑲] 作为交换，载沣兄弟掌握了军权，荫昌、载洵分任陆海军大臣，载涛、毓朗出长军咨府。这几位少年亲贵掌握军权后，既无控制军队的威望和手腕，反而凭借其高位卖官鬻爵，给革命党人掌握新军提供了机会。这种情形，连满洲少壮军人良弼都看不下去，"愤亲贵误国"，常当众发牢骚，"良赍臣惜乎满人，假令汉人，排满当较他人尤烈"。尚秉和经考证,认为:"此言,陆军部人皆知之。宣统末年,亲贵争揽兵权,各省陆军将弁多以贿进,朝士无敢言者,良弼忧愤感伤。"⑤这种以防弊为主的制度设计,非但不能兴利,防弊的效果更是奇差无比:旧弊未必因此去,新弊反而由之而生。有制度设计之责者,当三思之。

皇族内阁公布后,最失望者当属以谘议局和资政院议员为代表的立宪党人。时值直省谘议局议员联合会第二届会议召开,议员们一致反对皇族充任总理大臣,认为这与君主立宪基本原则相悖。经讨论,直省谘议局联合会于6月10日向都察院递交公呈,请其代奏朝廷,其主旨是陈明皇族不能担任总理大臣,要求朝廷在皇族外另择贤能组织完全责任内阁。㉛摄政王载沣经与各亲贵商议,最终将该公呈留中不发,希望能予以冷处理,逐渐让事情淡下去。

谘议局联合会久候无消息,于7月4日再次上呈都察院代奏,详尽阐明了亲贵不能充任总理大臣之法律理由和事实后果,其法律理由相当充分,要言之:

> 君主不担负责任,皇族不组织内阁,为君主立宪国唯一之原则,世界各国苟号称立宪,即无一不求与此原则相吻合……第一次组织内阁之总理,适与立宪国原则相违反。国外报纸肆意讥评,以全国政治之中枢而受外论之抨击,已有妨于国体,犹曰外人不知内情,可以置之不论也。自先朝颁布立宪之诏,天下喁喁望宪政久矣,请国会之早开,以求实行宪政也,责军机之不负责任,亦以求实行宪政也。天下臣民求实行宪政之心日积日高,希望政府之心即日益日炽,挟最高最炽之希望,一睹新发布之内阁组织之总理,乃于东西各立宪国外开一未有之创例,方疑朝廷于立宪之旨有根本取消之意,希望之隐变为疑沮,政府之信用一失,宪政之进行益难,未识朝廷何以处之。㉜

载沣见谘议局议员等屡请不止,甚为恼火,采纳了李家驹的思路,以《钦定宪法大纲》为据于 7 月 5 日下谕申斥：

> 黜陟百司，系君上大权，载在先朝《钦定宪法大纲》，并注明议员不得干预。值兹预备立宪之时，凡我君民上下，何得稍出乎大纲范围之外。乃议员等一再陈请，议论渐近嚣张。若不亟为申明，日久恐滋流弊。朝廷用人，审时度势，一秉大公，尔臣民等均当懔遵《钦定宪法大纲》，不得率行干请，以符君主立宪之本旨。㉝

该谕发布后，立宪党人失望无以复加，直省谘议局议员联合会发布告全国民众之《报告书》，愤激指出："名为内阁，实则军机；名为立宪，实则专制"，"日日言立宪……其何望矣！"㉞立宪党人除了通过谘议局联合会来反对皇族内阁外，亦希望由资政院议员发起临时会来促进该问题之解决。

第三节　铁路国有政策和四川保路运动

一、清末之铁路建设

自 19 世纪上半叶，随着蒸汽机车的发明和运用，铁路运输对经济的发展乃至整个社会生活的影响越来越显著。1864 年英国工程师史蒂芬森（M. Stephenson）来华，为中国拟定了一个含有政治和经济双重目标的筑路计划，为清廷所拒。当时风气尚未开通，且中国还有独特的阻力，即修路破坏风水和祖坟，非单纯的物质补偿能解决问题。同治年间，因海防需要，直隶总督李鸿章多次上奏朝廷，请修铁路，没有成功。1875 年，怡和洋行自行修筑淞沪铁路，行车时引发人命纠纷，为息事宁人，由中国官府出钱赎回，"废置不用，识者惜之"，㉟足见修路在近代中国之难。但形势比人强，在洋务派求强求富的蓝图中，修铁路为重要一环。1877 年，唐山—胥各庄铁路修成，中国人终于开始自己修建铁路，以为富强之基。中国幅员辽阔，人口众多，铁路前景必然可

观。汤寿潜于 1890 年刊行的《危言》即不无乐观地断言：中国"海禁
大开，既不获闭关以谢客，尚幸内地为我所自主，数大枝铁路一成，陆
路商务必日新月异，以分海疆之势，以植自强之基。中国大转圜之机，
其在是乎，其在是乎？"[56]中国人自己修路，限于技术和资金，实困难
重重，且列强对于中国应办的新事业，因为巨大的政治、经济和军事利
益，无不虎视眈眈，于甲午战后愈亟。《清史稿》云："自中日战后，外
人窥伺中国益亟，侵略之策，以揽办铁路为先。"[57]这注定中国铁路于建
筑初期即面临巨大困境。

列强为了从中国攘夺利益，或甘言相诱，或蛮力威胁，或设局行
骗，与清政府签订了不少筑路或与此相关的条约。自戊戌、庚子后，中
国人的民族意识逐渐增强，对内要求革新政治，对外要求收回已失之利
权，筑路权即是一重要内容。"至是，建造铁路之说，风行全国，自朝
廷以逮士庶，咸以铁路为当务之急。"[58]20 世纪初，由于士绅力量的上
升，争夺路权更由士绅倡导、民众应和，从原先的中外纠纷转而主要体
现为民间和官府之争。受粤汉路于 1905 年从美国手里收回自修的鼓舞，
各省纷纷设立公司，修筑本省铁路。声势较大者，如苏浙铁路公司要求
废除政府与英国签订的苏杭甬铁路借款合同，引发风潮。内而民众成立
"国民拒款会"并获得各地乃至留学生的支持，声势浩大；外而英国驻
华公使抗议，外务部疲于应付。

朝廷最重视贯通南北的粤汉路和连接中西的川汉路。1898 年卢汉
铁路动工后，王文韶、张之洞、盛宣怀即提议修建粤汉铁路，主张官督
商办。由于民间积股困难，盛宣怀通过驻美公使伍廷芳以铁路部分利权
为条件向美合兴公司商议借款四百万英镑，后由于美方违约且民间收回
利权运动声势浩大，在张之洞等人的努力下，路权得以赎回。1908 年
朝廷遂派张之洞督办粤汉和川汉铁路，张仍坚持认为民间筹款不易，且
希望列强以夷制夷互相牵制，于 1909 年与英法德美四国银行团签订关
于这两条铁路的借款草合同，同时压制湘、鄂、川、粤四省要求商办的
想法。

张之洞于同年过世后，这两条铁路事宜顺理成章由邮传部接管。此

时，各省谘议局成立，立宪党人有了自己发声的合法舞台，且邮传部尚书盛宣怀又无张之洞的威望，难以应付四省士绅民众要求商办、自办的巨大压力。以张之洞这样的勋臣，虽"以争路致誉"，但犹"以借款召谤"，⑤盛宣怀接下这一摊，稍有不慎，即可能引火烧身。

二、盛宣怀与铁路国有政策

盛宣怀早年受知于李鸿章，历办轮船招商局、电报局、织布局等；后与张之洞结交，得以经理汉冶萍公司。1895年受张之洞和王文韶的荐举，在上海组建铁路总公司，以津海关道为铁路总公司督办。1903年起与袁世凯的北洋集团发生冲突。1906年袁系大将梁士诒得以出长铁路总局，标志着盛氏在包括铁路在内的实业领域受挫。及江浙争路事起，盛宣怀为谋再起，力主借款筑路。1908年清政府与英国订立沪杭甬铁路借款合同，盛宣怀获授邮传部侍郎，但因舆论不容，未能上任。及宣统即位，载沣当国，受度支部尚书载泽推荐，欲用其以削弱袁世凯势力，盛宣怀得以重掌邮传部大权，并深度参与币制改革事宜。在晚清曾任御史、资政院议员的赵炳麟入民国后，曾为文追忆宣统一朝的预备立宪，于"收铁路为国有"条下评论："初，中国铁路分官办、商办两项。至是以南北干路关系国家交通，悉收为国有，由国家统筹全局兴办，免致筑室道谋，徒延岁月。从邮传部尚书盛宣怀之议也。宣怀饶心计，尝创办京汉铁路及各巨埠轮船、电报，发起汉冶萍煤铁各矿，大学士张之洞在时，面保为今之刘宴，故摄政王及内阁深信之。"⑥

朝廷的铁路政策，甲辰以前，大致属"合股官办"时期，即国家筹资自办铁路。这一时期，民间资金缺乏，政府财政捉襟见肘，基本仰赖外债。但借外债往往损失严重利权，非主权国家所能忍受。随着庚子以后民族主义情绪的高涨，自主修路成为主流，朝廷亦不得不顺应民意，开始鼓励商办铁路。其中，四川总督锡良于1903年所上铁路商办奏议得到朝廷赞同，是重要标志。自此以后，兴修铁路与维护国家民族利权紧密联系在一起，已成为一种士绅领导的铁路救国群众性运动：

> 当其时，以铁路为救时要图，凡有奏请，立予俞允。请办干、支各路，经纬相属，几遍全国。其筹款，于招集民股外，大率不外开办米谷、盐、茶、房屋、彩券、土药等捐，及铜元余利、随粮认股数者。[61]

修建铁路已成为老百姓生活中的一部分，跟其身家性命紧密相关。不幸的是，这种全民运动式的商办铁路，其效果未必好。因各省铁路公司管理制度设施未必跟得上，即便制度设施没什么大问题，但管理者未必能得其人。不久，朝廷即意识到，有的商办铁路，因为民间贫苦，筹款困难，施工遥遥无期；有的款倒是筹了不少，但各种中饱以及因此而生的人事倾轧，铁路兴修无显著进展。湖南、湖北属于前者，积款无多；广东、四川属于后者，有款但无筑路效果。两相比较，后者更严重。广东集资不少，因而利益也较多，领导的绅士们忙于争权夺利，修路则甚少。四川集资一千多万两，多取诸民间，绅士之间，矛盾重重；更严重的是，管理人员施典章擅自将川汉铁路租股款项拿出去投入钱庄，倒账达数百万两而追究无着。

有鉴于此困局，给事中石长信上折，提出由朝廷将全国铁路统一规划，分为干线和支线，干线完全收归国有，支线方允许商办。其理由大致有三：第一，干线收归国有，符合国际惯例；第二，铁路修建完成之早迟，事关国防大局，如归商办，遥遥无期；第三，可以减轻民间负担。[62]抽象来看，石长信所上奏折，实中肯綮。铁路干线国有、支路民营，利于国、利于民，独不利于从中渔利的大大小小官吏们。该折颇得朝廷青睐，"不无所见"，谕交邮传部核议。[63]

早在一年前，盛宣怀重回邮传部任右侍郎时，在被摄政王载沣召见时，即明确阐述铁路国有主张。此次石氏所上奏折，毋宁说出其心声（也有观点认为石长信上折，是受盛宣怀的指使），[64]故马上拜折，除呼应石长信的主张外，还以较长的篇幅力陈商办铁路之弊端，以此论证铁路国有之急迫和确当。[65]

在石长信上折六天后，朝廷正式下谕，宣布推行铁路国有政策：

邮传部奏遵议给事中石长信奏铁路亟宜明定干路枝路办法一折，所筹办法尚属妥协。中国幅员辽阔，边疆袤延数万里，程途动需数阅月之久，朝廷每念边防，辄劳宵旰。欲资控御，惟有速造铁路之一策。况宪政之咨谋，军务之征调，土产之运输，胥赖交通便利，大局始有转机。熟筹再四，国家必得有纵横四境诸大干路，方足以资行政而握中央之枢纽。从前规划未善，并无一定办法，以致全国铁路，错乱纷岐，不分枝干，不量民力，一纸呈请，辄行批准商办。乃数年以来，粤则收股及半，造路无多；川则倒账甚巨，参追无著；湘、鄂则开局多年，徒资坐耗。竭万民之脂膏，或以虚糜，或以侵蚀，恐旷日愈久，民累愈深，上下交受其害，贻误何堪设想！用特明白晓谕，昭示天下，干路均归国有，定为政策。所有宣统三年以前，各省分设公司、集股商办之干路，延误已久，应即由国家收回，赶紧兴筑。除枝路仍准商民量力酌行外，其从前批准干路各案，一律取销。至若如何收回之详细办法，著度支部、邮传部凛遵此旨意，悉心筹画迟速，请旨办理。该管大臣不得依违瞻顾，一误再误。如有不顾大局，故意扰乱路政，煽惑抵抗，即照违制论。将此通谕知之。钦此。[66]

该谕表明，朝廷完全支持邮传部的做法，抵制邮传部的决定，就是触犯朝廷，以"违制"治罪。这样就把朝廷和邮传部，乃至盛宣怀个人紧紧绑在了一起，难有转圜余地，可谓朝廷失策。干路既从今收归国有，以前绅民参与的商办干路，当然要由政府予以补偿。至于具体办法，由度支部和邮传部磋商拿出方案，报朝廷批准。不久，度支、邮传两部上奏，大致做法为：政府承诺发行国家铁路股票，分常年六厘给息保利股票和无息股票两种，分别从承修干路的商办铁路公司那里赎回原有股票，以补偿原先出资的绅民，其兑换比例则取决于原各商办公司之经营状况。具体而言，湘、鄂两省大体照原本发还无息股票，其跟民众密切相关的，如原先动用赈粜捐款入股及米捐、租股的，则给以保利股票。广东则发给保利股票六成，无息股票四成。四川铁路公司原募集股本 1400 余万元，其中实用公料款 400 余万元由国家发给保利股票，现有的 700 余万元则听民自便，被施典章等管理人员亏空的 300 多万元则无着落。

朝廷公布此项铁路国有政策及其具体办法后，各省反应不一。尽管该政策获得了一些偏远穷困省份的支持，因为这些省份无此财力商办铁路，但跟此政策利益直接攸关的粤、湘、鄂、川等省却掀起了强大的反对声浪，直接触及朝廷之安危。毕竟在具体的补偿政策中，朝廷对待湘、鄂最优，广东次之，反对之声不久趋于平息。惟有四川，则愈演愈烈。

清廷推行的铁路国有政策，本有较高合理性。近代中国遭遇西方，开始了全面深刻的近代转型。这个转型，涉及社会生活的方方面面，从有形的衣食住行、具体制度设施到无形的思想观念，一转百转。既然是近代转型，就是要实现政治、经济、社会文化等领域的近代化。铁路国有既符合当时国际潮流，又为经济近代转型所必需。因传统中国是个农业社会，尽管有藏富于民的观念和施政举措，但民间财富积累有限，不足提供近代中国铁路建设必需的大量资金；且历来视科技为奇技淫巧，更难有技术人才的支持。财力、人力两缺，故不能不转而求助于外力。其实，在国家近代转型期，借助外来资本、技术乃至管理经验来推动本国产业的发展，促进近代化，亦为很多国家的通常做法，无可厚非。但其所发展的产业必须是能推动整个产业进步的基础产业，铁路包括后来的航空即属于此。政府之间通过合理谈判，将本国利权损失减少到最低，尤其不能以附带政治条件为前提。清末不论是出于国防还是经济发展和民生的目的，都需要成功建造长达几千上万公里的铁路干线。时不我待，自然要大借外债，利用先进的外国技术。既要大借外债，当然就应由国家出面，统筹安排，以国家信用为担保，耐心谈判，尽可能减少国家利权损失。还有，中国之前自主筑路，不论官办抑或商办，都难免严重腐败。当时识者皆以为人弊，殊不知人弊、法弊相需而生，国外所累积的管理和监督制度手段、相应的经验，皆应为近代中国人长期学习的内容。这就是郑孝胥以洋人包工为避免挪移吞蚀之弊从而主张铁路国有的理由。⑥盛宣怀所极力推动，得到端方、载泽等朝臣乃至摄政王载沣支持的铁路国有政策，其主要的合理性即在此。

早在清廷宣布铁路国有政策之前，盛宣怀即已与列强谈判包括铁路、币制改良等为主要内容的借款。该政策宣布刚过 10 天，即 1911 年 5 月 20 日，他得到朝廷授权，与四国银行团签订了湖北、湖南两省境内粤汉铁路、湖北境内川汉铁路借款合同。⑥盛氏自述其谈判经过，云："磋商数月，会晤将及二十次，辩论不止数万言。于原约稍可力争者，舌敝唇焦，始得挽回数事。实已无可再争。"盛氏所言，不无表功卸责之意。即便所说属实，但劳苦未必功高，还得看条约内容，以观其效。将该约与张之洞于 1909 年关于铁路借款所签草约比对，其条件确实对中国更有利，主要体现在：第一，贷款年息 5%，比诸当时国内钱庄年息 10% 以上利率的贷款，属于绝对的低利息。第二，贷款非以铁路的所有权或管理权为抵押，而是以百货和杂利捐为抵，没有附加的政治权利出让，利权损失较低。第三，既然要借重外国技术，聘用洋工程师则不可少，但该约明定洋工程师的数量和职权范围，且明确规定洋工程师听命于中方总办、督办，且必须接受邮传部的最终仲裁。这表明盛氏接受了以往条约的教训，有助于保障中方权益。第四，该合同明确规定优先购买本国的工业产品和原材料，对贷款国所提供的产品，中方拥有监控权。⑥

至此，盛宣怀所力倡、得到朝廷完全认可的铁路国有政策，似乎前景较光明。但牵一发而动全身，一项重大的经济政策能否取得预期效果而获得成功，尚取决于诸多经济外的重大因素。就铁路国有政策而言，这个决定该政策完全失败的"一发"就是四川保路运动。又由保路运动而间接引发武昌起义，不仅盛氏个人身败名裂，且清廷国祚更因此而终，故《清史稿》论曰："辛亥革命，乱机久伏，特以铁路国有为发端耳。宣怀实创斯议，遂为首恶。"⑦

三、四川保路运动之酝酿

朝廷宣布铁路国有政策，尤其是补偿方案出台后，在四川立即引起了激烈反抗之声，四川地方士绅百姓与朝廷都坚持自己的立场，互不妥协，终酿巨变，是为保路运动。

川汉铁路总公司于1904年成立，以自办为宗旨，以官绅合作为原则。1906年因官吏擅自挪用公司资本金和用人不当，四川绅民呼吁将公司改归商办。1907年经总督锡良奏请，改为商办的川省川汉铁路有限公司，以乔树枬㉑为总理、胡峻为副理。后又陆续设立驻省总理（胡峻）、驻京总理（乔树枬）、驻宜总理（李稷勋、费道纯等），还有驻上海专管银钱的人员（施典章等），管理非常混乱。本来，公司已集资1400多万两，为数已不少。1907年施典章等将部分公司股款存放于上海正元、谦余、兆康等钱庄进行橡胶投机生意，因这些钱庄亏损倒闭，股款归于无着。股款皆由川民或认购或抽租而来，乃实打实的民脂民膏。如此浪费贪腐，四川绅民当然愤怒。曾在股东会现场的川籍议员李文熙于资政院会场的演说极其沉痛，略云：

> 他省商办铁路皆是自由投资，川汉铁路则系强制入股；他省商办铁路为少数资本家入股，川汉铁路则为一般人民负担，以至各厅、州、县抽收租股，披枷带锁，无地无之。此等敲骨吸髓之股本经营之商办铁路，邮传部对此应当极力维持，方是正当办法。㉒

公司股款接连巨额亏损，川民杨重岳等蹈什刹海自杀抗议；川籍京官具呈都察院要求邮传部彻查，久无消息；后值第一次常年会开会，川路倒款案经陈请股审查、大会讨论，表决通过邮传部不负责任奏案，资政院奏折略云：

> 资政院总裁贝勒衔固山贝子臣溥伦等跪奏为陈请四川铁路公司亏倒巨款一案谨将议决情形遵章具奏恭折仰祈圣鉴事。窃臣院叠据四川民人张罗澄等、四川铁路股东代表杨钟岳等、暨主事杜德舆等，佥以四川铁路公司为经理人施典章亏倒巨款，邮传部延置不理，并该公司驻京总理乔树枬揽权怙势，种种违法行为各等情，先

后缮具陈请说帖呈送到院……旋经该股员会报告作为议题，并由多数议员同意，将杨钟岳、杜德舆等说帖二件认为应行并案审查，续将各该说帖送付特任股员会审查。据称，查该说帖内称光绪三十三年四川京官法部主事涂熙雯等以川路公司亏挪股款具呈。邮传部虽派度支部主事王宗元就近查账，而阅其册报，仅列成都总公司账目，而宜昌、汉、沪等处，辄以道远无从调查一语了之。而邮传部不覆实钩稽，遂据为调查清楚之定案，不合者一。今年六月，上海正元谦、余兆康等庄欠川款一百三十二万，有奇利华银行又虚悬六十万两无着，合计达二百万两，均放于商人陈逸卿一人之手。此外，尚有私购兰格志火油股票八十余万两，且以公司图记代人担保巨款并私买橡皮森林股票各情事，经管存放者即系已革知府施典章，信任施典章系川路总理学部左丞乔树枏。当陈逸卿倒骗在逃时，已革苏松太道蔡乃煌，曾电禀邮传部，谓管理人施典章系以正元到期之票抵借谦余庄票伪作存款，以掩饰公司调查员之耳目，实属离奇，反覆索解无从等语。而邮传部不即派员查账，以致倒款至今尚无著落，不合者二。八月二十八日，经度支部主事杜德舆等以川路倒款甚巨等情，赴督察院呈请代奏，复赴邮传部具呈，该部仅循例以一纸咨行川督。嗣经内阁侍读学士甘大璋等以川路亏倒过巨，奏请饬部查追，奉旨交邮传部知道。钦此。五品警官邓镕等复赴督察院呈请代奏，奉旨著交邮传部查覆具奏。钦此。今距杜德舆具呈时已经两月，距倒款时已经五月。夫以股本至重，亏倒至巨，查追应至急，而施典章所有财产，均存上海租界，稍一徇纵，实便其寄顿之谋，或卷款远扬，即无以为追赔之地。乃邮传部拖延至今，致令川人一再陈词，终不得其效果，不合者三各等语。本股员会以为，邮传部职司路政，对于全国铁路，无论商办官办，皆有特别监督之权，即有严行查办之责。况川路驻京总理乔树枏为全路上级机关，实有监临主守责任。既系邮传部奏派之人，该部更无可推诿。今该部对于川路股款侵蚀倒闭关系西南大局之案，事由蔡乃煌电禀，置之不理，以致倒款至巨。及京官杜德舆等呈请查办，该部不电咨苏抚沪道勒迫，而以一纸空文，咨行川督，足见其有意徇纵。且经四川京官两次奏请奉旨查覆，事经二月，任意拖延，致使川路倒款，归于无着。此风一倡，不独未倒之款可危，即全国商办公司必因而大受影响，则邮传部之玩视路政，实属咎不容辞。相应遵章具奏请旨，严饬邮传部遵照《公司律》第一百二十九条，将川路总理司事人等勒令赔偿侵蚀倒闭各款，并治以应得之罪；一面札饬川路公司，遵照《公司律》第七十七条，由董事局开会选举总理各职员，接受未倒之款，克日兴筑，毋任旷工靡费，以重法律而维路政等因，具书报告前来。复经臣院开会讨论，多数议员与股员会报告书意见相同，当场议决。理合遵照《院章》第二十一条据实奏陈，请旨裁夺。所有议决陈请四川铁路公司亏倒巨款一案缘由，谨缮折具陈，伏乞皇上圣鉴训示。谨奏。宣统二年十二月初三日。[73]

该折上奏后被朝廷留中，置之不理，不久朝廷宣布铁路国有政策。公司账目亏损如何弥补之处，全无下落。

清廷宣布铁路国有政策后，四川士绅多意识到商办铁路确实难以有成，尤其是川汉铁路之宜万段，更是面临技术方面的巨大困难。[74]百多年后的今天，此路尚在建筑中。为走出商办困境，他们刚开始多欢迎政府将干路收归国有，惟是否最终赞成则取决于政府对于商股的补偿。因度支部和邮传部的具体补偿方案尚未出台，多暂时观望。即如后来在保路运动中持较激进态度的邓孝可，在此时只是指责政府借款一则未获得资政院协赞、以路做抵未获铁路公司之同意，太过蔑视国民和法律，但仍旗帜鲜明承认国有之便利："愚见所及，吾川必欲争川路商办，甚无味也。以交通之利言之，则国有自较速；以股息之利言之，则商办亦难期。况吾川路公司成立之性质，记者始终认为谋交通利益而来，非为谋路股利息而来者，故曰听国有便。"[75]四川民众还有一个潜在的担心是有丧失路权的可能，因邮传部的这次大借款，所包含的铁路只是川汉路的一段，即宜昌到夔州段，"而夔府至成都一千余里，国家尚无的款，若川民不争，势必复借外债以充之，而路权坐失"[76]。

于借款合同签字当天，御史孙培元即上折朝廷，建议全额发还商股，以消弭可能的风潮于无形：

> 吾国各省铁路，商民办理有年，集资设立公司，股本久已动用，猝闻改归国有，群情难免骇疑。血本所关，必有奔走呼号之事。与其临时而强施禁令，曷若先事而安定民心。宜速筹办法，或全用官本，商股一律给还；或兼集商资，旧股照常给利。明白宣布，以释群疑，俾知国家政策所在，并非与闾阎争末利。庶商民咸晓然于股本之不致虚耗，而激烈风潮弭于无形焉。[77]

5月22日，朝廷下谕解释铁路国有政策的考量，即既要建路，更需体恤百姓：

> 朝廷之所以毅然行之者，固以统一路权，亦借以稍纾民困。当川路创办之初，该省官绅遂定有按租抽股之议，名为商办，仍系巧取诸民，至今数年之久，该路迄未告成。上年且有亏倒巨款之事，其中弊窦，不一而足。是贻累于闾阎者不少，而裨益于路政者无多……际兹新政繁兴，小民之担负已重，倘不量加体恤，将此项无益于民之举，早日革除，农田岁获能有几何；取求之耳未有已时，其将何以堪。现既将铁路改归官办者，自降旨之日起，所有川湘两省租股一律停止。[78]

5月27日，四川旅京各界在全蜀会馆就川省铁路问题会议，杜德舆所说，代表了大部分四川士绅的意见，"惟既收为国有，是此路即与吾民绝无关系，吾民从前举办此路时，一切用款，自当由国家归还，方与国有政策符合。倘国家不肯归还，只竟吾民未竟之功，是即强夺吾民之财产矣"。[79]

对四川绅民之情况有直接了解的护理四川总督王人文代奏谘议局的呈词，要求暂缓向四川老百姓公布铁路国有谕令。6月2日朝廷下谕严拒，其主要理由是铁路国有是为四川老百姓好，只是各级官吏没有向老百姓解释清楚：

> 览奏殊堪诧异。铁路改归国有，乃以商民集款艰难，路工无告成之望。川省较湘省为尤甚，且有亏倒巨款情事。朘削脂膏，徒归中饱。殃民误国，人所共知。朝廷是以毅然收为国有，并停收租股，以恤民艰。既经定为政策，决无反汗之理……该署督目击情形，一切弊窦应所深悉，乃竟率行代奏，殊属不合。王人文著传旨严行申饬，仍著迅速刊刻誊黄，遍行晓谕，并随时剀切开导，俾众周知。⑧

6 月 3 日，王人文再次给邮传部发电，希望能够挽回。他说得特别剀切，因铁路事关全省权利，为免贻误大局，建议：公司现有存款七百多万两全部返还给四川民众，以彰显朝廷之信用并予以救济；已用款项，除倒账外，剩下的全部换给铁路股票，"国家既仁至义尽，或足塞川人之口"。⑧

如朝廷真能虚心听取其意见，当不致发生如许激烈的保路运动。可惜，载泽和盛宣怀等根本没有采纳此种怀柔意见，且认为四川官绅要么故执清议以沽名，要么出于乡谊、见好地方，皆为私见，没能理会铁路国有之大计，毅然于 6 月会奏《粤汉、川汉铁路收归国有详细办法折》，大致办法可归纳为：广东六成返还现款，四成发给国家保利股票；湖南、湖北商股返还现款，其余发给国家保利股票；四川则倒款无着，已用之款和现存款皆发给国家保利股票。如此办法，对四川民众尤其不公，无异火上浇油。因之前的铁路商办，四川本与其他三省无殊，唯独该省民众不能返还现款。两部在该折中所陈述的理由，根本不足以解释该办法的合理性：

> 铁路国有、民有，本属无甚出入。目下国计艰难，果能商民实力举行，不致延旷虚糜，亦可毋庸遽归官办。无如取诸民捐，则

如王人文所言："催比追呼，繁兴讼狱，间阎愁叹不绝。"取诸商股，则如袁树勋所言："靡费作弊，工程草率，股东概不与闻。"在商民受害无穷，而国防关系尤巨。朝廷毅然收归国有、销除商办各案，实亦出于万不得已之办法……大约以商股与公捐不同，实用与虚靡又不同，故不得不稍示区别，或还现款，或给保利股票，或给无利股票，分作三项办法，而终不使其资本亏折丝毫，仰副朝廷德旨。⑧

该折没有解释在朝廷万不得已将铁路收归国有后，为什么商股就可还现款，由"民脂民膏血汗所成"的"公捐"就只能发给没什么价值的股票？度支部和邮传部既承认王人文所说"公捐"导致"间阎愁叹不绝"，为何不体恤民情，返还现款？且同为"公捐"，湖南多兑换保利股票，为什么四川除倒账血本无归外，还要发给一部分无利股票？拿倒款来说，商办铁路公司都有不同程度的倒款，四川倒款是因为施典章做投机生意，施典章为川督推荐，经邮传部奏派的，并非股东选举，故不应由股东负全责。各省既然大致事同一律，补偿方式悬殊如此，四川绅民的愤怒不难理解。

盛宣怀对这些情况心知肚明，于6月1日致电王人文："川股必由部筹还，必借洋债，必照湖北以四川部有财政作抵"；这是为了四川人民保有路权，才不发还现款。这理由完全站不住脚。如邮传部将抵押看得如此之重，那为何还要签订借款筑路合同呢？既然铁路国有，筑路当然是邮传部分内之事，何得推诿给四川绅民？难不成邮传部只享有权利而不履行义务？盛宣怀也知其理不直，会引发四川绅民的强烈抗议，但其气特壮，下令给四川各地电报局，"禁止收发关于路事之通电"。在民众看来，"部臣对待川民种种，均以威力从事，毫不持以公平"，⑧6月17日，朝廷发谕批准了度支部和邮传部会奏的补偿方案，认定"筹划尚属妥协"，要求各该地方大员"实力奉行"，极力标榜自己之余，继续推行威逼高压政策，"朝廷于此事审慎固详，仁至义尽。经此次规定后，倘有不逞之徒仍借路事为名，希图煽惑，滋生事端，应由该督抚严拿首要，尽法惩办，毋稍宽徇，以保治安"。⑭

朝廷下谕当日，四川绅民成立了保路同志会，局势快速失控。本来，四川绅民请总督、将军代奏撤换川汉路宜昌总理李稷勋。因李稷勋在没有同股东商量的情况下，竟将剩余商款直接上交给邮传部。经邮传部力荐，8月24日，李氏竟被钦派仍为总理，四川绅民被彻底激怒，成都开始罢市，抗争趋于爆烈，终成辛亥革命之先声。

在四川保路运动中，四川绅民抗争行为的正当性来自于预备立宪，具体而言有三：第一，借款需要国民偿还，属于公债事件，应交资政院议决；第二，四川铁路收归国有，乃全省重大事件，应交谘议局议决；第三，商办铁路公司重大变更，应遵照《公司律》，由股东会议决。这在《四川保路同志会宣言》中被集中揭示出来：

> 今国会方召集，而新内阁第一政策，即蔑视先朝钦颁宪法如弁髦。《资政院章程》第十四条第三款明载有议决公债之权，有何逼迫而不待其议决？《谘议局章》第二十一条第一款明载议决本省权利存废之权，收回铁路，权利孰大？有何原因不与以决议？各商办铁路，明依《商法》《公司律》奏咨有案经先朝批准者，有何紧急不待其股东一议？检查信件，属君上紧急戒严大权，铁路收回，民产攸关，彼此电商，人情之常，邮传部有何权力能停阻人民发电？……今揭本会决心之主旨：借用外债，吾人不争，借债而不交资政院议决，则吾人必誓死力争。收路国有，吾人不争，收路而动此送路合同之借款，不待谘议局、股东会议决，则吾人必誓死力争。保路者，保中国之路，不为外国所有，非保四川商路不为国家所有。破约者，破六百万认息送路之约，并破不交资政院议违反法律之约。政府果悔于厥心，交资政院议决以举债，交谘议局、股东会议决以收路，动以路权无关之款以修路，朝谕下，夕奉诏。⑮

这几条法律根据，也构成川汉铁路公司认为政府将川汉铁路收归国有万不可行之理由："募借外债，未经资政院议决；废止本省权利，未经本省谘议局议决，有违先朝庶政公诸舆论之意……总之，据《商律》之规定，当立宪之时代，无论此次借债收路，其利害当否如何？商民只能严守法律，服从资政院、谘议局之决议，不能服从邮传部违法之命令……否则，院局章程可由部臣任意破坏，即国家一切法律，不能责人民以独从。"成都将军玉崑在向内阁代奏时，亦指出：该股东会此次所陈，系为"法律之请求"，进而建议，"将借款修路一事，俟资政院开会时提交议决。九月为期至速，与其目前迫令交路，激生意外，糜烂地方，似可待交院议，从容数月，未妨路政"[86]。

针对署理四川总督赵尔丰等秉承盛宣怀意旨，以张之洞所签订的借款筑路草合同作为抗辩之理由，张澜、罗纶等即指出不足为据："须知张文襄时，资政院、谘议局均未设立，各路尚未正名商办。今商律既经先皇颁布，商办又经先皇批准，而院局复相继设立，乃借款合同不经院议阁议，其关于各省权利，又不经各省谘议局议，竟行违商律，夺商办，实属违法。如此立宪，实为欺愚。"[87]邓孝可更指出，邮传部从"根本上破坏宪政，则举国永永陆沉矣"，才是川民之所以保路的第一义。至于合同条款不利于国人、邮传部侵吞商民血脂，尚属第二、第三义：

> 夫吾国民所以拼死要求立宪者，岂空求此数十条文为吾历史添一润色材料哉？新内阁初成立第一政策，即蔑视资政院章而举债；蔑视谘议局章及公司律而收路，专横掠夺，言者则发电有阻，争者则格杀勿论……于此不争，而曰立宪立宪，则将来不过三五阔官，东描西抄，饾饤凑塞出数十条之钦定宪法，于事何济？故国人不欲吾国为立宪国则已，不认定立宪可以强吾国则已，不爱吾国而听其亡则已。非然者，惟与政府以痛击，使其惕然有所惧，翻然有所悔，使知吾民所畏者非死也，畏法律也……当一面诉之政府，一面诉之国民，合资政院联合各省谘议局与之死争；不得，则一致解散，联合入京，协定宪法。长期国会，皆后日手续也。[88]

此种理由，在法治意识较为浓厚的外国观察者看来，乃抓住此中关键。居住成都的美国传教士罗伯·C.斯门金当时报道：

> 护路运动起因于宪法问题。根据业已制定了大纲的宪法规定，
> 凡向国外贷款修路这类重大问题，必须先提交国会或省议会。而由
> 邮务和交通大臣盛宣怀所主持的借款谈判，并未提交任何民众团
> 体，于是引起一场反对借款就是维护宪法的大辩论。假如对于宣布
> 不久的宪法条文都肆意破坏，则何能保证将来人们能遵守宪法。因
> 而不论贷款协定对中国的利弊如何，中国的爱国人士有责任反对这
> 一不合法的措施。⑧

关于四川保路运动，固然盛宣怀为始作俑者，其所作为，被指摘处
不胜枚举。清室既因保路运动牵一发而动全身，终至于覆灭，故那些忠
于清室者，对盛宣怀责之尤甚。《清史稿》评论：

> 民情虑始难，观成易，故船、电、路皆有商办名。顾言利之臣
> 胥欲垄为国有，以加诸电、商者加之川汉自办之路，操之过激，商
> 股抗议者辄罪之。淫刑以逞，以犯众怒，党人乘之，国本遂摇。⑨

简言之，即言利之臣不识大体，与民争利，淫刑以逞，终至覆人邦
家，可堪痛恨。在中国传统治道和治术中，此种聚敛之臣，不如盗臣，
本为当国者所慎用、所慎防。摄政王载沣虽非乱世英主，但对此应多少
有些警惕，且他本不具有"疑人不用、用人不疑"资质，但却一直站在
盛氏一边，置四川大乱、疆臣剀切进言皆不恤，其间原因，颇值深思。

萧功秦即指出：摄政王载沣之所以一反过去的优柔寡断，在民众
的反抗面前变得强硬起来，是因他认为，政府在此关键时刻不可过于示
弱，民气嚣张之时，为求得妥协而一味退让，只能使政府丧失威信，这
会使政府将来办事"更难措手"，以致一事无成。用他的话来说，铁路
国有、民有、急办、缓办，均属无妨，但政策既定，就不能反复。⑨

这个分析不无道理，还有个原因是盛宣怀跟载泽关系近，载泽跟隆

裕太后为姻亲，不属于奕劻一系，支持盛宣怀，也就是给奕劻派系敲个警钟，故而熟谙政局善于揣摩的盛宣怀在内阁制下敢以度支大臣单独入奏。据此亦可看出，载沣主要是为了在臣民面前为他自己或者说整个朝廷"立威"，故而尽力支持盛宣怀。

不论是载沣还是包括盛宣怀在内的整个内阁，对于铁路国有还是随后引发的四川保路运动，都没有从预备立宪这个视角来分析。对于保路运动士绅所言的"吾民所畏者非死也，畏法律也"，尊重资政院、谘议局章程以及商律的要求，视而不见，即便见了，也认为那只是他们与政府和朝廷争夺利权的托辞而不予理会。见微知著，保路士绅和政府根本不在一个"共识"层面上对话，迎来的结果只能是决裂。本书之所以在前人已有深入研究的保路运动上费如此笔墨，即是要从预备立宪理应尊重法律的角度来陈述保路运动的另一面相。

既然主导四川保路的士绅将保路的理由聚焦在预备立宪尊重法律的框架下，作为全国君宪活动中心，为全国君宪人士所瞩目的资政院议员群体，自然要有所行动。在严重的外交和财政危机之下，且四川因铁路问题有酝酿大规模风潮之虞，为救亡所激，资政院议员们遂在第一次常年会结束后即有推动召集临时会的想法。

注释

① 〔美〕马士：《中华帝国对外关系史》，张汇文等译，上海书店出版社2000年版，第三卷，第383、472—474页。

② 参考张子建：《"片马事件"研究回顾》，《云南民族大学学报》（哲学社会科学版）2004年第21卷第4期。

③ 《缅甸条款》第二条：中国允缅甸现时所秉一切政权，均听其便。第三条：中缅边界应由中、英两国派员会同勘定，其边界通商事宜亦应另立专章，彼此保护振兴。（王铁崖编：《中外旧约章汇编》，第一册，生活·读书·新知三联书店1957年版，第485页）

④ 该约第四条规定："今议定北纬二十五度三十五分之北一段边界，俟将来查明该处情形稍详，两国再定边界。"（王铁崖编：《中外旧约章汇编》，第一册，第577页）案：片马处于北纬二十六度附近，即在此区域内。

⑤ 《中国大事记》，《东方杂志》1911年第1期，第10页。

⑥ 雅洪托夫：《俄国及苏联在远东》，转引自杨杰：《有清一代之中俄关系序》，载陈复

光：《有清一代之中俄关系》，云南大学文法学院 1947 年版。

⑦　陈复光：《有清一代之中俄关系》，第 389、408 页。

⑧　如美政界当时意见，咸以"东三省从此不得视为中国领土；各国均沾利益，及保全中国之说，竟成具文。美欲助中国力争，无从下手。"（转引自陈复光：《有清一代之中俄关系》，第 409 页）

⑨　李启成校注：《资政院议场会议速记录》（修订版），上卷，第 363、175、577—578 页。

⑩　《上资政院总裁请开资政院临时会书》，《大公报》1911 年 3 月 18 日。

⑪　《资政院议员请开临时会书》，《大公报》1911 年 4 月 18 日。

⑫　刘增合：《"财"与"政"：清季财政改制研究》，第 2 页。

⑬　中国近代经济史资料丛刊编辑委员会编：《帝国主义与中国海关》之九，《中国海关与义和团运动》，科学出版社 1959 年版，第 64—65 页。

⑭　郭廷以：《近代中国史纲》，上册，第 395 页。

⑮　杨寿枏：《苓泉居士自定年谱》，载沈云龙主编：《近代中国史料丛刊》，续编第 17 辑第 164 号，文海出版社影印版，第 30 页。

⑯　《署两广总督袁奏中央集权应先有责任政府折》，清末铅印单行本；转引自刘增合：《"财"与"政"：清季财政改制研究》，第 259 页。

⑰　李启成校注：《资政院议场会议速记录（修订版）》，下卷，第 734—735 页。

⑱　《汪康年师友书札》，上海古籍出版社 1986 年版，第 2 册，第 1248 页。

⑲　中国第一历史档案馆编：《光绪宣统两朝上谕档》，第 36 册，第 556 页。

⑳　《监国亲增预算谕旨》，《大公报》1911 年 2 月 5 日。

㉑　《度支部奏维持预算实行办法折》，《政治官报》第 1184 号，1911 年 2 月 18 日，第 6—7 页；《度支部奏请饬各省督抚切实遵照前奏维持预算办法折》，《政治官报》第 1224 号，1911 年 3 月 30 日，第 3—4 页。

㉒　《度支部奏为试办全国预算拟定暂行章程并主管预算各衙门事项缮单折》，《度支部试办全国预算奏稿》，清末铅印本，第 2 页。

㉓　《资政院议员请开临时会书》，《大公报》1911 年 4 月 18 日。

㉔　《晋抚丁衡帅电》，佚名：《督抚与国会》，清末铅印本，第 61—62 页；转引自刘增合：《"财"与"政"：清季财政改制研究》，第 259 页。

㉕　《资政院议员请开临时会书》，《大公报》1911 年 4 月 18 日。

㉖　参考李细珠：《袁世凯与清末责任内阁》，载《变局与抉择：晚清人物研究》，第 225—227 页。

㉗　参见《都察院都御史陆宝忠等请改都察院为国议会折》，载迟云飞编：《清末立宪运动史料丛刊·清廷的预备仿行立宪》，第一卷，第 221—222 页。

㉘　《论都察院不可代国会疏》，载迟云飞编：《清末立宪运动史料丛刊·清廷的预备仿行立宪》，第一卷，第 225 页。

㉙　《内阁会议政务处议复都御史陆宝忠等改都察院各折片折》，载迟云飞编：《清末立宪运动史料丛刊·清廷的预备仿行立宪》，第一卷，第 229 页。

㉚　尚秉和：《辛壬春秋》，中国书店出版社 2010 年版，第 146 页。

㉛　《宪政编查馆奏行政事务宜明定权限酌拟办法折》，《政治官报》1910 年第 879 期，第 8—9 页。

㉜ 具体讨论细节可参考周增光:《宗室王公与清末新政》, 华夏出版社 2018 年版, 第 124—143 页。

㉝《宪政编查馆会议政务处会奏拟定内阁官制并办事暂行章程折》, 载故宫博物院明清档案部编:《清末筹备立宪档案史料》, 中华书局 1979 年版, 上册, 第 559 页。

㉞ 陶葆霖:《论新内阁官制》, 载《惺存遗著》, 卷一, 商务印书馆 1922 年版。

㉟ 早在 1906 年 9 月奕劻等编订的中央官制传播到外, 即有人批评内阁"总理大臣之外, 有左右副大臣同任责成, 则施政方针, 不能统一, 始而互相牵掣, 终则互相推委, 不至无人任责为止。此与立宪国责任制度, 最为凿枘。"(熊范舆:《新官制评论》, 载迟云飞编:《清末立宪运动史料丛刊·清廷的预备仿行立宪》, 第二卷, 第 535 页)

㊱ 汪氏 1911 年 3 月 27 日的日记记载:"《内阁暂行官制》, 设总理大臣一人, 协理大臣一人或二人, 余于肃邸前力陈其非, 本日为代作一说帖, 说明此制之流弊, 函送肃府, 未知其能否力争也。"(韩策等整理:《汪荣宝日记》, 第 253 页)

㊲ 善耆:《呈〈内阁暂行章程〉与〈内阁官制〉精神未尽符合应酌议修正说帖》, 第一历史档案馆藏, 档号 04-01-02-0014-009。

㊳《宪政编查馆会议政务处会奏拟定内阁官制并办事暂行章程折》, 载故宫博物院明清档案部编:《清末筹备立宪档案史料》, 上册, 第 560 页。

㊴ 关于内阁总理大臣的人事争议, 参考李细珠:《新政、立宪与革命——清末民初政治转型研究》, 第 101—113 页。

㊵ 时论有云:"呜乎! 协理大臣乎, 吾欲拟之国务大臣, 而国务大臣非其类; 欲拟之其他官吏, 而其他官吏无其类; 欲拟之宦寺, 拟之卤簿、长随, 而亦悉非其类。则直四不像已耳。呜乎! 内阁之中而有四不像在焉, 亦适成中国之内阁而已矣。"(《内阁协理大臣与副署》, 1911 年 7 月 5 日, 载迟云飞编:《清末立宪运动史料丛刊·清末的预备仿行立宪》, 第二卷, 第 615 页)

㊶ 中国第一历史档案馆编:《光绪宣统两朝上谕档》, 第 37 册, 第 91 页。

㊷ 五代时的武将安重荣直截了当地说:"天子, 兵强马壮者当为之, 宁有种耶!"(薛居正等撰:《旧五代史》中华书局 1976 年版, 第 4 册, 第 1302 页)

㊸《知谏院范镇奏乞二府通主兵民财利札子》,《历代名臣奏议》, 清文渊阁四库全书本, 卷二六四。

㊹ 王瑞来:《宰相故事: 士大夫政治下的权力场》, 中华书局 2010 年版, 第 28 页。

㊺ 王夫之:《思问录·俟解·黄书·噩梦》, 中华书局 2009 年版, 第 104—106 页。

㊻ 中国第一历史档案馆编:《光绪宣统两朝上谕档》, 第 37 册, 第 87—88 页。

㊼《吴宓日记》, 吴学昭整理注释, 生活·读书·新知三联书店 1998 年版, 第一册, 第 64 页。

㊽ 恽毓鼎:《恽毓鼎澄斋日记》, 史晓风整理, 第 2 册, 浙江古籍出版社 2004 年版, 第 532 页。

㊾ 李细珠:《新政、立宪与革命——清末民初政治转型研究》, 第 109 页。

㊿ 尚秉和:《辛壬春秋》, 中国书店出版社 2010 年版, 第 317 页。

(51)《直省谘议局议员联合会呈都察院代奏皇族不宜充总理大臣请另简大臣组织内阁文》,《直省谘议局议员联合会第二届报告书》, 京师北洋刷印局本, 第 67—69 页。相关分析参考李细珠:《新政、立宪与革命——清末民初政治转型研究》, 第 117—118 页。

(52) 《各省谘议局议长议员袁金铠等为皇族内阁不合立宪公例请另组责任内阁呈》，载故宫博物院明清档案部编：《清末筹备立宪档案史料》，上册，第577—578页。

(53) 中国第一历史档案馆编：《光绪宣统两朝上谕档》，第37册，第154页。

(54) 《直省谘议局议员联合会报告书》《为内阁案续行请愿通告各团体书》，载《直省谘议局议员联合会第二届报告书》，京师北洋刷印局本，第104、108页。

(55) 赵尔巽等撰：《清史稿》，中华书局1976年版，第16册，第4426页。

(56) 汪茂林编：《中国近代思想家文库·汤寿潜卷》，中国人民大学出版社2015年版，第42页。

(57) 赵尔巽等撰：《清史稿》，第16册，第4435页。

(58) 同上书，第4437页。

(59) 此乃作为门生的李家驹给张之洞写的挽联，全文为："教士卒识字，教秀才知兵，返弱能强，磐石泰山名相业；以争路致誉，以借款召谤，忘身为国，青天白日老臣心。"（《张文襄公荣哀录》，国家图书馆编：《中华历史人物别传集》，第58册，线装书局2003年版，第636页）

(60) 赵炳麟：《赵柏岩集》，广西人民出版社2001年版，上册，第320页。

(61) 赵尔巽等撰：《清史稿》，中华书局1976年版，第16册，第4442页。

(62) 同上书，第4443—4445页。

(63) 中国第一历史档案馆编：《光绪宣统两朝上谕档》，第37册，第83页。

(64) 《民立报》在一篇社论中即明确指出是盛宣怀"授意于谏垣"。（中丹：《铁路国有问题》，《民立报》1911年5月22、23日）尚秉和则认为是载泽授意石长信上折，"盛宣怀内与度支部尚书载泽相结，极言铁路商办，有百害无一利，且恐终不成，应仿外国制，收归国有，一事权。时载泽方用事，阴助之，更讽给事中石长信奏言"，并发如下感慨："以正当之事而用许多阴谋，反使人疑其不正。此其所以败也。"（尚秉和：《辛壬春秋》，第41页）

(65) 盛宣怀：《复陈铁路明定干路支路办法折》，载《愚斋存稿》，卷十七，奏疏十七，文海出版社1975年版，第441—442页。

(66) 中国第一历史档案馆编：《光绪宣统两朝上谕档》，第37册，第92—93页。

(67) 《湖南布政使郑孝胥：四大干路借款建造说帖》，载戴执礼编：《四川保路运动史料汇纂》，"中央研究院"近代史研究所史料丛刊（23），上册，第528—529页。尚秉和认为是盛宣怀授意郑孝胥在报纸上撰文鼓吹铁路国有之利益，为其政策出台在朝野造势。（尚秉和：《辛壬春秋》，第41页）

(68) 中国第一历史档案馆编：《光绪宣统两朝上谕档》，第37册，第104页。

(69) 参考萧功秦：《清末保路运动的再反思》，《战略与管理》1996年第6期。

(70) 赵尔巽等撰：《清史稿》，第42册，第12814页。

(71) 乔树枏于1906年1月经川督锡良奏派为川汉铁路公司驻京总理，2月改派为川汉铁路公司总理，同年11月，仍派为驻京总理，因施典章在上海倒款，受川人攻击，于1911年1月辞去驻京总理。（参考戴执礼编：《四川保路运动史料汇纂》，中央研究院近代史研究所史料丛刊（23），上册，"编者按"，第553页）

(72) 李启成校注：《资政院议场会议速记录》（修订版），下卷，第718页。

(73) 《奏报议决四川铁路公司亏倒巨款一案事》，第一历史档案馆藏，档号：04-01-01-

1115-024。

⑭ 此一段铁路经过笔者家乡，笔者对其地势知之甚悉，崇山峻岭，大河蜿蜒，筑路施工，难度甚大。资料有云："宜万路线以夔峡、巫峡、巴峡山脉为最厚，横穿山腹，凿修隧道，既有一万数千尺之洞，复不能开辟天窗以通空气，以速进行；而两山紧束，水势涨落，动至数十丈上下……故英、美、德、法工程师作凿洞之计不行；作往复架桥之计又不行。火成岩石，既坚且细，洞中冥行架镜，且恐两不接头，难期岁月。此民国收归国有后，各国工程师之言也……兴山县山洪暴发，水泥桥柱，竟被冲刷，而詹天佑总工程师、颜德庆副总工程师则复以水势涨落无定，故水力大小，难以设计抵御也……皆当日宜万干路路线收归国有之议，自当尽量欢迎。"(《宜万路工艰费巨四川君宪党人最初欢迎收归国有》,《辛亥逊清政变发源记》,载戴执礼编：《四川保路运动史料汇纂》,"中央研究院"近代史研究所史料丛刊（23）,上册，第556—557页）

⑮ 邓孝可：《川路今后处分议》,载戴执礼编：《四川保路运动史料汇纂》,上册，第559页。按：邓孝可，当时为川汉铁路公司之股东，后任四川保路同志会文牍部部长，是保路运动中出力最多的积极分子之一。

⑯ 《四川京官开会商议以现有路款展筑川汉铁路成夔段》,载戴执礼编：《四川保路运动史料汇纂》,上册，第572页。

⑰ 《御史孙培元奏请给还商股以弭风潮折》,载戴执礼编：《四川保路运动史料汇纂》,上册，第564页。

⑱ 中国第一历史档案馆编：《光绪宣统两朝上谕档》,第37册，第105页。

⑲ 《四川旅京各界集会请清政府发还川路股款》,载戴执礼编：《四川保路运动史料汇纂》,上册，第571页。

⑳ 中国第一历史档案馆编：《光绪宣统两朝上谕档》,第37册，第119页。

㉑ 《王人文复邮传部要求川路存款免提用款换给铁路股票并请公布借款合同电》,载戴执礼编：《四川保路运动史料汇纂》,上册，第591页。

㉒ 《度支部、邮传部会奏川汉、粤汉铁路收归国有详细办法折》,载戴执礼编：《四川保路运动史料汇纂》,上册，第596—598页。

㉓ 《四川护督王人文代奏绅民罗纶等签注粤汉、川汉铁路借款合同折》,载戴执礼编：《四川保路运动史料汇纂》,上册，第644—646页。

㉔ 中国第一历史档案馆编：《光绪宣统两朝上谕档》,第37册，第135页。

㉕ 《保路同志会宣言书》,《四川保路同志会报告》,第九号，宣统三年六月十一日。

㉖ 《玉昆等致内阁请代奏股东大会请将借款修路交资政院诹议局议决然后接收电》,载戴执礼编：《四川保路运动史料汇纂》,下册，第948—949页。

㉗ 《张澜、罗纶等与赵尔丰辩论借款合同及收路均不合法定手续》,载戴执礼编：《四川保路运动史料汇纂》,中册，第668—669页。

㉘ 邓孝可：《答病氓》,《四川保路同志会报告》,第二十一号，宣统三年六月二十二日。

㉙ 《美人罗伯·C.斯门金报导保路同志会反对借款合同勒索中国权利文》,载戴执礼编：《四川保路运动史料汇纂》,中册，第660页。

㉚ 赵尔巽等撰：《清史稿》,第16册，第4426页。

㉛ 萧功秦：《清末保路运动的再反思》,《战略与管理》1996年第6期。

第六章　第一次常年会闭幕后的资政院

梁启超于第一次常年会结束不久发表了一篇评论，尽管因恨铁不成钢而稍有夸张之处，但他所说朝廷对待资政院的心理，大抵切中肯綮：

> 资政院之初开院，国民所以希望者良厚，已而渐薄，薄之不已，迨闭院时殆无复希望。资政院之初开院，政府所以严惮者亦至，已而渐轻，轻之不已，迨闭院时殆无复严惮。一则政府敢于觍然以不负责任自居，资政院失其对待之机关，凡所议决如击空气，虽竭全力终无回响，其令人失望宜也。二则资政院自身能力薄弱，其议员中之过半数视其职如儿戏，而少数之忠实者亦复人自为战，未尝能稍团结，以为一致之行动，而其学识能与其职务相应者盖寥寥无几，政府之力虽极脆薄，而资政院之脆薄抑又甚焉，其不为所惮又宜也。①

第一次常年会于 1911 年 1 月 10 日闭幕后，朝廷对资政院的判断有矛盾两面，一则以为资政院是麻烦制造者，需大力裁抑；一则经过速开国会和弹劾军机之后，觉得它的能量也只不过如此。如何裁抑？既然现今是预备立宪期，裁抑也要保持冠冕堂皇之姿态，至少得不违法。要明面上不违法，那就可通过改"法"而釜底抽薪，于是朝廷有修订《院章》之举。为什么觉得资政院的能量有限呢？资政院和军机肉搏，朝廷祭起皇权神圣的大旗，不予理睬，事情也就过去了。以打压为主，稍事笼络，不愁资政院不就范。

但随即而来，清王朝的内政和外交都遭遇了巨大危机，那些距京较近或本在京城有住处的议员以及其他因事留京的议员，加在一起，数量已是不少，合钦选、民选，可能过半。面对瞬息万变的危局，他们有请求召集临时会之举。朝廷谋对付此陈请，亦为了更有力地在9月即将召开的第二次常年会上操控资政院，有修改《院章》之举。

第一节　临时会风波

第一次常年会因要讨论的议案太多，故资政院有延长会期十日之请求，且获得朝廷批准。及至闭幕时，尚有不少议案因来不及议完而被暂时搁置起来，以待来年开第二次常年会时再议。

第一次常年会闭幕后，在短时间内，政府之外交和内政都遭遇了严重危机，时人看来，国势真危如累卵，时不我待。朝野之所以要预备立宪，就是要救国强国。要救亡，就需要聚全国君宪精英于一堂，群策群力，共商国是，而非仅由少见寡识、重私利甚于一切的少数重臣所独断，故有资政院议员请开临时会之举。

一、请开临时会的法律和事实依据

《院章》第六条规定资政院会议期分为常年会和临时会两种，临时会无定次，会期一般为一个月。第三十二条规定：遇有紧要事件，由行政各衙门或总裁、副总裁之协议，或议员过半数之陈请，均得奏明，由皇帝下旨，召集资政院临时会。可知，召集临时会的决定权在皇帝手里，发起权由行政衙门、资政院负责人和多数议员分别行使。但关键是什么才属"紧急事件"，判断一事件是否"紧急"的标准是什么，该条款以及整部章程并未明言。事实上，作为资政院运作的基本法规范，《院章》没有明言也很正常，可以通过资政院会议的实际运作，按照君主立宪的基本法理来形成更为明晰的细则或者惯例，来予以较妥当解释。在第一次常年会期间，没有碰到与此相关的问题需要立即解决，故亦无相关的惯例。常年会闭会后，对这个"紧急事件"的解释，自然归于君上大权的裁量范围。

　　早在第一次常年会会期中，山东巡抚孙宝琦即致电军机处，要求次年四月召开资政院临时会，让各地方大员派员到院，因预备立宪期缩短，各省应行筹备事宜自然发生变化，为此需要跟资政院磋商。②

　　第一次常年会即将进入尾声之际，一些议员在议场发议，即将那些眼下不是特别重要的议案和在常年会来不及议完的议案寄望于到来年召集的临时会上来解决。在大会讨论宣统三年预算案时，许鼎霖即倡议，邮传部计划尽快修筑开海铁路，怕来不及等到明年九月资政院开常年会交议，可将开海铁路计划预备清单于明年三月开临时会交议。邮传部特派员梁士诒回答："这个或募公债或借外债，将来必要开临时会的，然而现在亦不能不预备的。"随后王璟芳亦提出此种特别会计可交临时会议决。在第一次常年会即将闭幕的1月9日大会上，于邦华正式倡议："本员有个倡议，会期已很迫了，现在重大议案还没有议决的很多，看这个情形，再求延会必办不到，即使再开夜会，亦是不能议完的。本员倡议，照章有过半数议员陈请，可要求开临时会，本员具了一个说帖，列名已过半数。请议长奏明请旨办理。"又云："本员所具的说帖已得过半数之赞成，照章可以具奏的。"于邦华的倡议，在大会未立即获得其他议员有力支持，议长也没接这个茬。于第一次常年会的最后一次大会上，他再一次提及召开临时会的必要性："《新刑律》，能通过固然是很好的，若不能通过就可以缓的，候到明年开临时会的时候再议可也。"③可知，议员们和一些政府特派员有共识：于第一次常年会结束后召开临时会，讨论常年会期间来不及议决的那些议案。于邦华牵头，已拟具说帖，获得半数以上议员签名。议员们陈请召开临时会的想法已很成熟。

　　这应是受各省谘议局开临时会的启发自然而然产生的想法。《谘议局章程》第三十一条明定谘议局会议期，分常年会及临时会二种，均由督抚召集。第三十三条具体规定临时会召集的条件，即于常年会期以外遇有紧要事件，经督抚之命令或议员三分之一以上之陈请，或议长、副议长及常驻议员之联名陈请，均得召集，其会期以二十日为率。该条按语进行了阐释："临时会非有紧要重大事件不宜轻易召集，故开会之事，亦较郑重。会期二十日，较常年会为短者，以临时会所议事项亦简也。"④ 这即可以看出，《谘议局章程》的起草者宪政编查馆希望能对临时会有所限制，将其决定权赋予督抚，由其酌情允准与否。

但实际上，1909 年 10 月 14 日各省谘议局正式召集开会后，与督抚时有异议。该年谘议局首次开会，乃绅民参与地方大政之始，自然议案极多，且按照《谘议局章程》，还要讨论本省首次的预算事宜，难以将相关议案在常年会讨论妥帖，且预算案又时不我待，故许多省份都召开了谘议局临时会，比如四川总督、广西巡抚对本省召开谘议局临时会很不情愿，发电向宪政编查馆寻求是否允准的答案，宪政馆为照顾需要按期推行预算这一预备立宪大局，回电各该督抚允准谘议局召开临时会。⑤ 曾召集过谘议局临时会的省份除前述四川、广西外，至少还有湖南、奉天、浙江、吉林、江西、广东等。⑥

二、议员开临时会之陈请

1911 年 3 月 18 日，《大公报》刊登了一些议员请求资政院总裁溥伦开临时会的陈请书，云：

> 时局日迫，风云屡变，资政院闭会才月余耳，而楚歌四面，其危险已至于斯。俄人之无理要求，外部含糊应允已矣，固莫可如何矣。而修订中俄商约一事，实关系西北大局，稍形退让，则屏藩尽失。况英法各国之相因而至者，后患将不堪设想耶！窃以为今日之事，竭数人之力以谋之，不如合全国之力以谋之。一则使国民悉外交之曲折，一则使外人知吾国之尚有民气。至于借款筑路，凡一切为异时抵御之计者，无不宜详细会议，以谋救危亡。我议长大人热心毅力，素所钦佩，当此危急存亡之秋，谅不至稍有避忌，如能按照《院章》第三十二条与副总裁协议奏请开临时会，此议员等之所朝夕祷祝者也。且去年某等所呈陈请说帖签名已过半数，照章亦可奏请。盖事件之紧急，固未有紧急于此时者矣。议员等屡受各省函电责备，良心未死，是以冒渎上陈，是否有当，统祈赐覆，不胜悚惶待命之至。⑦

　　大致与此同时，顺直、陕西、贵州谘议局即电请政府从速召集资政院开临时会议。3月20日，福建谘议局经与山西、江西等省谘议局沟通后，致电军机处，要求召开资政院临时会，以民气为外交后盾。山西谘议局议长梁善济致函北京君主立宪同志会征求意见，云："前主张资政院开临时会，各省谘议局同时开联合会，共谋救亡方法，盖一以卸责同胞，在亡国史上留一纪念，为消极的；一以激厉民气，唤起一般国民，为积极的。论手段属于和平，论性质含有急进。倘要求开会不蒙允准，则资政院议员宜声明本年会期不应召集，是不解散之解散矣，未审同人以为如何？"⑧可见，申请召开临时会，不只是部分资政院议员的想法，而是以各省谘议局为中坚的全国立宪党人的共同愿望。

　　据报道，陈请书登出后，总裁溥伦没有表态，议员们遂赴其住宅求见面陈，溥伦闭门不纳。⑨两天之后，即3月20日，朝廷下谕，以大学士世续接替溥伦为资政院总裁，李家驹接替沈家本为副总裁。资政院此一番人事变动，对议员们陈请召开临时会产生了影响。因溥伦作为近支王公，于第一次常年会期间，不论是在速开国会案还是之后的弹劾军机案，都颇尽议长之责，而为政府中枢不满，朝廷对他亦不无疑虑。他自觉居于总裁位置上，难免两头受气，且晚清并未想真正推行君主立宪，其地位与真正君主立宪国的议长更不可同日而语，故筹划着早日离开这个是非之地，谋一个有一定实权且远离舆论风暴中心的位置。政府中枢也觉得溥伦作为近支王公、年富力强且不无朝气，不便控制，遂有意将其调离，重新予以安置，"伦贝子以天潢贵胄受任总裁，当此上下相争之际，欲偏袒政府，既恐为众论所不容；欲见好议员，亦恐为廷臣所忌嫉，进退失据，左右两难"⑩。双方你情我愿，故有此总裁变动之谕旨。此种人事变动，就政府一方面来说，有加强控制议员的明显意图：

　　　　洎乎今日又有请开临时会之发生，总裁虽非显表同情，却未极端反对，政府于是勃不可遏，荧惑朝廷，出其迅雷不及掩耳之手段，逐去一差强人意之溥伦，而易之以顽固无匹之世续……若李家驹者，才望学识似优于沈家本矣。然当议员与政府委员冲突之时，李实为政府党之领袖，以奔走于权贵之门。则今日之舍沈而用李，固别有命意所在，而初非以其适合资格而简拔之也……资政院之议长既由特简，则任免之权自不得不专归于君主，而此次之更动，实出于政府一二人之私意。在政府意中，不过示威国民，俾后之为总裁者，鉴于前车，不敢显与为抗，于以保专制于不朽耳。⑪

较为熟悉朝政内幕，且与溥伦、李家驹等当事人关系都甚密切的汪荣宝，于 3 月 22 日的日记中对这番人事变动和刘若曾代替沈家本出任修订法律大臣，有"殊出意外"的感慨。当日午饭后即到溥伦家致贺，"今而后喜可知也"。⑫溥伦倒是跳离了是非窝，但对议员们来说，可就少了一个能在最高决策层愿意说也说得上话的领导。

评论从新学的角度认为李家驹的学问优胜于沈家本这一点，固可见仁见智不论外，对于李家驹政治立场判断则不差，其所以被任命，不是因为其学问，而是系于其立场。政府之所以任命"不孚民望之世续、阿附政府之李家驹"，其立意在便于控制，好推行君主立宪招牌下的专制。新任总裁大学士世续，虽为老朽，暮气深沉，不足有为，但以其宦海浮沉数十年的政治阅历，对此当然心知肚明，他也不愿意年老了再来替政府背这个反对立宪前站的黑锅，故接到任命，即上折辞职。正是按照这个官场逻辑，当时就有报道，说世续对临时会一事，取听之任之态度，不甘为政府傀儡，成为全国舆论之公敌："此后凡百院务，能调和者便调和；如实系不能，我当据情代奏，是为已尽我责，他何能为！"⑬

跟老态龙钟的世续不同，新上任的副总裁李家驹可是踌躇满志，希望能在新位子上有所表现，更见好于政府。李氏自 1909 年从日本考察宪政归来，即颇有声望，被目为朝廷急需的宪政专才，以内阁学士入宪政编查馆，任对日常工作负实际领导责任的提调。作为汉军正黄旗人，在中央集权于满洲这个大背景下，自易获得高层信任。他"投靠奕劻、那桐，入馆之后特别受重视，成为许多重要章程、内外官制的起草者，且被派为协修宪法大臣，其在宪政馆中的地位，很快就超过了先入馆的几个提调"⑭。新官上任三把火，李家驹既因临时会作为政府的灭火队员来出任副总裁，且在总裁消极无作为的情况下走马上任，自然要有所表现，以见重于政府乃至于摄政王本人。但他毕竟是靠宪制起家，作为副总裁，当君主立宪正蓬勃开展之时，他这个政坛新贵，自然不会鲁莽行事：站在议员群体的对立面而一味讨好政府。较聪明的办法就是挟议员们之要求以见重于政府，以与政府之特殊关系见重于议员，游走于政府和议员间，在君主立宪这个大背景下，造成君宪非"李"不可之势。只能在关键的时候暗地里帮政府一把。资政院请开临时会，对政府来说，可能就是关键时候。事后看来，资政院有李家驹这么个实际当家人，议员们陈请临时会的结果可想而知。

力主开临时会的议员们，以于邦华、雷奋等人为首，议长易人后，因与议长没有共事经历，所知泛泛，故转而着重进行在议员中联络签名、修改陈请书措辞等事宜。

据《汪荣宝日记》记载，4月2日午后，二十多名资政院议员在八角琉璃井为联名请开临时会而聚会，"余心知其无效，亦不欲公然反对"。经讨论，议决由汪龙光、孟昭常和陈树楷起草陈请书，等到初稿完成后再议。⑮

4月上旬，有热心君宪人士胡文田刺臂写血书上资政院议员，敦请各议员要求速开临时会，讨论挽救时局问题，并希望能督促朝廷早开国会，发展国力，以收立宪美果。该血书及所附墨笔达700多字，其血书略云：

> 吾国大局糜烂，欲图挽救于万一，惟有速开临时会，进行国会问题，实行监督政府，故某愿以一书之血，代表吾国同胞之血，以壮诸先生之胆，坚诸先生之心。诸先生立于代表舆论之地，当此国家存亡危急之秋，宜团结全体，组织完善政党，而为一致的行动。

据报道，胡文田血书写完，意犹未尽，复附墨笔一书，大致谓：为国民者，非不知大命将至，而偏存一"我躬不阅，遑恤我后"之心，为民上者非不知时局已危，而偏挟一"优哉游哉聊以卒岁"之见，故请开临时会之呈，宜速上为要。⑯

　　4月9日，更有地方大员陈请召开临时会。东三省总督锡良致电军机处，以外交上的原因要求召开资政院临时会："俄人在东暗增军队，事事挑衅，希图决裂，极惨战祸不久恐将发见，请速召集资政院临时会，共谋抵制，庶可挽救危亡于万一，不胜迫切待命之至，即乞据情代奏。"⑰议员们受此种种激励，加快了陈请步伐。

　　在此期间，议员们相互联络，精心讨论陈请书的理由和措辞，力图使其无懈可击，能获允准。据报道：

　　　　资政院议员请开临时会，其陈请书已经起草员将正稿缮就，定于日昨，由代表员向总裁世中堂呈递。闻该书起草后，即邀集各议员讨论修正，当时到会议员均以为然。迨散会后，又由各议员分向王公世爵议员、硕学通儒议员、钦选议员，热心告知临时会必要之理由，各王公钦选议员等亦多数赞成，陆续函照列衔，而陈请书议员遂达至九十七人之谱，并有电请连衔者议员多名，竟占议员过半数。⑱

　　到4月16日，雷奋、孟昭常、于邦华等向秘书长金邦平正式递交由过半数议员签名的陈请书，其修改斟酌立意、措辞，花费了议员们将近一个月的光阴，煞费苦心。该陈请书原文如下：

　　　　为遵章陈请事。
　　　　查《院章》第三十二条，资政院临时会于常年会期以外，遇有紧要事件，由行政各衙门，或总裁、副总裁之协议，或议员过半数之陈请，均得奏明，恭候特旨，召集遵行等因。入春以来，外交逼迫，人情汹惧，各省士民号呼奔走者不绝于道路，函电纷驰，皆曰非开临时会不可。议员等或居京师，或在原籍，睹此危惧震撼之象，上无以效忠于君父，下无以求谅于人民，独居深念，则霭然其不安，互相告语，则忧愤而欲绝，亦曰非开临时会不可。窃念时事既危迫如此，人民与政府相亲爱，则其国必昌；相疑忌，则其国必亡。去其疑忌，作其亲爱，惟在相见以心。议员者，人民之代表也；政府与人民欲相见以心，则莫若致议员于一堂，宣示方针，使共相商榷，定天下之大计，协赞鸿图，传宣全国。则国是以定，人心以安，此立宪政体之所以能强固其国，而无或纷扰也。

乃者议员等上观朝政，下察舆情，其所以致人民皇骇之由，盖不一而足。窃相计议，以为应开临时会之理由有三：

方俄事之初起也，突然有自由进行之文，其继也，复有限期答复之语。邦交安在？国体大损，群情汹汹，职由于此。虽空文往复，足以了事，未至决裂，然前日之政府何事而致生侵陵，后日之政府又何事而宁思补救。玩日愒月，后患立至，欲待至九月常会，则事机瞬息万变，半年之间，人心惶惑，曷云能已！是宜及时确定政见，晓示万民，引进议员，取其同意，此应陈请者一。

上年试办预算，议员等为欲立财政之基础，笃心苦思，勉令收支相合，不意会同政务处上奏之后，而破坏预算之文电纷至而沓来，军机王大臣依违两可，有度支部奏陈维持之法，仰蒙谕旨，而财政之基础则时时有动摇之虑，是宜公开会议，维持既往，将来预定今年各部各省整齐画一之办法，以成今年常会正当不易之预算，此应陈请者二。

比者借款之事纷纷而起，中央借款之事不止一部，部又不止一起；外省借款之事不止一省，省又不止一起。借款之后，利用之法，管理之方，皆不可知。外国募集公债，无不经国会之议决。我资政院之职掌，亦订有明文。今借款将定，而议员等尚未知其所用，待至常会然后预闻，则半年之间，危险百出。脱有损失，又将如何，此应陈请者三。

以上理由，议员等均认为紧要事件，并已得过半数之同意，用特遵章联名提出陈请书，谨候总裁、副总裁奏明请旨召集遵行，不胜迫切企望之至，须至陈请者。[19]

综观该陈请书，议员们之所以要求朝廷允准开临时会的理由为鉴于外交、预算和借债三方面的严峻局势，在预备立宪之下，需群策群力。与一月前的陈请书初稿仅侧重于外交相比，其理由更充分。该陈请书到秘书厅后，按照正常程序，即要由资政院总裁具折上奏。可能政府对策尚在筹划中，为配合政府之行动步骤，也可能是总裁、副总裁为了向朝廷和政府表明其不愿召开临时会但实有不得已之苦衷，而生刁难之举。次日，秘书长金邦平给雷奋等写信，告诉他们于17日到资政院，有事当面询问。据报纸披露，其原因在于金邦平向世续禀报收下议员陈请书这一情况后，世续认为金邦平不该鲁莽收下，理由是常年会已然闭幕，在京议员不至于如签名数量那般百余人之多，定有不实之处，故而命令金邦平当面询问情况，让雷奋等将陈请书取回，让赞成议员逐一签名。果有议员总数三分之一签名，再将陈请书收下，由其斟酌之后再行具奏。

　　这就又拖了下来。议长既有意刁难，不肯具奏，[20]且不久即因给光绪皇帝上陵出京，上奏只有等其回京之后。这段时间，议员们也在想办法。在京议员们大致于4月28日在石桥别业开会，报告请开临时会签名之经过及研究对付临时会之办法。大会主席许鼎霖征求大家意见：现有议员提议，陈请书中不必涉及外交，专就预算、外债二项立论，皆属章程范围以内之事，使得政府无词可驳。易宗夔则认为，政府借债至二万万之多，不交院议，实属蔑视定章，即此一端，已足为请开临时会之根据，主张将外交、预算二者删去，专就借外债一端立论。最后经多数议决，陈请书删去外交一层，以借债置于预算之前。他们还讨论了如果政府不允准开临时会的对待办法，激进派议员易宗夔主张由议员通电各国，谓中国人民不承认政府之借债，举凡一切本利，皆由政府自为偿还；多数议员则主张诉诸国内舆论。

　　摄政王载沣和亲贵重臣均反对召开临时会，奕劻、那桐以议员等向好问事，恐于交涉、预算、借款三项外又干涉官制问题，[21]度支部尚书载泽则不欲借款合同因议员干预而泄露。[22]在此期间，副总裁李家驹既想见好于庙堂，又不愿公然站在议员们的对立面而增其恶感，遂当起两面派：接见议员则和颜悦色，对政府则分别陈述准可与否的几条理由，真可谓殚精竭虑：

开临时会则政府不悦,不开临时会则议员要请,两姑之间难为妇,资政院总裁之现相也。世中堂素称顽固,不肯赞成此举,尽人所知。犹可望者,惟李侍郎耳。昨闻该侍郎呈进说帖,详陈临时会可以召集之理由三、不可召集之理由二,游移其词,不下断语,似乎开亦可,不开亦可,一方面不得罪于议员,一方面不触怒于政府,可谓面面俱到矣。智哉侍郎!妙哉骑墙! ㉓

及至世续回京,与朝廷多有沟通,在朝廷已有应对之方后,于 5 月 12 日将议员们要求召开临时会的陈请书上奏,奏折全文如下:

资政院总裁大学士世续等跪奏为据情奏明请旨遵行事。窃据资政院议员于邦华等一百四人呈称:查《资政院章》第三十二条,资政院临时会于常年会期以外,遇有紧要事件,由行政各衙门或总裁副总裁之协议或议员过半数陈请,均得奏明,恭候特旨召集遵行等语,比者借款之事纷纷而起,外国募集公债,无不经国会之议决,资政院之职掌,亦订有明文。今借款将定,而议员等尚未知其所用。迫至常年会然后预闻,则半年之间,危险百出。又上年试办预算,焦心苦思,勉令收支相合。不意会同政务处上奏之后,而破坏预算之文电纷至沓来,虽有度支部奏准维持之法,仰蒙俞允,而财政基础时有动摇之虑,是宜公开会议,维持既往,惩毖将来,预定今年各部各省整齐划一之办法,以成今年常年会正当不易之预算。以上理由,议员等均认为紧要事件,并已得过半数之同意,用特遵章陈请奏明请旨召集遵行等因前来。臣查该议员等陈请召集资政院临时会,核与《院章》第三十二条相符,自应据情奏明,恭候圣裁。除将该议员等原呈缮呈御览外,所有据情奏明遵章请旨召集资政院临时会缘由,谨恭折据陈,伏乞皇上圣鉴。谨奏。

宣统三年四月十四日
资政院总裁大学士臣世续
资政院副总裁学部右侍郎臣李家驹 ㉔

为什么说朝廷此时已有应对之方呢？5月8日，《内阁官制》颁布，奕劻责任内阁成立。在世续等上奏的前两日，即5月10日，摄政王载沣发布了关于召集资政院第二次常年会的上谕：

> 四月十二日监国摄政王钤章同日内阁奉上谕，本年九月初一日为资政院第二次开会之期，著仍于八月二十日召集。所有该院议员均即遵照定期一律齐集，该衙门知道。钦此。㉕

尽管该上谕在内容上与是否允准召集临时会无直接关系，且从惯例的角度来看，去年召集资政院第一次常年会，朝廷于当年5月9日发布的上谕，今年因为责任内阁即将成立，故发布召集资政院常年会日期的上谕有所推迟，完全说得过去。内阁甫一成立，即公布资政院常年会召开日期，这不就表示朝廷和新内阁对资政院极度重视吗？此种冠冕堂皇的理由能否服人，端视具体情况而定。但此中确实暗含朝廷对待临时会的先发制人之意，当时不乏明眼人看出此中端倪：

> 临时会之陈请准驳尚无解决，通常会之召集上谕先已明发，不消灭而自消灭，临时会乃真绝望。政府对待国民之手段，着着争先，其敏妙诚不亚于外国之外交家。虽然人第知新政府之手段敏妙，吾尤服资政院之雅步雍容。㉖

这种看法是记者对朝廷和新政府的恶意揣测还是确实真意，当以后续事态为断。

三、朝廷对开临时会之最终表态

在朝廷发布召集第二次常年会日期的上谕一周后，也就是世续正式将陈请书上折具奏5天后的5月17日，朝廷发布上谕，予以拒绝：

> 四月十九日监国摄政王钤章，内阁奉上谕：资政院奏据议员等

呈请开临时会请旨遵行一折，朕披览呈词，似于预算、借款两事不无疑虑，兹特明白宣示。

本年试办预算案，度支部两次奏请维持，均经严饬京外各衙门遵办，自本年起试办全国预算，亦由该部筹有切实办法奏准施行。朝廷主持于上，部臣复稽核于下，此预算之无可疑虑者也。

至特借两款，前已降旨申明专备改定币制、振兴实业以及推广铁路之用，并谕令该管衙门竭力撙节，不得移作别用，即系为预防危险起见，此借款又无可疑虑者也。

以上两事，虽属重要，尚非紧急，自可于开常年会时从容详议。

著度支部将内外各衙门应造全国预算及借款用法各项表册，分别严催，克期办妥，一俟九月开常年会，即交该院议决，毋稍延误。所请开临时会之处，著毋庸议。钦此。㉗

其实，这个结果并不太出人意外。朝廷早在制定《院章》时，即未雨绸缪，将召开临时会与否的决定权掌握在手。3月中旬议员们将召开临时会的陈请书初稿公诸报纸，固然可以造舆论给政府施加压力，但政府也大致明白了议员们的意图，就有时间来从容布置相关举措，以有效应对：（1）政府放出风声，以外交秘密主义为词，来反对临时会的召开。议员们遂在陈请书中取消了外交一层理由，以减少阻力。（2）撤换资政院总裁，加强政府对资政院的控制。（3）利用有效签名等程序问题，拖延时间。（4）适时发布召开常年会的上谕，给立宪党人以心理暗示，很快即召开常年会，临时会没那么必要。这种种举措都说明：政府对待议员方面，手段高超：

吾侪国民朝诵夕盼眠思梦想之资政院临时会，至今日而竟奉明诏拒驳矣。此为自有新内阁以来，阻遏民权、拥护专制之开宗明义第一章，而今而后，吾国将来宪政造极之地点，亦可预揣而知矣。虽然临时会之必遭拒驳，固不待今日而始昭著也。当陈请书商订宗旨、斟酌字句之日，识者早料其为镜中花、水中月……观于书未入奏而外债之用途早经宣布，以为先声夺人之计，是未及陈请，而陈请之效力已潜消默化于无何有之乡。十九日之谕旨，殆不啻重言申明，以了此一重公案耳！新政府对待国民之手段，能使百余议员任玩弄于股掌之上，而吞声以去。夫竭数阅月之号呼、集议，某也草创之，某也讨论之，某也修订之，某也润色之，才有此无懈可击之陈请书入告于我后，其究也，曾不足当政府诸公之寥寥数语，而一瓢冷水，热血成灰，天下可痛可恨之事，孰有过于是者哉！[28]

尽管临时会究竟能在多大程度上有助于救亡，不能悬揣。但可肯定，临时会如能召开，固可表明朝廷对立宪舆论的重视。有上百号议员在京监督，奕劻内阁当感受到此种压力，尤其是邮传部大臣盛宣怀及其属下行事即有所忌惮，不至于一意孤行不恤民言，而引发如此巨大的保路风潮。再有就是群策群力，较之少数几个人谋议于上，其行为的正当性和民意基础当大得多；反之拒绝临时会的召开，不可讳言，使得议员们乃至其背后的君宪党人对政府的失望加深，日益离心离德。

之所以朝廷坚决反对召开临时会，主要是政府心虚：办理外交、内政无方，擅自借款，无法直接面对议员们的质问和责难：

> 今政府对于内政则利用敷衍主义，对于外交则利用秘密主义，但有不便于私不利于己者，则更利用专制主义，多方以阻遏之。虽至误国病民、失地丧权，而不稍顾恤，故资政院临时会之举，议员请之而不许，疆臣请之而不许，各省谘议局请之而仍不许，甚且撤换正、副总裁，以为先发制人之计，使之不敢复言。呜呼，临时会已矣，其如国家何？其如人民何？其如立宪前途何？[29]

除此之外，他们最担心的还是近一两年来愈演愈烈的国会请愿运动。如临时会召开，难免又有以全体议员名义来具奏陈请速开国会。去年资政院具折速开国会，当时责任内阁没成立，政府还可敷衍，现今责任内阁已正式成立，如拒绝，则更难以措辞。

在政府看来，资政院不论是在第一次常年会上的表现，还是陈请召开临时会的举措，无一不是在与政府为难，他们不反思自己的施政失宜，力图改进振作，而是想方设法对付、限制议员之行动，使之不能对政府构成实质意义上的监督，故又有其主导下的改订《院章》之举。

第二节　改订《资政院章程》

自第一次常年会发生速开国会案、因审查督抚与谘议局异议事件引发弹劾军机案之后，政府更筹谋釜底抽薪，即改订《院章》以限制其权限。早在第一次常年会还没有闭幕的 1 月 9 日，李家驹即在宪政编查馆宣布了政府有改订《院章》的提议。[30]到三四月间，传闻议员们陈请召开临时会，过问外交、内政、借债等重大事宜，政府更感觉到这一事件之急迫。临时会尚可想办法阻止其召开，第二次常年会则无论如何避免不了。为不再重蹈第一次常年会中政府和朝廷应对被动，且获舆论对立面不光彩形象之覆辙，急需未雨绸缪。议员们陈请开临时会的主张，触及了政府和朝廷的敏感神经，需要尽快改订《院章》。

一、改订《院章》动议及经过

1909 年由资政院会同军机大臣拟定的《院章》虽然在"附则"中预留了朝廷支配修改的空间，即"本章程未尽事宜，由总裁、副总裁会同军机大臣奏明办理"，但资政院毕竟是舆论机关，《院章》之拟定在资政院未开院以前，此次要修改，是在资政院开院之后，程序是不是同初次拟定有别？议员们当然希望能在会期内经多数议员议决修订内容后再上奏批准，但这绝对不为政府和朝廷所乐见。

在议员们发动陈请召开临时会后，政府即加快了修订《院章》的步骤。当时报道："说者谓此次核改定章，实因召集临时会而起，则召集之举或有可望。"[31]据事后看来，前面的判断不太准确，是召集临时会加快了修订步伐，后面关于临时会的说法则太过乐观。在记者看来，要修改《院章》，需要议员们集议。其实政府完全可以独自主导修改。大致与此同时，又传出摄政王载沣希望对资政院事务比较熟悉的前总裁溥伦来负责修改事宜，但溥伦实在不愿跟资政院再有瓜葛而两边不讨好，遂婉辞。[32] 作为自己人的溥伦既然不愿干，那李家驹就成为不二人选。一则他与政府亲近，且见知于摄政王；二则他曾任宪法协纂，能力没问题；三是其作为副总裁之职位，由其主持修改，适与《院章》附则之规定相合。不久即有较确实的消息流布：

> 探悉李柳溪侍郎现将资政院章亲加核夺，所有应行增改之处逐一提出，与政府诸公会同核议。闻此次拟改之条文甚多，俟与世相国公决后即行具折请旨，并闻此事已定为本院之立法问题，决不令各议员与闻其事云。[33]

该报还有"李副总裁连谒伦贝子"为标题的接续报道，说最近李家驹多次到溥伦家里密谈，其内容为修改《院章》，并非外界所传言的临时会问题，因"上年资政院开院时各议员发言决议及一切举动殊无秩序，逆料本年必然更甚，故特预筹缔禁之办法"[34]。此种"缔禁之办法"就是修订《院章》。如能按照朝廷心意修改，才有可能弭患于无形。将该报道与《汪荣宝日记》对勘，发现：汪荣宝曾于4月15日与李家驹一起赴溥伦住处，同去的还有陆宗舆，就纂拟宪法事议定办公场所。[35] 溥伦、李家驹和汪荣宝都负有编纂宪法草案之责，于公于私，过从甚密。李家驹或单独或跟友朋一起拜会溥伦，一个为前任裁，一个为现任副总裁，聊及共同关注的院章修改事宜，实属情理之中的事。

到6月26日，清廷在没有资政院或者内阁奏请的情况下主动下谕，命资政院会同内阁改订《院章》：

> 《资政院章程》前于光绪三十四年由资政院总裁会同军机大臣具奏，复于宣统元年经资政院会奏续拟院章，并将前奏各章改订颁布施行。现在已阅两年，时势又有不同，核与新颁法令未尽吻合，

亟应将《资政院章程》修改，以免窒碍而利推行，著资政院总裁副
总裁会同内阁总协理大臣悉心斟酌，妥速改订具奏，候朕钦定颁
行。钦此。㊱

　　该谕旨明确宣示由资政院总裁和副总裁为主、内阁总理大臣和协
理大臣为从，共同负责院章之修订，而将议员们完全排除在外，这就与
《宪法大纲》所宣示的"大政统于朝廷，庶政归诸舆论"之旨不无矛盾
之处。揆诸一般立宪法理，修改《议院法》，没有议员参与，实属违法。
在君主立宪国，大致需遵循权力分立法理。《院章》既正式颁布，且于
第一次常年会期间真正施行，已是有效法律。现在作为预备国会的资政
院已然成立，襄赞君主行使立法权，要修改已生效法律，那就需资政院
参与。换句话说，如《院章》真有不合时宜之处，最早也要等到1911
年10月召开的第二次常年会上进行，而不能在资政院闭会期间。因资
政院闭会期间，资政院没有法定常设机关，总裁、副总裁完全不能代
表资政院。预备立宪已经进行多年，且载沣还多次请人讲授过立宪课
程，对这个立宪基本法理应该明白。既然明白，为什么还要下这道无厘
头的上谕呢？这就说明其间一定有苦衷，他经过充分考虑，是不得已的
办法。

　　可以设想，资政院总裁、副总裁不能主动上折要求修改《院章》，
因为如此一来，势必会导致他们跟议员们的关系恶化，将来议员们开常
年会议事时非常被动。总裁世续本来年迈，不得已才到资政院就职，领
这个费力不讨好的苦差，更不想在此多事；副总裁李家驹虽欲见好于政
府，但他毕竟是以法政新学、君宪精英而到资政院，也不愿冒此天下之
大不韪。就内阁而言，因为奕劻本人不孚众望，才具平庸且贪渎闻名天
下，况作为皇族组阁，当时已为众矢之的，故内阁亦不便上奏。既然资
政院在常年会即与军机为难，好不容易等到闭会，又要求召开临时会，
以遂其干预政府内政外交之谋划，资政院负责人和内阁皆不便出面，摄
政王载沣只好祭起无所不在的君上大权，主动下谕，命令资政院和内阁
共同负责修订《院章》。

因有这种种道理上的为难情形，故起草谕旨，大费内阁斟酌。据报道，该谕旨的核心内容为华世奎牵头所起草，与内阁承宣厅长赵廷珍、副厅长英秀等"磋商良久始解决，用时势不同及与新颁法令未尽吻合等语，其措辞虽仍非常牵强，然总理大臣则极为赞赏，盖非此实别无可措之词"[37]。三易其稿，煞费苦心，而有此修订《院章》之谕旨。

《大公报》对朝廷力图改订《院章》的原因，归纳得很到位：

> 上年因军机循例副署，不负责任，经资政院两次弹劾，今虽改立内阁，而总、协理应负如何责任，尚无规定明文，如将来资政院开会时，或因责任问题致起冲突，则内阁担负全国行政之权，非若军机处之可以推诿，其不便者一也；抵借外债一案，资政院议员屡次诘问，并欲监督用途，将来开会时势必首提议案，以实行其限制监督之权，今我国财政困难，需用外债之处甚多，设有阻挠，必多掣肘，其不便者二也；收回干路早已定为政策，今资政院议员以四省商民抵制风潮，开会提议，将来开会时，势必列入议案之内，加以干涉，其不便者三也。其余若外交，若军政，若财政，若官制，均足惹起资政院之反抗，若不改定权限，不便尤多，有此种种不便，此改订《院章》之谕所由来也。[38]

此道谕旨下来，实际负责《院章》修订事宜的李家驹已成竹在胸。次日上午，李家驹即到好友汪荣宝处，"略谈修正资政院院章"事宜。因准备充分，成竹在胸，故改订神速。熟悉内情的汪荣宝于7月2日的日记中记载："政学会会议修改院章问题，余知明日即当具奏，会议无益，遂托词未赴。"[39]果然，7月3日资政院会同内阁总协理大臣奏《改订资政院院章》，清廷当即立予批准。[40]从朝廷发谕命令修改，到修改后正式批准，前后仅一个星期。在预备立宪时期，如此重要的基本法律，修订如此迅速，程序如此草率，让时人和后人都为之惊诧不已。其中原因，恐怕主要是摄政王载沣怕舆论嘈杂，议员抗议诘难，希望以快刀斩乱麻的方式速做了断，等生米煮成熟饭，事情也就过去了。尽管这没有确凿的证据，征之情理和当时朝局，虽不中亦不远矣。朝廷如此匆忙要通过这个改订《院章》，改订内容为何呢？

二、《院章》的改订内容

据由资政院总裁、副总裁主稿，会同内阁总协理大臣所上奏折之归纳，此次修改除预算案已经施行，经费法定以及院章生效日期外，大致包括如下四个方面，原文摘录如下：

第一类，因新定官制改从一律者。如《院章》原文所称军机大臣等官，现已裁撤军机处改设内阁，不便仍沿旧名。又现在资政院总裁副总裁各简一人，与弼德院官制院长副院长各一人相同，而原文所定各设二人，应即改正。又秘书厅请简请补各员，按照现制应分别会同内阁办理，其各员品级亦应于另订之官品章程统行规定，不必著于《院章》。此其应行改订者一也。

第二类，因法令歧异改从一律者。如原文第二十四条核办事件，上年钦定修正筹备清单按语业经申明改归行政审判院办理，查行政审判院定于本年设立，《院章》此条应即删除，以清权限。又召集临时会与召集常年会均属君上大权，而原文第三十二条临时会分别由臣下陈请，与召集常年会办法歧异，宜加修正。此其应行改订者二也。

第三类，因立法偶疏改归完密者。查外国议院规制，不得向地方议会照会往复。我国各省谘议局性质属于地方议会，则资政院除有所咨询外，不应行文该局，兹于原文第二十二条之次酌加一项。又谘议局与督抚异议事件，有关于立法者，亦有关于行政者。若行政事件概由资政院核议，恐于事情有所隔膜，核议之后仍难施行，反不足以收实效。兹将原文第二十三条所规定略加区别，俾与原文第二十七条办法一律。又按外国议院开议，大率以议员过半数或三分之一以上到会为限，而原文第三十四条非有议员三分之二以上到会不得开议，限制太严，往往因人数不足不能开议，兹将原文改为议员过半数到会，以免延搁。又按外国议院法临时改定议事日表须得政府之同意，兹于原文第三十八条之次酌加一项。此其应行改订者三也。

第四类，因易滋误解详为申明者。如原文第二十三条第二项及第三十九条所谓不得与议者，均与所谓不列议决之数文义迥殊，兹于原文各加于会议时退出议场一语，似更明晰。又原文第二十九条资政院于民刑诉讼事件概不受理，则陈请事件自不得涉及诉讼，兹酌加一项，以示尊重司法之意。此其应行改订者四也。[41]

奏折中所说的这四个方面的修改，其内容基本属实，但其修改之用意，则不免写得过于冠冕堂皇，难以自圆其说的地方甚多，兹分别予以解析：

第一类实无甚重要处，奏折却将之置于最显眼处。如总裁人数，资政院自成立以来，总裁副总裁，朝廷均只派一人充任，从来没有按照《院章》任命两人，长久以来，自成事实；秘书厅固然重要，但办事员之多寡与薪俸级别之略为高低，与资政院议事并无太大关系。奏折的此种编排方式，不无投机取巧，欲盖弥彰。因此种理由完全不足以解释为何要在资政院闭会期如此急匆匆改订《院章》。

第二类才是修改《院章》的直接目标所在，因其修改的条款直接牵涉到了资政院的会议召开程序和职权范围。关于常年会和临时会的召集开会，因常年会固定时间召集开会，固定会期，自由裁量的空间不大，主要是临时会，原先规定在遇有紧要事件的情况下，由臣下（行政大臣、资政院负责人和议员群体）陈请，特旨召集；现在取消臣下陈请权，改为专属君上大权，以特旨召集。可以设想，如《院章》早在一年前就进行如此修改，就没有议员们吵吵闹闹要召开临时会这件事。釜底抽薪，修改《院章》与此次议员们陈请召开临时会的关系，以及朝廷修改《院章》的真意，皆于此可见。另外，原来《院章》规定资政院有权核办谘议局认为各省督抚侵权违法事件，修订以即将成立行政审判院为由，将此条删除，实际剥夺了资政院审查核办督抚侵权违法之权力。问题的关键在于行政审判院尚未设立，等到其成立后，再由资政院将此项权力移交，乃晚清新旧衙门过渡权力交接的惯常办法，盖国家政务不能因为机构的改设而生废弛之弊。朝廷宁愿废弛相关政务，也要如此急不可耐剥夺资政院的权力，可见庙堂诸公对资政院及其议员是何等忌惮和厌恶。

第三类是修改《院章》最为关键和核心的部分。晚清君主立宪之所以一时之间蔚为大观，植根于君宪派以地方为依托，以绅士为主体的大力坐言起行。换句话说，资政院之所以有力量，为政府所忌惮，是因为其背后有各省谘议局的大力支持。此次政府主导修改《院章》见及于此，选择性地利用某些联邦制宪制国家的做法，将之移花接木，视为君宪原理，作为修改《院章》的理论依据，即奏折所言，要保持地方议会的独立性，中央议会除咨询外，不得干预地方议会的活动。换句话说，资政院除了咨询事宜，不得与谘议局沟通。即便在谘议局与地方督抚发生异议时，原来属于资政院的权限，此次修改也予以大幅度剥夺，即行政事件划分给内阁裁断，余下的才归资政院核办，且核办结束后还要由资政院咨会行政大臣具奏。此项地方立法机关和行政机关异议以及地方立法机关之间的异议事件之裁决，无一不需要内阁之介入，实乃偏重行政权、忽略立法权之举。资政院作为上下议院之基础，就成为一句空话。还有就是将资政院大会开议的门槛降低，由原先应到议员的三分之二出席方能开议减到过半数，其理由还是立宪国议会之惯例。这里就有一个问题，这种惯例多是成熟立宪国之惯例，国会的权力已有保障，行政机关操控立法机关的事情不太容易经常发生，发生也不那么容易奏效。晚清资政院仅是预备国会，其拥有的权力非常脆弱，一旦降低议场开议出席议员门槛，那就为政府操控议场提供极大便利。

第四类也是朝廷削减资政院权力之举措，即限制资政院于人民陈请事件之审查范围，以尊重司法独立为理由，将涉及诉讼的陈请事件排除出去。当时各级审判厅仅在省城商埠设立，全国绝大多数地方尚无独立审判厅，行政审判院尚待设立，人民遭遇不公之事，遂减少了一条救济申诉之渠道。此点尚非特别重要，兹不赘述。

总之，此次修改《院章》，资政院职权被严加限制。在第一次常年会中，议员们通过对《院章》《议事细则》等法规的扩大解释所获得的权利，几乎被剥夺殆尽，大部丧失了作为预备国会之职能。预备立宪时期，凡事"取于公论"，成为具文。《大公报》有篇论说，从《院章》修改的程序、内容以及其可能的影响，分析颇为透彻，择要摘引如下：

> 《院章》修改一次，则议院权利范围缩小一次，而政府钳制议员之势力放大一次。一方愈缩小，一方愈放大，充类至义之尽，必致使至高至上之言论机关化成虚器，仅足为立宪史上之陈列品，一无所施其能力而后止。此非逆亿之论也，试即新旧《院章》而比较之，可知主张一再修改者之用意所在矣……
>
> 不意去年开会后，民选议员大半不安缄默，极力抗争，甚且有弹劾军机之举，于是巍巍大老惕然于民气嚣张，此风万不可长，第二次修改《院章》之议以起，而条文乃益加严。此次修改条文前后计二十余条，虽宏纲巨节未尝大有变更，然一摇笔间为数十字之增损，而议员之权利剥夺已良多矣。
>
> 他不具论，如第二十二条于原文之下特加"除前项咨询事件外不得向各省谘议局行文"一语，夫资政院与谘议局本如脑筋之与手足，有息息相通之关系，乃并其文件之往来而亦以章程钳束之，是一语之力量，足以遮断该院与各省之交通，使失其骨节灵通之用，此权利之被剥者一。
>
> 第二十三条于原文中间特加"除关于行政事宜咨送内阁核办外"一语，原文议决后由总裁副总裁具奏请旨裁夺，则改为"咨会国务大臣具奏请旨裁夺"。夫谘议局与督抚异议事件，大都属于行政事宜，即非行政，亦无不可强归诸行政范围以内。今以限于章程之故，资政院不得核办而划归内阁，无论阁臣与疆臣一鼻出气，难保不右官而左民，即令持正不阿，然阁臣政务殷繁，奚暇立予判决，则事机之贻误滋多。至于资政院议决事件，不得径自奏请，而必咨会国务大臣，是使资政院全失其专折奏事之权，事事须禀命于

阁部，总裁、副总裁几成为议员与阁部之承转吏。将来遇有前项核请事件，国务大臣不允会奏，则总裁、副总裁亦瞠目而无可如何，尚安得与内阁为对立之机关乎？此权利之被剥者又一。

第二十四条原文全数删去，长督抚之威焰，即以便中央之命令，将来行政官厅势必任意侵夺权限，背违法律，而绝无所用其忌惮。谘议局名为立于监督之地位，虽欲举发，而苦于告诉无门，则此番之一笔勾除，既直接以摧抑资政院，使不得审查督抚之过失，更间接以蹂躏谘议局，使不得纠正督抚之专横，中央议会地方议会乃同时丧失其监督官吏之天职，而形类赘疣，此权利之被剥者又一。

第三十二条关于临时会一事则大变旧章，将原文所有由行政各衙门或总裁、副总裁之协议或议员过半数之陈请均得奏请召集等语，一扫而空，统归之由特旨召集。夫既标其目曰"以取决公论，预立上下议院之基础"为宗旨，乃并其陈请权而剥夺之，吾不知第五条所谓议员应有之权果何所指也。且陈请与召集本是两重手续：陈请自陈请，权属于下者也；召集自召集，权属于上者也。使谓我国之资政院与各国之议会性质本自不同，为之特设一例曰：只有常年会，不得有临时会，犹之可也。乃又姑饰之曰：于常年会期以外尚有临时会，特此临时会只准候上之召集而不许下之陈请，是国民所视为紧要事件，将欲讨论而研究之者，政府苟以为不关紧要而不奏请降旨，永无召集之时，而临时会云云，不过一可望不可即之虚鹄耳。以是为大权政治，何如直称之为独裁政治可矣。此权利之被剥者又一。

以上数条，特举其荦荦大者，外此虽小有出入，于宪政尚无甚利害关系，姑置不论可也。夫法律本非一成不易之物，特改革之时必有所以改革与不得不改革之理由，且事关奏案，尤必声明何项条文有若何窒碍难行之处，应即若何修正，俾得推行无弊而底于完全。何得据一二人之私意，信手增删，以摇惑天下人之耳目而贻君上以改政之名乎？即如现今奉行之《院章》，较诸先朝订定之原

章，已貌似而神非，议员权利之横被裁减者已不在少数，乃逞阁
臣、院臣钳制议员之心理，犹以为未足，一削再削，务使议员之行
动局促，如辕下驹，庶九月开会时不能反对政府，并不能不顺从政
府，而后对付议员之方法始为圆满……吾观于此，吾益为宪政前
途惧。[42]

《院章》修订之所以如此迅速，政府的主要顾虑是怕议员为此聚会
质问，从而掀起风潮。事后看来，政府确实达到了此目的。《院章》修
订之际，确曾传出在京议员有集会商议面见世续、李家驹予以质问之消
息。不久，此种聚会质问即烟消云散，因此次《院章》修订乃朝廷主动
下谕，议员们群起反对，不啻于反朝廷；且在京议员本为数不是很多，
在陈请临时会失败后更心灰意冷。作为君宪派中坚的资政院议员对君宪
前途日渐失望，修订后的《院章》更大幅度剥夺了资政院的职权。即便
没有后来突然爆发的武昌起义，亦可合理推测，第二次常年会亦不足以
有为。反倒是武昌起义，使得清廷统治摇摇欲坠，才给了第二次常年会
几丝回光返照的亮色。

因为在议员们陈请召开临时会，尤其是随后改订《院章》中的"突
出"表现，李家驹作为法政新人中的佼佼者，真可谓被"简在帝心"，
论功自然要行赏，方足以让"猛士"卖命。本来总裁世续早就不愿在年
迈之际蹚资政院这个浑水，久有思退意，到第二次常年会召集议员前夕
的 8 月 31 日，清廷正式发布谕旨，以李家驹署理总裁。

第三节　资政院议员的政治结社

帝制中国皇帝集权于上，通过治官来治民，故反对臣下结党，故只
有朋党而无以政见相尚之政党。降及晚明，以讲学论政为主要内容的东
林党和复社，其力量对朝局世运皆有影响。及至清代，严禁臣下结党，
成为祖制。到晚清预备立宪，迫于时势，党禁有渐开之势。随着西方政
党思想和制度的传入，君主立宪人士遂有以组党推进立宪之想法。梁启

超等人创立政闻社，可视为其嚆矢。不久即遭解散，江浙立宪人士张謇、汤寿潜等组建预备立宪公会，于速开国会请愿等活动起了些作用。第一次常年会期间，议员们群聚一堂，可以合法地集会。为结合力量，推进君宪，他们遂有组建正式政党之行动，且注册登记于民政部，是为中国公开合法政党之始。其著者为宪友会、帝国宪政实进会、辛亥俱乐部等。

一、宪友会

在谈宪友会之前，先须简要介绍一下预备立宪公会、国会请愿同志会和各省谘议局联合会，因宪友会之中坚多出自于这三个团体，其政纲亦由其政治主张中凝练而出。

预备立宪公会成立于1906年12月16日，是一政治结社。谢彬有如下记载：

> 以江苏、浙江、福建三省为中心，而奉戴上谕立宪之旨趣，开发地方绅民之政治知识为目的者也。自其思想上之统系观之，与当时康、梁一派之保皇党，颇表深厚之同情。其干部人物，会长为朱福诜、而副以张謇、孟昭常，干事为郑孝胥、汤寿潜、许鼎霖、雷奋、陶葆廉、周廷弼诸人。其会员类多江、浙、闽知名之士与政界、实业界之代表者，会势极隆，颇极一时之盛。后更网罗广东、湖北、湖南诸省之同主义者，厚植声援，殆隐然君主立宪主义者中，一有势力之团体也。[41]

谢氏所记，大致准确，但间有事实混淆处。预备立宪公会成立之初的会长为郑孝胥，到1909年底举行第四次会长选举时，鉴于"连任不过三次"，遂辞职，才由侍讲学士朱福诜出任会长。[42]预备立宪公会后期的中心工作是请愿速开国会，故得以更广泛联络君主立宪党人，影响遍及朝野。

1909年全国绝大多数省份成立了谘议局，预备立宪公会诸领袖，更发起组织国会请愿同志会。江苏谘议局成立后，议长张謇通电各省谘议局，告以"外侮益剧，部臣失策，国势日危，民不聊生，救亡要举，则在速开国会、组织责任内阁"，更派孟昭常、杨廷栋、方还等分赴各省游说。全国十六省，每省派代表三人聚于上海，成立国会请愿同志会，以联合全国立宪党人、促成国会为宗旨。1910年2月，各省代表齐集北京，发动国会请愿。清廷拒绝后，绝大多数代表回原籍发动舆论，一部分留在北京继续努力。10月资政院开第一次常年会，同志会即陈请资政院，要求速开国会。资政院于是有速开国会议案之讨论及上奏。在全国舆论压力下，清廷下谕缩短预备期限，宣布于1913年开国会。清廷在发布该上谕的同时，命令民政部和步军统领衙门驱逐请愿代表即日离京回籍，之后君宪派的和平请愿变得不太可能。请愿同志会内部亦有了急进和缓进两派，急进派以湘鄂川等省谘议局议长为代表，主张继续请愿，不成则回原籍继续造舆论，渐渐成为革命者的同盟；缓进派以苏浙立宪人士为代表，则对1913年开国会表示满意，即开始做组织政党之准备，以争取1913年正式开国会前的选举。

当国会请愿活动高涨，第二次请愿失败后，同志会代表中的谘议局议员们于1910年8月10日在北京组成了各省谘议局联合会，规定每年6月在京开会一次，讨论跟各省谘议局有共通利害之事宜以及给资政院提预备议案，本次会议即议决向第一次常年会提交速开国会议案。在此之前，国会请愿以同志会的力量为大、为集中。在清廷发布缩短预备期以及严禁继续请愿的上谕后，各省谘议局联合会成为民间推动君宪的最主要团体。

预备立宪公会、国会请愿同志会和继之而起的各省谘议局联合会内有激进和缓进之别，但极力推进君宪的主张则归一致。通过速开国会请愿，君主立宪人士在全国范围内有较深入的交流，为将来正式成立政党创造了条件。及至第一次常年会召开，议员们长期在一起开会，会上会下皆有交流政见、联络感情的机会。既然在一起开会，于一些重大的议案上，议员们势必出现意见分歧。他们经会下沟通、会场辩论，自然会有结合成团体的倾向。谢氏据此又云：

互选议员，则皆各省谘议局之优秀，而又有锻炼者。故与敕选议员遇，在在得占其优势。且其行动，亦比较有组织。而出自"预备立宪公会"之议员，尤能行动一致。不若敕选议员之一人一党，纯就各个问题，临时决其向背。例如刑法改正问题，劳乃宣之"蓝票党"，竟与汪荣宝之"白票党"，对抗争议。逮夫闭会而后，两方议员，胥感有组织政党之必要，于是宪友会、宪政实进会、辛亥俱乐部之三政党，遂于宣统三年六月，先后成立。中国之有正式政党，实自兹始。⑤

谢氏所云钦选议员，如指王公贵族议员，则尚属准确；但钦选议员中还有数量占将近一半的各部院衙门官、硕学通儒和纳税多额议员，他们在议场的表现与民选议员并无太大差别。对资政院议员组党影响较大的因素，与其说是民选和钦选之别，毋宁是议员们在弹劾军机案和《新刑律》案中的立场更为关键。还是张玉法所见更确："自资政院开院以后，汉籍议员即隐然有政府党与民党之分，满汉王公世爵及蒙古王公世爵，则多持中立态度。"⑥

在弹劾军机案中，主要考验议员们的操守与风骨，一些在其他问题上持较保守态度的议员由于饱读圣经贤传，对朝政持激烈批评态度，在弹劾军机一事上较之激进民党议员，并无多少逊色之处，有的甚至表现得更有韧性。及至讨论《新刑律》案，议员中已形成壁垒分明的两派，即俗称"蓝票党"和"白票党"，前者系赞成劳乃宣维护礼教传统，后者则主张刑律应因时变革、捐去忌讳。此种争议，背后是治国理念，也就是意识形态之争，在一定程度上超越了具体政见和人事，因此其影响就不限于议员内，扩展及于朝野各地。当时有评论颇为中肯：

> 《新刑律》之争论，极一时之盛，大抵不外无夫奸无罪及子弟不守教令，新律未定专条，为新旧两派喧论之点。旧派混礼教与法律为一谈，虽不足取，然此自是过渡时代所不能免之现象。乃以此故，民党大为分裂，而政府新进与民间新派，乃不期而媾合。⑦

《新刑律》议案之表决，是在最后一次大会上，即 1911 年 1 月 10 日。资政院闭幕后，这个争议并不因此稍息。赞成《新刑律》之人，在财政学堂开会，主张结为一党，以便在第二次常年会上反败为胜，进而提出他们所认为重要的法案；反对《新刑律》的蓝票党，亦议结合成一团体，以为政党之预备。

经充分酝酿，大致以赞成《新刑律》的资政院在京议员、各直省谘议局联合会会员和一些志同道合的官绅于 1911 年 5 月 30 日在松筠庵集会，发起成立宪友会，先由黄为基、雷奋、张国溶和徐公勉等起草章程。大会推谢远涵为主席，李文熙为书记。于此次大会上，张国溶作为章程起草员代表，向大会报告了此次集会和章程起草之宗旨，即政党之发生，必政府已有政策，今吾国政府毫无政策，即无政党之可言，而危亡之患，迫于眉睫，之所以同仁要成立宪友会，即当以救亡为第一要义。经大会公决，定于 6 月 5 日召开正式成立大会，推举萧湘、袁金铠、康士铎、梁善济、陈登山、孙洪伊等六人暂为干事，负责筹备成立事宜。

宪友会成立大会提前于 6 月 4 日在湖广会馆举行，到会者有 100 多人，用无记名投票法选举出雷奋（51 票）、徐佛苏（44 票）、孙洪伊（32 票）三人为常务理事，谢远涵（30 票）、籍忠寅（15 票）和李文熙（10 票）为候补。后又推定各省支部的发起人。至此，宪友会正式成立。

据大会通过的《宪友会章程》（凡七章二十五条）可知，该会以发展民权、完成君宪为其目的，为达此目的，就要：（一）尊重君主立宪政体；（二）督促联责内阁；（三）整理行省政务；（四）开发社会经济；（五）讲求国民外交；（六）提倡尚武教育。当时，清廷已设立责任内阁，第二次常年会即将召开，正式国会也将于两年后成立，如一切正常，按部就班，宪友会之成立于君宪前途应有所裨益。

据统计，资政院议员加入宪友会的大致有：雷奋、籍忠寅、李文熙、吴赐龄、李素、李华炳、王璟芳、李榘、齐树楷、刘春霖、邵羲、陈敬第、王用霖、黎尚雯、易宗夔、刘志詹、席绶等。在议场比较活跃的民选议员，基本都加入宪友会。

宪友会成立后，雷奋等即将章程呈送巡警部京师外城总厅请予立案。不久由该厅申呈民政部核办：

> 申报宪友会呈请立案由
>
> 外城巡警总厅为申请事。据资政院议员雷奋等呈称：现于北京设立宪友会，理合遵章开具各款呈报立案等情前来，总厅查该议员开报各款，核与《结社集会律》第三条规定，尚属相符。理合抄录原呈及章程申请宪部鉴核，可否准其立案之处，伏候批示遵行。须至申者。

8月15日巡警部经查核，认为"资政院议员雷奋等设立宪友会呈报各款，核与《结社集会律》第三条尚属相符，应准备案，仍由厅随时按律稽查，以昭郑重"。[48]至此，宪友会正式获得合法地位。

宪友会是清季各派民党之总结合，并渗有不少革命派的分子。它与其他党派不同之处主要有两点：其一，它以各省谘议局为基础，其组成分子，遍及全国，多为在野士绅。其二，它注重民权，主张地方自卫，议案中有组织国民军及建立民营炮兵工厂等项。《民报》称誉宪友会为"国民之政党"，于右任等创办的《民立报》评价宪友会"趋重于国民一方，而未尝注意于国家；趋重于该会自身，而未尝注意于政府"。可见，宪友会是君宪派中的激进一系，其成员对朝廷和政府的举措多有不满，自易倾向于革命。武昌革命爆发后，宪友会一分为二：孙洪伊以北方为中心，组成共和统一党；汤化龙、林长民等以南方为中心，组成共和建设讨论会。不久，二者又合并，再联合其他团体，组成民主党。[49]

二、帝国宪政实进会

因传统中国"党"字承载着负面意义，所谓"君子不党"，"朋党"是也，故受传统思想影响较大、约束较多的人对组建近代意义上的政党，兴趣并不大。及至君主立宪人士渐分为稳健和激进两派，且在《新刑律》的争议中形成蓝票党和白票党两派，激进一派，在很大程度上也是蓝票党议员及其支持同情者，已在紧锣密鼓组织政党，为形势所迫，那些对君宪持稳健态度，在很大程度上也是白票党议员，也不得不因应形势，筹划组织一政党，以为应对之计。这就是帝国宪政实进会筹组的大背景。

这个稳健推行君主立宪的组织，原拟名为"宪政维持进行会"，于1911年三四月间改名为"帝国宪政实进会"。⑩据《汪荣宝日记》记载，6月11日中午，宪政实进会会员因立宪派领袖张謇来京，由许鼎霖发起了隆重的欢迎宴会，张謇在发言中就宪政实进会中"实进"二字予以解说。⑪据此可知，到此时，宪政实进会尚在筹备酝酿之中，其正式成立当在其后。《大公报》曾报道，10月14日，宪政实进会开会，推举正副会长、常议员以及其他职员。⑫应该说，帝国宪政实进会至此才算正式成立。

实进会以钦选议员为多数，据说曾受当时度支部尚书载泽的津贴，会长为陈宝琛，副会长为于邦华、姚锡光。

其政纲凡十条：1.尊重君主立宪政体，使上下情意贯注，保持宪政之精神；2.发展地方自治能力，俾人民事业增进，巩固宪政之基础；3.体察现状，筹政治社会之改良；4.详核事实，图法律制度之完善；5.讲求经济，谋财政前途之稳固；6.振兴实业，图人民生计之发达；7.注重国民教育，以收普及之实效；8.提倡移民事业，以达拓殖之目的；9.研究外交政策，以固国际交涉之权力；10.筹划军事，次第期成完全健足之武备。

其《章程》凡12章32条，首揭帝国宪政实进会命名之由，即"本帝国主义，以谋宪政实力进行"；接着阐述其宗旨，"依《政纲》所揭各条分别筹备，以期国利民福"，以次分别规定组织、会员资格等内容。

在京师成立总会的同时，与宪友会一样，还计划在各省成立分会，尤以直隶分会颇有声色。直隶分会设于天津三条石自治研究总所，专门制定了《帝国宪政实进会直隶分会规则》，以阎凤阁为总干事，资政院议员齐树楷等为干事，还曾到天津巡警道具禀立案而获得批准：

　　照覆事案。准贵分会来牍以组织帝国宪政实进会直隶分会，恳请备案原由，并遵照《结社律》第三条开具下列各款前来，本公所核与定律相符，自应照准立案。为此照覆贵分会，即希查照并将分会规则补送三分，以凭详咨而资备案可也。须至照会者。㊿

帝国宪政实进会还制定了《实行细则》凡9章38条，是对《章程》的细化和进一步解释，《大公报》曾于11月9—10号连续刊登。宪政实进会在革命爆发后为维持君宪，做了不少努力，尽管最终没收到什么效果。比如曾以本会名义致电袁世凯促其尽快进京组阁；会员曾于11月下旬齐集玻璃公司，讨论君主、民主立宪问题，结果以赞成君主者居多数，该会会员遂决计主张君主立宪。

帝国宪政实进会以资政院议员为骨干，是当时与资政院最有密切联系的政党。资政院议员加入帝国宪政实进会的尤多，大致包括：

陈宝琛、于邦华、姚锡光、陈树楷、康咏、陈善同、顾栋臣、马士杰、吴炜炳、喻长霖、劳乃宣、许鼎霖、毓善、张锡光、吴士鉴、陶葆廉、曹元忠、牟琳、万慎、恩华、汪龙光、陈瀛洲、定秀、景安、载铠、奎廉、庆恕、全荣、荣厚、寿全、文溥、文哲珲、希璋、毓善、溥霱、载功、希璋、张锡光、李擢荣、郭家骥、刘春霖、李士珏、刘德镇、沈林一、方还、周廷弼、潘鸿鼎、李经畬、江谦、邹国玮、张选青、林炳章、李慕韩、杨廷纶、谈钺、陈国瓛、郑潢、胡柏年、李长禄、胡祖荫、郑熙嘏、王佐良、柯劭忞、尹祚章、王式通、刘志詹、陶毓瑞、魏连奎、梁守典、卢润瀛、宋振声、杨锡田、罗其光、王曜南、张政、李湛阳、罗乃馨、曾习经、赵炳麟、张之霖、王鸿图、徐穆山、庆山

据上述不完整统计，至少86名资政院议员加入（可能有的是列名）帝国宪政实进会，其中绝大部分是钦选议员。

帝国宪政实进会不仅在资政院，就是在地方，亦与宪友会立于对立地位。武昌起义爆发后，清廷主导的君主立宪岌岌可危，该会依然坚

持君主立宪。其中的重要人物，会长陈宝琛，作为帝师，有辅育幼主之职任；副会长于邦华也是自始至终坚持君宪，及至清帝逊位后，他还拟组织复古党和忠君会，虽无所成，但其情可悯，其志可哀。及至南北议和，共和成立，帝国宪政实进会和资政院一样，最后无疾而终，对民初政党和政治结社的影响不如宪友会。

三、辛亥俱乐部

当时还有一些资政院议员，以他们为核心，成立了辛亥俱乐部，其政纲凡八条：1.阐扬立宪帝国之精神；2.提倡军国民教育；3.发展地方自治能力；4.主张保护政策，以振兴实业；5.整理财政，以增进富力；6.酌量公私财力，以谋交通发展；7.整饬军备，以充实国力；8.体察内外情势，确定外交方针。参加的钦选议员包括胡骏、赵椿年、陈懋鼎、王璟芳、刘道仁等，民选议员有易宗夔、牟琳、罗杰等。辛亥俱乐部被一般人视为帝国宪政实进会的外围组织，亦属于官僚党。⑤资政院各部院衙门官议员胡骏是辛亥俱乐部重要成员，有《补斋日记》传世，里面有一些关于他参加辛亥俱乐部活动的记载。如6月4日，辛亥俱乐部在殖边学堂开会选举职员，众推举其为干事，力辞，改就评议员。6月11日，辛亥俱乐部开全体会议，议定政纲。⑤6月27日，胡骏等备文申报外城巡警总厅，请求立案。外城巡警总厅经初步审查后，呈送民政部审核：

> 申报辛亥俱乐部呈请立案由
> 外城巡警总厅为申请事。据资政院议员、翰林院编修胡骏等呈称：联络同志，于北京创设辛亥俱乐部，各省分设支部，讨论政治，希补时艰，遵律开具各款，呈报立案等情，呈请转申前来总厅。查议员开报各款，核与《集会结社律》第三条规定，尚属相符，除该社各省分设支部，应俟批准立案时，谕令照律定第四条办理外，理合抄录原呈，申请宪部鉴核立案。

民政部7月5日予以批准：

　　编修胡骏等组织辛亥俱乐部，呈报各款，核与《结社集会律》第三条大致尚属相符，应准备案。此批。㊰

　　据民政部核准的时间看来，辛亥俱乐部应该是清末资政院议员设立的第一个政党组织，是为中国有公开合法政党之始。由于辛亥俱乐部成立在前，故传统上将它视为帝国宪政实进会的外围组织，可能并不妥。

　　尽管以宪制下的政党标准观察，宪友会和帝国宪政实进会作为政党，存在政纲不明确、组织纪律太过松散等问题，但在那个预备立宪期，能初步形成"民党"和"政府党"两党雏形，并作为正式政党获得民政部注册，有其开创性贡献。

注释

① 沧江:《资政院之将来》,《国风报》,第二年第三号,《时评·将来百论》,第 19—20 页。
② 《鲁抚电请召集资政院临时会》,《申报》1910 年 12 月 24 日。
③ 李启成校注:《资政院议场会议速记录》(修订版),下卷,第 894、1001、1015 页。
④ 孟森:《各省谘议局章程笺释》,载孙家红编:《孟森政法著译辑刊》,中华书局 2008 年版,上册,第 276—277 页。
⑤ 参考彭剑:《清季宪政编查馆研究》,北京大学出版社 2011 年版,第 106 页。
⑥ 李启成校注:《资政院议场会议速记录》(修订版),上卷,第 180、363、609—610 页。
⑦ 《上资政院总裁请开资政院临时会书》,《大公报》1911 年 3 月 18 日。
⑧ 《山西梁议长之意见》,《大公报》1911 年 3 月 28 日。
⑨ 《资政院临时会小产》,《民立报》1911 年 3 月 21 日。
⑩ 《再论资政院之大更动》,《大公报》1911 年 3 月 27 日。
⑪ 《论资政院总裁之更动》,《大公报》1911 年 3 月 24 日。
⑫ 《汪荣宝日记》,韩策等整理,第 252 页。
⑬ 《世相国议商对付临时会办法》,《大公报》1911 年 4 月 1 日。
⑭ 彭剑:《清季宪政编查馆研究》,第 25 页。
⑮ 《汪荣宝日记》,韩策等整理,第 255 页。
⑯ 《满腔热血一封书》,《大公报》1911 年 4 月 30 日。案:"我躬不阅,遑恤我后"一语,出自《诗经·国风·邶风·谷风》,意思是"我身尚且不相容,难忧我后终无穷"。(参考《诗经译注》,周振甫译注,中华书局 2010 年版,第 47 页)
⑰ 《锡督恳请召集临时会》,《大公报》1911 年 4 月 9 日。4 月 20 日锡良从东三省总督任上开缺,朝廷代之以赵尔巽。锡良被开缺,请开资政院临时会而得罪于政府,应是原因之一。

⑱ 《呈递请开临时会书》，《大公报》1911 年 4 月 13 日。

⑲ 《资政院议员请开临时会书》，《大公报》1911 年 4 月 18 日。

⑳ "临时会陈请书未上，而宣布外债上谕已降。外债既宣布，陈请书主要之条件已无所用其研究，而临时会之开，不啻为政府所默拒。两总裁徒知结欢政府，不恤愚弄国民，名为斟酌妥慎，实以便政府之先发。"（无妄：《闲评》，《大公报》1911 年 5 月 8 日。）

㉑ 《破坏临时会者谁欤》，《申报》1911 年 4 月 20 日。

㉒ 《泽公力阻临时会议》，《大公报》1911 年 4 月 22 日。

㉓ 《闲评》，《大公报》1911 年 4 月 30 日。

㉔ 世续：《奏为遵章请旨召集资政院临时会议事》，宣统三年四月十四日，第一历史档案馆军机处全宗，档号：03-7475-042、03-7475-044。

㉕ 中国第一历史档案馆编：《光绪宣统两朝上谕档》，第 37 册，第 96 页。

㉖ 无妄：《闲评》，《大公报》1911 年 5 月 12 日。

㉗ 中国第一历史档案馆编：《光绪宣统两朝上谕档》，第 37 册，第 101 页。

㉘ 无妄：《论拒驳资政院临时会之非宜》，《大公报》1911 年 5 月 19 日。

㉙ 梦幻：《论资政院临时会之无效》，《大公报》1911 年 4 月 27 日。

㉚ "宪政馆于昨初九日早十钟至午后二钟核议改订筹备清单，并由李柳溪侍郎提出两事，即于是日公同集议。兹将所拟之件略纪如左：（一）阁制将次厘定，将来宪政馆是否应立于存留地位，当迅速解决；（二）现在政府提议改订《资政院章程》，此事本院应否与闻，亦应预为核夺。"（《宪政馆最近之集议》，《大公报》1911 年 1 月 10 日）

㉛ 《临时会似有转机》，《大公报》1911 年 4 月 9 日。

㉜ 《伦贝子婉辞核改院章》，《大公报》1911 年 4 月 12 日。

㉝ 《筹议改定院章》，《大公报》1911 年 4 月 24 日。

㉞ 《大公报》1911 年 5 月 9 日。

㉟ 《汪荣宝日记》，韩策等整理，第 258 页。

㊱ 中国第一历史档案馆编：《光绪宣统两朝上谕档》，第 37 册，第 148 页。

㊲ 《新阁丞之第一篇文章》，《大公报》1911 年 6 月 30 日。

㊳ 《论改订资政院院章事》，《大公报》1911 年 7 月 2 日。

㊴ 《汪荣宝日记》，韩策等整理，第 276、277 页。

㊵ "六月初八日监国摄政王钤章钦奉谕旨，资政院会奏遵旨改订资政院院章缮单呈览一折，著依议。钦此。"（中国第一历史档案馆编：《光绪宣统两朝上谕档》，第 37 册，第 152 页）

㊶ 《政院会奏遵旨改订资政院院章折》，《政治官报》1911 年第 1323 期，第 3—6 页；《资政院总裁世续等奏改订资政院院章删单呈览折》，载故宫博物院明清档案部编：《清末筹备立宪档案史料》，下册，第 654—655 页。

㊷ 无妄：《论资政院新旧院章之异点》，《大公报》1911 年 7 月 11—12 日。

㊸ 谢彬：《民国政党史》，中华书局 2007 年版，第 31 页。

㊹ 《预备立宪公会举定会长》，《时报》1910 年 1 月 31 日；参考张玉法：《清季的立宪团体》，北京大学出版社 2011 年版，第 263 页。

㊺ 谢彬:《民国政党史》，第 33 页。

㊻ 张玉法:《清季的立宪团体》，第 323 页。

㊼《资政院之谈余》,《时报》1911 年 2 月 7 日。

㊽《申为资政院议员雷奋设立宪友会准予立案事》，中国第一历史档案馆藏，档号：21-0720-0009。

㊾ 参考张玉法:《清季的立宪团体》，第 341 页。

㊿ 同上书，第 342—343 页。

(51)《汪荣宝日记》，韩策等整理，第 271—272 页。

(52)《大公报》1911 年 10 月 20 日。

(53)《大公报》1911 年 10 月 27 日。

(54) 参考谢彬:《民国政党史》，第 36—37 页。

(55) 胡骏:《补斋日记》，沈云龙主编:《近代中国史料丛刊》三编第八辑之七二，文海出版社 1986 年版，第 564、566 页。

(56)《申为资政院议员胡骏等创设辛亥俱乐部准予立案事》，中国第一历史档案馆藏，档号：21-0720-0011。

第七章　第二次常年会中的议员

资政院第二次常年会于 1911 年 10 月 11 日（八月二十）召集，10 月 22 日（九月初一）举行开幕典礼。在会期中，尽管局势动荡，但议员们依旧开大会多次，并作出了一些颇具意义的决议。在这个革故鼎新的大时代里，议员们基于知识结构、价值取向、对时代的看法等因素，自然会作出各自的抉择。本章即分析第二次常年会时期包括议长在内的资政院议员群体及其对时代的反应。

第一节　第二次常年会召集与开议

一、武昌起义的爆发和革命四起

步入辛亥年，清廷内忧外患日趋严重，因铁路国有导致川、粤、湘、鄂四省绅民骚动，在四川更爆发了保路运动；到夏天，运动的形式由抗议示威恶化为武装反抗，星火燎原，几遍全川。川乱未已，就在资政院预定第二次常年会召集议员的头一天，武昌起义。很快省城失陷，各省响应。这就注定第二次常年会自始至终都处于战乱的特殊状态下。兹将这短时间内起义蔓延于各省的情况列大事简表如下，以见时势之一斑：

> 武汉起事，未及旬日，本省之各府州县，次第为革命军占领，同时，各省更次第响应。

10 月 22 日，也就是第二次常年会正式召开同一天，长沙北门外火起，奉命撤驻醴陵的常备军入城，同巡防队起义，协营统领黄忠浩不从被杀，湖南巡抚余诚格逃走。陕西新军占西安，巡抚以下皆逃。

10 月 23 日，九江新军起义，占九江府和湖口县。几天后，南昌绅民联合军队起事，巡抚冯汝骙死焉。

10 月 29 日，山西新军入太原，巡抚陆钟琦死焉，藩司响应革命军。清廷命新军统制吴禄贞署理山西巡抚。吴驻兵石家庄，欲扣留清廷运往武昌前线之军火，截断袁世凯北洋军归路，为人刺杀。清军攻入大同，占太原。

10 月 30 日，云南新军起义，次日占总督府，云贵总督李经羲被礼送出境。

10 月 31 日，安徽新军攻省城，未克。几天后，绅民欲独立，安徽巡抚朱家宝响应革命军。

11 月 3 日，上海革命党起事，次日攻克制造局，江苏巡抚程德全被推为江苏都督。浙江革命党与新军联合发动，巡抚增韫被获，浙江独立。

11 月 7 日，广西巡抚和藩台为新军及阖省绅民所迫，至谘议局，宣布独立。

11 月 8 日，广东绅民在谘议局宣布独立。

11 月 9 日，福建新军攻旗营，闽浙总督自杀，福州将军被俘。

11 月 11 日，山东绅民要求独立，巡抚孙宝琦以独立请求奏请清廷，不久又奏请取消独立，但烟台地方一直为革命军所有。

11 月 12 日，东三省谋独立失败。不久，辽阳、安东之军队推举蓝天蔚为关东都督，响应革命军。

11 月 22 日，四川重庆独立。

11 月 26 日，成都绅民与四川总督赵尔丰协议，赵办理边防，另举都督，四川宣布独立；端方在资州为湖北入川新军所杀。后巡防营索饷，赵尔丰为新都督尹昌衡所杀。①

短短五十天左右的时间，全国几乎所有省份都发生革命，其中大多数都获得胜利，宣布光复或独立。"此次革命之举，诚速于置邮传命矣"，[②] 清廷之统治摇摇欲坠。

第二次常年会就是在这样一个动荡时局中开会的。如此时局下召开的政治性集会议事，注定会在很大程度上服务于朝廷扶危定倾这一政治目标。原本纳入计划的议案会被调整，转而头痛医头、脚痛医脚。第一次常年会政局尚属稳固，议员们得以就一些在较长时段内方能生效的法律问题展开较容、充分的讨论，因议程较为固定，能进行一定程度的准备和酝酿，故议事收效尚好。

二、第二次常年会的召集与开议

资政院会址依然在京师法律学堂内。据报道，在召集议员开会的前几天，秘书长金邦平即奉李家驹命令去议场查勘，"因上年布置尚多未能适宜，且各行政王大臣坐位因新官制上之变迁另有增减，故须预为查勘布置一切也"[③]。

10月11日，资政院议员完成召集，按照《分股办事细则》之规定，将议员们分为六股，分别选出了股长和理事。10月22日举行了开院典礼。据议员汪荣宝回忆，开院典礼本定于正午前开始，但因为日食，改到午后一点钟举行。[④] 按照中国传统之看法，开院大吉却恰恰赶上日食，是为不祥之兆。征之资政院和清廷之结局，也算一个巧合。

这次典礼，摄政王未能莅临，由礼亲王世铎代表朝廷，到会场向各位议员宣读朝廷上谕和摄政王训辞。应出席议员，除奉旨赏假及缺额者外，总数一百八十三人，实在报到者仅一百三十人左右。[⑤] 上谕云：

> 朕寅绍丕基，于今三载，勤求治理，夙夜兢兢。兹届资政院开第二次开院之期，尔议员等其敬听朕命，方今世界文明，宪政尤为当务之急。自上年十月仰体先朝与民更新之意，俯顺内外臣工之请，特降谕旨，缩改于宣统五年开设议院，并修改筹备事宜清单，期限二年。近一年筹画，乃日繁一日，该院负国民之重望，担协议

之权舆。前者已略具规模，今兹当更有进步。所有应议事项亟宜集众思以广益，求一是以折衷，以期渐有端倪，日臻完备。除上年该院未经议竣各案应接议外，朕特命国务大臣将各项案件陆续筹拟，遵照交议。尔议员等洞观国势，熟审舆情，总使法立而民不扰，论定而事可行，以巩固邦基，弼成郅治。朕有厚望焉。将此特谕知之。钦此。

代为宣读的摄政王训词为：

溯自上年资政院开院以来，已经匝岁，凡关于宪政事项，本监国摄政王与王大臣等悉心筹画，日促进行，昕夕从事，惟恐不及。现又届该院第二次开会之期，各议员等学问日进，阅历较深，凡国家安危所系，与吾民休戚所关，以及一切事实理论，自当研究精深，抉择愈审，必能出其所蕴。共矢虚公，协赞谋猷，代宣民隐，上副朝廷孜孜求治之至意。各议员其交勉焉！ ⑥

不论是上谕还是训词，大多为缺乏实质内容的场面话。开院典礼之实际意义可从朝廷和政府出席人员的规格上略窥一二。

与上年资政院首次开院典礼相比，摄政王载沣未能亲临致辞，仅由一在朝廷中并不占重要地位的礼亲王世铎代表。本来，按照《奏定监国摄政王礼节》之规定，资政院开院时，应由监国摄政王代行莅院。李家驹于召集日前预先拟定了监国摄政王代临资政院开会礼节并报朝廷批准，摄政王临时却未出席。内阁有国务大臣 13 人，总理大臣奕劻、度支大臣载泽、邮传大臣盛宣怀和陆军大臣荫昌共 4 名国务大臣没有出席，尤其是总理大臣奕劻未能莅会，其身体也无甚问题，足见内阁根本没有把资政院当作对等监督机关。⑦

议员召集后，资政院当即上折汇报情形，朝廷迟至五日后才批阅"知道了"三字。⑧尽管当时武昌事起，摄政王载沣和内阁总理奕劻军务倥偬，万机待理，但后来又都缺席开院典礼。这反映资政院在朝廷地位的下降或者说不那么招朝廷待见，连场面上的敷衍都不能完全做到。

10月17日，议员们已正式召集，正式开院在即，给事中高润生还在上折，为朝廷划策，请求汲取去年的教训，要求内阁提前"详筹妥定，编成议案，作为政府提出之件，于资政院开会之初，即先行交议，令议员等从容议决，免致事机落后，又听该议员等躐突叫嚣，或复共迫议长指参政府，以致上渎宸聪，下乖国体"⑨。只不过事与愿违，武昌起义的爆发，打乱了朝廷的既定步骤。

就出席议员的数目而言，武昌起义爆发，事在各省议员启程赴京之后，应该对议员到京开会没什么影响。去年此时此地，两百议员有一百七十人出席，今年只有一百三十人，可见议员也没有去年热心。按照一般猜测，可能跟去年发生的速开国会案、弹劾军机案没有达到他们的预期，且陈请召集临时会亦为朝廷拒绝，觉得资政院不足以有为很有关系。但实际情况却是钦选议员，尤其是外藩王公世爵议员缺席甚多。当时即有报道以此证明钦选议员缺乏爱国心：

> 今年资政院开院，议员请假不到者竟有三四十人之多，可见议员意兴之阑珊，爱国心之薄弱矣。然细核名单，民选议员只居一二外，此皆钦选议员，而外藩议员几乎全虚左席。夫钦选、民选，不过选出时手续之不同，其应担之义务则同。当此时局艰难，正宜群策群力，以匡政府之不逮，而乃相率规避，未免大负委任。若蒙古之危迫，尤非他处可比，为议员者自当发抒意见，共谋进行方法，乃亦偷安偃息，放弃权利，卧薪厝火，可叹孰甚！准是以观，热心国事者，钦选议员乎？民选议员乎？圣明在上，当必能鉴而别之。⑩

外藩王公世爵议员的缺席，跟1910年以来外蒙危机日趋严重很有关系。本来他们具体名额按部落分配，内蒙古六盟每盟1名，外蒙古四盟每盟1名，科布多及新疆所属蒙古各1人，青海所属及其他蒙古各旗1人，共14人。盖俄国垂涎外蒙，由来已久。自日本人承认其在外蒙的特殊利益后，窥伺日急。清政府遂改弦更张，在外蒙举行新政以应对。由于推行过急、不量民力，加重蒙民负担，扩大了部分蒙古王公与朝廷的矛盾。这些蒙古王公转而受沙俄之蛊惑，大肆进行分裂独立运动，如 1910 年底才被增补为资政院议员的刚达多尔济即奉哲布尊丹巴活佛的命令访问彼得堡，与沙俄政府正面接触。1911 年 8 月初，资政院即鉴于去年开议，"蒙藏议员多未到齐，以致关于蒙藏议案均未解决，本年开院之期已迩，所有关于蒙藏议案尤为紧要，所有各蒙藏当选议员须严行预催，以免贻误"，遂咨行内阁，要求理藩部分别严催各蒙藏议员，"勿任托故迟延"。⑪尽管理藩部一再督催，但到资政院正式开议时，仍有多名外藩王公世爵议员缺席。

据《大公报》刊登的"资政院议员请假表"得知：开幕典礼请假议员达 34 人，外藩王公议员共有 9 位由理藩部奏准赏假；有赵炳麟等 14 名议员因路途阻滞而请假；另有包括沈家本在内等 9 名议员因病请假，有许鼎霖等 2 名议员因事请假。⑫不论哪些议员因何原因缺席，其人数之多，至少能反映出议员们对资政院没有以前那么看重，克服困难到院参会的热情有所降低。

朝廷非但不重视，反而极力裁抑资政院，议员们对资政院到底能在多大程度上推进君宪也缺乏信心，这都为第二次常年会蒙下阴影。武昌事起，全国舆论的关注点亦因此而转移，资政院开院不再是头一等的盛事，有报道：

> 此一日也，非特全国官民所注意，而亦为外邦人士所群焉瞩目者也。然吾人对于今年之今日，若有无量之感触，绝非可与前二年之今日等量齐观者。夫衣冠楚楚行开会礼，演说琅琅作立宪谈，官吏以赞助相勖，议员以感谢为答，官样文章，无非依样葫芦，决不能大异于往岁。即此后之纷纭辩驳，函电交驰，蓝票白票可决否决，议论多而成功少，官奏凯而民败绩。此种现相，皆不难预揣而知，举无所用其感触。即感触，亦如见惯司空，渐归淡漠。吾之所感触者，以筹划宪政已历四年，去实行立宪之期尚有二年，而今年

之时势，较诸去年，更觉江河之日下，而其影响所及，正可于今日谘议局、资政院之开会征之……资政院既为雏形之国会，故开会之初，国民之责望于该院者颇奢。议员之所以自负者亦甚重。即政府对待之情形，亦未尝不深其敬畏。只以责任内阁未立，议院无对峙之机关，致令扶危定倾之大议案，悉等诸画饼望梅，不获收良好之结界。今则内阁成立矣，国务大臣奉诏负责矣，立法、行政灿然大备，则此番开院，其成绩当比去年有更上一层之胜。而不知无形之桎梏，早于修改《院章》时预为准备，足以钳制议员而有余，故去年开院以前，政府殊有惴惴之情；观于今日，一若不甚措意而淡焉若忘者。此虽因乱事撄心，不遑兼顾，然亦可见胸有成竹，知议员之黔驴技短，不难使之就我范围矣。由是以思，知今年今日京内外虽皆按期开会，不过奉行故事，曾未足以语立宪之真精神。⑬

但无论如何，第二次常年会毕竟如期召开。

第二节　第二次常年会的议员

一、议员增补及其出席情况

资政院议员任期三年，第二次常年会本应与参加第一次常年会的议员同批，但有的生病乃至病故，有的犯刑事案件，有的因公务分身不暇，故资政院有不少议员增补情形。因议员增补，需朝廷下发谕旨，据《上谕档》所载，经统计，大致有新增议员 17 人，分别为：黎湛枝、恩华、钱承志、范源廉、陈锦涛（7 月 23 日补）；溥善、德启、彦德、王季烈、程明超（10 月 5 日补）；陈澹然、朱献文、商衍瀛（10 月 22 日补）；李鼎臣、齐忠甲、陈云浩（12 月 12 日补）；海年（12 月 30 日补）。⑭至于这些新议员分别顶替原先哪位议员，限于资料，无法悬揣。

第二次常年会的开会时间大致从 10 月下旬开始到 11 月下旬大致结

束，于 12 月和 1 月初勉强开过两次会，最终自动解散于无形中，可谓虎头蛇尾，大局使然。本次常年会除去开幕典礼，算上最后勉强开的两次会，共开大会 14 次，具体情况列表 7-1 如下：

表 7-1 资政院第二次常年会议员出席情况

会议时间	出席议员人数	会议主要内容
10 月 22 日	130	开幕典礼
10 月 23 日	不详	改订《资政院章程》交院协赞具奏案
10 月 25 日	119	讨论罗杰的本标兼治以救危亡案和牟琳的惩治盛宣怀案
10 月 27 日	约 100	会议于邦华的时局危迫请顺人心以弭乱本具奏案
10 月 28 日	89	讨论易宗夔的急简贤能组成完全内阁具奏案、陈懋鼎的速开党禁案和孟昭常的人民协赞宪法案
10 月 31 日	97	讨论协定《资政院章程》问题
11 月 2 日	不详	讨论宪法信条
11 月 3 日	110	讨论官军烧杀商民请按律治罪具奏案和速开国会具奏案
11 月 4 日	107	讨论修正请速开国会具奏案
11 月 8 日	87	公举袁世凯为内阁总理大臣案
11 月 13 日	约 80	讨论爱国公债章程案
11 月 18 日	92	讨论宪法、选举法和议院法的起草次第及相关事宜，议决《资政院章程》三读修订
11 月 20 日	约 90	讨论通过剪发具奏案、改用阳历案，讨论杨度的国民会议陈请案
12 月 4 日	73	议决内阁的募集公债案
1 月 5 日	73	讨论募集短期公债和是否取消国民会议陈请

据以上统计，将不详的人数取平均值，资政院出席议员人数平均为 96 人，不到议员总数之半，其议决事项是否具有代表性存疑。在第一次常年会期间，出席人数列表 7-2 如下，以为对比：

表7-2　第一次常年会议员出席人数表

开会时间	出席人数	开会时间	出席人数	开会时间	出席人数
10月4日	146	10月6日	161	10月7日	156
10月14日	157	10月17日	149	10月19日	144
10月22日	141	10月26日	171	10月28日	140
10月31日	138	11月3日	145	11月7日	134
11月9日	132	11月12日	127	11月15日	130
11月17日	135	11月18日	122	11月22日	130
11月25日	146	11月30日	127	12月2日	140
12月10日	151	12月13日	125	12月15日	123
12月19日	127	11月21日	127	12月24日	142
12月26日	129	12月28日	128	12月29日	120
12月30日	132	1月3日	121	1月4日	124
1月5日	134	1月6日	120	1月7日	121
1月8日	112	1月9日	106	1月10日	129

据上述统计，第一次常年会除开幕和闭幕典礼外，共开大会39次，议员出席最多171人，最低106人，平均每次大会134人左右。

将两次常年会出席议员的人数和占总数的比例相较，显然第二次常年会低很多：平均出席会议人数低38名，出席比例仅为48.2%，低了将近20个百分点。尽管在修订《院章》里将议员的出席人数由三分之二改为议员过半数到会即可开议，但人数还是偏少。资政院为了能够开议，让所议议案有效，遂将用语模糊的《院章》第三十三条"资政院会议非有议员过半数到会，不得开议"中的"议员过半数"解释为"应到议员"而非"全部议员"，这样就可将"请假议员"排除在外，从而大大降低了开会门槛。姑不论此种解释是否与法理或学理相符，但过少的出席议员人数，势必会影响资政院所作决议的正当性和合法性。议员出席人数太低，这是第二次常年会中的一个大问题。

二、议员的星散

第一次常年会结束后，有些议员看到朝廷对待资政院之举措，觉得作为议员，少有展布之空间，渐萌生去意。汪荣宝就是一例。综观其日记，其记载第一次常年会之内幕和出席情况很详晰，足见其重视。1911年9月3日，离第二次常年会议员正式召集期也就一个多月，他在《日记》中写道："余因纂拟事，思设法开去资政院议员，前曾与贝子与隐邸一商，贝子以机会尚未成熟，属余少待，故邀往面谈也。"⑮汪荣宝之所以想开去资政院议员，表面上是因为他担任宪法协纂工作，事务繁忙。但如他真认为议员足以有为，即便繁忙，亦不会萌生辞职之意。他跟溥伦交好，溥伦放着总裁不干，转而出任农商大臣，势必对其产生直接影响。

第二次常年会初开，一时在面上也颇有成绩，如具折要求惩治祸首盛宣怀、罢免亲贵设立完全责任内阁、请求颁布宪法信条协赞宪法、速开党禁等，但这主要是由于政局演变至此，资政院只不过勉强履行职责、背书而已。虽资政院因出席议员人数过少，其所作议案的合法性存疑，但仍于维护朝廷稳固或多或少都有帮助，势必招致革命党人的反对。11月7日《盛京时报》即登载革命党对资政院的判断，立场鲜明："资政院断非代表国民之机关，盖各省已半为吾党所有，各省议员自当丧失其资格也。然该院于吾党大业将成时，借其余威，以独断恣行的政治，吾党曷能承认该院之议决？"

随着政局急剧演变，一部分君宪党人因为对朝廷数年来的预备立宪举措不满渐渐转而同情甚至或明或暗支持革命，故资政院坚持君宪、站在朝廷一边的作为也招致了谘议局的不满。据报道，顺直谘议局开会议及资政院起草决议宪法事，即有议员讲："现在的资政院，绝对不能代表全国人民意志。现在之大局，中国前途，政体或变为君主立宪，或民主共和，其决定权皆非各省谘议局，更非资政院所应掌握的。"⑯旅沪苏、浙、闽三省绅商亦开临时大会，研究独立办法，作出决议之一就是取消资政院及议员名义："各省既经宣告独立，即不能认资政院为吾人之代表。盖旧政府之关系已断绝，首当宣告中外，取销资政院及议员名义，从前议案一概无效。"[17]

独立各省谘议局已同情或转向革命，自不能承认其所复选资政院议员的合法性。在京的民选议员们，处境非常尴尬，报纸舆论甚或有讥讽其之所以觍颜留在京师，就是为了那在当时算很高的薪水，为稻粱谋而不顾廉耻，"资政院议员今日提议案，明日拟条陈；今日草宪法，明日上奏折，口不停讲，手不停挥，朝廷倚之为砥柱，政府视之为护符。忙哉议员！阔哉议员！乃各议员虽兴高采烈，诩诩然自命为国民代表、舆论机关，亦知各省谘议局果无反对否？各省革命军果肯允从否？各省人民果尚承认其有议员资格否？今各省大半宣告独立，则从前选举之效力概归消减，议员之资格已失，而尚复纷纷扰扰何为者？其殆别有苦衷乎？苦衷何在？曰：只为六百元薪水才收得一半"。[18]

随着政局对清廷越来越不利，更多的谘议局和舆论公开否认其合法性，不少民选议员选择离京，有的即便是名义上预备在京参会，实际上已住到天津，开会时方返回。到资政院开会选举内阁总理大臣这个在当时最重大的事情时，到会议员总共都只有87人，其中民选议员仅20多人。此选举毋宁是在为朝廷和袁世凯服务，难有可信度，因摄政王载沣早已于一周前授袁世凯为内阁总理大臣，命其组织完全内阁，资政院此次投票选举最多只是背书而已："资政院以八十七人投票公举内阁总理，将为全国之代表乎，抑为政府之代表乎？今日之资政院只可为政府代表，万不能为全国代表。盖政府方倚重于袁，而袁之得票遂占七十八人之多。则议员之价值可知，故政府虽前席听之，全国早已鸣鼓攻之矣！"[19]又云："前日之资政院何其轰轰烈烈，今日之资政院何其踽踽凉凉。闻二十日开会，议员到者仅五十余人，其余大半星散，或竟骑款段出都门矣。如此现象，南人谓'铲头'，北人谓之'丢脸'。现袁项城已到京，北京风声亦已稍靖，吾知赋归去来辞之各议员，必有中途返驾者，则今日虽踽踽凉凉，安知后日不仍轰轰烈烈耶？"[20]

11月初，即选举内阁总理大臣前夕，由湖南谘议局选出的民选议员黎尚雯宣布等投票完毕即行辞职，其理由为："资政院已无代表国民之价值，故不如辞职，以免贻笑天下。"11 月中旬，由江西谘议局选出的民选议员刘景烈又当众宣布辞职。[21] 11 月 21 日，候补参议陈毅上奏，请求朝廷因议员人数不足将资政院停会，重要议案移交给国会召集以后再行开议：

> 为资政院人数不足有违《院章》不能成议应请将重要事件俟国会召集再行开议以昭信法恭折仰祈圣鉴事。窃查《资政院章程》第十条，"议员定额应共得二百人"，又第三十四条，"内阁资政院会议非有议员三分之二以上到会不得开议"等语。诚以中国地广民众，非此不足征各省同意也。乃自武昌告变，畿辅戒严以后，议员纷避出京，民选一空，其不去者大率别有职司之员。每遇开会日期，其人数多则百有七人，少则八九十人或五十余人，甚至有数省竟无一人到会者。按诸《院章》，既不符三分二以上之数；推诸事实，更无由征各省民意之同。不符《院章》，是谓违法；不能征各省之同意，是谓失信。以致京外报纸于该院多所讥评。去岁既诋为狗争，今岁复訾为鼠窜。以该院为代表全国舆论之地、处立法最高之机关，应如何兢兢以法律自持？应如何皦皦以信用自矢？而乃自违法律如此，自失信用如此，是率天下以不法也，是导天下以不信也，是直无代表全国舆论之价值也。名曰代表舆论而已，为报馆所轻。臣窃观之，当此国势阽危而又设立内阁之始，全恃守法明信以维系乎人心。诚欲维系人心，断非违法失信之资政院所能胜任。应请明降谕旨，将一切重要事件俟国会召集再行开议，庶足以见朝廷之大，而与天下相见以诚。所有资政院人数不足有违《院章》不能成议应请将重要事件俟国会召集再行开议以昭信法缘由，谨恭折具陈，伏乞皇上圣鉴训示。[22]

袁世凯成为内阁总理大臣后，深知作为君宪象征的资政院在当时对稳定朝局、与南方谈判以及保有个人权位等诸多方面都还有用，故通过李家驹和达寿转达其支持资政院的意见："现在议案甚多，又值组织新内阁之际，所有朝廷之对待各省，统赖贵院为总机关，责任何等重要！日前屡次停议，已属非是，今又请解散，未免一误再误。希即转告各议员此中大义，务即按期到院，勿负朝廷重寄，是为至要。"加之民选议员中还有少部分人，对君宪情有独钟，认为不到最后关头不能放弃职责，故资政院又有短暂复活的迹象。这些民选议员，在革命弥漫的潮流中，难免被视为保守，而为舆论所讥。如于邦华，始终坚持君宪，在这一时期积极领导帝国宪政实进会，奔走于袁世凯和列强公使之间，冀望能挽救清廷之国祚，让君宪有载体可依。11 月 28 日《大公报》刊登《上资政院同乡议员书》，以同乡名义劝其改变立场，云：

> 泽远先生乡大人鉴：
> 革军起于武昌，全国响应，观人心之趋向，势必共和。苟勉强而君主立宪，第二次革命惨剧必再见于中国。且官革持久，殊非中国之福，此间利害，早在我公洞鉴。我直谘议局暨保安会一电内阁，改造共和；再电摄政，请求逊位。我直所抱之共和主意，已见露于外，务乞我公转约在京直隶议员，早归乡里，固结我直团体，保持我直大局，我直幸甚，我公幸甚！

12 月初，有多名民选议员集体宣布辞职，将辞职书公诸报纸，以昭告天下：

> 查本院自本年开会以来，各省议员多不应召集，其已注到者，近亦纷纷出京，所余民选议员到会者已居极少数，总计全体犹不足半数。按《院章》第三十三条，资政院会议非有议员过半数到会不得开议，近日每次会议皆不足半数，而仍含糊开议，且议决最重要之借债案，是为违法。又查本院奏请颁布宪法内重大信条第十八条载：国会议决事项，由皇帝颁布之。第十条载：海陆军对内使用时，应依国会议决之特别条件，此外不得调遣。第十九条载：国会未开以前，于资政院适用之。今本院具奏请剪发案、请改用阳历

案，皆逾时已久，未见颁布。本院既经奏请明降谕旨，不以兵力定内乱，而汉阳进兵，未经本院通过，是为违宪。违宪而不能弹劾，违法而不被解散，根据已失，效力安在？本议员等按之法律，揆诸事实，既不能附和同声，自蹈盲从之罪；更不愿依违两可，同贻非法之讥，谨此辞职。

　　议员籍忠寅、江辛、李榘、顾视高、邵羲、李文熙、牟琳、刘曜垣、李增、陈敬第等。㉓

此后，资政院议员虽还有些零星活动，但多以钦选议员为主，且不具太大影响，兹不赘述。

三、议长和副议长

1911 年 3 月 22 日朝廷命文华殿大学士世续、学部右侍郎李家驹接替溥伦和沈家本，分任总裁、副总裁。但世续旋即因病告假，8 月 31 日由内阁法制院使李家驹署理总裁，理藩院左侍郎达寿署理副总裁。到 10 月 30 日，朝廷分别实授李家驹、达寿为资政院正、副总裁。1912 年 1 月 26 日，李家驹恳请开缺获准，由许鼎霖接任。㉔

（一）议长李家驹

李家驹（1871—1938），字昂若，号柳溪，广州驻防汉军正黄旗人。1894 年甲午恩科二甲第三名进士，入翰林院为庶吉士。1895 年由翰林院散馆授编修。1898 年偕李盛铎、杨士燮等赴日本考察学务，回国后充京师大学堂提调，1900 年任京师大学堂副总办，1903 年任湖北学政，1904 年任东三省学政，后改任京师大学堂监督。1907 年以学部右丞任驻日公使，1908 年 3 月 23 日继达寿为考察日本宪政大臣，㉕回国后进呈《日本司法制度考》等书，极力奏请清廷仿照日本钦定宪法，实行君主大权的立宪体制，被授内阁学士。1909 年 9 月 23 日协理资政院事务，9 月 27 日派充宪政编查馆提调。㉖1910 年初署学部左侍郎，4 月 14 日实授学部右侍郎，5 月 25 日与陆润庠等一起被任命为考试留学生阅卷大臣。㉗1911 年 3 月 20 日奉旨协助溥伦、载泽纂拟宪

法，3 月 22 日接替沈家本出任副
总裁，6 月 23 日补授内阁法制院
院使（在资政院任职期间，由刘
若曾暂署），[28]8 月 31 日署理总裁，
10 月 30 日获实授。有评论他"为
人精刻，不为物挠，所至恒以才
自见"。[29]

李家驹是晚清预备立宪中的
重要人物。早年以汉军旗人中进
士，入翰林院，又去日本考察学
务，本是难得的兼通传统学问和
域外新知的旗下人才。自日本考

李家驹像

察宪政归来，他向朝廷上了关于日本皇室制度、立宪官制、司法制度、
财政和诏敕制度等多份奏折，[30]进呈多部跟日本宪政相关的书籍。因晚
清预备立宪主要师法日本，作为日本宪政通的李家驹，自然成为朝廷注
目的宪政专家，先后出任宪政编查馆提调和协纂宪法大臣等预备立宪方
面的要职。李家驹在这些职位上能待得住，除了其旗人身份和能力水平
外，更与其为人处世密切相关。简言之，就是他跟朝廷中枢要人关系颇
近，很受其信任，被载沣、奕劻、载泽等皇族亲贵视为亲信。1910 年 2
月协办大学士法部尚书戴鸿慈过世之前，遗折向朝廷保荐人才两名，其
中之一就是李家驹。[31]另外他还有一批留日归来的法政友人，如汪荣宝、
陆宗舆、曹汝霖等，互相提携照应，俨然一"预备立宪"新人小集团。
他尤其跟汪荣宝相交甚深。翻阅《汪荣宝日记》，发现刚开始两人并不
是很熟，慢慢地因为工作关系，成为好友。自 1910 年开始，日记里就
有不少关于跟李家驹共事、宴饮、游玩之记录，而汪荣宝又与善耆、溥
伦和载泽等关系极近。尽管晚清亲贵间颇有矛盾，但李家驹能在其中如
鱼得水，就跟这个小集团很有关系。

这样一来，李家驹及其小集团自然会招致一些"老人"和其他法政
新贵的敌视，据说久处北洋幕府深为李鸿章所信任、曾任考察德国宪政

大臣的于式枚，曾有评论当时人物的讽刺诗，其中有一句就是"闭门立宪李家驹"。㉜

尽管有这些批评和讽刺，但李家驹仍因受知于朝廷决策层，官做得越来越大，"宪政通"之名愈加显赫。晚清预备立宪时期很多重大制度的厘定，都有其身影。《大公报》曾以"李侍郎之大为满意"为标题报道：

> 李柳溪侍郎自日本考查宪政回，颇为当局所信任。嗣蒙简入宪政编查馆后，一切重要章制皆其经手起草，近除责成为厘定皇室经费起草员外，复蒙派充协纂宪法差。闻李于受命后极形满意，曾语人云：当此经营宪政之时，正豪杰有为之日，所有筹订阁制、官制及厘定皇室经费、纂宪法各大端，均为百世不易之巨典。余乃均得执笔其间，使将来百世之议礼数典者，均识有李家驹其人，岂非最得意之事哉！㉝

报纸所登载的是否为李家驹原话，不好判断，但李氏在晚清草拟重要章制，且以此自负，则属实。李氏能承担这些草拟职责，自为中枢所信任。中枢之所以能如此信任他，固然与其旗人身份、才能和人际圈子有关，但更重要的还是他在关键时候能坚定站在朝廷一边，有意愿有能力为中枢排忧解难。

皇族内阁出台后，受到立宪党人的极力反对。1911 年 6 月 10 日直省谘议局议员联合会向都察院呈递一份反对皇族内阁的公呈，要求在皇族外另简大臣组织责任内阁。据说，此折未奏之先，奕劻得知联合会反对皇族内阁，特将此事面奏摄政王载沣，极力请求辞职。载沣给奕劻撑腰，认为"用舍之权，操之君上，何能任他们干预？"奕劻吃了这个定心丸，即密召李家驹商量如何拟旨。李家驹时任副总裁，实际负责资政院事务，却毫不顾惜自己这一身份，也忘记了平生所学的宪政常识，以奕劻私人策士发言，大致讲，这不难办，"《钦定宪法大纲》并无皇族不准入阁之规定，日本宪法亦然，况此系暂行阁制，尤有所相抵，内阁新立，断不可一推便倒，启头重脚轻之渐”[34]。曲学阿世，于斯可见。孔子告诫其弟子子夏："女为君子儒，无为小人儒"，为历代士大夫所尊崇。汉儒辕固生曾以类似的话告诫公孙弘，"务正学以言，勿曲学以阿世"。如此看来，充其量，李家驹空有公孙弘之欲求，却缺乏其际遇，没能赶上好时候，得君不如公孙弘之专，终未获"白衣卿相"之位。

惟其为政客，故李家驹有两面派甚或多面派的作风。对朝廷要人，以自己人、幕僚之身份出其妙计；对议员，极力笼络，以博取舆论美誉。一到资政院与内阁或朝廷发生冲突的关键节点，李家驹总是选择坚定不移站在朝廷这边，以博取个人之功名利禄。

李家驹早于1909年9月即受知于摄政王载沣，[35]出任资政院协理，[36]为资政院正式开院的前期筹备做了很多具体工作，刚开始颇得总裁溥伦之赏识。可能李家驹自恃有载沣、奕劻等更大靠山，颇出风头，急于上位，招致上司少年亲贵溥伦的不满，于1910年7月退出他本来很热心于其中的资政院议员准备会。[37]其原因，时论即推测主要是跟溥伦合不来。《时报》指出，溥伦曾当面责骂李家驹："彼即想得副总裁，亦不该如此运动法。"[38]《大公报》将前因后果说得较清楚："资政院伦贝子总裁与协理李柳溪侍郎意见不合，传言已久。闻李侍郎以贝子少年新进，且恃己有援系之力，故多所轻视。而伦亦不甚重李，每谓：'李不过略学得几句东洋名词，何得自居为通达宪政'，彼此相轻，以故近日该院开议，李每不到，即到一无所提议。但李为监国及某邸、某相所素重之员，且其协理资政院事务系奉特旨钦简，恐伦贝子亦无如之何。"[39]1910年11月初，溥伦、载泽奉摄政王命负责纂拟《大清宪法草案》，李家驹于次年3月出任协纂，[40]也不是出于溥伦的意思，而是因奕劻的大力推荐。[41]当然，溥伦和李家驹都是台面上人，随着李家驹在资政院暂时收敛，二人关系后来有所缓和，基本维持了上下级之间的同僚关系，尽管内心芥蒂未必能真正消除。

因为与总裁溥伦一度龃龉，名望较高的资政院副总裁眼前已不可得，资政院第一次常年会正式召开在即，政府各部"均以亟谋对付资政院"[42]，从资政院活动中暂时脱身出来，对他个人来说也算明智之选。为什么这么说呢？因李家驹这时最重要的实职是宪政编查馆提调。宪政编查馆直属于军机大臣，而军机大臣事务纷繁且于宪政为外行，故而提调，尤其是李家驹这种排名靠前的，就成为该馆的实际负责人。既作为该馆的实际负责人，当资政院正式开会时，他就可以作为政府特派员之首，代表政府出席资政院。

李家驹虽然从明面上退出了议员准备会，但协理一职仍然保留，且因为高层的信任，仍参与撰拟摄政王亲自莅临资政院的礼仪、先行起草资政院开院谕旨等重要事宜，[43]宠眷更隆。

第一次常年会召开时，李家驹作为宪政编查馆特派员，曾在弹劾军机案刚发生时代表军机大臣出席资政院大会，以备议员质询。于这个中枢与资政院冲突激烈之际，李家驹在大会讲话不多，主要是为政府，尤其是为军机大臣曲为辩护。弹劾军机案的导火索是资政院就云南盐斤加价和广西学堂招生两案具奏后，朝廷下谕将之交盐政处和民政部查核，李家驹在会场从法理和事实层面为军机大臣之所作为进行解释，大致是说，军机大臣如此做，是根据中国实际，并无藐视资政院职权事。当有议员针对军机大臣答复中的文字矛盾之处进一步提问时，李家驹就以"不能答复""不能知道"来搪塞，这肯定不会给议员们和观察者留下好印象。

据《汪荣宝日记》记载，朝廷命令民政部和盐政处查核具奏的谕旨发布后，"见者无不惶惑"，听说民选议员准备于当晚在全蜀会馆开会，商量对付政府的办法，汪荣宝即到溥伦府上，建议由李家驹作为政府特派员于明天到议场，"将谕旨内查核具奏理由宛委解释"。及至李家驹到溥伦府邸商量，计划明早先由溥伦与李家驹一起到军机处，妥商办法后再去资政院会场。第二天，"李侍郎出席，代表枢臣说明，查核具奏乃裁夺以前咨询行政大臣意见之事，非以资政院之议决委诸行政大臣之复议，故将来对于资政院尚有裁夺之旨。众交相质问，仍坚持弹劾之说"[44]。将这个记载与《速记录》对勘，可知《汪荣宝日记》之记载与事实基本吻合，李家驹的立场可知。

1911年3月下旬，李家驹出任副总裁、实际掌控资政院。但此一时彼一时，半年多前，资政院即将正式开院，朝廷和全国舆论注目于此，期待甚殷；现如今，朝廷视资政院如大敌，力图多方打击裁抑，资政院的这个当家人就不那么好当。即便如此，原总裁溥伦得以跳出舆论和朝廷这两姑之间难为妇的火坑，入阁掌部；李家驹在预备立宪中三权居其一，主政一院，凤愿已偿。替代之间，各有所得。《申报》对两人之心思分析得特别透彻：

> 此次伦贝子补授农工商部尚书，而以世相国接充资政院总裁，以李柳溪副之，此种变动，虽出人意料之外，然就调查所得者，可分为远因、近因两种。当去年资政院未闭会之先，政府对于伦贝子之感情即不甚善，某枢邸曾对人言"议员之嚣张，由于议长之宽纵，此等乱闹，实非国家之福"等语。伦贝子之不能久任议长，此时已伏其机。况因二次弹劾军机案之表决，伦贝子大受政府之斥责，某枢相并谓伦贝子有意与军机大臣为难，伦贝子虽强为辩白，然已失政府之信任……至沈子敦本无更调之必要，但以伦贝子之关系，不能免正留副。至其开去法律大臣差使，则以有他种原因，与此事不相干涉。又闻李柳溪近来为政府第一红人，此次枢府之保世相固利其老成持重，然明明以资政院畀之于李柳溪，世相不过为其傀儡而已。㊺

以"政府第一红人"实际出掌资政院，必然引发舆论对朝廷用人的质疑和对李家驹本人的批评。这种担心事后看来绝非杞人忧天。因李家驹既因中枢支持而上位，知恩图报，前途大好；舆论虽恶，究竟不干切身实际利害。如此两相权衡，取舍之际，当亦明了。

第一次常年会闭会前后，政府（发端于宪政编查馆）即有修改《院章》之议，力图给桀骜不驯的议员们议事来个釜底抽薪。当朝廷下谕修改《院章》后，李家驹即义不容辞，完全按照朝廷的意思进行修改，快速通过，当道自然甚为满意。在议员们要求召开临时会这一问题上，先是出以推诿拖延之策略；及至政府正式询问办法时，则谈及召开与不召开之利弊各如何，首鼠两端，极近聪明人之能事：既不明显开罪于议员，又可向政府和朝廷输诚。

第二次常年会召开前夕，李家驹得以署理总裁；及至会议召开，更是完全秉承朝廷和内阁意旨，⑥限制议员们所提议案之范围，主导通过一系列救亡议案。11月9日议员们选举袁世凯为内阁总理大臣，代替奕劻组阁，使得朝廷十天前所下由袁世凯组阁的谕旨合法化。此时，袁世凯尚在来京途中，时局恶化，议员颇有星散之势。鉴于此，李家驹以总裁身份，发布了致议员们的公开信，恳请各议员尽量出席会议，以挽救危局：

> 敬启者。时局危迫，民志浮动，全国所赖以维系者，实惟本院。而本院所赖以支持者，实惟诸位议员。顾日来开议，到者颇鲜。家驹深知公等不得已之苦衷，请为逐一解决。
>
> 宪法信条既经颁布，朝廷方以大信昭示天下，决不至中途反汗，此不足虑者一也。
>
> 各省谘议局来电，既无反对本院之语，在留日本各团体来电，尤足证其信任本院。如谓对内、对外，本院均立于危险地位，征诸事实，殊与相左，此不足虑者二也。
>
> 项城于一二日内即可到京，且本日外部接电，谓黎已有和平解决之意。至石家庄乱事，亦归平靖。环顾时局，大有转机，此不足虑者三也。
>
> 以上三者，均已解决，凡我同人，自可无庸过虑。现在本院待议之事颇多且急，且新政府成立以后，若本院人数不足，不能开议，则按照《信条》，无资政院为对待之机关，政府将一事不能办，其危险何堪设想！似此结果，责在本院，殆无可辞。
>
> 今日到院议员六十五人，因人数仅差十余，遂至不能开会。兹定于二十三日会议，务恳贵议员到院。本院幸甚！全国幸甚！⑪

电文之内容，全属忧国忧民意。听其言，更需观其行。观其后李家驹所做之事，却让人对此种意思表示不无怀疑。

资政院虽已选举袁世凯为内阁总理大臣，但按照传统中国官场惯例，尽管被任命者内心想尽快任职，也不得不在仪式上予以谦让，表示其乃不得已而为之。袁世凯亦不例外，除例示谦让外，更为避免施政时的掣肘，造成独揽大权之势。据《汪荣宝日记》"11 月 14 日"条载：

> 饭后到资政院，晤伯屏，悉昨日会议，以袁相已到，本院应与接洽一切，故今日特开谈话会，计议对待袁相之法。三时顷开会，李议长报告顷已晤袁相，尚拟辞职，又对于宪法信条上总理大臣之地位颇不了了，且亦未悉资政院政见是否与己相合，故非讨论明白，不能担此重任。

之后议员们推选陈懋鼎、陈树楷、邵羲和汪荣宝四人到袁世凯所住锡拉胡同拜见：

> 袁首述主张君主立宪之宗旨及理由，次述对于信条上种种之疑问，次言对内对外各种困难情形，末言辞职之意。余等一一为之解释，并劝其当以天下为己任，不可固辞。袁允再商，旋各散。㊽

为此，李家驹和达寿以资政院全体议员的名义公开发表慰留函，云：

> 慰庭官太保钧鉴：前以时艰孔棘，政局方新，跂望前麾速临都下，群情饥渴，曾布一音。寻悉旄斾北来，旦晚即至，欢跃同深。昨今两奉电缄，伪谦过当，此次涣汗大号，颁布信条，综持枢衡，尤需伟略。推袁之举，在昔既为美谈，于今尤征舆论。诚以斗南人杰，物望所归，遗大投艰，非公莫属。故于接奉函电之后，本日开议，喁于之望，异口同声，危厦拒搘，棼丝整理，盖有赖于规画者甚深。固知当守不容固辞，即我公志切匡时，亦当勉任其难，以上

慰朝廷侧席也。据各议员声请，缮函敬抒恳忱前来，谨肃寸牍，只请勋安，伏维崇察。不具晚生李家驹、达寿顿首。[49]

议员们按照《十九信条》推选袁世凯出任内阁总理大臣，本是预备立宪之下作为预备国会的资政院正常行使其职权。立宪之精义在于国家重大权力的分立和相互制约。换句话说，即便时局艰难，已呈非袁莫属之势，但制度之设立和成功运作，其考验就在此种非常之时，运用此种制度之人能否尽可能维持此一制度之基本原则。立法权对行政权的制约就是这基本原则中最要者。尽管袁之资历声望都远在李家驹之上，但李氏作为资政院总裁，乃预备立法机关之长，议员们之表率，在法律地位上实与内阁总理大臣袁世凯相匹敌。公开具函，署名"不具晚生""不具"者，乃"知名不具"，以表相互间之极其熟稔；"晚生"者，后生晚辈，极谦恭之能事。如此一来，大失其总裁身份，更公开置资政院这个预备国会地位于不顾。想两年前谘议局和资政院于开院之时，为通行公文如何称呼，与行政大臣间的措辞之争，真有今夕何夕之感。随着袁世凯基本攫取朝廷大权，李家驹个人则完全投靠，尽力为袁内阁出谋划策，即一方面笼络各议员，尽可能留在北京，避免资政院解散，因为南北和谈尚在进行中，资政院也是袁世凯对付南方革命党人的一张牌；另一方面利用其自身的人际关系，为袁世凯在南北和谈中尽力。正因见及于此等不堪之现象，有报纸评论："工于谒见之议长既事事奉令承教于内阁矣，形同赘疣之议员还谈些什么、话些什么？"[50]

随着形势逐渐明朗，南京临时政府成立，临时参议院已召集，资政院既失信于国内外，民选议员已不被其所选省份承认而纷纷辞职，不少钦选议员也离京，长时间开不起大会，实同解散。在此种情况下，资政院已没有太大存在价值。此时，一些议员们开议，要求继续开战，消息传到李家驹的原籍广东，该省革命党人以李氏继续在朝廷任职，作为同乡，大丢颜面，遂有一函致李家驹："尔虽为满人之螟蛉子，但尔尤须念尔祖宗黄帝，如不速离尔任，则将歼尔家族。"[51]资政院已如此，李氏本就意兴阑珊，加此电报，他遂于1月23日递交辞呈，朝廷没有同意。

再辞，最终于 1 月 26 日获准去职，[52]许鼎霖接任。

当李家驹刚出任资政院总裁时，舆论尽管对溥伦和沈家本的去职表示惋惜，多认为是政府不满意资政院，为加强对资政院的控制而有此特殊人事变动，但还承认李氏"才望学识似优于沈家本矣"[53]，有些期望。从当时很看重的出洋经历和新学著述来看，李家驹确实简历更光鲜，似乎对新学，尤其是对宪制的认知较沈氏为优，且更年富力强，与政府和朝廷的关系更近，所以舆论的这种看法亦在情理之中。作为预备国会资政院的领导人，学识固然重要，但独立操守和人格才是关键因素。沈家本作为副议长，于第一次常年会刚开时，在议长溥伦有事不便出席时，主持会议，为很多激进议员所不满，甚至一度发生议员们私底下串联想驱逐沈家本的暗潮，但他以遵循资政院各项规章前提下无为而治，将之消弭于无形。第一次常年会开得有声有色，与此不无关系。尽管第二次常年会召开时，赶上政局大动荡，情况特殊，如果议长有几分大丈夫人格，能有一点"英气"，在政府面前保持相当的独立性，主持得法，虽不能扶危定倾，但至少能得到舆论尊重。从这个角度说，李家驹作为资政院实际上的最后领导人，绝对不合格。资政院最后为舆论所唾弃，无疾而终，李氏有其重大责任。

（二）议长许鼎霖

许鼎霖（1857—1915），字九香，[54]江苏赣榆青口镇人。先后在许家私塾和选青书院就读，由增生而备科考。少年时因父蒙冤，艰苦备尝。许家乃赣榆旺族，势大财雄。许鼎霖之父许恩普，字子博，捐官县丞，后加同知衔，是当地著名士绅。1876 年举报知县特秀用以工代赈之名，实际上偷工减料，侵吞赈灾款项。特秀则以劣绅"阻挠赈灾、破坏河工"之罪将许恩普告至两江总督府。时任两江总督沈葆桢将此案发交海州知州审理。1879 年特秀任满，因有控案未结，被撤任听参；许恩普亦得以归家。但特秀有兄长特亮为京官，通过关系让特秀重回赣榆知县任。特秀挟恨构陷，许恩普于 1881 年再度被逮入省城江宁监狱。[55]年方 20 岁的许鼎霖为救父"遍诉公府，不得直，乃徒步走京师，揭辞都察院，仍无效。时久讼，家破，母忧悲卧病，诸弟咸小弱"，他"出营救父，归省病母，抚众稚，极生人之艰困，踣道路者数已"。直到 1883 年，左宗棠出任两江总督，察其父之冤，予以昭雪，"于是君流涕呜咽，跽迎父，四方莫不嗟异其孝，而慕其坚苦自达，为非常人也"。[56]

这件事对许氏一生行事影响甚大，他刚从秘鲁回国，到安徽出任握有实权的地方官时，即前往包公祠堂盟誓，"父子蒙墨吏毒害至矣，身万一稍类特秀辈者，神其殛焉"。己所不欲，勿施于人，官声甚好。故陈三立在其墓志铭中称赞"终其身，愈以不妄取为兢兢"。[57]

就在其父得以出狱前夕，许鼎霖以江南乡试第二名中举。但后科场困顿，于 1890 年不得已捐资内阁中书，1893 年为清廷驻秘鲁领事官。1896 年到 1903 年间，在安徽任职，先后任盐运使、庐州知府、署理凤阳知府、大通税监、安徽道员、代理芜湖道署务。1902 年与吕韵生制定警察章程，试办警察；1903 年调浙江，任洋务局总办。在安徽、江苏都曾妥善处理过棘手的教案，有能吏之名。东三省设立行省，调任奉天交涉使，未赴任，转而回老家致力于以实业为核心的地方自治。1904 年与张謇合办耀徐玻璃公司，后又办海丰面粉公司、赣丰机器油饼厂等企业。"教育会、农会、商会、谘议局、自治局之属，皆倚君为重，君亦奋发尽其力。" 1909 年被选为江苏谘议局议员，1910 年经谘议局互选成为资政院议员。1911 年 5 月，因东督赵尔巽选调人才以资佐理，许氏以安徽候补道职衔与杨廷栋、蒋方震、赵凤昌等一干东南名流，被朝廷调往奉天效力，1911 年 12 月 25 日被袁内阁任命为奉天交涉使。[58] 在接到任命后，他即上疏请辞，并要求朝廷为其父平反申冤。朝廷于 1912 年 1 月 8 日下旨，当然是袁内阁的意思，为其父平反，但不允其辞职：

> 奉旨。内阁代递奉天交涉使许鼎霖呈称吁恳收回成命并请昭雪父冤等语，情词恳切，具见孝思。奉天交涉使许鼎霖之故父已革州同衔山东县丞许恩普著加恩开复原官原衔。现当时局艰危，该司使务当移孝作忠，勉图报称，所请收回成命之处，著毋庸议。钦此。[59]

就在此期间，他以袁内阁江苏代表的身份随唐绍仪参与南北议和，因坚持君主立宪、不满意于和谈而迅速北归。⑩1912年初于李家驹辞职后被任命为资政院总裁。⑪入民国后历任江苏省议会议长、江苏安徽赈务督办等。因救灾积劳成疾而去世。平生与张謇为好友，颇有功于江苏地方实业之振兴，"魁梧雄论辩，而条理缜密，片言解纠纷，人人意满。尤以习外事，折冲御变，显于世。晚岁，自愧碌碌从政役，所补微，思自效工贾，为国塞漏卮，兴大利，遂兼营玻璃、面粉、饼油、垦牧诸公司"⑫。

陈三立墓志铭言"名为资政院议长，不就"，则与事实略有出入。许鼎霖之所以能被朝廷任命为最后一任资政院总裁，固然与李家驹另有袁世凯所交代的要事得办且在总裁任上惟政府之意是瞻以致颇失众望有关，但更是许鼎霖个人之操守、声誉与地位使然：他在资政院议员任上表现突出且稳健老成，不同于年轻法政人士之极端与激烈；为官清廉且有干才，精通对外事务；在江、浙、皖等东南诸省颇有人望，尤其是与张謇等立宪社会名流关系特别密切。正是这种种因素都在起作用，许鼎霖得以被任命为最后的资政院总裁。朝廷于1912年1月28日任命许氏接替允准辞职的李家驹为资政院总裁，当时许氏正在奉天交涉使任上，刚开始不想就任，因为时局如此，即将改君主国体为共和，资政院已无存在之价值，故许氏接到任命后当即致电袁世凯内阁，既允认改建共和政体，行将发表，资政院应在取消之列，且奉省外交殷繁，诸多待理，请缓来京。袁世凯接到许氏电文后，考虑到资政院尚未解散，共和政体如何组建，尚在最后磋商阶段，故立即发电给许氏，催促他迅速赴京履职，共赴国难，不要再请辞。⑬之后，许氏不论是迫于情面还是别的原因，未再公开要求辞职。

但许氏亦是消极不作为，并没有迅速返京，就职几天后即发电给议员们，认可各议员之辞职，并谓《十九信条》未能履行，本院已失却效力，决定奏请解散，以免贻人口实。⑭大致半个多月后，他方才来京，主要是跟袁世凯内阁商谈，就资政院与即将成立的民国临时参议院进行一些手续上的正式移交事宜。故许氏为资政院最后一任总裁，与资政院之实际运作无太大关系。就影响或者许氏自己的心态而言，陈三立墓志铭所说"不就"二字亦有其道理。尚秉和曾记,许鼎霖随唐绍仪至上海参加和谈,"讶绍仪遽为允诺也,即北归谒亲贵,告民军乌合,饷械寡,易平;且绍仪至沪,非议和也,馈献江山耳"[65]。足见其此时忠于清室之心。

(三)副议长达寿

达寿(1870—1939),字荣一,又字智甫,号挚甫,满洲正红旗人。与李家驹为进士同年,一起被选翰林院庶吉士,散馆授编修。后历官侍讲、内阁学士,1905年被授学部右侍郎。1907年9月以学部右侍郎出任考察日本宪政大臣,1908年3月回国,回任学部右侍郎,5月

达寿像

24 日获授理藩部左侍郎、宪政编查馆提调。⑥ 1911 年 8 月 31 日署理副总裁，10 月 30 日实授。袁世凯组织责任内阁，他被任命为理藩部大臣，辞职未获朝廷允许。⑦ 在晚清由部曹不数年擢至理藩部侍郎，实为八旗中之佼佼者。达寿的考察日本宪政大臣一职为李家驹接任，担任宪政编查馆提调也较李为早，但不论在宪政编查馆还是资政院，李家驹都后来居上，这势必影响达寿在资政院的表现，他大约颇有多一事不如少一事、不挡人路、资政院事务让新进红人李家驹去料理好了之心态。

达寿虽然在第二次常年会期间一直担任副总裁，但大会时基本上都由李家驹在场主持会议，他没什么明面上的作为。仅有一两次因为李家驹临时有事短暂主持过会议；不像在第一次常年会担任副总裁的沈家本，当总裁溥伦不便或者说忙于别的事务时，经常主持会议，有所作为。可以说，达寿作为满洲贵族，在担任副总裁期间，无所表现，基本只是备员而已，从一个侧面反映了此时的资政院实同鸡肋或者说点缀之地位。

注释

① 参考杜亚泉等：《辛亥前十年中国政治通览》，中华书局 2012 年版，第 18—20 页；郭廷以：《近代中国史纲》，第 405—408 页。

② 杜亚泉等：《辛亥前十年中国政治通览》，第 21 页。

③ 《金厅长查勘议场》，《大公报》1911 年 10 月 5 日。

④ 韩策等整理：《汪荣宝日记》，第 308 页。

⑤ 《资政院第四次会议记略》，《经纬报》1911 年 10 月 30 日。

⑥ 中国第一历史档案馆编：《光绪宣统两朝上谕档》，第 37 册，第 261—262 页。

⑦ 参考《资政院开院记事》，《盛京时报》1911 年 10 月 26 日。

⑧ 中国第一历史档案馆编：《光绪宣统两朝上谕档》，第 37 册，第 251 页。

⑨ 《给事中高润生奏资政院会期在即请饬内阁预编议案免致猝难应付折》，载故宫博物院明清档案部编：《清末筹备立宪档案史料》，下册，第 663 页。

⑩ 无妄：《闲评》，《大公报》1911 年 10 月 27 日。

⑪ 张建军：《清末资政院时代的蒙古议员及其活动——以〈大公报〉所载史料为中心的考察》，《蒙古史研究》，第十辑，第 198—202 页。

⑫ 《资政院议员请假表》，《大公报》1911 年 10 月 27 日。

⑬ 无妄：《对于今年今日之感触》，《大公报》1911 年 10 月 22 日。

⑭　中国第一历史档案馆编:《光绪宣统两朝上谕档》,第 37 册,第 175、238—239、259、362—363 页。

⑮　《汪荣宝日记》,韩策等整理,第 292 页。案:贝子即议长溥伦,时已转任奕劻内阁农商大臣;隐邸即载泽,时任奕劻内阁度支大臣。

⑯　《大公报》1911 年 11 月 7 日。

⑰　《大公报》1911 年 11 月 17 日。

⑱　梦幻:《闲评》,《大公报》1911 年 11 月 9 日。

⑲　梦幻:《闲评》,《大公报》1911 年 11 月 12 日。

⑳　梦幻:《闲评二》,《大公报》1911 年 11 月 15 日。

㉑　《大公报》1911 年 11 月 16 日。

㉒　《奏为资政院人数不足有违院章请将重要事件俟国会召集再行开议事》,第一历史档案馆藏,档号:03-9303-031。

㉓　《资政院民选议员辞职书》,《大公报》1911 年 12 月 6 日。

㉔　中国第一历史档案馆编:《光绪宣统两朝上谕档》,第 37 册,第 36—37、211、281、402 页。

㉕　同上书,第 34 册,第 37 页。

㉖　同上书,第 35 册,第 354、361 页。

㉗　同上书,第 36 册,第 59、108 页。

㉘　同上书,第 37 册,第 35—36、142 页。

㉙　《新内阁之人物》,《大公报》1911 年 7 月 19 日。案:《清末筹备立宪档案史料》辑入宣统三年(1911)资政院重要奏折多件,均标题“资政院总裁世续等奏”,有误。8 月 31 日—10 月 30 日的奏折应改为“资政院署理总裁李家驹等奏”;10 月 30 日后的奏折应改为“资政院总裁李家驹等奏”。

㉚　参见《政治官报》第 602、684、1167 号。

㉛　《戴文诚遗折之疑案》,《申报》1910 年 3 月 18 日。

㉜　黄濬:《花随人圣庵摭忆》,中华书局 2013 年版,第 4 页。

㉝　《大公报》1911 年 3 月 24 日。

㉞　参考李细珠:《新政、立宪与革命——清末民初政治转型研究》,第 117 页。

㉟　《大公报》曾记载了几段话,未必完全当真,但应大致可信。在任命李家驹时,载沣曾对奕劻说:“李家驹人极精细,其所考查之宪政,较汪大燮、于式枚实更明晰,具有秩序,且该员之舆论尚好,以之协理资政院,必能大有裨益。”李家驹谢恩时,两人有如下对答:“汝于宪政颇有心得,现今溥伦等创办资政院各事,恐多未尽之处,故授汝是任,务当竭汝所知,与该总裁等详细筹划,期臻妥善,免致随时纷更。”“如有所见,自当竭尽愚忱,以图报效断,不敢知而不言。”(《大公报》1909 年 9 月 27、28 日)

㊱　中国第一历史档案馆编:《宣统朝上谕档》,第 1 册,第 354 页。

㊲　该准备会于 1910 年 5 月下旬由议员们和办事人员发起,在石桥别业定期集会,为第一次常年会的顺利召开做准备,作为资政院协理的李家驹在其中非常活跃,于 6 月 2 日的第一次正式会议上当选为理事。据《汪荣宝日记》所述:“三时到石桥别业,资政院议员诸君集议组织一开院准备会,以议员及开办院事各员为会员,即租借石

桥别业为会所，每月开会三次，以每旬之第五日为会期。”（韩策等整理:《汪荣宝日记》，第 153、156 页）

㊳ 《京师近信》,《时报》1910 年 7 月 16 日，第 2 页。

㊴ 《资政院总裁协理之龃龉》,《大公报》1910 年 7 月 30 日。

㊵ 中国第一历史档案馆编:《宣统朝上谕档》，第 3 册，第 35—36 页。

㊶ 《确有纂拟宪法之希望者》,《申报》1910 年 11 月 17 日。

㊷ 《京师近信》,《时报》1910 年 7 月 19 日。

㊸ 《监国莅院礼节》,《申报》1910 年 8 月 10 日;《且看燕许大手笔》,《大公报》1910 年 10 月 1 日。

㊹ 《汪荣宝日记》，韩策等整理，第 217 页。

㊺ 《资政院更动议长原因真相》,《申报》1911 年 4 月 3 日。

㊻ 《大公报》有评论云:“今之巍然作议长者，非内阁属员乎？属员对于上司，敢不事事请命乎？呜呼，新内阁对付议会之手段，果骊珠在握，开门见喜矣。无惑乎伦贝子之不安于位，世相国之弃之若挽也。”(《闲评》,《大公报》1911 年 10 月 25 日）

㊼ 《议长李家驹致资政院议员书》,《顺天时报》1911 年 11 月 17 日。

㊽ 《汪荣宝日记》，韩策等整理，第 316 页。

㊾ 《资政院总裁慰留内阁总理函》,《大公报》1911 年 11 月 19 日。

㊿ 无妄:《闲评》,《大公报》1911 年 12 月 18 日。

(51) 《呜呼可怜之京师》,《申报》1911 年 12 月 13 日；又《大公报》载:“该总裁近日叠接原籍函电多件，虽词近恫吓，亦难免激成实行。据闻所得函电大旨以该院前次力持主战一事，迁怒于议长一人，词气异常忿懑，令即辞职回籍，否则除将原籍财产坟墓破坏外，另以暴烈手段对待等语。(闯献耶？共和耶？）故该总裁力请辞职。”(《资政院总裁辞职之原因》,《大公报》1912 年 1 月 27 日）

(52) 1 月 23 日李家驹上疏请开去资政院议长暨内阁法制院院使各差缺，另简贤能，疏曰:“资政院议长内阁法制院院使李家驹跪奏为恳恩开去差缺恭折仰祈圣鉴事。窃自武、汉变起，俶扰累月。朝廷俯察舆论，不私君权，叠沛纶音，与民更始。申之以忠信，示之以大公，而国体之争，至今未决，士民骇叹，廷议旁皇，其宗旨既非院议所敢赞同，而时局且非国法所能维系。臣徒怀忧愤，无补涓埃，惟有仰恳天恩，开去资政院议长暨内阁法制院院使各差缺，另简贤能，以重职守，无任屏营待命之至。所有恳恩开去差缺缘由，谨恭折具陈，伏乞皇上圣鉴。谨奏。”(《李家驹奏为国体之争至今未决等情请开去差缺事》，中国第一历史档案馆藏，档号：03-7464-016）同日上谕云:“资政院关系重要，所请开去资政院暨内阁法制院差缺之处，著毋庸议。”(《内阁官报》1911 年第 154 期，第 1 页）

1 月 26 日李家驹再次上疏请辞，曰:“资政院议长内阁法制院院使李家驹跪奏为圣恩愈厚臣力难胜谨再披沥上陈吁恳恩准开去差缺事。本月初五日奉旨：内阁代递李家驹奏恳开去资政院暨法制院差缺一折，资政院关系重要，所请开去资政院暨法制院差缺之处，著毋庸议。钦此。跪聆之下，惶悚莫名。臣久荷生成，毫无报称，际此时方多难，何甘自洁其身，溯自武、汉事起，适值资政院开会之期，凡所建议，多蒙采择。臣院议员等感激奋发，仰体朝廷改良政治之心。议上宪法信条，颁示天下，方冀弥乱争而召和平，无如在我德意有加，在彼则顽梗难化。近复坚持变更国体，肆意要求，与臣院所持君主立宪之宗旨，绝不相容。旬月以来，议员愤愤辞职，每致人数不足，不能开会。立法之事，协赞无从，倘再尸位素餐，则是上无以副朝廷委任之恩，下无以塞士民督责之望。惟有将竭蹶情形，披沥陈明，仍恳天恩俯准，开去资政院议长暨内阁法制院院使各差缺，另简贤能，以重要政。臣年逾强仕，精力未衰，驱驰报国，为日方长，不敢饰词称病，希图规避，伏惟圣明垂察。所有微臣吁恳开去差缺缘由，谨恭折渎陈，伏乞皇上圣鉴。谨奏。"（《李家驹奏请开去资政院议长内阁法制院院使差缺事》，中国第一历史档案馆藏，档号：03-7478-049）同日，朝廷准予辞职，谕旨云："内阁代递李家驹奏恳请准开差缺一折，李家驹著准其开去资政院议长。钦此。"（《内阁官报》1911 年第 157 期，第 2 页）

㉝ 《论资政院总裁之更动》，《大公报》1911 年 3 月 24 日。

㉞ 许鼎霖的字在不同的文献中有"久香"和"九香"之别。我较认同陈博林的考证结论，其理由有二：第一，许氏所创办的实业公司的股票印章必经其本人审定，为"九香"；第二，其父为其取名"鼎霖"来自于《周易》，许鼎霖成人后取字自勉，暗含父亲望子成龙的期望，因九为阳数之最。（陈博林：《许鼎霖传》，中国文史出版社 2019 年版，第 20—21 页）

㉟ 许鼎霖曾两度京控救父，第一次为 1877 年，第二次为 1882 年。（参考陈博林：《许鼎霖传》，中国文史出版社 2019 年版，第 40—61 页）

㊱ 陈三立：《清诰授光禄大夫奉天交涉使许君墓志铭》，载卞孝萱等编：《辛亥人物碑传集》，团结出版社 1991 年版，第 726 页。关于许鼎霖救父，《光绪赣榆县志》写得更翔实生动："君年未冠，痛父冤，诉巡抚于苏，诉总督于宁，诉都察院于京师。徒步数千里终不得直。家破矣，母又卧病，弟妹八九人并细弱。君出营救父，入视病母，抚诸弟妹，支离困悴，一身兼之。炎风朔雪，彷徨道左。无识不识，皆啧啧曰：'许孝子！许孝子！'云。君既踥蹀南朔，无一息废学。短蓬孤堠，弦诵不辍，学以大昌。"（转引自陈博林：《许鼎霖传》，第 59 页）

㊲ 陈三立：《清诰授光禄大夫奉天交涉使许君墓志铭》，载卞孝萱等编：《辛亥人物碑传集》，第 727 页。

㊳ 中国第一历史档案馆编：《光绪宣统两朝上谕档》，第 37 册，第 83、358 页。

㊴ 同上书，第 83、375 页。

㊵ 张国淦：《辛亥革命史料》，龙门联合书局 1958 年版，第 289 页。

㊶ 中国第一历史档案馆编：《光绪宣统两朝上谕档》，第 37 册，第 83、402 页。

㊷ 陈三立：《清诰授光禄大夫奉天交涉使许君墓志铭》，载卞孝萱，唐文权编：《辛亥人物碑传集》，第 727 页。

㊸ 《大公报》1912 年 2 月 2 日、2 月 3 日。

㊹ 《大公报》1912 年 2 月 6 日。

㊺ 尚秉和：《辛壬春秋》，第 165 页。

㊻ 中国第一历史档案馆编：《光绪宣统两朝上谕档》，第 34 册，第 37、96 页。

㊼ 同上书，第 37 册，第 211、281、305、308 页。

第八章　第二次常年会的
主要议案

第二次常年会开会期，适赶上革命风潮弥漫全国。形势危急，资政院或主动提议，或应政府或其他势力之要求，讨论议决了不少在文本方面具有重要意义，但实际作用相当有限的议案。

第一节　改订《院章》交院协赞具奏案

朝廷在资政院闭会期内以特旨要求改订《院章》，且快速批准了资政院总裁会同内阁拟定的《改订院章》。由于《院章》对资政院实际运作至关重要，且此次仓促改订没有议员们参与，引发不满。议员们要求修改《院章》需要其协赞。他们举出君主立宪先进国家的一些法理作为其立论基础：

> 立宪之国所恃以上下遵守者，惟此法律而已矣。法律一经制定，虽命令不得而变更之。盖命令者，君主之大权；法律者，国家之保障。二者各有范围，不相混越，均所谓神圣不可侵犯者也。若命令可以变更法律，则法律将归无效，人民无信用法律之心，势必有抵抗命令之举，其危险将不可胜言。即有时或有窒碍之处，不能不待命令以改法律，然此则属于立法之一方面，非属于行政之一方面。虽我国议院未设，立法机关尚未确定，然资政院为议院基础，即不啻为立法机关，无论何项法律，资政院均应有核议之权！况其为资政院《院章》乎？查资政院《院章》上年经宪政编查馆编定奉

旨批准施行，又经资政院全体之认可，数月之执行，是明认为有效力之法律矣。全国人民无不知之、无不见之，即有不妥，亦当俟资政院开会之日，将应增应删之处，饬令公同核议，俾立法与行政权限各分。①

但此次修订《院章》乃摄政王载沣以宣统皇帝名义直接下旨进行，且议员们召开临时会被拒，只能等到常年会再说。由于《院章》修改过大，奕劻内阁也不愿如此当舆论之冲，于 8 月 8 日知会资政院，督促其整理好相关文件，请旨后开会交议，云：

> 内阁为知会事。查《资政院改订章程》第十五条"前条所列第一至第四各款议案，应由国务大臣拟定具奏请旨，于开会时交议"等语，现在开会伊迩，除已经奏颁各件曾经声明俟资政院开会时提交追议者，届时由本阁咨交追议外，其余应行提议各事，即期贵院先期拟定草案，送阁会议，届期请旨交议。为此知会。②

正式会议之前，议长李家驹曾就此问题与一些议员召开茶话会，多数认为应尊重资政院的立法协赞权。李家驹当场指定到资政院大会提议的起草员五人。

10 月 23 日，第二次常年会第一次大会议事，在选出特任股员后，议事日表第一项就是讨论提议请将改订资政院《院章》交院协赞具奏案。

该案由来自贵州的民选议员牟琳所提出（五名起草员之一），其主要理由是《院章》为法律，凡法律的修改，属于资政院立法协赞权范围内：

> 今年修正《院章》系奉特旨，议员多数以为，凡属法律事件，当由立法机关议决，方有效力。《资政院章程》固议员所确认为法律者也，本院为立法机关，则认为法律之《院章》，自当由院议决

修改。前次议长开谈话会时，曾指定起草员五人，本议员居其一。研究起草大意，佥谓修改《院章》之根据在认定《院章》为法律。既为法律，自应交议。盖《院章》第一条明言资政院为上下议院之基础，且前年钦奉上谕，资政院《院章》与《谘议局章程》实相表里，即为将来上下议院法之始基，是本院有议决《院章》之权，毫无疑义。③

此提议获得出席大会的议员们多数赞成，未经过太多的讨论即议决上奏：

> 资政院总裁大学士世续等跪奏，为修改资政院《院章》关系变更法律事项请交臣院会议以尽协赞之职恭折仰祈圣鉴事……臣等窃惟资政院为上下议院之基础，并参照各国议院法编订《资政院章程》，伏读宣统元年七月初八日上谕，资政院《院章》与现定《谘议局章程》实相表里，即为将来上下议院法之始基等因钦此，是资政院《院章》即为法律，已早在圣明洞鉴之中。本年改订，系在臣院未开会以前，无从协赞。现在臣院开会伊始，遵章于法律事件均有协赞之责，兹经臣院全体议员议决，恳请明降谕旨，交臣院会议，以固立法之基，而符协赞之义。不胜迫切待命之至。所有修改资政院《院章》关系变更法律事项请交臣院协赞缘由，谨恭折具陈，伏乞皇上圣鉴训示。谨奏。④

10 月 26 日获得朝廷批准：

> 资政院奏请将改订《院章》交院协赞一折，所有此次改订之资政院《院章》，著交该院协赞，再行奏请钦定。钦此。⑤

此案经初读后遂交法典股审查，提出修正案。经 10 月 30 日初读，11 月 18 日进行了再读和三读。初读时，汪荣宝代表法典股进行简要说明，再读时李文熙等又提出修正案。经三读程序，钦奉特旨协赞改订资政院《院章》法律案得以在大会通过，旋即上奏：

> 资政院总裁内阁法制院院使臣李家驹跪奏为议决改订资政院《院章》谨缮单奏陈恭请颁布事。窃臣院于九月初五日钦奉谕旨，资政院奏请改订《院章》交院协赞一折，所有此次改订之资政院《院章》著交该院协赞，再行奏请钦定，钦此。钦遵在案。嗣由臣院照章列入议事日表，于初读后即交法律股审查。旋据股员长报告，认为应行修正，另具修正案，提出会议。续经开会，再三宣读，臣院议员金以为《宪法信条》既已颁布，第八、第九、第十、第十二、第十三、第十四、第十五、第十八各条，未开国会以前，均由资政院适用，自应按照《信条》，改归一律，以资遵守。公同讨论，议决修正，计共十章五十八条、又附条一条。谨缮具清单，恭请降旨颁布。一俟命下，即由臣院遵照办理。所有议决改订资政院《院章》缘由，理合恭折奏陈，伏乞皇上圣鉴。谨奏。宣统三年九月三十日。⑥

11月20日获得朝廷批准。⑦至此，改订《院章》一事得以完成。

经资政院协赞通过之后的《院章》，计正文五十八条，附则一条。较之数月前李家驹主持改订的《院章》，其内容变动非常之大，具体如下：

第一，延长常年会会期，由原来的三个月改为五个月，取消临时会及其会期之规定。换言之，此后资政院就只有常年会。

第二，取消资政院议员任期之规定。关于这一款改动之理由，议员牟琳在会议时说得很明白："'三年'字样，实足以起国民之疑心。资政院自己上奏请速开国会，而本院议员之任期仍定为三年，是自相矛盾。"

第三，关于资政院职掌之规定，变动特多，极大提升了资政院的权限。换句话说，在立法方面，不再处于协赞地位，而是享有类似于立宪国国会之地位。具体而言，删除了"宪法不在此限"这一但书，意味着资政院可以议决宪法。资政院议决后，可以自行草具议案上奏，不需定要会同国务大臣；资政院议决事件后，不再是"请旨裁夺"，而是"请旨颁布"，否定了君主的最高立法权，基本排除了皇帝对立法的直接干预。

第四，在与行政衙门关系方面，扩大了资政院的权力。取消国务大臣要求复议之权，资政院可以就其议决单独上奏。更重要的是，当国务大臣与资政院发生严重纠葛，经资政院弹劾具奏后，皇帝要么解散资政院，要么令各该国务大臣辞职，其裁可，二者必居其一。

第五，资政院享有全权裁决各省谘议局与行政长官异议事件和各省谘议局之间的异议事件。议决后，只须咨会内阁总理大臣，即可"行令各省遵办"。

第六，降低会议时的门槛，由之前的"非有三分之二以上议员到会，不得开议"，改为"过半数"即可。

第七，明确规定了资政院不再将议事日表"咨送"行政衙门"查照"，且有因紧急事件变动议事日表之权力。

第八，取消了资政院"所议事件与行政衙门不合尚待协商者"是资政院停会的法定条件。

第九，明确限定皇帝对资政院行使解散权的次数，即一次内阁对于资政院不得为两次之解散。解散资政院的要件有所变动，具体而言：由以前较为含糊的"所决事件有轻蔑朝廷情形者"改为"所决事件有侵犯皇帝者"；增加了两款，即"所决事件有违背君主立宪主义和《宪法信条》者"。如此变动，当然更符合完全君主立宪之法理。⑧

之所以有如此巨大改动，尤其是较之原先朝廷在第二次常年会召开前由议长李家驹承命主导的修改案，是因武昌变起，尤其是张绍曾滦州兵谏的巨大压力，朝廷为应对危局，同意由资政院起草宪法，先由朝廷公布了《宪法信条》。据《宪法信条》，资政院应享有未来国会的权力，如其所上奏折中讲的："议员金以为《宪法信条》既已颁布……未开国会以前均由资政院适用，自应按照《信条》，改归一律，以资遵守。"⑨《宪法信条》既已确定大清帝国为完全君主立宪国，资政院应享有未来国会之广泛权力。尽管因时局动荡,《宪法信条》实施效果较差,可能朝廷也是不得已而同意,但无论如何,《院章》的最终修订结果还是朝着君主立宪国方向获得实质性进展,画上了一个比较满意的句号。

第二节　成立完全责任内阁案

皇族内阁从出台伊始,即让热心于君主立宪的人士深深失望,对其攻击无日消停且有愈演愈烈之势,更不用说革命党人。立宪党人通过谘议局联合会来反对皇族内阁未果后,曾寄希望由资政院议员发起临时会来推进该问题之解决。及至临时会请求失败后,到常年会重提此议即为顺理成章之事。

及至武昌事起,奕劻内阁因应无方。用陈恭禄的话说,它"无一定坚决之方略,其逐渐让步,全受环境之支配,可见其张皇失据,毫无主张之窘状"。[⑩]于10月27日召开的大会上,于邦华提出"时局危迫请顺人心以弭乱本具奏案",其中第一款就是请求朝廷组织完全责任内阁:

> 急简贤能以组成完全内阁也。譬之江行者,内阁操舟者也,总理舵师也,其余国务大臣扶帆主桨者也。舵师而不定方针,主桨而不知潮流,或舵师虽定方针而扶帆主桨者不与同意,则乘舟人之危险立至。吾国内阁,不幸类此。是以自内阁成立以来,种种举措,不洽舆情,丛脞乖张,天下失望,此人心之所以日涣而变乱之所以日滋。考吾朝祖制,不许亲贵兼行政大臣;立宪各国,亦无以亲贵任内阁者。诚以保皇室之尊严,且示天下以无私也。伏愿我皇上遵祖训,博采立宪国之通例,明降谕旨,不以亲贵任国务大臣。其非亲贵而不胜任者,概行罢斥。然后改暂行之制,组成完全之良内阁,博采天下之公论,凡一切民望为内外所共仰者,及时重加甄录,使负完全责任,以维持大局。如此,则耳目一新,精神顿焕,将天下之咨嗟失望者,皆转而欣欣生希望之心而不复动摇矣。[⑪]

　　他在议场演说时讲得更明白，之所以提出此具奏案，是要为朝廷收拾民心。组织责任内阁的具体理由为：

> 　　现时内阁系皇族充当，各国宪法上概无此例。盖东西洋立宪，各国所以不能以亲贵组织内阁者，非谓亲贵不应组织内阁，乃以亲贵为君主之贵戚懿亲，恐有伤君主之尊严。何以故？因内阁为行政之枢纽，稍一失措，即为人民万矢之的；议会为人民代表机关，议员与内阁政治上之处必多冲突，常常推倒内阁。此各国立宪史所数见不鲜也。今我国以亲贵充国之大臣，直当行政之冲，苟政治上稍有失宜，则人民反抗之声立起，势必推倒内阁而后止。内阁系亲贵组织而成，是推倒内阁，即推倒亲贵也，岂不有伤君王之尊严？是各国不以亲贵组织内阁者，正所以尊君也。[12]

　　经大会讨论，由易宗夔提议，将于邦华奏案中所提出的三条分别同时具奏（其余两个为资政院拟定宪法和开放党禁）。大会议决由陈懋鼎、王季烈、孟昭常、李文熙、劳乃宣和易宗夔等当晚起草奏案。于第二天的大会上，易宗夔代表起草者汇报了起草主旨：

> 　　非但东西洋立宪各国不使亲贵当内阁，即我朝定制，亲王不假势权，亦不令其负政治上之责任，以伤君主之尊严。故必须另简贤能组成完全之责任内阁，以维持今日之危局，团结将散之人心，则责任既明，政本自立，皇室既固，而国亦昌矣。

　　经议员们讨论修正，通过了该具奏案：

> 　　为时局危迫内阁应实负责任不任懿亲恳请明降谕旨另简贤能组织联责内阁以顺民心而固国本恭折仰祈圣鉴事。窃惟君主不担负责任，皇族不组织内阁，为君主立宪国唯一之原则。世界各国苟号称立宪，即无求与此原则相吻合。今吾国之改设内阁，变旧内阁之

官制而另定官制，改军机处之旧名，而另立新名，其为实行宪政特设之机关，固天下臣民所共见，而第一次组织内阁之总理，适与立宪国之原则相违反。凡论君主立宪政体者，类无不知君主神圣不可侵犯之语。君主既立于神圣不可侵犯之地位，密迩君主之皇族，亦即立于特别不可动摇之地位。而内阁之地位则可动摇而更新者也，立于君主之下，以受议会之监督，有政策之冲突，即发生推倒之事实。内阁为皇族所组织，皇族缘内阁而推倒，使臣民之心理忘皇族之尊严。君主之神圣，恐不免因之少损。臣等并非谓皇族必无组织内阁之能力，亦非谓皇族必有行政丛脞之堪虞，第以皇族内阁与立宪政体有不能相容之性质。又各国之内阁总理当更换之时，各国务大臣皆联翩而退，新任总理重行组织，故皆负联带之责任。即《钦定内阁官制》亦有内阁对于皇帝担负责任之文，今以皇族为总理，使其不可以推倒，如设立阁制之真意何？使其可以推倒，如皇上神圣之体统何？故现总理大臣庆亲王当受命之始，两次恳辞，请收回成命，特简贤能，一则曰居恒已形竭蹶，大受岂复堪胜！再则曰惟至圣能无我。咸知朝廷用舍之公，诚不欲开皇族内阁之端，以负皇上者负天下臣民之望。所以为皇上计，为皇族计者至深远，非仅自为退让计也。且本朝定制，亲王不假事权。伏读仁宗睿皇帝圣训有曰：本朝设立军机处以来，向无诸王在军机行走。正月初间，因军机处事务较繁，是以暂令成亲王永瑆入直办事，但究与国家定制未符，成亲王永瑆著毋庸在军机处行走等因，钦此。当时之军机，原无负一切政治责任之明规，犹严亲王之限制。今日之国务大臣，责任重于军机，则组织内阁之国务大臣更不可不循限制之旧法。伏愿皇上守祖宗之经制，采立宪之通例，明降谕旨，取销《内阁暂行章程》，实行完全内阁制度，不以亲贵充当国务大臣，博采舆论，特简贤能为内阁总理大臣，并使组织各部国务大臣，负完全联带之责任，以维持现今之危局，团结将散之人心。则责任明而政本以立，皇室固而国祚必昌，天下幸甚！臣院会议，多数议员意见相同，当场议决，谨遵《议事细则》第一百六条，恭折具奏，请旨裁夺，伏乞皇上圣鉴。谨奏。⑬

　　10月27日，驻扎在滦州的第二十镇统制张绍曾联合驻扎奉天的第二十混成旅协领蓝天蔚共同兵谏，上奏《请愿政纲十二条折》，其中有"内阁之责任宜专"一款，具体内容为"组织责任内阁，内阁总理大臣由国会公举，由皇帝敕任。国务大臣，由内阁总理大臣推任，但皇族永远不得充任内阁总理及国务大臣"。这种军临城下的"兵谏"，清廷只好全部接纳。⑭需要说明，从时间上看，资政院反对皇族内阁实非受张绍曾的影响。

　　10月30日，即资政院上奏后的次日，朝廷同意所请，下谕：

> 　　资政院奏内阁应实负责任国务大臣不任懿亲一折，懿亲执政，与立宪各国通例不符，我朝定制，不令亲贵干预朝政，《祖训》著有明文，实深合立宪国家精义。同治以来，国难未纾，始设议政王，以资夹辅，相沿至今。本年设立内阁，仍令王公等充国务大臣，原属一时权宜之计，朝廷本无所容心。兹据该院奏称皇族内阁与立宪政体不能兼容，请取销《内阁暂行章程》，实行内阁完全制度，不以亲贵充当国务大臣等语。所陈系为尊皇室而固国基起见，朕心实深嘉纳，一俟事机稍定，简贤得人，即令组织完全内阁，不再以亲贵充国务大臣，并将《内阁办事暂行章程》撤销，以符宪政而立国本。

　　此谕发布后，11月1日，总理大臣奕劻和协理大臣那桐、徐世昌上奏，因奉职无状，请朝廷立予罢斥；度支大臣载泽、海军大臣载洵、农商大臣溥伦和民政大臣善耆等宗室上奏国务重要，请另简贤能，以符宪政而资治理。奕劻在奏折中，对其内阁施政乏术有个类似"罪己"的总结，云：

> 　　自本年改设内阁，受命以来，不能上宣德意，下恤民隐，以致海宇鼎沸，人情汹汹，川发难端，鄂警继告，湘、赣、秦、晋，变故环生，商民哗于市廛，军士噪于营伍，陷生灵于涂炭，贻宵旰以忧劳，皆由臣等奉职无状，遂使祸变至于此极。

　　同日，朝廷发谕，准庆亲王奕劻内阁辞职，转任弼德院院长，任命袁世凯为内阁总理大臣，"即行来京，组织完全内阁，迅即筹划改良政治一切事宜"。

　　11月3日，资政院总裁李家驹上《请将草拟宪法内重大信条先行颁示并请准军人参与宪法起草意见折》。清廷立即照准，发布《择期颁布君主立宪重要信条谕》。按照《宪法信条》之规定，总理大臣由国会公举，皇帝任命；国会未开以前，资政院适用之。⑮所以，尽管朝廷已下谕以袁世凯为总理大臣组织完全责任内阁，但要其完全合法，还须经过资政院选举这一法定手续。

　　11月8日，资政院开会，用无记名投票法公举内阁总理大臣，议员到会者八十七人参加投票。开票后，袁世凯得七十八票，王人文、岑春煊、黄兴各得二票，锡良、蒙古王公那彦图、梁启超各得一票。袁世凯得票既占大多数，资政院当即拟定奏稿，并在会议通过：

　　　　奏为遵照宪法信条公举内阁总理大臣恭折仰祈圣鉴事。窃查"《宪法信条》第八条，总理大臣由国会公举，皇帝任命；又第十九条、第八等条国会未开以前，资政院适用之"等语，兹经臣院于九月十八日遵照《宪法信条》，用无记名投票法，公举内阁总理大臣，以袁世凯得票为最多数，理合恭折奏陈，请旨任命。伏乞皇上圣鉴。⑯

　　11月9日朝廷批准资政院上奏，正式下谕，任命袁世凯为内阁总理大臣。⑰16日袁世凯推举国务大臣及副大臣，经朝廷批准，名单如下：

　　　　外务大臣梁敦彦，副大臣胡惟德；
　　　　民政大臣赵秉钧，副大臣乌海珍；
　　　　度支大臣严修，副大臣陈锦涛；
　　　　学务大臣唐景崇，副大臣杨度；

陆军大臣王士珍，副大臣田文烈；

海军大臣萨镇冰，副大臣谭学衡；

司法大臣沈家本，副大臣梁启超；

农工商大臣张謇，副大臣熙彦；

署邮传大臣杨士琦，副大臣梁如浩；

理藩大臣达寿，副大臣荣勋。⑱

立宪人士所呼吁的完全责任内阁至此正式出台。从形式上看，该内阁较之奕劻内阁，无一皇族，满人任国务大臣者只一人，包括副大臣也只有三人，且都不占重要位置。从其产生程序上看，它不同于奕劻内阁由皇帝特旨简任这种不合于君主立宪法理的做法，而是经由代行国会职权的资政院选举产生。正是在这个意义上，袁世凯内阁是"中国历史上第一个具有现代责任制度意义的内阁"。⑲尽管如此，但问题在于，此时国会尚未召集，代行国会职权的资政院自开院伊始即缺乏足够的力量，朝廷自第一次常年会后对之大加裁抑，只是随着革命形势的高涨，不得不利用资政院这个合法好用的工具，冀图渡过眼前危机，并不是资政院本身有力量获得了朝廷尊重。等到袁世凯攫取清廷主要权力后，已声名狼藉的资政院自不能对其有任何制约。正因如此，资政院"只不过是给袁世凯内阁批了一层法理的外衣，事实上资政院不可能真正履行国会监督内阁的职责，因而也根本没有改变袁世凯内阁擅权专制的实质。"⑳在君主立宪这个清廷和资政院都认可的政治前景下，本应同舟共济。但事实上，清廷一直在猜忌、防范、打压资政院，资政院在清廷危急之际，又给袁世凯内阁披上合法外衣，随着袁世凯利用革命党势力向清廷逼宫，促成清帝逊位，恰恰给清廷和君主立宪都画上了句号，也算是一种历史讽刺。

第三节　速开国会与宪法信条案

晚清君主立宪预备期之短长，一直争议较大。在时人看来，预备期限取决于朝廷预备的实际情况，可长可短，且反过来因其长短，可逆料朝廷对君主立宪是否真心实意。时间太长，可能就成为朝廷以立宪预备之名行伪立宪真专制之实。故自宣统二年开始，立宪党人发起了多次速开国会请愿活动，朝廷以严拒为主，但也在压力下多少做了一些让步，即将预备立宪期由九年缩短到五年，宣布 1913 年正式开国会。但绝大多数立宪党人认为内忧外患，非国会立开，不足以救危亡。但朝廷依然坚持，不肯让步。

及至武昌事起，为了弭乱，资政院于 10 月 25 日召开的大会上，罗杰提出"为内忧外患恳请本标兼治以救危亡"议案，指出："主张治本者，要求朝廷真实立宪，万不可再借立宪之名行专制之实。宪法须君民协定，朝廷既大公无我，宪法何妨协定？国会何妨速开？现时虽名预备立宪，而实则专制日益进步……朝廷有此假立宪，则人民信任政府之心日薄，致有今日之乱。故治本以速定宪法、速开国会为惟一之良法。"该提案得到多数议员赞同。

于 27 日召开的大会上，当讨论到于邦华等人提议的"时局危迫请顺人心以弭乱本具奏案"时，张锡光即登台演讲：希望在这个具奏案中加上"请明年四月即开国会"一项，以为收拾人心的办法之一。因为"自宣布立宪以来，人心为之安静者数年。去年人心稍动，而自国会期限缩短之诏下，人心又为之一静。而一般忧时之士，见时局日危，要求再缩短国会期限。朝廷遂用压制手段，或交地方官严加管束，或发往新疆。以致人民对于立宪又不信任，革党又从中煽惑，故祸机发于今日。若朝廷能速开国会，以示真实立宪，则人心自可望收拾"。王佐良则指出，速开国会缓不济急，且召集国会困难太多，不现实："召集国会，须由各省先办选举。现在东南半壁，尚能按期召集乎？"由此，该具奏案没能加入速开国会的内容。此事遂被暂时搁置下来。

于 11 月 3 日的大会上，陈懋鼎又提出请速开国会具奏案。因陈懋鼎在议案中提及宪法起草和议决问题，即宪法由资政院起草，将来由国会正式议决。这即引发了李文熙的反对，认为这与《十九信条》相矛盾，如果此案上奏，则置《十九信条》于何地？齐树楷则认为此乃可行的权宜之计，"由资政院起草交国会议决者，乃借以救危亡安人心也"。由此赞成与反对之议员争论激烈，无结果而散会。到次日大会上，依然辩论不已。最后陈懋鼎自己提议修正，放弃起草议决宪法一事，方得以通过此议案。11 月 5 日资政院上奏，云：

> 奏为请速开国会以符立宪政体恭折仰祈圣鉴事。窃臣院奏准信条既为宪法之标准，则国民代表之确正机关尤应早日成立，以期立宪政体之完成。所有《议院法》《选举法》拟由臣院征集军民意见，详慎议订，奏请颁布，以便即时选举，于数月之内召集国会。事关大局，无任迫切，待命之至，伏乞皇上圣鉴训示。[21]

朝廷当日即予以批准，"所有议院法、选举法，著迅速拟定议决，办理选举，一俟议员选定，即行召集国会"[22]。至此，清廷在兵临城下之际，才算答应了即开国会的请求。但此时即开国会，条件却不具备，只是画饼而已，不足以救危亡。

君主立宪与专制的最大差别就是有无一个举国尊崇的宪法。清廷为了保证"大权统于朝廷"，于 1908 年颁布了预备立宪期适用的《钦定宪法大纲》。按照计划，到正式立宪之时就要颁布《大清帝国宪法》。随着国会请愿运动的开展，清廷于 1910 年下谕将预备期缩短，宪政编查馆奏修订逐年筹备清单事宜，宣统四年（1913 年）将正式颁布宪法，故制定宪法成为朝廷当务之急。在清廷看来，既是君主立宪，当然要由朝廷钦定宪法，故《院章》规定资政院的立法协赞权即将宪法排除在外。

1910 年 11 月 5 日，清廷命溥伦、载泽充纂拟宪法大臣，负责宪法起草，"悉心讨论，详慎拟议，随时逐条呈候钦定"。[23] 12 月 14 日陆军大臣荫昌、副大臣寿勋则上奏，要求限制资政院的宪法协赞权，云：

> 谨查君王立宪政体，立法虽属之议会，然亦有一定权限，不能举全国法制悉听主裁。今资政院为议会始基，开院以来，所议殊多踰越，若不及时预为限制，将来国会成立，必至与政府冲突无已，

因以酿乱召亡。远则法之路易十六，近则土耳其、葡萄牙，皆我之殷鉴也。荫昌等每念及此，辄为寒心，用特不揣冒昧，与讲求宪法之员朝夕研求，择最关紧要者，胪举数端，呈备采择。明知盖尽阔远，必早筹策无遗。特既有所知，合效一得之愚，以为万全之助，惟乞鉴核施行。㉔

其建议的具体内容包括：（1）议院弹劾行政大臣宜加限制；（2）陆海军经费及官俸，议院非得政府协议，不得废除削减；（3）内阁不止以各部行政大臣组织。㉕

溥伦和载泽虽为近支皇族，身份贵重，但毕竟无宪制方面的专业知识，应其请求，1911 年 3 月 20 日清廷命度支部右侍郎陈邦瑞、学部右侍郎李家驹、民政部左参议汪荣宝协纂宪法。㉖据《汪荣宝日记》记载，他和李家驹曾负责起草了宪法草案。这部草案，学界称为"李汪宪草"，可惜学界至今未发现完全的草案文本。㉗另据曹汝霖回忆，汪荣宝、章宗祥、陆宗舆和他本人"每逢新政，无役不从，议论最多，时人戏称为四金刚"。宪政编查馆第一件大事是起草宪法，公推李家驹、汪荣宝为起草，另推若干人为参与，曹汝霖就是其中之一。李家驹和汪荣宝都是新旧兼通的学者，他们两人特地在红螺山租了一间小寺庙，"静心研究，参酌各国宪法，采用责任内阁制，总理钦派，阁员由总理遴请钦派，国会两院制，人民应享之权利，与各国宪法相同。另设枢密院，以位置旧人。草案成后，在天坛开宪法审查会，由资政院选出议员 24 人，政府派 12 人，宪政编查馆全体参与，只作旁听，开会讨论。由起草员逐条宣读解释，又由议员等质问修改，经过两月余，按照三读会，始行成立，名为大清天坛宪法草案。因适应时代，君权稍重，虽未实行，亦为有清一代重要掌故"㉘。

曹氏所回忆，并不准确。综观此回忆录，乃曹氏九十高龄写成，记忆难免混乱失真。就本段关于宪法草拟来说，我们根据现有史料，看不到曹氏直接参与的证据。即便曹氏参与，地位也不是很重要。"李汪宪草"是不是有枢密院之设置，因为看不到文本，难以断言。草案完成后，曹氏所言在天坛开"宪法起草会"，基本不可能。因为第二次常年会召开后资政院即因政局动荡，不久即要求自己拟定宪法，不可能直接审议"李汪宪草"。可能是曹氏将它与民初的"天坛宪草"之审议记混了。

"李汪宪草"紧锣密鼓，大致就绪后，可能已给载泽、溥伦审议，甚且部分已进呈，无奈时局大变，这些工作基本作废。武昌事起，各省响应，第二次常年会甫一召开，议员们即商讨如何帮助朝廷应付危局之方策。于10月27日的大会上，"时局危迫请顺人心以弭乱本具奏案"提议者于邦华登台演说，主题之一是速编由人民协定的宪法："现在世界各国钦定宪法只有日本一国，但日本之国情与世界各国不同。夫所谓宪法者，乃君民共守之一种条件也。既为君氏共守之一种条件，自应由君民协订，方能永远遵守，收立宪之实效。况虽云协订，而最后之裁可尚在君主，仍不失为钦订，于君主威权自无毫发之损。"㉘经讨论后，10月28日资政院上奏朝廷，请协赞宪法：

> 奏为时事艰危人心解体请颁布明诏将宪法发交臣院协赞以维人心而靖祸乱恭折仰祈圣鉴事。窃惟鄂军之变，不及旬日，而响应者四起，此非一朝一夕之故，其阴相勾结，阴相鼓煽，潜滋暗长，蔓延国中者，其必有所以勾结鼓煽之具……在政府以为可借此以敷衍人民，在人民终不能因此而信爱政府，于是愤政府之疲缓，官吏之酷虐，法律之不备，审判之不平，人民生命财产之无所保障，权利义务之不能确定……故欲维系人心，敉平祸乱，莫若示人民以真正立宪。真正立宪，惟在颁布宪法。颁布宪法而不使人民协赞，则信守之意不坚，爱护之诚不至，服从之效不笃……臣院集议，以为非请皇上将宪法交臣院协赞，无以示皇上公天下之心，而表见其真正立宪之旨……夫宪法者，万法之母而君民共守之信条也。夫既为君民共守之信条，则曷不使人民参预，俾权利义务厘然悉当于人心？皇上既欲规定臣民之权利义务著为信条，又曷不于规定之时而诏进臣民一为商榷夫？协赞云者，在纂拟之后、钦定之前。先之以协赞，于先朝

圣训钦定之义毫无所妨者也。世界各国，惟日本、俄罗斯为钦定宪法，常为世界学者之所短，我中国曷为而采择之？故臣院兢兢致惧，伏愿皇上迅赐采纳，颁布明诏，毅然将宪法交臣院协赞。以法理言，既无碍国家统治之大原；以事实言，尤足见天地无我之至量。所以弭一时祸变之源者在此，所以奠万世无疆之业者亦在此。㉚

10月30日，朝廷部分批准资政院的奏请，命令"著溥伦等敬遵《钦定宪法大纲》，迅速将宪法条文拟齐，交资政院详慎审议，候朕钦定颁布，用示朝廷开诚布公、与民更始之意"㉛。之所以说"部分"批准，指的是清廷这时仍希望以"李汪宪草"为底本，交由资政院讨论议决，以维持其宪法钦定之原有目标。

10月27日密接京畿的张绍曾，发动滦州兵变，上奏《请愿政纲十二条折》。早已慌乱异常的清廷不得不允其所请。张氏领衔的《请愿政纲》，其中包括"改定宪法，由国会起草决议，以君主名义宣布，但君主不得否决之""宪法改正提案权专属于国会"。11月1日，张绍曾致电军咨府代奏朝廷，激烈反对上谕命令溥伦等根据《钦定宪法大纲》拟定宪法的做法。在他看来，《宪法大纲》首标君上大权，"以立法、司法、行政三者概归君上，大权作用与臣等所奏政纲适成反对。敬恳收回成命，取销宪法大纲，由议院制定，以符臣等原奏，庶足以收涣散之人心而固邦本。臣等实为救国，非敢要君。荷戈西望，不胜惶恐待命之至！"㉜

张氏谦称"不敢要君"，实际是武力"要君"，君亦受其"要挟"，于次日即下谕：

> 第二十镇统制张绍曾等电奏"奉初九日上谕，仰见朝廷实行立宪以与天下更始，三军感泣，惟内阁一日不成立，即内乱一日不平息，并宪法由议院制定"等语，系为维皇室、靖乱源起见，览奏具见爱国之诚，实深嘉许……所有大清帝国宪法，著即交资政院起草，奏请裁夺施行。㉝

至此，"李汪宪草"再无采用可能。当天，议员们即草拟《宪法信条》十九条。当事人汪荣宝在日记中记录：

> 旋往资政院，与同人商榷宪法信条，籍君忠寅持一院制说，而理由颇不贯澈。予起辩难，几至决裂。午刻，伦、泽两部到院，述本日滦州军队电奏，对于初九日谕旨尚多不满，有"荷戈西望，不胜迫切待命之至"等语，并闻禁卫军亦与滦州联合，岌岌可危。又闻武昌有电到阁，请停战，惟其条件如何，尚不可知。审察情形，非将滦军要请各条立予决答，不足以救危急。余仍回起草室，同人已议定信条十九事，即付秘书厅誊写。随后，两邸亦来演说篡拟始末及今后办法。同人力陈利害，请将宣布信条之事，于明日奏陈，务乞即日裁可，以安人心。两邸应允。㉞

在此之前，陈敬第等提议将宪法内最重要条件须尽快具奏颁布，以安定民心，早日戡乱。11月3日大会，议员们根据前日谕旨，考虑到宪法起草非朝夕间事，应先颁布宪法内重大信条（在性质上类似于《钦定宪法大纲》），在此基础上对信条具体内容进行较充分讨论，议决上奏：

> 奏为采用最良君主立宪主义并先草拟宪法内重大信条恩请宣誓太庙布告臣民以固邦本而维皇室恭折仰祈圣鉴事。窃惟祸乱纷乘，蔓延于川、粤、湖、赣、秦、晋、粤、汉各省，是大局已几于瓦解。又与前数日情势不同，而急切挽救之，约千万语为一言，仍不外视宪法良否以为关键。顷者特诏与民更始，并于统制臣张绍曾等所陈各节，均已仰蒙采纳，而天下亦晓然于朝廷意旨之所在，固将采用最良君主立宪主义，以餍薄海望治之心。兹复沛布纶音，宪法交由臣院起草，钦感莫名。臣院肩兹重任，敢殚竭愚诚，仰副圣意。伏查东西各国君主立宪，要皆以英国为母。此次起草，自应采用英国君主立宪主义，而以成文法规定之。虽兹事体大，诚非旦夕

所可完成，而臆测朝廷者，或且窃窃忧疑，以为左右臣工或有荧惑圣聪，痛定之日，翻然反汗。法国拿破仑第三世往事，至为寒心。如将重大信条先行颁示天下，则天下军民皆欣欣喜色相告曰：吾君果顺臣民之请，廓然大公，鞠诚相见。风声腾布，固已胜于百万之师。兹谨先拟具宪法内重大信条十九条，凡属立宪国宪法共同之规定则暂从阙略，俟全部起草时，再行拟具。送经会议，意见相同，谨缮清单，恭呈御览。恳请宸衷独断，毅然俯允，宣誓太庙，布告臣民，以固邦本而维皇室。在臣院非敢故为此危言悚论，实以事机紧迫，稍纵即逝。倘朝廷不即宣布，恐德意犹不能下达，而祸变尚未可胜言。院内激忠忱，外观时变，不得不痛切质陈于圣主之前，无任惶恐待命之至。再宪法万世不磨之大典，君民共守，关系至巨，臣院受命起草，兢兢致慎，不敢不广征全国军民意见，以期精审。除业由臣院电告各省谘议局参与意见外，拟就现时重要事项请，并准军人暂行参与意见，以安众心。㉟

清廷于11月3日下谕批准："择期宣誓太庙，将重要信条立即颁布，刊刻誊黄，宣示天下。将来该院草拟宪法，即以此为标准。"㊱

11月3日张氏再致电军咨府，他对朝廷命令资政院起草宪法仍不满意，因资政院并非国会："原奏宪法必由国会起草，今交资政院，为旧政府机关，不能代表全国。宪法仍系钦定，国民不得与闻……不能召集国会，不能制定宪法，不能选举总理大臣，根本问题不能解决，诸事皆属空谈。"11月4日资政院复电张绍曾，曲予解释，核心要旨是宪法信条并不等于宪法本身："本院顷据贵镇奏请实行政纲，拟订信条十九条，已奉旨准誓庙颁布。窃以事机紧急，稍纵即逝，故特以此项信条为基础，将来起草全部宪法，自应征集全国军民意见，一面已奏请速开国会，先由本院将议院法、选举法拟定。贵镇于宪法、议院法、选举法有何意见，务希赶速电达，俾有遵循，无任迫切，并希转达各省军界，尤为感盼。"㊲不久，滦州兵谏平息，张氏这一主张归于无效，但于此亦可见资政院作为拟定宪法之机构，已不尽为舆论所赞成。

11 月 26 日，摄政王载沣代宣统皇帝告祭太庙，宣誓宪法信条。这次公布宣誓的宪法信条凡十九条，通称《十九信条》。

该信条已极力模仿英国之立宪主义，尽管朝廷是在时局动荡、武力压迫之下不得已而为之，但到此地步，已做到政治改革之极致，按理应收到较好效果。实则不然，因为时已晚，南方革命独立各省已不再承认资政院和清廷之地位，就在清廷治下的北方省份，不少立宪党人对朝廷能否实施此信条亦抱怀疑态度。因国会无法召集，暂时履行国会职能的资政院名誉不佳，且力量有限，难以发挥确保信条实施的监督之责。据报载，资政院曾将《十九信条》分寄各省谘议局，询以能否承认。后陆续接到各局覆电，只有东三省及直隶、河南等省尚无异议，其余省份均不承认。㊳《十九信条》文本虽好，但不能得各省之承认，且缺乏施行之条件，于清廷之救亡基本没什么用处。诚如评论所言：

> 信条誓告矣，实行立宪无可反汗矣，北京政府改革之能力已极头尽地，不能更上一层矣。在主张共和者，方神游，至指斥十九条为卑无高论，而笑誓告为多事。然吾人就事论事，共和政府尚属空中楼阁，北京政府依然存在，则结果之若何，非至最后之五分钟不能预言判决。故此《十九信条》，断不可一句抹煞，付诸可有可无之数。所可虑者，履行信条者，朝廷与政府，无人以为之监督，则信条之履行与否，谁则执询之，谁则督责之？今国会未开，资政院议员已七零八落，且多不理于众口，甚或宣言取销不认，盖已失代表国民之资格矣！国民既不认为代表，而朝廷与政府独俛首下心，承认为监督，有是理乎？是信条虽经誓告，可恃而仍未可恃也。平心而论，此十九条中除末条不堪持久外，仅开始二条存君主之形式，以下十六条实已得共和之精神，苟能照此条文切实履行，东方病夫国未始不可转弱为强，但无论仍存现政府或推倒现政府，重建新政府，苟非有对等机关为严重之监督，决不肯切实履行。然则信条之果见履行与否，其责不在朝廷与政府，而视乎国民能组织完全监督机关与否，及组织机关后确有监督之能力与否而已。㊴

不久清廷国祚告终,《十九信条》亦成历史。资政院处于半解散状态,朝廷要其草拟的宪法全文,资政院可能并没着手,亦无人关注,事实上有等于无,没产生什么影响。

<h2 style="text-align:center">第四节　开放党禁案</h2>

于第一次常年会期间,资政院已奏请朝廷开放党禁,但未获批准。但立宪党人,尤其是流亡海外的康梁一系,极力联络国内同道,活动高层,持续在努力着,尽管收效甚微。

及至武昌事起,革命党声势大盛,全国响应,清廷限于困境。于1911年10月25日召开的大会上,王佐良首先提议"速开党禁,以消革命之祸",得到了一些议员的赞成;罗杰提出"为内忧外患本标兼治以救危亡案",即指出社会上有不少人主张开放党禁,以为应付乱局的治标之法。于10月27日的大会上,由于邦华等"提议时局危迫请顺人心以弭乱本具奏案"中,将速开党禁视为弭乱的三个良法之一:"各国立宪成例,未有不弛党禁者,诚能速开此禁,则上可示皇恩之浩荡,下可免走险之变乱。"其理由主要有两点,第一,开党禁为立宪国的当然做法;第二,当此危局,开党禁有利于消减革命党势力:

> 查东西洋立宪各国,当立宪之始,无不开党禁。我国自戊戌以后,党禁日严,以致革党因身不能归国,日肆煽惑,谓朝廷非真立宪,谓政府万不能倚靠。革命不能强国,遂致党徒日众,党祸日深,遂成今日不可收拾之现象。今朝廷如开党禁,与以自新之路,则革党之势力自减矣。

易宗夔大力赞成,指出:"此案去年曾具奏,竟乃留中。其中理由无事喋喋,倘能速弛此禁,则人才皆为国有,亦现在弭祸之一端。"于10月28日的大会上由陈懋鼎等人提议,单独成立"速开党禁具奏案",得以讨论通过。该折晓之以情,动之以理,归纳了开党禁的三大理由,即实行宪政、护惜人才和消解祸乱，请求朝廷将自戊戌以来的立宪党人和革命党人都予以赦免擢用：

　　资政院总裁大学士臣世续等跪奏为请速开党禁以示宽大而固人心恭折仰祈圣鉴事。

　　窃惟弭乱之本在于收拾民心，而士者民之倡导，未有士心不固而民心能固者也。我朝本无党禁之说，自海通以来，世界政治学识到处播殖，因借镜之资，以见吾国政府之窳败，有心者或欲起而改革，不逞者遂溃出于范围，以致获罪中朝，亡命绝域，外邦庇之为政犯，天下目之为党人。其中固有一二桀黠之辈，簧鼓革命，为中国害，然亦有眷怀祖国，感激旧恩，忠爱之忱，历久不变者。至于仅冒嫌疑，并无实迹，痛心永弃，企望见收者，亦复不少。臣等以为，宪政之立，与民更始，考各国立宪成例，未有不于开国会时大弛党禁者。今吾国距国会之开仅及一年，倘于此时宏颁涣号，与以更新，使人民复公权之平等，国家得政党之互剂，匪特借表真诚，抑亦可收实益。此为实行宪政起见，不可不速开党禁者也。

　　近今中国人才消乏已甚，为上者所亟宜维持。党人中实有文章学问度越恒流，而且艰阻备尝，深增阅历，无论跻之政界、置之社会，出其蕴抱，必足仰助休明。如赦使来归，将见人望所存，风从者众。汇征之吉，即为消长之机。此为护惜人才起见，不可不速开党禁者也。

　　自古寇贼之起，每招叛亡，以为谋主。汉失中行，宋弃二憾，皆其明征。盖人心失望之余，往往铤而走险。方今乱象滋蔓，士类危疑，宜乘威信之尚存，使识圣明之可恃。况匪党胁从者，已奉明诏，准其投诚，则与乱事无涉之党，更无不许自新之理。此为消解祸乱起见，不可不速开党禁者也。

　　拟请我皇上特沛德音者，凡因戊戌政变而获咎者，与前后因革命嫌疑惧罪逃匿者，以及乱事虽被胁附而自拔来归者，悉皆赦其既往，俾齿齐民。并请申明：所有大清帝国国民，苟不越法律范围之中，本皆在国家保护之例。嗣后地方官吏，自非根据法律，不得以嫌疑之故，逮捕无辜。如是，则天下晓然于皇恩之浩荡，悔祸者深自被濯，观望者无复猜疑。士心一固，民心自固。今日弭乱根本之图，诚无有切于此者矣。臣院会议，多数议员意见相同，当场议决，谨遵《议事细则》第一百六条，恭折具奏，请旨裁夺，伏乞皇上圣鉴训示。谨奏。宣统三年九月初九日。[40]

该折奏上后，朝廷于 10 月 30 日下谕批准：

> 党禁之祸，自古垂为炯戒，不独戕贼人才，抑且消沮士气。况时事日有变迁，政治随之递嬗，往往所持政见，在昔日为罪言，而在今日则为谠论者。虽或逋亡海外，放言肆论，不无微瑕，究因热心政治，以致逾越范围，其情不无可原，兹特明白宣示，特沛恩纶，与民更始，所有戊戌以来因政变获咎，与先后因犯政治革命嫌疑，惧罪逃匿，以及此次乱事被胁，自拔来归者，悉皆赦其既往，俾齿齐民。嗣后大清帝国臣民，苟不越法律范围，均享国家保护之权利。非据法律，不得擅以嫌疑逮捕。至此次被赦人等，尤当深自被濯，抒发忠爱，同观宪政之成，以示朝廷咸与维新之至意。[41]

至此，形势比人强，朝廷一直不愿开的党禁迫于革命党人的直接威胁得以开放。

11 月 2 日直隶总督陈夔龙上奏，请释放速开国会请愿代表温世霖。温世霖（1870—1935），字支英，天津人。秀才，天津水师学堂肄业，曾充直隶督署、天津道署等衙门幕僚，后创办普育女学堂，并亲任学堂总理，还曾担任《醒俗报》总编辑。1910 年 12 月，在第四次请速开国会请愿活动中，温世霖被推为全国学界请愿同志会会长，后被朝廷发配新疆。在新疆期间，著有《昆仑旅行日记》。11 月 6 日，朝廷同意陈夔龙之请，将温氏放回。[42]陈夔龙晚年以遗老隐居时，曾著有自传性质的《梦蕉亭杂记》一书，有这样的回忆：

宣统初元，设立宪政编查馆，宪法期以九年成立。于第九年特开国会，新政逐年举行。立法未尝不善，奈一般急进派嫌其过迟，訾议政府有意延宕，阻挠宪政。东三省新学家首先入京，乘机煽动，革党一倡百和，伏阙上书，请立时开国会，并至摄政王府拦舆陈请。朝廷以议定年限，未便遽行允许，而又不能剀切晓谕，以崇国体而戢众嚣。终日纷扰，举国若狂。监国至避居大内阿哥所，未敢公然回邸，以避其锋。正相持间，天津无赖某君，出身寒微，庚子后和议成，外人归还津地，某君乘时崛起，以创办学堂为名，联络当道士绅，居然自命为维新人物。闻奉人在京请愿，事未果行，乃勾串来津请愿，唆使各学堂各派代表，登时聚集千余人，断指喋血，群向督署陈恳入奏，早开国会。一面力阻各学生上课，借示要挟。并通电各行省各学堂，同时罢学请愿，期宪政即日成立。言之虽亦有故，实则假公济私，意存叵测。津地人情浮动，影响所及，殊于治安大有关系……津开学最早，学规本极严肃。自某君混入学界，恃有护符，迹其平日不安本分，已非一端。此次竟敢挟众罢学，通电全国，几至激成巨变，不可收拾，此而不惩，何以端士习而肃法纪。律以两观之诛，亦属罪不容辞。只念立宪时代，姑从宽典。饬署巡警道田君文烈密拿到案，即日电奏发往新疆安置。奉旨后，立派妥役押解起程，不准少有稽延。津门士绅，有为之关说缓颊者，已望尘不及。[43]

此段材料所言"天津无赖某君"即为温世霖。陈夔龙所记，也难说绝非事实，惟立场不同，褒贬各别，读者自会辨识。[44]

党禁既开，议员们多次质询法部特派员，并严词催促释放去年因刺杀摄政王载沣而得罪的汪精卫等革命党。牟琳于11月4日大会上质问："现已有旨开释革禁，则从前之国事犯应自奉旨之日始即为无罪。汪兆铭何以至今不释？"法部特派员答："该案悉由民政部交来，此时正调查案卷，为开释地步。"牟琳继而指陈："党禁未开以前，汪兆铭固系罪人；党禁既开以后，汪兆铭即非罪人。法部一日不开释汪兆铭，即冤受一日之罪矣。"11月6日朝廷正式下谕释放汪精卫等人，"法部奏，党禁既开，拟将监禁因犯政治革命嫌疑人犯请旨悉予释放，并抄录亲供呈览折片，汪兆铭、黄复生、罗世勋均著开释，发往广东交张鸣岐差委。"⑤

10月27日，张绍曾、蓝天蔚共同奏陈请愿政纲十二条，其中第七条就是"关于国事犯之党人，一律特赦擢用"，并声言"军情浮动，向背可虑"。11月1日，张绍曾专门致电资政院，对包括开党禁在内等宪政进行事宜有所建议：

> 党禁既开，国事犯应请政府即日一体释放。再，戊戌以来，殉国志士皆系牺牲生命为国捐躯，今日宪政成功，实皆诸人所赐，自应年给扶助金，恤其遗孤。至于额数年限，请贵院提出议案，制定条例，庶足培养士气，收拾人心。事关宪政进行扼要之法，望速提议实行，不胜翘待！⑥

11月4日资政院复电张绍曾，有"本日接寒电，政党擢用一折，已议决，即具奏，并闻"。⑦资政院同日开会讨论该议题。兵临城下，资政院的讨论也成走过场。经陈敬第提出，即获得多数通过，遂上折请求朝廷批准：

> 奏为恳请明降谕旨特准此次革命党人按照法律改组政党并赐擢用以纾兵祸而靖乱源恭折仰祈圣鉴事。窃惟此次各省之变，其中类皆抱政治思想无从展布激而出此，现在朝廷与民更始，大赦党人，并于昨日奉准颁布信条，天下必晓然于圣意之所在，而自纳于轨物之中。所有此次革命党人，拟请明降谕旨，准其按照法律改组政党，如有才可擢用，并请量加甄录，并于原统兵队俟其反正后仍可收为国防之用。臣院为纾兵祸、靖乱源起见，不得不迫切上陈。⑧

当日朝廷即发谕批准，"所有此次党人，均著按照法律改组政党，借以养成人才，收作国家之用"⑨。

此乃资政院第二次常年会中开放党禁的大致情况。虽达成目标，但没什么实际效果。且在兵谏之际，实际上资政院是奉军人之命，具折上奏将革命党改组为政党，更显荒谬，诚如当时报纸所评论：

资政院奏请将革命党改组为政党，业已奉旨允准，惟此举实为创见之事。盖政党须活动于国家法律范围以内，革命党素主张共和，并主张共产之极端社会主义，皆非我国现行法所许，且非君主立宪国所能以诏饬令其改组者。传闻北方之急进派奉谕后，均以各国无奉旨组织之政党，更无奉旨组织之革命党云。(50)

革命风潮弥漫全国，清廷摇摇欲坠之际，才在军事威胁面前，仓促开党禁，但为时已晚，丝毫无补于晚清君宪大局。早在第一次常年会请求朝廷开党禁被拒绝后，康梁一系的很多立宪党人即或明或暗倒向了革命阵营。郭廷以指出：

武昌革命是由新军先发，谘议局附从，继起各省，大致相同。新军所恃的是实力，谘议局凭借的是政治社会声望。谘议局议员一向多属立宪派，张謇领导的一支较为温和，梁启超领导的一支较为激进，声势较张謇为大。张謇与袁世凯为近，希望他东山再出，同时和皇族载泽通声气。梁与载涛为近，希望开放党禁，由梁或康有为执政，为载泽及隆裕太后所压制。三次国会请愿不成，横受摧残，梁派遂萌推翻现政府之念，相机与革命党合作。(51)

第五节　剪发具奏案、改用阳历案

第一次常年会即有剪发易服案之上奏，朝廷下谕予以否决。尽管资政院上奏没有获准，但其意义在于发辩这一原本被视为谈虎色变的“祖制”“禁区”，现在可以在最正式的官方场合公开辩论，且朝廷亦曾开会正式讨论，极力赞成者有之，赞成剪发而不易服者有之，模棱两可者有之，最后下达的谕旨没有提及剪发禁止与否，已是默认，这本身即属一大进步。

武昌事起，革命风潮弥漫，满汉矛盾空前尖锐，发辫成为是否进步、革命以及忠于清廷的象征，很多地方还因发辫去留问题引发杀戮情事。议员们自不能就此等现象无动于衷。于 11 月 18 日的大会上，王璟芳即指陈："报上登有南京惨杀一事，凡无辫发者皆遭杀戮。报上的话，虽不能全信，然亦不能必其绝无。此事依本员意见，请由本院奏请朝廷明降谕旨剪发，以昭一律。"其提议得到一些议员的赞同，被作为下次开会的议题。

到 11 月 20 日的大会上，议员们讨论通过李文熙的修正案，遂于次日上奏，云：

> 资政院总裁内阁法制院院使臣李家驹跪奏为恳请降旨即行剪发以昭大同恭折仰祈圣鉴事。窃臣院于上年提议剪发易服一案，当经奉旨：国家制服，等秩分明，习用已久，从未轻易更张等语。系因服用习惯关系全国商业经济，一时更换不易，并未有不准剪发明文。现在实实行立宪，日进文明，发辫为东西各国所无，况近日剪发者已多，曷若明示剪发，既可弭满汉新旧之别，且可免外人文野之讥。应请我皇上暨我监国摄政王毅然剪发为天下倡。并请明降谕旨，凡议员、官吏、军警学界，一律剪发，商民听其自由，以示与民更始之意。至于服色一节，除礼服由内阁另行规定以期简便外，常服应悉仍其旧，以免纷扰而塞漏卮。臣等公同议决，谨遵《宪法信条》第十八条，恭折具陈，伏乞皇上圣鉴。谨奏。[52]

此次资政院上奏，并未像其他奏案那样很快获得批准。直到 12 月 7 日，袁世凯内阁上奏：

> 查《宪法信条》第十八条"国会议决事项，由皇帝颁布之"，

第十九条"国会未开以前资政院适用之"各等语，现在资政院议决之案，皇上仅有颁布之旨，并无否决之权。所有十月初一日该院所奏"剪发""改历"两折，系《信条》颁布之后初次议决上奏之案，若不照议颁布，即与《信条》相背，失信国民，危险实多。兹经内阁会议，谨拟上谕各二道进呈，请用御宝。各发下一道，以便颁布而昭大信。谨奏。宣统三年十月十七日内阁奏。[53]

朝廷当日下谕裁可，"资政院奏恳请降旨即行剪发以昭大同一折，凡我臣民均准其自由剪发"。[54] 此时距资政院上奏已过去半个月。在此期间，到底发生了什么呢？当时报纸即有怀疑："孰意朝廷事事允准，独此剪发问题，偏不恤违反正在告庙之十九条，特交阁议，阁臣又郑重其事，不敢草率议覆，至今尚无下落。"[55]

发辫问题在清代是个大问题。尽管经第一次常年会上奏后，不再政治上犯忌，但毕竟历经几百年，保留发辫已成很多人的生活习惯。一旦明令废除，势必引发纷扰。诚如当时报纸上所引前内阁协理大臣那桐所言："以现在军士商民不愿剪发者尚多，当兹乱事方炽、人心浮动之时，若再发此政令，恐人心益必不靖，滋生事端，应请俟事机稍定后，再为实行。"[56] 汉人中，更有极端反对剪发者，恽毓鼎就是一例。他于11月21日的日记中表达了愤慨之情："当此分崩离析之秋，救亡不暇，忽为此大改革，惑民观听，愚氓误以为国家已亡，必生变动，是无故而搅之也。议员见识若此，何值一钱？亡国三妖：一、东洋留学生，一、新军，一、资政院、谘议局。"[57] 此是主张延宕一方之理由。主张应尽快批准者则将朝廷明令允准剪发，是彰显其真正立宪决心之象征。朝廷迟迟不批准资政院奏上的剪发案，成为几位民选议员辞职的理由之一。[58]

不管怎样，到清廷逊位前夕，朝廷迫于巨大压力，终允许民众自由剪发。作为政治的发辫，至少从成文法律的层面解决了，尽管在社会习俗未必如此迅捷：

清初强迫剃发编辫，严令峻法以推行之，过了几十年才普遍实行。及辛亥革命后，倡导剪辫子，当时有哭者，有避难者，推行亦不易，直至民国十数年乡下还有不少人留辫子，相演成风，积习难改。⑨

此是后话，兹不赘述。

在传统中国，崇尚天人合一，历法与皇权、正统息息相关，当朝皇帝颁行历法成为其统治合法性的标志之一。最迟从秦汉开始，所使用的历法都属太阴历，俗称农历，其长处是它能与中国农业所需季节配套，其短处在于它与太阳历相比欠缺精准。晚明朝廷编历授时，不得不借重于西洋传教士。清初爆发了杨光先与利玛窦之间的中西历法之争。尽管当时清廷将之作为一个重要的政治问题予以处理，但中国传统历法欠精准这一问题依然存在。

自 1582 年 3 月 1 日，罗马教皇格里高利十三世颁发了以地球绕太阳运动周期为根据的新历法，以其精准，随着列强尤其是英国的殖民扩张，逐渐在全世界推行开来。使用该历法与否在很大程度上成为一个国家是否接受近代先进文明的重要标志。随着西风东渐呈不可遏止之势，中国国内舆论界采用此种西历的呼声越来越强烈。如"李汪宪草"起草时，李家驹"颁历为中国历史上大权之一，亦应增入"，后与汪荣宝商量而作罢。⑩

于 1911 年 10 月 27 日的大会上，江谦提出改用阳历建议案："改用阳历虽不重要，而关于预算上、法律上、农事上、教育上均有种种之关系。"经简单讨论，即由议长宣布交股员会审查。因其间重要议案较多，直到 11 月 20 日的大会，才由股员会报告审查结果。该提议经王季烈和陈懋鼎的修订后，股员长章宗元报告审查结果，决定建议朝廷于宣统四年（1912 年）冬改用阳历，因改用阳历需要充分的准备时间。当场有不少议员持反对意见，认为即便有困难，也宜早不宜晚。江辛讲："以立宪为新纪元，不能再用旧历。"将运用新历与立宪开国会紧密联系在一起，还是将历法与政治合法性关联的固有思维，并不具学理方面的充足理由。但这符合时人对宪制的热望，故颇具说服力。针对预备需时的说法，汪荣宝有总结性发言："以后仍可新旧历并用，有何问题？此不过表示朝廷与民更始之意，不可徒事推托，以待来年。即于本年十一月十三日为宣统四年元旦，即由元旦日起改用阳历。"最终，资政院通过了上奏稿，建议朝廷于1911年农历十一月十三日，也就是1912年1月1日开始采用阳历。

资政院上奏后，掌湖南道监察御史欧家廉上奏，建议朝廷不可速行改用阳历：

> 资政院议决改用阳历一案，兹事体大，未可轻议。即万不得已，亦当俟大局敉平，然后谕饬京外大小臣工从慎定拟。总以不悖天时、不伤地利、不碍人情，始能推行于久远。况中国历算，上自朝廷政令，下至民生日用，皆有关系，一旦改易，纷扰岂可名状。且当变乱纷乘、人心摇动，万一改历之日，愚民无知，纷纷误会，其祸更有不忍言、不敢言者。虽改历为国家大事，圣明自有权衡，然臣窃有所闻不无愚虑。[61]

12月7日，经内阁上奏，朝廷同日发布谕旨，"资政院奏议决改用阳历一折，著内阁妥速筹办"。同允准剪发的谕旨一样，实际上都是内阁的意见。"妥速"一词颇涉含混，故该谕并没有确定适用阳历的具体时间，个中真正原因，欠缺直接资料，无法详揣。综合报纸报道和当时情势，无外乎以下几点：第一，改用阳历，确实有事实上的障碍。因当时快到年底，资政院上奏时已是11月下旬，朝廷发谕更是到了12月上旬，准备时间太短，"其有关内政者，大致系以海关结税及财政预决算等政为重要，至关于外交者，系因与各国所订各项条约，一经改用阳历，均应分别改订，以此无暇及此"。第二，按照颁行历书惯例，已颁新历，势难取消。内阁"踌躇未定，商之钦天监会议办法。当经钦天监决定，拟仍以宣统年号纪岁，即以本年十一月十三日改为宣统四年元旦日，其历书体式则拟暂刊阴阳二历合参。"[62]第三，可能还是最重要的原因，就是在帝制中国，朝廷的合法性来源于天命。如能证明天命已改，现在朝廷即应寿终正寝。改历意味着天命已改，王朝鼎革。当时袁世凯正在与南方和谈，一方面挟朝廷压南方革命党，另一方面借革命党向朝廷施压。此时，他尚害怕舆论指责他背叛朝廷，欺负孤寡。袁世凯迟迟不做决定，就是怕担背叛旧主之骂名，也可继续挟朝廷向革命党施压。

北方的袁内阁在改历上没什么标志性动作。此时，南京临时政府成立，临时大总统孙中山于1912年1月1日晚间在南京举行的民国临时大总统就职仪式上，当场发布一道《改用阳历令》，以本日为中华民国元年元月元日，并在第二天通电全国各省。历史在这里非常吊诡：资政院和孙中山本来是互不承认，孙中山的命令却完全达成了资政院改用阳历奏案的效果；历史只记得孙中山颁布法令运用阳历，却忘记了资政院议员们的努力。其实，一个重大的具有标志性的历史事件，其背后都有很多人在为达成该目的而努力着。

第六节　惩治祸首案

百年回首，看清廷之覆亡，必然乎？偶然乎？恐怕一言难尽。从大趋势来看，清廷自身无立宪之充分诚意和所需能力，导致革命风潮迭起。即便没有这些偶然事件，清廷覆亡也是早晚的事。但当时一般皆认为由铁路国有引发保路运动，进而导致武昌事起，一连串政潮接踵而至，最终清帝逊位，国祚以终。由清室遗老赵尔巽负责编撰的《清史稿》即将盛宣怀和瑞澂合编成"列传二五八"，将之视为颠覆清室之祸首，于传后的评论明确讲："辛亥革命，乱机久伏，特以铁路国有为发端耳。宣怀实创斯议，遂为首恶。鄂变猝起，瑞澂遂弃城走，当国优柔，不能明正以法。各省督抚遂先后皆不顾，走者走，变者变，大势乃不可问矣。呜呼！如瑞澂者，谥以罪首，尚何辞哉？"⑥尚秉和编《辛壬春秋》，曾感慨清末铁路国有政策为正当，却亡国随之，"前代以政策荒谬而亡国，独清以政策正当而亡国。昔人以萧规曹随为美，清独以萧规曹随而得罪"。又评论云："铁路国有，全国抗争，因以革命覆清，至民国，事事以民意为从违，宜废置矣，乃四省之民，不复有言，然则策非不善，行之非时，主者偏私，清命竟终于斯。"[64] 尚氏虽未确指，但明眼人自可看出，是盛宣怀"偏私"且主导"行之非时"之铁路国有政策，终至覆人邦家。虽未点祸首之名，但祸首自在，此乃春秋笔法之旨。

第二次常年会开议，正值武昌事起，星火燎原，清室弭乱之策，首在明祸首并予以依法惩徽。10月25日，第二次常年会第一次正式议事，罗杰于演说"为内忧外患本标兼治以救危亡案"的主旨时指出：治本当真实立宪，治标则在处置盛宣怀、赵尔丰和瑞澂诸措置失当之大员。随后大会正式讨论牟琳的"提议部臣违法侵权激生变乱并有跋扈不臣之迹恭恳惩治具奏案"。牟琳提议的主旨为：

> 铁道国有系邮传大臣盛宣怀所创之政策，以致贻误大局，至于此极。盛宣怀在法律上、政治上皆罪无可逃。查《院章》第十一条，资政院有议决借债征税之权，乃盛宣怀借外债至一万万之多，不交院议，擅行借用；又查《内阁官制》第二十一条，凡各部大臣事关重要者，须经阁议后，方能上奏。借款事件，何等重要，而盛宣怀竟敢单折入奏！且借款签押时，度支大臣尚在请假，系盛一人签押。蹂躏《院章》、违背阁制，此盛宣怀法律上之责任也。因铁道国有激成川乱，而盛宣怀一味用压力，电达赵督，力主格杀勿论，影响所及，遂酿成湖北之乱。乃至湖南、陕西，亦有警耗。此盛宣怀政治上之责任也。且川乱甫起，盛宣怀辄专电调陕西、湖南等省军队赴剿，查调遣军队系大元帅之特权，盛宣怀竟不奏闻，擅行调遣，是盛宣怀跋扈不臣之罪也。[65]

随后议员们发言予以支持、补充理由。籍忠寅扼要指出，资政院之所以弹劾盛宣怀为祸首的事实理由，即"湖北之乱，实源于四川；四川之乱，实源于铁路国有；铁道国有，系出自盛宣怀一人之政策。祸首罪魁，盛宣怀实尸其咎"。最后，资政院议决上奏，奏稿略云：

奏为大臣不法误国殃民谨据实纠参请旨严惩以遏乱萌恭折仰祈圣鉴事。

窃惟治天下莫急于安人心，安人心莫急于除祸首。今兹危急存亡之秋，而海内所疾首痛心以为祸首者实为邮传大臣盛宣怀。迹其专权肆欲，败法害纪，罔上虐下，祸归朝廷，实有应得之罪……

盖今日祸乱之源，发于铁道国有政策。在朝廷方以体恤民艰，故俯从邮传部之议，而海内愤怨，效实相反，盖皆邮传大臣欺朦朝廷，违法敛怨，有以致之……云国有政策，则是取消先朝谕旨之商办公司及钦定商律。按照资政院《院章》，实应交院协议。按照《内阁官制》，亦应交阁议决。乃该大臣于舆论机关、钦定官制，一切不顾，于阁制发表之后二日，首先破坏，单衔入奏。该大臣目无宪典，目无国法，目无同僚，目无人民，一至于此。臣等窃不识内阁总协理大臣何以居然副署，以致诏谕一颁，谤议四起也！夫民心易失，国体宜尊，犹赖主管大臣慎重筹谋，妥定办法，庶祸消于将然，牢补于未晚。乃该大臣以市侩之心，与小民竞锱铢之利，以豪横之政，陷朝廷为怨毒所归。

……朝廷方欲公万几于舆论，而盛宣怀则务塞舆论以蔽朝廷。当川省争路之时，绅民电报皆为邮传大臣命令所阻遏，饬各局不准通递；比附朝旨，谓煽惑抵抗以违制论，呼吁无门，大乱遂作。夫疾痛号呼，发于忠爱，有何罪恶，加以叛名？盛宣怀自以手握天下交通之机关，不惜专愎擅权，隔绝上下之情如此……

综之，自资政院闭会以来，于今一纪，时艰孔迫，大小臣工，涂附为治，酿伏祸机。自盛宣怀掌部以来，横肆冲决，破坏宪典，破坏官制，破坏舆论机关，祸难骤发，乃飘风迅雨不可测度。臣等诚知今日国事之败坏，不必尽由于一人之咎，而盛宣怀实为误国首恶。去盛宣怀，则公愤可以稍平，大难庶几稍息。若容留姑息，则天下即有以窥朝廷。后患之来，实非臣等所堪设想。臣等忧危大局，不胜区区愤懑之忱，谨遵照《院章》第二十一条，据实纠参，拟请明降谕旨，立予严惩，天下幸甚。所有部臣违法侵权违法滋生变乱并有跋扈不臣之迹恭请惩治缘由，谨恭折具陈，伏乞皇上圣鉴。谨奏。宣统三年九月初五日。[66]

综观该折，法律和事实两方面理由都很充分。就法律上来说，姑置铁路国有政策之具体利弊于不问，其在程序上违反《院章》和《内阁官制》；从事实上来说，及至铁路国有政策推行，与民锱铢争利，激成不可挽回之事变。盛宣怀也许会为其铁路国有政策而不甘心，为其在"川乱"中之努力而委屈，但从事变酝酿及引发之严重后果，尤其是推行铁路国有政策在法律程序上的欠缺，被视为祸首，孰曰不宜！

资政院于 10 月 25 日奏上此折后，盛宣怀获讯，当即拟奏答辩。正准备与盛氏最后落实 1200 万日元借款案的实相寺贞彦，这样记述当日情况："盛于 10 月 25 日受资政院弹劾，当晚往拜访彼时，对之地位毋宁还抱着乐观，不料翌晨终于被革职。"[67]

据报载，摄政王载沣见到资政院奏稿，非常震怒，欲严惩，"旋由某大老在旁极力转圜，谓盛此次虽有不合，然素日办事，尚能竭诚，且为朝廷亦曾出力，请从轻减，以全体面而重老臣等语。监国然之，故遂降谕"[68]。当日朝廷下谕，将盛宣怀革职并永不叙用：

> 铁路国有本系朝廷体恤商民政策，乃盛宣怀不能仰承德意，办理诸多不善。盛宣怀受国厚恩，竟敢违法行私，贻误大局，实属辜恩溺职。邮传大臣盛宣怀著即行革职，永不叙用。内阁总理大臣庆亲王奕劻，协理大臣大学士那桐、徐世昌，于盛宣怀蒙混具奏时，率行署名，亦有不合，著交该衙门议处。嗣后该大臣等于一切用人行政事宜，务当不避嫌怨，竭诚赞画，以维大局而济时艰。[69]

次日，一直支持盛宣怀的度支部尚书载泽致函盛宣怀，为其受严惩而鸣不平："足下奇冤，主者并非不知，无如丛怨已深，群力排挤，主者亦无可如何。盖本来积弱，为众所挟持，复借乱事多方恐吓，遂不免苟且迁就。而国体已辱，主权尽失，虽有忠言，亦不能用。即如足下处分，革职可也，何必加以'永不叙用'字样。此辈用心之所在，盖所知矣。承嘱小心处事，爱我良深，当铭肺腑。惟某处欲罢不能之地，加以顽劣性成，明哲保身之计不定做得到否？鸿沟画界，前曾密陈，默审时局，亦恐将来作不到也。昨闻浙江失守，山西亦不靖，四方响应，大局已有瓦解之势。而当道者仍复私心用事，是其无肺肠者矣。某此时转羡足下，一身无窒碍之为福不小也。"⑦⑩盛宣怀见载泽对其处分亦爱莫能助，在朝廷再无转圜余地，遂离开北京。年底，旅居日本。

11月9日，距资政院上奏后快一个月，朝廷又下谕，"著将此案交大理院按照法律判拟具奏"。⑦⑪此时，盛宣怀已到上海，大理院要查清保路运动责任攸归，但乱事已起，交通阻隔，根本不可能。朝廷此举，无外乎表明其立场，要给舆论一个交待而已，并不是真正想要缉拿人犯予以明正典刑。否则，盛宣怀何能离开北京。大理院接到上谕后，于11月15日复奏：

> 奏为遵旨判拟要案请饬按名解京讯取确供以成信谳恭折仰祈圣鉴事……由内阁暨资政院先后将原奏及四川京官陈请说帖四件钞交到院。臣等当以案关激变良民，情节极为重大，自非将在案各该员等提解来京，严行质讯，不足以折服其心，而伸川民冤愤之气。正在缮折具奏间，复于二十三日承准内阁片交奉上谕赵尔巽电奏资政院奏参赵尔丰交大理院判拟，惟判拟必凭质问供词，请将全案人证提京质问据供定案等语，著大理院知道等因钦此。仰见朝廷明慎用刑之至意，自应钦遵办理。查资政院原奏，赵尔丰以外尚有周善培、王琰、田征葵、饶凤珣等四员，均系案内紧要之犯，相应请旨饬下署四川总督端方迅派妥员，一并押解来京，送交臣院讯取确供，再行按律分别定拟，并由总检察厅电饬该省高等检察长将激变情形详细调查，并将全案卷宗检齐送院，俾免狡卸而重宪典。所有承审要案请解案质讯缘由，是否有当，恭折具陈，伏乞皇上圣鉴。谨奏。
>
> 宣统三年九月二十五日奉旨：依议，钦此。⑦⑫

此案的司法程序到此为止。

据易惠莉引《英驻华公使朱尔典致英外交大臣葛笛电》，云：资政院于 10 月 27 日再作"请杀盛宣怀"之决议，而导致英、法、德、美四国公使往见庆王，得其担保，不至于盛有害。[73]实际上，资政院确曾于 10 月 27 日开大会，讨论了于邦华等提议的"时局危迫恳请急顺人心以弭乱本议案"，在该提案的文字版中有"惩治肇乱人员以泄天下之公愤"一款：

> 祸乱之作，其原因亦甚复杂，而借款收路、不交院议，实为一大原因。夫借款也，铁路国有也，天下原无绝对之人，特以条约之失败与否，商民之损失与否，关系至巨，须集案讨议。去年资政院开院时，度支部大臣到院演说，谓借款必须交议。议员等莫不欢迎，乃闭会未几，遂以独断行之，而盛宣怀尤为主持最力之人，揭铁路国有之标帜，诩诩然自鸣得计。其种种手续，皆任意为之而不恤众议，天下视为舆论之公敌。迨四川事起，犹不知反省，纯以威吓手段，劫制百姓，赵尔丰承其意旨，遂妄拿正绅，惨杀平民，致人心大愤，匪党乘之而起，迨影响及鄂，而瑞澂又弃城逃遁，使全军尽陷于从逆，此乱势之所以日滋也。伏祈我皇上赫然震怒，分别惩治，以谢天下。庶几人心大快，而祸乱不至蔓延矣。[74]

于邦华议场演说，重点在速编宪法、组织责任内阁和开党禁，未正面提及如何惩治盛宣怀、赵尔丰和瑞澂一事。议员们讨论，重点也在于邦华所讲的三点上，最后议决将此议案一分为三，分别同时上奏。故资政院是否有过议决杀盛宣怀之上奏案，限于我所见资料，尚不能确定。据报纸记载，"盛于事前闻知资政院因四国借款事将有弹劾之举，大为恐慌，特于初四晚密赴英法德美四国使馆中恳求保护生命，四国公使未允"[75]。可能是盛宣怀事前得之传闻。此为题外话，兹不赘。

赵尔巽所编《清史稿》关于资政院之记载尤其简略，史实错误还不少，但对资政院参奏盛宣怀一案，稍微着墨，足见编者对资政院此举之褒扬态度：

> ……川乱遂成，而鄂变亦起，大势不可问矣。资政院以宣怀侵权违法，罔上欺君，涂附政策，酿成祸乱，实为误国首恶，请罪之。诏夺职，遂归。后五年，卒。[76]

第七节　募集公债案

晚清朝廷本就财政异常窘迫，及至乱起，更形拮据。军队索饷，朝局在在堪虞。第二次常年会召开，朝廷对之给予厚望，其中之一就是解决财政难题。

为了解决财政危机，清廷的举措一是筹借外债，一是发行国内公债。

关于借外债一事。本来，此时政府借外债应先交资政院议决，之后政府才能签字画押。由于情况非常紧急，政府先在借债合同上签字，并下发谕旨予以批准。随后署理度支部大臣绍英将之提交给资政院。10月29日，资政院开秘密会议予以讨论。一般而言，在晚清这个民族主义较高涨的时期，借外债跟卖国紧密联系在一起，资政院一般都会反对借外债。观察第一次常年会期间议员们对各省督抚借外债的审查讨论即可知。但资政院鉴于军情如火，议员们抓住朝廷急需借款的心理，提出借款的三个前提条件，即解散皇族内阁、由资政院拟定宪法和赦免党人。在得到允准后，即表决通过。《大公报》的报道，大致还算靠谱："资政院秘密会议，内阁及各部大臣无不出席。政府提出，因各省乱事，不得已而借用外债，交院承认。各议员因提出，请俟关于法律政治上各条件政府允许后，方能代表人民担负债务。当由泽公承认，凡关于宪法上之条件，必可办到。其关于政治上者，如速开帝国议会、变通旗制、重惩川鄂等省肇乱大吏等条，政府亦皆分别承认，故借债一事当时竟得通过。"[77] 时任署理度支大臣的绍英在当日日记中云："午后至资政院议外债事，已付表决通过，惟须将法文合同与中文核对妥协。"

资政院通过后，第二天内阁会议，据《绍英日记》载："袁总理大臣云即可签字……外务大臣胡馨吾云已复驻法使臣电，告以借款已经资政院通过，转达勾堆备款矣。"次日，又记载："早至内阁署名，请袁总理大臣看借债合同……惟闻胡大臣云英国反对此次借款，恐将不成。"次日又云："署度支大臣将及半月，竭蹶从事，艰窘异常，倘借款无成，实无善策，闻内帑尚有存储，第讨领不易，不知将来能办到否，臣力竭矣。"[78] 晚清财政之艰窘，读之令人心酸。事情之演变证实了绍英的担心，因四国银行团先已与法国政府约定了恪守中立政策，反对任何财团插手对清政府的贷款，最终勾堆借款流产。[79] 汪荣宝在 12 月 3 日的日记中讲，他到陆宗舆那里，陆氏告诉他已得曹汝霖的书信，"法国借款已成画饼，两合同均已签字，而法政府来电言，英美德法俄日六国连约决定不借华债"，继而感慨"真是致命伤，京师仅余十日之粮，过此必将生变"。[80]

外债既然无望，清政府就只剩内部筹款一途。11 月 2 日，大会议决政府提出的"爱国公债简章案""宣统宝钞章程法律案"和"遵旨息借洋款以资接济而救危急公债案"。度支大臣载泽亲临资政院，对议员们简要说明了政府财政困难情形，非发行公债、宝钞和借外债，不足以渡过危机。

关于爱国公债，载泽讲："现在金融紧迫，市面恐慌，非设法维持，不足以应事变。本部筹议募集公债，请旨交院议。"大会未多作讨论，即将议案交税法公债股审查。

关于发行宝钞，载泽讲，这纯为救急起见，且国外亦有类似事例。理不直则气不壮，他讲得很少。但遭到了很多议员反驳，易宗夔即指出："此项所定为不兑换纸币，大清银行钞票为兑换纸币，尚不能通行，何况不兑换者？且其中有二条文强令购买，恐致市面扰乱。"陈懋鼎赞成此点："大清银行纸币尚少信用，宝钞何能通行？"载泽见及此种情况，主动撤回该提案："因事机紧迫，始出此策。既众议员不赞成，拟即撤销。"

11 月 13 日，大会继续讨论公债案。此时，袁世凯已被资政院选举为内阁总理大臣，且已入京履职，经议员提议并多数表决通过，公债问题当与袁面商后开秘密会议决定。

11 月 29 日大会讨论通过了经股员会和度支部特派员修正过的爱国公债案，即转交袁世凯内阁会同具奏请旨，奏折的核心内容为：

> 奏为募集爱国公债办法业经资政院修正议决请旨施行缮单恭折会陈仰祈圣鉴事。窃度支部于本年九月初九日具奏募集公债及发行钞票办法……该院将议决章程议案咨送到阁。原咨内称，发行宣统宝钞一案，多数议员均不赞成，业由前任度支大臣当场声明撤回。其募集爱国公债一案，经付股员会审查修正，并由度支部特派员莅会协议修正，复于本月初九日开会公同议决，全体赞成。相应将爱国公债章程议决案另册缮明，咨阁查照等语。臣等查此项爱国公债办法，既经资政院审查修正，开会议决，自应请旨颁布施行。方今时局阽危，财源匮竭，朝廷不忍重加吾民担负，叠颁钜帑，以济要需。凡内外臣工，均应激发忠忱，出禄糈之有余，佐库储之不足，各竭涓尘之力，仰分宵旰之忧。至王公世爵，受恩深重，倘能于派购数目之外尽力认购，尤足为官吏士民之倡。谨将修正爱国公债章程十四条缮具清单，恭呈御览。如蒙俞允，拟请以宣统三年十一月初一日为实行之期，即由度支部另订施行细则及奖励处分规则，咨送内阁核定后，咨行各衙门遵照办理。所有爱国公债请旨施行缘由，理合恭折会陈，伏乞皇上圣鉴。谨奏。[81]

尽管内阁已拟定《爱国公债章程》十四条，度支部随即拟定《施行细则》十五条和《爱国公债票奖励及处分规则》七条，于 12 月 14 日获得朝廷批准，[82] 但基本没什么效果。

到了 1912 年 1 月 5 日，民选议员多已辞职，出席大会的多为钦选议员。此时的资政院已名存实亡。但为了救急，议员王季烈又提出"募集短期公债"议案。该案甫由议长提出，毓善即讲："此公债重在实行，愈速愈好！资政院既开会甚难，此案不必再付审查，即就今日议场修正通过。"这主张竟得以在会场通过。后又讨论长福和高凌霄提出"募集短期公债具奏"案，高氏简要说明提案主旨，即向亲贵筹款："此次变乱，全国糜烂。推原祸始，实为亲贵大臣卖官鬻爵，误国殃民所致。今日财政困难，外债既不能借，各省解款亦不来。欲筹款，惟在北京而已，而北京亦惟向亲贵筹之而已。故贵族亟应毁家纾难，以救国家。募集短期公债即系此意。近闻有亲贵竟携资逃于外国者，尤宜令其输纳巨款。"⑧ 高氏的奏稿云：

> 奏为时局颠危财库奇绌请旨饬下亲贵大臣提倡募集国库短期公债以济急需而巩皇室恭折仰祈圣鉴事。窃惟变乱以来，数月之间，南方鼎沸，朝廷悯念疮痍，不忍以兵力平内乱，爰允休战议和。乃近日和议迁延，大局岌岌，库款枯竭，司农仰屋，罗掘无从，杞忧靡极。臣等拟请旨饬下度支部，责成大清银行发行国库短期公债二千万元，令亲贵大臣发奋效忠，毁家纾难，担认募债巨款，以为之倡。庶风声所树，募集必多。由大清银行国库事务所收款，即由国库完全担保，本利如期偿还。该亲贵大臣等受恩深重，与国家同休戚，当此危急存亡之秋，尤应感激涕零，发抒忠爱，踊跃将事，显以分君父之忧于无形，隐以巩祖宗之业于罔极。并道路传闻，京津外国银行寄存中国人资财甚多，万一国事糜烂，覆巢之下，岂有完卵？明季前车可为殷鉴，该亲贵大臣等素明大义，想必能慷慨乐输，首先提倡，庶足以救燃眉之急，而保国即以保家。⑭

该案经简单讨论后即通过，咨送内阁度支部供采择。

资政院力图为朝廷分忧，但可说是全无效果，反而使资政院声名扫地。本来按照改订后的《院章》，资政院确有议决公债之权，但此时的政府，不论是之前的奕劻内阁还是后来的袁世凯内阁，都拿不出一个切实可行的方案，如何谈得到在议场充分讨论以决定可否呢？观载泽亲临资政院就公债案的说明，即可知矣。更进而言之，《院章》之所以赋予资政院以议决公债之权，是因为资政院能部分代行国会职权，而还公债不啻于增加国民之负担，自应由代议机关议决，始能为举国民众所信服。到讨论公债案时的资政院，民选议员要么自己辞职，要么其议员资格已为其所出自的谘议局所取消。如此的资政院，如此草率、视同儿戏通过的公债案，当如同废纸一般，何能有效力可言。资政院在公债案中所作为，诚如舆论所批评的："以法理言，资政院为意思机关非执行机关，为政府订章程已属出位之言，为政府募债款，尤为越权之举……特恶夫义形于色之议员，大言不怍，博社会无知之喝采，而实不啻为政府之传声虫耳。"⑧

第八节　国民会议陈请案

随着武昌变起，全国响应，清廷焦头烂额，并无一定的应付方略，欲战而无兵无饷，欲和则无路可达，遂将希望寄托于袁世凯及其领导的北洋集团。革命党短时间内亦无力直捣黄龙，混一华夏。袁氏本无坚固的效忠清室之心，亦不愿被后世说成是操莽之臣，夺天下于孤寡之手，纵横捭阖于清廷和革命党之间，遂有南北和谈之局。在和谈中，袁氏挟清廷向革命党施压，以革命党向清廷夺权，终造成"非袁莫属"之局。热衷于功名利禄、希望火中取栗的政客们，积极向袁氏靠拢，建议各种南北和谈方案。还有一些立宪党人，尤其偏向君宪者，鉴于清廷让步已到极致，且战争延续，涂炭者皆属普通苍生黎民，尽力寻找和平方案。种种因素凑在一起，于是有向资政院提出国民会议陈请案之举。

在当时，中国要建设宪制国家基本成为共识，分歧在于君宪还是共和。清廷对立宪缺乏诚意的面目日渐暴露，一些君宪党人因对清廷立宪的失望转而同情革命。武昌变起，革命呈不可遏止之势，某些在清廷预备立宪中出任要职的"宪制专家"，如杨度者，看到清廷的无能，转而寻求新靠山，为袁世凯出谋划策。

于 11 月 13 日的大会上，两名议员⑧陈请召开临时国民议会以应付当前危局。11 月 17 日，杨度向资政院递交陈请书，要求召开临时国民会议，来解决君主、民主国体问题，以实现南北和平：

为陈请事。近者革命事起，全国响应，政府与武昌革命军各拥重兵，两不相下。无论孰胜孰败，皆必民生涂炭，财力困穷，决非可恃兵力以决胜负，必宜别有平和解决之方。度等为此，发起本会，建议两方停战，组织临时国民会议，解决君主、民主问题，以免全国战争之祸。现由本会决定，陈请贵院议决，具奏请旨，声明实行停战。一俟武昌承诺停战之后，即将赴鄂军队撤回，以示永远停止战争，不以兵力解决之诚意，并请旨召集临时国民会议，议决君主、民主问题，以期和平了结，实为全国之幸。为此陈请，即希照章议决施行，无任翘企之至！国事共济会君主立宪党杨度等，介绍议员范源濂、刘泽熙。[87]

杨度为什么会提交此陈请书呢？11月15日，即上陈请书的前两日，他与刚被释放出狱的革命党人汪精卫组织了国事共济会。他为什么要联合汪精卫组这个会呢？

杨度在袁世凯于11月15日发布的内阁名单中为学部副大臣，实际上并未就职，17日即开缺，由刘廷琛接任。[88]杨氏在晚清留学生中声名甚大，及至归国后，于1909年初在宪政编查馆这一要害部门以候补四品京堂任参议，之后就一直没什么实质性升迁。反观李家驹、达寿、汪荣宝诸人，论在日留学界之名声皆不如杨氏，却因获得中枢赏识不断升迁。如杨氏本是一淡泊之人倒也无妨，无如其从湘中名儒王闿运所学帝王之学，热衷用事，此种境况，他自会生不平之感，希冀再遇"明主"，一展胸中所学。1909年初，当他入职宪政编查馆前后，时值袁世凯开缺回籍，杨度冒着大风险，到前门车站为袁氏送行，并安慰："别当有说，祸不足惧。"武昌事起，袁氏出山，杨度参与密谋，更认定袁氏为其"明主"。及至袁氏组阁，任命杨度为学部副大臣，大致相当于改制前的侍郎，一下位列卿贰，官升数等。虽说升了官，但学部副大臣乃闲差，自不足以副杨氏之雄心，故他要为袁划策，再建奇功。甫任职即请求开缺，实为方便办事。

当时南北纷争，袁氏最大的敌人非南方革命党人及其武装莫属，解决中国时局，亦必须要有革命党的支持或者谅解。杨度一个很大的资本就是他在日本留学时与革命党领袖的交往。此时，因刺杀摄政王入狱的汪精卫因为朝廷开放党禁而于 11 月 6 日被释放。两人本属好友，且汪氏此时政见亦不如向时激烈，经谋划，两人遂商议，于 11 月 15 日发起成立了国事共济会，希望南北双方能和平解决争端。杨度任命自己的秘书方表为该会干事，并在天津组建本部，至少在东三省还设有分部。⑧

《国事共济会宣言书》扼要叙述君宪党人和共和立宪者政见之同异，认定召开国民会议是解决当前问题的不二良方：

> ……是二党者各持一说，各谋进行，其所争之点无他，君主、民主之一问题而已。此外如确定宪政，发挥民权，则两党之所同也。满汉蒙回藏五种必使同立一政府之下，决不可使分离，以与各国保全领土主义冲突，又两党之同也。然则两党共同之目的安在乎？皆不过成立立宪国家以救危亡之祸而已。近者革命军起，东南响应，北京政府与武昌军政府各以重兵相持，两不相下。设必欲恃兵力以决胜败，无论孰胜孰败，皆必民生涂炭，财力困穷……然而两党之政见，应何去而何从，非两党所能自决也，必也诉之于国民之公意。用是两党之人联合发起，以成斯会，意在使君主、民主一问题不以兵力解决，而以和平解决，要求两方之停战，发起国民会议，以国民之公意决之。无论所决如何，君主、民主两党皆有服从之义务。⑨

宣言书发表后，国事共济会即告成立，计划一面由杨度先向资政院陈请，一面由汪精卫负责与南方革命党领袖沟通，"电达上海军政分府，请求承诺所主张"。⑨

11 月 18 日，资政院开大会，收到山西谘议局来电，请资政院上奏速编宪法并召集国民议会。11 月 20 日，资政院又收到顺直谘议局来电，亦是请资政院上奏请即开临时国民会议。当天大会讨论杨度的陈请。先由郑潢代表陈请股说明陈请书大意，没什么审查结果，"此事重大，略为报告，请众讨论"。接着范源濂、刘述尧、李文熙、牟琳等先后发言予以支持。喻长霖、景安、毓善等大加反对，其中喻长霖的反对理由最为有力："宪法信条系尊重君主立宪，今若此，尚要信条否？且要求停战，朝廷虽停战，而革军之停战靠得住否？"议场秩序大乱。籍忠寅随即出而调和双方主张，既照顾其主张君宪的立场，又不能罔顾现实：

> 我辈既为资政院议员，自无主张民主者。但时势危急如此，不能拘牵法理，凡有可以救亡者，吾辈即当细心研究之。乃者乱事迭起，将及一月，其所以不能和平者，即君主、民主两问题未决之故。自种种方面观察之，既无以兵力平乱之理，则惟有合国人之意见，以为和平解决之法。本院对于此陈请书，但期之以上达，承认国民会议，将来国家前途乃有希望。不然因内忧而牵及外交，乃至危险之事，可不惧哉！

议场依然无法达成一致意见，于邦华最后建议开一茶话会，从长计较，以免冲突，之后资政院再无就此陈请开大会讨论之事。后续情况，据倾向于革命的《民立报》报道：

> 兹闻资政院又因此事开一谈话会，两派仍有争执。闻其反对之理由，则以宪法信条系由资政院奏定，此时若提出君主问题，与宪法信条相凿枘。且资政院虽系立法机关，亦无议决政体之权力。故两派争之甚激，大有决裂之势。并闻此问题发生之后，议员中又有少数之一派，对于此事不赞一词，如关于此事开会，即拟托故不到。[92]

杨度因陈请资政院失败后，于11月23日直接向内阁递呈，请求内阁代奏朝廷，明降谕旨停战，开国民会议，以和平解决政体问题：

> 为请朝廷明降谕旨实行停战速开临时国民会议议决君主民主问题以救危亡而维大局呈请代奏事。窃自武昌革命军起，全国响应，

朝廷号令不出都城，未独立者仅直隶、河南二省耳。宗社之危，系于一发。若欲仍恃兵力以戡内乱，非特生民涂炭，财力困穷，且沿江沿海遍竖白旗，亦复战不胜战。与其专为战守之计，何如别求解决之方。用是集合同志，创成此会，意在要求两方停战，速开临时国民会议，而以君主、民主两问题决之国民公意。议者以为会议必由多数取决，是否必为君主，殊无把握。不知此时欲言完全把握，虽伊、吕复生，不敢自信。惟是会议既开之后，则外交、内政利害得失，彼此可以互陈，以期归于一是。比之目前状况，君主立宪之言仅能言于都下，而各省概置不理者，实犹彼善于此。即令决议改为民主，然朝廷既肯以君主、民主问题付之公决，则尧舜至公之心，已为海内所共敬，人民对于皇室，其必优礼相加，而无丝毫危害之意，可以预决而知。和平解决之方，莫逾于此。拟请明降谕旨，实行停战。一俟武昌革命军承诺停战之后，即将赴鄂军队撤回，以示永远停止战争，不以兵力解决之诚意。并召集临时国民会议，议决君主、民主问题。若能将君主、民主，朝廷皆乐与观成之意昭示天下，咸使周知，尤足以生人民之感情，为平和之保障。至于临时国民会议之组织与其选举方法，应由会中拟具草案，仍由两方承诺，然后据以召集，未便由谕旨遽定办法，致生窒碍。[93]

杨度向内阁的上书亦无任何直接下落，到12月5日更主动解散国事共济会。在公开发布的解散宣言书里，杨度简要叙述了该会发起之缘由和所作的主要事情，鉴于南北两方都不认可和平解决之法，兵戎相见不可避免，只有解散该会，"惟天下伤心人共鉴之"。杨度等的主张，从文字上看不无悲天悯人之意，应有其力量。但此事由杨度等说出，不见其诚，但见其伪。杨度的早期仕宦经历已见于前，此时又视袁为"明主"，为其划策而出此，当时人所共见，其不为人所信服，自不待言。

更看杨度的言论。1909年7月，他曾以候补四品京堂向朝廷献策，阐述君宪宜定宗旨，斩钉截铁，力主非君宪不能救国，云："在中国而言立宪，非君主立宪不可，且非以君上大权成钦定宪法不可"，对《钦定宪法大纲》更是极尽褒扬之能言，"各国未颁布宪法之始，从未有预拟宪法大纲、预定君民权限如我国者，此实世界所无之创举，而我先朝至善之贻谋，所以预定亿万年之大计者也"。[94] 言犹在耳，杨度个人固不能见信于人，其政见自不能为人信服。更关键点还是大的时势使然。此为题外话，不待多言。

召开国民会议的主张本为袁世凯所赞同，为其部下所策划，"袁的故旧于袁之再起，无不兴高采烈，仆仆于天津、北京、彰德道上，筹议大计。参与其事的有唐绍仪、杨度、梁士诒、袁克定，与张謇互通消息。他们的具体方案为召集国民会议，决定共和国体，拥袁为民国总统。袁入京后，此一运动随之展开"。这就有了前述国事共济会及杨度陈请之事。在朝廷中，奕劻颇有赞成之意，摄政王载沣恐结果为共和，不肯答应。袁世凯本人此时鉴于向清廷夺权尚未完全成功，革命党人亦未就范，公开表态是拥护君主到底；私下却对汪精卫说："国民会议我极赞成，惟我站地位，不便主张民主，仍主君主立宪。"资政院没能通过杨度的陈请，内阁亦不便贸然上奏。

12 月 6 日载沣缴监国摄政王印章，退归藩邸，召开国民会议的阻力大减，袁世凯遂派唐绍仪携带召开国民会议以解决政体问题的方案南下与伍廷芳议和。为了配合南北议和之谈判，12 月 5 日，杨度即秉承袁世凯意旨，正式宣布解散国事共济会。

杨度陈请由国民会议来决定国体问题，将民主作为一个选项正式放到资政院议员们面前，资政院本为君主立宪预备时期的国会，议员们在法理上应该是君主立宪的坚定主持者和维护者。面对这一根本问题，议员们面临着巨大的抉择，分歧在所难免。

随着南北和谈的进行，议员们之举动已无足重轻，只是随着和谈而起舞。12 月 18 日，唐绍仪、伍廷芳开始在上海正式会谈。20 日伍廷芳即要求唐绍仪承认共和，取消满清朝廷。唐虽不反对，但要求由国民会议最后决定。27 日唐绍仪致电朝廷，告之以国民会议决定国体之谈判结果。28 日隆裕准其所请。随后唐与伍商定了国民会议办法：直、鲁、豫、甘、新及东三省代表，由清政府召集，余下的由民国政府召集。[95]

在这个国民会议之下，共和肯定是必然选择。

12 月 31 日，在唐绍仪国民会议方案的刺激下，有资政院议员上书袁世凯，代表很多民选议员辞职后所剩钦选议员们的主张：

> （一）国民会议选举章程必由内阁起草，会场必在北京；（二）唐大臣在上海并未与彼党评论君主、民主之利害，先自赞成共和。其电奏一味恫吓，竟全堕彼党之计中，实不胜议和之任，请迅速调回；（三）停战期内防御各军队万不可撤退；（四）奏请卖大内宝，以备急需。[96]

之后几日，更有一些激进的钦选议员召开秘密会议，"以唐绍仪既不能维持和局，民党之要求又不肯让步，应请朝廷宣布民党破坏和平之罪，停止国民会议"。[97] 1 月 5 日资政院最后一次开会，讨论了议员康咏提出的将召集临时国会收回成命奏案和爱子俊、奎俊等建议宣布革军罪状、取消国民会议并即行进攻之陈请案。康氏的奏案为：

> 奏为临时议会恐贻后患应请收回成命恭折仰祈圣鉴事。本月初九日钦奉皇太后懿旨……臣等伏读之下，悚惶莫名。此中利弊，有不能不渎陈者。自武汉乱起，朝廷决计与民更始，乃亲贵退矣，而彼不服；党人赦矣，而彼不服；信条颁矣，而彼不服；新内阁成矣，而彼仍不服。推其作乱之心，断非和平所能解决。兹以君主、民主问题，取决议会。倘赞成君主者多数，而彼仍负固不屈，又将何以处之？若赞成民主者多数，在皇上公天下之心，原无所爱惜，而蒙、藏、东三省必先离异，则战争不能已。直隶、山东、河南等省设有起义师以勤王者，则战事又不能已。夫议会之开，原以息今日之争，而适以酿异日之祸。朝廷以退让之故，反使全国糜烂不可收拾，我皇上岂忍出此？窃谓今日之事，即彼党势穷来归，遇有磋商之处，亦必先承认君主立宪，方可开议，断不可以议会而取决重大问题也。抑臣更有进者，皇太后未临朝听政，懿旨之颁，徒贻口

实。伏考君主立宪通例，不以命令变更法律。兹涉及君主、民主，非特有关法律，亦恐有碍信条。今者彼党猖獗，势已决裂，此事原无效力，然恐异日仍有以此为言者，则后患不堪设想。臣院有见于此，谨会议多数取决，合词吁请，收回成命。[98]

大会经讨论，最终同意许鼎霖的提议，将之作为建议案送内阁，由内阁决定。许氏还向大会汇报其作为唐绍仪议和代表团随员的经历：

余即此次议和之人，在上海几将肚皮气破。彼极自诩为文明，而余等到会场时，即不许余等发言，只许唐大臣一人开口。而唐大臣每日接到匿名书信不下数十，适皆系恫吓之言词，致唐亦不敢开口。如此议和，可谓之送礼而已。而黄兴对于国会要求五条，不另行选举，即就地求材，在上海开会。此等专制手段，尚何和议可言？故本员等先期回京，曾在上海登报声明，不敢与闻此等极端专制之议和云，遂归。至今彼等仍力持其主义，但彼等选举大总统时，只有十七人投票，黄兴得一票，孙文得十六票，遂当选。以中国之大、共和之美、大总统之重，仅由十七人选举，天下人民，其孰信之？况今日南省糜烂不堪，生灵涂炭，共和之结局若此，人民孰肯从之？本院今先不必着急，袁内阁既坚持到底，将来自有办法。俟外而各国，内而国民，均不承认其共和时，则彼等将自生反悔，或可和平了结。故开战之意不可发之自我，此案仍以作建议案为是。[99]

巧得很，许鼎霖不久之后成为资政院最后的"移交"议长，他在大会的最后发言为资政院的结局做了精妙的总结，"本院今先不必着急，袁内阁既坚持到底，将来自有办法"。换句话说，资政院将惟内阁是从，惟袁世凯是从。作为君主立宪预备国会的资政院郑重其事地来讨论君主、民主问题，本就是滑天下之大稽，君主立宪云乎哉！南京临时参议院的成立，事实上又给资政院最后致命一击，其黯然退出历史舞台，也为事理所必然。

总之，在第二次常年会期间，议员们通过了一系列重要议案，绝大多数获得朝廷允准。抽象来观察这些议案的内容，可说是君主立宪的核心要素都已具备：资政院获准起草宪法，先颁布《十九信条》，获得完全立法协赞权；明年即可速开国会，国会未开之前，由资政院代行其职权；选举出内阁总理大臣，组成完全责任内阁；党禁得以完全开放，甚至连革命党人都可以组建政党并由朝廷予以擢用，臣民可以自由剪发、使用阳历在即。

但实际上，与其说资政院之奏案获朝廷允准，毋宁说资政院是在奉旨办差。此时革命事起，迅速蔓延，朝廷对之无能为力，遂借重于资政院以收揽民心，挽救将倾之王朝。资政院奉旨办事，朝廷当即允准，这种固定套路并非是资政院本身或者说其背后宪制势力的力量所致，反而暴露了朝廷之内荏本质，间接证明资政院之御用性质和力量之虚弱。在革命未起之前的两次常年会间歇期，面对严重的内忧外患，资政院求开临时会被拒、朝廷主导以限制议员们活动的《院章》被迅速通过，彼时，朝廷对资政院的敌视和打压无所不至，资政院的立法协赞权安在？正是见及于此，当时即有评论指出：

> 今日资政院之议员非犹是旧时资政院之议员乎，旧时之议员弹劾军机案则默然取销矣，核减预算案则任令破坏矣，请开临时会而不成，争议外债案而无效，甚至改订《院章》、限制议案，不敢发一言，以触政府之忌，且有暗助政府而不惜操同室之戈者，何其志气之颓靡也？不意今年开会后，忽然志气勃发，一奏而内阁倾，再奏而皇族退，三奏而党禁开，于是协赞宪法、撰拟信条，均出各议员之手。今又有召集国会、擢用党人之请，言无不听，计无不从。年余之积闷，为之一泄；从前之怯胆，为之一壮。诚不愧国民代表哉！虽然，果谁之力欤？语云：士一日不见，刮目相待，其各议员之谓乎？[⑩]

议员基本还是那些议员，议长换成更听话的，其力量看起来较之去年不可同日而语，"果谁之力欤"？这些看似重要且有效力的议案，不过是朝廷全面危机下的"权宜之计"，难以让人确认清廷事后真能信守。对资政院来说也是一种虚假繁荣的装饰品而已，实际上不具现实价值。当时还在中学就读的叶圣陶在日记中的不信任记载，足可代表当时人们的普遍心理：

> 苟风潮一息，行见蛇蝎手段随之而施行矣。语虽可怜，其心不诚，不足信也。而欲求语出于诚而能见诸实行者，于满政府是必不可得。我知我有毅力有勇敢之同胞，必不以此而少缓其征伐以姑赦之也。⑩

注释

① 梦幻：《论改订资政院〈院章〉事》，《大公报》1911 年 7 月 2 日。

② 中国第一历史档案馆编：《光绪宣统两朝上谕档》，第 37 册，第 189—190 页。

③ 《资政院初二日开会纪事》，《盛京时报》1911 年 10 月 28 日。

④ 《奏为修改资政院院章请旨交本院协赞事》，中国第一历史档案馆藏，档号：03-7476-030。

⑤ 中国第一历史档案馆编：《光绪宣统两朝上谕档》，第 37 册，第 270 页。

⑥ 《奏为议决改订资政院院章恭请颁布事》，中国第一历史档案馆藏，档号：03-9303-029。

⑦ 中国第一历史档案馆编：《光绪宣统两朝上谕档》，第 37 册，第 309 页。

⑧ 《呈议决改订资政院院章清单》，中国第一历史档案馆藏，档号：03-9303-030。

⑨ 《要折》，《盛京时报》1911 年 11 月 29 日。

⑩ 陈恭禄：《中国近代史》，中国工人出版社 2012 年版，第 434 页。

⑪ 《大公报》1911 年 10 月 29 日。

⑫ 《议事详志》，《盛京时报》1911 年 11 月 1 日。

⑬ 《资政院奏内阁应实负责任国务大臣不任懿亲折》，《大公报》1911 年 11 月 4 日。

⑭ 《陆军统制官张绍曾等奏陈请愿政纲十二条折》，载故宫博物院明清档案部编：《清末筹备立宪档案史料》，上册，第 100 页。案：该史料注明上折时间为九月十三日，李剑农则根据重大事件发生的先后次第，断定张绍曾上折日期应是九月初八，也就是 10 月 29 日。因十二条政纲第八条为组织责任内阁，皇族永远不能充任内阁总理和国务大臣，奕劻为总理的皇族内阁于十一日解职，袁世凯即于次日被任命为内阁总理大臣。（李剑农：《中国近百年政治史》，第 278—279 页）以编写《史事日志》为基础，以资料翔实著称的郭廷以，亦断定张绍曾上折，也就是发动兵谏的日期是 10 月

29 日。（郭廷以：《近代中国史纲》，上册，第 410 页）但据原始资料"张绍曾等通电"，可以直接证明其发动兵谏、上陈政纲的时间是九月初六日，即 10 月 27 日。（杜春和编选：《辛亥滦州兵谏函电选》，载中国社会科学院近代史研究所近代史资料编辑部编：《近代史资料》总 91 号，第 59 页）

⑮　中国第一历史档案馆编：《光绪宣统两朝上谕档》，第 37 册，第 280—288 页。

⑯　《奏为遵照宪法公举袁世凯为内阁总理大臣事》，中国第一历史档案馆藏，档号：03-7476-044。

⑰　中国第一历史档案馆编：《光绪宣统两朝上谕档》，第 37 册，第 294 页。

⑱　同上书，第 37 册，第 304—305 页。案：在梁敦彦、严修、王士珍、萨镇冰、张謇未到任以前，外务部大臣由胡惟德暂行署理，度支大臣由绍英暂行署理，陆军大臣由寿勋暂行署理，海军大臣由谭学衡暂行署理，农工商大臣由熙彦暂行署理。因胡惟德和熙彦暂署国务大臣，外务部副大臣由曹汝霖暂行署理，农工商部副大臣由祝瀛元暂行署理。梁启超、梁如浩未到任以前，法部副大臣由定成暂行署理，邮传部副大臣由梁士诒暂行署理。

⑲　萨师炯：《清代内阁制度》，商务印书馆 1946 年版，第 104 页。

⑳　李细珠：《新政、立宪与革命——清末民初政治转型研究》，第 142 页。

㉑　《奏请速开国会事》，中国第一历史档案馆藏，档号：03-7476-043。

㉒　《令资政院迅速拟定议院法选举法谕》，载故宫博物院明清档案部编：《清末筹备立宪档案史料》，下册，第 664 页。

㉓　中国第一历史档案馆编：《光绪宣统两朝上谕档》，第 36 册，第 378 页。

㉔　《呈资政院开院以来所议殊多逾越及研究宪法择紧要数端条陈单》，中国第一历史档案馆藏，档号：04-01-02-0013-017。

㉕　中国第一历史档案馆编：《光绪宣统两朝上谕档》，第 36 册，第 468—471 页。

㉖　同上书，第 37 册，第 35—36 页。

㉗　学界的相关研究参考俞江：《两种清末宪法草案稿本的发现及初步研究》，《历史研究》1999 年第 6 期；尚小明：《"两种清末宪法草案稿本"质疑》，《历史研究》2007 年第 2 期；彭剑：《"乙全本"不是"李汪宪草"》，《史学集刊》2015 年第 6 期。

㉘　九十老人曹汝霖：《曹汝霖一生之回忆》，传记文学丛刊之十五，传记文学出版社 1980 年版，第 46 页。

㉙　于邦华演讲的文字底稿阐述得更学理一些，云："宪法者，朝廷与人民共守之信条也。与人民共守之信条而绝不使人民参与之，纵令斟酌咸宜，在人民一方，必终疑其有缺陷之处，此即异日冲突之朕兆也。是以泰西各国之宪法，未有不许人民参与者。不许人民参与者，惟日本而已。此虽由其国情独异，然近日诸家学说亦纷纷议其不然，即以此为日本短可也。凡采取他国法制，宜略短而取其长，况吾国编纂宪法，亦委之一二臣工之手！钦定云者，不过经皇上裁夺而已。与其取少数人之意见而裁夺之，何如取多数人之意见而裁夺之为愈乎？诚能破除成见，赫然下宪法协赞诏，使天下之人欢忭出于意外，则必至有感激涕零者，而逆党之簧鼓无以施其伎俩矣。"（《大公报》1911 年 10 月 29 日）

㉚　《奏为宪法钦定前请交资政院协赞事》，中国第一历史档案馆藏，档号：03-7476-031。

㉛ 中国第一历史档案馆编:《光绪宣统两朝上谕档》，第37册，第279—280页。
㉜ 杜春和编选:《辛亥滦州兵谏函电选》，载中国社会科学院近代史研究所近代史资料编辑部编:《近代史资料》，总91号，第59页。
㉝《组织完全内阁并令资政院起草宪法谕》，载故宫博物院明清档案部编:《清末筹备立宪档案史料》，上册，第97—98页。
㉞ 韩策等整理:《汪荣宝日记》，第311—312页。
㉟《奏为草拟宪法重大款项请旨宣誓告民周知事》，中国第一历史档案馆藏，档号：03-7476-041。
㊱ 中国第一历史档案馆编:《光绪宣统两朝上谕档》，第37册，第288页。
㊲ 杜春和编选:《辛亥滦州兵谏函电选》，载中国社会科学院近代史研究所近代史资料编辑部编:《近代史资料》，总91号，第62、64页。
㊳《大公报》1911年11月18日。
㊴ 无妄:《闲评》,《大公报》1911年11月29日。
㊵《奏为固士民之心请旨速开党禁事》，第一历史档案馆藏，档号：03-7476-032。
㊶ 中国第一历史档案馆编:《光绪宣统两朝上谕档》，第37册，第280—281页。
㊷ 故宫博物院明清档案部编:《清末筹备立宪档案史料》，上册，第98页。
㊸ 陈夔龙:《梦蕉亭杂记》，中华书局2007年版，第112—114页。
㊹《民立报》(1911年1月16日)有“血泪玉关之温世霖”，对温氏持肯定同情态度：南开中学校长张伯苓曾为营救温氏而拜访过陈夔龙。直隶士绅曾集资一千两为温氏流放途中花费，还有王庆绪“悯温君之遇，挺身同往新省，以资调护”。(尚小明编:《清末立宪运动史料丛刊·国会请愿活动》，上卷，第662页)
㊺ 中国第一历史档案馆编:《光绪宣统两朝上谕档》，第37册，第293页。
㊻ 杜春和编选:《辛亥滦州兵谏函电选》，载中国社会科学院近代史研究所近代史资料编辑部编:《近代史资料》，总91号，第59—60页。
㊼ 同上书，第64页。
㊽《顺天时报》1911年11月15日。
㊾ 故宫博物院明清档案部编:《清末筹备立宪档案史料》，上册，第104页。
㊿《大公报》1911年11月9日。
(51) 郭廷以:《近代中国史纲》，中华书局2018年版，第305页。
(52)《奏请降旨剪发事》，中国第一历史档案馆藏，档号：03-7594-050。
(53)《奏为资政院议决剪发改历两案请用御宝各发上谕以便颁布事》，中国第一历史档案馆藏，档号：03-9303-034。
(54) 中国第一历史档案馆编:《光绪宣统两朝上谕档》，第37册，第333页。
(55) 无妄:《闲评》,《大公报》1911年11月28日。
(56)《大公报》1911年11月25日。
(57) 恽毓鼎:《恽毓鼎澄斋日记》，史晓风整理，浙江古籍出版社2004年版，第561页。
(58)《资政院民选议员辞职书》,《大公报》1911年12月6日。
(59) 张钫:《清末社会鳞爪·辫子》，载文安主编:《晚清述闻》，中国文史出版社2004年版，第121页。
(60)《汪荣宝日记》，韩策等整理，第286—287页。

(61) 欧家廉:《奏为资政院议决改用阳历不可速行缘由事》，中国第一历史档案馆藏，档号：03-7593-003。
(62) 《大公报》1911 年 12 月 3、15 日。
(63) 赵尔巽等撰:《清史稿》，中华书局 1976 年版，第 42 册，第 12814 页。
(64) 尚秉和:《辛壬春秋》，上海书店出版社 2000 年版，第 41、49—50 页。
(65) 《盛京时报》1911 年 10 月 30 日。
(66) 《奏为特参邮传大臣盛宣怀专权坏法请旨严惩事》，第一历史档案馆藏，档号：03-7462-030。
(67) 《日本正金银行北京分行经理实相寺致横滨总行总务部密函》(1911 年 11 月 2 日)，《旧中国汉冶萍公司与日本关系史料选辑》，上海人民出版社 1985 年版，第 243 页。
(68) 《大公报》1911 年 10 月 29 日。
(69) 中国第一历史档案馆编:《光绪宣统两朝上谕档》，第 37 册，第 267 页。
(70) 《载泽致盛宣怀函》(1911 年 10 月 28 日)，《近代名人手札真迹一盛宣怀珍藏书牍初编》，第 2891 —2895 页；转引自易惠莉:《盛宣怀与辛亥革命时期之政治 (1909—1911)》，《近代中国》第 21 辑，第 146 页。
(71) 中国第一历史档案馆编:《光绪宣统两朝上谕档》，第 37 册，第 294 页。
(72) 《大理院奏遵旨判拟要案请饬按名解京讯取确供以成信谳折》，载张祥和编:《辛亥四川路事纪略》，1914 年成都铅印本，第 743 页；参考韩涛:《晚清大理院：中国最早的最高法院》，法律出版社 2012 年版，第 439 页。
(73) 易惠莉:《盛宣怀与辛亥革命时期之政治 (1909—1911)》，《近代中国》第 21 辑，第 145 页。
(74) 《大公报》1911 年 10 月 29 日。
(75) 同上。案：该报所云四国公使未允，征之易惠莉引《英驻华公使朱尔典致英外交大臣葛笛电》，亦见该报记载不实。
(76) 赵尔巽等撰:《清史稿》，第 42 册，第 12814 页。
(77) 《大公报》1911 年 11 月 5 日。
(78) 《绍英日记》，国家图书馆出版社 2009 年版，第 174—176 页。
(79) 参考刘增合:《"财"与"政"：清季财政改制研究》，第 414—415 页。
(80) 韩策等整理:《汪荣宝日记》，第 323 页。
(81) 《为募集爱国公债办法业经资政院修正议决请旨施行缮单恭呈御览事》，中国第一历史档案馆藏，档号：06-02-004-000380-0042。
(82) 中国第一历史档案馆编:《光绪宣统两朝上谕档》，第 37 册，第 343 页。
(83) 《大公报》1912 年 1 月 6 日。
(84) 《大公报》1912 年 1 月 1 日。
(85) 无妄:《资政院有何对待亲贵之别种手段》，《大公报》1911 年 12 月 28 日。
(86) 案：据推测，可能是范源濂和刘泽熙，他们与杨度交往密切，且为湖南同乡，后来又是杨度陈请书中的介绍议员。即便不是这两位，也当为其所授意。
(87) 《致资政院陈请书》，1911 年 11 月 17 日，载左玉河编:《中国近代思想家文库·杨度卷》，中国人民大学出版社 2015 年版，第 271 页。
(88) 参见《大清宣统政纪》，卷 64，《宣统三年九月下》。

㉘ 吉林西南路兵备道孟宪彝曾发电报告总督赵尔巽："奉吉两省发起国事共济会，无事而吟，徒滋扰乱，宜及早解散，用保治安。"（转引自桑兵：《走进共和：日记所见政权更替时期亲历者的心路历程：1911—1912》，北京师范大学出版社 2016 年版，第 130 页；《孟宪彝日记》（一），李德龙等编：《近代日记丛钞》，第 161 册，学苑出版社 2006 年版，第 379 页）

⑨ 闻少华辑：《国事共济会资料》，《近代史资料》第 51 辑，第 114 页。

⑨ 《国事共济会解散宣言书》，闻少华辑：《国事共济会资料》，《近代史资料》第 51 辑，第 120 页。

⑨ 《共济会大不济事》，《民立报》1911 年 11 月 30 日。

⑨ 《大公报》1911 年 11 月 27 日。

⑨ 杨度：《宪政实行宜定宗旨敬陈管见折》，《近代史资料》第 71 辑，第 231—232 页。

⑨ 参考郭廷以：《近代中国史纲》，香港中文大学出版社 1980 年版，上册，第 415—417 页。

⑨ 《大公报》1912 年 1 月 3 日。

⑨ 《大公报》1912 年 1 月 4 日。

⑨ 《要件》，《大公报》1912 年 1 月 9 日。

⑨ 《资政院纪事》，《大公报》1912 年 1 月 6 日。

⑩ 梦幻：《闲评》，《大公报》1911 年 11 月 7 日。

⑩ 叶至善等编：《叶圣陶集》，江苏教育出版社 1994 年版，第十九卷，第 46 页。

第九章　人事与政治：晚清君主立宪失败的历史检讨（上）

第一节　资政院的悄然散场

按照经资政院协赞后的《改订院章》，资政院常年会会期为五个月。自第二次常年会于 1911 年 10 月 22 日召集开会，直到清帝于 2 月 12 日逊位，都只有三个多月的时间。易言之，资政院与清廷相始终，故不见资政院正式解散之文件。实际上，第二次常年会期间共开大会 16 次（包括 1 次召集预备会议）。自 1912 年 1 月 5 日开过大会后，再无议员们群聚一堂开会之景况，故可将 1912 年 1 月 5 日视为资政院的实际解散时间。

结合第一次常年会的情况来看，资政院作为晚清预备国会，轰轰烈烈开幕，以凄惨落寞黯然收场。开始议员们自我寄望甚高、舆论对之特别期待，最终议员们或深深失望或自我放弃，沦为政府之喉舌、舆论咒骂讽刺之对象。这一悲剧历程，是晚清君宪失败的最重要标志。

第一次常年会结束后，经总裁和副总裁的更换、议员们努力争取召开临时会以帮助朝廷应对巨大内忧外患而被否决、朝廷主动下谕责成修订更有利于自己控制的《改订院章》等事件，不少议员对朝廷深感失望；但随着武昌事起，革命蔓延，朝廷惊慌失措，没有一套有效的应对方略，议员们更多的还是觉得值此风云突变之际，正乃英杰有所作为之时。不管有没有政府授意，议员们开会后面对危局和已经惊慌失措的朝廷，做了不少事情。开议伊始，即提出诸多因应时局又不完全限于因应时局且力图推进君宪的议案，其著者如罗杰所提出的"为内忧外患恳请本标兼治以救危亡案"、牟琳提议的"部臣违法侵权激生变乱并有跋扈不臣之迹恭恳惩治具奏案"、于邦华提议的"时局危迫请顺人心以弭乱本具奏案"等。这些议案，经股员会审查、议员们在议场讨论修改后上奏，朝廷都迅予裁可。这些议题，都是此前资政院所力争而被朝廷严拒的，有些甚至是资政院在之前都不敢提出来的，因它们已大大突破被朝廷誓要臣民信守的《钦定宪法大纲》所定范围。议员们自也受到莫大鼓舞，以为大有可为。资政院于11月初曾致电各省谘议局，就是此种心理之反映：

> 本院开院之始，已当危急之秋，同人以势迫救亡，论心探本，举凡年来我国民历次请愿而不得之改良内阁、协赞宪法等事，不惮苦口上陈，以焦头烂额之急计，本月初九日奏奉谕旨，于院议之组织责任内阁不用懿亲、宪法先交院议、悉赦政治党人三折，皆蒙裁可，业已通告各省，想悉周知，朝廷俯徇本院之请，即俯徇通国人民之请，而且特诏罪己。德音恳挚，可为与民更始、切实改革之确据。现在政体已立，政本已定，一面拟由本院商请政府，于肇事地方，奏请朝廷明降谕旨，表示不欲用兵力平内乱之意。同时本院对于宪法问题，拟采用英国君主立宪主义，仍用成文法规定，并先提出重要信条，奏请即日宣布……抑本院更有进者，此次武汉及各省兵民之变，本以改良政治为宗旨，至种族革命、社会革命二说，大都由于群情过望，激而出此，实则揆之公理大势，不但兵连祸结，难保治安，抑恐牵动外交，转速实祸。凡我爱国之臣民，谅所不取。尚祈贵局遍行通告各团体及华侨中公举贵局之参议员，痛加谕诚，共维秩序，以安人心而固国本，大局幸甚。①

资政院上奏、朝廷裁可的这些重大议案，要起到实际的效果，为君主立宪奠定基础，必须有个前提，那就是能消解革命党人的"种族革命"之见，能和平解决南北武力纷争之局。事实上，随着革命风起，"种族革命"观念得到更广泛传播，影响于革命行动更大。清廷愈加惊慌失措，应对无方，不得已寄望于袁世凯及其北洋集团。

本来朝廷一直坚持宪法钦定，宪法之制定和修正不在资政院的立法协赞权之内。及至张绍曾发动滦州兵谏，以十二政纲给朝廷下最后通牒，朝廷才放弃之前曾基本拟定完毕的"李汪宪草"，将宪法起草权给予资政院。可见，资政院获得较完全的立法权，不再限于协赞之地位，不是资政院自身的力量争取使然，而是外来武力干预之结果。为此，资政院即跟张绍曾等人函电往返甚密，唯恐不能得其满意。不论张绍曾的主张如何正当，但滦州兵谏都属于武力要君之举，在一个正常的君主立宪国家，绝对不能被允许，更遑论鼓励！此次资政院可以屈服、献媚于张绍曾等军人，下次更能屈从于比张绍曾更强大的军阀。此种妾妇之道，以臣事君尚不可，何况是立宪之下事事讲求权利的代议机关？如此，岂非离真正的君主立宪越来越远！

11月7日，北京传闻张绍曾即将带兵入京，在次日下午的大会上，免不了要谈论此事，不少议员对张绍曾极近恭维之能事。如许鼎霖讲："张绍曾与蓝天蔚二人真可谓当世之人杰，此次诚为政治上之革命，必无二心。"王佐良接着说："第二十镇统制张绍曾带兵来京，因有此谣传，人心均极惶恐，其实张统制之来，并无别意，惟保护京师而已。须请民政部即出告示以安人心。"长福云："张绍曾来京，大可镇定人心，本院决无丝毫疑忌，请议长将此意通知政府。"②

可以说，资政院当时上奏的议案要么是奉旨而议，要么是因人成事，不为时人所重，自为当然。资政院从朝廷获得宪法起草权后，即致电各省谘议局及诸多军政实力人物，征求其对于制宪之意见。如属正常状态，这本无可厚非。但资政院获得制宪权完全是因人成事，以当仁不让的制宪主体自居，自然引发了舆论的讥讽，南方倾向于革命的报纸姑且不论，就是那些较为中立的报刊，也是一片指责声，这里略举一二：

　　　　大清帝国宪法自奉旨交资政院起草后，由资政院电告各省谘议局，并征求意见，顺直谘议局首先反对。刻闻各省谘议局亦纷纷复电反对，不肯承认。多主张召集临时国民议会，须由国民议会研究条文，起草上奏，方归有效。③

　　编定宪法系国家重大问题，非国会无协赞之权，然顷日上谕仍准资政院协赞宪法，是为欺瞒天下之耳目者也。须即开国会而后编定宪法乃可云云，并劝资政院议员一律辞职，以作开设国会之地步。④

资政院议决开放党禁事宜，本来也是符合君主立宪原则的好事，但还是应张绍曾之请，赦免自武昌起事以来的革命者，并擢予任用，且允准革命党人按照法律组建完全政党参与到朝廷的君主立宪活动中来。姑不论这是否有任何事实上的可行性，考虑到革命党和君主立宪政体下政党之间的巨大差异，这种改造决难展开，故这依然引发舆论的讥评，责问议员诸公，难道不知"各国无奉旨组织之政党，更无奉旨组织之革命党"？⑤

朝廷在危急关头借重资政院以维持民心之做法已失败，中央政权再无政治中心点，资政院至此已是于苟延残喘中度日而已。当时外人即评论：

　　资政院本为支那国法上之特产，此次革命，资政院适当其时，政府因用之以收拾人心，其建议于平时则不甚轻重，此时则颇生效力，惟该院于乱时发生之效力，殊不足恃，且未必得激进派之欢迎。盖革命军据有武汉，又得各省响应，该院于平时多不为人民信仰，此时政府虽用之急，终不足以平乱。⑥

张绍曾等通过兵谏已逼迫朝廷和政府就范，朝廷和政府又转而让资政院按照其所提要求来议事，资政院亦看到此为"大势所趋"，也就顺水推舟，"高效"议决通过，再恭请圣裁，得以走完法定程序。如此一来，尽管资政院所议决的重大议案单纯从内容上看是大大推进了君宪，但实际上资政院的"御用""军用"色彩越来越浓，愈来愈不能见信于国人。因此，一些较有操守的议员，要么为其所自来的谘议局否认其议员资格，要么见讥于舆论，纷纷辞职离京；另有些议员，见大势已不可为，选择主动归隐，不再参与资政院的活动；或者还在勉强参与，但心不在焉。这些议员的离去，导致资政院声誉更差。这一点不仅为国内舆论所知，连外国人都注意到了，《巴黎时报》为法国舆论之巨擘，有这样的报道："资政院之民选议员均皆各回本省，现时在资政院者仅有钦选之官吏，其势不足以代表民意，不言可喻。"该报道为《大公报》所翻译登载，对资政院的负面影响更大。⑦《大公报》自己的时评更辛辣："资政院议员取销者取销，辞退者辞退矣。议长以人少不能开议，竟请停会矣。半月前轰轰烈烈之大会场，于今遂烟消火灭。似此非驴非马之资政院，上不足以对付政府，下不足以代表人民，徒然为热心利禄者作终南快捷方式，诚不如其无。"⑧

滦州兵谏仅十来天就因张绍曾的去职而平息，袁世凯已先被朝廷任命为内阁总理大臣，但根据《十九信条》，还须经资政院选举。他如愿被资政院选举为内阁总理大臣，组织了形式上较为完全的责任内阁。进京后，他根据《十九信条》和君宪原理，停止以往军机大臣或内阁总协理入对奏事的惯例，规定各衙门应奏事宜，归内阁核办；应请旨事件，由内阁代递；无须上奏事件，以内阁命令为之；内外奏折均递至内阁，由内阁拟旨进呈钤章。⑨为防止习惯使然、尚有直接上奏的事体，妨碍内阁独裁，袁内阁二十来天后又再次强调禁止内阁以外的群臣奏事。⑩自此，清廷一切政务皆集中于袁、取决于袁。及至朝廷解除摄政王载沣之名位后，清廷命运完全掌握在袁世凯及其北洋集团手中。其势力之大、之稳定、之有合法性，远非张绍曾及其新军第二十镇可比！资政院之前即大大受制于张绍曾，此后惟袁氏之命是从，成为袁氏的橡皮图章，也就顺理成章。及至这个橡皮图章成为南北和谈的障碍，就自然而然为袁内阁所抛弃而成为历史上的名词。1912年3月19日，"临时大总统令"正式宣告："现在国体改定，所有从前各种机关自应一律更新，以昭划一。北京资政院业已销灭……"⑪

资政院成为历史，晚清中国曾一度轰轰烈烈的君主立宪，预备未终，即戛然而止，转入共和立宪阶段。时为议员的陆宗舆，在经历了诸种人生风雨后，于20世纪20年代曾有这样的回忆：

京师设资政院，为立法机关之始。舆亦被选为资政院议员之一。自有立法机关以来，分子与成绩之优长，迄今尚推资政院。顾前清宪政，亦即于此院告终矣。⑫

当时英国驻清朝公使朱尔典在给格雷爵士的书信中就第二次常年会有这样的总体评价：

不管说过多少批评资政院在此次会议期间表现的话，但是，在困难的环境下，它已经尽了最大的努力。从 10 月 22 日开幕以来，资政院完成了很多让民众满意的事情，例如弹劾邮传部尚书、选举总理大臣、起草宪法十九条、奏请特赦党人并允许其改组为政党、修改资政院章程、派议和专使到武昌以及剪辫等等。采用格列高利历的运动也是他们首先发起的。⑬

不管民初人们如何因为不满意于现状而对资政院发思古之幽情，资政院及晚清君宪都已成为过眼云烟。历史尽管是过去的现实，但现实也是正在发生的历史，历史、现实和未来在时间轴上本就成一直线，密切相关，环环相扣，妥当检讨历史，实有利于当下和未来。

关于任一重大历史事件之成败，后来者都希望能予以检讨，察其得失，或以为镜鉴之资，或以为掌故漫谈。资政院之兴衰，实际上是晚清君宪演变之标识。资政院黯然落幕，君主立宪，作为近代中国政治转型的第一步，也走到尽头。有两千多年帝制传统的中国，最自然的同时也是代价最小的政治转型当然就是君宪。为什么就是这个最自然、代价也最小的政治转型初阶竟以完全失败告终，其间的原因确实让人深思。自民国建立以来，即有种种评述。就数量而言，因此后政治转型之艰难曲折，纯学术研究少一些，更多的是借晚清资政院和君宪之成败以浇其内心之块垒。这里试举一例：

民初共和并没有带来真正的宪制，国家依旧不上轨道，国民失望殊深，遂有"民国不如大清"之看法出现于世。原本就赞成中国应该效仿英国推行君主立宪的《泰晤士报》，即于 1912 年 7 月 15 日如此评论中国时局：

> ……而共和令人失望，为人人意中之言。倘当日无此事，清廷所许之宪法得以逐渐施行至今日，吾知生民之涂炭当不至若斯之甚。其第一次召集国会之期，原订在一千九百十二年十月二十号，当时所议改良政治者，如颁布宪法，改订律例、皇室章程、议院法律、选举章程，预算决算、设立法院等等，其规模虽大，然政府奉行于前，资政院监督于后，政治之改良，只有进行，断无退后。即使有一二端不能完善，而大局当亦高出于今日之共和万倍。

针对外人这种评论，《大公报》这样表明报社立场：

> 事未必然，今日却被外人援为口实，反使满清得不虞之誉。吾为此言，非有所爱于清政府也，非以为清政府或能再来也，亦非以为清政府再来为有益之事也，徒以共和之行为，令人失意殊深。不持当年以与今日比较，不知今日之腐败，不知今日之危险。[14]

学界对资政院和晚清君主立宪不乏反思，尤以近一二十年的研究为深刻。这些研究多从清廷、立宪党人和革命党人的角度予以反思，就三方的立场、理论、采取的政略和策略方面来立论，也有不少研究采取全球史观，从清廷遭遇的国际大变局角度来思考。但在我看来，反思尚有深入的空间，可尝试将所能纳入的因素按照其影响之大小、时间之长短来分层，有的属表层，有的属深层。这里的分层，并不是特别准确，之所以要如此，主要是强调各个因素的影响有别而已。这些因素，按照影响之大小、时间之长短，大致包括重大人事与政治活动（近因）、族群关系和社会结构及其文化（远因）。本章将在前人研究的基础上综合那些影响晚清资政院乃至整个君宪的重大人事与政治活动。

第二节　载沣当国和朝廷日渐孤立

一、载沣当国

"在历史著作中，除了极少数雄才大略、功业彪炳的帝王之外，一般所谓'中材之主'是不受注意的；他们好像是京剧中演'王帽'的角色一样，往往只作为一种配景存在于舞台之上，唱功与做功都是无份的。"[⑮] 帝制中国时期，掌握最高权力的当政者，其性格、能力、才干等，都会对历史进程产生较大影响。1908 年，光绪和慈禧相继去世，慈禧当国四十多年的时代告一段落，因皇帝年幼，所留下的最高权力真空暂时由其生父摄政王载沣执掌。

载沣（1883—1951），为醇亲王奕譞第五子，其生母为奕譞的侧福晋刘佳氏，为光绪之同父异母弟、宣统之生父，从小教育环境优渥，具备一定的传统文化基础，且精通满文。1890 年其父过世后袭爵醇亲王，生活环境极好，和外界接触很少，基本没什么社会阅历。根据清朝制度，贵族不满 18 岁，不能有实际官职，所以他没有卷入戊戌变法、义和团运动中去。虽避免了帝后两党的冲突，但也没能积累什么政治阅历和资本。自幼受奕譞之影响，他养成谨小慎微、生怕招灾惹祸、以图平安富贵的性格。此种性格，适逢太平盛世，守成尚勉强；如遇乱世，朝廷靠其扶危定倾，则难以胜任。

奕譞过世时，载沣才 9 岁，缺乏阅历，没有学到其父的精明和魄力。他第一次正式登上政治舞台是 19 岁时以近支亲王充任专使赴德，就克林德遇害一事代表清廷致歉。由于一路有留学德国的荫昌辅助，出使任务得以顺利完成，故其才干为慈禧所看好。于 1901 年 11 月回国后，慈禧强迫其悔婚，将荣禄之女瓜尔佳氏指配给他为福晋，由此更得慈禧的重视。1907 年，被任命为军机大臣学习上行走，转年于正月初一这个特殊日子被正式补授军机大臣，[⑯] 排名仅次于领班奕劻。1908 年 11 月，作为宣统之生父被慈禧临终前任命为监国摄政王，此时他也才25岁。可见，深为慈禧信任且贵为皇族近支的载沣，因"子小父弱"而被慈禧指定为清廷实际上最高统治者，其权力来源于慈禧之指授，其地位尚属脆弱，需要巩固。

载沣掌权伊始，即重视加强门禁等安全保卫工作，以宣统皇帝名义下诏告诫群臣，主要针对皇室近支，不要有非分之想。"患失之人素积疑畏"[17]，载沣骤得大位，虽非刻意求之，但也并无"非其不可"之势，故其掌权期间，一直对皇族近支中有可能取宣统而代之的那些人心存疑忌，断不肯委以重任。

奕譞一生主要是练兵、带兵，载沣受其影响不小；且他于庚子年出使德国时，见闻所及，使其坚信：皇帝必须掌握军队精锐、皇室必掌控军权。他任摄政王不久，即建立禁卫军，自任统率陆海军大元帅；成立海军部，专设军谘处，分别由其弟弟载洵和载涛掌管，功臣宿将要么被罢斥，要么居于陪衬之地，难免积不能平。及至大乱酿成，这些亲贵子弟根本不足以建戡乱之功。

关于宪制，载沣的知识储备尤其不足。他从小接受的是传统教育，根本没有接触到这类新知识。清廷宣布预备立宪后，他即便有些了解，可能也仅限于道听途说的一知半解。当时朝廷虽有以"宪政"名家的官员，如杨度、劳乃宣、李家驹等，定期普及一些相关知识，但如关晓红所指出那般："与趋新官员和维新思想家有所不同，清廷最高统治者对欧美、日本等国政制及其法理的认知，主要不是通过报刊书籍，而是间接得自驻外使节、外籍官员以及朝臣疆吏的奏章或召对。面对不同方面传来的已经过滤的信息，其判断定夺难免更加迟疑。"[18]据载沣晚年回忆，共和是全世界的潮流，但他当时却根本不懂得这一点，而且也不清楚君主专制和君主立宪的真正区别。[19]他信誓旦旦要切实推进预备立宪，不过是慈禧和光绪在前朝定下来的国策，乃"继志述事"，主要动机在借此巩固自己的地位及其权势。换句话说，他是充分利用预备立宪这个前朝确立的旗号来达成自己的目的。

在他当政的这个预备立宪期，对君主立宪比较陌生，他主要还是用以传统帝王术为核心内容的老办法来治国理政。就是传统帝王术，他也未必懂得其真谛。要用好传统帝王术，也不容易。儒家姑且不论，就说法家所要求的中材之主，看似一般人做得到，实际大不然。熊十力讲得很透彻：

> 中材虽上不及尧舜，而必有希尧舜之志与知人之明、为善之勇，犹虑志不坚、明不继、勇不足也，更力求贤能以自辅。如是者，方可抱法处势而为治。若仅以上不及尧舜而下不为桀纣者便谓之中，则自有人类建国置君以来，比肩随踵而生者皆中才也，真为桀纣者亦无几耳，何故皆不能抱法处势而治乎？何故背法废势而乱者多乎？……中材之能抱法处势而治者，虽才德不敢望圣人，而必为贤者无疑也。虽不及尧舜，则必能希尧舜无疑也。⑳

何况知得些未必能行得来，载沣柔懦而不能决断的性格，都决定了他无此能力和魄力以扶危定倾。资政院上折为戊戌六君子之一的杨锐平反，本来是他收揽人心的好机会，却被他留中，即为他既不懂宪制原理，也不谙传统治术的明证之一。

预备立宪不是国策，只是一个好用就用的工具，在他这里就成为其赋予集权于满洲、集权于少数亲贵以正当性的口号。他"不仅要实行皇族集权，而且在皇族内部，也把圈子画得很小。最为突出的事实……就是用人唯亲，尤其是重用自己的两个弟弟，形成了兄弟三巨头的局面"㉑。胡思敬《国闻备乘》有"政出多门"条，道出了集权的实情，云："宣统初年……亲贵尽出专政，收蓄猖狂少年，造谋生事，内外声气大通。于是洵贝勒总持海军，兼办陵工，与毓朗合为一党；涛贝勒统军谘府，侵夺陆军部权，收用良弼等为一党；肃亲王好结纳勾通报馆，据民政部，领天下警政为一党；溥伦为宣宗长曾孙，同治初本有青宫之望，阴结议员为一党；隆裕以母后之尊，宠任太监张德海为一党。泽公于隆裕为姻亲，又曾经出洋，握财政全权，创设监理财政官盐务处为一党。监国福晋雅有才能，颇通贿赂，联络母族为一党。以上七党皆专予夺之权，茸阘无耻之徒趋之若鹜。而庆邸别树一帜，又在七党之外。"㉒江庸亦云："醇亲王摄政季年，凡分三派：载洵、载涛两贝勒分领海军处、军谘处，为一派，载泽管度支为一派，庆亲王奕劻、那桐、徐世昌任总协理，为一派。"㉓不论具体派系如何，但载沣当国时，满洲少数亲贵集权，更致命的是内部派系纵横，互相结党引援，彼此明争暗斗。朝局日非，已是不争之事实。

朝廷中已是少数亲贵集权，汉员备位；地方上也好不了多少。督抚一级，载沣也倾向于用满人，如派瑞澂接替已故陈启泰任江苏巡抚，让端方接替杨士骧任直隶总督，由宝棻接替被免职的吴重憙等。即便保持汉人督抚位置不变，载沣也以预备立宪为口实尽量将督抚的权力压缩、收归中央，如统一军队编制序列，剥夺督抚兵权；设清理财政官，收回地方财权；设立提学使、提法使、各级审判厅，收回地方的教育权和司法权。关于载沣以立宪之名行中央集权之实，可能比朱子所批评的宋代中央集权更有过之而无不及，"兵也收了，财也收了，赏罚刑政一切收了"。㉔这样就使得很多督抚灰心乃至与朝廷离心。凌冰的这个评价很到位："载沣如此不合时宜地过多使用满人，排斥汉人的结果，只能是火上浇油，增强广大汉民对朝廷的离心力，更是冷淡了汉民中的知识分子，使他们更加倾向于革命。同时载沣重用自己的兄弟和奕劻等，又使他在广大满人和皇族亲贵中也为人所侧目，从而使自己陷入相当孤立的境地。"㉕

及至武昌起事，资政院第二次常年会召开，牟琳在第二次大会上演说"调和满汉"以应付危局。他说："我朝以八旗兵建国，二百余年，国家待满汉人实有歧视之处，故至今日满汉界限尚严，意见终不能消除，而政府招权纳贿如故也，任用私人如故也，昏庸废弛如故也，所谓真立宪者固如是乎？且变通旗制处已设置数年，毫无成绩。日日言消除满汉界限，而满汉之意见反日深一日。故本议员欲添此一层，请朝廷实行，设法消除满汉意见。"王季烈回应："本员关于牟议员化除满汉一节，略有意见，不专在事实上化除，即形式上亦应化除。如满汉人之姓名不同，见其名即知为满人，即知为汉人，此其应化除者也。岂有一国之内，名姓有迥然不同之理乎？既云化除，即应从同。"汪荣宝则认为时局危急，"调和满汉系枝叶上问题，将来订宪法时，此等问题皆可包括"，汪氏的意见得到多数赞成，该议案遂被搁置下来。㉖当资政院上奏开党禁、组织完全责任内阁、协定宪法等弭乱案时，议长李家驹面见摄政王载沣，大致有下述对话：

> 议长：时局危迫，无逾今日救急之法，具陈于昨日三奏，众议员深望朝廷采纳，以表示立宪之真精神，使天下知朝廷切实改良之至意。如此则可以安人心，可以靖祸乱，盖众议员意见，专属于政治改革，至于革党所主持之种族革命主义，则全然反对也。
>
> 摄政王：资政院所具奏，朝廷甚为嘉纳，故有昨日之谕。此后改良政治，必期实力进行。议员等主张改革，在政治不在种族，所议甚是。并望各议员通咨各省谘议局宣布德意，恺劝士民，俾知朝廷开诚布公，与天下相见以诚，慎毋轻受簧鼓，以扰治安。盖必国家能保治安，然后士民能同享乐利也。㉗

这也就是说，直到武昌变起，清廷危在旦夕，满汉矛盾激化如此，载沣还在回避此等重大问题。

除满洲亲贵专权外，对载沣来说，最致命的是他对袁世凯本人和北洋集团的处置，更是乖谬，导致袁世凯利用革命党人、拉拢立宪士绅。面对袁世凯被重新起用后的种种逼宫举措，他显得一筹莫展，毫无作为，"大变既起，遽谢政权"，㉘最后交出摄政王职位以普通藩王归第。不久，清帝逊位，走向共和。晚清君主立宪在宣统年间由形势尚可到步入绝境，作为实际当国者的他，其治国理政之种种施设，可谓昏庸，直接为晚清的预备立宪敲响了丧钟。

二、朝廷恐惧立宪导致"孤立"

本来，清廷预备立宪，如载泽所归纳的，期望达到皇位永固、外患渐轻、内乱可弭。这三者，皇位永固是目的，消除内忧外患是达到皇位永固之必需前提。易言之，只有消除内忧外患，才有皇位永固之可言。外患之大小更取决于内忧之严重程度。立宪为什么有助于消弭内乱，载泽的说法当时打动了慈禧，应可代表朝廷对立宪所带来好处的一般看法：

> 海滨洋界，会党纵横，甚者倡为革命之说。顾其所以煽惑人心者，则曰政体专务压制，官皆民贼，吏尽贪人，民为鱼肉，无以聊生，故从之者众。今改行宪政，则世界所称公平之正理，文明之极轨，彼虽欲造言而无词可借，欲倡乱而人不肯从，无事缉捕搜拿，自然冰消瓦解。㉙

第一次常年会期间，很多民选议员终于找到了一个合法的全国性平台，以国民代表自任，且有谘议局的支持，更有信心推进君主立宪。也有不少钦选议员，他们或饱读儒家经典，容易接受对王朝政治腐败的批评；或具有近代法政知识，力主君宪。因此，"国民久热望议会而后开设，则为议员者，拟举积年不平之气，一时发泄于议坛之上，对于各种交议之问题或质问或建议，不遗余力，于一问题收成功，更及他一问题；一案力争，复及一案，一会又一会，务层层肉迫政府，以表示议会之权势"㉚。朝廷开资政院，理想情况是"民情固不可不达，而民气断不可使嚣"。㉛但不论是速开国会案还是弹劾军机案，在朝廷亲贵看来，都是以议会权势"肉迫政府"，不能容忍。还在会期中，"某亲贵以是日议员欢呼号叫，愤詈，此等不啻义和团，因言于宫中"㉜。弹劾军机案和速开国会案的结局，都明示朝廷对资政院的不信任甚或厌恶之情，朝廷视资政院已不再仅仅是一种出于理性分析之现实威胁，更是感情上极度仇视之对象，以其是者非之，以其非者是之。

于弹劾军机案发动前夕，掌广东道监察御史胡思敬即密折上奏，攻击立宪之国策，略云：

> 袁世凯与铁良不合，欲借是以倾政府；端方以维新自豪，欲借是以邀时誉，两奸比谋，渐达天听。二三浮薄希宠之徒，如吴廷

燮、张一麐、杨度等，相与鼓煽其间，五大臣归自海邦，皆知有隙可乘，遂一发不可收拾。今且援三年无改之义，上诬先朝……政由宁氏，祭则寡人，此君主不负责任之说也；倒持太阿，而授人以柄，此内阁不负责任之说也。使雍正、乾隆之朝而有是言，两观之诛，何以逃罪？[33]

既以密折上陈，更拿先朝相压，且用权奸相激。当可想见，载沣看了此折，内心当对立宪、资政院更增几分防范猜忌之心。

还在第一次常年会期间的 12 月 31 日，前翰林院侍讲宗室文斌多方撷拾倾向性极强的证据，切责议员们及其议事，要求朝廷严加训斥整顿。这份奏折非泛泛而谈之谩骂猜忌可比，而是有"事理"根据，对当国者很有说服力，全文摘引如下：

　　为资政院议事无多流弊滋甚请旨严加训斥以资整顿而造谣言恭折具陈仰祈圣鉴事。窃自先朝鉴于时势之阽危，颁布立宪之诏旨，并先设立资政院，以为上下议院之基础。所以期望于资政院者，原谓可以促国家之进步，增人民之幸福，至郑重也。乃自本年九月初一日资政院开院以来，所议决重要之议案，除速开国会外，他无所闻。而此一案，又下借内外臣工之陈请，上赖我陛下圣明独断，与时会为转移。该院固不能贪天之功，以为己力也。其余则各省谘议局与督抚之争议，及各部院无足重轻之法律案，寥寥数件而已。而《新刑律》，而预算，皆最有关系之议案也。该院对于《新刑律》案则延搁不决，对于预算案则以十数书生之愚见，冥坐一室，任意钩稽，信笔减削出入，终不能适合，而行政之阻碍良多。事理不明，遗害匪浅。而尤可骇者，则弹劾军机大臣，忽而提议，忽而取销，视朝廷用人之大权直如儿戏。剪发一事，上关国宪，议员先自割弃，竟不早为陈奏，恭候圣裁，以定一是，以致人心不靖，商业恐惶。剪发之人，触目皆是。非特世界不能大同，即全国装饰已万有不齐，尚复成何景象。至请开党禁，事体极为重大，轻于提议，迟于奏闻。深恐党人倍生失望之心，国犯妄存觊觎之念。惑世诬民，莫此为甚。此皆该院议员轻疏荒谬之大端也。又况每日开会逾时，议事毫无次第，随意来去，晚至早归，或持鼓说浮辞，或逞狂言谬论，或投伪票，或报私仇，议长不知维持秩序，议员毫无程度可言。钦选之议员不知本朝章国故据理而谈，民选之议员不知本法理舆情折衷至当。虽在幼稚时代之人物，亦不应尔。若长此不变，成效难期，不与朝廷设立资政院之本意大相刺谬哉！在议员等方，自谓各有宗旨、各有政策，胜于政府各大臣之无宗旨、无政策。臣以为，非特其无宗旨、无政策，彼此相同，即其各图私利，不顾国家，议员与政府亦无异也。且迩来京外喧传者，尤莫如议员运动一事。或谓资政院民选议员，有奔走于权贵之门，昏夜乞怜，以为将来地步者；或谓资政院闭会后，有保为京堂，协纂《宪法》，兼任要差者。均该院议员所互相传说，举国咸知。虽用人之权出自皇上，非臣下所能幸图，然即此足见该议员等之资格卑下矣。夫资政院者，上下议院之基础，亦即人民参政之权舆也。今朝廷以每年三十万之金钱，养此无知无识缪妄之议员，与闻国是，若不就其流弊之见端，明降谕旨加以惩戒，恐消耗三十万民脂民膏者其害小，而参与政治淆乱听闻者其害大也。查各国议院均有监督政府之责任，而议院则以政党组织之，其在院内之议员，若由一政党所成，或多数政党所成，均属有弊无利。必议员有二三政党以讨论是非，而院外之政党又足以监督议员，博学之硕儒又足以监督政党，而后议员乃不至泛驾而驰。今我国既无硕儒，又无政党，孰能为资政院之监督？非朝廷亲与裁成，严加训诫，不足以纠群言庞杂之是非，而收执两用中之效。应请饬下资政院总裁等，切实整顿，痛改前非，并请将臣此折钞交阅看。臣赋性愚赣，只知为国，不顾结怨于人。该议长议员等果能睹臣此奏而愧悔交并，其颡有泚，则良知尚在，可为来年晚盖之图，而忠君爱国之心，不至长此泯灭矣。㉞

第一次常年会结束后，更出现了不少因资政院开议之巨大流弊而建议朝廷停办国会乃至追究议员罪责的奏折，略举三例：

> 上年资政院开议，竟至戟手漫骂，藐视朝廷。以辩给为通才，以横议为舆论，蜩螗沸羹，莫可究诘。则莫如停办国会，仍以言事责之谏院。[35]

> 今之言立宪者，莫不谓时艰日急，非国会不足救亡，资政院为国会基础，上年业经试办，无论习气嚣张，代表并非舆论，即使提议各事，朝廷一一允行，谓其遽足救亡，恐彼亦难自信……臣留心访察革命有二派……主和平者，以立宪为名，以攘权为实，使朝廷势成孤立，自可遂其阴谋……故改新律以破伦常，则君纲废；订阁制以专政柄，则君权替；昔之倡平等自由者，皆斥为邪说，今实行于政事矣；昔之倡革命排满者，潜伏于海外，今公行于朝右矣。去年资政院议员妄更国制，请赦逆党，事事把持，必使政府俯首听命。其处心积虑，无非夺君主之权，解王纲之纽。阳美以万世一系，阴实使鼎祚潜移。[36]

> 二三不轨之徒，乃日以结党横行为事，见朝廷优容之也，于是肆无忌惮，今日求立宪，明日求国会，呼号抢攘而不可止。见朝廷又优容之也，于是益无忌惮，今日劾督抚，明日劾军机，蜩螗沸羹而不可制。倘再无以防之，窃恐狡心愈生。国会未开，则劾督抚、劾军机；国会既开，则将劾内阁……明效日本，阴法泰西；明托君主立宪之名，阴行民主立宪之实。[37]

这三份奏折，第一份乃汉族高官陆润庠（时乃东阁大学士、弼德院院长）所奏；第二份还是文斌所陈，但较之上年的指责，已激烈许多；第三份乃御史欧家廉所上。在他们看来，主张开国会的君宪论者和革命论者，只是行动方式不同：一个用软刀子革命，一个直接武力夺权；其目的都是要革清廷之命。因此，要挽救朝廷，就不应设国会，不能搞君宪。

这些奏折无疑加深朝廷对君宪的疑虑。本来，资政院弹劾军机不负责任，朝廷即答应速设责任内阁。既已答应在先，自不能失信于后，朝廷于是于1911年4月设立了集权于满族，尤其是皇族的责任内阁。为什么会如此呢？本来慈禧当国时，于预备立宪宣布后，就曾经有资政院和责任内阁开设先后之争，袁世凯主张先设立责任内阁，张之洞秉承上意，主张资政院先开设，以监督随后设立的责任内阁，以免权臣尾大不掉之势。慈禧权衡之下，决定先开资政院。载沣当国，经第一次常年会，深刻认识到：作为预备国会的资政院就已如此嚣张，那成立正式国会还得了。因极度疑虑，当国者对皇族集权的热心远超过对君宪本身，遂不能一秉大公，务必要将政权掌握在自己人手里才放心。柯邵忞于1911年2月所上的奏折将当国者的这种担心讲得很透彻：

> 作威作福，操之君上；臣作福威，凶家害国，经有明训，千古常经。虽君主立宪有命令之权，然政柄既已下移，将并其命令之权而亦移之，阳为君主之命令，阴实权臣之主使，莽、卓、操、懿，皆其前鉴。今使内阁大臣代负朝廷责任，万一主权稍替，有鹰扬跋扈之臣专吾政柄，密布腹心于各部大臣，广树党援于上下议院，履霜之渐，不审朝廷何以制之？ [38]

这种以深恐大权旁落而集权于皇族亲贵的做法来搞君主立宪，自然让以君宪为奋斗目标的议员们大失所望。皇族内阁成立，议员们弹劾军机所间接获得的一点成果也完全化为乌有，速开国会也得等到数年之后，立宪党人宁不失望？

君宪虽可能有助于富国强兵，挽救危亡，清廷主要基于此种考虑来预备立宪，但这只是立宪所能发挥的功用之一，且还不是其主要功能。立宪的本质在于约束强大的国家公权力，约束方式则是通过分权以实现权力之间的制约，故宪制与专断性或垄断性的权力运作在根本上相悖。尽管清廷希望通过立宪来"救亡"，但其前提是稳固皇权，保持皇权的至高无上。如作为"救亡"手段的立宪直接威胁到这一点，那就不是"救亡"，而是自取灭亡。故清廷主持的"立宪"不可能合于约束权力的立宪，而这恰恰是当时立宪人士的诉求。在立宪人士看来，弹劾军机案之结果、皇族内阁的出台，无一不是在背道而驰。立宪党人逐渐离心离德，面对日益坐大的革命力量，清廷遂成孤家寡人。

更有甚者，资政院和各省谘议局议员批判朝政等作为，成为一些人论证中国国民以及作为国民代表之素质远达不到立宪要求之证据，从而要求朝廷对立宪作慎重考虑。1911 年 6 月掌湖南道监察御史欧家廉所上奏折即是一例：

> 办一学堂，抽捐若干，办一巡警，抽捐若干，办一工艺局，抽捐若干。甚至刁生、劣监攘据公款，占僧尼庙宇，夺孤寡田产，乡民俯受鱼肉，鱼肉至不可忍，则起而为乱，纷扰如此，何从得地方自治！此人民程度明明不足也。十金买一票，百金买一票，运动选举，何从为议员？以私利而托公议，以一二人之意而冒全体之名，何足为代表？事事要求，事事请愿，一言不合，辄请收回成命；一语不合，辄请诛斥大臣，何足预闻政事？其在谘议局，则言停会，言辞职，日与疆吏为难。其在资政院，则言剪发易服，言赦党人，言劾军机，日与政府为难。甚至昌言无忌，以道德为亡国之具，以孝弟为不忠之媒，狂悖如此，何足取证舆论？此议员程度明明不足也。⑨

如此看来，资政院议员们不是帮助朝廷渡过难关的同路人，而是与朝廷站在对立面的隐蔽敌人，较之革命党，仅五十步、百步之别而已，完全不能信任；出于先朝宣布预备立宪，立宪之说已不可阻遏，予以敷衍即可。这样，朝廷就站到立宪党人的对立面，自立于孤立之地。没有强大的政治势力作为其执掌政权的基础，其玩火自焚，自掘坟墓，自是早晚间的事。

第三节　袁世凯及其北洋集团

"中国内部从甲午到辛亥的十七年间，已养成三大派的政治动力：

一是激烈的革命派；二是温和的立宪派；三是袁世凯的实力派。"以袁世凯为中心形成的集团或者说派系，"尚无何种明了的色彩和宗旨，并且还没有现出派别系统的形式来，不过骨子里面，隐隐以袁世凯为中心，成为一种猎官竞权的团体"[40]。袁世凯集团的态度直接影响到晚清君主立宪之成败。

一、袁世凯与晚清新政

袁世凯（1859—1916），字慰亭，河南项城人。其叔祖袁甲三与曾国藩有同年中举之谊，官至漕运总督。此淮军家世，影响其一生甚大。袁氏早年科场失意，二十二岁投军，多受家族长辈友人之提携。时值朝鲜多事，随吴长庆之"庆军"入朝，不久脱颖而出，年未而立，即成为清廷派驻朝鲜的最高负责官员。甲午战争期间，潜回天津。因有知兵之誉，战后受李鸿章推荐，到小站练兵。以袁氏为中心，北洋班底初步成形。戊戌变法时，以背弃维新派而有恶名。庚子国变前，率小站新军出任山东巡抚，因很好保持了山东治安而结好于列强。1901年为李鸿章力荐，出任直隶总督兼北洋大臣，逐渐成为晚清权臣。

督直期间，时值庚子乱后，民生凋敝，百业待举，袁世凯正值壮年，有意大展宏图。从整顿史治入手，大力振兴经济、发展实业；继而推行地方自治，试点司法独立，改良监狱，创设罪犯习艺所；继续扩大新军，创办新式警察；在全国倡导废除科举，发展新式教育，派学生出洋留学等。举凡政治、经济、文化、社会风俗方方面面，皆有可书之处。经过几年努力，直隶已成全国新政之模范省，袁氏也名副其实成为疆臣领袖，与国内较开通的明达贤流建立了良好关系。如状元实业家张謇、在国外尚被通缉的梁启超等，袁世凯都有直接或间接的渠道相联系，不仅修复了戊戌年的交恶，且日渐亲密。张謇早于1904年在致袁世凯的一封信中，直接将袁世凯视为跟日本维新中的元老重臣比类的大人物，"日本伊藤、板垣诸人，共成宪法，巍然成尊王庇民之大绩……论公之才，岂必在彼诸人之下"。[41]"四方之观新政者，冠盖咸集于津，亦皆啧啧于始事之不易。"[42]

袁世凯在直督任上数年，羽翼渐丰，已有不少门生故吏下属在朝廷中任职。他们以立宪相号召，渐渐参与到朝廷决策事务中去。日俄战后，立宪舆论高涨，袁世凯乘陛见之机，向慈禧面陈"各国宪政之善，当此时会，非行宪政不能免革命之风潮"，之后朝廷即有派五大臣出洋考察宪政之举。[43]及至五大臣考察归来，袁又大力奏请预备立宪，其亲信幕僚张一麐回忆：

> 考察政治大臣回国时，一时舆论靡不希望立宪。南通张季直致书项城以大久保相期而自居于小室信夫。一日余入见，力言各国潮流均趋重宪政，吾国若不改革，恐无以自列于国际地位。且满汉之见，深入人心，若实行内阁制度，皇室退处于无权，可消隐患，但非有大力者主持，未易达到目的。项城谓："中国人民教育未能普及，程度幼稚，若以专制治之，易于就范，立宪之后，权在人民，恐画虎不成，发生种种流弊。"余力言专制之不可久恃，民气之不可遏抑。反复辩论，竟不为动。且问余至此尚有何说？余曰："公既有成见，尚复何词。"退而悒悒。及越宿又召余入见，嘱将预备立宪各款作说帖以进，与昨日所言似出两人，颇为惊异，对曰："昨陈者只为救时之策，至其条目则须与学习政治、法律之专家研究之。"退而纠合金邦平、黎渊、李士伟诸君分条讨论，缮成说帖。后见北洋与考察诸大臣会衔奏请预备宪稿，即余等所拟未易一字，且知项城先与余辩论之词，实已胸有成竹，而故为相反之论，以作行文之波澜耳。[44]

及至朝廷下诏正式预备立宪，张謇曾致函袁世凯，盛赞其促进之功，前已述及，兹不赘。之后端方亲到天津北洋大臣官署，与袁世凯商议宪政预备方案，袁提出"先组责任内阁，俟政权统归内阁，再酌量开国会"[45]。袁之所以力主责任内阁，不无有揽权之意。因其以奕劻一党，若成立责任内阁，总理非奕劻莫属。袁氏奉诏入京参与中央官制厘定时，与满洲亲贵发生冲突，不得不黯然离京。此时，"京城士大夫皆

以北洋权重,时有弹章"⑩。关于袁世凯此一时期遭疑忌的情形,郭廷以指出:

> 袁任直督二年,连遭弹劾,初指他派饷练兵,恣意无厌,有"帝制自为"之嫌;继说他权势过重,为祸乱之。袁请辞各项兼差未准,维护他的为庆亲王奕劻,跟着又有御史直接弹劾奕劻贪黩。⑰

由此引发丁未政潮,奕劻、袁世凯一派获胜,瞿鸿禨、岑春煊一系败北。在帝制中国,御史作为君主之耳目,他们对袁世凯的弹劾,肯定会引起慈禧的警觉;且最高当权者不会坐视大臣结党至于一派坐大。故慈禧于1907年将袁世凯内调为军机大臣兼外务部尚书,直隶总督由杨士骧接替。此种明升暗降之意,久于宦海的袁世凯心知肚明,故在随后的军机任上,藏起锋芒,转以庸碌保身。

二、开缺回籍

1908年8月,光绪和慈禧相继去世,宣统继位为帝,载沣监国摄政。慈禧在日,自信能以其威信和手腕控制住袁世凯;载沣当国,这个自信不再有,必得对付袁,此其一;载沣要集权于满洲亲贵,袁世凯自然是最大绊脚石,此其二;载沣以光绪同父异母弟身份摄政,打着继志述事的旗号,当然有道德义务为光绪复仇,此其三。有此三因,袁世凯在朝地位岌岌可危。何况袁世凯集团已成尾大不掉之势:

> 1903年清政府成立了练兵处,他出任会办大臣,主持训练新军,将北洋常备军扩充为六个镇,从此成为北洋军阀的最高头领。在全国兵额的三十六个镇中,他基本上掌握了六个镇的力量,而这六个镇又驻防在举足轻重的京畿。满族亲贵们不能容忍汉人掌握这么大的兵权,1907年他被明升暗降,调任军机大臣、外务部尚书。这似乎是夺了他的兵权。然而由于他一贯善于收买人心,拉拢

部下，广交人缘，在军队中用各种手段树立个人威信，虽不直接带兵了，他在军中的势力却不见削弱。调任，使他的手又伸向了内政和外交，他便成为当时朝廷里最有威权的两个汉大臣之一。在皇族看来，另一个张之洞已是七十开外，无大野心、不必提防的老人，而且随后不久他就在1909年的秋天去世了。袁世凯还不满五十岁，正当大有可为的时候。他野心勃勃，能量很大，是一个非常危险的人物。[48]

载沣当国后，经几个月酝酿，于1909年1月2日以宣统名义下谕，将袁世凯开缺回籍：

> 军机大臣外务部尚书袁世凯，凤承先朝，屡加擢用，朕御极后，复予懋赏，正以其才可用，俾效驰驱。不意袁世凯现患足疾，步履维艰，难胜职任。袁世凯著即开缺，回籍养疴，以示体恤之至意。蓝笔缴进。钦此。[49]

袁世凯受此处分，踉跄出京，没有回到偏僻的原籍项城，而是居留于彰德城外的洹上村。"彰德是河南境内距离北京最近的大城，为京汉铁路经过之地，交通便利，消息灵捷，奕劻、徐世昌、那桐始终和他保持联络，袁的长子克定仍官北京，有如坐探。"[50]袁在此佯示隐居，实则等待机会东山再起。之后，袁的一些重要部下，或被调离关键职位，或被免职，如徐世昌、唐绍仪被内召，赵秉钧被休致等。袁在国丧期即被开缺，心中不免对载沣等满族亲贵颇有不满。他原本就非以节义立世，经此贬斥，对清廷的臣节和恩义无几，多是利害计量。

三、重新出山与清帝逊位

袁世凯在彰德期间，密切注视着朝局之变动。这固然一方面跟其安危密切相关，更是伺机东山再起。有学者据《袁世凯未刊书信稿》，指出：

袁克定坐镇的北京锡拉胡同宅第，即是他的驻京办事处，京汉铁路火车是信息传递的主要通道，且由北洋旧部随时维持和保证通讯的安全……在大量的信函往还之同时，还有各方许多人士亲来洹上与他会晤。（隐居彰德近三年中）前来晤袁的人至少在60位以上。其中有部院大臣唐绍仪、端方、严修等及其以下的京官，有封疆大吏如周馥、袁树勋、何彦升等以及各级地方官员，有北洋旧部如王士珍、倪嗣冲、言敦源、段芝贵等，有社会政要、闻人如张謇、李时灿等，也有日、法等外国人士。民国《安阳县志》说："谑者谓，袁之隐居，实盛于苏秦之盟诸侯。"

即便在此罢官避祸期间，仍然有很多人呼吁朝廷让袁世凯复出，以救危局。据统计，仅《袁世凯未刊书信稿》中所提及吁请袁复出者，就有近40人次，未反映在未刊书信稿者，还大有人在，如载泽、盛宣怀、端方、张謇等。新闻媒体更是大量报道乃至炮制了清廷重新起用袁世凯的消息。据对天津《大公报》和奉天《盛京时报》报道的统计，这期间关于袁氏各种活动的消息多达106条，其中涉及"出山"的就有64条。[51] 如局势顺利，载沣集团能力挽狂澜，则这种统计数据意义不大。反之朝局动荡，载沣集团别无善策，那以袁的能力和人望，东山再起只是早迟之事。

1911年10月，因四川保路运动引发连锁反应，武昌起义爆发，武汉三镇很快失守，清廷高层久为革命党声威所慑，因而惊慌失措，即派陆军大臣荫昌、载涛和冯国璋等率军镇压。荫昌虽留学德国，但缺少才干，且无任何战争经验；载涛为载沣亲弟，乃少年新贵，不知军旅；冯国璋乃袁世凯亲信，在大方向上惟袁马首是瞻。武昌乱事不能迅速平定，且星火燎原，多省响应。"四川争路风潮扩大，奕劻已有意起用袁世凯。现在时机到了，先向袁世凯问计，再与徐世昌、那桐向载沣及隆裕太后劝说，北京公使团亦谓非袁不能平乱，言官复以为请。载沣、隆裕及诸亲贵在无可奈何之下，只得应允，以救燃眉之急。"[52] 朝廷先授袁为湖广总督。袁成竹在胸，以退为进，称病请辞。朝廷又派徐世昌到彰德面促，袁趁势向清廷提出六项条件：明年即开国会，组织责任内阁，宽容武昌事变人员，解除党禁，总揽兵权，宽予军费。清廷基本同意这些条件。10 月 27 日，清廷授袁世凯钦差大臣，召回荫昌，"所有赴援之海陆各军，并长江水师，暨此次派出各项军队，均归该大臣节制调遣，其应会同邻省督抚者，随时会同筹办。凡关于该省剿抚事宜，由袁世凯相机因应妥速办理。军情瞬息万变，此次湖北军务，军咨府、陆军部不为遥制，以一事权而期迅奏成功"。30 日袁遂自彰德出发赴湖北督师。自此，袁世凯正式出山。

经放归彰德数年来，袁世凯与清廷之间已谈不上多少恩义，更多是利害计较。清廷之所以万不得已起用袁世凯，无外乎是要他运用其能力、威望，尤其是他实际掌握的北洋军，削平匪乱。袁则伺机东山再起，抱定宗旨尽可能揽权，其策略是以革命军要挟清廷，对革命军软硬兼施。终于 1912 年 2 月 12 日由隆裕太后颁布宣统皇帝辞位懿旨："由袁世凯以全权组织临时共和政府，与民军协商统一办法，总期人民安堵，海宇乂安，仍合满蒙汉回藏五族完全领土为一大中华民国。"[53] 清廷退位，帝国转变为民国，君主不再，君宪亦因之终局，中国政治转型于是进入共和立宪阶段。

第四节　困境之中立宪士绅的分化

朝廷将预备国会定名为资政院；在开院之前颁布将君权宪法化的《钦定宪法大纲》；在议员构成中，增加钦选议员中王公贵族议员的人数。这些举措，无一不是疑惧心理之表现。疑惧归疑惧，但没有试验，朝廷迫于国内外舆论压力，为了体面，还有尝试的勇气和信心。但尝试之后，朝廷发现资政院并没有想象的那样容易控制，疑惧心理加深；朝廷因疑惧而生的种种伪立宪乃至反立宪举措，让立宪士绅大失所望。他们有的投入革命阵营，有的心灰意冷，自我边缘化。立宪士绅的分化让革命党人从中受益，最终清祚告终，走入共和，君主立宪预备未毕即归于消歇。

一、立宪政体下君权民权之关系

朝廷对预备立宪，尤其是开设作为预备国会的资政院，本就有极严重的疑惧心理。这很容易理解，一则是立宪必注重民权，传统政治强调君权之神圣，民权无足重轻。[54] 二则在晚清，满汉矛盾有激化的趋势，要维持满族特权必赖君权，而不能寄望于民权。

关于君权与民权在立宪政体（包括预备立宪）下的关系，大致有侧重于二者相统一和相矛盾两种主张。通常来说，统一论（荣辱与共）有助于游说清朝廷主动进行预备立宪；矛盾论（此消彼长）一般在政治倾向上反君宪。

1903 年即有人从矛盾论角度来论证清廷应主动早改革："君权与民权互为消长，此有所伸，彼必有所诎。而君权之强弱，恒视君主见机之早晚；民权之大小，恒视人民竞争之烈否，盖惟争为能致胜。而世运愈进，则助纣为虐者日以少，为民致死者日以多，故为君者必见机甚早，善避竞争之祸，始得赖天祖之重，乞怜兆众，稍留其权；而为民者，则众志成城，自由自在，愈竞愈胜，不厌其酷也。"[55] 改革之方向是君主立宪，"君权与民权说冲突，民权既不能不用，而君主又有以历史上之根柢，不能骤去，则立宪法制定种种之权限，而君权与民权之说，两得通行，是一调和法也"[56]。这种论证，主要是从时机把握、防微杜渐这一功利层面上展开，以改朝换代的暴力革命为后盾而言，不是游说朝廷主动预备立宪的好办法。

到清廷宣布预备立宪前后，围绕朝廷应不应该预备立宪，其背后的根据却渐渐清晰：主张君权民权相统一者赞成君主立宪，主张君权民权矛盾者则反对君主立宪。

（一）统一论者之赞成君宪

预备立宪前，矛盾论者居于主导地位，统一论者较少。何启、胡礼垣于批判张之洞《劝学篇·正权》时指出民权与君权，乃至官权，在为国这一点上是统一的："民权者，合一国之君民上下而一其心者也"；"君民本一体也，上下本同心也。自民权之理不明，于是君民解体，上下离心”；“民权一复，则官权必明；民权愈增，则官权愈重”；“惟民权之理不明，故欲其明之，而设议院议员，以上为君，下为民，而终以为国也。”⑤⑦

预备立宪后，统一论者多起来，渐渐占据舆论界主流。载泽即是一典型，于1905年考察途中所上的《奏请以五年为期改行立宪政体折》中云：

> 立宪政体，利于君，利于民，而独不便于庶官者也。考各国宪法，皆有君位尊严无对，君统万世不易，君权神圣不可侵犯诸条。而凡安乐尊荣之典，君得独享其成；艰巨疑难之事，君不必独肩其责。民间之利，则租税得平均也，讼狱得控诉也，下情得上达也，身命财产得保护也，地方政事得参预补救也。之数者，皆公共之利权，而受治于法律范围之下。至臣工则自首揆以至乡官，或特简，或公推，无不有一定之责成。听上下之监督，其贪墨疲冗、败常溺职者，上得而罢斥之，下得而攻退之。东西诸国，大军大政，更易内阁，解散国会，习为常事。而指视所集，从未及于国君，此宪法利君利民，不便庶官之说也。⑤⑧

载泽所言，偏重于应然，我还发现有人从实然层面立论。即便承认君权之无限，但实际上又怎么可能做到无限呢？免不了被皇帝身边的人所窃取。与其大权为这些佞幸所盗，弄得名实不符，还不如在宪法中明白让渡出来为可取：

> 自来专制之朝，君权无限，然亦惟一二雄武之主，能自把持之，其余非夺于母后，则夺于贵戚。非夺于贵戚，则夺于宦官。非夺于宦官，则夺于权臣。岂如立宪国家元首之大权，为宪法所规定所护持，而莫能侵越者乎？⑤⑨

（二）矛盾论者之反对君宪

在预备立宪前，矛盾论者居于主导地位。戊戌维新时期，有人主张中国不可设立议政院，其重要理由是："今之欲设议政院者，其意实欲绌君权而伸民权……我恐君权既绌，民权亦必致渐不得伸，久之且将四万万忠君爱国之民人，胥变为异服异言而后止，其心尚可问耶？"⑥

康有为于戊戌政变后流亡海外，极力颂扬光绪之"圣"，由此举了个例子，从上下文看，他也认同这个看法：

> 皇上又欲开议院，大学士孙家鼐谏曰："今不可不变法，然一开议院，恐皇上无权。"上曰："吾以救民耳，君权之有无，何妨。"此从古未有者。古人君皆揽握大权，今则舍己救民。⑥

预备立宪时期，情形发生变化。矛盾论者依然不少，但统一论者的声音大增。清廷宣布预备立宪前夕，御史刘汝骥上折《请张君权》，反对在当前立宪，其主要理由是宪制本为我国所固有，古圣先贤对此论述、设计甚精，故当前的主要问题不是立宪与否，而是如何防止历代王朝晚期难以避免的王纲解纽。其论证大略如下：

> 日本以立宪胜，俄以专制败，方今地球万国，未有不以此为比例也者，岂我国而独异，且宪既立，则万统一系可传之世世至于无穷。是说也，臣尤以为大谬不然。夫我国固立宪之祖国也……自轩辕迄今，其破坏我宪法者，惟祖龙、新莽、高洋、朱温数人耳……而议者乃欲舍我之宪法而模仿彼之宪法者，将谓政由宁氏，祭则寡人乎？抑下堂而见诸侯，解职而为市民，始合万国之通例乎……毋遽言立宪也，言君权而已；毋遽言君主、民主也，言君权、民权之比较而已。君者，积民之权以为权者也，故君为本位，而民为动位者；分君之权以为权者也，故民为分子，君为分母，未有君权胁而民权独赢者也。⑥

晚清保守主义者反对立宪多运用此种论证方式，即君权与民权本质上对立，君有权自然民无权或者说民不需要权，反之亦然：君权是"积民之权以为权者也"，民权是"分君之权以为权者也"。这种说法有其常识和事实上的根据，故能产生一定的影响，能加深朝廷对预备立宪的疑惧。

同样，满汉关系也可作如是观。满洲有权则汉人无权；汉人有权则满人退处于无权。尽管在政治立场上，满族亲贵与革命党人迥别，但他们却共享了同一的思维逻辑，即满汉在政治权力方面截然对立，故一要集权于亲贵，一要武力排满，即"驱逐鞑虏"。

正是这类非此即彼的政治思维逻辑较为盛行，注定立宪党人在推进君主立宪时必须面对保守主义者、满洲亲贵和革命党人的三方攻击，实在是力不从心，只能以悲剧收场。

二、革命党人对君宪之攻击

革命党人自开始即以推翻清廷为职志。清廷宣布预备立宪后，他们也坚定地认为那只是"假立宪、真专制"，因朝廷宣称要预备君宪，不过是立宪潮流下愚弄汉族民众的新手段。本质还在于满汉之别，"民族之界限，满洲不能立宪之本也，虽欲之固无从耳"。"论立宪之难易，当先其能不能，而后其欲不欲。能立宪者惟我汉人，而汉人能革命始能为立宪"，为什么要先革命？"革命者，以去满人为第一目的，以去暴政为第二目的。"⑥

既然革命党人批评清廷不能真立宪，那立宪党人，尤其是在清廷任职的，就劝说清廷要真正立宪，以有效驳斥革命党人，才能从根上消弭革命。资政院这道奏折即讲得很到位，可惜革命爆发，不可遏止，为时已晚：

> 十余年来革命党之风大炽，其中颇多聪明俊伟之士，持偏激之学说，挟锋锐之文字，发行报纸，刊刻书籍，腾播中外。夫其所借之口实而得多数之信从者，无他，夫亦曰专制政体之不可以立国，非有横决之举，终不能脱此专制羁绁之下也。其意以为生今之世，万国竞争，非立宪无以立国。然窥我政府之意则决不肯立宪。不立宪则亡，与其坐而待亡，孰若起而革之。其说皆由怵于危亡而起。

近数年间，朝廷下预备立宪之诏矣，宣布九年筹备清单矣。上年采
用臣院之议，又缩改之为宣统五年开国会矣。今年又按照缩改筹备
清单，设立暂行内阁矣。夫此数事，皆有名无实，在政府以为可借
此以敷衍人民，在人民终不能因此而信爱政府。于是愤政府之疲
缓，官吏之酷虐，法律之不备，审判之不平，人民生命财产之无所
保障，权利义务之不能确定，国势之陵夷，民族之衰弱，将归于优
胜劣败之数，政府愈疲缓，人情愈愤激，愤激之极，则革命之说易
于传播，而革命之势力于是大盛。横决以求一逞，彼且自以为有不
得已之故焉。故彼之所借口者，其初恐朝廷之不立宪，其继愤政府
之假立宪，其后乃不欲出于和平立宪，而思以铁血立宪。故欲维系
人心，粘平祸乱，莫若示人民以真正立宪。[64]

于第二次常年会期间，随着革命逐渐走向高潮，革命党对资政院
的批评越来越厉害。据报导，革命党人认为："资政院断非代表国民之
机关，盖各省已半为吾党之所有，各省议员自当丧失资格也。然该院于
吾党大业将成时，借其余威以独断恣行的政治，吾党曷能承认该院之决
议？"[65] 又云："北京之资政院绝非民意机关，且各省既归该党占据，则
该省民选议员已失之资格，以意其存留；钦选议员更不足代表人民，故
从法律与事实两方面研究，资政院几为此时可有可无之物。况民选议员
中有喜接近政府者，其建议与根本问题渺无关系。"[66]

朝廷之所作为更证明了革命派的论断——指望鞑虏主动进行真正君
宪，完全属与虎谋皮，是立宪派的一厢情愿。早在1906年10月，同盟
会员宁调元以仙霞署名，在《洞庭波》第一期上发表《无聊与无耻》一
文，指出：

满政府能代汉人立宪，则英也、美也、日也、德也，孰无权利
可代中国立宪乎？非我族类，其心必异……盖满洲之立宪，所以自
利，非利人也；所以灭汉，非存汉也……预备立宪者为无聊，欢迎
立宪者为无耻。[67]

如果说当时绝大多数立宪党人认为这只是革命党人的宣传策略，不必定是事实的话，到第一次常年会结束后，事实证明这种说法有先见之明。随后像宋教仁所宣传的那样，信从者越来越多：

> 立宪者，决非现政府之所得成者也；现政府之所谓立宪，伪也，不过欲假之以实行专制者也；其所以设资政院，立内阁，非以立宪国之立法机关与责任政府视之者也，故其所以对付资政院之权限与内阁之组织者，亦不得责以立宪之原则者也。[68]

大局至此，大多数立宪党人趋于激进，转而同情甚至加入革命阵营中来。另一些较为保守的立宪党人则因为失望选择归隐。

三、激进立宪党人同情革命

武昌起义，引发全国多数省份迅速响应，使得清廷顾此失彼，难以应对，清帝最终选择逊位，帝国终于转型为民国。此一过程中，绝大多数省份，是由革命党人和立宪党人协力，宣布独立，与清廷断绝关系。这些立宪党人，主要是以各省谘议局的议员们为骨干。资政院议员们略有区别：他们中直接响应革命的人没有谘议局议员们比例高。其原因主要包括下述两点：第一，议员们在武汉革命爆发后即集中到北京开第二次常年会，北京是清廷统治中心，即便全国革命风暴来临，首都尚属稳固。第二，资政院议员分钦选和民选，钦选议员自然跟朝廷联系较紧密，尽管对朝廷很多举措不满意，但多数还不至于趋向革命一途；民选议员跟各省谘议局联系紧密，可说是其所在谘议局在资政院或朝廷的代言人，谘议局尽管在革命风暴来临之际赞助革命，依然不如革命党人那般与清廷决裂，故作为其代言人的民选议员们直接响应革命者，并不是特别多，尽管他们中有不少人内心同情革命。

张謇和雷奋师徒即是一例。雷奋，资政院三杰之一，由江苏谘议局经互选成资政院议员，是张謇的门生，可视为张謇一系立宪党人在资政院的代表。于第一次常年会期间，他有很多精彩表现，基本上资政院每个重大议案的发议，都有其身影，较之于三杰中的其他两位湖南籍议员易宗夔和罗杰，他显得更为文雅和稳重。

张謇是晚清君宪运动巨擘，任江苏谘议局议长，"不仅代表江苏一省，全国立宪派几乎一半惟其马首是瞻。如果立宪派中尚有阶层之分，张謇实居于最上"。⑥于1901年写的《变法平议》，是他应对时局的综合思考。他将"置议政院"列为首要举措，即表明其宪制主张已很明确。1903年去日本实地考察，他成为坚定的君宪论者。随后对促成朝廷宣布预备立宪一事，竭心尽力。1904年为湖广总督张之洞、两江总督魏光焘"草请立宪奏稿，七易始定"。⑦朝廷宣布预备立宪国策后，他非常乐观，与郑孝胥等人筹设预备立宪公会。针对缓进、急进之主张各别，他有自己的主见："立宪大本在政府，人民则宜各任实业、教育为自治基础，与其多言，不如人人实行，得尺则尺，得寸则寸。"这样，他放弃仕途转而从事实业和教育，以助于实现自己的君宪政治理想。朝廷一直坚持九年预备期，本不算长，但无如时局逼人，张謇遂积极组织国会请愿。尽管因朝廷屡次拒绝，越来越失望，但他只是恨铁不成钢，还没有站到其对立面。1909年初次请开国会时，他与浙江立宪领袖聚谈，"浙某言：'以政府、社会各方面之现象观之，国不亡，无天理。'余曰：'我辈在，不为设一策，而坐视其亡，无人理。'"1911年5月，请愿国会失败，皇族内阁出台，他还不放弃希望，欲上书载沣，冀能挽回。他在自订《年谱》中写了这段非常沉痛的话：

> 政府以海陆军政权及各部主要，均任亲贵；复不更事，举措乖张，全国为之解体。至沪，合汤寿潜、沈曾植、赵凤昌诸君，公函监国切箴之，更引咸同间故事，当重用汉大臣之有学问阅历者。赵庆宽为醇邸旧人，适自沪回京，嘱其痛切密陈，勿以国为孤注。是时举国骚然，朝野上下，不啻加离心力百倍，可惧也。⑦

6月，他因事进京，于摄政王引见之时，还在谆谆进言；后又跟庆亲王奕劻和载泽等亲贵见面，力陈挽救危局之方。

及至武昌起义刚爆发时，张謇对革命仍持反对态度，只是希望利用革命来给朝廷施加更大压力，促使朝廷解散与宪政原理相悖的皇族内阁并即开国会。他先后拜访了江苏三位封疆大吏：江宁将军铁良、两江总督张人骏和江苏巡抚程德全，表达其意见。得到程德全首肯后，当晚回旅馆，邀约雷奋和杨廷栋这两位得意门生一起写奏稿，"时余自书，时嘱二生书，逾十二时稿脱"。1911 年 10—11 月间，张謇鉴于革命形势如星火燎原，才由君宪转向共和，认为大局一乱至斯，朝廷毫无办法，只有袁世凯集团才能收拾残局，中国方能免生灵涂炭和列强瓜分之祸。他这样回顾了自己的心路历程：

> 自庚子祸作，迄于事定，前后赔款，几及千兆。海内沸腾，怨叹雷动。謇时奔走江、鄂，条陈利害，须即改革政体，未获采陈。乃专意于实业、教育二事，迭有陈说，十不行者五六。自先帝立宪之诏下，三年以来，内而枢密，外而疆吏，凡所为违拂舆情、摧抑士论、剥害实业、损失国防之事，专制且视前益剧，无一不与立宪之主旨相反。枢密疆吏，皆政府而代表朝廷者也。人民求护矿权、路权无效……求保国体无效，求速开国会无效，甚至求救灾患亦无效。謇在江苏，辄忝代表，瞠目拊舌，为社会诟责，无可解免。虽日持国运非收拾人心无可挽回、人心非实行宪法无可收拾之说，达之疆吏而陈之枢密者，无济也；谏行言听之无期，而犹大声疾呼之不已，诚愚且妄。今年内阁成立，亲贵充任总理；铁道国有之政策发表，謇适由社会公推入都，晤阁部臣时，复进最后之忠告，谓实业须扶，国防须重，舆情非可迫压，愈压则反激愈烈；士论非可摧残，愈摧则愤变愈捷。一再披沥，不留余蓄，并以假立宪者真革命之说儆之……我之立宪，但求如日本耳，不敢望德，尤不敢望英。今则兵祸已开，郡县瓦解，环观世界，默察人心，舍共和无可为和平之结果，趋势然也。⑫

张謇的叙述，基本为实录。据此，我同意张朋园的判断，张謇在短短一个月期间由君宪明确转向共和，"思想进步影响的成分甚少，真正逼迫他变的是环境，国家的环境，个人的环境。当然他对朝廷的失望亦极有关系"。正是怨恨不愿真立宪的朝廷，他由一个笃定的君宪论者转向了共和宪制，坚决拒绝了清廷的江苏宣慰使和农工商部大臣之职，积极为奠定共和大局出谋划策，强烈要求清帝退位，以致"教唆袁世凯利用军人干政，开了中国现代史上一大恶例"⑦。

雷奋作为张謇的门生，且是江苏谘议局在资政院的代表，在预备立宪方面的基本主张大致跟张謇保持一致。但雷奋较其师年轻，且与清廷关系没有其师那么深，自然也没那么多顾虑。第一次常年会闭幕后，雷奋对朝廷已非常失望。之后，力主召开临时会以解救危局，最终仍为朝廷严拒。1911 年 5 月，雷奋随张謇由武汉进京，曾力劝张謇到彰德拜会袁世凯，云："清政权断无不倒之理，假如爱好和平的各省谘议局议员大家不肯出头，将酿成全国混战，人民涂炭，不可收拾的局面"；"切勿因为自己是清朝状元，要确守君臣大义，而躲避现实。须知皇帝与国家比较，则国家重于皇帝。"可见，此时的雷奋，已有革命共和之思，只是时机未到，不便向老师明言。在此期间，他积极组织筹备宪友会，于 6 月 4 日以最高票当选为宪友会三位常务理事之一。⑭ 至迟到 11 月初，他已积极投入江苏独立运动。1919 年雷奋以 43 岁的壮年伤时而逝，张謇曾有悼亡诗，足见二人交谊。记云："华亭雷生，昔谘议局之英也，七八年来踡伏里门，忧贫伤世，卒不一出，憔悴极可念，讣至，不能无哀，成诗六韵。"诗云："少我二十四，悲君四十三；上流才是辨，中寿折何堪！蛛隐逃丝苦，虫寒蛰户甘。有闻终鹤唳，长断痛鸡谈。早失惊鸾妇，旋凋恋鲽男。浮沤何事好，无路问瞿昙。"⑮

刘春霖，家道贫寒，但奋力向学，1904 年中甲辰科状元，是中国历史上最后一名状元，是科举入仕的读书人典范。作为民选议员入资政院，他表现出铮铮铁骨，尤其在弹劾军机案内，本君圣臣直的儒家信念，发言掷地有声。像他这样有信念的高层士大夫，理应是朝廷的坚定支持者，但最后也杯葛甚至反对清廷。清廷起用袁世凯之初，命袁会同陆军部大臣荫昌会剿武昌革命党，时值刘春霖在京参加第二次常年会，即以事权不一，难以成功，建议朝廷赋予袁世凯以全权，从而支持了袁。[76] 刘春霖作为直隶高层士绅，袁世凯曾任直隶总督，两人应该有交集。据《辛壬春秋》记载，当袁世凯再度出山，在北京"卫兵只一标，清亲贵疑忌之势，危甚"之际，直隶士绅李煜瀛、刘春霖等与直隶总督陈夔龙密议，计划迎接袁世凯到天津独立，好施展自己的拳脚。"世凯允之，以计非万全，不即行"，等到攻下汉阳，才最后停止这个计划。[77]"刘春霖等的做法，则属于公开的反抗清廷。"[78]

李素，是由山西谘议局推出的民选议员，于第一次常年会期间在速开国会案、弹劾军机案中有突出表现：哪怕朝廷解散资政院，不当议员，也要为民请命。辛亥变起，他适在京参加第二次常年会。于会期中回到山西，参加太原起义，"被推为山西军政府参谋，并赴晋冀边境娘子关参与擘画军事，在关驻守 40 余日，衣不解带，运筹方略，不辞艰劳。山西起义后，与外界隔绝，他又被推为山西都督府全权代表，前往南京进行联络"[79]。山西战事一度非常不利，他和另一位来自山西的民选议员刘懋赏联合在报上发表了《晋军代表告急书》，简要汇报山西革命情况，呼吁全国汉族同胞予以支援：

> 胜残去暴，建设共和，四百兆人同兹愿也。晋人苦清虐政久矣！徒以筹划未完，不敢遽发，及闻武汉倡义，遂于九月初八日兴起义师，驱暴吏，击防兵，崇朝之间，太原底定。随即推举都督，建设军府，遣兵扼守娘子关，以防清兵窜入。一面派人分赴各属，晓谕人民，靡不鼓舞欢欣，共图义举！[80]

不论是高层士绅的张謇、刘春霖，还是一般士绅的雷奋、李素、刘懋赏等，本来他们都笃信君宪完全可以实行，而且势在必行，只因对清廷延迟开国会、组织亲贵内阁、集权于皇族之种种"伪"立宪举措极度不满，慢慢积累，终知清廷立宪之不足有为。于革命爆发蔓延之际，以他们为代表的一大批立宪党人，看到清廷覆亡已在目前，遂积极加入革命阵营，与革命党人合作，共同致力于覆灭清室。

四、保守立宪党人选择归隐

辛亥革命爆发后，还有一些较为保守、与清廷关系更为密切的立宪党人，看到他们并不愿见及的革命已不可遏止，共和成大势所趋，遂选择归隐：或回家乡从事实业和教育，以造福乡梓；或进入天津、沈阳、青岛等租界，成为不做贰臣、不仕贰朝的遗老或准遗老，以诗书字画等自娱以终身。前者在民选议员中占多数，后者在钦选议员中比例更高。

魏联奎（1849—1925），又名魏星五，字文垣，晚年号爨余老人，河南荥阳汜水人。出身贫寒，小时候无钱上学，就经常在私塾旁听。小小年纪即如此好学上进，因此感动了塾师，得以免费入学。学习机会来之不易，更为珍惜。后入大梁书院读书。1882年中举，1886年中进士，入刑部任小京官，开始了其仕宦生涯。直到清帝逊位。在这二三十年的时间里，他一直在刑曹任职，"历刑部、法部垂三十年……治狱精审敏决，一字出入，终夜为之不眠。依弼教之旨，务求其平"。

他虽长期在做职业官僚，与政治隔得相对较远，但这并不意味着他不关心朝局，只是有自己坚定独立的想法。这里略举几例。

他初入刑部任职，适值同光中兴之最后几年，回光返照，似还有可为。但没过几年，大变接踵而至，先是甲午丧师，割地赔款；随即戊戌维新，政变随之。这时他早过不惑之年，对政治已有定见。他虽赞同康梁的变法主张，但反对他们操之过急的策略。危如累卵的国势，让他"杞忧益深，感伤悲郁，发须为白"，从此以"爨余生"自号。劫火余生，足见悲凉沧桑！两年后庚子国变，联军入京。在刑部供职的他，听说慈禧带同光绪出走，激于君臣大义，即仓猝策马，希望早日奔赴两宫逃难所在，共度时艰。但阻隔于道路，半路折回京城，"于枪林弹雨中供职，不改常度"，尤难能可贵！

清末预备立宪，成立资政院，他以部院衙门官身份被推举为议员。在两次常年会期间，尽管发言较少，但能严格遵守资政院的相关法规，基本没有缺席和迟到早退的事；他之所以发言较少，主要是他不愿在自己不懂的领域漫无边际的讲话，只是在他所擅长的专业领域，激于时势，不可已于言才发议。这是他笃守"君子不言，言必有中"的古训。本来，作为民意代表的国会议员，充分表达所代表的民意，固然是尽责的表现；但一个人位置越高，责任自然也就越重，超越自己所熟悉的领域，高谈阔论，固然能博人眼球，获得时誉，也许换来的是国族蒙害。在他看来，这是君子所不屑为。

1908 年光绪和慈禧相继过世，幼主宣统登基，载沣监国摄政，政出多门，且以贿成。孙中山等在海外留学生中，大力宣扬种族革命之说，国内民变此起彼伏。目睹时事，他心情更为抑郁，从法部下班回家，时不时念叨："国事不可为矣！"到清亡前夕，他因业务精审，积资升任正三品的"法部左丞"。及至武昌事起，袁世凯重新出山，很多人都为了将来的利益考虑，纷纷投靠，由拥护君主而首鼠两端，渐渐鼓吹共和。他则不为所动，仍坚持君宪。1912 年清帝逊位前夕，他感伤时局，多日食不下咽。及至下诏前二日，他自思从政无补时艰，离开北京，浩然回归故里，之后绝口不谈国是。

回归故里后，虽彻底远离政治，作为告老还乡的高级士绅，他并没有闲着，一方面致力于家族自治，修订族规、家谱，以身作则，训诫子弟。他曾撰写对联："心术不可得罪于天地，言行要留好样于儿孙"；在家乡从事慈善事业，以切实造福乡梓：组织漕粮商榷会，为河南各县成功实现减漕，减轻了当地负担。晚年为建设郑州贾鲁河水利公司而奔走操劳，1916 年历尽艰辛修成"魏公堤"，减轻当地水患，"平生见义勇为，于一切公益事业，尤具热心"。一生座右铭为："作人须竖起脊梁，不可阘冗，不可倚傍，不可存胜人之见，不可存自恕之心。""言必宗诸孔孟，行必期于久大。"其学宗宋儒，认为义利之辨是人禽之别，"卒前三日，尚为家人讲《孟子》数章，谆谆义利之辨"。晚年居山西平陆洗耳河畔岳家庄，课子教孙，在门上自书："不可无泉石间意，所愿为名教中人"；又书"山林自有不朽业，古今无多独行人"。过世后，百姓以"魏公"尊之。

观其生平，尽管家贫，由力学、中举、入仕到致仕归隐，是传统社会儒家士大夫的成功典范。长年任职刑部，决狱明审平恕，实为晚清豫派律学之后殿，以礼教、人情来裁断新旧律之是非得失。他曾这样训诫其子魏祖旭（曾于民初任江西高等审判厅厅长）："律本礼教，礼教本于人情，法补礼教所不及，但顺人情，能两得其平，斯可矣。如命案，生故当救，令死者含冤，可谓平乎？新律以概括为主，具体之例尚鲜，勿徒袭慈悲之名，而忘死者之含结也。"这段话，当是他为刑官几十年之心得，可见儒家思想对其绝大影响。儒家重纲常礼教，讲究身体力行。尽管从今天留下来的资料，没有发现他明确拥护宪制之文字证据，但作为儒者，其出处进退须讲究君臣伦常，故他终生以君主国体为念，不以共和为然。本不事二君之义，在清亡后回故乡从事家族保育，进而造福乡里，就是顺理成章之事。⑧

于邦华（1869—1918），早年致力于家乡教育事业，由顺直谘议局选为民选议员。始终心系君宪，曾组织直隶宪政研究会，积极参与速开国会运动。他于两次常年会在议场的发议都很精彩。1911年作为主要发起人之一，筹建帝国宪政实进会，当选为副会长。1912年初，清廷大势已去之际，还在组织同志联合会，会见英国驻华公使朱尔典，要求其赞助君宪。正因他始终为坚持君宪，其所作为也被当时的激进舆论所污蔑，被抨击：

> （辛亥九月）初十日资政院开秘密借债会议，民选议员均极力反对，惟于邦华独表同情。其所以表同情者，原欲得副议长之职，故甘冒不韪，作此丧心病狂之举，以博钦选议员之员欢心，到投票之时，副议长必垂手可得。噫！以民选议员之资格，为一己之私，不惜举国生灵沉入地狱，真猪狗之不若也。爱国同胞，何不群起而杀此贼耶？⑧

入民国后，多次婉拒政府入仕邀请，而选择在家乡从事教育、撰著。

像魏联奎、于邦华这样的资政院议员，受传统儒家思想的影响，抑或教育、实业等职业习惯使然，在清帝退位后，仍然坚持在君宪之下通过发展教育和实业来改变中国的道路，并不认同以革命手段来建立共和宪制的做法，主动远离政治舞台的中心，回到家乡，依旧从事基础性的教育或实业工作，以此度过余生。1920 年由北京敷文社征集稿件汇编出版的《最近官绅履历汇录》中，只有 54 名议员有简单的记载，其他人都销声匿迹。[83] 此时距资政院正式开院也就十年，议员们平均年龄也就五十出头，按常理正是从政的黄金年龄段。这些议员们在民初的归隐或者说边缘化，正是君宪在近代中国的命运写照。

注释

① 《大公报》1911 年 11 月 3 日。
② 《资政院纪事》，《大公报》1911 年 11 月 11 日。又如该报于 12 月曾公开就"君主民主立宪问题之解决"为主题征文，21 日刊登了邓继禹的"呓语群哄无关痛痒之资政院"，形象描述资政院在解决君主民主问题上的无能。
③ 《资政院起草宪法之反对》，《中国报》1911 年 11 月 9 日。
④ 《盛京时报》1911 年 11 月 7 日。
⑤ 《大公报》1911 年 11 月 9 日。
⑥ 《盛京时报》1911 年 11 月 8 日。
⑦ 《巴黎报之中国革命论》，《大公报》1911 年 12 月 27 日。
⑧ 无妄：《闲评》，《大公报》1911 年 12 月 12 日。
⑨ 《内阁总理大臣面奏关于入对奏事暂行停止事项》（1911 年 11 月 30 日），中国第一历史档案馆编：《光绪宣统两朝上谕档》，第 37 册，第 311 页。
⑩ 袁内阁于 1911 年 12 月 20 日上奏："查立宪各国，于奏事限制颇严……乃现在呈递封奏人员，既非国务衙门，又非专有职掌，仍复纷纷呈递，殊与前奏停止之意未尽吻合，且与宪法信条显有抵触。拟再行请旨声明，除业经规定奏事各衙门外，嗣后凡向应奏事人员关于国务有所陈述者，均呈由内阁核办，一切封奏概行停止，庶于统一政治免有窒碍。"当日即获得批准，"奉旨：立宪政体，于奏事限制颇严，所以定政治之方针，保持行政之统一。前经内阁奏准停止入对奏事清单，即本此意。所有嗣后例应奏事人员，于奏事章程未定以前，关于国务有所陈述者，均暂呈由内阁核办，毋庸再递封奏，以明责任而符宪政。"（中国第一历史档案馆编：《光绪宣统两朝上谕档》，第 37 册，第 351—352 页）
⑪ 《临时公报》，《命令》1912 年第 2 卷第 2 期，第 2 页。
⑫ 陆宗舆：《五十自述记》，《北京日报》1925 年铅印本，第 9 页。
⑬ 《1911 年年度报告：朱尔典爵士致格雷爵士》（1912 年 3 月 27 日发自北京），载王宪明编译：《清末立宪运动史料丛刊·外文资料》，山西人民出版社 2020 年版，第 513 页。
⑭ 《大公报》1912 年 7 月 17 日。

⑮　余英时：《朱熹的历史世界》，下册，生活·读书·新知三联书店 2004 年版，第 396—397 页。

⑯　中国第一历史档案馆编：《光绪宣统两朝上谕档》，第 34 册，第 1 页。

⑰　陆九渊：《与朱子渊》，《陆九渊集》，钟哲点校，中华书局 1980 年版，第 174 页。

⑱　关晓红：《从幕府到职官：清季外官制的转型与困扰》，第 109 页。

⑲　参考凌冰：《爱新觉罗·载沣——清末监国摄政王》，文化艺术出版社 1988 年版，第 93 页。

⑳　熊十力：《韩非子评论　与友人论张江陵》，上海书店出版社 2007 年版，第 54 页。

㉑　凌冰：《爱新觉罗·载沣——清末监国摄政王》，第 78 页。

㉒　胡思敬：《国闻备乘》，上海书店出版社 1997 年版，第 83 页。

㉓　江庸：《趋庭随笔》，沈云龙主编：《近代中国史料丛刊》，第九辑，文海出版社 1967 年版，第 41 页。

㉔　黎靖德编：《朱子语类》，王星贤等点校，中华书局 1986 年版，第八册，第 3071 页。

㉕　凌冰：《爱新觉罗·载沣——清末监国摄政王》，第 85 页。

㉖　《资政院记事：资政院第二次议事详志》，《顺天时报》1911 年 10 月 25 日。

㉗　《资政院第五次议事记略》，《经纬报》1911 年 11 月 2 日。

㉘　赵尔巽等撰：《清史稿》，第 4 册，第 1006 页。

㉙　故宫博物院明清档案部编：《清末筹备立宪档案史料》，上册，第 175 页。

㉚　《民立报》1910 年 11 月 5 日。

㉛　《德宗景皇帝实录（八）》，中华书局 1987 年版，第 708 页。

㉜　《时报》1910 年 11 月 2 日。

㉝　《御史胡思敬奏立宪之弊折》，故宫博物院明清档案部编：《清末筹备立宪档案史料》，上册，第 346 页。

㉞　《奏为特参资政院议事无多流弊滋甚请旨严加训斥事》，中国第一历史档案馆藏，档号：04-01-01-1107-039。

㉟　《清史稿》，卷四七二，《陆润庠传》，列传二五九。

㊱　《清朝续文献通考》，《宪政考八》。

㊲　《御史欧家廉奏立宪应以官民程度为准并请依君主立宪政体严定限制折》（1911 年 6 月 19 日），载迟云飞编：《清末立宪运动史料丛刊·清廷的预备仿行立宪》，第一卷，第 321—322 页。

㊳　故宫博物院明清档案部编：《清末筹备立宪档案史料》，上册，第 348 页。

㊴　同上书，上册，第 355—357 页。

㊵　李剑农：《中国近百年政治史》，第 268 页。

㊶　沈祖宪编纂：《容庵弟子记》，台北文星书店 1962 年版，第 18 页。

㊷　《北洋公牍类纂》，沈云龙主编：《近代中国史料丛刊三编》，第八十六辑，第 57 册，第 4 页。

㊸　〔日〕佐藤铁治郎：《一个日本记者笔下的袁世凯》，孔祥吉等整理，天津古籍出版社 2005 年版，第 98—99 页。

㊹　张一麐：《古红梅阁笔记》，上海书店出版社 1998 年版，第 44—45 页。

㊺　赵炳麟：《光绪大事汇鉴》，卷 12，第 3 页；转引自李细珠：《新政、立宪与革命——

清末民初政治转型研究》，第45页。
㊻ 张一麐：《古红梅阁笔记》，第45页。
㊼ 郭廷以：《近代中国史纲》，中华书局2018年版，第293页。
㊽ 凌冰：《爱新觉罗·载沣——清末监国摄政王》，第63页。
㊾ 中国第一历史档案馆编：《光绪宣统两朝上谕档》，第34册，第325页。
㊿ 郭廷以：《近代中国史纲》，第308页。
(51) 参考刘路生：《袁世凯隐居彰德韬光养晦》，《炎黄春秋》2003年第5期。
(52) 郭廷以：《近代中国史纲》，第308页。
(53) 中国第一历史档案馆编：《光绪宣统两朝上谕档》，第37册，第271、432页。
(54) 帝制中国有无民权在学界颇有争议，从法律规定等应然层面立论可能是无民权，从民众的实际生活状态等实然层面上观察可能多多少少有些民权。实际上，帝制中国的治理逻辑自成体系，根本不是围绕权利义务框架展开的。近代中国政法要转型，就必须重新以权利义务框架来予以解释言说。这即注定新的解释、言说只能是形似，而难以准确。尽管如此，社会已转型，新式表达成为必需，这即要求作者和读者在理解近代文献时不可太拘泥字义，明其所表达的大意最重要。
(55) 竞盦：《政体进化论》，载张枬、王忍之编：《辛亥革命前十年间时论选集》，第一卷下册，第544页。
(56) 观云：《平等说与中国旧伦理之冲突》，载张枬、王忍之编：《辛亥革命前十年间时论选集》，第二卷上册，第27页。
(57) 何启、胡礼垣：《正权篇辨》（光绪二十五年正月），载李细珠编：《清末立宪运动史料丛刊·立宪运动的酝酿与发动》，第20、25页。
(58) 故宫博物院明清档案部编：《清末筹备立宪档案史料》，上册，第111页。
(59) 《出使美墨秘古国大臣张荫棠为时局危亟请速行宪政折》，载故宫博物院明清档案部编：《清末筹备立宪档案史料》，上册，第362页。
(60) 《中国不可设议政院说》，《申报》1898年8月1日；李细珠编：《清末立宪运动史料丛刊·立宪运动的酝酿与发动》，第11页。
(61) 《康南海先生在鸟喊士晚士吖埠演说》，《清议报》1899年6月8、18日；李细珠编：《清末立宪运动史料丛刊·立宪运动的酝酿与发动》，第41页。
(62) 故宫博物院明清档案部编：《清末筹备立宪档案史料》，上册，第108—109页。
(63) 蛩伸（朱执信）：《论满洲虽欲立宪而不能》，载张枬、王忍之编：《辛亥革命前十年时论选集》，第二卷上册，第118—119页。
(64) 《资政院总裁世续等请明诏将宪法交院协赞折》，载故宫博物院明清档案部编：《清末筹备立宪档案史料》，上册，第94—95页。
(65) 《革党对于资政院之宣言》，《盛京时报》一九一一年九月十七日。
(66) 《资政院之价值如此》，《盛京时报》一九一一年九月十八日。
(67) 杨天石等编：《宁调元集》，湖南人民出版社2008年版，第433页。
(68) 宋教仁：《希望立宪者其失望矣》，1911年7月9日，载郭汉民编：《宋教仁集》，湖南人民出版社2008年版，上册，第255页。
(69) 张朋园：《立宪派与辛亥革命》，第169页。
(70) 张祖怡编辑：《张季子九录·简谱》，卷二，文海出版社1965年影印版，第52—54页。

⑦ 张祖怡编辑:《张季子九录·专录》,卷七,第3624、3628、3632页。

⑦ 张謇:《致袁内阁代辞宣慰使农工商大臣电》,载张祖怡编辑:《张季子九录·政闻录》,卷三,第181—183页。

⑦ 张朋园:《立宪派与辛亥革命》,第180页。

⑦ 《宪友会开大会纪事》,《申报》1911年6月10日。

⑦ 张祖怡编辑:《张季子九录·诗录》,卷七,第3024—3025页。

⑦ 《时报》1911年10月29日。

⑦ 尚秉和:《辛壬春秋》,第161页。

⑦ 张朋园:《立宪派与辛亥革命》,第157页。

⑦ 李克明:《民国初期的法学家——李素》,《沧桑》1995年第1期。

⑧ 李素、刘懋赏:《晋军代表告急书》,《新闻报》1911年12月27日。

⑧ 参考陈万卿编著:《荥阳先贤年谱·魏联奎先生年谱》,大象出版社2006年版,第91—124页。

⑧ 《于邦华之奢望》,《浅说画报》1911年第1077期,第4页。

⑧ 《最近官绅履历汇录》,《例言》,北京敷文社1920年版。

第十章　民族与社会：晚清君主立宪失败的历史检讨（下）

上章所述以重大人事与政治活动为主的近因固然重要，但中国自身悠久历史所型塑的政治传统、思想观念和风俗民情等远因，更值得深入分析。毕竟，晚清君宪是在中国这个具有悠久传统、广土众民的国度所尝试。君宪能否获得成功，除了在上位者的庙谟筹划之外，更取决于固有的社会结构及其文化。本章的反思即围绕这些因素展开。

第一节　满汉矛盾

传统中国历来都强调夷夏大防，"家天下"之"家"，乃汉人之"家"。满清入主中原，尽管极力宣扬四海一家、满汉一体，但其本质上仍与汉、唐、明这样的汉族王朝有别。根深蒂固的满汉矛盾，在很大程度上注定晚清君宪之走向。

一、预备立宪前的满汉矛盾

因晚明内部溃乱，尽管人数不及汉人百分之一且文化程度远逊，满人却得以乘机入主中原，建立了清王朝。其统治政策多沿袭明朝，但变本加厉，因其一方面需要汉人支持配合，另一方面又猜忌压制汉人，以保证大权不旁落。郭廷以即归纳：

> 统观清代的统治策略，一切以集权、防范、压制为尚……厚满薄汉，中央官虽满汉各有定额，但权位悬殊。军机处并此形式亦

无。历任军机大臣汉员不及半数，以慑于满员势焰，遇事惟有缄默自容。地方官的除授，满员常居优先。19世纪中叶以前，督抚大半属于旗籍。旗官兵以旗籍为限，汉人组成的绿营将弁，则满汉并用。兵卒的饷银，八旗高于绿营，升迁亦较绿营为易。一般旗人复享受各种特殊待遇，无处不形成满汉的对立。[①]

"清室对待汉人，无论其为怀柔或高压，要之十分防猜。"清军入江南之时，于顺治二年（1645年）颁布剃发改服令，受到激烈抵抗，遂有扬州十日、嘉定三屠、江阴八十三日抵抗等惨剧。及至统治稳定下来，出于怀柔所需，政策有所缓和，黎民百姓生活稍微安定，但民间反清复明的心理和情绪仍在。反清起事多以"朱三太子"为号召，吕留良弟子曾静曾游说岳钟琪以岳飞后代身份为兴复之举。民间还传播诸多清皇室的流言，比如孝庄下嫁、顺治与董小宛的恋情和出家、雍正得位不正、吕四娘刺杀雍正、乾隆为汉人陈氏之子等等。这些故事扑朔迷离、多半属伪，但反映出汉人对满人统治的不满与讥讽。与此相对，清廷心怀疑忌，又没有文化自信，不忘强迫压制汉人的反清意识，遂在盛世之下大兴文字狱。毕竟盛世经济较繁荣，乾隆后文字狱也减少，满汉矛盾到清中叶，较之清初已缓和很多。

及至太平天国起事，满汉关系再趋紧张。太平天国运动"能在中国近代史上留下一更重大影响，正因他们能明白揭举出种族革命的旗号"，其起事之初发布以为号召的《奉天讨胡檄》，从标题即可见其宗旨。清廷所依赖的八旗绿营无法荡平巨大内乱，湘淮军乘势而起，地方政权渐入于汉族军人之手，其影响所及：

> 清代督、抚权任本重。洪、杨之乱，满人为外省督、抚者，皆无力荡平，于是不得不姑分一部分督、抚之权位与汉人。自是以来，外省督、抚，渐与中央异趋。晚清中国各地之略略有新政端倪者，胥由一、二汉人为督、抚者主张之。庚子之变，东南各督、抚不奉朝命，相约保疆，超然事外。[②]

汉人在地方权势上于同光时期大张，打破了之前的满汉权力分配格局。人事的实际任免，经济的实际支配，自不必说。在法律和司法领域，也因战乱权宜需要，地方大员获得了名正言顺的就地正法权。及至乱平，习惯了生杀予夺的地方督抚亦不愿交出此权。尽管清廷想了很多办法，但都收效甚微。朝廷"限制使用就地正法的谕旨虽然一再发出，但是，督抚们却仍然我行我素，根本没有把这些禁止令当做一回事"。③

学界通常归纳晚清政局为"内轻外重"，实际上是地方坐大，也就是汉族坐大。清廷当然不愿看到这种不利之局，力图予以改变。满族之所以呈现此种衰落之势，以致赋予其特权都不能维持。主要原因在于人数较之汉人百不及一，且长期依靠特权生活，渐渐失去了当初允文允武的能力，乃至谋生都成问题。清廷自中叶起，已注意到此一问题，力图设法解决，但不能壮士断腕，终归成效不彰。及至戊戌维新，光绪主张改革八旗制度，力图让旗人自谋生计，结果引起八旗恐慌。老舍在自传体小说《正红旗下》描述：

> 在我降生前的几个月里，我的大舅、大姐的公公和丈夫，都真着了急。他们都激烈地反对变法。大舅的理由很简单，最有说服力：祖宗定的法不许变！大姐公公说不出更好的道理来，只好补充了一句：要变就不行！事实上，这两位官儿都不大知道要变的是哪一些法，而只听说：一变法，旗人就须自力更生，朝廷不再发给钱粮了。

戊戌政变发生，变法被废止，满人在朝廷中势力大增，乃至民间有"内满外汉"之传言。④ 随后庚子国变，外患空前，新政随之而起。此时，革命党人正大力宣扬排满，以"驱逐鞑虏"的民族革命相号召，朝廷必须将处理满汉矛盾提上日程。

在被视为清廷新政纲要的《江楚会奏变法三折》中，张之洞等提出"筹八旗生计"为整顿中法重要内容之一。两年后，也就是1903年，张之洞进京面圣，在临别拜见时，郑重劝说慈禧要"化除满汉畛域"，建议八旗中的管理职位不应严格限于满人，旗人和汉人在司法管辖方面应一视同仁。

实际上，在此前后，慈禧也采取了一些措施，力图缩小满汉间的差异。1902年2月1日下谕废除已实施两百多年的满汉通婚禁令，允许满汉通婚，鼓励汉族女子不要缠足。⑤1903年废除满人对八旗职位的垄断，12月"赏"汉人吉林候补道程德全"副都统衔，署齐齐哈尔副都统"。⑥之后，汉人被调往八旗任职的越来越多。如冯国璋就于1906年担任贵胄学堂总办、署理蒙古正黄旗副都统。还向汉人开放了原先作为满人保留地的东三省。这些措施有的取得了效果，如八旗官缺；有的则效果不彰，如满汉通婚。

本来，对朝廷而言，预备立宪可能是一个修复满汉关系的机会，当时即有言论主张：

> 今苟宣布天下，曰中国改为立宪政体，以国家公诸国民，不复为朝廷之私产。而且既立宪，则一切平等，满汉不至两歧；满汉既不两歧，则可以平汉人之心，满汉之行迹自必融化，则何必仇满排满，革满人之命哉？是立宪实为延朝祚之不二法门也。⑦

可惜的是，晚清朝廷见不及此；或见及此，亦无壮士断腕的决心和魄力。基本上在整个有清一代，一直采取种族主义法律政策，赋予旗人以法律特权。和汉人相比，旗人享有的法律特权较多，以刑罚和司法审判机构为例：在刑罚方面，《大清律例》虽同样适用于满人与汉人，但为优待满人，专列"犯罪免发遣"条，规定："凡旗人犯罪，笞杖照数鞭责；军、流、徒，免发遣，分别枷号。徒一年者枷号二十日，每等递加五日；总徒、准徒，亦递加五日；流二千里者枷号五十日，每等亦递加五日；充军附近者枷号七十日，近边者七十五日，边远沿海边外者八十日，极边烟瘴者九十日。"除此之外，甚至杂犯死罪者也可以枷号而免实际受刑。这种"易刑"之规定，旗人可免于服苦役、离乡流放发遣。又如旗人有"消除旗籍"的处罚，即将旗人降为民人，是旗人特有的处罚方式。在司法上，旗人案件由特定机关审理。京师平民旗人由步军统领衙门审理，贵族由宗人府审理。地方官员可以审理地方涉及旗人的案件，但无权判决，只能提出审理意见，交由相应的满人审判机关理事厅处理。这种法律面前民族不平等政策一直延续下来，直到沈家本主持晚清变法修律，才开始大刀阔斧改革，力图统一满汉法律，但实际成效也很有限。

二、预备立宪时期清廷弥合满汉矛盾的举措与乖谬

对朝廷预备立宪国策有较大影响的载泽密折，即驳斥了立宪对满人不利的说法，认为朝廷视天下以大公，应抛除专为一民族谋利的狭隘心理，立宪对满汉都有利：

> 或有为满汉之说者，以为宪政既行，于满人利益有损耳。奴才至愚，以为今日之情形，与国初入关时有异。当时官缺分立满、汉，各省置设驻防者，以中原时有反侧，故驾驭亦用微权。今寰宇涵濡圣泽近三百年，从前粤、捻、回之乱，戡定之功，将帅兵卒皆汉人居多，更无界限之可言。近年以来，皇太后、皇上迭布纶音，谕满、汉联姻，裁海关，裁织造，副都统并用汉人……安有私覆私载？方今列强逼迫，合中国全体之力，尚不足以御之，岂有四海一家，自分畛域之理？至于计较满、汉之差缺，竞争权利之多寡，则所见甚卑，不知大体者也。夫择贤而任，择能而使，古今中外，此理大同。使满人果贤，何患推选之不至，登进之无门！如其不肖，则亦宜在摒弃之列。且官无幸进，正可激励人才，使之向上，获益更多。此举为盛衰兴废所关，若守一隅之见，为拘挛之语，不为国家建万年久长之祚，而为满人谋一身一家之私，则亦不权轻重，不审大小之甚矣。在忠于谋国者，决不出此。⑧

清廷于 1906 年宣布预备立宪后，满汉之间的不平等自然就与预备立宪的宗旨相悖，进一步化除满汉畛域就势在必行。革命党人更在大力

宣传清廷之立宪就是集权满人的伪立宪，不足为训。为了有效驳斥革命党人的宣传，朝廷也有必要采取切实措施和步骤来融合满汉。这里自然就有一个问题，是满人向汉人靠拢还是汉人习得满人的风俗习惯等？易言之，是满融汉还是汉融满？因为汉人人数优势且文化程度更高，尽管最高当权者是满人，好像这个问题没有产生太大争议，是满人向汉人融合。

1907 年 4 月，朝廷宣布裁撤东三省的八旗驻防将军，进一步开放东北，跟内地一样建立总督巡抚管辖的行省，且第一任督、抚都是汉人。

在此前后，曾留日学警务和商业的候补道吴剑丰上呈，即首以忠奸、满汉进言。其说与载泽之论颇有相合之处，略云：

> 新党倡言，谓名为立宪，实便其私，名为国家，实为满人。夫必不利于满人，固属乱党，而专求利于满人，亦非忠言。皇太后、皇上本为中国君主，不私于汉，不偏于满。倘多一息保满之心，即坚一分排满之见，反动之力相激而成。融化此界，当自圣德广运始。现在种族之说，渐入人心，愈延愈广，势必诛不胜诛，禁不及禁，一旦杀机大动，玉石难分，惨何可言！⑨

尽管有不少朝臣建议应尽快采取可行措施来消解满汉矛盾，慈禧主导下的清廷也似乎在朝这方面努力，但很多关键性举措恰与之背道而驰。最著者为预备立宪开始后的中央官制改革，军机大臣和各部尚书共十三人，满人七名，蒙古一名，汉军旗人一名，汉人四名，较之未改革前的满汉复员制，汉人势力更见削弱。在时人看来，预备立宪就等于满人集权，更证明革命党人言之有据。热望立宪且忠于清室的恽毓鼎即讲："辛丑回銮，孝钦内惭，始特诏天下议改革，定新官制。少年新进，不深维祖宗朝立法本意，第觉满洲人士，以八旗区区一部分，与我二十一行省汉人对掌邦政，其事太不平，欲力破此局以均势。满汉之界既融，于是天潢贵胄，丰沛故家，联翩而掌部务，汉人之势大绌，乃不得一席地以自暖。"⑩

1907 年 7 月革命党汉人徐锡麟刺杀满人安徽巡抚恩铭，徐氏在供词中坦承，他之所以刺杀对其个人有恩的巡抚，完全是排满革命大义所在：

> 我本革命党首领，以道员就官安徽，专为排满而来……满人虏我汉族将近三百年矣，观其表面立宪，不过牢笼天下人心，实主中央集权……我只拿定革命宗旨，一旦乘时而起，杀尽满人，自然汉人强盛，再图立宪不迟，我蓄志排满已十余年矣……尔言抚台是好官，待我甚厚，诚然，但我既以排满为宗旨，即不能问满人做官之好坏。至于抚台厚我，系属个人私惠，我杀抚台乃是排满公理。⑪

徐锡麟事件传开，满官非常不安；本来，慈禧已在徐锡麟事件前几天下谕要求全国官民就预备立宪事宜条陈以闻，及至事件发生，在看过徐锡麟供词后，她相当震动于其极端排满说，对臣工关于破除满汉畛域的建议特别重视。两江总督端方于 1907 年 8 月上奏清廷，希望朝廷能仿照日本，迅速编定颁布帝国宪法和皇室典范，以止息革命党宣传的"排满"说：

> 近年不逞之徒，倡为排满之说，与立宪为正反对。奴才愚见，以为宜俯从多数希望立宪之人心，以弭少数鼓励排满之乱党。拟请敕下廷臣，迅将我大清帝国宪法及皇室典范二大端，提议编纂，布告天下，必可永固皇基，常昭法守。⑫

暂署黑龙江巡抚程德全，作为汉人大员，本有忌讳，亦于 1907 年 9 月上折，希望朝廷切实将化除满汉界限作为立宪先务，足见风气变化：

> 国家御宇两百余年，汉人深受国恩，践土食毛，已与满人无异。乃比者不逞之徒，倡为排满革命之说，意在身为祸首，扰乱治

安，值此时艰，徒事阋墙之争，不思同族之谊，途穷反噬，良足痛心。此时欲行消弭，亦无他策，惟有实行宪政，以冀逐渐化除而已。盖立宪政体，向无种族之别，拟请明诏海内，自今后无论满人、汉人，皆一律称为国民，不得仍存满汉名目，先化畛域之名，自足渐消相斫之祸……立宪精义，必须全国人心皆思巩固邦本，乃或有瘳。今国内骨肉相残至此，尚何冀宪政之成立乎？故浑融满汉，尤立宪政体亟当视为先务者也。⑬

经过徐锡麟事件，慈禧深刻意识到满汉问题的严重性，采纳了臣下的一些建议，以皇帝名义发布谕旨，拟对八旗制度进行重要改革，并消除满汉之间社会生活和法律上的差异，但这些改革并没有废除八旗制度，也没有完全消除满汉差异，尽管这较之以前改革措施更深入。⑭

随着慈禧过世，最高权力转移到载沣那里，舆论对其融合满汉、推进预备立宪期待颇高，以为能在慈禧晚年的基础上更进一步，结果适得其反。上文已经述及，兹不赘述。

《泰晤士报》曾如此评价晚清君宪：

世上最危险之事莫如腐败政府忽欲伪示改革，此如久病之人，精力已疲，日在痛苦之中，初不自觉，小施疗治，遽作速愈之想，反有不能忍受者矣……去岁资政院之召集，已有欲将行政及军财机关大加刷新之意，惜彼时议员于民间之生计实未注意，卒之对于此官中欺诈贪婪之习，不特不能改正，反又从而甚之。旧时之轮廓既废，内外各官咸思于新政中取利，而资政院之议员甚且有不免者，以一种腐败无能之旧人，忽欲表示其胜任愉快之概，则新政之混杂败乱，其害遂百倍于前矣。当革命未起之时，北京政府已觉秩序不稳，有岌岌不可终日之势。各省人民要求速开国会，不以资政院为满足，殆与法国革命前法人不满意于普通院同一态度。北京政府此时过于慎重，坚持筹备之说，此原无可訾议。惟民心之向背、民情之缓急，亦当早为斟酌，且立宪与人民相见以诚，尤不得有欺诈掩饰之迹，俾人民有所疑虑。画虎类狗，真北京政府之谓矣。总之，改革之真精神始终未入禁城以内，如内廷太监以及各种野蛮习惯全未更易，聪明瑰奇之士均谓：当今良药，莫如完全破坏旧时之形式，为根本上之改革。此实痛快之论。特恐乱事延长，不仅为中国大祸，将来北京政府不能复行条约，亦未可知。[15]

该报所论，按照政体改革之通说，固属得道之言，但就清廷来说，实不免隔靴搔痒之讥，因作者未曾充分讨论到作为朝廷之困境。对晚清君宪来说，更致命的痼疾在于难以化解的满汉矛盾。

总之，晚清朝廷不论是之前的新政还是后来的筹备君宪，都有很明确的集权满洲之意图，尽管在公开场合他们反复强调满汉一体。就拿资政院的议员构成上来说，100 位民选议员中，满族人只有 4 名；但在 100 位钦选议员中，以满蒙为主体的议员达 54 名之多。就人口数而言，满蒙人口远逊于汉人。作为民意代表机构的资政院，其议员名额划分倾向于满蒙等特权族群，自可概见。这种构成，实际上反过来又提醒清廷：民选议员中只有 4 名满人，他们经复选产生，这也意味着，如朝廷真要推行君宪，那不论是地方议会还是中央的国会，其议员都要经选举产生。不论是采取单选还是复选，在汉人居绝大多数的情况下，满人都绝无胜算。换言之，真正的君主立宪，必然要有多数决的选举，人口仅居汉人百分之一的满人，必然无法继续掌权。朝廷在做预备立宪决策时，载泽等当年在奏折中所列举的立宪能使皇位永固等最重要好处，顶多只是虚名，甚至可说是一厢情愿的欺人之谈。清廷最希望的"大权统于朝廷"，根本无从说起。

清廷要真正推行君宪，实际意味着满人放弃权力，绝对是一场不流血的革命。清廷要保持权力，就不能真正推行君宪。这就给革命党提供了以反满为主要内容的"民族革命"之根据。这种"民族革命"的宣传，在社会中下层和青年人群里，很容易收效，这就使得革命终究会发生，君宪势必成为画饼。其中缘由，张绍曾在滦州兵变时通电所讲的这句话，值得玩味："革党之煽乱犹小，而制造革党之政体实大也。"[16] 这个"制造革党之政体"的基因，就在满洲这一"异族"入主。如果说晚清君宪"先天不足"，即在于此。

第二节　不具备分权可能的皇权独裁

君主立宪需要分权，即君主需要把部分权力让渡给臣下行使。这种权力的让渡，既包括名义上的，更是实际上的。那时处帝制中国的晚清是否具备这种土壤或条件呢？答案应是根本没有。何以言之？

中国自封建制崩坏，经第一次艰难的大转型，到秦汉之际即转出一帝制中国的新形态。此种新形态，是皇帝一人集权于上，从社会中选拔贤能为官帮助其治理天下。这种新形态，久而久之，经过多次改朝换代而不能改，慢慢凝固为历史传统，一运作就是两千多年，不断恶化，至清末而极。其间虽不无因应治乱而生局部变化，但只有微调而无彻底的改弦更张，再无如春秋战国时期的社会大变革者。

先来看帝制中国的基本特征。奠定帝制中国政法格局的思想主要来自于先秦儒法两家。它们面对春秋以降的"礼崩乐坏"乱局，都是"务为治者也"，[⑰]换句话说，都是要拨乱反正。儒家是要力图唤醒周代礼制背后的鲜活精神，"纳仁入礼"从而"以礼治国"，推崇天下乃"有德者"为民之父母，拥有治理天下之权。父母对子女，自然以教养为主。当国者以之治国，固然会极大缓解政治统治之严苛。[⑱]面对乱局，法家则站在君主的角度来思考和解决问题，强调除君主以外的所有臣民，"不分贵贱一断于法"。君主在法家策士的帮助下立法，交由法家策士中选拔出来的官员来严格执法，所有臣民即应机械守法，不容越雷池半步。为了维护君主作为一国之主至高无上的权位，作为法家理论集大成者的韩非，综合前代法家之特征，为君主开出了"明用法，暗持术"以"巩固势"，"明主治吏不治民"等药方。这等药方，君主要用得精到，诚如熊十力所言，难度极高，但当国者粗通皮毛很容易，自身尚可居于无为之地而恣意享受，君主自然乐学易行。秦国即在法家思想指导下迅速实现富国强兵之目的，进而一统天下，建立了秦王朝这一君主专制大帝国。秦因极度严苛对待臣民而短命，继起的西汉诸帝，慢慢摸索，累积经验。到武帝时期，大力推崇儒家；到宣帝时，更明确提出"以霸王道杂之"的"汉家自有制度"。自此以降，不论如何改朝换代，帝制中国的政法思想意识大致定型，即儒法结合、"杂"以为治。这即是常说的"外儒内法"，这个归纳，虽生动但内涵不太准确。实际上，二者因宗旨差异，难以水乳交融，只成其为"杂"。这种"杂"表现在：齐家重礼，治国讲法；社会上崇儒，政治上重法。本来家是国之本，社会是政治的基础，二者不应有此种对立关系。但因为儒家思想的核心内涵逐步法条化和儒者用法而将此种对立关系大部消减，这种"杂"亦能长时期维持下去。

受此种思想意识的影响，帝制中国强调君权神圣，君国一体。君于此具有双重属性，即作为天下国家的象征和自然人的个体。这两种属性天然具有不可调和的内在矛盾，帝制中国时期亦有不少以天下为己任的士大夫做过艰难的探索，希望能予以化解。这尤以宋代为最，此即是王瑞来所归纳的"皇权的象征化"。不幸的是，此种探索最终归于失败。[19] 既然这双重属性分割不开，但其间的内在矛盾又不能让之无限放大而导致帝制崩溃，另外一种时时存在的强化皇权思路即占据上风。从总体趋势上看，到帝制中国后期，皇权越来越居于政治的主导地位。郭嵩焘有精练的归纳："天生民而立之君，所以为民也。三代圣人所汲汲者，安民以安天下而已。自战国游士创为尊君卑臣之说，而君之势日尊。至秦乃竭天下之力以奉一人而不足，又为之刑赏劝惩以整齐天下之人心。历千余年而人心所同拱戴者，一君而已。"[20]

被后代所称道的两汉政制，尽管中央和地方权力分划尚属合理、君权和相权相对平衡，但都没有近代意义上的分权观念和相应的制度设施。秦汉帝国覆灭后，于长期动乱后建立的隋唐帝国，较之汉代，皇权本身并没有因混乱而受到冲击。经中晚唐到五代的大混乱，王朝骤起骤灭，这种不安全感导致宋代在制度上更为强化皇权。后经元代近百年的统治，视天下为家产、君民为主奴的原始部族观念进入中原文化而生根。到明初，"汉人学得胡儿语"，皇权更大幅度扩张，废丞相设内阁为其制度上的要着。正所谓"历千余年而人心所同拱戴者，一君而已"。降及清代，以异族入主，存在严重的不安全和不信任感，君主神化和权力集中，更为历代所远远不及，君主专制登峰造极终于达致独裁之境。[21] 郭廷以有如下归纳：

> （清代）君权之隆，君威之盛，超过任何时代。汉、唐君臣之间，尚略有对等体制，宋、明朝仪虽渐森严，臣僚仍可立而陈奏，清则改为三跪九叩。明代百官、布衣皆得上书，清则除部院堂官、给事中、御史及督抚等外，概不得专折言事……汉人之热衷利禄者，但知讲习八股，英拔才智之士，因恐触时讳，不敢谈民生利弊，论时政得失，惟有致力于考据之学，以求远嫌免祸，学术上流于破碎支离，不见其大者远者，民族的朝气斨丧，朝野的志趣萎靡。[22]

被称为盛世明君，其所行事成为祖宗家法的康雍乾三帝，皆视大权独揽不稍假借为事理之当然。这里举两个特别明显、对后世影响也很大的例子。

其一，乾隆对程颐"天下治乱系宰相"的批驳。程颐是宋明以降一直备受庙堂推崇的名儒、大儒，理宗时即以先贤入祀孔庙，其言行是历代圣君贤相之楷模。他于哲宗元祐元年（1086年）被任命担任经筵讲官之际，上了三道札子，陈明自己对经筵的看法，认为经筵制度对皇帝德行的养成至关重要，因皇帝"虽睿智之资得于天禀，而辅养之道不可不至。所谓辅养之道，非谓告诏以言，过而后谏也；在涵养熏陶而已。大率一日之中，亲贤士大夫之时多，亲寺人宫女之时少，则自然气质变化，德器成就"。在第三道札子里，程颐除在礼节上力争讲官应予赐座以养皇帝"尊儒重道"之心外，特别强调："天下重任，唯宰相与经筵：天下治乱系宰相，君德成就责经筵。"[23]

程颐讲的这段话，多为宋明以降君臣所崇奉。张居正在为幼年神宗进讲的讲义中即评论："夫经筵之任，与宰相并重如此，则虽坐而讲读，岂为逾哉！然君德虽责经筵，而朝夕纳诲未尝不系于宰相也；治乱虽系宰相，而端养化原，未尝不系于君德也。人君知此，而亲贤讲学与躬行实践，并行而不废。则道德有于身，而至尊至贵，又有出于势位之上者矣，万世太平之业，岂外是哉！"㉔ 这即是说，宰相关乎君德，经筵有助治乱，二者名异而实同。

而以明君自居的乾隆对程颐的论断特别不满，专门撰《御制书程颐论经筵札子后》予以驳斥，对"君德成就责经筵"没有直接反对，但认为"天下治乱系宰相"乃离经叛道之论。"夫用宰相者，非人君其谁为之？"宰相既然是人君所用，就只能是人君治理天下的工具，自然谈不上身系天下之治乱安危。因此，程颐之言，是"目无其君"，根本就违背了君臣人伦。㉕ 宰执重臣都不能系天下治乱，不是君主一人独裁还能是什么？

乾隆宁愿冒天下之大不韪来公开批评朝廷表彰的程朱理学祖师爷，可见在其心目中，天下治乱只能系于君主一身，这才是根本性原则所在。用乾隆自己的话说："乾纲独断乃本朝家法……一切用人听言大权从不旁假。即左右亲信大臣，亦未有能荣辱人、能生死人者。盖与其权移于下，而作福作威，肆行无忌；何若操之自上，而当宽而宽，当严而严。此朕所恪守前规不敢稍懈者。"㉖ "盛世明君"乾隆的做法又被其后世继体子孙尊崇为"祖宗家法"而信守不渝。

其二，康熙朝实现了"圣君合一"（君师合一）之局。皇帝制度自在秦汉被创设，皇帝个人虽被不断神化，但都要重儒尊孔，"圣"在庙堂之上只有孔子能当之，其他大儒虽可被称为广义上的圣人，但正式称谓之前都要加个形容词，来表明其不及孔子之"圣"。尽管臣下对皇帝称颂备至，但都不敢将"圣人"帽子正式戴到其头上，皇帝亦不敢以"圣人"自居。到康熙朝，被称为"理学名臣"的李光地于康熙十九年上书言治道政道合一，云："窃谓皇上非汉唐以下之学，唐虞三代之学也……然臣之学，则仰体皇上之学也……伏惟皇上承天之命，任斯道之统，以升于大猷。"㉗ 此段文字在中国政法思想史上意义重大，即某些个利欲熏心的所谓当代"大儒"主动向帝王交出了自己据以批评政治和社会的最重要思想资源（"道"），彻底沦为权力附庸甚或帮凶。孔孟儒家所极力倡导的"以道事君""舍生取义""杀身成仁"等力争"变天下无道为有道"的担当和脊梁不再。康熙欣然接过这份大礼，明确讲："天生圣贤，作君作师，万世道统之传，即万世治统之所系也。"㉘又成为清代诸帝的重要家法。所以乾隆有底气为"训斥士习流弊"而公开在谕旨中宣称："朕膺君师之任，有厚望于诸生。"㉙

此种君师合一之局形成后，皇帝成为圣人，自然是天下人当仁不让的导师、臣民言行的楷模。臣民则只能听从皇帝之独断圣裁，以定自身言行之从违；万不敢有思出其位的非分之想，绝不会如先秦乃至秦汉间的思想家们喊出"天下乃天下人之天下"，公开提出以天下为公为目标的"禅让"说；也不会如宋明士大夫在庙堂上公开道出"与士大夫共治天下""天下间惟有道理最大"等语。

君师合一自然产生政治上的乾纲独断。晚清推行君宪预备之际，就处在这种君主独裁深入人心的背景下。朝廷以预备立宪为名，来行中央集权、满洲集权、皇帝集权之实，不仅没有对症下药，更是措置乖方，病上加病。1904年9月，《东方杂志》即撰文指出所谓"中央集权"的不合时宜之甚：

> 中国现今之资性，最不宜于中央集权……中央集权四字，直至今日，始从外国输入焉……盖中央集权者，对于立宪国而有之，非对于专制国而有之也……今以专制之国，中央集权久矣，而犹以为中央未集权焉，更求所以集吾权者，是必吾人皆裸而政府有余筐，吾人皆饿而政府有弃肉，而后可以满其意，此非国家之政体也。㉚

晚清出于救亡的迫切要求，才最终找到君主立宪这一药方，并不是社会自身演进的内在进程所致。故此种君主立宪完全是被迫学习外来制度和文化的产物。当时朝廷在派臣下考察各国君宪的具体情况后，选定最能保障君权的日本模式。固然，当时选择日本模式无可厚非，有同文同种、地缘和国际形势等方面的诸多优势。但这也决定了中国要成功推行君宪较之日本难太多。盖一则广土众民，船大难掉头；二则列强侵略加剧，国际局势紧张，需要更大的力量应对外来压力；三则晚清国内民族众多，民族矛盾比较尖锐，在重大政治抉择进行之际，难免因为各种利益的分配而将各民族之间的矛盾激化；四则日本君宪前处于幕府时期，具有浓厚的"封建"特性，天皇本身并不"乾纲独断"，反而具有较充分的"皇权象征化"特征，而清末处于帝制中国晚期，全国基本推行的是郡县制和官僚制，皇帝在制度上是"大权独揽""乾纲独断"。这种种因素，无疑使得晚清中国在进行君宪预备时困难重重。

在这重重困难中，最大者当属皇权问题。降及晚清，"君师合一"因几代平庸君主临朝而影响变小，慈禧当权，女主垂帘、懿亲干政等祖制更受到破坏，[31]但乾纲独断、君主独裁却依旧，为君主本人和绝大多数臣民视为当然。要不要推行君宪，如果要的话，如何进行预备？这一切都要由君主来决定，尽管臣下可以提出意见，但采纳与否最终决定于皇帝。

及至预备君宪的上谕下达后，《钦定宪法大纲》由皇帝颁布，它所规定的君上大权，尽管条文多直接来源于《大日本帝国宪法》，但其内涵却是清代皇帝独裁的直接文字反映，基本上举凡行政、立法和司法等大权，皆由君上总揽，只是分身无暇，"特寄焉而已"，[32]委托特定机关行使。该特定机关就各该管辖事务所做出的决定，其实质都只是一个建议，对君主来说仅备"咨询"，要由君主最终裁决可否，可者方能发生效力。朝廷设立资政院，作为君主立宪预备期间的国会，除沟通专制体制上下难通的舆情外，在立法方面，其权力严格限于"协赞"，宪法不与焉，议决的基本法律和法典都要君主裁可，且君主之所以如此裁决的理由完全可以不讲，即便讲了，其理由是否妥当，更非作为臣下的资政院所能过问或质疑，唯有严格遵循一途。比如于两次常年会之间的闭会期，朝廷下谕修改《院章》，就由资政院总裁和内阁议决上奏，朝廷径予批准，该过程完全没有经过议员协赞，尽管修改的是资政院运行最基本的法律。有些议员表达强烈不满，但没能形成任何风潮，原因之一是议员们承认，修改《院章》自属君上大权。弹劾军机、指斥内阁，那是监督政府。即便是反对政府，都没什么问题。但反对修改《院章》，就是反对君主，实属大逆不道，绝对万万不可。

朝廷于宣布预备立宪国策后，即启动了官制改革，为此专门在朗润园成立了官制编制馆，指定京内重臣和外省督抚二十多人参与其事，且特派庆亲王奕劻、大学士孙家鼐和军机大臣瞿鸿禨为"总司核定大臣"，发挥最终把关的作用。其间经过激烈争论，最终奕劻等将这一可说是举朝重臣集体议决的"官制草案"奏上。朝廷最终却对该草案做了重大改动，使得官制改革之精意丧失不少：没有采用责任内阁制，保留原有的内阁和军机处。已有研究指出，这其间，是慈禧太后采纳了瞿鸿禨的意见，是君臣独对之结果。㉝在慈禧以光绪名义公开发布的裁定上谕里，丝毫不见责任内阁之影子，只是讲军机处自设立以来，尚无流弊，应予保留。㉞本来，晚清既要预备立宪，那就要从固有的君主专制政体转型到君主立宪政体，当然要设立与立宪原则基本吻合的新官制。军机处为皇帝的私人顾问机构，说是秘书班子亦不为过，与建立于分权基础上的立宪机关不同。作为"行政总汇"的军机处必须废置，新设以行政责任为攸归的新机构责任内阁。如此预备，方是名副其实。朝廷不此之图，在没有充分讲理的情形下，直接否决了朝廷重臣集体议决的方案，其理由就是这个"大权统一朝廷"的"乾纲独断"，集中表现在，重大事情的决策权不容任何人分享，是为名副其实的君主独裁。

两宫相继去世，幼主宣统登基，载沣以摄政王当国，虽政治权威递降，内外危机加重，上任之初三令五申要秉承先朝未竟之志，厉行宪政预备，但"乾纲独断"的做法却沿袭下来，并没有什么改变。

晚清预备立宪，是在君主集权登峰造极达致独裁这一背景下进行的，君臣民皆视皇帝大权独揽、乾纲独断为事理之当然。分权观念在当时中国虽有传播，但多为口耳之言，任何分权制度的创设都面临着巨大困难。即便因内外压力所致，有所创设，但创设的决定权在君主手里，自不会主动地把权力真正分立开来，交由专门机构去决策、推行并为此负责。只有形势恶化到难以收拾的地步，乃至兵临城下、万不得已之际，才会接受立宪舆论的呼吁，将相关权力让渡出来。朝廷让渡权力，为真为假，难以分辨，臣民自不能满怀疑虑。结果为时已晚，不管朝廷此时如何信誓旦旦，皆不能挽救危局于万一。如此，王朝倾覆自是大势所趋，君主制亦随之成为历史，君宪自然也就烟消云散。皮之不存，毛将焉附，资政院也成过去名词。帝制中国登峰造极的君权在正常情况下不可能产生实质上的分权，是晚清君宪的最大障碍。

第三节　政治上不能自主的士绅群体

与君权集中和神圣相应，作为晚清预备立宪中坚力量的官员士绅，尽管其力量较以往为强，但仍不足以转移朝廷之决策，反而为朝廷决策所牵引。

帝制中国，王朝权力基本不下县，县以下的基层社会，主要靠士绅维系，从而与官府沟通。晚清预备立宪，试行地方自治，进一步巩固和强化了士绅权力，直接与官权衔接，绅权有所扩张。就资政院议员而言，钦选议员毫无疑问来自于贵族和士绅阶层。考虑到来自贵族的宗室王公、满汉世爵、外藩王公世爵、宗室觉罗等议员在资政院从头至尾发言不多，且他们大多受到儒学的熏陶，基本上都可归入广义的士绅阶层。谘议局议员的选举是复选，资政院议员中的民选议员又是经谘议局议员互选产生，资政院议员们的选举基础亦可说限于士绅阶层。故研究资政院议员群体，必须将焦点集中于士绅。

在帝制中国，士为社会中坚。对下作为四民之首，对社会负有引领之责；对上是朝廷官员的最主要来源，承担辅佐君主治理天下的重任。进则为官，退则为绅；在官为行道，在绅则引领普通民众守护家园，作为地方领袖，兴学讲学、修桥铺路、捐赈救济，责无旁贷。简言之，士大夫的职责就是杜甫所归纳的，"致君尧舜上，再使风俗淳"。自北宋以降，部分因为科举取士制度的变革，更形成了为后代读书人所称道的士大夫政治，庙堂也承认君主要与士大夫共治天下，士大夫参与政治的热情和力量空前。随着蒙元入主，中国固有文化和社会格局大受摧残，士大夫的地位一落千丈。明代建立后，士大夫的地位较前朝有所提升，但太祖家法，天下只是朱氏一家之天下，君主只视士大夫于治国理政有用而已，决不承认要与士大夫共天下。他在《大诰》中创设亘古所无的"寰中士夫不为君用"这一罪名即是明证。[35] 就是在士大夫地位较高的宋代，朱子尚深深致憾，自孔孟以来的 1500 多年间，"只是牵补挂漏，过了时日"，士大夫所抱有的儒家理想，"未尝一日得行于天地之间"[36]。明初废除丞相制度，士大夫"得君行道"的可能性更是微乎其微。正德、嘉靖年间，王阳明更清醒看到士大夫在庙堂上实现儒家理想绝无可能，转而眼光向下，以"觉民行道"自任。随着阳明学说风靡天下，在政治上，士大夫与朝廷的关系较以前疏离不少。[37]

　　清廷以文化落后的民族凭借军事征服入主中原，对士大夫及其高度发达的文化甚为忌惮，一方面禁止士大夫上书言事、集会讲学，大兴血腥野蛮的文字狱；另一方面，贬斥陆王心学等为"异端"，提倡程朱理学为"正学"，树立思想正统，创建君师合一之局，牢固树立统治者的思想权威地位，且大开博学鸿儒和科举，以利禄引诱之。[38] 对士大夫软硬皆施，双管齐下。这种种举措导致士风萎靡，当然这是清初诸帝所希望看到的。士大夫群体，上焉者隐遁，埋首考据，其学问与民生疾苦不甚相关，经世致用成为俗学；下焉者将所学尽卖与当道，以换取一己之利禄。群相效尤，廉耻道丧。总之，经清初几代"圣君"的种种整饬后，作为四民之首的士阶层，奉公者少，营私者多；徇国者少，谋身者众。到清中叶，因人口增长，资源匮乏，吏治腐败，整个社会环境的恶化使得士大夫群体更趋堕落。清初大儒顾炎武历经世变，以其济世之赤诚，有肺腑之言：

　　　　目击世趣，方知治乱之关，必在人心风俗，而所以转移人心，整饬风俗，则教化纪纲，为不可阙矣。百年必世养之而不足，一朝一夕败之而有余。[39]

　　亭林先生此言，为道光年间以经世之学称于世的包世臣深深服膺："至哉言乎！可以俟诸百世而不惑矣。"[40] 因包世臣举目所及，有感于风俗人心之败坏，士大夫难辞其咎，庙堂之乖谬举措更应为此负责。士处治朝则德日进，处乱朝则德日退。士之德日退，为其引领之整个社会，当然道德日趋窳劣。此不是包世臣一人之看法，降及同光，每况愈下，彭丽生曾言："窃观今日人士之弊，莫甚于无耻，尤莫甚于好利，其终归于放肆。晋人以清谈致乱，其时犹知崇尚名节，顾惜清议。今则一切不顾。自乾嘉以来，学者一意诋毁宋儒，直将做人的规模，毁坏净尽。人心风俗，安得不坏？"郭嵩焘引其言，心有戚戚，"丽生所论三弊，深中今日学者隐微，而无耻为尤可惧"[41]。

及至上个世纪之交，西学东渐不已，留学潮蔚然而起，朝廷因应世变，废除科举，订立学制，鼓励创设各种学堂。原有的士绅和潜在的士绅转而进入学堂，学习新知。各类学堂毕业生就自然成为晚清新政的中坚分子。这些学堂员生成长于士风凌夷之衰世，习于所见闻，传统学问渐变为口耳之言，缺乏身体力行之实。他们在学堂所学的新知，多为单纯知识的传授，重智而不重践履之德。数量庞大且直接参与到晚清新政中的法政毕业生更是如此。[42]

包括预备立宪在内的整个晚清新政所借重的人才，无外乎守旧与趋新二端。守旧之士，其上焉者固不乏谨饬之士，能洁身自爱，忠君报国，德行有余但因应世变之才具不足；其下焉者则德才皆有欠缺，不足以济事。趋新之士，其上焉者受刺激于国势衰微，民生憔悴，抱着以新学济世之念潜心钻研，对新学颇有了解，但功名利禄之心较常人为重，容易沦为朝廷之喉舌，成有才寡德之局；下焉者，则附会潮流，以西学为利禄之敲门砖，才德皆较欠缺。以如此才德之守旧、趋新者，不论是推行新政，还是筹备君宪，都不足以当之，况作为主事者的君主，并无成算、韬略和坚定不拔之毅力主持于上。当然，我这里所说的只是就大面来观察，并不否定趋新者和守旧者里都有极个别才德俱佳，还肯苦心孤诣，实在令人敬佩之人。

晚清推行君主立宪预备之际，作为骨干力量的士绅，无论守旧趋新，或缺乏新知，或道德有亏，其中很少有能斡旋乾坤才德兼备之人，更遑论形成一个为上下所信孚之团体以推动君宪。这恰与日本明治维新之际的武士阶层形成鲜明对比。辛壬之际，尽管有政党组织之萌芽，终不见有大作为，其原因就跟这密切相关。张朋园即很有洞见地指出：

> 从帝制转变为共和，先后 40 年间，教育制度有极大的改变，精英的造型也彻底大改。传统教育欠缺新式知识，新式教育有所弥补。但新知识不一定重视民主政治。政治学家 Robert Dahl 认为代议士以德行（virtuous）为重……新式教育下产生的精英，未必都是民主政治的斗士。[43]

这还说得较委婉，实际上更有些新式教育下的精英，不仅不是民主政治的斗士，反倒沉溺于功名利禄之中，喊着民主宪制，为国为民，其实际作为却是为一己私利，让宪制民主等词汇蒙受污名，使得国人离真正的宪制民主越来越远。

1908 年，关于开国会之预备年限早迟问题与民众程度之关系，就有舆论指出在政府之留学生在品德方面的大缺陷：

> 是非程度不足之问题也，是全出于已入政府留学诸君之私意。今日入政府之留学生，非昔日留学时之留学生可以并论。今在政府之留学生，习于专制政体中之可以便宜行事，易施压力；否则若有国会，如彼报律、结社律何以得制定颁布。必经议会之修正，若辈即不易施其逢迎大老之手段，而遂其升官发财之目的。故不敢明目张胆以反对舆论，乃出此迟延之策，以为苟延之计，其居心不可问耳。[44]

这里再以杨度为例来窥斑见豹。

杨度早年随湘中名儒王闿运学习传统学问，尤其是王氏颇以为自傲的帝王学（实际上称帝王术更名实相符），得其要领，旋即赶上留学潮，赴日留学，很快即成为中国留日学界的领袖人物。

1907 年初，他在东京创办《中国新报》，刊出《金铁主义说》长文，在"政治革命"部分鼓吹速开国会，并强有力地驳斥了国民程度不足说，可谓掷地有声：

> 吾今日所主张之惟一救国办法，以大声疾呼号召于天下者，曰"开国会"三字而已……人民程度之所以高，非能自然而高也，实以有参政权而后能高也……盖天下事，必由经练多而后知识进，凡人于一身之事皆然，何况一国！王阳明论知行合一，譬以行路，行一步即知一步，终身不行，终身不知。人民程度之进步，亦复如是……故一国之中惟患无议会也，但使今日有之，则即自明日起，国民以一日千里之势而日趋于智，国事以一日千里之势而日趋于理，国势以一日千里之势而日趋于强，只有进步而无退步，有如黄河之水奔流到海，遇山则凌山，遇堤则决堤，无能御之者矣……但闻人民程度不足不能开议会之说，不闻政府程度不足不能开议会之说者……此余所谓以中国此时人民程度，比较各国初开国会时而无不足，因欲以"开国会"三字号召于天下，而为改造责任政府惟一之方法也。㊺

1908 年 4 月 20 日，他受袁世凯和张之洞的保荐，以四品京堂候补在宪政编查馆行走，㊻5 月发表演说，要求速开国会，略云：

> 今中国预备立宪缓以数年之期限，其所借口者人民程度不足，为上下官吏之全称肯定断语。余以为凡系国家皆可立宪，乃最低之程度，此亦所最下之肯定断语也，何程度不足之云乎？夫程度不足云者，必有一足程度者为标准，故足不足乃比较而见其真象……然则比较云者，要在本国与本国相比较耳……中国预备立宪，非预备与英、与德、与日本立宪，乃为本国立宪耳。政府乃以人民程度不足为借口，或实存此心以测人民，不知政府乃由本国人民中的特定所组织而成者，其真敢自负自信与英、德、日等之政府有同一之程度乎！不然，不得执人民程度不足之说也。㊼

随后，他渐受知于朝廷高层，成为朝野知名的君宪干才。1909 年初即奏上《宪政实行宜定宗旨敬陈管见折》，朝廷于 7 月 24 日还专门下谕，"著宪政编查馆知道"。[48] 该折后被收入《厘定官制参考折件汇存》一书。该书为官方印刷，是朝廷官制改革的重要参考文件汇编。他明确声明，自从赴日留学即有坚定不移的君主立宪信念："在中国而言立宪，非君主立宪不可，且非以君主大权成钦定宪法不可。"他认为，当时清廷主持的君主立宪，需要注意三个方面，即尽早以法律厘定君民关系、行政和立法的关系以及中央与地方的关系。

在君民关系上，他对朝廷已颁布的《钦定宪法大纲》极尽褒奖之能事，希望朝廷下谕臣民能共同信守即已很好，"各国未颁布宪法之始，从未有预拟宪法大纲、预定君民权限如我中国者，此实世界所无之创举，而我先朝至善之贻谋，所以预定亿万年之大计者也……此《钦定宪法大纲》，与其仅以作九年后之准则，何如即以定九年中之范围，拟请再降谕旨宣示，当宪法未定以前，即应以此大纲于九年中上下共守，不可逾越，并著各省督抚刊刻誊黄，广为张贴，山陬海澨，咸使周知"。[49] 后杨度曾在颐和园为皇族亲贵演讲君主立宪精义，积极投入速开国会请愿活动中，以立宪名家，誉满全国。

就是这位晚清的坚定君主立宪者杨度，到武昌事起、袁世凯出山之后，于 1911 年 11 月中旬即与刚出狱的汪精卫联合发起国事共济会，以君主和民主国体的调人自居，要求召开临时国民会议，来解决国体问题。因无效果，12 月上旬解散国事共济会。1912 年 1 月下旬，他眼见共和即将告成，遂又与资政院议员籍忠寅等发起组织共和促进会。这种在重大政治问题上的反复易变，为时人所讥讽。《大公报》即评论："杨度忽有此举，真是奇事。"[50] 2 月 10 日，《大公报》还登出了《航公致杨皙子书》，洋洋洒洒两千多字，对杨度之政治投机揭露得淋漓尽致："皙子固变化不测人也！又所至如意人也，可以立宪，可以共和，可以君主，可以民主，焉往而不得其为杨皙子哉……君辈谓国亡家破，以不实行宪政之故，仆谓：正缘用君辈佞人，故至此耳。"[51] 还不止此，共和既成，杨度仍不得意，王佐之梦依然成空，遂写作《君宪救国论》，组织筹安会，成为袁世凯称帝的重要智囊。帝制失败，杨度以"帝制余孽"被通缉，政治声誉消耗几尽。

杨度在那个政局剧烈变动的时代，改变一己之政见，本无可厚非。可非的是他阐述自己改变政见的理由实在是前后矛盾，充分暴露了其为人不能立定脚跟，为了自己心中的王佐梦而一切悍然不顾。他在晚清主张君宪，其理由是革命可能导致瓜分之祸，君宪可以和平救国，人民之程度足以速行君宪。到辛壬之交，见共和势大，则主张共和，曰共和才可和平救国。及至洪宪帝制时期，又云共和足以乱国，君宪方可安邦。其所持理由，表面上看不无道理，深究起来则站不住脚。国犹是国，民犹是民，君宪、共和孰能救国安邦，全视其政治立场为转移，归根于其一己之名位而已。更有甚者，挚友黄兴邀请他加入国民党，一起促进共和宪政，他于1912年11月复电，以国民党放弃政党内阁主张为其加盟之条件，讲（国民党）"若不信袁，莫如去袁，而改举总统，度必劝隐，袁必乐从"。㊷好像袁世凯惟其意是从，惟其言是听。岂不知袁氏一代枭雄，自有决断，岂能为一介书生所左右！政客好为大言不惭，实不自量之至。以黄兴为代表的国民党上层能信乎？普通民众能信乎？既不能见信于人，杨度的政治主张何能有力量？及至筹安会成立之时，看起来声势浩大，其追随者多为趋炎附势之流，岂能成事！

像杨度这样的政客，在晚清新派人士中不乏同道，只不过无杨度的才气和际会之风云，没能掀起如此大的风浪、获得那么大的名声而已。晚清预备君宪，其败因固多，但"正缘用君辈佞人，故至此耳"，虽为以批驳出之的偏激言论，但绝非毫无所见。

尽管自晚清时期，绅士群体精英中即不乏此类人，但较之后来，情况可能还好不少。1905年清廷废除科举，资政院议员们的平均年龄大致为40岁多一点，这即可推断，这些议员们基本上都受过科举的熏陶，经历了儒学塑造其价值观的阶段。"清朝末年士绅主导下的谘议局和资政院选举，官民互动，士绅表现雍容醇厚，谦让有礼。"㊸这种评价虽然有些太过拔高，但较之于民初几次地方议会和国会选举，情况还是好不少，经较良好选举产生的议员们当然也就在政治道德方面较后来者为优良。这是第一次常年会议员们能有较亮眼表现的重要原因之一。

基本来自于士绅阶层的议员们在资政院这个民意机构里作为代议士，在那个去科举未远的时代，尚葆有较浓厚的以修齐治平为己任的色彩，较之后来者，有不俗的表现。此为一面，但还有他们非常现实的另一面。他们之所以成为士绅，由士绅而成为议员，是因为他们大多功名在身。而功名尽管是自己苦读或者祖宗积德所致，但毕竟靠朝廷赏赐而得。我们可以说皇帝用功名利禄收揽人心，使得人才为我所用所驱驰，但士绅受纲常观念之影响，忠君观念理所当然牢不可破，上报君恩，为其一生的道德义务。他们之所以要批评朝政缺失，除了关切民族危亡之外，还有就是要上报君恩。议员们在议场发议，多次提及受先朝厚恩，君圣臣直，不能已于言。正因为要报君恩，且功名为其事业或者说仕途之起点，所以他们唯恐社会变革太过激烈。时移世易，社会不得不变，但需变而有其度，不能危及王朝存亡和自身既得身份和权益。这就决定了他们政治改革的底线是君宪，尽管后来共和为大势所趋，但他们在内心深处对共和总有或多或少的抵触。

晚清君宪的宣布、预备进程等，其主动权基本操之于上，只有在万不得已的情况下才会让步。如速开国会发端于光绪朝末年，至宣统朝更成为大多数立宪党人的集体呼声，并组织了数次规模巨大的请愿，尽管资政院也全体通过了速开议案，但朝廷还是坚持预定计划，到1913年才正式召集国会。对于此，资政院议员们也只能接受，没什么更好的办法。这也就是说，当掌握决策权的朝廷一意孤行，以士绅为根基的议员群体因为君恩要报以及自身的利益诉求，根本不可能以更激烈的方式靠自己的实力来迫使朝廷承认自己的诉求，只能被朝廷牵着走。

及至朝廷立宪举措渐不餍众望，越来越证实指望朝廷主动真正立宪无异于与虎谋皮，革命风潮日渐高涨，终至武昌变起，多省响应，大局糜烂，长期依附于朝廷的立宪党人产生分化。激烈者抱长期的积郁心理，恨铁不成钢，转而与革命者携手，以求在将来的共和情势下继续保有甚或扩大自己的既有权益，前面所讲的杨度即是此中典型。保守者看到大局已不可为，抱着不食周粟不事贰君之义，选择归隐；大多数中间者既不愿也无勇气参加共和革命，更无对抗共和大潮的意愿、能力和实力，在鼎革之际，遂抱持隔岸观火、随波逐流的态度。这是第二次常年会到最后无疾而终的深层原因。

资政院议员们及其背后的士绅群体缺乏自主能力，不能匡正或阻止清廷最高决策层因少识寡断、为维护君权和满洲亲贵特权的种种伪立宪乃至倒行逆施之举，最终导致君宪步入绝境。晚明大臣黄景昉有言："盛衰之际，可以观士，信矣！"㉝实乃阅尽世间沧桑的知"道"之言。

第四节　见立宪之害而不见其利之民

预备君宪或正式君宪，普通百姓理应获益最大，他们以法定义务为代价享有以前所没有的一系列权利。但晚清则不然，普通民众无自治之要求，且未见立宪之利，反而只感知到其害，遂与君主立宪漠不相关，甚或反对之。

晚清君宪是自上而下，主要倡议者是士绅阶层，进而影响到庙堂，基本无普通百姓什么事。随着预备逐次展开，普通民众的生活即被动受其影响。预备立宪期间，按照朝廷的九年筹备清单，地方官府必须在规定的期限内完成相关筹备事宜，在在需钱。大概有多少家底，当局者固然较清楚，就是不完全了解内情的一些旁观者都洞若观火。在耶鲁大学任教的日本学者朝河贯一即指出：

> 看完总的预备计划后，我们不禁要问，中国政府到底想如何来支付这巨大的工作量所必然要支出的巨额经费。中央和地方政府早已背负着差不多多达 7 亿金元的外债，而全国有记录的财政总收入几乎不超过 1 亿两，按 1908 年的平均汇率，即 6500 万金元。赔款及偿还外债整整占掉了这一数额的 40%。停止进口鸦片将使政府每年收入减少 2000 万两，这一数额是目前财政收入中来自该项物品关税的数量，而厘金可能取消，这将进一步削弱地方政府。而最近所提高的盐价远远不能弥补停止征收鸦片税所引起的财政赤

字。1909 年开征的印花税不得人心，受到刚刚闭幕的第一届会议21 省谘议局中 15 省谘议局的反对。许多省政府，包括最富裕的一些省份，早已陷入严重的财政困窘之中，而很大程度上依赖各省支持又有义务支持各省政府的中央政府，现已告急。⑤

在晚清财政异常竭蹶的情况下，整理财政和吏治虽有些微成效，但杯水车薪。剩下的只有借外债和加大对百姓的搜刮。借外债一则困难，再则必得损失利权，在晚清民族情绪高涨之际，易使朝廷成为众矢之的。故而主要只有向民众搜刮之一途。朝廷压官府，官府要应对考核，需尽力完成筹备事宜，且晚清吏治极度腐败，筹备立宪给贪官污吏们找到了向民众加派的正当理由，遂如狼似虎，成倍向百姓横征暴敛。

晚清普通民众中，文盲所占比重极大，据估计，可能达到总人口的百分之八十左右。不论是谘议局还是资政院的议员选举，都采取复选制，即先由选民选出若干候选人，再由候选人互选产生定额议员。此制的长处在于能稍微矫正民众素质较低的缺点，与中国幅员辽阔能较好配套；其最明显的缺点是选举容易被操控，互选时容易舞弊，最终当选者多为富人和名人，品行佳但无财无名者往往会落选。晚清复选，明定选举权在财产等方面的限制，且仅限于男性。合格的选民占人口比例很低，大致在 0.2%—0.7% 之间。⑤ 故选举之时，跟普通民众没有太大关系，因而完全不能激发起他们对选举的热情，也无从经选举练习行使自己的选举权这一立宪政体下最重要的政治权利。从政治参与来看，预备立宪跟百姓的生活实无直接关系。

朝廷政令基本不能有效下达到普通百姓这里，他们对君主立宪完全陌生，对朝廷为什么要推行这个新制和相应的筹备事宜根本不懂，但负担的加重却是他们的切身感受。本来，他们就普遍贫困，能免于沟壑就很不容易，现在还要加税，生活必定更加艰辛，甚至难以为继。君主立宪对他们来说，可谓是不见其利只见其弊。尽管他们不能书写自己的历史，但很多士绅还是跟乡间有紧密联系，了解民间实况。在士绅们的笔下，依然保留了很多这方面的资料。

曾任山西谘议局议员的刘大鹏，虽 1909—1912 年的日记未能保留下来，但他在 1908 年的日记里就数次记录了民众受新政影响而日窘的情形。可以合理推测，如果日记全部保留下来，这方面的记录当更多，情形更严重。

> 间阎之庶，莫不困穷，今岁商贾处处咨嗟，货物莫得流畅，益见群民之困，有日不聊生之势，此诚大可畏者也。维新之人，一意加捐，以期政治之维新，其亦念及民困否耶？（六月二十八日）
>
> 人情浇薄，未有甚于此时者也。又加之新政纷纭，不肖官吏得以借端滋扰，遂使世变益多，而人民不得安然，朝食日苦，征税之频加，欲避之而不得。（七月初十日）
>
> 吾邑文宰所行新政十分紧急，需款多而且巨，民有讼者即罚款以充学堂，现在设立劝学所，闻又设立候质所（在东街赁租房，钱六十余吊），其经费必自民间起派。新政愈繁则起派愈多，虽欲不扰小民，而势亦有不能。（七月二十五日）
>
> 百姓穷困，年甚一年，乃维新之家办理新政，莫不加征厚敛。民心离散，其在斯乎？（十二月十九日）[57]

时任学部丞参上行走的柯劭忞就以筹备立宪导致民间疾苦为由向朝廷上折反对君宪，其立场固不可取，但所言事实倒是可信：

> 宜防国民担负义务之弊。查立宪之国国民义务：一当兵，一筹款。筹款之法经上下议院认可，即责令国民担负。近日民穷财尽，各省皆然，几有无从罗掘之势。然举办新政，如地方自治，如巡警，如学堂，不能不资民力，以一省言之，一旦骤增百余万之巨款，百姓何从担负？去年因新政筹捐而酿地方之乱者，各省相望，异日踵事增加，其情形必尤危险。百姓归怨于议员，则议员不保其身家；归怨于地方官，则地方官不保其考成。新政之效未见一二，而天下已嚣然不靖矣。[58]

大名鼎鼎的辜鸿铭于 1907 年 11 月上折，建议朝廷下谕暂停新政，其最重要的理由就是闾阎疾苦：

> 近日各省督抚多有借西法西政名目，以任其意之所欲为，而置民苦民怨于不问也……盖今日民实不欲新法、新政，亦并无须新法、新政，而徒好大喜功之督抚，遇事揽权之劣绅，欲借此以徼名利耳……朝下一令，曰为尔开学堂；暮下一令，曰为尔兴商务。彼民者未见丝毫加益于吾事，而徒见符檄之惊怛，征敛之无已，房捐、米捐、酒捐、糖捐，日加月增，而民已无聊生矣……夫今日民之所欲者，惟欲得政之平耳。政苟得其平，则百利自兴矣。然政之所以不得其平者，非患无新法，而患不守法耳。⑤

1910 年 12 月底，安徽巡抚朱家宝就安徽一省的情况向朝廷上奏，算了一笔账：

> 各司道详报集年筹备行政经费，自宣统三年至宣统八年，审判一项需款九百余万两，巡警一项需款二千九百余万两，教育一项需款一千四百余万两，实业一项需款五百余万两，而筹备自治、调查户口及各项筹备经费尚难预计，统计不下七千余万两。今国会期限缩短，若事事求其完备，势必以六年分筹之数责之二年，则每年应增数千万方能敷用。而岁入只有此数，民仍负担，骤难增加。以有限之财，使无穷之用，不但官吏疲于徒手，因竭蹶而贻误要政，尤恐闾阎苦于剥肤，因诛求而致酿乱机。⑥

一省如此，全国皆然。正额摊派老百姓都受不了，何况各级官吏中饱私囊、层层加码。"新政无一非便民，实无一非扰民"⑥，普通百姓不仅没有从君宪筹备中获得好处，反而经济负担大大加重。他们本就普遍贫困，抗压能力极端脆弱，一旦官府陡然加重征收，其境况可想而知。因举办新政加税，在很多地方甚至激发了民变，社会稳定因之大受影响。百姓们不懂筹备立宪之后的正式宪制能给他们带来的诸多好处，不太相信将来的承诺，但却实实在在感受到眼前负担的加重。在帝制中国，不管什么改朝换代还是重大社会变革，他们都在种地纳粮，祖祖辈辈一直这样生活着。老婆孩子热炕头，是他们较理想的生活诉求。官府要举办朝廷压下来的各项新政任务，贪虐官僚无疑有了榨取百姓的合法理由；即便官员爱惜民力，但也不能控制最基层吏役的胡作非为。因举办各项新政而导致百姓负担大大加重，本就普遍贫困的百姓自然就民不聊生，"官逼民反"，他们甚或激烈反对新政，自然可想而知。

晚清君宪的各项筹备举措，样样需钱，最终都是来自于百姓之负担。百姓自然反对在他们看来是"祸国殃民"的新政。在帝制中国，受皇权神圣观念的影响，普通百姓一般都认为皇上圣明，只不过时常受奸臣蒙蔽，才有各级官府苛虐百姓之举。如柯劭态所言，老百姓会将其负担加重之矛头指向议员和各级官员。这样一来，最基础的地方自治组织也好，较高层的谘议局和资政院也罢，不仅不能指望获得普通民众的支持，能不积极反对就已非常不容易。由此，谘议局和资政院所代表的君宪一方，自然也就无太大的力量可言。朝廷本就不愿真正推行君宪，又没有大的力量迫使其改变立场，也就乐得敷衍下去，直至不能敷衍为止。

其实，关于此点，晚清朝廷的罪己诏已经说得相当明白不过，只不过当国者，不管当时和以后，真能从中汲取教训者实在少之又少：

> 促行新治，而官绅或借为网利之图，更改旧制，而权豪或只为自便之计。民财之取已多，而未办一利民之事。司法之诏屡下，而实无一守法之人。[62]

总之，中国近代史的开端，是时处王朝周期盛世已过的衰世的清王朝遭遇了具有强烈侵略性且富于活力的西方，内政不修更引起外敌觊觎，外力重压引发了内部变革。预备君主立宪即是清廷找到的最后一剂救亡之方。然而，君主专制已在制度上登峰造极，建立在君师合一基础上的乾纲独断君主独裁成为有清一代的祖宗家法，但君主（当时即摄政王载沣）又实属平庸，不能妥善行使君权；吏治废弛，将朝廷各项新政举措的弊端放大；作为君宪基础、以士绅为主体的立宪党人，上无力向朝廷施压以真正推行君宪，下不能为百姓解困；民众从预备立宪各种举措中只见其害不见其利，当然漠不关心甚且反对之；且以满族入主中原的清王朝为保持其族群的权力绝不可能真正立宪。种种因素聚焦在一起，君宪的成功绝无可能。研究晚清对外关系史的名家马士曾感慨："帝国试图以为时已晚和有违初衷的改革来堵塞汉人高涨的民族意识的浪潮。所有这些亡羊补牢的努力都失败了，大清帝国于是覆亡，留给建筑在它的废墟上的这个共和国是纪纲废弛、行政腐败和屈居于列强奴役地位的一份遗产。"[63]中国近代的君宪发生在异族入主的晚清，实在是我国族史上的一大悲剧。作为筹备立宪中的预备国会，资政院以热闹开场，以黯然谢幕终局，因有不少议员在真心参与，是此一大悲剧中让人难以忘怀的一幕。

吴宓于辛壬鼎革之际曾有首感慨时政的词《摸鱼儿》，倒似有几分在评说资政院和晚清朝野的君宪，云：

更几番血雨腥风，秋去冬来春暮。

江山破碎不胜愁，忍听流莺啼树。

君试戏，画梁间，燕啄新泥巢已构。

伤心共谁诉？

叹国社阽危，民生创诘，今朝犹昨故。

注释

① 郭廷以：《近代中国史纲》，香港中文大学出版社 1980 年版，第 10 页。

② 钱穆：《国史大纲》，商务印书馆 1996 年版，下册，第 830、874、908 页。

③ 李贵连：《晚清"就地正法"考》，《中南政法学院学报》1994 年第 1 期，第 85 页。

④ 《清实录·大清德宗景皇帝实录》，卷四二八，光绪二十四年八月下。

⑤ 《清实录·大清德宗景皇帝实录》，卷四九二，光绪二十七年十二月下。

⑥ 《清实录·大清德宗景皇帝实录》，卷五二三，光绪二十九年十一月。

⑦ 《惟立宪而后可以救中国》，《大公报》1904 年 10 月 14 日，载李细珠编：《清末立宪运动史料丛刊·立宪运动的酝酿与发动》，第 417 页。

⑧ 故宫博物院明清档案部编：《清末筹备立宪档案史料》，上册，第 175—176 页。

⑨ 同上书，上册，第 180 页。

⑩ 恽毓鼎：《崇陵传信录》，《恽毓鼎澄斋日记》，史晓峰整理，浙江古籍出版社 2004 年版，第 790—791 页。

⑪ 冯自由：《革命逸史》，新星出版社 2009 年版，下册，第 867—868 页。

⑫ 故宫博物院明清档案部编：《清末筹备立宪档案史料》，上册，第 47 页。

⑬ 同上书，上册，第 257 页。

⑭ 参考路康乐：《满与汉：清末民初的族群关系与政治权力（1861—1928）》，王琴等译，中国人民大学出版社 2010 年版，第 136 页。

⑮ 《太晤士报之中国革命论》，《大公报》1911 年 12 月 22 日。

⑯ 《陆军统制官张绍曾等奏陈请愿意见政纲十二条折》，载故宫博物院明清档案部编：《筹备立宪档案史料》，上册，第 100 页。

⑰ 司马迁：《太史公自序》，《史记》，中华书局 1959 年版，第十册，第 3288 页。

⑱ 在这个意义上，萧公权先生精准归纳了儒法两家之别："儒家贵民，法家尊君。儒家以人民为政治的本体，法家以君主为政治之本体。"（萧公权：《中国政治思想史》，新星出版社 2005 年版，第 127 页）

⑲ 王瑞来：《宰相故事：士大夫政治下的权力场》，中华书局 2010 年版，第 378—379 页。

⑳ 郭嵩焘：《论立君为民》，载熊月之编：《中国近代思想家文库·郭嵩焘卷》，中国人民大学出版社 2014 年版，第 198 页。

㉑ 对中国古代政治制度史造诣精深且以笃实著称的严耕望曾具体列举过清代皇帝较明代更专制的表现："明代废宰相，由皇帝兼任，直统诸政务分职机关，在制度上讲，仍可谓是正常的，只是皇帝兼宰相之任，精神体力不能负荷，发生很多毛病。清代则更进一步，表现在行政上有很多不合理不合法制的现象。（1）皇帝'寄信上谕'由军机大臣承受皇帝意旨拟定后，不经相关部、院大臣过目，直接送到受命人。（2）各部尚书满汉各一人，皆向皇帝论事，侍郎亦直接向皇帝论本部事，不受尚书节制。结果各部、院长官不能办事，一切听皇帝指挥。（3）除中央之部、院长官与地方之督、抚、藩、臬外，他人不能专折言事，翰林院亦不例外，庶民更无上言之可能。以视明代之广开言路大不相同。（4）任官引见——大臣任命由皇帝个人决定，吏部不知道，亦无'廷推'之制。下级官员由吏部授任，但须引见，表示出于皇恩授予。（5）给事中虽有其官，但已无封驳权。（6）府州县学明伦堂置卧碑，规定：生员不得言事，不得立盟结社，不得刊刻文字。此即禁止言论自由、结社自由、出版自由。"（严耕望：《中国政治制度史纲》，上海古籍出版社 2013 年版，第 261—262 页）

㉒ 郭廷以：《近代中国史纲》，上册，第 10—11 页。

㉓ 《二程集》，王孝鱼点校，中华书局 1981 年版，上册，第 540 页。

㉔ 张居正：《张居正直解〈资治通鉴〉》，中国言实出版社 2017 年版，下册，第 618 页。

㉕ 《清代诗文集汇编》，第 330 册，《御制文二集》卷 19《书程颐论经筵劄子后》，上海古籍出版社 2010 年版，第 404 页。

㉖　《清实录·大清高宗纯皇帝实录》，乾隆十三年八月下。

㉗　李光地：《进读书笔录及论说序记杂文序》，载陈廷敬编：《皇清文颖》，吉林出版集团有限责任公司 2005 年版，第二册，第 659—660 页。

㉘　康熙：《日讲四书解义序》，载陈廷敬编：《皇清文颖》，第一册，第 124 页。

㉙　《清实录·大清高宗纯皇帝实录》，乾隆五年十月下。

㉚　《再论中央集权》，《东方杂志》第七期，1904 年 9 月 4 日，李细珠编：《清末立宪运动史料丛刊·立宪运动的酝酿与发动》，第 404—405 页。

㉛　参见尚秉和：《辛壬春秋》，第 146 页。

㉜　严复：《法意案语》，第二十九，载王栻主编：《严复集》，中华书局 1986 年版，第四册，第 952 页。

㉝　参考李细珠：《清末预备立宪时期的责任内阁制》，载《新政、立宪与革命：清末民初政治转型研究》；核心证据是瞿氏的《复核官制说帖》，见周育民整理：《瞿鸿禨奏稿选录》，《近代史资料》第 83 号，中国社会科学出版社 1993 年版，第 34—37 页。还有一个旁证，即都御史陆宝忠于 1906 年 9 月 15 日给瞿鸿禨的信，略云："恐慈圣年高，不耐披览，倘细绎其言，似可动听；相公造膝时，能为略伸其意，俾达宸聪，亦转圜之一道也。"（《陆宝忠致瞿鸿禨函》，载迟云飞编：《清末立宪运动史料丛刊·清廷的预备仿行立宪》，第一卷，第 394 页）

㉞　该上谕云："军机处为行政总汇，雍正年间本由内阁分设，取其近接内廷，每日入值承旨，办事较为密速，相承至今，尚无流弊，自毋庸复改。内阁军机处一切规制，著照旧行。"（《裁定奕劻等核拟中央各衙门官制谕》，载故宫博物院明清档案部编：《清末筹备立宪档案史料》，上册，第 471 页）

㉟　《明史·刑法志一》，载《历代刑法志》，群众出版社 1988 年版，第 541 页。

㊱　"答陈同甫"，《晦庵先生朱文公文集》，卷三十六；载朱杰人等编：《朱子全书》，安徽教育出版社、上海古籍出版社 2003 年版，第 21 册，第 1582 页。

㊲　参考余英时著、邵东方编：《史学研究经验谈》，上海文艺出版社 2010 年版，第 74—75、185 页。

㊳　清廷刚入关的顺治二年，浙江总督张存仁上书朝廷，即将开科取士的意图说得格外明白，"近有借口剃发反顺为逆者，若使反形既露，必处处劳大兵剿捕。窃思不劳兵之法，莫如速遣提学，开科取士，则读书者有出仕之望，而从逆之念自熄。"朝廷允准，迅即推行。陈贻山《海滨外史》亦云："大清入主中国，经略洪承畴教以收拾人心之策。以为中国所依俯首归诚，实缘贪图富贵。若辈作八股文者，苟得富贵，旧君固所不惜。于是甲申即位，乙酉即行乡试。"（参见王戎笙：《清初科场案研究》，《明清史事管窥》，故宫出版社 2013 年版，第 331 页）

㊴　顾炎武：《与人书》，载《亭林文集》，1915 年扫叶山房石印本，卷四。

㊵　包世臣：《读亭林遗书》，载刘平等主编：《中国近代思想家文库·包世臣卷》，中国人民大学出版社 2013 年版，第 282—283 页。

㊶　郭嵩焘：《论人心、风俗与气节》，载熊月之编：《中国近代思想家文库·郭嵩焘卷》，中国人民大学出版社 2014 年版，第 212 页。

㊷　参考李启成：《儒学信仰、法政新知与议员风骨》，《比较法研究》2013 年第 1 期。

㊸　张朋园：《中国民主政治的困境：1909—1949 晚清以来历届议会选举述论》，第 215 页。

㊹《论宣布国会期限之纷议敬告已入政府留学诸君》,《中外日报》1908 年 7 月 8 日，尚小明编:《清末立宪运动史料丛刊·国会请愿运动》，下卷，第 1203 页。

㊺ 杨度:《金铁主义说》，尚小明编:《清末立宪运动史料丛刊·国会请愿运动》，上卷，第 1—15 页。

㊻ 中国第一历史档案馆编:《光绪宣统两朝上谕档》，第 34 册，第 63 页。

㊼《杨度演说要求开设国会文》,《申报》1908 年 5 月 20 日，载尚小明编:《清末立宪运动史料丛刊·国会请愿运动》，上卷，第 128 页。

㊽ 中国第一历史档案馆编:《光绪宣统两朝上谕档》，第 35 册，第 257 页。

㊾《近代史资料》第 71 辑，第 232 页。

㊿《大公报》1912 年 1 月 28 日。

(51) 案：航公即王谢家，字幼航，山东济宁人，于 1903 年山东乡试中举，后为礼部员外郎；1913 年以国民党党员当选众议员。他在民初制宪中相当活跃，积极支持确立国教条款，并参与孔教会活动。此条信息为笔者博士生何舟宇据《众议院议员一览表》（民国月刊 1913 年第 2 号）等资料分析所得。

(52)《致黄兴电》（1912 年 11 月 14 日），载左玉河编:《中国近代思想家文库·杨度卷》，中国人民大学出版社 2015 年版，第 280 页。

(53) 张朋园:《中国民主政治的困境：1909—1949 晚清以来历届议会选举述论》，第 224 页。

(54) 黄景昉:《国史唯疑》，北京大学图书馆藏杞菊轩抄本，卷九。

(55) 朝河贯一:《中国的新政权》,《美国政治科学学会会议录》，第六卷，第六次年会，1909 年，王宪明编译:《清末立宪运动史料丛刊·外文资料》，第 283—284 页。

(56) 参见张朋园:《中国民主政治的困境：1909—1949 晚清以来历届议会选举述论》，第 53 页。

(57) 刘大鹏:《退想斋日记》，乔志强标注，北京师范大学出版社 2020 年版，第 160—164 页。

(58)《学部丞参上行走柯劭忞奏筹备立宪宜防大臣跋扈民众暴动组织政党等弊折》，载故宫博物院明清档案部编:《筹备立宪档案史料》，上册，第 348 页。

(59)《外务部员外郎辜汤生陈言内政宜申成宪外事宜定规制并请降谕不准轻改旧章创行新政呈》，载迟云飞编:《清末立宪运动史料丛刊·清廷的预备仿行立宪》，第一卷，第 240 页。

(60)《安庆朱经帅来电》，载尚小明编:《清末立宪运动史料丛刊·国会请愿运动》，下卷，第 1033 页。

(61) 叶昌炽:《缘督庐日记》，江苏古籍出版社 2002 年版，第 11 册，第 6667 页。

(62) 清史馆纂:《大清宣统政纪》，北京大学图书馆藏民国时期稿本，卷 62。

(63)〔美〕马士:《中华帝国对外关系史》，张汇文等译，第三卷，上海书店出版社 2000 年版，第 474 页。

附录一 资政院第二次常年 会议事概况

说明：由于第一次常年会有《资政院议场会议速记录》，按照《资政院议事细则》关于速记科的相关规定，应有第二次常年会速记录存在；但据笔者查阅范围所及，资政院第二次常年会没有速记录保存下来，故拟参照第一次常年会《资政院议场会议速记录》的格式予以整理，以为后来研究者之参考。

资料主要来源于中国第一历史档案馆藏档案资政院、军机处、民政部和宪政编查馆卷宗，《宣统朝上谕档》以及当时主要报刊，如《政治官报》《盛京时报》《经纬报》《京津时报》《申报》《大公报》关于资政院会议的纪事等。

1911 年 10 月 11 日第一次会议

【内容提示】此乃仿照资政院第一次常年会惯例召开的预备会议，主要是议员分股，确定开幕典礼之仪节。

宣统三年八月二十日上午九点，议员齐集议场。十点钟，署理总裁李家驹、署理副总裁达寿随同秘书长金邦平以下多名秘书官入场。

先由各议员一同行相见礼。

礼毕。

议长（李家驹）：今天是资政院第二次召集。本总裁才浅识短，忝膺大任，兹与诸君相见，仰诸君不弃，竭力赞助，以重任务，诚为至幸。所有本院一切事宜自应遵照奏定章程、规则办理，务望诸位协力匡助，共襄盛举。现在诸位既经齐集，应照本院《议事细则》第五条，用抽签法匀分总议员为六股。

秘书长金邦平宣读议员分股名单。

议长：现分股事毕，请诸君退归各股议员室，照本院《分股办事细则》第三条、第四条互推股长，互选理事，推选后请由各股股长具一报告书交本议长，现在暂行休息。

议长、议员续行入场。

议长：现在股长、理事推选已定，即由秘书长报告。

秘书长金邦平承命报告

第一股股长	庄亲王	理事	喻长霖
第二股股长	铠　公	理事	沈家本
第三股股长	润贝勒	理事	长　福
第四股股长	睿亲王	理事	康　咏
第五股股长	那亲王	理事	林炳章
第六股股长	劳乃宣	理事	顾栋臣①

议长：今日互推股长、互选理事业已完毕，本院成立，应由本议长照章奏报。召集事毕，请诸君散会。②

注释

① 参见《资政院行召集礼情形》，《盛京时报》1911 年 10 月 15 日。
② **资政院奏恭报召集情形遵章奏请开会等折并单**

　　奏为恭报资政院召集情形遵章奏请开会并缮具礼节清单恭折仰祈圣鉴事。窃臣院于宣统三年四月十二日钦奉上谕，本年九月初一日为资政院第二次开会之期，著仍于八月二十日召集等因，钦此钦遵业经分别咨行在案。臣等遵于是日举行召集之典。议员到院后，仍以抽签法匀分总议员为六股，每股推选股长、理事各一人，均即按照《议事细则》暨《分股办事细则》办理完竣，现在将届开会之期，届时应遵章恭请圣驾临幸。伏查《奏定监国摄政王礼节》，资政院开院时，由监国摄政王代行莅院等因，兹仍敬谨查照上届代临礼节，缮具清单，恭呈御览。伏候命下，臣等遵奉施行。所有恭报召集情形暨奏请开会各缘由，谨恭折具陈，伏乞皇上圣鉴。谨奏。

宣统三年八月二十五日钦奉谕旨，资政院奏恭报资政院召集情形遵章奏请开会一折，知道了。钦此。（中国第一历史档案馆编：《光绪宣统两朝上谕档》，第 37 册，第 251 页）

谨将拟订监国摄政王代临资政院开会礼节，缮具清单，恭呈御览。恭照宣统三年九月初一日为资政院第二次开会之期，先由资政院具奏请旨行开会礼。是日辰刻，议长、副议长、议员、秘书长、秘书官，齐集资政院。内阁总协理大臣、各部大臣，均于巳刻到院（均补服，应挂珠者挂珠）。午刻，监国摄政王驾临，秘书长、秘书官排班恭迎于院门；议长、副议长肃立祗候于二门；俟监国摄政王降舆，恭导至休憩室少坐。内阁总协理大臣、各部大臣、议长、副议长、议员、秘书长、秘书官，均在议场序立，向御座行三跪九叩礼。礼毕，内阁总协理大臣、各部大臣，各就议台两旁东西序立；副议长、议员、秘书长、秘书官，仍序立如初；议长恭导监国摄政王至御座东旁座次，全场肃立致敬，由内阁总理大臣宣读谕旨毕，议长向前跪受，敬谨安设黄案之上。监国摄政王训辞毕，礼成。监国摄政王升舆，议长、副议长恭送于二门；秘书长、秘书官仍排班恭送于院门，候监国摄政王舆过，咸退。（《大公报》1911 年 10 月 23 日）

1911 年 10 月 22 日第二次会议

【内容提示】在开院典礼上，礼亲王世铎宣读上谕和摄政王训词

宣统三年九月初一日上午十点二十分钟举行开会典礼，议员到会者共一百三十人，[①] 内阁大臣多位莅临议场。[②] 议长李家驹、副议长达寿、议员、秘书长、秘书官等以次序立如礼。内阁大臣及议长、副议长、议员、秘书长、秘书官等均向御座行三跪九叩首礼。礼毕。

宣读谕旨：本日资政院开院，著派礼亲王世铎前往恭代行开院礼。钦此。

礼亲王世铎宣读朝廷上谕和摄政王训词。

上谕：

朕寅绍丕基，于今三载，励求治理，夙夜兢兢。兹届资政院第二次开院之期，尔议员等其敬听朕命，方今世界文明，宪政尤为当务之急。自上年十月仰体先朝与民更新之意，俯顺内外臣工之请，特降谕旨，缩改于宣统五年开设议院，并修改筹备事宜清单，期限二年。近一年筹画，乃日繁一日，该院负国民之重望，担协议之权舆。前者已略具规模，今兹当更有进步。所有应议事项亟宜集众思以广益，求一是以折衷，以期渐有端倪，日臻完备。除上年该院未经议竣各案应接议外，朕特命国务大臣将各项案件陆续筹拟，遵照交议。尔议员等洞观国势，熟审舆情，总使法立而民不扰，论定而是可行，以巩固邦基，弼成真治。朕有厚望焉。将此谕知之。钦此。

监国摄政王训词：

溯自上年资政院开院以来，已经两岁，凡关于宪政事项，监国摄政王与王大臣等悉心筹画，日促进行。昕夕从事，惟恐不及。现又届该院第二次开会之期，各议员等学问日进，阅历较深，凡国家安危所系与吾民休戚所关，以及一切事实理论，自当研究渐精，抉择愈审，必能出所蕴蓄，共矢虚公，协赞谋猷，代宣民隐，上副朝廷孜孜求治之至意。各议员其交勉焉。

礼成。

礼亲王、内阁大臣退出议场。

议长：本院今日举行开会盛典，钦奉谕旨，仰蒙训勉，应由本议长与副议长代表全体议员等恭折陈谢。

众议员全体赞成。

议长：本议长委托汪议员荣宝、陈议员懋鼎、顾议员视高、孟议员昭常四位为恭拟陈谢折起草员。

议长：今日无事，可以散会。

议长离席，各议员以次退出议场。[3]

注释

① 九月初一日以前，议员因事请假者如下：
　　司公，理藩部奏准赏假；那公，理藩部咨明请假；索亲王，理藩部奏准赏假；特郡王，同上；巴公，同上；勒郡王，同上；那亲王，库伦办事大臣奏准赏假；贡郡王，理藩部奏准赏假；色郡王（锡林郭勒盟），理藩部奏准赏假；张政，因路途阻滞请假；文龢，同上；吴赐龄，同上；赵炳麟，同上；许鼎霖，因经手□件未完请假；柳汝士，因路途阻滞请假；罗其光，同上；杨锡田，同上；周廷弼，因事赴沪请假；刘曜垣，现已到沪，即来京暂请假；周廷劢，同上；王廷献，同上；黄毓棠，同上；刘述尧，同上；李长禄，因感冒请假；余镜清，因母病请假；江辛，因病请假；杨廷纶，同上；陶镕，因感冒请假；荣公塾，同上；朱献文，因持服请假；沈家本，因感冒请假；张之锐，因路途阻滞请假；顾视高，因病请假。（《资政院议员请假表》，《大公报》1911 年 10 月 27 日）

② 行政官除总理大臣庆亲王，度相泽公，邮相盛宣怀未到，陆相荫昌出差外，其余各大臣均到。（《资政院开院记事》，《盛京时报》宣统三年九月初五日）

③ 参考中国第一历史档案馆编：《光绪宣统两朝上谕档》，第 37 册，第 262 页；《资政院开院记事》，《盛京时报》宣统三年九月初五日。

1911 年 10 月 23 日第三次会议

【内容提示】李素认为改订后的《院章》，实有限制议员、保护政府
之意。牟琳提出改订《资政院章程》交院协赞具奏案，获得多数
议员赞成，经资政院协赞之后的《院章》得以上奏。

议事日表第 1 号：

第一，选举专任股员；

第二，提议请将改订《资政院章程》交院协赞具奏案（议员提
出）会议。

九月初二日下午一点四十五分钟开议。

议长：昨日第二次开会，恭奉谕旨训勉，当委托议员四位恭拟陈谢
折稿，兹已拟就，由秘书长朗读。

读毕。[①]

议长：诸议员有无异议？

众呼"无异议"。

秘书官承议长命报告文件毕。

李议员素：去年提议申明资政院立法范围议案，何以今日不报告？

赵议员椿年：去年该案付审查后，未具报告书，故未列入。

李议员素：议案，朝廷可以取消，本院不当自行取消。果尔，则本
院似不能成立。盖据《改订院章》观之，如议事日表，本院不能更改，
总要得政府之同意；国务大臣有侵权违法之事，非得议员三分之二以上
之同意不得议决。实有限制议员、保护政府之意。

于议员邦华：本员赞成李议员之说。

议长：现在开议。按今日议事日表第一，系选举专任股员。查上年
成案，因决算未成立，经众议决，仍将该股照额举定，帮办预算。今年

仍无决算事件，是否仍照上年例办理？

黎议员尚雯：此事可缓。去年本院具奏案留中者多至十六件，殊失议会议决之权。议案裁可，虽属君主，究不应留中。今年仍须将去年留中案件再行具奏。

赵议员椿年：去年具奏事件有交行政衙门核办者，非全留中也。

议长：去年议决案件虽未奉裁可，今岁仍可再行提出。现在当照议事日表第一选举专任股员。

章议员宗元：今年仍无决算事件，该股股员可仍照去年选举。

陈议员懋鼎：本员赞成章议员所说。

议长：章、陈二议员所议，诸君有无异议？

众呼"无异议"，多数起立。

议长：多数赞成。请诸君至股员室选举专任股员，现在暂行中止议事。

时二点十五分钟。

下午三点四十五分续行开议。

议长：专任股员均已选定，现由秘书长当场报告。

秘书长承命报告当选人名。

秘书官承命抽签，其结果如左（下）：

预算股议员 24 人：

吴士鉴　高凌霄　全公　尹祚章　喻长霖　胡男爵　于邦华　陈锦涛　牟琳　刘泽熙　陈懋鼎　黎尚雯　王璟芳　易宗夔　李文熙　王季烈　马士杰　林炳章　王景祥　陈树楷　章宗元　劳乃宣　顾栋臣　汪龙光

决算股议员 24 人：

黄象熙　程明超　方还　寿公　孟昭常　陈善同　许鼎霖　何藻祥　顾视高　潘鸿鼎　长福　刘荣勋　赵椿年　钱承志　齐树楷　黄大壎　罗杰　刘春霖　王佐良　王用霖　籍忠寅　吴纬炳　陈瀛洲　范源濂

税法股议员 12 人：

万慎　邵羲　蒋鸿斌　张之霖　宋振声　刘景烈　胡骏　李撝荣

陈命官　毓善　陈国瓒　桂山

法典股议员 18 人：

沈家本　恩华　曹元忠　润贝勒　汪荣宝　郑际平　吴廷燮　定秀
商衍瀛　李增　黎湛枝　贡郡王　康咏　陈敬第　杨廷纶　胡礽泰
魏联奎　陶镕

陈请股议员 12 人：

郑潢　李素　陶葆廉　张锡光　刘述尧　书铭　盈将军　荣普
崇芳　李士钰　达杭阿　柯劭忞

惩戒股议员 6 人：

铠公　庄亲王　那亲王　霭公　顺承郡王　睿亲王②

议长：现当按议事日表第二提议请将改订《资政院章程》交院协赞
具奏案，请提议议员说明主旨。

牟议员琳（登台）：今年修正《院章》系奉特旨，议员多数以为，
凡属法律事件，当由立法机关议决，方有效力。《资政院章程》固议员
所确认为法律者也，本院为立法机关，则认为法律之《院章》，自当由
院议决修改。前次议长开谈话会时，曾指定起草员五人，本议员居其
一。研究起草大意，佥谓修改《院章》之根据在认定《院章》为法律。
既为法律，自应交议。盖《院章》第一条明言资政院为上下议院之基
础，且前年钦奉上谕，《资政院章程》与《谘议局章程》实相表里，即
为将来上下议院法之始基，是本院有议决《院章》之权，毫无疑义。起
草大意如此。

于议员邦华：朝廷若认资政院为立法机关，则以后议决案皆有效
力。此案既由起草员报告大旨，当得多数赞成，请议长付表决。

议长付表决，多数起立赞成。

易议员宗夔：还请议长从速上奏。

议长韪之。③

议长宣告今日议事已毕，散会。④

下午四点十五分钟散会。⑤

注释

① 资政院奏。钦奉谕旨训勉，代表感忱由。

九月初三日。资政院总裁大学士臣世续等跪奏。为臣院第二次开会钦奉谕旨训勉敬陈感激下忱仰祈圣鉴事。宣统三年九月初一日，臣院举行第二次开会之礼，钦奉上谕一道，由阁臣敬谨宣读，并蒙监国摄政王特申训词，臣等肃听之余，莫名钦感。方今时局艰难，人心恐惧，除实行宪政，急起直追，别无弭乱致治之策。惟愿朝野上下，相见以诚，屏伪饰之虚文，泯猜嫌之成见，以政府负完全之责，俾议院尽协赞之忠。庶几通德达情，政治可有起色。朝廷所以期望臣院者在此，臣等所以仰酬圣意者亦在此。所有臣等感激下忱，敬由议长臣李家驹、副议长臣达寿代表全院议员恭折具陈，伏乞皇上圣鉴。谨奏。宣统三年九月初三日。

> 资政院总裁大学士臣世续（假）
> 署资政院总裁内阁法制院院使臣李家驹
> 署资政院副总裁理藩院右侍郎臣达寿

（中国第一历史档案馆藏军机处全宗，档号：03-7476-029）

九月初三日钦奉谕旨，资政院奏第二次开会钦奉谕旨训勉敬陈感激下忱一折，知道了。钦此。（中国第一历史档案馆编：《光绪宣统两朝上谕档》，第 37 册，第 264 页）

② 参见《资政院议员分股名单》，《大公报》1911 年 10 月 26 日；《资政院议员分股名单》，《盛京时报》1911 年 10 月 29 日。

③ **资政院奏请修改《院章》请交会议折**

九月初五日

资政院总裁大学士世续等跪奏，为修改《资政院院章》关系变更法律事项请交臣院会议以尽协赞之职恭折仰祈圣鉴事。宣统三年六月初一日钦奉谕旨，《资政院院章》前于光绪三十四年由资政院总裁会同军机大臣具奏，复于宣统元年经资政院会奏续拟院章并将前奏各章改订颁布施行，现在已阅两年，时势又有不同，核与新颁法令未尽吻合，亟应将《资政院院章》修改，以免窒碍而利推行，著资政院总裁副总裁会同内阁总协理大臣悉心斟酌，妥速改订具奏，候朕钦定颁行。钦此。六月初八日钦奉谕旨，资政院会奏遵旨改订《资政院院章》缮单呈览一折，著依议，钦此。仰见朝廷郑重立法机关之至意。臣等窃惟资政院为上下议院之基础，并参照各国议院法编订《资政院章程》，伏读宣统元年七月初八日上谕，《资政院院章》与现定《谘议局章程》实相表里，即为将来上下议院法之始基等因钦此，是《资政院院章》即为法律，已早在圣明洞鉴之中。本年改订，系在臣院未开会以前，无从协赞。现在臣院开会伊始，遵章于法律事件均有协赞之责，兹经臣院全体议员议决，恳请明降谕旨，交臣院会议，以固立法之基，而符协赞之义。不胜迫切待命之至。所有修改《资政院院章》关系变更法律事项请交臣院协赞缘由，谨恭折具陈，伏乞皇上圣鉴训示。谨奏。（中国第一历史档案馆藏军机处全宗，档号：03-7476-030）

九月初五日谕旨：资政院奏请将改订《院章》交院协赞一折，所有此次改订之《资政院院章》，著交该院协赞，再行奏请钦定。钦此。（中国第一历史档案馆编：《光

绪宣统两朝上谕档》，第 37 册，第 270 页）

④ 此次资政院开第二次常年会，通过了《资政院佩用徽章规则》：

第一条　资政院佩用之徽章，分为三种如下：

一、议长、副议长及议员，紫色；

二、国务大臣及政府特派员，深蓝色；

三、秘书长、秘书官及编译员，浅蓝色。

第二条　徽章于出入本院及在院内佩用之。

第三条　徽章佩用之于胸部对襟或右襟。

第四条　徽章遇有遗失或损坏时，得向秘书厅庶务科报名，另行补制，但其费须由本人自备。

第五条　徽章须于闭会之时一律缴还。

第六条　佩用人员于会期中有更动者，适用前条之规定。（《大公报》1911 年 10 月 26 日）

⑤ 参考《资政院纪事》，《大公报》1911 年 10 月 25 日；《资政院初二日开会纪事》，《盛京时报》1911 年 10 月 28 日；《资政院第一次会议纪事》《资政院第二次常年会第一次会议纪略》，《协和报》1911 年第 05 期。

1911 年 10 月 25 日第四次会议

【内容提示】革命既起，朝廷遭遇空前危机，资政院议员提出了两
　　大议案，即为内忧外患本标兼治以救危亡案和提议部臣违法侵权
　　激生变乱并有跋扈不臣之迹恭恳惩治具奏案，其要旨分别为速开
　　国会、宪法协议和惩治盛宣怀等肇乱诸臣。

议事日表第 2 号：
　　宣统三年九月初四日下午一点钟开议。
　　第一，复议修正《结社集会律》法律案（政府提出）　会议
　　第二，修正《承发吏职务章程》法律案（政府提出）　初议
　　第三，《广东禁赌条例》法律案（政府提出）　初读
　　第四，提出为内忧外患本标兼治以救危亡案（议员提出）　会议
　　第五，提议部臣违法侵权激生变乱并有跋扈不臣之迹恭恳惩治
具奏案（议员提出）　会议①
初四日午后二点鸣铃开会。

　　议长李家驹及副议长均临席。议员到会者一百十九人，京外大员
二十余人，外交官二十余人，普通旁听席百余人，政府委员三十余人，
新闻记者二十余人。

　　议长甫入座。

　　胡议员骏：接川省来电，赵督蹂躏民命，民不堪苦，本院应为川民
请命。

　　议长尚未答。

　　李议员素：本员提议变更议事日表。前三件政府提出之法律案无
关紧要，可先付审查。现在时局危迫，请将第四、第五两件具奏案提前
先议。

多名议员赞成。

议长：诸君对于前三件法律案既无意见，可请各专任股员简单报告，不过半刻钟即可了事。

议长命各股员逐件报告，诸议员皆无意见，当付审查。

议长：继续开议第四件具奏案，其议题系提议为内忧外患恳请本标兼治以救危亡，请罗议员杰说明大体。

罗议员杰登台：本院议员对于此次乱事，大概主张本标兼治。主张治标者又有积极、消极二派。积极派对于川乱，谓系赵尔丰酿成，且川乱起后，赵尔丰又专用压力，以致川中土匪乘机蠢动，成今日不可收拾之现象。事前、事后，皆赵督处置失当，则主张杀赵督以服川人之心。对于鄂乱，谓瑞澂不应弃城逃走，则主张杀瑞澂以重法纪。又谓川鄂之乱，其原因由于铁路国有政策，而此政策系出自邮传大臣盛宣怀一人之手，则主张杀盛宣怀以谢天下。此积极派治标之办法也。至于消极派，则主张不杀赵、瑞、盛三人，请政府先开党禁，宣布明年召集国会，以安人心。此消极派治标之办法也。其主张治本者，要求朝廷真实立宪，万不可再借立宪之名行专制之实，宪法须君民协定。朝廷既大公无我，宪法何妨协定？国会何妨速开？现时虽名曰预备立宪，而实则专制日益进步。如四川人之设立保路会，赵督则压迫解散；湖南人之创设宪政会，湘抚则多方破坏；人民往来之信件，邮传大臣则严密查察。是预备立宪时代，吾民之自由权已丧失殆尽矣。朝廷有此假立宪，则人民信任政府之心日薄，致有今日之乱。故治本以速定宪法、速开国会为惟一之良法。

罗议员演毕，议员全体皆拍掌赞成。

议长：议事日表第五件为具奏案，其议题系提议部臣违法侵权激生变乱并有跋扈不臣之迹恭恳惩治具奏案，请牟议员琳说明大旨。

牟议员琳登台：铁道国有系邮传大臣盛宣怀所创之政策，以致贻误大局，至于此极。盛宣怀在法律上、政治上皆罪无可逃。查《院章》第十一条，资政院有议决借债征税之权，乃盛宣怀借外债至一万万之多，不交院议，擅行借用；又查《内阁阁制》第二十一条，凡各部大臣事关重要者，须经阁议后，方能上奏。借款事件，何等重要，而盛宣怀竟敢单折入奏！且借款签押时，度支大臣尚在请假，系盛一人签押。蹂躏《院章》、违背阁制，此盛宣怀法律上之责任也。因铁道国有激成川乱，而盛宣怀一味用压力，电达赵督，力主格杀勿论，影响所及，遂酿成湖北之乱。乃至湖南、陕西，亦有警耗。此盛宣怀政治上之责任也。且川乱甫起，盛宣怀辄专电调陕西、湖南等省军队赴剿，查调遣军队系大元帅之特权，盛宣怀竟不奏闻，擅行调遣，是盛宣怀跋扈不臣之罪也。

易议员宗夔登台：铁道国有系一种法律案，查当日奏定商律，路归商办，系国法所许，乃盛宣怀忽收回国有，又不交院议决，既藐视成法，复蹂躏《院章》，欺君虐民，罪不容诛。资政院若不严行弹劾，请朝廷将盛宣怀明正典刑，则资政院直同虚设。（全体议员拍掌咸表赞同）

籍议员忠寅：本员对于牟议员、易议员所说无不赞成，但具有修正案，请议长提出。

议长：籍议员可登台报告。

籍议员忠寅登台：本员对于此上奏案，未免偏于法律上之辩论，缺少事实上之确证，恐不足以动朝廷之听。（其时议员中赞成者颇多）湖北之乱，实源于四川；四川之乱，实源于铁路国有；铁道国有，系出自盛宣怀一人之政策。祸首罪魁，盛宣怀实尸其咎。

陈议员懋鼎：本员对于盛宣怀有诛心之论。明知铁道国有必激成事变，知之而故为之，其心实不可测。及乱事起，又无善后良法，徒事压制。是盛宣怀之罪大恶极，想我皇上圣明，必能治以应得之罪。

邮传部特派员某请出席答复。

李议员文熙：本员对于特派员有所质问。四川非反对铁道国有，乃反对不交院议之铁道国有政策；不反对借外债，乃反对不交院议之滥借外债。请特派员一一答复。

特派员知盛之罪实无可逃，愕眙不能言。

议员中有诽笑者，有唾骂者。

汪议员荣宝：该特派员无答复之价值。请议长用电话传盛宣怀到院，以凭面质。

易议员宗夔：虽传盛宣怀到院，亦必理屈词穷，无所答复。请议长将弹劾案付表决。一次弹劾不效，再次弹劾；再弹劾不效，三次弹劾。以达其目的为止。

议场秩序非常紊乱。

议长即宣告议事中止。

易议员宗夔：弹劾案须速付表决，总以明日上奏为要。闻盛宣怀运动力最大，恐稍一迟延，事归无效。[②]

议长即请付表决。

议员皆起立赞成。

是时已四钟，议长即宣告散会。[③]

注释

① 《畿辅近事》,《北洋官报》1911 年第 2944 期。
② 资政院弹劾盛宣怀的奏折为：

  资政院总裁大学士臣世续等跪奏，为大臣不法误国殃民谨据实纠参请旨严惩以遏乱萌恭折仰祈圣鉴事。窃维治天下莫急于安人心，安人心莫急于除祸首。今兹危急存亡之秋，而海内所疾首痛心以为祸首者，实为邮传大臣盛宣怀。迹其专权肆欲，败法害纪，罔上虐下，祸归朝廷，实有应得之罪。伏奉明谕，令臣等各据忠爱，臣等窃愿陛下与民更始，同其好恶，谨胪列其罪状，为我皇上一一陈之。

  盖今日祸乱之源，发于铁道国有政策。在朝廷方以体恤民艰，故俯从邮传部之议，而海内愤怨，效实相反，盖皆邮传大臣欺朦朝廷，违法敛怨，有以致之。夫大臣本意，不过以川粤汉借款草合同订自原任大学士张之洞，外交已成定议，故借国有政策以消纳之。不知外交困难情形，本为内外所共喻，朝廷不忍以一举而损四国之邦交，亦为不得已之苦心，何难开诚布公，消弭民谤，乃必滥用国有名义，震骇天下观听，酿此纷纭。试问该主管大臣：筹有何种之款，定有何种画一干线之法律，足以收天下之商办各路而有之？既所收仅此四路，何名政策？既准商民附股，即是官商合办，何云国有？该大臣指鹿为马，而海内舆论，遂不能不循名责实；况云国有政策，则是取消先朝谕旨之商办公司及钦定商律。按照《资政院院章》，实应交院协议。按照《内阁官制》，亦应交阁议决。乃该大臣于舆论机关、钦定官制，一切不顾，于阁制发表之后二日，首先破坏，单衔入奏。该大臣目无宪典，目无国法，目无同僚，目无人民，一至于此。臣等窃不识内阁总协理大臣何以居然副署，以致诏谕一颁，谤议四起也！

  夫民心易失，国体宜尊，犹赖主管大臣慎重筹谋，妥定办法，庶祸消于将然，牢补于未晚。乃该大臣以市侩之心，与小民竞锱铢之利，以豪横之政，陷朝廷为怨毒所归。川、粤、湘、鄂，同归官办，待遇民股，自应一律。国家既欲收其后利，自应偿其损失。乃该部前后所奏，于抽本还利之法，既暮四而朝三；于川、鄂、湘、粤之民，复偏轻而畸重。川乱之起，其大半原因，即以该部奏定仅给实用工料之款，以国家保利股票不能与鄂路商股一律本本发还。又将施典章等所亏倒数百万弃置不顾，怨苦郁结，上下争持，川乱既作，人心浮动，革党叛军，乘机窃发。武汉继陷，大局糜烂。祸首之罪，谁实尸之？

今虽朝廷宣布德意，一律发回股本，而时晚势蹙，恩不下究，损辱威信，皆盛宣怀罔上虐下之罪也。夫民情通塞之机，即大局安危所系。朝廷方欲公万几于舆论，而盛宣怀则务塞舆论以蔽朝廷。当川省争路之时，绅民电报皆为邮传大臣命令所阻遏，饬各局不准通递；比附朝旨，谓煽惑抵抗，以违制论。呼吁无门，大乱遂作。夫疾痛号呼发于忠爱，有何罪恶，加以叛名？盛宣怀自以手握天下交通之机关，不惜专复擅权，隔绝上下之情如此。臣等窃览往古权臣专国之祸，未有如此之烈者也。

川粤借款系由宿约，盛宣怀罔上欺民，涂附政策，酿成祸阶，已如此矣。至其借日本国债一千万元，尤为普天下臣民所不喻。盛宣怀所办汉阳铁厂、萍乡煤矿，皆借有日本款项。此中关系如何，虽无从得其真相，而竟悍然不顾，以国家为孤注之掷，以贯通南北枢纽之京汉铁路为抵质之符，则其饮鸩自甘，有同卖国，实不能令天下无疑。今乱事方棘，京汉铁路余利岌岌不保，不审大臣何以应之？臣等窃料该大臣心计素工，狡谋最甚，必以外交危词，恫吓皇上，即以奉旨，特备搏塞人民。至于流毒蕴祸，非其所知。若夫弁髦资政院议决专章、败坏宪典乃该大臣故智，臣等实未遑指数。

综之，自资政院闭会以来，于今一纪，时艰孔迫，大小臣工，涂附为治，酿伏祸机。自盛宣怀掌部以来，横肆冲决，破坏宪典，破坏官制，破坏舆论机关，祸难骤发，乃飘风迅雨不可测度。臣等诚知今日国事之败坏，不必尽由于一人之咎，而盛宣怀实为误国首恶。去盛宣怀，则公愤可以稍平，大难庶几稍息。若容留姑息，则天下即有以窥朝廷。后患之来，实非臣等所堪设想。臣等忧危大局，不胜区区愤懑之忧，谨遵照《院章》第二十一条，据实纠参，拟请明降谕旨，立予严惩，天下幸甚。所有部臣违法侵权违法滋生变乱并有跋扈不臣之迹，恭请惩治缘由，谨恭折具陈，伏乞皇上圣鉴。谨奏。宣统三年九月初五日。（《奏为特参邮传大臣盛宣怀专权坏法请旨严惩事》，第一历史档案馆藏，档号：03-7462-030）

宣统三年九月初五日内阁奉上谕，资政院奏部臣违法侵权激生变乱据实纠参一折，据称……等语，铁路国有本系朝廷体恤商民政策，乃盛宣怀不能仰承德意，办理诸多不善。盛宣怀受国厚恩，竟敢违法行私，贻误大局，实属辜恩溺职。邮传大臣盛宣怀著即行革职，永不叙用。内阁总理大臣庆亲王奕劻，协理大臣大学士那桐、徐世昌，于盛宣怀朦混具奏时，率行署名，亦有不合，著交该衙门议处。嗣后该大臣等于一切用人行政事宜，务当不避嫌怨，竭诚赞画，以维大局而济时艰。钦此。（中国第一历史档案馆编：《光绪宣统两朝上谕档》，第 37 册，第 266—267 页）

③　参考《资政院第二次会议详志》，《盛京时报》1911 年 10 月 30 日。

1911 年 10 月 27 日第五次会议

【内容提示】资政院会议于邦华提议的时局危迫请顺人心以弭乱本具奏案，决定分三项上奏，即改造责任内阁、宪法交院协赞和开放党禁。

议事日表第 3 号：

宣统三年九月初六日下午一点钟开议。

第一，改订《大清商律》总则编、公司编法律案（政府提出）初读；

第二，浙江岁出预算关于民政、教育、实业、工程费核议案（浙江巡抚咨送）会议；

第三，河南岁入预算关于车马一款核议案（河南巡抚咨送）会议；

第四，提议时局危迫请顺人心以弭乱本具奏案（议员提出）会议；

第五，改用阳历建议案（议员提出）会议；

第六，议设审查前案特任股员。①

初六日午后二点鸣铃开会。

议长及副议长均亲临会场，先由议长诣演台，恭读谕旨一道。②

议员皆起立致敬，议长读毕就座。

王议员佐良：今日议事有应守秘密之处，请议长宣布命令，旁听者退出。

于议员邦华、易议员宗夒同起立：无守秘密之必要，不必令旁听者退席。

大会开议，当由秘书官报告收受谘议局及本院议员各件。

　　议长：第一件，改订《大清商律》总则编、公司编法律案；第二件，浙江岁出预算关于民政教育实业工程费核议案；第三件，河南岁入预算关于车马一款核议案，有无讨论？

　　各议员佥云无所讨论。

　　议长遂分别交法典股、预算股审查。

　　议长：将修改《院章》具奏案亦交法典股审查。

　　汪议员荣宝：此件亦交法典股审查，法典股事务太繁，何能胜任？且权力亦未免过重，非法典股所敢担任！

　　陈议员懋鼎：此系法典股应办之事，不得以事务繁多为词。

　　于议员邦华：本员赞成汪议员所说。

　　议长：第四件，时局危迫请顺人心以弭乱本具奏案。③此系于议员邦华提议，请于议员诣演台报告。

　　于议员邦华登台：本员对于时局，总以收拾人心为主，故提出此具奏案。（一）请组织责任内阁。现时内阁系皇族充当，各国宪法上概无此例。盖东西洋立宪，各国所以不能以亲贵组织内阁者，非谓亲贵不应组织内阁，乃以亲贵为君主之贵戚懿亲，恐有伤君主之尊严。何以故？因内阁为行政之枢纽，稍一失措，即为人民万矢之的；议会为人民代表机关，议员与内阁政治上之处必多冲突，常常推倒内阁。此各国立宪史所数见不鲜也。今我国以亲贵充国之大臣，直当行政之冲，苟政治上稍有失宜，则人民反抗之声立起，势必推倒内阁而后止。内阁系亲贵组织而成，是推倒内阁，即推倒亲贵也，岂不有伤君王之尊严？是各国不以亲贵组织内阁者，正所以尊君也。（二）请速编宪法，由人民协订。现在世界各国钦定宪法只有日本一国，但日本之国情与世界各国不同。夫所谓宪法者，乃君民共守之一种条件也。既为君民共守之一种条件，自应由君民协订，方能永远遵守，收立宪之实效。况虽云协订，而最后之裁可尚在君主，仍不失为钦订，于君主威权自无毫发之损。（三）请开党禁。查东西洋立宪各国，当立宪之始，无不开党禁。我国自戊戌以后，党禁日严，以致革党因身不能归国，日肆煽惑，谓朝廷非真立宪，谓政府万不能倚靠，革命才能强国，遂致党徒日众，党祸日深，遂成今日不可收拾之现象。今朝廷如开党禁，与以自新之路，则革党之势力自减矣。以上三者，实为弭乱之良法也。本员之意见如此，望诸君赞成。

张议员锡光登台：本议员对于于议员之具奏案，欲略为增加。请明年四月即开国会一项，亦为收拾人心之一法。自宣布立宪以来，人心为之安静者数年。去年人心稍动，而自国会期限缩短之诏下，人心又为之一静。而一般忧时之士，见时局日危，要求再缩短国会期限。朝廷遂用压制手段，或交地方官严加管束，或发往新疆，以致人民对于立宪又不信任，革党又从中煽惑，故祸机发于今日。若朝廷能速开国会，以示真实立宪，则人心自可望收拾。本议员之意见如斯，请诸君讨论。

牟议员琳登台：本议员对于于议员建议案及张议员修正案，均极赞成。但本员欲再加调和满汉一项。我朝以八旗兵建国二百余年，国家待满人和汉人实有歧视之处。故至今日，满汉界限尚严，意见终不能消除。而政府招权纳贿如故也，任用私人如故也，昏庸废弛如故也。所谓真立宪者，固如是乎？且变通旗制处已设置数年，毫无成绩。日日言消除满汉界限，而满汉之意见反日深一日。故本议员欲添此一层，请朝廷实行设法消除满汉意见。

易议员宗夔：本员对于具奏案之三项皆赞成，惟依本员意见，此具奏案应作三项目上奏。若并作一案上奏，则近条（程）[陈]体例，恐不免留中，归于无效。譬如昨日罗议员提议本标兼治之具奏案，文章虽好而言事太多，以致上奏之后毫无下落。若分成三案上奏，允准与否，必有明谕。

牟议员琳：时局危迫如此，若作三次上奏，恐无及矣。

易议员宗夔：本员主张分三案上奏者，系三案同时上奏，非分三次上奏也。

王议员季烈：本员对于牟议员化除满汉一节略有意见。不专在事实上化除，即形式上亦应化除。如满汉人之姓名不同，见其名，即知为满人，即知为汉人，此其应化除者也。岂有一国之内，名姓有迥然不同之理乎？既云化除，即应从同。又本员对于于议员具奏案文字上欲稍加修改，以期完善。

汪议员荣宝：调和满汉，系枝叶上问题，将来订宪法时，此等问题皆可包括。依本员意见，具奏案可不列此件。

易议员宗夔：本员赞成汪议员之意见。

王议员佐良：请速开国会一件，亦可取消。召集国会，须由各省先办选举。现在东南半壁，尚能按期召集乎？

其时赞成者颇多。

张议员锡光：资政院即是国会，不过借速开国会为收拾人心之计。

议长：即请付表决，赞成张说者请起立。

议员起立者少数。

易议员宗夔：请议长将具奏案所列之三项（一）改造责任内阁，（二）要求协订宪法，（三）请开党禁，逐项先付表决。

当由议长朗读一过，议员皆无异议。

复由议长指定起草员六人：陈懋鼎、王季烈、汪荣宝、刘春霖、孟昭常、李文熙。

汪、刘二议员因事辞卸，议长复指定劳乃宣、易宗夔二人，准明日午前脱稿，午后开会通过，即可入奏。④

议长：第五件，改用阳历建议案，当由江议员谦报告。

江议员谦：改用阳历虽不重要，而关于预算上、法律上、农事上、教育上均有种种之关系。

议员皆无异议。

议长交付审查。

时已四钟，议员纷纷退出，议长即宣告散会。

是日议员到会者约百人上下，议长未报告。京外大员约十余人，外交官二十余人，政府特派员十余人，普通旁听席七八十人，报馆主笔十余人。⑤

注释

① 《畿辅近事》，《北洋官报》1911 年第 2947 期。

② 系资政院上奏修改《院章》须交院协议，奉旨依议。

③ 于邦华等提出时局危迫恳请急顺人心以弭乱本议案：

奏为时局危迫恳请急顺人心以弭乱本恭折仰祈圣鉴事。闻之：天下之患不在土崩，而在瓦解。盖得天下者，得其民；得其民者，得其心。人心解体，斯不可收拾，此古今不易之定理也。今日者，粤乱甫平，川乱又起；川乱未已，鄂乱随之，而皖、宁、荆、湘、赣、豫之间，亦大有杌隉不安之象。环顾四方，无不咨嗟怨痛者，盖几乎成瓦解之势。识者于此，莫不知以收拾人心为第一要义。然徒空言以抚恤之，而言行不顾，则人勿信也。是必有顺人心而行之实焉，庶几人心一平，而祸乱自已。谨就管见所及，敬为我皇上缕缕陈之。

一、急简贤能以组成完全内阁也。譬之江行者，内阁操舟者也，总理舵师也，其余国务大臣扶帆主桨者也。舵师而不定方针，主桨而不知潮流，或舵师虽定方针而扶帆主桨者不与同意，则乘舟人之危险立至。吾国内阁，不幸类此。是以自内阁成立以来，种种举措，不洽舆情，丛脞乖张，天下失望，此人心之所以日涣，而变乱之所以日滋。考吾朝祖制，不许亲贵兼行政大臣；立宪各国，亦无以亲贵任内阁者。诚以保皇室之尊严，且示天下以无私也。伏愿我皇上遵祖训，博采立宪国之通例，明降谕旨，不以亲贵任国务大臣。其非亲贵而不胜任者，概行罢斥。然后改暂行之制，组成完全之良内阁，博采天下之公论，凡一切民望为内外所共仰者，及时重加甄录，使负完全责任，以维持大局。如此，则耳目一新，精神顿焕，将天下之咨嗟失望者，皆转而欣欣生希望之心，而不复动摇矣。

一编定宪法使人民协赞也。宪法者，朝廷与人民共守之信条也。与人民共守之信条，而绝不使人民参与之，纵令斟酌咸宜，在人民一方，必终疑其有缺陷之处，此即异日冲突之朕兆也。是以泰西各国之宪法，未有不许人民参与者。不许人民参与者，惟日本而已。此虽由其国情独异，然近日诸家学说亦纷纷议其不然，即以此为日本短可也。凡采取他国法制，宜略短而取其长，况吾国编纂宪法，亦委之一二臣工之手，钦定云者，不过经皇上裁夺而已。与其取少数人之意见而裁夺之，何如取多数人之意见而裁夺之之为愈乎？诚能破除成见，赫然下宪法协赞诏，使天下之人欢忭出于意外，则必至有感激涕零者，而逆党之簧鼓无以施其技俩矣。

一速开党禁以示朝廷宽大也。考各国立宪成例，未有不于开国会时大弛党禁者。今吾国距国会之开，只有一年于此，而早开党禁，亦未始非收拾人心之计。况乎所谓党人，类皆怀抱异才，为通国人民所仰望，数年来异乡飘零，不忘祖国，察其情形，诚可哀怜。乃至今犹不之矜恤，此所以稍涉嫌疑者，恐朝廷之不能包容，往往铤而走险也。诚能一律弛禁，示天下无复猜嫌，则天下之人皆晓然于皇恩之浩荡，而悔祸者必多自被濯矣。

一惩治肇乱人员以泄天下之公愤也。祸乱之作，其原因亦甚复杂，而借款收路、不交院议，实为一大原因。夫借款也，铁路国有也，天下原无绝对之人，特以条约之失败与否，商民之损失与否，关系至巨，须集案讨议。去年资政院开院时，度支部大臣到院演说，谓借款必须交议。议员等莫不欢迎，乃闭会未几，遂以独断行之，而盛宣怀尤为主持最力之人，揭铁路国有之标帜，诩诩然自鸣得计。其种种手续，皆任意为之而不恤众议，天下视为舆论之公敌。迨四川事起，犹不知反省，纯以威吓手段，劫制百姓，赵尔丰承其意旨，遂妄拿正绅，惨杀平民，致人心大愤，匪党乘之而起，迨影响及鄂，而瑞澂又弃城逃遁，使全军尽陷于从逆，此乱势之所以日滋也。伏祈我皇上赫然震怒，分别惩治，以谢天下。庶几人心大快，而祸乱不至蔓延矣。

凡此数端，皆所谓顺人心以弭乱本之至计也。夫乱党之煽惑人者，不过谓非真立宪也，无良政府也，倘朝廷决然变计，与民更始，则乱党无所施其技，而人心自定，此不战而屈人之师也。至于抚恤饥民，解散胁从，宽宥既往，予人自新，皆为今日必须注意之事，万不可再多事杀戮，以失人心。臣等蒿目时局，夙夜忧危，罔知忌讳，伏祈我皇上俯赐采择。则鄂乱之平，计日可待。臣院幸甚！天下幸甚！不胜悚惶待命之至。（《大公报》1911 年 10 月 29 日）

④　**资政院奏请协赞宪法折**

资政院总裁大学士臣世续等跪奏，为时事艰危人心解体请颁布明诏将宪法交臣院协赞以维人心而靖祸乱恭折仰祈圣鉴事。窃维鄂军之变，不及旬日，而响应者四起，此非一朝一夕之故，其阴相勾结，阴相鼓煽，潜滋暗长，蔓延国中者，其必有所以勾结鼓煽之具。十余年来，革命党之风大炽，其中颇多聪明俊伟之士，持偏激之学说，挟锋锐之文字，发行报纸，刊刻书籍，腾播中外。夫其所借以为口实而得多数之信从者，无他，夫亦曰专制政体之不可以为国，非有横决之举，终不能脱此专制羁绁之下也。其意以为，生今之世，万国竞争，非立宪无以立国。然窃我政府之意，则决不肯立宪。不立宪则亡，与其坐而待亡，孰若起而革之。其说皆由怵于危亡而起。近数年间，朝廷下预备立宪之诏矣，宣布九年筹备清单矣。上年采用臣院之议，又缩改之为宣统五年开国会矣。今年又按照缩改筹备清单，设立暂行内阁矣。夫此数事，虽有名无实，在政府以为可借此以敷衍人民，在人民终不能因此而信爱政府，于是愤政府之疲缓，官吏之酷虐，法律之不备，审判之不平，人民生命财产之无所保障，权利义务之不能确定，国势之凌夷，民族之衰弱，将归于优胜劣败之数。政府愈疲缓，人情愈愤激。愤激之极，则革命之说易于传播，而革命之势力于是大盛，横决以求一逞，彼且自以为有不得已之故焉。故彼之所借口者，其初恐朝廷之不立宪，其继愤政府之假立宪，其后乃不欲出于和平立宪，而思以铁血立宪。故欲维系人心，敉平祸乱，莫若示人民以真正立宪。真正立宪，惟在颁布宪法。颁布宪法而不使人民协赞，则信守之意不坚，爱护之诚不至，服从之效不笃。在彼鼓吹革命者，犹以为非真正立宪，而勾结鼓煽如故，残杀战争如故。鄂乱未平，而等于鄂乱者且接踵而起。不观夫广州乎，半年之中，窃发者四起。人道之祸，曷其有极？故臣院集议，以为非请皇上将宪法交臣院协赞，无以示皇上公天下之心，而表见其真正立宪之旨。诏下之日，天下皆曰：吾皇圣慈，宪法且交资政院协赞，吾侪小人乐利无涯，何肯为乱逆以自背于人道乎？且夫宪法者，万法之母而君民共守之信条也。夫既为君民共守之信条，则曷不使人民参预，俾权利义务厘然悉当于人心？皇上既欲规定臣民之权利义务著为信条，又曷不于规定之始而诏进臣民一为商榷夫？协赞云者，在纂拟之后、钦定之前。先之以协赞，于先朝圣训钦定之义毫无所妨者也。世界各国，惟日本、俄罗斯为钦定宪法，常为世界学者之所短，我中国曷为而采择之？故臣院兢兢致惧，伏愿皇上迅赐采纳，颁布明诏，毅然将宪法交臣院协赞。以法理言，既无碍国家统治之大原；以事实言，尤足见天地无我之至量。所以弭一时祸变之源者在此，所以奠万世之业者亦在此。臣院会议，多数议员意见相同，当场议决，谨遵照《议事细则》第一百六条，恭折具奏，请旨裁夺，伏乞皇上圣鉴。谨奏。宣统三年九月初九日（中国第一历史档案馆藏军机处全宗，档号：03-7476-031）

⑤　参考《资政院纪事》,《大公报》1911 年 10 月 29、30 日;《议事详志》,《盛京时报》1911 年 11 月 1 日。

1911 年 10 月 28 日第六次会议

【内容提示】继上次会议协赞宪法后，继续讨论议员提出弭乱治本
策中的开放党禁和协赞宪法奏稿。

议事日表第 4 号：

宣统三年九月初七日下午一点钟开议。

第一，广西统筹全省团务规则核议案（广西巡抚咨送）会议；

第二，议设审查前案特任股员；

第三，江西删改税契章程核议案（江西巡抚咨送）会议；

第四，浙江改定暂行契尾捐法核议案（浙江巡抚咨送）会议；

第五，浙江整顿税契办法核议案（浙江巡抚咨送）会议；

第六，提议急简贤能组成完全内阁具奏案（议员提出）会议；

第七，提议编定宪法宜使人民协赞具奏案（议员提出）会议；

第八，提议速开党禁具奏案（议员提出）会议。

初七日午后三时鸣铃开会。

议员到会者八十九人，政府特派员十数人。

议长：今日到会人数未免过少。本日议事日表之前五件均不便开
议，惟后三件，昨日既在会场通过，自系正式表决，不过将草案略修正
文字，可以提出开议。

众议员均赞成。

陈议员瀛洲：定章应于午后一时开议，现已至三钟。此为中外人所
观瞻，岂可任意迟延？请约束议员，总须早到。

议长：陈议员所说，甚为重要。

于议员邦华：议员有已请假不能到者，须除去另计算其过半数。

议长：除去不到及欠缺者之外，共应有一百三十人。若有九十二人

到会，即可开议。先议第六条急简贤能组成完全内阁议案，请易议员宗瓛说明起草主旨之大体。

易议员宗瓛登台：非但东西洋立宪各国不使亲贵当内阁，即我朝定制，亲王不假势权，亦不令其负政治上之责任，以伤君主之尊严。故必须另简贤能组成完全之责任内阁，以维持今日之危局，团结将散之人心，则责任既明，政本自立，皇室既固，而国亦昌矣。

易议员报告毕，秘书官分送此具奏案之印刷文件。议场秩序大乱，迟延半刻钟之久始分送完毕。

陈议员敬第：修改节略为"内阁应实行负担责任"一语。

众议员颇相争执，后付表决，得多数赞成。

恩议员华：于中间加入"实行完全内阁制度"一语。

秘书官朗读恩议员华之修正案，表决赞成者多数。①

议长：第七件协赞宪法案文件尚未印妥，请先议第八件速开党禁案，由陈议员懋鼎报告大体。

陈议员懋鼎：去年曾提议此案矣。有广义之开禁，即一切国事犯一概赦免；有狭义之开禁，即开赦戊戌党禁。依本员意见，不宜主张狭义，方可以收拾人心。况日前已明降谕旨，所有胁从能自行投诚者，尚且不论，其稍涉嫌疑者，更可不问。党禁如开，京外官吏万不可再行罗织，误拘无辜，若捕风捉影，实足以摇动人心。②

陈议员敬第：对于此件稍有字句之修正。

议长：陈议员修正案付表决。

赞成者多数。

议长：第七件人民协赞宪法，当由孟议员昭常演说主旨。

孟议员昭常：宪法使人民协赞，为立宪国之通例。诸君当共晓，无容赘述。但起草之意多借立论，即时人心之所以不稳者，皆由国家对于宪政不能毅力实行，故人民多不满意。若令人民协赞，明示天下真实立宪，则人民自心悦诚服。

议长：诸君有无讨论。如无讨论，即付表决。

赞成者多数。

牟议员琳：党禁之开与不开，无甚关系。惟第六、第七两议案，实为收拾人心之良法，议长须与政府诸公直接陈明此义，总以得允许为要。但闻政府又有借洋款三千万之说，竟不提出交院议，恐又失人心。

于议员邦华：此三奏案均为拾人心起见，并非议员要求权利。

其时议长因事退场，副议长代其任。

副议长：开议第一，广西统筹全省团务规则核议案。

众无异议，遂指定特任股员陈超等六人。

副议长：江西改税章程及浙江税契契尾改定等咨送案，均分别交税法公债股审查。

众无异议。

尚有关于外交之议案，另开密秘会议，禁止旁听。

议员到会者约八九十人，政府委员十余人，普通旁听席三十余人，外交官五六人，京外大员六七人，新闻记者十余人。[③]

注释

① **资政院奏内阁应实负责任国务大臣不任懿亲折**

为时局危迫内阁应实负责任不任懿亲恳请明降谕旨另简贤能组织联责内阁以顺民心而固国本恭折仰祈圣鉴事。窃维君主不担负责任，皇族不组织内阁，为君主立宪国唯一之原则。世界各国，苟号称立宪，即无不求与此原则相吻合。今吾国之改设内阁，变旧内阁之官制而另定官制，改军机处之旧名，而另立新名，其为实行宪政特设之机关，固天下臣民所共见，而第一次组织内阁之总理，适与立宪国之原则相违反。凡论君主立宪政体者，类无不知君主神圣不可侵犯之语。君主既立于神圣不可侵犯之地位，密迩君主之皇族，亦即立于特别不可动摇之地位。而内阁之地位则可动摇而更新者也，立于君主之下，以受议会之监督，有政策之冲突，即发生推倒之事实。内阁为皇族所组织，皇族缘内阁而推倒，使臣民之心理忘皇族之尊严。君主之神圣，恐不免因之少损。臣等并非谓皇族必无组织内阁之能力，亦非谓皇族必有行政丛脞之堪虞，第以皇族内阁与立宪政体有不能相容之性质。又各国之内阁总理当更换之时，各国务大臣皆联翩而退，新任总理重行组织，故皆负联带之责任。即《钦定内阁官制》亦有内阁对于皇帝担负责任之文，今以皇族为总理，使其不可以推倒，如设立阁制之真意何？使其可以推倒，如皇上神圣之体统何？故现总理大臣庆亲王当受命之始，两次恳辞，请收回成命，特简贤能，一则曰居恒已形竭蹶，大受岂复堪胜！再则曰惟至圣能无我，咸知朝廷用舍之公，诚不欲开皇族内阁之端，以负皇上者负天下臣民之望。所以为皇上计，为皇族计者至深远，非仅自为退让计也。且本朝定制，亲王不假事权。伏读仁宗睿皇帝圣训有曰：本朝设立军机处以来，向无诸王在军机行走。正月初间，因军机处事务较繁，是以暂令成亲王永瑆入直办事，但究与国家定制未符，成亲王永瑆著毋庸在军机处行走等因，钦此。当时之军机，原无负一切政治责任之明规，犹严亲王之限制，今日之国务大臣，责任重于军机，则组织内阁之国务大臣更不可不循限制之旧法。伏愿皇上守祖宗之经制，采立宪之通例，明降谕旨，取销《内阁暂行章程》，实行完全内阁制度，不以亲贵充当国务大臣，博采舆论，特简贤能为内阁总理大臣，并使组织各部国务大臣，负完全联带之责任，以维持现今之危局，团结将散之人心。则责任明而政本以立，皇室固而国祚必昌，天下幸甚！臣院会议，多数议员意见相同，当场议决，谨遵《议事细则》第一百六条，恭折具奏，请旨裁夺，伏乞皇上圣鉴。谨奏。(《大公报》1911 年 11 月 4 日)

② **资政院请速开党禁具奏案（陈懋鼎起草）**

资政院总裁大学士臣世续等跪奏为请速开党禁以示宽大而固人心恭折仰祈圣鉴事。窃惟弭乱之本在于收拾民心，而士者民之倡导，未有士心不固而民心能固者也。我朝本无党禁之说，自海通以来，世界政治学识到处播殖，因借镜之资，以见吾国政府之窳败，有心者或欲起而改革，不逞者遂溃出于范围，以致获罪中朝，亡命绝域，外邦庇之为政犯，天下目之为党人。其中固有一二桀黠之辈，簧鼓革命，为中国害，然亦有眷怀祖国，感激旧恩，忠爱之忱，历久不变者。至于仅冒嫌疑，并无实迹，痛心永弃，企望见收者，亦复不少。臣等以为，宪政之立，与民更始，考各国立宪成例，未有不于开国会时大弛党禁者。今吾国距国会之开仅及一年，倘于此时宏颁涣号，与以更新，使人民复公权之平等，国家得政党之互剂，匪特借表真诚，抑亦可收实益。此为实行宪政起见，不可不速开党禁者也。

近今中国人才消乏已甚，为上者所亟宜维持。党人中实有文章学问度越恒流，而且艰阻备尝，深增阅历，无论跻之政界、置之社会，出其蕴抱，必足仰助休明。如赦使来归，将见人望所存，风从者众。汇征之吉，即为消长之机。此为护惜人才起见，不可不速开党禁者也。

自古寇贼之起，每招叛亡，以为谋主。汉失中行，宋弃二憾，皆其明征。盖人心失望之余，往往铤而走险。方今乱象滋蔓，士类危疑，宜乘威信之尚存，使识圣明之可恃。况匪党胁从者，已奉明诏，准其投诚，则与乱事无涉之党，更无不许自新之理。此为消解祸乱起见，不可不速开党禁者也。

拟请我皇上特沛德音者，凡因戊戌政变而获咎者，与前后因革命嫌疑惧罪逃匿者，以及乱事虽被胁附而自拔来归者，悉皆赦其既往，俾齿齐民。并请申明：所有大清帝国国民，苟不越法律范围之中，本皆在国家保护之例。嗣后地方官吏，自非根据法律，不得以嫌疑之故，逮捕无辜。如是，则天下晓然于皇恩之浩荡，悔祸者深自拔濯，观望者无复猜疑。士心一固，民心自固，今日弭乱根本之图，诚无有切于此者矣。臣院会议，多数议员意见相同，当场议决，谨遵《议事细则》第一百六条，恭折具奏，请旨裁夺，伏乞皇上圣鉴训示。谨奏。宣统三年九月初九日。(《奏为固士民之心请旨速开党禁事》，中国第一历史档案馆藏，全宗档号：03-7476-032。)

③ 参考：《资政院纪事》，《大公报》1911 年 10 月 31 日；《会议纪事》，《盛京时报》1911 年 11 月 2 日。

1911 年 10 月 31 日第七次会议

【内容提示】议长宣布关于资政院上奏开党禁、设内阁及协赞宪法之谕旨，接着会议协赞改订《资政院章程》法律案，有议员对具体条款，如议长任职资格问题提出质疑。

议事日表第 5 号：

宣统三年九月初十日下午一点钟开议。

第一，钦奉特旨协赞改订《资政院章程》法律案（股员长报告）续初读；

第二，浙江岁出预算关于民政、教育、实业工程费核议案（股员长报告）会议；

第三，河南岁入预算关于车马一款核议案（股员长报告）会议；

第四，江西裁并厘卡核议案（江西巡抚咨送）会议；

第五，浙江改良征收钱粮方法核议案（浙江巡抚咨送）会议；

第六，议设审查前二案特任股员；

第七，提议部臣侵权违法民众惊扰京畿重地急宜另简贤能维持治安具奏案（议员提出）会议。①

初十日午后一时四十分钟鸣铃开会。

议长：前日本院所具之三奏案已经明降谕旨，②不必详细报告，惟本议长今晨谒见监国摄政王面陈各节，及摄政王所答复一切情形，请为诸君详细言之。本院议员对于大局，以改良政治为第一要义，对于革党之种族革命皆极端反对。前日所上之三奏案，一为改造内阁，一为协定宪法，一为速开党禁，皆系全院议员之同意，且为弭乱之最良政策。总求朝廷具真实立宪之心，幸勿以一纸空文为暂时塞责之计。朝廷如能件件实行，以示大公，则天下臣民方爱戴之不暇，尚何忍反戈相向，自陷于不义！资政院为舆论代表机关，舆论之所归，即人心之所向。愿朝廷俯顺舆情，对于资政院具奏之三案，悉予实行。非特足以救现时之危局，即治国安民之本，亦基于此矣。其时监国摄政王颇深嘉纳，谓朝廷立宪实出自真诚，现资政院所具之三奏案，既一一允准，自应将朝廷德意宣布天下，俾海内臣民知所悦服。③朝廷既如此开诚布公，凡我资政院议员诸君，应将昨日上谕分电各省谘议局，④俾众周知，人心自然归向。况国家治安不稳，人民生命财产又何能保？

王议员佐良：依本员意见，昨日上谕不特应分电各省谘议局，即居留海外之华侨，亦应电告。

胡议员骏（起立）：四川谘议局尚未回复原状，虽朝廷有此德意，如何电告？赵尔丰现尚杀戮不已，政府竟淡漠置之，我川民何辜，遭此屠戮！前次上谕仅将赵尔丰交阁议处，不知政府何惜赵尔丰一人，忍致我川民于涂炭之中！此本员所痛恨不已者也，望我全院议员诸君为川民请命，俾赵尔丰早去一日，川民即少受一日之惨杀。

王议员佐良：与其用议员个人资格电告各省谘议局，不若用资政院名义将此次上谕电告各省谘议局，较为正当。

议员皆拍掌赞成。

黎议员尚雯：朝廷若不严惩赵尔丰，实不足以服川人之心，则川乱必终不已。

尹议员祜章：现时救危之策，不专在军，民心即军心，亦应设法开导。

郑议员潢（起立）：电告各省谘议局自是正当办法，惟湖北谘议局现已为革党占据，无从电达，奈何？

议长命秘书官报告收受各件毕。

陈请股股员张锡光报告收受关于陈请各件，有无名氏请愿一件且未经议员之介绍，照《院章》当然无效。其余各件均分别交股审查。⑤

秘书官报告易议员宗夔请取消第七件提议部臣侵权违法民众惊扰京畿重地急宜另简贤能维持治安具奏案。此具奏案系弹劾现在民政大臣，该大臣既已奉命退职，自应取消。

议长：现在开议。第一件，钦奉特旨协赞改订《资政院章程》法律案，本应由法典股员长报告。因该股员长在请假中，请股员汪议员荣宝代为报告。

汪议员荣宝：《资政院章程》去年曾经两次修正，均经院议通过。此次改订《院章》，须交院协赞者，系履行立法之手续，非反对改订也。昨日法典股审查之结果，仅对于第十四条、第三十三条略有修正，余皆仍旧。

张议员锡光：对于第三十七条第二项关于议事日表之规定，诸多窒碍，主张删去此项。

王议员季烈（起立）：诸君对于《院章》各条既有意见，请议长逐条付表决可也，以免参差不一。

刘议员景烈：不以第三十七条第二项为然，此项既不便于事实，不如删除。

易议员宗夔：刘议员、张议员所说甚是，不必过于讨论。

黎议员尚雯：对于第一、第二两条主张修改。第一条，议长须以王公大臣通达事理者充当；第二条，副议长须三品以上大员充当。本员极不赞成。凡我臣民皆有充当议长之权利，若定此限制，殊与立宪国四民平等之原则有乖。此等谬诞条文，实为专制国之恶习，本员诚期期以为不可。

江议员谦（起立）：国会将开，《资政院章程》自归消灭，是可不必提议修改。

黎议员尚雯：资政院乃国会过渡之机关，今日之资政院即异日之国会，非从速修改，不足为议院法之标本。

议长：诸君请于再读时讨论可也，现在交付审查。第二件，浙江岁出预算关于民政、教育、实业、工程费核议案；第三件，河南岁入预算关于车马一款核议案，此两件均系关于预算事件，可否并作一案？

议员皆同声赞成。

章议员宗元：作为预算股股员长，本议员认为此二件虽皆系预算事件，而事实甚复杂，请议长另指定特任员审查。

议长指定奎议员濂、王议员璟芳、陈议员善同、籍议员忠寅、江议员辛、汪议员龙光、陈议员敬第及寿公等八人为审查员。

议长：第四件，江西裁并厘卡核议案；第五件，浙江改良征收钱粮方法核议案，请将两案并成一案付审查。

议员皆无异议。

议长：第六件，议设审查前二案特任股员，指定庄亲王、彦议员惪、劳议员乃宣、程议员明超、于议员邦华、陈议员国瓒、陶议员葆霖、牟议员琳等八人。

时已三钟，议长宣告议事中止。

再开秘密会议，禁止旁听。⑥

议员到会者九十七人，京外大员五六人，政府特派员七八人，外交官二十余人，普通旁听席四五十人，新闻记者十余人。⑦

注释

① 《畿辅近事》，《北洋官报》1911 年第 2950 期。
② 九月初九日内阁奉上谕：资政院奏请颁布明诏将宪法交院协赞一折，我朝列圣相承，深仁厚泽，垂三百年。我孝钦显皇后、德宗景皇帝俯念时艰，深维治本，迭降明诏，确定为君主立宪政体，并颁布筹备立宪事宜清单，按年进行。朕以冲龄入承大统，亦惟兢兢业业，用迪前光。上年十月该院奏请速开国会，当经明降谕旨，定于宣统五年召集议院，并特派溥伦等迅速纂拟宪法，候朕钦定。兹据该院奏称宪法为君民共守之信条，宜于规定之始，诏进臣民商榷；又称：协赞在纂拟之后，钦定之前，于先朝圣训钦定之义，毫无所妨各等语，著溥伦等敬遵《钦定宪法大纲》，迅将宪法条文拟齐，交资政院详慎审议，候朕钦定颁布，用示朝廷开诚布公、与民更始之至意，钦此。

　　同日上谕：资政院奏请速开党禁以示宽大而固人心一折，党禁之祸，自古垂为炯戒，不独戕贼人才，抑且消沮士气。况时事日有变迁，政治随之递嬗，往往所持政见，在昔日为罪言，而在今日则为谠论者。虽或遁亡海外，放言肆论，不无微瑕，究因热心政治，以致逾越范围，其情不无可原，兹特明白宣示，特沛恩纶，与民更始，所有戊戌以来因政变获咎，与先后因犯政治革命嫌疑，惧罪逃匿，以及此次乱事被胁，自拔来归者，悉皆赦其既往，俾齿齐民。嗣后大清帝国臣民，苟不越法律范围，均享国家保护之权利。非据法律，不得擅以嫌疑逮捕。至此次被赦人等，尤当深自涤濯，抒发忠爱，同观宪政之成，以示朝廷咸与维新之至意。钦此。

　　同日上谕：资政院奏内阁应实负责任国务大臣不任懿亲一折，懿亲执政，与立宪各国通例不符，我朝定制，不令亲贵干预朝政，《祖训》著有明文，实深合立宪国家精义。同治以来，国难未纾，始设议政王，以资夹辅，相沿至今。本年设立内阁，仍令王公等充国务大臣，原属一时权宜之计，朝廷本无所容心。兹据该院奏称皇族内阁与立宪政体不能相容，请取消《内阁暂行章程》，实行内阁完全制度，不以亲贵充当国务大臣等语。所陈系为尊皇室而固国基起见，朕心实深嘉纳，一俟事机稍定，简贤得人，即令组织完全内阁，不再以亲贵充国务大臣，并将《内阁办事暂行章程》撤销，以符宪政而立国本。钦此。（中国第一历史档案馆编：《光绪宣统两朝上谕档》，第 37 册，第 279—281 页）

③　10 月 29 日（九月初八）新军第二十镇统制官张绍曾于滦州致电资政院，云："急。资政院鉴：鱼电谅已达览。国亡无日，非将现在政体痛加改革，万不足以固邦本而系人心。绍曾等前提出政纲十二条奏请宣布，实为现在扶危定倾之不二法门，自谓一字不可增减。乃折奏于六日递呈，至今尚未明白宣布，不知究竟系谁人把持？诸君代表舆情，崇论阁议，夙所钦仰，敬乞迅予提案质问政府，从速解决。绍曾等不敏，谨荷戈执乾以为后援。希从速复。曾。庚。印。"（杜春和编选：《辛亥滦州兵谏函电选》，载中国社会科学院近代史研究所近代史资料编辑部编：《近代史资料》总91 号，第 55 页）

④　顺直谘议局昨接资政院来电云：谘议局诸公鉴：自鄂省变起，乱事蔓延，凡我谘议局诸公辛苦艰难，勉强支持，本院同人殊深悬念。本院开院之始，已当危急之秋，同人以势迫救亡，论心探本，举凡年来我国民历次请愿而不得之改良内阁、协赞宪法等事，不惮苦口上陈，以焦头烂额之急计。本月初九日奏奉谕旨，于院议之组织责任内阁不用懿亲、宪法先交院议、悉赦政治党人三折，皆蒙裁可，业已通告各省，想悉周知朝廷俯徇本院之请，即俯徇通国人民之请，而且特诏罪己。德音挚挚，可为与民更始、切实改革之确据。现在政体已立，政本已定，一面拟由本院商请政府，于肇事地方，奏请朝廷明降谕旨，表示不欲用兵力平内乱之意。同时本院对于宪法问题，拟采用英国君主立宪主义，仍用成文法规定，并先提出重要信条，奏请即日宣布。正在商榷中，贵局诸公有何意见，从速复院，以便公同会议。抑本院更有进者，此次武汉及各省兵民之变，本以改良政治为宗旨。至种族革命、社会革命二说，大都由于群情过望，激而出此。实则揆之公理大势，不但兵连祸结，难保治安，抑恐牵动外交，转速实祸。凡我爱国之臣民，谅所不取。尚祈贵局徧行通告各团体及华侨中公举贵局之参议员，痛加谕诫，共维秩序，以安人心而固国本，大局幸甚。资政院蒸叩。

　　该局旋即覆电，略谓：来电敬悉。宪法非国会不能协赞，为各国之通例。敝局以为宜先由贵院编订暂行选举法，奏请速开国会，然后再议宪法。不然现在时局危急，已大非昔比。若仓猝竣事，转不足以服天下之心，是平乱而反以召乱。值此间不容发之际，尚望贵院审慎将事，以救危局，不胜幸甚！直局叩。

　　又致各省谘议局电云：谘议局鉴，顷接资政院电谓：该院奏请协赞宪法，已蒙裁可，现拟采用英国君主立宪主义，仍用成文法规定，征求敝局意见。此想系通告各省之电，已蒙尊鉴。敝局以为宪法乃国家根本问题，非国会不能协赞，为各国之通例。现在时局危急，已大非昔比。此次上谕，并无召集国会一事，已为国人所缺望。若由该院独行协赞，恐转不足以服天下之心。欲为目前收拾人心之计，宜先由该院编订暂行选举法，奏请速开国会，然后再议宪法，使天下人心能聚于一，即可消弭祸乱。此为关系存亡紧要问题，已电该院力言此义。贵局倘以为然，望即即协力电争。直局真。(《大公报》1911年11月3日)

⑤ 据资政院档案，其中一件陈请为"陈请实行立宪以消革命之源"：

> 为陈请事。今者时局阽危，京师震动，亟宜实行立宪以消革命之源。昨日谕旨于贵院建议各事均已分别允准，惟宜立见施行，以昭信用。现在宪法交院审议或尚需时，且政治上尚有重要数件事亟应即时解决，敝会等公同酌议，拟有法律上条件十六端，拟请于宪法未交协赞以前先行降旨颁布，并拟有政治上条件三端，拟请即日降旨施行。兹特将各条件并呈公鉴，请由贵院即日分别建议具奏，以挽时局而安人心。为此合词请愿，并将各条件另单开列，伏希贵院公同议决，大局幸甚。
>
> 陈请人：宪友会黄为基等、辛亥俱乐部隆福等、八旗宪政研究会恒均等、预备立宪公会朱福诜等、宪政公会陆鸿逵等。
>
> 一、法律上之条件
>
> 　1. 关于宪法之条件
>
> 　　(1)帝位继承宜于宪法内规定纲要，不可过于简略。
>
> 　　(2)皇帝大权宜一一列举，不宜有概括之规定。
>
> 　　(3)政治条约应经议会承认后方有效力，此外经济条约及一切国际合同，一律宜经议会议决后方能缔结。
>
> 　　(4)命令范围以执行法律或法律所委任者为准，紧急命令宜严定条件；独立命令，不宜袭用。
>
> 　　(5)文武官制及各项官规宜作为法律经议会议决。
>
> 　　(6)皇室经费之制定及增减，宜经议会议决。
>
> 　　(7)议会开会期间，每年至短以六个月为度。
>
> 　　(8)每一次内阁不得为两次议会之解散。
>
> 　　(9)政府以国务大臣为之，弼德院不在其内。
>
> 　　(10)大臣责任及身分宜详细规定，不可过于简略。
>
> 　　(11)皇族不得为国务大臣及其他行政官。
>
> 　　(12)日本宪法上非常财政处分之规定、施行前年度预算之规定及既定岁出之规定等，不宜袭用。
>
> 　　(13)议会宜有修正宪法之提案权。
>
> 　　(14)此外，《宪法大纲》所载凡与上列各条不相冲突者，仍一体遵用。
>
> 　2. 关于皇室大典之条件
>
> 　　(1)皇室大典应宜与宪法同时交资政院议决。
>
> 　　(2)皇族范围应于皇室大典内明定，除皇族外，所有满汉臣民权利义务一律平等，不得另设特别法律。
>
> 　　以上所列各端，拟即日由资政院奏请先行明降谕旨，著拟宪法大臣编入宪法及所属法律草案，从速交由资政院协赞，奏请钦定颁行。
>
> 二、政治上之条件
>
> 　1. 请饬下纂拟宪法大臣会同内阁迅拟议院法、选举法，交资政院议决，奏请钦定颁布后，即日举行总选举，期以明年召集国会，不必俟至宣统五年。

2. 撤销《内阁办事暂行章程》，不以亲贵为国务大臣，既经谕旨允准，不必更改，俟事机稍定，然后实行。应请即日将皇族内阁解散，即于京外大臣中择其才望素著者，命为总理大臣，即行组织内阁，并筹保卫京师之策。

3. 八旗生计拟由资政院拟具办法，奏请施行之后，即将京外八旗制度一律废止，以泯除满汉痕迹。

4. 八旗一律改为汉姓。

5. 军谘大臣不得以皇族充之。

（牛贯杰编：《清末立宪运动史料丛刊·资政院》，下卷，第966—967页）

⑥ 昨日资政院秘密会议，内阁及各部大臣无不出席。政府提出，因各省乱事，不得已而借用外债，交院承认。各议员因提出，请俟关于法律政治上各条件政府允许后，方能代表人民担负债务。当由泽公承认，凡关于宪法上之条件，必可办到。其关于政治上者，如速开帝国议会、变通旗制、重惩川鄂等省肇乱大吏等条，政府亦皆分别承认，故借债一事当时竟得通过云。(《大公报》1911年11月5日）

⑦ 参考《资政院纪事》，《大公报》1911年11月2、3日；《资政院第五次议事详志》，《盛京时报》1911年11月5日。

1911年11月2日第八次会议

【内容提示】先否决了度支部提出的发行宣统宝钞议案，在张绍曾兵谏压力下，朝廷下谕让资政院起草宪法，议员陈敬第等提出大清帝国宪法重大信条案，大会予以讨论通过。

议事日表第6号：

宣统三年九月十二日下午一点钟开议。

第一，爱国公债简章公债案（政府提出）会议；

第二，宣统宝钞章程法律案（政府提出）初读；

第三，遵旨息借洋款以资接济而救危急公债案（政府提出）会议；

第四，提议为融化满汉宜速改革形式以挽危局而弥劫运具奏案（议员提出）会议。①

九月十二日下午三点十分钟开议。

议长就座。

高议员凌霄：请议长致电四川谘议局，促其开会。否则与前日释放议长之谕旨不合。

众议员赞成其说。

议长：此电由秘书厅拟稿，抑由议员拟出？

众谓即由秘书厅拟电。

议长：本院既发电，一面咨请内阁电行川督催其开会，更为完足。

议长命秘书官报告文件毕。

议长：请陈请股报告审查主旨。

张议员锡光：谨代表股员长说明审查主旨。现有各政团陈请说帖一件大致谓：现在时局危迫，非实行立宪，不足资挽救。所列十六条，其中或关宪法，或关皇室大典，或关政治。据股员等审查，多有可采之处，应请议长列入议事日表，交付会议。

议长：不必列入议事日表，归入本院具奏案，一并会议。

众议员赞成。

议长：按照议事日表，第一，爱国公债简章公债案，请度支大臣说明理由。

度支大臣泽公：现在金融紧迫，市面恐慌，非设法维持，不足以应事变。本部筹议募集公债，请旨交院议，大旨如此。

议长：诸君有无讨论？

众呼无讨论。

议长遂交税法公债股审查。

议长：议事日表第二，宣统宝钞章程法律案。请度支大臣说明理由。

度支大臣泽公：当军事紧急时，发行短期钞票，各国恒有其例。此案亦系为救急起见，故奏交院议。

易议员宗夔：此案本员甚不赞成。再此项所定为不兑换纸币，大清银行钞票为兑换纸币，尚不能通行，何况不兑换者？且其中有二条文强令购买，恐致市面扰乱。又新币现已发行，闻有以之买车票尚有不收者。此种不兑换纸币，其能行使乎？即令议决，亦属空言。若强令行使于民间，则价格必低，将有以一两而价值八钱、六钱者，经济发生危险，讵可不虞？法国当财政紊乱时曾发行不兑换纸币，弊至不可收拾，可以为前车之鉴也。

牟议员琳：赞成易议员所说，国家发行新币，信用一失，恐于币制前途非常危险。

王议员季烈：宝钞无论使用与否，即使用亦不能如现币。此章第八条所规定，必致发生投机事业，非常危险。且十万元以上方能由部托大清银行代作汇票，则贫民受损较大，此章甚不妥。

邵议员羲：平时纸币尚无信用，况当恐慌之时。提款者纷纷，发此不兑换之纸币，断不能行。

陈议员懋鼎：本员赞成邵议员所说。大清银行纸币尚少信用，宝钞何能通行？

议长：此案诸君既多不赞成，将来虽或作废，然照章应付审查。

牟议员琳：此案既应作废，则不必审查。

邵议员羲：请以不交审查付表决。

毓议员善：须问度支大臣有说与否？

度支大臣泽公：因事机紧迫，始出此策。既众议员不赞成，拟即撤销。

恩议员华：大清银行钞票较宝钞为重要，须设法维持。

度支大臣泽公赞成，此案遂由议长宣告由政府撤销。

议长：按议事日表第三，遵旨息借洋款以资接济而救危急公债案。请度支大臣说明主旨。

毓议员善：此案应在秘密会讨论。

易议员宗夔：此案由度支部交来，且朝廷现与民相见以诚，无庸秘密。

王议员季烈、陈议员树楷反对易议员所说。

于议员邦华：请先付审查。

籍议员忠寅：度支大臣如有详细说明之处，则请出席说明。

邵议员羲：此案本员不赞成，以人民全无权利但有负担之义务也。

于议员邦华：仍请付审查，不必讨论。

易议员宗夔：会议时原可讨论大体，本员对于此案为维持市面与解赔款等而借债，固甚赞成。所不赞成者，即在借债以供各省军饷之用。盖本院既主张不以兵力平乱，即不能承认借外债以助军饷也。

陈议员懋鼎、王议员季烈请付审查，众赞成，遂付审查。[②]

议长：本日奉旨一道，请诸君起立敬听。[③]

宣读毕。

议长：按议事日表第四，提议为融化满汉宜速改革形式以挽危局而弥劫运具奏案，请提议议员说明主旨。

高议员凌霄：此次乱事虽属政治问题，而种族上亦非全无关系。本员提出之条件，即为化种族界限。虽就形式上立言，实与精神上有关系。条件为何？（一）八旗人名通译汉姓，汉人有姓有名，满人有名无姓，致生歧视、排击之弊。若从同，则界限自泯。（二）满洲妇女改普通装服。先朝谕旨许满汉通婚，惟妇女装饰特异，则融化乖方。改而从同，转移自速。（三）筹划生计，永撤驻防。按旗民给粮，本国初旧制，现在力既有所难供，旗民亦因而失业，请即裁撤驻防，择用将军、都统，壮丁则编成营伍，老弱者厚给粮饷一次尔。驻防城地可自由居住，各处八旗名目一律改定。此亦泯界限、示大同之一法也。本员所说主旨如此。

王议员季烈：此案甚妥，但字句间略须修正。

易议员宗夔：本员赞成王议员所说。

黎议员尚雯：应增加薙发一条。

高议员凌霄：薙发另为一事。

众请付表决。

议长以原案付表决，多数赞成，遂指定修正具奏案起草员六人。

王议员季烈：请将今日谕旨通电各省。

陈议员懋鼎：信条应早颁布。

李议员文熙：本院拟具信条，必系取天下人心所共同希望者，当不至有冲突之虞。各省意见如有可采者，将来亦可加入。

牟议员琳：滦州军队既有要求，希望甚切，应早发布，以安军心。

易议员宗夔：本员赞成牟议员所说，信条非宪法比，有不完全者，后来亦可补足。及早颁布，亦弭乱之一法。

众议员请将今日张绍曾之奏稿④分布公览。

议长：现在印刷，徐当分布，暂行休息十五分钟。

时四点五十分议事中止。

四点二十分继续开议。

易议员宗夔：请问法部特派员，现在朝廷既开党禁，汪兆铭何时开释？

法部特派员：现在调查此事详情，为开释地步。

秘书官承命报告收发电报，高议员凌霄欲发言。议长以现须报告电报及质问说帖止之。

报告毕，议长宣告续行开议。

议长：劳议员乃宣有质问陆军部说帖，陶议员葆廉有质问邮传部说帖，诸君有无异议？

众呼无异议。

陈议员敬第：重大信条须早具奏颁布。

议长：可否先按条讨论，再行具奏？

众赞成。

议长：请提议议员说明主旨。

陈议员敬第：此具奏案系请将宪法内最重要条件宣布，但今日有宪法交院起草之谕旨，与昨拟稿时情形略有不同，略须更改。

陈议员敬第遂将奏稿添改字句逐一宣读。

陈议员敬第：所拟信条，纯为巩固皇室，如第一、第三、第四、第十五等条可见。其他则一方为政治谋善良，一方为人民保权利，皆宪法中最重要之点。

易议员宗夔：请议长命秘书长朗读陈议员修正折稿。

秘书长承命朗读毕。

议长：诸议员对于奏稿有无异议？

众呼无异议。

议长遂将信条逐条付表决，均得多数赞成，复将奏稿与信条全付表决，全体起立赞成。众议员请明日上奏，议长允之。⑤

议长宣告散会，时五点五十五分钟。⑥

注释

① 《京畿近事》，《北洋官报》1911 年第 2953 期。

② 度支部有一说帖咨送资政院，云：度支部提议遵旨息借洋款以资接济而救危急案。窃自鄂省用兵，半月之间，牵动全国，东南各省筹防、筹饷，紧急万状，加以江皖一带饥民载道，人心浮动，谣言蜂起，金融紧迫，市面发发，京饷各款均请截留，虽经部饬迅速筹解，勉支危局，迄无一应。京师为根本重地，来源既绝，库储

如洗，军糈偶缺，哗溃堪虞。京城官、商各银行，因军事影响，同时受挤，兑现纷纷，危险万分。本部为镇静人心、巩固皇畿起见，借拨库款，稍资接济。风潮仍未平静，各省电告情形，同兹危急。虽银行系商业性质，与国家财政无关，际此时机，若不与以通融，信用坠地，患在将来。市面一坏，祸在眉睫。现在岑大臣奉命入川，请饷一百万两；袁钦差兴师赴鄂，请饷四百万两；陆军部筹备之款，目前已需四五百万两；近畿各镇月饷，均关计授要需，万难延误。以上各饷，均属刻不容缓。而各省因筹办防堵，维持市面，请款之电，纷至沓来，亦属异常危迫。是皆为保护人民治安、维持国家秩序起见，本部既难坐视不理，又苦应付无方。况赔款到期，为数甚巨。磋商展缓，尚无成议。各省均不能照解，亦须由部筹垫。万一不能交付，失信外人，恐开干涉财政之渐。计此数宗巨款，欲筹措于咄嗟之间，诚非易易。扶筹仰屋，焦灼莫名。偶误事机，不堪设想。日前本大臣面奉谕旨：饬借洋款，以资接济。盖朝廷深知时局艰危，舍此无策。当经本部与法国资本团代表勾堆、华法公司代表甘锡雅，订借法郎九千万，或金镑三百六十万，言明年息六厘，九六折扣，匀分六十年还清。固知外负综深，抵偿难继，非尽无弊害之可虞。唯目前事势至于此极，欲事征求，恐无济燃眉之急；欲募内债，似难成积腋之裘。筹款既百术俱穷，用项又一刻难缓，惟有于无可设法之中，姑为此万不获已之举。查定章，公债事件应交资政院议决。此次借款系临时紧要之用，加以外商意存观望，稍纵即逝，事关国际，尤应迅密，故先期签押，一面遵照《资政院议事细则》第九十五条第二项，特开秘密会议公同讨论，共济时艰。区区苦衷，当亦贵议员所共谅也。除将合同两份呈内阁转送外，应将借款缘由拟具议案，候诸公决。(《为提交资政院议决本部遵旨临时紧急向法国资本团等付息借款以资接济而救危急议案事》，中国第一历史档案馆藏，档号：50-00-000-000001-0041；参考《度支部提议息借洋款案说帖》，载牛贯杰编：《清末立宪运动史料丛刊·资政院》，下卷，第979—980页)

　　案：牛贯杰编《清末立宪运动史料丛刊·资政院》有"因同法人借款虚开秘密会议札件"，据档案涂改痕迹和内容推测，可能为前述说帖之草稿。该札件内容为：现在川鄂用兵，各省筹防筹饷紧急万状，加以银根奇紧，市面恐惶，京饷各款均请截留，更兼赔款、偿款为数甚巨，到期不能交付，失信外人，恐启交涉，而部库来源既绝，存款已尽，势极可危，经本大臣奏明朝廷，日前面奉谕旨饬借洋款以资接济。当经本部与法国资本团代表勾堆、华法公司代表甘锡雅订借九千万佛朗或三百六十万金镑，年息六厘，九六折扣，六十年还清。查定章，公债事件应交资政院议决，此次借款因系临时紧急命令，又因外商意存观望，少纵即逝，故先期签押，一面遵照院《议事细则》九十五条，特开秘密会议共同讨论，共济时艰。区区苦衷，当为贵议员所共谅。至详晰合同，业经咨呈内阁转送。(《为提交资政院议决本部遵旨付息临时紧急向法国资本团等借款以资接济而救危急议案事》，中国第一历史档案馆藏，档号：50-00-000-000001-0031；又参见牛贯杰编：《清末立宪运动史料丛刊·资政院》，下卷，第969页)

　　在当天的秘密会议上，度支大臣载泽发言："昨天开秘密大会，度支部提出两件公债案。一件为维持京师地面、保持治安起见，向汇丰银行息借五百万两，并无抵押。这件公债案已经蒙诸君协赞，本大臣不胜感激之至。还有一件为救济国库，向法国资本团及华法公司息借九千万法郎或三百六十万金镑，这一件昨天诸君尚未议决，今天本大臣再详细说一遍。这件事情，度支部事前未能交议，事后来求诸君承诺，这个办法，实在是对不住诸君，本大臣自己情甘认错。但是这个不交先议的缘故，还要求诸位原谅。其中种种困难的情形，虽非一言而尽，然概括言之，不外两端：一方面就是外交上的困难，一方面就是内部的困难。本大臣不说，诸君谅也能知其大概。这件事办法虽错，然本大臣抚心自问，实觉可以对质天地鬼神，实在没有一点不愿交资政院协议的心事。其所以未能先交议，实在是出于不得已。若诸君能体谅本大臣这一番苦心，承诺此案，使得免除责任，亦本大臣之幸，国家之幸。若不能原谅，必须问责，本大臣自不敢辞。时局至此，苟利于国，何恤一身！此外本大臣还有一句话，昨日有几位提议，仿佛是要拿这件承诺案，与纂拟宪法条件对换的意思。本大臣以为这个不待对换，自当以现在国民大势所趋，以外国之最精最良之宪法为标准。本大臣既奉命纂拟宪法，即愿我国有最完备之宪法。纵使诸君不承诺此案，本大臣亦绝不敢因此之故，改易纂拟宪法之宗旨。言不尽言，区区微忱，望诸君谅之。"（《为陈明度支部为救济国库向法国资本团及华法公司息借公债一案事前不能先交资政院议决各缘故事》，中国第一历史档案馆藏，档号：50-00-000-000001-0050；参考《资政院秘密会议发言记录一件》，载牛贯杰编：《清末立宪运动史料丛刊·资政院》，下卷，第954页）

③ 宣统三年九月十二日内阁奉上谕，第二十镇统制张绍曾等电奏，奉初九日上谕，仰见朝廷实行立宪以与天下更始，三军感泣，惟内阁一日不成立，即内乱一日不平息，并宪法由议院制定等语。系为维皇室，靖乱源起见，览奏具见爱国之诚，实深嘉许。内阁总协理大臣及各国务大臣，昨已具奏辞职，均经降旨允准，并另简袁世凯为内阁总理大臣，组织完全内阁。所有大清帝国宪法，著即交资政院起草，奏请裁夺施行。用示朝廷好恶同民，大公无私之至意。钦此。（中国第一历史档案馆编：《光绪宣统两朝上谕档》，第37册，第287页）

④ **陆军统制官张绍曾等奏陈请愿意见政纲十二条折（宣统三年九月十三日）**

　　奏为祸乱纷乘人心遑迫批沥意见请速诏行以定国危而弭乱端事。窃臣等伏读连日诏敕，武昌不守，大军南下，惊心动魄，以为世界革命之惨史行将复演于国中，弥漫而未有极也。伏维此次变乱起原，其肇因虽有万端，归纳言之，政治之无条理，及立宪之假筹备所产出之结果已耳。夫国家当祸变之时，其治乱也，亦犹医者之治毒疾，一面防其腐蔓，一面拔其症结，标本兼治，方可奏效。否则一误再误，死亡随之。今鄂变告警，事机迫切，一般人民，方窃窥朝廷之举动，战局之胜负，以为转移。乃旬日以来，中央政策，兵力而外，未闻于致乱之本源上大加改造，以懈其已发，而遏其将萌。循是以往，人怀疑沮，祸恐滋深。旷观地球各国革命历史，经政府一度之杀戮者，其革命之运动愈烈，其国家之危亡愈迫，其君主之惨祸亦愈甚。即论吾国，年来党人之被诛锄者亦夥矣，而前仆后起，曾不稍形怯退，驯至愈演愈进，以有今日。微论现在兵力之能胜与否也，即令力战倖胜，势必酿成流寇，分窜东南，涂炭万里，财赋灰烬，国力消竭，外人乘之，豆剖瓜分，不堪设想。此则臣等所为痛念国家前途，而不禁椎心泣血者也。

　　抑臣等更有不敢不沥陈者，臣等恭膺戍寄，现值国家多难，正为疆场效命之秋，自宜秣马厉兵，听候驱策，何敢妄干时政，越职建言。无如警耗频传，军情浮动，时闻耳语，各有心忧。臣等迭经召集各部队人等反复开导，晓以忠君爱国大义。

乃据各将士等环陈意见，胪列政纲，以改革政治诸端要求代奏。览其大旨，佥以皇位之统系宜定，人民之权利宜尊，军队之作用宜明，国会之权限宜大，内阁之责任宜专，残暴之苛政宜除，种族之界限宜泯，而归本于改定宪法，以英国之君主宪章为准的。臣等再三详绎，立言虽或过辙，而究非狂悖之谈。抑压既有所不能，解譬复苦于无术。当此时局岌发，亿众之向背，实为可虞。万一中路遣征，军心不固，大局益陷于不可收措之地，即治臣等以应得之罪，臣等一身不足惜，如宗社何？如天下何？夫民犹水也，可载亦可覆；兵犹火也，不载将自焚。今军民所仰望要求者，惟在于改革政体而已，为朝廷计，与其迟徊不决，以启天下之疑，何如明示政纲，以钳党人之口。又况要求之改革目的，于我皇上地位之尊荣，无丝毫之损，而于予我国家基础之巩固，有邱山之益。所不便者，独革党与朝贵耳。盖革党持极端主义，一新政体，则党员之携贰必多，朝贵怀垄断私心，一经立宪，则个人之利益足虑。臣等明知此言一上，必有荧惑圣听，以百端阻挠者。臣等敢更进一言曰：破坏我朝廷万世之大业、人民永远之幸福者，革党之煽乱犹小，而制造革党之政体实大也。古人有言，一言可以兴邦，一言可以丧邦。今日君主存废问题，国家兴亡问题，胥于此一言决之矣。

所有各该军等具陈请愿意见政纲十二条，附折恭缮，为此冒死据情代奏，伏乞宸衷独断，立决可否，迅即颁谕旨，明白宣示，导军心于一致，坚亿众之信从，则革党无自而煽，大乱由此而息。微特武昌匪祸，可以刻日就平，抑且政策一新，可使列强改视。虽令臣等赴汤蹈火，亦所不辞。如以臣等之言为欺枉，亦请治臣等狂妄之罪，明正典刑，死亦无怨。

再，此次奏稿，经臣等往返商酌，意见相同，并钤用臣二十镇统制官关防，合并陈明。谨奏。

附：政纲十二条

一、大清皇帝万世一系；

二、立开国会，于本年之内召集；

三、改定宪法，由国会起草议决，以君主名义宣布，但君主不得否决之；

四、宪法改正提案权专属于国会；

五、海陆军直接大皇帝统率，但对内使用，应由国会议决特别条件遵守，此外不得调遣军队；

六、格杀勿论、就地正法等律，不得以命令行使；又对于一般人民，不得违法随意逮捕、监禁；

七、关于国事犯之党人，一律特赦擢用；

八、组织责任内阁，内阁总理大臣由国会公举，由皇帝敕任；国务大臣由内阁总理大臣推任，但皇族永远不得充任内阁总理及国务大臣；

九、关于增加人民负担及媾和等国际条约，由国会议决，以君主名义缔结；

十、凡本年度预算，未经国会议决者，不得照前年度预算开支；

十一、选任上议院议员时，概由国民对于有法定特别资格者公选之；

十二、关于现时规定宪法、国会选举法及解决国家一切重要问题，军人有参议之权。（故宫博物院明清档案部编：《清末筹备立宪档案史料》，上册，第98—101页）

⑤　**资政院奏采用最良君主立宪主义并先草拟宪法内重大信条恳请宣誓太庙布告臣民折**

奏为采用最良君主立宪主义并先草拟宪法内重大信条恳请宣誓太庙布告臣民以

固邦本而维皇室恭折仰祈圣鉴事。窃惟祸乱纷乘，蔓延于川、粤、湖、赣、秦、晋、粤、汉各省，是大局已几于瓦解。又与前数日情势不同，而急切挽救之，约千万语为一言，仍不外视宪法良否以为关键。顷者特诏与民更始，并于统制臣张绍曾等所陈各节，均已仰蒙采纳，而天下亦晓然于朝廷意旨之所在，固将采用最良君主立宪主义，以餍薄海望治之心。兹复沛布纶音，宪法交由臣院起草，钦感莫名。臣院肩兹重任，敢殚竭愚诚，仰副圣意。伏查东西各国君主立宪，要皆以英国为母。此次起草，自应采用英国君主立宪主义，而以成文法规定之。虽兹事体大，诚非日夕所可完成，而臆测朝廷者，或且窃窃忧疑，以为左右臣工或有荧惑圣聪，痛定之日，翻然反汗。法国拿破仑第三世往事，至为寒心。如将重大信条先行颁示天下，则天下军民皆欣欣喜色相告曰：吾君果顺臣民之请，廓然大公，掬诚相见。风声腾布，固已胜于百万之师。兹谨先拟具宪法内重大信条十九条，凡属立宪国宪法共同之规定则暂从阙略。俟全部起草时，再行拟具。迭经会议，意见相同，谨缮清单，恭呈御览。恳请宸衷独断，毅然俯允，宣誓太庙，布告臣民，以固邦本而维皇室。在臣院非敢故为此危言悚论，实以事机紧迫，稍纵即逝。倘朝廷不即宣布，恐德意犹不能下，究血祸变，尚未可胜言。臣院内激忠忱，外观时变，不得不痛切质陈于圣主之前，无任惶恐待命之至。再宪法万世不磨之大典，君民共守，关系至巨，臣院受命起草，兢兢致慎，不敢不广征全国军民意见，以期精审。除业由臣院电告各省谘议局参与意见外，拟就现时重要事项请并准军人暂行参与意见，以安众心。合并陈明，伏乞皇上圣鉴训示。谨奏。(《大公报》1911 年 11 月 6 日)

⑥　参考《资政院纪事》,《大公报》1911 年 11 月 5、6 日;《资政院第六次会议纪略》,《盛京时报》1911 年 11 月 7 日。

1911 年 11 月 3 日第九次会议

【内容提示】大会先讨论了陈懋鼎提议的依律惩治汉口烧杀案，接着讨论了速开国会和宪法起草等议案。

议事日表第 7 号：

宣统三年九月十三日下午一点钟开议。

第一，钦奉谕旨协赞改订资政院《院章》法律案；

第二，《出版条例》法律案；

第三，遵旨息借洋款以资接济而救危急公债案。^①

十三日午后三点半钟始鸣铃开会。

议长：今日到会议员一百十人。（语未毕）

牟议员琳、尹议员祉章：质问法部特派员，朝廷已明降谕旨开释党禁，如汪兆铭等政治犯何以尚未开释？

法部特派员：汪兆铭之案系由民政部交来，尚须咨行民政部，方能请旨开释。

牟议员琳：党禁未开以前，汪兆铭固系罪人；党禁既开以后，汪兆铭即非罪人。法部一日不开释汪兆铭，即冤受一日之罪矣。

陈议员国瓒：问邮传部特派员，去年因铁路国有问题，川、鄂各省举代表晋京，或被政府押解回籍，或充军边省，至今毫无下落，应请一律开释。所有损害，应由邮传部赔偿。

黎议员尚雯（起立）：汉口商民被官军烧杀，惨不忍闻，应请旨将军官治罪。

议长：本日收各处电报甚多，请秘书官报告。

秘书官逐件报告，收上海商会电一件，第二十镇统制张绍曾电一件，皆系谓官军烧杀商民事件。又收山东谘议局电一件，系质问度支部借外款是否以山东土地抵押。报告毕。

议长：陈议员懋鼎提出请速开国会具奏案，及官军烧杀无辜商民请按律治罪具奏案，此二案事关紧急，印刷不及，请秘书官当众朗读一遍，诸君再为讨论，以便明日即可上奏。

当由秘书长先朗读官军烧杀商民请按律治罪具奏案。其大体谓：人民无辜受此惨杀，应请将在事军官一律治罪，所有商民财产上之损害，应颁发内帑，分别赔偿。朝廷方一面下诏罪己，宣布真实立宪，而一面又杀戮无辜之民，殊非安人心、昭信用之道。

又朗读请速开国会具奏案，及致各省谘议局、袁总理、张统制绍曾等三电。②

刘议员景烈（起立）：此次官军烧杀汉口商民，惨不忍闻，实属野蛮已极。闻十五六岁以上之女子，五六十岁以下之妇人，皆被奸淫，惨无人道。并闻系参谋官某及冯国璋所主使。依本员意见，具奏案内将人名指出，请旨惩办。

章议员宗元：本院尚未得确实报告，似未便指名。

籍议员忠寅：赞成章议员所说，若指名纠参，反失于挂漏，不若概括的好。

章议员宗元：袁世凯系督师总统，应请旨交袁世凯查办。

黎议员尚雯：袁世凯系督师大臣，亦不能辞咎。且袁世凯上欺君上、下虐人民，种种跋扈情形，已现于外。安知此次烧杀汉口商民，非出自袁世凯之主使乎？总之，袁世凯不能平内乱，即不足服人，即不能当内阁总理大臣之任。

王议员季烈：袁世凯稍有人心，决不自出此，黎议员所言未免太过。

刘议员景烈：本议员对于烧杀人民具奏案尚有修正。此次损害人民财产，不止汉口一处，如刘家庙等处，住居之人民，其财产亦不知损失若干，应请颁发内帑，一律赔偿，方足以服人心。

汪议员荣宝（起立）：具体的言之，反不免有挂漏，不若添"及汉口附近一带"七字较为妥当。

议员皆齐声赞成。

黎议员尚雯：袁世凯对君上极为跋扈，对人民专制，且官军烧杀人民，袁有督师之责。若请旨交袁世凯查办，彼必多方袒护，必以"事属有因，查无实据"八字塞责。依本员意见，应请另简查办大臣方为妥当，望诸君审慎。

程议员明超：本员支持黎议员所言，请另简大臣调查汉口惨杀情形。

其时议员反对之声不绝于耳。

议长：请付表决。

起立赞成者四五人，少数。

议长：陈议员所提出请速开国会之具奏案，诸君有无讨论？

李议员文熙：本员对于此案有修正之处。查原稿系由资政院起草，将来由国会（政事）［正式］议决，本员不甚赞成。盖资政院既有起草之权，当然议决，当然有效。昨日上奏之《重大信条十九条》内云："宪法，资政院议决，由皇帝颁布之"，此具奏案又谓"由资政院起草，交国会议决"，是昨日之具奏案与今日之具奏案两相冲突，此一不可也。所谓重大信条，重在"信"字。若如此反覆无常，是资政院失信于天下，此二不可也。且照此立论，是以今日之具奏案取消昨日之具奏案，此三不可也。况昨日之《重大信条十九条》，若其中有一条归于无效，则此外十八条皆可归于无效矣，此四不可也。③

议员皆拍掌赞成。

齐议员树楷：所谓由资政院起草交国会议决者，乃借以救危亡、安人心也。

籍议员忠寅：此事关系重大，我资政院议员仅二百余人，且信用不高，恐不能代表全国人之心理。如李议员所说，在法律上虽为正当，而事实上诚有不能不慎重者。依本员意见，不如改为将来交国会为正式修正之议决。

李议员文熙：重大信条内规定宪法修正提案权属于国会，是国会当然有修正权，何须作此赘文？

议场秩序非常紊乱，相互辩驳无已。汪议员荣宝、陈议员懋鼎、牟议员琳、李议员榘等皆互有争论。

汪议员荣宝：本员赞成李议员文熙之说。重大信条须重"信"之一字，若此案不信，则十八条皆不信矣。

李议员榘：速开国会是一问题，议决宪法又是一问题，不可混而为一。

是时已五钟，议长见争执不已，即宣告休息。

五点半钟，议员复群集议场。

议长李家驹退席，由副议长达寿代理。

长议员福：请将致各省谘议局及张绍曾、袁世凯三电均宜速发。

顾议员视高：请将三电再行宣读。恐有不妥处，宜加修改。

副议长请秘书官宣读毕。

略易数字，得多数议员赞成。

汪议员荣宝（起立）：本员对于政府特派员有质问处，请为答复。选举案、法律案有无底稿能送交资政院否？

政府特派员：底稿虽有，尚未清查，俟数日内当可送来。

副议长：请秘书官宣读陈议员懋鼎所草之具奏案。

副议长：请陈议员登台表示意见。

众议员以为此案均皆赞成，无须表示。

黎议员尚雯：此案一纸空文，又无条件，恐归无效。

王议员季烈（起立）：若云一纸空文，又无条件，恐无效力，则此条件应由黎元洪提出，而黎元洪又远在湖北，知其所要求为何条乎？

副议长：无须争论。不反对王议员者请起立。

得多数赞成。

时已六钟半，副议长遂宣告散会。

普通旁听席约五六十人，外交官五六人，京外大员四五人，新闻记者十余人，政府特派员十余人。④

注释

① 《资政院第七次议事详志》,《盛京时报》1911 年 11 月 8 日。

② 资政院全体议员电:九月十三日(11 月 3 日)北京。加急。滦州第二十镇司令处张统制、卢统制、蓝协统、伍协统、潘协统公鉴:蒸电谅达。兹接来电,敬悉维持大局,情迫忧危,本院深表同情。当即拟具宪法内重大信条十九条,公同议决,已于本日具奏,并声明起草全部宪法时,请准各省谘议局暨军人参与意见。其条文:一、大清帝国皇统万世一系;二、皇帝神圣不可侵犯;三、皇帝之权,以宪法所规定者为限;四、皇位继承顺序,于宪法规定之;五、宪法由资政院起草,议决后皇帝颁布之;六、宪法改正提案权属于国会;七、上院议员,由国民于有法定特别资格者公选之;八、总理大臣由国会公举,皇帝任命;其他国务大臣由总理大臣推举,皇帝任命,皇族不得为总理大臣及其他国务大臣并各省行政长官;九、总理大臣受国会弹劾时,非国会解散,即内阁总理辞职,但一次内阁不得为两次国会之解散;十、陆海军直接皇帝统率,但对内使用时,应依国会议决之特别条件,此外不得调遣;十一、不得以命令代法律,除紧急命令,应特定条件外,以执行法律及法律所委任者为限;十二、国际条约,非经国会议决,不得缔结,但媾和、宣战,不在国会开会期中者,由国会追认;十三、官制官规,以法律定之;十四、本年度预算,未经国会议决者,不得照前年度预算开支;又预算案内,不得有既定之岁出,预算案外,不得为非常财政之处分;十五、皇室经费之制定及增减,由国会议决;十六、皇室大典不得与宪法相抵触;十七、国务裁判机关,由两院组织之;十八、国会议决事项,由皇帝颁布之;十九、以上第八、第九、第十、第十二、第十三、第十四、第十五、第十八各条,国会未开以前,资政院适用之。顷奉上谕,资政院奏,采用君主立宪主义,并先拟具重大信条十九条,缮单呈览,恳请宣誓太庙,布告臣民,以固邦本而维皇室一折,朕详加披览,均属扼要,著即照准。一面择期宣誓太庙,将重要信条立即颁布,刊刻誊黄,宣示天下。将来该院草拟宪法,即以此为标准。钦此。合先电达,并希转知各省军队。资政院全体议员公叩。元。印。(杜春和编选:《辛亥滦州兵谏函电选》,载中国社会科学院近代史研究所近代史资料编辑部编:《近代史资料》总 91 号,第 61—62 页)

③ 九月十三日内阁奉上谕:资政院奏采用君主立宪主义并先拟具重大信条十九条缮单呈览恳请宣誓太庙布告臣民以固邦本而维皇室一折,朕详加披览,均属扼要,著即照准。一面择期宣誓太庙,将重要信条立即颁布,刊刻誊黄,宣示天下。将来该院草拟宪法,即以此为标准。钦此。(中国第一历史档案馆编:《光绪宣统两朝上谕档》,第 37 册,第 288 页)

宣誓太庙词:

洪惟我太祖高皇帝以来,列祖列宗贻谋宏远,垂三百年于兹矣。孝孙(御名)寅绍丕基,兢兢业业,仰承先朝立宪之大旨,力图急进,朝夕宪谋,乃弗克负荷,用人行政诸未得宜,以致上下暌隔,情意不孚,旬月之间,寰区侅扰,深惧我累圣相承之大业颠覆于地。悯予小子,罪曷克当!兹由资政院诸臣博采列邦君主最良之宪法,上体亲贵不与政事之成规,先撰重大信条十九条,其余未尽事宜,一并归入宪法,迅速编纂，并速开国会，以符立宪政体。审察情势，已允施行。用敢矢言于我列祖列宗之前，继自今巍巍之躬、振振之族，当与内外臣工军民人等，普同遵守，子孙万世，罔敢或渝，以纾九庙在天之忧，而慰率土苍生之望。惟我祖宗实式临之，所有重大信条十九条开列于后。谨誓。(《要闻·恭录宣誓太庙词》，《大公报》1911 年11 月 28 日)

④　参考《资政院纪事》，《大公报》1911 年 11 月 7、8 日。

1911 年 11 月 4 日第十次会议

【内容提示】先继续讨论汉口官军烧杀案的归责和惩治问题，接着
就速开国会和宪法起草问题有所争论，最后议定先不提宪法起草
问题，上奏朝廷于数月之内召集国会。

十四日午后三时开会，出席议员共一百七人。①

陈议员国瓒：质问政府特派员，汉口官军纵火惨杀事，部中已知
之否？②

牟议员琳：质问法部特派员，既有明谕开赦党禁，汪兆铭等何以仍
拘禁部中？

法部特派员：此案系民政部所奏交，须由该部调查办理。

陈议员懋鼎：本员今日提出两紧急具奏案，一为汉口惨杀善后案，
一即请速开国会案，请速咨询全院意见。

刘议员纬：四川人民已有数陈请书到院，请速交议。

议长允之，秘书官报告本院接到各处电报：

（一）上海商会来电，略谓官军在汉口任意惨杀，纵火数日，商民
大受损失等语，本院即将此电转咨送内阁。

（二）统制张绍曾来电，略谓革命党宗旨确在改良政治，今既实行
立宪，即无命可革，应请明降谕旨，改为党民，准其按法律组织政党，
并重用其党人。

（三）山东谘议局来电，略谓此次借款欲以山东全省作抵押，是否
有此议？本院覆电，此系谣传，本院已面质阁臣，实无此事。

（四）奉天谘议局来电，略谓宪法交院协赞，奉省人民实欣鼓舞，
须先提出重要信条七条（与院中拟纂者无异）颁布，以昭大信。明年即
开国会，各省督抚有不职者，须请另简贤能，以资镇抚。

议长：陈议员懋鼎提出之具奏案未能印刷，由秘书官先行朗读一遍。

秘书长朗读奏案。

第一奏案大意为：汉口官军任意惨杀，纵火烧焚十数里，商民损害实甚，请颁发内帑赔偿，并著袁世凯查明酿事军官，一律治罪。

第二奏案系请速开国会，以便将宪法交国会正式议决。

以外秘书官还宣读了通电三道：一致各省谘议局之电，一致袁慰帅之电，一致滦州二十镇之电。③

朗读毕。

刘议员景烈：汉口惨杀系冯国璋、铁忠二人所为，宜指名严参。

众反对之，谓但请查办，不必指名。

刘议员景烈：刘家庙一带亦有惨杀事，须一并叙入查办。

黎议员尚雯：本员主张另派人查，不可派袁世凯，恐其回护，将以"查无实据"了之。

程议员明超赞成黎议员尚雯之说。

众颇反对之：另行派人，反足启天下之疑心。

黎议员尚雯：本员提议表决不胜内阁之任。

众谓此另一问题。

于是争论甚激，秩序颇乱，人声嘈杂。

议长：现表决黎议员尚雯之修正案，赞成者请起立。

起立者少数。

刘议员景烈：建议加入"刘家庙惨杀"五字。

汪议员荣宝：建议改为"汉口附近一带地方"。

众赞成，原案表决得多数。

议长：第二速开国会案。

李议员文熙：宪法由国会正式议决，本员颇不赞成。昨颁布之信条，宪法当然由本院起草议决，何必再待国会议决之一层手续？

李议员榘：有内阁即应有国会，资政院非国会。宪法为根本法，虽由资政院起草，必须由国会议决。不然恐招全国之反对。

赵议员椿年：十九条信条昨日方颁布，今若此，是自行取消。

李议员文熙：信条所以收拾人心，何得今日即自行反汗？

王议员季烈：信条尚未宣告，决无妨碍。

众大哗。

汪议员荣宝：信条所以取信，自行反悔，所谓信者何在？

籍议员忠寅：以区区之本院二百人定此重大宪法，恐不能得天下之信用。

李议员文熙：信条既由院拟，即宪法有何不可，万不能自己失信用。

当时反复辩论，争论甚烈。

陈议员懋鼎：本员自行修正，改为速开国会，不提宪法一层。

易议员宗夔赞成之，众亦无言。

议长遂仍命原提议员自行修正，明日即上奏。

议长宣告休息。

五时复入场。由副议长达寿代理议长之职。

长议员福：奉天谘议局之来电，与本院意见相合，可见各省对于此举之满意，应将此电登诸报纸，以安人心。

议长允之。

秘书长复朗读修正请速开国会具奏案。④

王议员季烈：须明定期限即可，在明年二月。

众不赞成。

陈议员懋鼎：自行提议加入"于数月之内"一语。

众赞成。

汪议员荣宝：质问特派员，议院及选举等法已编订否？可否即送来？

特派员允即送来。

秘书官朗读致各省谘议局、袁慰帅及滦州军队各电。

众议员均表决通过。

陈议员敬第提出宜认革命党为政党即行重用具奏案。⑤

众均赞成。

黎议员尚雯：赦党人之条件四则，如不解黎元洪之兵权，恤死亡将士等。

众谓此时尚不必议及，原案通过。

散会。⑥

注释

① 本次会议没有记载"议事日表"，其原因大概是议员陈懋鼎"倡议今日议事日表所列各案不能会议"。(《协和报》1911 年第 8 期，第 16 页，《资政院第七次会议纪略》)

② 资政院议员为官军纵火焚烧汉口事质问陆军大臣说帖

具说帖为质问事。本议员对于陆军大臣行政事件有所疑问，遵照《院章》第二十条第一项、《议事细则》第一零六条，并草具说帖，应请议长咨行陆军部从速答复可也。须至说帖者。宣统三年九月日。

质问议员陈国瓛、郑瀁、谈钺，赞成议员郑熙嘏、黎尚雯、希璋、刘伟、达杭阿、牟琳、杨锡田、景安、刘述尧、世珣、长福、宋振声、冯汝梅、郑际平、高凌霄、存兴、徐穆如、万慎、那亲王、孙以芾、陶毓瑞、李慕韩、曹元忠、庆将军、彦惪、霭公、王绍勋、德伯、铠公、罗其光、黄毓棠。

鄂省变出仓猝，实由瑞澂不善推置所酿而成，朝廷虽命陆军大臣荫昌督师南下，犹极力主抚，特于乱起之后，拨用币银二十万两惠恤灾黎，无任失所，仰见朝廷仁爱百姓之至意。荫大臣于初六、七两日收复汉口，电奏来京，余匪搜剿罄尽，汉口已肃清可知，并将行军印件交付冯国璋。何以冯国璋忽令官军分三路纵火烧杀镇市人民，火焰三四昼夜不息。情形凄惨已极，人民无辜，官军不保护，反肆此荼毒，抑为邀功起见乎？抑为激变革党乎？况朝廷现在特诏与民更始，欲以安众心而维大局，朝廷欲以安之而璋等得以危之，诚恐人民愤愤，势复燎原，不知陆军大臣将以何策善其后也？议员等有所疑虑，遵章质问，应请迅速答复。(《盛京时报》1911 年11 月 14 日)

③ 资政院全体议员致滦州第二十镇司令处电文

张统制、卢统制、蓝协统、伍协统、潘协统公鉴：庚电敬悉，时局至此，诚如尊论，非将现在政体痛加改革，不足以固邦本而维皇室。义声伟举，本院深表同情。《政纲》十二条，尤多扼要之论。本院前日具奏组织联责内阁不任懿亲、协赞立法、特赦党人三案，已于本月初九日奉旨俞允，正与开示《政纲》符合。此外大抵皆为宪法中之条件，兹事体大，本院决议采用英国君主立宪主义，用成文法规定，并参照尊处《政纲》所列，拟具重要信条，一面征集各省谘议局意见，汇由本院议决，奏请即日宣布，正在商榷中。本院系以改革政治为宗旨，现在时事艰危，倘兵连祸结，难保治安，恐牵动外交，转速实祸。本院所忧虑者在此，务祈痛切劝诚我爱国军人，共维秩序，以安大局。国家幸甚。资政院全体议员公叩。蒸。(《盛京时报》，

1911 年 11 月 7 日）

④ **资政院奏请速开国会以符立宪政体折**

奏为请速开国会以符立宪政体恭折仰祈圣鉴事。窃臣院奏准信条既为宪法之标准，则国民代表之确正机关尤应早日成立，以期立宪政体之完成。所有《议院法》《选举法》拟由臣院征集军民意见，详慎议订，奏请颁布，以便即时选举，于数月之内召集国会。事关大局，无任迫切，待命之至，伏乞皇上圣鉴训示。谨奏。（《要折》,《大公报》1911 年 11 月 10 日;《顺天时报》1911 年 11 月 15 日）

⑤ **资政院总裁李家驹等请准革命党人按照法律改组政党折**

资政院总裁内阁法制院院使臣李家驹等跪奏，为恳请明降谕旨特准此次革命党人按照法律改组政党并赐擢用以纾兵祸而靖乱源恭折仰祈圣鉴事。窃维此次各省之变，其中类皆抱政治思想，无从展布，激而出此，现在朝廷与民更始，大赦党人，并于昨日奉准颁布信条，天下必晓然于圣意之所在，而自纳于轨物之中。所有此次革命党人，拟请明降谕旨，准其按照法律改组政党，如有才可擢用，并请量加甄录。至于原统兵队，俟其反正后，仍可收为国防之用。臣院为纾兵祸、靖乱源起见，不得不迫切上陈，无任惶恐，待命之至，伏乞皇上圣鉴训示。谨奏。

准革命党人按照法律改组政党谕

宣统三年九月十五日内阁奉上谕：资政院奏恳准此次革命党人按照法律改组政党并赐擢用一折，前据该院请开党禁，业经降旨允准，所有此次党人，均著按照法律改组政党，借以养成人才，收作国家之用。钦此。（故宫博物院明清档案部编：《清末筹备立宪档案史料》，上册，第 104 页）

⑥ 参考《资政院纪事》,《大公报》1911 年 11 月 9 日。

1911 年 11 月 8 日第十一次会议

【内容提示】议论张绍曾主导的滦州兵谏，随后正式选举内阁总理
　　大臣，袁世凯以多数票当选。

议事日表第 9 号：

宣统三年九月十八日下午一点钟开议。

第一，遵照宪法信条公举内阁总理大臣；

第二，钦奉特旨协赞改订《资政院章程》法律案再读；

第三，出版条例法律案（政府提出）初读；

第四，爱国公债章程公债案（股员长报告）会议。①

宣统三年九月十八日午后三时始鸣铃开议。

议长李家驹及副议长达寿均临席，议员到会者八十七人。议长宣布
开议。

黎议员尚雯：关于川乱具奏案刻已印妥分散，可否列入今日议事日
表会议，以便即日具奏？

议长：尚有欲加修正者。

陈议员瀛洲：各省近日变乱四起，京城亦有动摇之势，而八旗人
向来生计，惟在兵饷。近各省军饷均不按期协济，且有向中央要求协济
者，须与度支部、民政部力谋救济方法。否则外乱未平，内乱又起。

议长：陈议员尽快正式提出议案，以便会议。

曹议员元忠：有修正川乱具奏案，请议长交由秘书官朗读。

议员皆无异议。②

秘书官承命报告致山东谘议局电稿，其大旨云：山东所要求八条，
已由资政院议决，奉旨依议，特为电告。③现列强虎视眈眈，幸勿轻举，
致惹起外患，祈剀切劝导，将来代表到京，自能达其一切之目的。

许议员鼎霖：现在无政府时代，人心惶恐。昨闻第二十镇统制张绍曾已领兵入京守卫，此事不知确否？

议长：张绍曾昨日确有电寄政府，请将宣抚大臣之成命收回，并请带军队来京以资防卫。

许议员鼎霖：张绍曾与蓝天蔚二人真可谓当世之人杰，此次诚为政治上之革命，必无二心。

刘议员纬：请于修正川乱具奏案加入数语。

议员皆无异议，全案遂通过。

是时已四钟，始开议。

议长：按议事日表第一件，系公举内阁总理大臣议案。

当将议场封闭，查点人数，共八十七人。遂散票，用无记名投票法投票。

议员有云：副议长亦须投票。

议员多数群起反对。

投票结果：袁世凯得七十八票；王人文得二票，锡良得一票，那王得一票，梁启超得一票，岑春煊、黄兴各得二票。

开票毕，众谓袁世凯得票既占大多数，请即从速具奏。

当由议长命秘书厅起草具奏案，当众报告，遂退场休息。

四点半钟，复毕集。议场议员已散去过半，到场者仅四十余人。

旋由秘书官朗读公举总理大臣请即任命奏稿。④

众皆起立赞成。

陈议员瀛洲：今日尚赖有资政院，所以能维持人心。日开会议，然议员人数日渐减少，恐将不能开议，请议长设法维持。

议长：此说甚是。

王议员佐良：第二十镇统制张绍曾带兵来京，因有此谣传，人心均极惶恐，其实张统制之来，并无别意，惟保护京师而已。须请民政部即出告示以安人心。

长议员福：本院既公举袁世凯为内阁总理大臣，应电告袁世凯。

议长：袁现在萧家港，电报不能通，可由邮部专函寄去。

刘议员纬：山西乱事具奏案，请先举起草员。

议长：今日人数太少，须俟大会会议，再行指定起草员可也。

长议员福：市面银根奇紧，前日本员有一说帖质问度支部借外债事，已有答复否？

长议员福：张绍曾来京，大可镇定人心，本院决无丝毫疑忌，请议长将此意通知政府。

议长诺之。

时五钟，遂散会。

普通旁听席五六十人，政府特派员十余人，京外大员二三人，外交官七八人，新闻记者十余人。⑤

注释

① 《京畿近事》，《北洋官报》1911 年第 2959 期。

② **宣统三年九月十九日资政院总裁李家驹等奏折**

　　资政院总裁内阁法制院院使臣李家驹等跪奏，为疆臣罔上殃民违法激变请明正国法以遏乱源而靖人心恭折仰祈圣鉴事。窃臣院据四川京官李固基等呈，官吏挟私违法，诬陷议员，激变良民，糜烂地方一案。又四川绅民易昌棋等呈，赵尔丰挟嫌诬陷，欺君殃民，希功激变一案。又四川京官冉泳懋等呈，赵尔丰挟嫌诬害，违法邀功，惨杀激变，欺君误国一案。又四川京官马柱等呈，全川糜烂，贻误大局，请诛赵尔丰以谢天下一案。先后呈请前来，由股员会审查得此次各省变起，影响及于全国，皆由开缺四川总督、川滇边务大臣赵尔丰，不体民情，不恤民命，诬告谋逆，激成变乱，而鄂、湘、秦、晋各行省继之，大局动摇，兵连祸结，蜩螗沸羹，尚未知伊于何底。而赵尔丰仅予交议，反得逍遥事外。按其罪状，不足蔽辜。盖川省绅民，本无反意，不过因铁路国有，剥夺财产过甚，于是开会商议，赴署请求，急谋生计，亦属事理之常。乃该督纵令署提法使周善培，搜捕蒲殿俊、罗纶等，拘系公署。又任督练公所道员王棪、田征葵、督幕饶凤藻，认图为匪，开炮击毙数十人。该督复故意取乡民平时办团所用之戈矛，诈饰罪据，巧构反状，遽以谋逆，朦混入告。罔上殃民，至于此极。该督意犹未足，复电告东三省督臣赵尔巽，请调五营入川助剿。托言川东、永宁两道不遵调遣，实则新津、双流、蒲江等县，均已有屠城戕害生命，多至数万之事。川人何罪，逢此屠伯。其违法激变又如此。夫陛下视民如伤，而赵尔丰残民以逞，甘为戎首，造祸天下。即谓鄂、湘、秦、晋各省之乱，皆成于赵尔丰一人之手可也。其罪浮于瑞澂、余诚格等，诚非交阁议处所能尽。朝廷宽大，即欲姑容，如人民何？如法律何？谨按《现行刑律》："凡牧民之官，失于抚字，非法行事，激变良民，因而聚众反叛，失陷城池者，绞。"又查同治间四川东乡县冤杀平民千余人一案，奉旨将提督、知县正法在案。今赵尔丰邀功激变，惨杀平民，何止百倍。当此群情汹汹，应请将赵尔丰及周善培、王棪、田征葵、饶凤藻等拏交大理院，按律从严惩办，以遏乱源而靖人心。经臣院全体议决，多数意见相同。谨照《院章》第二十四条具奏，伏乞皇上圣鉴。谨奏。（中国史学会主编：《中国近代史资料丛刊·辛亥革命·四》，上海人民出版社1957年版，第510—511页）《宣统政纪·卷之六十三·宣统三年九月十九日》载："又谕资政院奏参赵尔丰罔上殃民，违法激变，请明正国法以遏乱源一折。著将此案交大理院，按照法律，判拟具奏。"

③ **资政院遵议鲁省绅民请愿八条复奏原折**

奏为遵旨议决复奏事。宣统三年九月十七日奉旨，孙宝琦两次电奏，据山东绅商学界代表请愿八条，著交资政院迅速核议，钦此。当由臣院议员即日会议，逐细审查，拟就答复条件，谨另缮清单，恭呈御览，请旨电饬该抚切实宣示，以安众心。臣院公同会议，意见相同，谨恭折奏陈，伏乞皇上圣鉴。谨奏。谨将拟就答复东省绅商学界代表请愿条件，缮具清单，恭呈御览。

第一条　外债已交资政院公决缓议，确无以山东土地作抵之说，决不作军饷之用。

第二条　朝廷已宣布罢战，至所称南军要求一节，俟将来提有条件，再行征集各省意见，如意见相同，即可照准。

第三条　已有电谕，停止调遣。

第四条　协饷，请准其暂停。

第五条、第六条、第七条　应在宪法中规定，资政院业经提出协商修改《谘议局章程》，确认谘议局为各省长官对待机关，将来编纂宪法及局章官制各法，各省事同一律，自应征集各省意见，公同议决。

第八条　系为保卫地方治安起见，应请照准。

昨已奉旨依议，并由资政院电致该省谘议局，想要求既遂，定当完全解决矣。（《盛京时报》1911年11月15日）

④ **资政院奏遵照宪法信条公举袁世凯为内阁总理大臣折**

资政院总裁、内阁法制院院使臣李家驹等跪奏，为遵照宪法信条公举内阁总理大臣恭折仰祈圣鉴事。窃查"《宪法信条》第八条，总理大臣由国会公举，皇帝任命；又第十九条、第八等条国会未开以前，资政院适用之"等语，兹经臣院于九月十八日遵照《宪法信条》，用无记名投票法，公举内阁总理大臣，以袁世凯得票为最多数，理合恭折奏陈，请旨任命。伏乞皇上圣鉴。谨奏。宣统三年九月十九日。（中国第一历史档案馆藏：《奏为遵照宪法公举袁世凯为内阁总理大臣事》，档号：03-7476-044）

⑤ 参考《资政院纪事》，《大公报》1911年11月11日。

1911 年 11 月 11 日议长李家驹
致资政院议员书

　　敬启者。时局危迫，民志浮动，全国所赖以维系者，实惟本院。而本院所赖以支持者，实惟诸位议员。顾日来开议，到者颇鲜。家驹深知公等不得已之苦衷，请为逐一解决。

　　宪法信条既经颁布，朝廷方以大信昭示天下，决不至中途反汗，此不足虑者一也。

　　各省谘议局来电，既无反对本院之语，在留日本各团体来电，尤足证其信任本院。如谓对内、对外，本院均立于危险地位，征诸事实，殊与相左，此不足虑者二也。

　　项城于一二日内即可到京，且本日外部接电，谓黎已有和平解决之意。至石家庄乱事，亦归平靖。环顾时局，大有转机，此不足虑者三也。

　　以上三者，均已解决，凡我同人，自可无庸过虑。现在本院待议之事颇多且急，且新政府成立以后，若本院人数不足，不能开议，则按照《信条》，无资政院为对待之机关，政府将一事不能办，其危险何堪设想！似此结果，责在本院，殆无可辞。

　　今日到院议员六十五人，因人数仅差十余，遂至不能开会。兹定于二十三日会议，务恳贵议员到院。本院幸甚！全国幸甚！

　　旅东华人各电略附，呈台览。此布即请公安，不备。

李家驹谨启

九月二十一日 [①]

注释

① 《大公报》1911 年 11 月 14 日;《顺天时报》1911 年 11 月 17 日。

1911 年 11 月 13 日第十二次会议

【内容提示】因限于议员出席人数，资政院久而后开大会，先讨论募集经费的爱国公债案，因要与袁内阁接洽，遂改开秘密会议，讨论接洽事宜。

议事日表第 10 号：

宣统三年九月二十三日下午一点钟开议：

第一，钦奉特旨协赞修改《资政院院章》法律案再读；

第二，《出版条例》法律案（政府提出）初读；

第三，《爱国公债章程》公债案（股员长报告）会议；

第四，提议陈请速开国会以消内忧而弭乱源具奏案（陈请股员提出）会议；

第五，提议陈请鄂军煽乱官军克复汉口后总统等纵兵焚杀请朝廷严加惩处并将激成叛军之张彪即行正法具奏案（陈请股员提出）会议；

第六，提议陈请保存中国事建议案（陈请股员提出）会议；

第七，提议陈请陕省糜烂大局岌岌宜速派知兵大员相机剿抚具奏案（陈请股员提出）会议。

二十三日午后二时三十分钟鸣铃开会。

议长李家驹及副议长达寿均出席，议员到会者八十余人。

议长就座。

曹议员元忠：本员倡议，现正在时局危迫，关于重大事件，应早会议者甚多。本日议事日表所列法律议案，请从缓议。

议长：俟报告文件后再决定。

秘书官报告收受各件：（一）收度支部片一件；（二）收议员陈请开

临时国会一件；（三）收河南谘议局不承认借外债电一件；（四）收袁总理辞职电一件。

报告毕。

议长：请开临时国民议会提议者有两人，性质既同，可否并作一案讨论？

众皆赞成。

崇议员芳：袁总理辞职，本院自应电留。当此危局，总求他不辞劳苦为要。

议长：袁总理今日可到，不必复电，明日须面商一切。

于议员邦华：袁总理今日既可到京，关于种种要事，本院须先行讨论，以便与袁协商。

议长：可以，由陈请股长郑议员潢报告所收陈请书之大致。

郑议员潢报告毕。

议长：由陈议员懋鼎报告审查陈请书及请开临时国会奏案之奏稿。

陈议员懋鼎：此具奏案仍根据前次之奏案，以现在之资政院作为征求意见之机关，且重要信条十九条内曾声明，国会未成以前，凡属国会之权，资政院得适用之。

顾议员视高（起立）：此具奏案须先付审查，俟袁内阁到京面商后再行讨论。

陈议员懋鼎：关于一切要件，我辈须先行讨论完善，以便袁内阁到京后当面协商。

长议员福：本员赞成陈议员所言。

陈议员树楷（起立）：与袁总理面商一切要事，须由本院一一讨论清楚，方有把握。但讨论一切要事，应守秘密者甚多，请议长宣告禁止旁听。

议长：按议事日表第一、第二两件，诸君有无讨论？

众议员无所讨论。

议长：第三，爱国公债章程公债案，当请股员长出席报告。

因股员长在请假中，旋由股员逐条说明修改理由。度支部原定为二千万两，现改为三千万元。质问度支部特派员，发行此项公债票，有何担保？

度支部特派员曲卓新：担保此项公债，本章程并未规定。但既是国家所发之公债票，自应由库款担保。

长议员福：公债案既经审查修改，可否付表决通过？

议长：本院修改之处甚多，须交度支部再逐条审查，得其认可后，方能由本院再行通过。

宋议员振声：有质问度支部特派员的话，陕甘总督电请度支部拨款接济军费，度支部有无答复？

特派员曲卓新：已经复电，度支部刻下实无款可拨，俟筹有的款，方能接应。

议长：陈议员、于议员所提议谓袁总理既已到京，今日一切议题暂搁不议，将与袁总理面商各要件先行讨论，并请开秘密会议，诸君赞成否？

陈议员命官（起立）：与袁总理面商各件，无非关于现在危局，实无守秘密之必要。前次开秘密会，依本员看来，皆无须秘密。

议长：赞成应守秘密者请起立。

同时起立者五十七人，多数。

议长遂宣告禁止旁听，转入秘密会议。

是日京外大员五六人，外交官三四人，政府特派员六七人，普通旁听席二十余人，新闻记者十余人。①

资政院改召临时秘密会议。

资政院于二十三日召集第十次正式会，于开议后，因提出袁内阁来京与议各政事，当即令旁听退席，改开临时秘密会议。

一、询问招抚黎元洪事，能否就范？如或不协，当以何法对待之？

二、国内乱事，日久不息，致外人干涉，应如何以对待之？

三、本日第五议案事确实之情形（即官军焚杀汉口商民事）。

四、财政为立国之命脉，如此奇窘，恐再失信用于各国，应如何为根本之维持？

五、现议募公债事之办法。②

注释

① 参考《资政院纪事》,《大公报》1911 年 11 月 16 日。
② 参考《资政院改召临时秘密会议》,《大公报》1911 年 11 月 16 日。

1911 年 11 月 18 日第十三次会议

【内容提示】先讨论了宪法、议院法和选举法的起草次第和起草人选问题，后被暂时搁置未做结论，接着对改订《资政院章程》法律案进行二读和三读并决定上奏。

议事日表第 11 号：

宣统三年九月二十八日下午一点钟开议。

第一，钦奉特旨协赞改订《资政院章程》法律案再读；

第二，《出版条例》法律案（政府提出）初读；

第三，爱国公债章程公债案（股员长报告）会议；

第四，提议陈请速开国会以消内忧而弭兵祸具奏案（陈请股员提出）会议；

第五，提议陈请鄂军煽乱官军克复汉口后总统等纵兵焚烧杀掠请朝廷严加惩处并将激成叛军之张彪即行正法具奏案（陈请股员提出）会议；

第六，提议陈请保存中国事建议案（陈请股员提出）会议；

第七，提议陈请陕省糜烂大局岌岌宜速派知兵大员相机剿抚具奏案（陈请股员提出）会议。①

九月二十八日午后二时三十分钟始鸣铃开议。

议长李家驹临会，副议长达寿缺席，议员到会者九十二人。

由秘书长报告收受各件：（一）收议员请录用党人说帖一件；（二）收吴议员廷燮请维持财政说帖一件；（三）收高议员凌霄质问政府说帖一件；（四）收河南谘议局请拨给部款五十万接济汴省危局电一件；（五）收山西谘议局请速编宪法召集国民议会电一件；（六）收蓝天蔚请单骑赴鄂维持大局电一件。

报告毕。

议长：说帖已经质问，尚未答复。

康议员咏：宪法、议院法、选举法须从速编订，并请指定起草员。

议长：宪法、议院法、选举法关系重大，起草员不能指定，须由议员公推，以昭慎重。

于议员邦华：宪法乃根本法，非常重要，须先行编订。若议院法、选举法，则可稍缓。

议长：先编订宪法，后编议院法、选举法，未尝不可，但总须大家公推起草员，并须多推举数人起草。

张议员锡光：宪法为一国之根本法，不能轻易修改。此次编订宪法，须斟酌完善。其起草员不必限于法典股一部分推举，将来审查时亦不必限于法典股一部分。

王议员璟芳（起立）：报上登有南京惨杀一事，凡无辫发者皆遭杀戮。报上的话，虽不能全信，然亦不能必其绝无。此事依本员意见，请由本院奏请朝廷明降谕旨剪发，以昭一律。

陈议员懋鼎：剪发具奏案已有人提出，下次即可会议。

议长：康议员提议编订宪法及议院法、选举法，诸君赞成否？

众皆同声赞同。

牟议员琳：维持现时危局，乃政治问题，非法律问题。宪法于政治改革大有关系，须先行编订。

于议员邦华：赞成先编订宪法。

陈议员懋鼎：宪法、议院法、选举法须同时起草。现在各省人民对于资政院所以不信任者，实有一大原因，即谓资政院议员欲保存资政院，不注意国会是也。若议院法、选举法不同时编订，反足以惹各省人民之疑忌。

江议员辛：宪法关系重要，不妨先行起草。

张议员锡光：必先有选举法，而后能行选举。宪法虽为根本法，而议院法、选举法须以宪法为根据，三者皆有密切之关系，须同时起草，方是正办。

江议员辛：现在议员名数太少，不如候议员有多数到会，再行公推起草员。

陈议员懋鼎：宪法关系重大，候有多数到会再行推举起草员，确是正办。但议院法、选举法不妨先行起草。

王议员季烈：议院法、选举法本应先行编订。若宪法，将来国会成立，尚不免有所修改，似可从缓。

于议员邦华：本员赞成陈、王二议员之说。

程议员明超（起立）：诸君请速编订宪法、议院法、选举法，本员极表赞同。惟闻官军又有烧杀汉口之说，南京亦有擅杀无辜之传闻。谣传虽或过甚，但亦必有其事。我资政院议员辞职者，其间必有种种原因，或因自己个人的关系，或有对于政府不能满意者，而我辈未辞职者，其同抱希望和平之宗旨者，可断言也。今南京、汉口杀戮无辜，于"和平"二字有背，拟请由本院商请政府，凡对于无战斗力之人民，万不可擅行杀戮，以重人道，免致外人笑我野蛮。况袁内阁以总理而兼督师大臣，汉口、南京之惨杀，虽远在数千里之外，而袁总理不能辞责，可否请议长转达袁总理，电令前敌，万不可杀戮无辜。

议长：准与袁内阁商定切实办法。

陈议员懋鼎：袁总理因事务太忙，不克分身，一二日内必来资政院，彼时借可面商一切。

议长：关于编订宪法及议院法、选举法，有主张先编订宪法者，有主张先编订议院法、选举法者，而陈议员又主张三件同时起草者，意见分歧，须俟议员到会者稍多，再行决定。望议员诸君彼此通知，总以得多数到会为要。

特派员顾鳌：议院法、选举法，政府已拟有草案，经阁议后即可提出，大约至迟不能过十日。但无论由政府提出，由议院提出，终归由议员议决。

议长：现在开议。议事日表第一系钦奉特旨协立修改《资政院章程》法律案，此案章议员、李议员及法典股均有修正案，请秘书官逐条朗读，诸位即逐条讨论。

当由秘书官朗读章议员、李议员及法典股修正案。

牟议员琳：大家不必过虑。钦选议员与民选议员皆有被选举之权。

陈议员懋鼎：事实上自然是互选，原不分别钦选、民选。

张议员锡光：此项章程无甚关系。国会将开，不久即废。且副议长不过议长之代理人，无足轻重。

遂经多数通过。

第六条关于会期延长及临时会之规定，讨论未久，即经多数表决。

第十三条关于议员任期之规定，原定为三年，章议员宗元、江议员辛皆主张删去此条。

牟议员琳：本员赞成章议员和江议员所言，"三年"字样，实足以起国民之疑心。资政院自己上奏请速开国会，而本院议员之任期仍定为三年，是自相矛盾。

李议员文熙：临时会既可删去，此条亦应删去。

得多数通过。

又第十四、十五、十六、十七、十八及二十一、二十三各条皆有修正，概经多数表决。

第十七、十八两条可否同数，后经议长取决。

时已四点半，议长宣告休息。

至五钟，复群集议场。

议长：现只六十余人，此案可否付三读。

陈议员懋鼎、于议员邦华（同时发议）：三读会不过为一种手续，无关紧要，可付三读。

议长：诸君对于条文尚有无讨论？

众皆曰无所讨论。

遂全体起立，表决全案，遂通过。[2]

议长即宣告散会。

京外大员三四人，外交官五六人，政府特派员七八人，普通旁听席二十余人，新闻记者十余人。[3]

注释

① 参见《大公报》1911 年 11 月 20 日;《京畿近事》,《北洋官报》1911 年第 2969 期。

② 资政院总裁内阁法制院院使臣李家驹跪奏,为议决改订《资政院院章》谨缮单奏陈恭请颁布事。窃臣院于九月初五日钦奉谕旨,资政院奏请改订院章交院协赞一折,所有此次改订之《资政院院章》著交该院协赞,再行奏请钦定,钦此。钦遵在案。嗣由臣院照章列入议事日表,于初读后即交法律股审查。旋据股员长报告,认为应行修正,另具修正案,提出会议。续经开会,再三宣读,臣院议员佥以为《宪法信条》既已颁布,第八、第九、第十、第十二、第十三、第十四、第十五、第十八各条,未开国会以前,均由资政院适用,自应按照《信条》,改归一律,以资遵守。公同讨论,议决修正,计共十章五十八条又附条一条。谨缮具清单,恭请降旨颁布。一俟命下,即由臣院遵照办理。所有议决改订《资政院院章》缘由,理合恭折奏陈,伏乞皇上圣鉴。谨奏。宣统三年九月三十日(《奏为议决改订资政院院章恭请颁布事》,中国第一历史档案馆藏军机处全宗,档号:03-9303-029)

③ 参考《资政院纪事》,《大公报》1911 年 11 月 21、22 日。

1911 年 11 月 20 日第十四次会议

【内容提示】先议决了剪发案和改用阳历案，继而讨论杨度向资政
　　院的陈请召开临时国民会议以决定中国采用君主还是立宪政体之
　　问题，争论激烈，无结果而散会。

议事日表第 12 号：

　　宣统三年九月三十日下午一点钟开议。

　　第一，《出版条例》法律案（政府提出）初读；

　　第二，爱国公债章程公债案（股员长报告）会议；

　　第三，提议陈请速开国会以消内忧而弭兵祸建议案（陈请股员
提出）会议；

　　第四，提议陈请鄂军煽乱官军克复汉口后总统等纵兵焚烧杀掠
请朝廷严加惩处并将激成叛兵之张彪即行正法建议案（陈请股员提
议）会议；

　　第五，提议陈请保存中国事建议案（陈请股员提出）会议；

　　第六，提议陈请陕省糜烂大局岌岌宜速派知兵大员相机剿抚具
奏案（陈请股员提出）会议；

　　第七，提议改用阳历具奏案（股员长报告）会议；

　　第八，提议恳请明降谕旨即行剪发具奏案（议员提出）会议；

　　第九，提议陈请特赏内帑充妇孺救济会经费具奏案（陈请股员
提出）会议。[①]

九月三十日午后三时开会议，出席议员约九十余人。

陈议员瀛洲：本院应与内阁总理协商之事甚多，请即咨文内阁，请
其早日到院。

议长允之。

议长登台宣读本日《院章》奉旨依议之谕旨。②

众起立。

议长：按照新《院章》，副议长须由本院议员公举，特咨询诸议员，可否即于今日公举？

景议员安：今日人数太少，请俟异日。

江议员辛：今日无须选举。尚有关于生死存亡之大问题，为本日议事日表第五保存中国建议案，请提出会议。

众赞成。

遂由秘书官报告文件。

一、王议员季烈质问度支部说帖，略谓近日各部有将所存之公款欲私行分用者，如度支部核捐处存款十八万，有该处司员主张瓜分；尚有翰林院亦有存款，亦将公分。若果尽分，则国家即亡。

二、江议员辛质问内阁说帖，略谓晋抚吴禄贞被刺一事，到底为何人所刺，何以至今尚不发表？

三、黑龙江巡抚来电，黑省于二十六日国民保安会成立，即举黑抚周树模为会长，各分会即以该地方官为会长。

四、直隶谘议局来电，请即开临时国民会议。

于议员邦华：请先公举选举法起草员。

江议员辛：请先议第五保存中国建议案。

刘议员泽熙：请先议剪发案。

陈议员懋鼎对于剪发议案提出修正案。

李议员文熙等亦提出修正并请先议。

议长：先会议剪发议案。

由秘书官先朗读陈议员懋鼎修正案，后朗读李议员文熙、王议员季烈、章议员宗元等修正案。

众赞成李议员文熙等之修正。

惟王议员绍勋仍反对剪发。

议长：现将李议员文熙之修正案付表决，赞成者起立。

多数起立。③

议长：可否先议王议员季烈、陈议员懋鼎提出的续议改用阳历案，以便与剪发案同日上奏？

众赞成。

议长：由章议员宗元报告审查结果。

章议员宗元：经审查，于宣统四年冬改用阳历。

众议员主张当下即改，不必待至明年。

王议员璟芳：时期过促，不能预备，反生阻力。

江议员辛：以立宪为新纪元，不能再用旧历。

王议员季烈：实不须预备，可由本年即改。

汪议员荣宝：以后仍可新旧历并用，有何问题？此不过表示朝廷与民更始之意，不可徒事推托，以待来年。即于本年十一月十三日为宣统四年元旦，即由元旦日起改用阳历。

众赞成。

遂由秘书官朗读改用阳历奏稿。

汪议员荣宝：本员倡议删去"第四农事上之理由"。

议长：现付表决，赞成者起立。

起立者多数，通过。④

江议员辛：今读国事共济会杨度之陈请书，⑤已审查终了，请即会议。

众赞成。

议长：由郑议员潢报告陈请书审查大意。

郑议员潢：该陈请书大意即要求政府与革命军两方实行停战。既已停战，乃有办法。又杨度等陈请设立国事共济会，其意以为战争不已，则生民涂炭，无有已时；于此求一和平解决之法，即两面停战，组织临时国民会议，以表决君主、民主问题，免全国战争之祸，而期和平了结，请本院具奏请旨停战。俟革军承诺停战后，即将赴鄂军队撤回。又江宁陈请书言，江南官军惨杀，殊非人道，宜请旨停战。此事重大，略为报告，请众讨论。

范议员源濂登台：国事共济会所希望即在国民会议，其应议问题即君主与民主之政体。或者谓提议民主非本院所宜，但革命党以此为旗帜，徒恃本院持君主立宪之说，未必足以破之。今日大局四分五裂，非有第三者出而调停之不可。宜请朝廷明发上谕，许开国民会议，两面共同研究：主张君主立宪者，详说其理由，以维持君主立宪。盖国民会议在中国为例外，在各国为常举，且为各国办有成效之法；但求此法不雍于上闻，采择与否，听之朝廷而已。

刘议员述尧：国家既不以兵力平乱，惟有以此和平方法解决之。国事共济会者，即发表政见之地也。

李议员文熙：大局如此，本院对于存亡问题不能不设法研究。盖两面趋于极端，势必出于战，战则生民涂炭，不堪设想。今日之变乱，非仇视君主，乃仇视专制政体。至有谓国事共济会合两党为一堂，恐易生冲突者，似不足虑。若开国民会议，决无危险。盖政府与革党及各省三面派人，为共同之讨论，自可和平解决。

牟议员琳：大乱起源即因政治不良所致。现信条颁布，人民之要求极为圆满，故资政院对于政府，但能为君主立宪之请愿。今日之争，只在君主、民主之一问题。但人心已去，我辈虽若何主张君主立宪，其如无人肯听！何欲收拾人心，非开临时国民会议不可。如有国民会议可以发表意见，否则南方纷纷独立，但有民主之说，其势甚危险。大局糜烂如此，革党已宣布为中华民国，未必肯自行取消。如能开会服从多数，亦未始非取消民主党之机会。即自中国历史地理观之，亦不利于民主。至于说资政院系主张君主立宪者，不能提及民主。但它出自国事共济会，国事共济会非出自本院，本院但为之上达，亦不至有所违碍。

喻议员长霖：宪法信条系尊重君主立宪，今若此，尚要信条否？且要求停战，朝廷虽停战，而革军之停战靠得住否？

景议员安：君主、民主问题，在法理上，本院有议此权限否？

议员拍手大呼，当时秩序大乱。

于议员邦华：此案不必上奏。须由议员与彼协商，并电询革军果否承诺停战，然后再议。

毓议员善：此事若由本院具奏，诚属不可。本院为国家法令机关，不能如此办理。

籍议员忠寅：我辈既为资政院议员，自无主张民主者。但时势危急如此，不能拘牵法理，凡有可以救亡者，吾辈即当细心研究之。乃者乱事迭起，将及一月，其所以不能和平者，即君主、民主两问题未决之故。自种种方面观察之，既无以兵力平乱之理，则惟有合国人之意见，以为和平解决之法。本院对于此陈请书，但期之以上达，承认国民会议，将来国家前途乃有希望。不然因内忧而牵及外交，乃至危险之事，可不惧哉！

当时反对之声四起，秩序太乱，退场者甚多。

于议员邦华：此事须开一茶话会，从长计较，以免冲突。

江议员辛：须先请总理大臣到院，问其到底主剿、主抚？须将此案咨送内阁作为建议案。

时众人仍争论不休。

议长遂宣告散会。⑥

注释

① 《京畿近事》，《北洋官报》1911 年第 2970 期。
② 九月三十日钦奉谕旨，资政院奏议决改订《资政院院章》缮单呈览请旨颁布一折，著依议，钦此。（中国第一历史档案馆编：《光绪宣统两朝上谕档》，第 37 册，第 309 页）
③ **资政院上奏剪发案**
　　资政院总裁内阁法制院院使臣李家驹跪奏，为恳请降旨即行剪发以昭大同恭折仰祈圣鉴事。窃臣院于上年提议剪发易服一案，当经奉旨：国家制服，等秩分明，习用已久，从未轻易更张等语。系因服用习惯关系全国商业经济，一时更换不易，并未有不准剪发明文。现在实实行立宪，日进文明，发辫为东西各国所无，况近日剪发者已多，曷若明示剪发，既可弭满汉新旧之别，且可免外人文野之讥。应请我皇上暨我监国摄政王毅然剪发为天下倡。并请明降谕旨，凡议员、官吏、军警学界，一律剪发，商民听其自由，以示与民更始之意。至于服色一节，除礼服由内阁另行规定以期简便外，常服应悉仍其旧，以免纷扰而塞漏卮。臣等公同议决，谨遵《宪法信条》第十八条，恭折具陈，伏乞皇上圣鉴。谨奏。（中国第一历史档案馆藏：《奏请降旨剪发事》，档号：03-7594-050）
　　十月十七日内阁奉旨，资政院奏恳请即行剪发以昭大同一折，凡我臣民，均准其自由剪发。钦此。（中国第一历史档案馆编：《光绪宣统两朝上谕档》，第 37 册，第

333 页）

④ 资政院总裁内阁法制院院使臣李家驹跪奏，为议决改用阳历请旨颁布以示与民更始恭折仰祈圣鉴事。窃维世界交通宜取大同主义，历法一端关系尤重，在昔唐尧于变黎民，乃命羲和钦若昊天，敬授人时。虞舜受终，文祖即位，璇玑玉衡，以齐七政。三代而后，历法时有变更，古略今详，由疏而密。元郭守敬始分盈缩初末四限，定岁实为三百六十五日又万分之二千四百二十五，与今西人所用阳历，仅差万分之三。此乃年远而日差，非郭守敬之错误也。月绕地球，地球绕日，行度迟速，大相悬殊。地球绕日一周，当月绕地十二周有十日有奇。是年度当主日，不当主月，不烦言而解矣。现今各国皆用阳历，而我国独用阴历，外交内政之种种窒碍，往往由是而生。请将理由分析陈之：

一为国际上之关系，凡属于公法、私法之条约合同，分载阴历、阳历之年月日，往往因一日之差异，互相争执而生交涉问题；

二为财政上之关系，国家岁入除官业之银行、邮电、路矿，以日计算，新关常关税则以月计算外，如田地之正杂税与岁入十分之四，均以年计算。闰年岁入不加增，而岁出多一闰月，则闰年度支必愈困难；

三为法律上之关系，徒刑、拘役以年计者，当闰年则多一月，若扣足十二月为一年，则刑名所定年度之年字又不确当；

四为教育上之关系，小学课本均有定则，闰年不能多授，故年假、暑假往往不遵部章，旷废光阴，实属可惜。至学校经常岁入，亦多以年计算，遇闰年即有支收不能适合之虞。

此外，通行历书更有一端足生宪政进行之大阻力者，则吉星凶曜之说是也。星曜之吉凶，乃神道设教时代愚人之术。今科学大明，群知其谬，乃国家颁布历书，犹复沿袭旧说，实与立宪政体显相背驰，此尤不可不亟行改革者也。谨本斯旨，公同议决改用阳历办法四条，另缮清单恭呈御览。所有臣院议决改用阳历，请旨颁布缘由，理合恭折具陈，伏乞皇上圣鉴训示。谨奏。

谨将议决改用阳历办法四条开具清单，恭呈御览，计开：一、宣统三年之十一月十三日为宣统四年元旦；二、自宣统四年元旦始适用阳历；三、二十四节气及朔望弦晦仍可附载于历书；四、旧历所载太岁、流年、方位、吉星、凶曜、宜忌诸名目，一律禁载。（中国第一历史档案馆藏：《奏为议决改用阳历请旨颁布事》，档号：03-7593-001；《呈议改用阳历办法四条清单》，档号：03-7593-002）

十月十七日内阁奉旨，资政院奏议决改用阳历请旨颁布一折，著内阁妥速筹办。钦此。（中国第一历史档案馆编：《光绪宣统两朝上谕档》，第 37 册，第 333 页）

⑤ **杨度对于资政院之陈请书**

为陈请事。近者革命事起，全国响应，政府与武昌革命军各拥重兵，两不相下。无论孰胜孰败，皆必生民涂炭，财力困穷，决非可恃兵力以决胜负，必宜别有平和解决之方。度等为此，发起本会，建议两方停战，组织临时国民会议，解决君主、民主问题，以免全国战争之祸。现由本会决定，陈请贵院议决，具奏请旨，声明实行停战。一俟武昌承诺停战之后，即将赴鄂军队撤回，以示永远停止战争，不以兵力解决之诚意，并请旨召集临时国民会议，议决君主、民主问题，以期和平了结，实为全国之幸。为此陈请，即希照章议决施行，无任翘企之至！国事共济会君主立宪党杨度等，介绍议员范源濂、刘泽熙。(《致资政院陈请书》，1911 年 11 月 17 日，左玉河编：《中国近代思想家文库·杨度卷》，中国人民大学出版社 2015 年版，第 271 页)

⑥ 参考《资政院纪事》，《大公报》1911 年 11 月 23、24 日；《经纬报》1911 年 11 月 22 日。

1911 年 12 月 4 日第十五次会议

【内容提示】先是仓促通过一系列法律案的初读交付审查，后重点
讨论了山东谘议局续行召集议案和监督政府外债用途之议案，不
少议员表达了资政院承认政府借外债之不得已苦衷。

议事日表第十三号：

宣统三年十月十四日下午一点钟开议。

第一，遵章选举资政院副议长；

第二，《出版条例》法律案（政府提出）初读；

第三，《义务教育章程》法律案（政府提出）初读；

第四，《国家补助实业教育费章程》法律案（政府提出）初读；

第五，《保险规则》法律案（政府提出）初读；

第六，回复山东谘议局续行召集建议案（议员提出）会议；

第七，拟请内阁将借款收支数目每月开单交院存核建议案（议员提出）会议。

十四日下午三时四分钟始鸣铃开会。

议长李家驹到会，议员到会者七十三人。

由秘书官报告收受各件：

（一）收内阁咨文，系河南谘议局请拨款十万，已经度支部允准照数拨给；

（二）收度支部答复议员王季烈质问说帖件，其大致谓度支部核捐处之款，已于去年奏明归公，部员中并无要求瓜分之举；

（三）收吉林巡抚电一件；

（四）收内阁答复议员王耀南等质问陕西省拨款一百万，度支部已否照准说帖一件；

（五）议员陈命官等请内阁对于此次借款每月抄将收支数交院核查建议案一件；

（六）收议员王季烈质问度支部有统一国库之权，何以于邮传部收入款项未及清理说帖一件。

报告毕。

议长：诸君对于借款条文尚有无讨论？

众无所讨论。

全体起立，付表决。

多数，表决通过。[①]

议长：现在开议。

毓议员善：按议事日表第一系选举副议长，今日议员到会人数太少，可否从缓选举？

众皆赞成。

议长：按议事日表第二系《出版条例》法律案，请特派员出席说明大体。

特派员顾鳌：条文中已有说明，无须再说。

议长：诸君对于《出版条例》法律案有无讨论？

众无所讨论，遂付审查。

议长：按议事日表第三系《义务教育章程》法律案，请特派员出席说明。

学部特派员说明之。

议长：诸君有无讨论？

众议员：请付审查，无所讨论。

议长：按议事日表第四，系《国家补助实业教育费章程》法律案，请特派员出席说明。

特派员：章程逐条已具有说明，无须赘说。

议长：付审查时讨论。

议长：按议事日表第五系《保险规则》法律案，当由农工商部特派员徐鼎元说明大体。

众皆无所讨论，遂付审查。

议长：按议事日表第六系回复山东谘议局续行召集建议案，此案系蒋议员鸿斌提出，请蒋议员报告。

蒋议员鸿斌（起立）：山东前次宣告独立，系出自谘议局议员及学界中人之主张，但既经取消独立，自应另行召集，得仍用前之议员组织谘议局，所有赞成独立之议员宜一律除名。

王议员季烈：不必如此过激。若将赞成独立之议员一概除名，殊非安人心之道。况孙抚亦系宣告独立之人，朝廷尚仍旧委以山东巡抚之任，谘议局议员又何必除名，为此过激之举，恐生变故？

陈议员懋鼎：本员赞成王议员季烈之言。

蒋议员鸿斌：若辈既为赞成独立之人，即非大清帝国之人。若不除名，使伊等仍揽山东重权，本员实不能赞成。

陈议员懋鼎：俟大局稍定，此时似不可操之过激。

蒋议员鸿斌：山东宣告独立之时，谘议局议员非仅一二人主张，乃全体所主张。若辈宣告独立，实为藐视朝廷，本员诚期期以为不可。

毓议员善：文字不妨稍为修正。

王议员季烈：本员主张将"所有赞成独立之议员除名外"一句删去。

陈议员瀛洲：还应删去"谓不可操过激恐生他变"一句。

议长：赞成删去者请起立。

同时起立者有三十七人。

议长：多数。

议长：按议事日表第七系拟请内阁将借款收支数目每月开单交院存核建议案，请陈议员命官予以说明。

陈议员命官：资政院此次承认借款，实出万不得已。资政院若不严行监督借款用途，未免愧对全国人民。总使款无虚耗，第一要紧。

林议员炳章：本员提出修正案，其大致要求为：内阁每月将收支确数编登官报，并请速设审计院，速编《审计院法》《会计法》等。

陈议员懋鼎：此次承认借款，我辈皆具有不得已之苦衷。自应就此借款之范围内，要求政府随时报告收支确数，以凭查核。

刘议员述尧：此次借款，用途实多，自应按月交院存核，但各省已解之款如何动用，亦应严行稽查。

陈议员懋鼎：此次借款，系特别会计，自与一般预算有别。

议长命秘书官将林议员炳章修正案朗读一遍。

议员皆起立赞成，遂通过。

时已五钟，议长即宣告散会。

学部大臣唐景崇出席，各部特派员出席者十余人，以学部、度支部者为最多。外交官五六人，普通旁听席三四人，新闻记者十余人。②

注释

① 十月初九日午后，资政院开秘密会议讨论度支部提出向德、法、比借款案。《大公报》载："初九日资政院午后开会，议员到会者闻有九十余人，国务大臣及政府特派员出席者甚多。闻系关于借债事件，首由度支大臣绍英说明主旨，大致谓此项借债出于万不得已，政府苟有可筹之方法，绝不为此，总望诸君赞成云云。退席后，复由王季烈、陈命官等相继演说，闻王议员颇表赞同之意。"（"资政院会议借款事宜"，《大公报》1911 年 12 月 1 日）又载："资政院于初九日下午为政府提出急借外债议案召集会议，京中纷传，多谓当日已经通过。兹经详细调查，是日钦选议员占多数之赞成，后因预订条约及抵押财政并借款数目均有不符，应即更正，随议交审查股分别迅速审查，再开会议，方能取决。外间所传多不可信。"（《资政院会议借债之续闻》，《大公报》1911 年 12 月 2 日）

② 参考《资政院纪事》，《大公报》1911 年 12 月 9 日。

1912 年 1 月 5 日第十六次会议

【内容提示】此为资政院最后一次大会，讨论的是亲贵捐输以助朝
廷军饷，进而讨论了南北和战问题。此时清王朝大厦将倾，讨论
无结果而散。

宣统三年十一月十七日午后四时始鸣铃开会。

到会者议员七十三人。

由秘书官报告收受文件：

一、景议员安请即行开战；

二、高议员凌霄请满汉通婚，由今上皇帝提倡；

三、康议员咏请将召集临时国会收回成命；[①]

四、爱子俊、奎俊等建议宣布革军罪状，取消国民会议并即行进攻
之陈请书；

五、内阁咨送改用阳历及山东善后文件。

报告毕，遂开议。

议长：议案第一《集会结社章程》，各议员有无讨论？

众无讨论。

议长：请表决。

众起立，多数。

议长：议案第二《承发吏职务章程》，各议员有无讨论？

众无讨论。

议长：请表决。

众起立，多数。

议长：议案第三募集短期公债，先由王议员季烈说明此案主旨。

毓议员善：此公债重在实行，愈速愈好！资政院既开会甚难，此案

不必再付审查，即就今日议场修正通过。

众赞成。②

喻议员长霖：本院原有筹款之责任，既决定募集短期公债，议员等须首先提倡，即捐输公费购买此项公债，以示提倡。

康议员咏：即由议员自行认定数目，自公费中扣除。

王议员季烈略为修正，遂表决通过。

议长：长议员福及高议员凌霄皆提出募集短期公债具奏案，由高议员凌霄说明主旨。

高议员凌霄：此次变乱，全国糜烂。推原祸始，实为亲贵大臣卖官鬻爵，误国殃民所致。今日财政困难，外债既不能借，各省解款亦不来。欲筹款，惟在北京而已，而北京亦惟向亲贵筹之而已。故贵族亟应毁家纾难，以救国家。募集短期公债即系此意。近闻有亲贵竟携资逃于外国者，尤宜令其输纳巨款。

吴议员炜炳：请加入"令各亲贵以个人名义向外国银行商借"一语。

许议员鼎霖：但令其设法筹款而已，若强迫其向外国银行借贷，恐办不到。

众赞成，遂将原案表决通过，即行咨送至度支部。

议长：议案第四颁内帑接济妇孺救济会，诸君有无讨论？

崇议员芳：今日内帑已无多，请将此案暂缓。

众赞成。

议长：现议爱子俊、奎俊等之陈请书。大旨共有三条：一、宣布革军罪状；二、取消国民会议；三、即行进攻。

陈议员命官：今日尚未决裂，此案请缓议。

毓议员善：不可待至决裂。陈请股既认为合例可采，万不能不议。

陈议员命官：既未决裂而先自取消，上谕实不足以取信天下。

康议员咏：革军既违约开战，则召集国会之谕旨即当然取消。

毓议员善：停战期限已满，提出此案，并无不合。

王议员季烈：今日是否尚在停战期中？

议长：又有续议停战五日之说。

　　王议员季烈：如此，可建议内阁将召集国会事宜通电革军，限五日答复。若五日内仍无回电，不得再议停战。如此，则与内阁行动可免两歧。

　　劳议员乃宣：此案具奏时，即在五天以后。一到十七日，期限即满矣。

　　许议员鼎霖：停战期限又延长五日，并无其事。此五日之期限，乃革军之要求退兵而言，并未续议停战，不可误会。内阁已电致上海，坚持在北京开国会，至今尚无回电。余即此次议和之人，在上海几将肚皮气破。彼极自诩为文明，而余等到会场时，即不许余等发言，只许唐大臣一人开口。而唐大臣每日接到匿名书信不下数十，适皆系恫吓之言词，致唐亦不敢开口。如此议和，可谓之送礼而已。而黄兴对于国会要求五条，不另行选举，即就地求材，在上海开会。此等专制手段，尚何和议可言？故本员等先期回京，曾在上海登报声明，不敢与闻此等极端专制之议和云，遂归。至今彼等仍力持其主义，但彼等选举大总统时，只有十七人投票，黄兴得一票，孙文得十六票，遂当选。以中国之大、共和之美、大总统之重，仅由十七人选举，天下人民，其孰信之？况今日南省糜烂不堪，生灵涂炭，共和之结局若此，人民孰肯从之？本院今先不必着急，袁内阁既坚持到底，将来自有办法。俟外而各国，内而国民，均不承认其共和时，则彼等将自生反悔，或可和平了结。故开战之意不可发之自我，此案仍以作建议案为是。

　　众鼓掌赞成，遂散会。③

注释

① 资政院议员康咏提议请销临时议会具奏案

　　奏为临时议会恐贻后患应请收回成命恭折仰祈圣鉴事。本月初九日钦奉皇太后懿旨……钦此。臣等伏读之下，悚惶莫名。此中利弊，有不能不渎陈者。自武汉乱起，朝廷决计与民更始，乃亲贵退矣，而彼不服；党人赦矣，而彼不服；信条颁矣，而彼不服；新内阁成矣，而彼仍不服。推其作乱之心，断非和平所能解决。兹以君主、民主问题，取决议会。倘赞成君主者多，而彼仍负固不屈，又将何以处之？若赞成民主者多数，在皇上公天下之心，原无所爱惜，而蒙、藏、东三省必先离异，则战争不能已。直隶、山东、河南等省设有起义师以勤王者，则战事又不能已。夫议会之开，原以息今日之争，而适以酿异日之祸。朝廷以退让之故，反使全国糜烂不可收拾，我皇上岂忍出此？窃谓今日之事，即彼党势穷来归，遇有磋商之处，亦必先承认君主立宪，方可开议，断不可以议会而取决重大问题也。抑臣更有进者，皇太后未临朝听政，懿旨之颁，徒贻口实。伏考君主立宪通例，不以命令变更法律。兹涉及君主、民主，非特有关法律，亦恐有碍信条。今者彼党猖獗，势已决裂，此事原无效力，然恐异日仍有以此为言者，则后患不堪设想。臣院有见于此，谨会议多数取决，合词吁请，收回成命，伏乞皇上圣鉴。谨奏。(《要件》,《大公报》1912年1月9日)

② **内阁奏募集爱国公债办法业经资政院修正议决请旨施行缮单呈览折**

　　奏为募集爱国公债办法业经资政院修正议决请旨施行恭折会陈仰祈圣鉴事。窃度支部于本年九月初九日具奏募集公债及发行钞票办法请旨饬交资政院提议一折，奉旨依议，钦此。当经刷印原奏清单咨院钦遵办理。兹准该院将议决章程议案咨送到阁，原咨内称"发行宣统宝钞一案，多数议员均不赞成，业由前任度支大臣当场声明撤回其募集爱国公债一案，经付股员会审查修正，并由度支部特派员莅会，协议修正，复于本月初九日开会，公同议决，全体赞成，相应将《爱国公债章程》议决案另册缮明，咨阁查照"等语，臣等查此项爱国公债办法，既经资政院审查修正开会议决，自应请旨颁布施行。方今时局阽危，财源匮竭，朝廷不忍重加吾民担负，迭颁巨帑，以济要需。凡内外臣工，均应激发忠忱，出禄糈之有余，佐库储之不足。各竭涓尘之力，仰分宵旰之忧。至王公世爵，受恩深重，倘能于派购数目之外尽力认购，尤足为官吏士民之倡。谨将修正《爱国公债章程》十四条缮具清单，恭呈御览。如蒙俞允，拟请以宣统三年十一月初一日为实行之期，即由度支部另订施行细则及奖励处分规则，咨送内阁核定后，咨行各衙门遵照办理。所有爱国公债请旨施行缘由，理合恭折会陈，伏乞皇上圣鉴。谨奏。(《要折》,《大公报》1911年12月19日)

　　十月二十四日奉旨，内阁奏募集爱国公债办法业经资政院修正议决请旨施行缮单呈览一折，著依议。钦此。(中国第一历史档案馆编:《光绪宣统两朝上谕档》,第37册，第343页)

③ 参考《资政院纪事》,《大公报》1912年1月6日。

附录二 朝廷《改订资政院章程》

（中国第一历史档案馆藏军机处全宗，
档号：03-9302-014）

第一章 总纲

第一条 资政院钦遵谕旨，以取决公论，预立上下议院基础为宗旨。

第二条 资政院总裁一人，总理全院事务，以王公大臣著有勋劳通达治体者，由特旨简充。

第三条 资政院副总裁一人，佐理全院事务，以三品以上大员著有才望学识者，由特旨简充。

第四条 资政院议员以钦选及互选之法定之。

第五条 资政院议员于院中应有之权，一律同等，无所轩轾。

第六条 资政院会议期分为二种：一常年会，一临时会。常年会每年一次，会期以三个月为率。临时会无定次，会期以一个月为率。

第七条 资政院开会、闭会，均明降谕旨，刊布官报。

第八条 资政院开会之日，恭请圣驾临幸，或由特旨派遣亲贵大臣恭代行开会礼，宣读开会谕旨。

第二章 议员

第九条 资政院议员由下列各项人员年满三十岁以上者选充：

一、宗室王公世爵；

二、满汉世爵；

三、外藩（蒙、藏、回）王公世爵；

四、宗室觉罗；

五、各部院衙门官以四品以下七品以上者，但审判官、检察官及巡警官不在其列；

六、硕学通儒；

七、纳税多额者；

八、各省谘议局议员。

第十条　资政院议员定额如下：

一、由宗室王公世爵充者，以十六人为定额；

二、由满汉世爵充者，以十二人为定额；

三、由外藩王公世爵充者，以十四人为定额；

四、由宗室觉罗充者，以六人为定额；

五、由各部院衙门官充者，以三十二人为定额；

六、由硕学通儒充者，以十人为定额；

七、由纳税多额充者，以十人为定额；

八、由各省谘议局议员充者，以一百人为定额。

第十一条　资政院议员钦选、互选之别如下：

一、宗室王公世爵、满汉世爵、外藩王公世爵、宗室觉罗、各部院衙门官、硕学通儒及纳税多额者钦选；

二、各省谘议局议员互选，互选后，由该省督抚复加选定，咨送资政院。

第十二条　资政院议员钦选及互选详细办法，照另定选举章程办理。

第十三条　资政院议员以三年为任期，任满一律改选。

第三章　职掌

第十四条　资政院应行议决事件如下：

一、国家岁出入预算事件；

二、国家岁出入决算事件；

三、税法及公债事件；

四、法律及修改法律事件，但宪法不在此限；

五、其余奉特旨交议事件。

第十五条　前条所列第一至第四各款议案，应由国务大臣拟定具奏请旨，于开会时交议。但第三款及第四款所列事件，资政院亦得自行草具议案。

第十六条　资政院于第十四条所列事件议决后，由总裁、副总裁咨会国务大臣具奏，请旨裁夺。

第四章　资政院与行政衙门之关系

第十七条　资政院议决事件，若国务大臣不以为然，得声叙原委事由，咨送资政院复议。

第十八条　资政院于国务大臣咨送复议事件，若仍执前议，应由资政院总裁、副总裁及国务大臣分别具奏，各陈所见，恭候圣裁。

第十九条　资政院会议时，国务大臣得亲临会所，或派员到会，陈述所见，但不列议决之数。

第二十条　资政院于各行政衙门行政事件，如有疑问，得由总裁、副总裁咨请答复。若国务大臣认为必当秘密者，应将大致缘由声明。

第二十一条　国务大臣如有侵夺资政院权限或违背法律等事，得由总裁、副总裁据实奏陈，请旨裁夺。前项奏陈事件，非有到会议员三分之二以上之同意，不得议决。

第五章　资政院与各省谘议局之关系

第二十二条　资政院于各省政治得失、人民利病有所咨询，得由总裁、副总裁札行该省谘议局申复。

第二十三条　各省谘议局与督抚异议事件，或此省与彼省之谘议局互相争议事件，均由资政院复议，议决后，由总裁、副总裁具奏，请旨裁夺。前项复议事件关涉某省者，该省谘议局所选出之议员不得与议。

第二十四条 各省谘议局如因本省督抚有侵夺权限或违背法律等事，得呈由资政院复办。前项复办事件，若审查属实，照第二十一条办理。

第六章 资政院与人民之关系

第二十五条 各省人民于关系全国利害事件有所陈请，得拟具说帖，并取具同乡议员保结，送呈资政院复办。

第二十六条 前条陈请事件，应先由议长交该管各股议员审查，如无违例不敬之语，方准收受。其经审查后批驳者，在本会期内不得再行投递，或另向他处投递。

第二十七条 资政院于人民陈请事件，若该管各股议员多数认为合例可采者，得将该件提议，作为议案。其关于行政事宜者，应咨送各该衙门办理。

第二十八条 资政院不得向人民发贴告示或传唤人民。

第二十九条 资政院于民刑诉讼事件概不受理。

第七章 会议

第三十条 资政院会议时，由总裁为议长，副总裁为副议长。议长有事故时，由副议长代理。

第三十一条 资政院常年会，自九月初一日起，至十二月初一日止，其有必须接续会议之事，得延长会议一个月以内。

第三十二条 资政院临时会，于常年会期以外，遇有紧要事件，由行政各衙门或总裁、副总裁之协议，或议员过半数之陈请，均得奏明，恭候特旨召集遵行。

第三十三条 资政院议员于召集后，应以抽签法分为若干股，每股由议员互推一人为股长。

第三十四条　资政院会议非有议员三分之二以上到会，不得开议。

第三十五条　资政院会议以到会议员过半数之所决为准，若可否同数，则取决于议长。

第三十六条　资政院自行提议事件，非有议员三十人以上之同意，不得作为议案。

第三十七条　资政院于预算、法典及其余重要议案，应先由议长交该管各股议员调查明确，方得开议。

第三十八条　资政院会议应由总裁、副总裁先期将议事日表通知各议员，并咨送行政衙门查照。

第三十九条　资政院议员于议案有关系本身或其亲属及一切职官，例应回避者，该员不得与议。

第四十条　资政院议员如原有专折奏事之权者，于本院现行开议之事，不得陈奏。

第四十一条　资政院议员除现行犯罪外，于会期内非得本院承诺，不得逮捕。

第四十二条　资政院议员于本院议事范围内所发言论，不受院外之诘责。其以所发言论在外自行刊布者，如有违犯，仍照各本律办理。

第四十三条　资政院会议不禁旁听，其有下列事由，经议院公认者，不在此限：

　　一、行政衙门咨请禁止者；

　　二、总裁、副总裁同意禁止者；

　　三、议员三十人以上提议禁止者。

第四十四条　资政院《议事细则》《分股办事细则》及《旁听规则》另行厘定。

第八章　纪律

第四十五条　资政院议场内应分设守卫警官及巡官、巡警，听候议长指挥，其员额及守卫章程另行厘定。

第四十六条 资政院议员于会议时有违背《院章》及《议事规则》者，议长得止其发议，违者得令退出。旁听人有不守规则者，议长得令退出。其因而紊乱议场秩序，致不能会议者，议长得令暂时停议。

第四十七条 资政院议员有屡违《院章》或语言行止谬妄者，停止到会，情节严重者除名。

第四十八条 资政院议员无故不赴召集，或赴召集后无故不到会延至十日以上者，均除名。

第四十九条 资政院议员有以本院之名义干预他事者，停止到会，其情节重者除名。

第五十条 资政院议员停止到会，以十日为限，由总裁、副总裁同意行之；除名，以到会议员三分之二以上议决行之。

第五十一条 资政院议员有应行除名者，如系钦选人员，应由总裁、副总裁奏明，请旨办理。

第五十二条 资政院有下列情事，得由特旨谕令停会：

一、议事逾越权限者；

二、所决事件违背法律者；

三、所议事件与行政衙门意见不合尚待协商者；

四、议员在议场有狂暴举乱，议长不能处理者。

停会之期以十五日为限。

第五十三条 资政院有下列情事，得由特旨谕令解散，重行选举，于五个月内召集开会：

一、所决事件有轻蔑朝廷情形者；

二、所决事件妨碍国家治安者；

三、不遵停会之命令，或屡经停会仍不悛改者；

四、议员多数不应召集，屡经督促仍不到会者。

第九章 秘书厅官制

第五十四条 资政院设秘书厅，掌本院文牍、会计、记载议事录及一切庶务。

第五十五条 资政院秘书厅设秘书长一人，秩正四品，由总裁、副总裁遴保相当人员，请旨简放。

第五十六条 资政院秘书厅设一、二、三等秘书官各四人，一等秩正五品，二等秩正六品，三等秩正七品，由总裁、副总裁遴员奏补。

第五十七条 资政院秘书厅附设图书室一所，掌收藏一切书籍等事。图书室设管理员一人，即以秘书官兼充。

第五十八条 秘书厅秘书长承总裁、副总裁之命，监督本厅一切事宜。

第五十九条 秘书官承秘书长之命，分掌各科事务。

第六十条 秘书厅分为四科如下：

　　一、机要科；

　　二、议事科；

　　三、速记科；

　　四、庶务科。

第六十一条 秘书厅应设书记及速记生等员额，由秘书长酌量事务繁简，禀承总裁、副总裁酌定。

第六十二条 《秘书厅办事细则》由秘书长拟定，呈候总裁、副总裁核定施行。

第十章　经费

第六十三条 资政院经费，其款目如下：

　　一、总裁、副总裁公费；

　　二、议员公费及旅费；

　　三、秘书厅经费及守卫经费；

　　四、杂费及预备费。

第六十四条 前条所列各款经费数目，另行奏定。

第六十五条 资政院经费由度支部每年归入预算，按数支拨。

附　条

第一条　本章程奏准奉旨后，以宣统元年九月初一日起为施行之期。

第二条　本章程未尽事宜，由总裁、副总裁会同军机大臣奏明办理。

附录三 资政院协赞通过的
《资政院章程》

（中国第一历史档案馆藏军机处全宗，
档号：03-9303-030）

第一章 总纲

第一条 资政院钦遵谕旨，以取决公论，预立上下议院基础为宗旨。

第二条 资政院议长一人，总理全院事务，以王公大臣著有勋劳通达治
体者由特旨简充。

第三条 资政院副议长一人，佐理全院事务，由本院议员中投票选举奏
请特旨简充。

第四条 资政院议员以钦选及互选之法定之。

第五条 资政院议员于院中应有之权，一律同等，无所轩轾。

第六条 常年会每年一次会期，以五个月为率。如有必须接续会议之
事，得延长会期二个月以内。

第七条 资政院开会闭会，均明降谕旨，刊布官报。

第八条 资政院开会之日，恭请圣驾临幸，或由特旨派遣亲贵大臣恭代
行开会礼，宣读开会谕旨。

第二章 议员

第九条 资政院议员由下列各项人员年满三十岁以上者选充：

一、宗室王公世爵；

二、满汉世爵；

三、外藩（蒙、藏、回）王公世爵；

四、宗室觉罗；

五、各部院衙门官，四品以下七品以上者，但审判官、检察官及巡警官不在其列；

六、硕学通儒；

七、纳税多额者；

八、各省谘议局议员。

第十条　资政院议员定额如下：

一、由宗室王公世爵充者，以六人为定额；

二、由满汉世爵充者，以十二人为定额；

三、由外藩王公世爵充者，以十四人为定额；

四、由宗室觉罗充者，以六人为定额；

五、由各部院衙门官充者，以三十二人为定额；

六、由硕学通儒充者，以十人为定额；

七、由纳税多额充者，以十人为定额；

八、由各省谘议局议员充者，以一百人为定额。

第十一条　资政院议员，钦选、互选之别如下：

一、宗室王公世爵、满汉世爵、外藩王公世爵、宗室觉罗、各部院衙门官、硕学通儒及纳税多额者，钦选；

二、各省谘议局议员互选，互选后，由该省督抚复加选定，咨送资政院。

第十二条　资政院议员钦选及互选详细办法，照另定选举章程办理。

第三章　职掌

第十三条　资政院应行议决事件如下：

一、国家岁出入预算事件；

二、国家岁出入决算事件；

三、税法及公债事件；

四、法律及修改法律事件；

五、其余按照宪法信条所列资政院适用事件。

第十四条　前条所列第一至第四各款议案，应由国务大臣拟具议案，于开会时咨交会议。除第一、第二款所列事件外，资政院得自行草具议案。

第十五条　资政院于第十三条所列事件议决后，由议长咨会国务大臣具奏，请旨颁布。

第四章　资政院与行政衙门之关系

第十六条　资政院会议时，国务大臣得亲临会所，或派员到会陈述所见，但不列议决之数。

第十七条　资政院于各行政衙门行政事件，如有疑问，得由议长咨请答复。若国务大臣认为必当秘密者，应将大致缘由声明。

第十八条　国务大臣如有侵夺资政院权限或违背法律等事，经资政院议决弹劾，由议长据实奏陈，请旨裁夺。非解散资政院，即令国务大臣辞职。前项奏陈事件，非有到会议员三分之二以上之同意，不得议决。

第五章　资政院与各省谘议局之关系

第十九条　资政院于各省政治得失、人民利病有所咨询，得由议长札行该省谘议局答复。

第二十条　各省谘议局与各省行政长官异议事件，或此省与彼省之谘议局互相争议事件，均由资政院核议，议决后由议长咨会内阁总理大臣，行令该省遵办。

第六章 资政院与人民之关系

第二十一条 各省人民于关系全国利害事件有所陈请，得拟具说帖，并取具同乡议员保结，呈送资政院核办。

第二十二条 前条陈请事件，应先由议长交该管各股议员，如审查无违例不敬之语，方准收受。其经审查后批驳者，在本会期内不得再行投递或另向他处投递。

第二十三条 资政院于人民陈请事件，若该管各股议员多数认为合例可采者，得将该件提议作为议案。其关于政行事宜者应咨送内阁核办。

第二十四条 资政院不得向人民发贴告示或传唤人民。

第二十五条 资政院于民刑诉讼事件概不受理，陈请事件如有涉及诉讼者不准收受。

第七章 会议

第二十六条 资政院会议时，由议长主席；议长有事故时，由副议长代理。

第二十七条 资政院议员于召集后，应以抽签法分为若干股，每股由议员互推一人为股长。

第二十八条 资政院会议非有议员过半数到会，不得开议。

第二十九条 资政院会议以到会议员过半数之所决为准，若可否同数，则取决于议长。

第三十条 资政院自行提议事件，非有议员三十人以上之同意，不得作为议案。

第三十一条 资政院于预算、法律及其余重要议案，应先由议长交该管各股议员调查明确，方得开议。

第三十二条 资政院会议应由议长先期将议事日表通知各议员，并咨送行政衙门查照。议事日表以政府交议事件列前，其因紧急事件须改定议事日表者，由议长咨询本院决定之。

第三十三条　资政院议员于议案有关系本身或其亲属及一切职官，例需回避者，该员不得与议，应于会议之时退出议场。

第三十四条　资政院议员如原有专折奏事之权者，于本院现行开议之事，不得陈奏。

第三十五条　资政院议员除现行犯罪外，于会期内非得本院承诺，不得逮捕。

第三十六条　资政院议员于本院议事范围内所发言论，不受院外之诘责。其以所发言论在外自行刊布者，如有违犯，仍照各本律办理。

第三十七条　资政院会议不禁旁听，其有下列事由，经议员公认者，不在此限。

　　一、行政衙门咨请禁止者；

　　二、议长、副议长同意禁止者；

　　三、议员三十人以上提议禁止者。

第三十八条　《资政院议事细则》《分股办事细则》及《旁听规则》另行厘定。

第八章　纪律

第三十九条　资政院议场内应分设守卫警官及巡官、巡警，听候议长指挥，其员额及守卫章程另行厘定。

第四十条　资政院议员于会议时有违背《院章》及《议事规则》者，议长得止其发议，违者得令退出。旁听人有不守规则者，议长得令退出。其因而紊乱议场秩序，致不能会议者，议长得令暂时停议。

第四十一条　资政院议员有屡违《院章》或语言行止谬妄者，停止到会，其情节重者除名。

第四十二条　资政院议员无故不应召集，或赴召集后无故不到会延至十日以上者，均除名。

第四十三条　资政院议员有以本院之名义干预他事者，停止到会，其情节重者除名。

第四十四条　资政院议员停止到会以十日为限，由议长、副议长同意行之；除名，以到会议员三分之二以上决议行之。

第四十五条　资政院议员有应行除名者，如系钦选人员，应由议长奏明，请旨办理。

第四十六条　资政院有下列情事，得由特旨谕令停会：

一、议事逾越权限者；

二、所决事件违背法律者；

三、议员在议场有狂暴举动，议长不能处理者。

停会之期以十五日为限。

第四十七条　资政院有下列情事，得由特旨谕令解散，重行选举，于五个月以内召集开会，但一次内阁对于资政院不得为两次之解散。

一、所决事件有侵犯皇帝者；

二、所决事件有违背君主立宪主义者；

三、所决事件有违背宪法信条者；

四、所决事件有妨害国家治安者；

五、不遵停会之命令，或屡经停会仍不悛改者；

六、议员多数不应召集，屡经督促仍不到会者。

第九章　秘书厅官制

第四十八条　资政院设秘书厅，掌本院文牍会计记载议事录及一切庶务。

第四十九条　资政院秘书厅设秘书长一人，由议长遴保相当人员，咨会内阁，请旨简放。

第五十条　资政院秘书厅设一、二、三等秘书官各四人，由议长遴员，咨会内阁奏补。

第五十一条　资政院秘书厅附设图书室一所，掌收藏一切书籍之事。图书室设管理员一人，即以秘书官兼充。

第五十二条　秘书厅秘书长承议长之命，监督本厅一切事宜。

第五十三条　秘书官承秘书长之命，分掌各科事务。

第五十四条　秘书厅分为四科如下：

一、机要科；

二、议事科；

三、速记科；

四、庶务科。

第五十五条　秘书厅应设书记及速记生等员额，由秘书长酌量事务繁简，禀承议长酌定。

第五十六条　《秘书厅办事细则》由秘书长拟订，呈候议长核定施行。

第十章　经费

第五十七条　资政院经费，其款目如下：

一、议长、副议长公费；

二、议员公费及旅费；

三、秘书厅经费及守卫经费；

四、杂费及预备费。

第五十八条　资政院经费由度支部每年归入预算，按数支拨。

附　条

本章程以奏准奉旨之日起为施行之期。

附录四 资政院议员简介

说明：议员小传之顺序按照议员姓氏之拼音顺序排列，以利查找。本简介所参考引用的资料，除了参考书目所列之外，还有诸多地方志书，限于篇幅，不再一一列举，谨此说明。本来钦选、民选议员各100人，但实际上新疆2人未选，钦选议员也缓派2人，且沈家本先作为硕学通儒议员进入资政院，后来成为副议长也没有补选，故钦选议员实际为97人。合钦选、民选，资政院实有普通议员195人。另外，还有些议员因职务变动、患病等原因辞去资政院议员，另有递补者多人。

巴郡王

外藩王公世爵议员。即巴勒珠尔拉布坦，1887—?，乾清门行走，青海霍硕特札萨克多罗郡王。任资政院议员座位号为23，于常年会未有发言记录。

绷贝子

外藩王公世爵议员。即绷楚克车林，1867—1937，为博尔济吉特氏，蒙古喀尔喀土谢图汗部中旗人，外藩蒙古喀尔喀土谢图汗部中旗札萨克固山贝子，那穆济勒端多布的长子。1884年袭爵，1899—1911年任库伦办事大臣，1911年外蒙古独立后曾任内务部衙门副内务长，晋亲王衔。1919年外蒙古撤销自治回归中华民国后，绷楚克车林改汉名彭格忱，字丹初，与希尔宁达木定同赴北京报聘。1937年死于外蒙古大整肃。著有《库伦奏议》。未参加常年会，故未有发言记录。

博公

外藩王公世爵议员。即博迪苏，1871—1914，博尔济吉特氏，蒙古族，为哲里木盟科尔沁左翼后旗札萨克博多勒噶台亲王伯彦讷谟祜之子。1891 年封辅国公，1899 年任正黄旗汉军都统，1902 年署正白旗蒙古都统，寻署正红旗汉军都统，1903 年管理虎枪营，授阅兵大臣，命在御前大臣上学习行走，寻命为御前大臣，1906 年衔命赴库伦规劝十三世达赖返回西藏，署镶蓝旗满洲都统，1907 年任正白旗领侍卫内大臣，并由正蓝旗蒙古都统调任镶蓝旗满洲都统，1908 年赏贝子衔，1911 年兼署正红旗满洲都统。1912 年 4 月，任北京临时参议院议员，寻晋贝子、总统顾问。著有《朔漠纪程》一书。任资政院议员座位号为 25，于第一次常年会共发言 3 次。

曹元忠

各部院衙门官议员。1866—1923，字夔一，号君直，晚号凌波居士，江苏吴县人。1884 年补博士弟子，督学瑞安；1894 年中举，曾参与康有为公车上书，屡应进士试和经济特科试，皆不遇；1905 年充玉牒馆汉校对官、学部图书馆纂修；1907 年补内阁侍读；1908 年任礼学馆大清通礼纂修；1909 年充实录馆详校官，并署侍读。入民国后拒绝出仕，以遗老终身，注心力于经学研究，为古文经学家、藏书家，在古文献研究方面有较深造诣。工诗，为晚清西昆派代表作家之一。著有《司马法古注礼议稿》《笺经室遗集》等。任资政院议员座位号为 76，于第一次常年会共发言 4 次。

长福

各部院衙门官议员。1871—1923，字寿卿，正黄旗人，清朝廷宗室，1901 年官费留日，毕业于日本警察学校。留学期间积极参与立宪运动，并正式加入政闻社，是宗室里很具新思潮的人物。历充工巡局委员、总理衙门章京记名，改官外务部主事、驻日本神户兼管大阪正领事官，调补外务部郎中。入民国后任外交部佥事、政务司界务科科长，后居日本，死于 1923 年（大正十二年）8 月 31 日关东大地震。任资政院议员座位号为 75，于第一次常年会共发言 18 次。

陈宝琛

硕学通儒议员。1848—1935，字伯潜，号弢庵，福建闽县人，早年受学于徐寿蘅，1868 年中进士，改翰林院庶吉士，散馆授编修，

1880 年因清流名声充武英殿提调，1881 年授翰林院侍讲学士，纂修
《穆宗本纪》。1882 年授江西学政，重修白鹿洞书院。翌年，以校《穆
宗毅皇帝圣训》奉旨议叙，授内阁学士兼礼部侍郎。中法战争擢会办南
洋事宜，因兵败及举荐唐炯等被谴，旋丁忧乡居，后主鳌峰书院，创
东文学堂、师范学堂、高等学堂，以为非兴学育才不足以应事变，积
极派学生赴日留学。1905 年出任福建铁路总办，先后到南洋等地向华
侨筹款，建成福建省第一段铁路。1909 年 3 月奉诏入京，总理礼学馆。
1910 年 4 月 11 日补授内阁学士兼礼部侍郎衔，后担任经筵讲官。在任
资政院议员期间，首发昭雪戊戌党人议，并奏请请旨褒奖。1911 年 6
月 18 日补授山西巡抚，7 月 10 日开缺，以侍郎候补，与陆润庠一起为
朝廷尊礼为帝师，教导幼年宣统读书，兼任弼德院顾问大臣、光绪实录
馆总裁。入民国后，隐居天津，为有名遗老，有《奏稿》《沧趣楼诗文
集》等行世。任资政院议员座位号为 82，于第一次常年会共发言 6 次。

陈澹然

1859—1930，字剑潭，安徽安庆人。家境贫寒，幼时从父读书，
聪慧异人，1893 年中举。后应会试不中。因上万言，极论富国强兵之
术，入湖南、江西学幕阅卷，搜集"湘军"史实，写成《江表忠略》，
因而与陈立三、陈衍、易鼎顺相识。资政院第二次常年会时被补为资政
院议员。入民国后，赵尔巽任清史馆总裁、桐城马其昶任总纂，马氏素
知其长于史学，尤精于南朝史迹，聘为分纂。每遇论事，意见多与人相
左，赵尔巽遂婉言辞退。在齐燮元主苏时任江苏通志局提调，修成《江
苏通志》。后又任安徽通志馆馆长、安徽大学中国通史教授。有《江表
忠略》《忠义纪闻录》《瘄言》《权制》《波兰泪史》等多种著作传世。

陈国瓒

民选议员。1863—1915，字玉斋，号幼琼，一号卣存，湖北蕲州
人，少负才名，倜傥拔俗，1888 年中举。在任湖北省谘议局议员期间，
曾提出《急筹裁汰吏役案》之提案。1911 年入帝国宪政实进会。入民
国后，回家隐居，以敬宗和族、培育人才为任。据张继煦《陈卣存先生
家传》云："既续修陈德户宗谱而董其成，重建祀先堂，行祫祭，开族

学，整理大四区小学，擘划经营，寒暑不少懈，胥观其成，为后世法。其身材适中，丰腴白皙，方面俊目，巨口修眉，掌若丹砂，见者悦服。既生于世家，少年腾达，声誉籍一时，亦颇自负，诗酒兴致，游遍江淮，断简零篇，往往为人所宝。著有《梦觉居士吟草》二卷。"任资政院议员座位号为 145，于第一次常年会共发言 1 次。

陈锦涛

1870—1939，字澜生，广东南海人。幼年入香港皇仁书院就读，毕业后留校任教。1898 年入天津北洋大学堂学习。1901 年入美国哥伦比亚大学数学系和社会学系读书，1902 年获理学硕士学位。1905 年入美国耶鲁大学研究政治经济学，获哲学博士学位。1906 年回国，参加清廷留学生考试，被授法政科进士，入翰林院为编修。后任广东视学、大清银行监察、印铸局副局长、统计局局长、大清银行副监督、学部一等咨议官等职。资政院第二次常年会期间被增补为资政院议员。入民国后继续供职于财政金融界，为著名的财经专家。历任财政总长、审计局局长、盐务署督办、代理外交部长等要职。1913 年底赴巴拿马运河博览会，后又以顾问身份，赴欧洲考察财政金融。1917 年曾因受贿案入狱，后被赦免。1920 年加入南方政府，任广东军政府财政部长、顾问，曾协助胡汉民整顿广东财政经济和币制。1925 年又回北方，出任财政部长兼盐务署督办。1930 年入清华大学法学院任经济学教授。1932 年春，任南京国民政府币制研究委员会主席。1938 年出任南京伪政府之财政部长兼兴华银行总裁，沦为汉奸。

陈敬第

民选议员。1876—1966，字叔通，浙江杭州人，进士。日本法政大学毕业，曾任翰林院编修、宪政调查局会办。入民国后曾任众议院议员、浙江都督府秘书长、大总统秘书，国务院秘书长、政事堂礼制馆编纂、《民国公报》主笔、上海中华书局编辑员、商务印书馆董事、浙江光业银行董事兼总经理办公室主任。1949 年出席中国人民政治协商会议第一届全体会议，任中央人民政府委员、中国人民保卫世界和平委员会副主席。任资政院议员座位号为 133，于第一次常年会共发言 21 次。

陈懋鼎

各部院衙门官议员。1869—1940，字徽宇，福建闽侯人，出身书香门第世家，陈宝琛之侄。1889 年中举人、次年中进士，历充内阁中书，宗人府主事，兵部主事，外务部主事、员外郎、郎中、右参议、左丞，弼德院参议，俄文学堂监督等。入民国后历任外交部参事兼署秘书长、金陵关监督兼江宁交涉员、国务院讨论会委员、参众两院政府特派员、文官高等惩戒委员会委员、文官高等甄别委员会委员、政治会议委员、第一届县知事试验主试委员、政事堂礼制馆编纂、山东济南道道尹、外交部厦门交涉员、外交部顾问等。1896 年与张元济等筹办通艺学堂。戊戌维新前后，与林旭往来频繁。戊戌政变后，调任总理衙门，开始了外交生涯。庚子国变后，随驻英大使张德彝前往伦敦就职任参赞 3 年，眼界大开，曾将《基督山伯爵》翻译成中文《岛雄记》。著有《槐楼诗钞》等。任资政院议员座位号为 48，于第一次常年会共发言 94 次。

陈命官

民选议员。1874—1945，字纪云，号壶公，山东蓬莱人，举人。留学日本，参加同盟会，回国后曾在烟台、青岛等地兴办新学堂，颇有人望。参加清廷举贡复试，于 1910 年 6 月 9 日获一等第一名，16 日御前随班引见，以主事分部学习。入民国后，历任南京国民临时政府参议院议员，山东省公署外交主任、胶济铁路机要课课长、铁道部专员等职。任资政院议员座位号为 154，于第一次常年会共发言 6 次。

陈荣昌

民选议员。1860—1935，字筱圃，号虚斋，又号铁人，云南昆明人。1883 年中进士，授翰林院编修，督学贵州，归主讲经正书院，赴日本考察教育，归国后任云南高等学堂总教习，1910 年 8 月 17 日补授山东提学使。入民国后曾担任云南都督府参赞、福建宣慰使等。工书法，善诗文，著有《虚斋诗集文集》《乙巳东游日记》等。在资政院第一次常年会期间因补授山东提学使而辞职，较少参加资政院议事。任资政院议员座位号为 191，于第一次常年会共发言 2 次。

陈善同

各部院衙门官议员。1875—1942，字雨人，河南信阳人，1903 年中进士，历任翰林院编修、大理院推事、新疆道监察御史等职。民初任参政院议员，1923 年任河南省河务局局长，1927 年任河南省省长。主编《豫河续志》、重修《信阳县志》。对治河很有心得，抗战期间坚决不受伪职。任资政院议员座位号为 61，于第一次常年会共发言 2 次。

陈树楷

民选议员。1870—？，字授珊，直隶大兴人，秀才，后经学政考选，入国子监为拔贡，日本法政大学毕业，帝国宪政实进会的发起人之一。1909 年当选为顺直谘议局议员。1911 年筹组宪政实进会。1912 年 1 月，与于邦华等赴各国使馆请求保全中国君主立宪，未果。入民国后，加入统一党为评议员，曾任直隶大名道尹、广西省内务司长等职。一生精研《易经》，著有《周易补注》等。任资政院议员座位号为 112，于第一次常年会共发言 145 次。

陈瀛洲

民选议员。1867—1923，字海峰，奉天铁岭人。举人，曾拣选知县。1909 年被选为奉天谘议局议员。1911 年加入宪政实进会。中华民国成立后为奉天临时省议会议员，1913 年被选为第一届国会参议院议员、约法会议议员、法制局调查员等。在资政院议员任内，积极参与国会请愿活动。任资政院议员座位号为 99，于第一次常年会共发言 24 次。

陈云诰

1877—1965，字紫纶，又字子纶、璜子，号蛰庐，直隶易州人。1904 年进士，入翰林院成庶吉士，散馆后授翰林院编修。1911 年在奕劻内阁以翰林院编修出任弼德院参议，于资政院第二次常年会期间补为议员。1944 年，他与潘龄皋、傅增湘在北京景山公园竖"甲申纪念碑"，弘扬民族精神。1951 年为中央文史研究馆馆员。他于书法、文史颇有造诣，尤擅书法。1956 年会同张伯驹、章士钊等建立中国书法研究社，任社长。其书法代表作主要有四川成都杜甫草堂楹联、北海公园三希堂匾额、景山公园明思宗殉国三百周年纪念碑等。

成善

宗室觉罗议员。生卒年不详，正白旗人，曾任高等小学堂正教员。任资政院议员座位号为44，于第一次常年会未见其发言记录。

程明超

1880—1947，字子端，笔名窭燕石，湖北黄州人。十岁中秀才，后入两湖书院。1902年由两湖书院选派到日本留学，入东京弘文书院学习日语及普通学科。毕业留校任讲友，与李书城等在日本创办《湖北学生界》杂志。1903年暑期回湖北，乡试中举。1905年入京都帝国大学法学部。1907年回国参加清廷留学生考试，被授法政科进士，入翰林院授编修。入宪政编查馆，任编制局副科员。1911年资政院第二次常年会递补为资政院硕学通儒议员。作为留日同学，曾负责吴禄贞丧事。入民国后历任临时参政院参政、平政院评事。1921年任两湖巡阅使公署机要处长。吴佩孚失败后退出政界，潜心书法。书法代表作有前后《赤壁赋》等。

崇芳

各部院衙门官议员。生卒年不详，满洲正黄旗人，光绪乙酉科顺天乡试拔贡。至1891年考中国子监满洲助教，同年补户部笔帖式。1898年中试戊戌科进士。1902年因留京办事，保奏以科甲堂主事尽先选用，1903年选授刑部汉档房堂主事。1907年署法部都事司员外郎，历任员外郎、律学馆提调。1909年协理律学馆第一次毕业考试，同年任协理辽沈道满监察御史，仍兼充律学馆提调。于1910年11月资政院第一次常年会第十七次会议上经补选奉派为资政院议员，补张缉光缺。在吉同钧的《新订现行刑律讲义》有其序、《审判要略》有其跋，为晚清律学家。任资政院议员座位号为55，于第一次常年会共发言12次。

存侯爵

满汉世爵议员。即存兴，生卒年不详，满洲镶黄旗人，二等侍卫，三等襄勇侯。任资政院议员座位号为36，于第一次常年会未见发言记录。

达公

外藩王公世爵议员。即达木党苏伦，1861—1915，札萨克河源都里雅诺尔盟札萨克镇国公，任职参赞。任资政院议员座位号为 26，因事请假，于第一次常年会未见发言记录。

达杭阿

民选议员。1868—？，黑龙江龙江府人，曾任蓝翎候选直隶州知州。任资政院议员座位号为 105，于第一次常年会未见发言记录。

德启

生卒年不详，正黄旗，宗室，1898 年袭一等侯。学堂毕业生，1911 年为学部二等书记官，在第二次常年会被增补为各部院衙门官议员。

定秀

宗室觉罗议员。1862—？，满洲镶红旗人，宗人府主事。任资政院议员座位号为 41，于第一次常年会共发言 1 次。

多郡王

外藩王公世爵议员。即多尔济帕拉穆，1871—1921，御前行走，外蒙车臣汗部盟长，克鲁伦巴尔城盟札萨克多罗郡王，入民国后曾担任查办库伦事件大臣。任资政院议员座位号为 17，于第一次常年会期间未见发言记录。

恩华

1872—1946，字咏春，又字韵村，号缄庵、适斋，江苏镇江驻防，蒙古镶红旗人，原姓巴鲁特，汉姓杨，官京口驻防。1902 年中举，1903 年中进士，分发吏部任主事，后留学日本法政大学。归国后历任学部总务司帮稿、江南三江师范学堂提调、学部员外郎、八旗学务处协理、变通旗制处提调、总务司司长、弼德院参议等。资政院第一次常年会时为学部特派员，次年第二次常年会被补为资政院议员。入民国后历任众议院议员、乌里雅苏台都护副使、蒙藏院副总裁、司法部《司法公报》处处长、司法部次长等，与蔡元培共创私立华北大学并任校长，著有《八旗艺文编目》等。

范彭龄

民选议员。1869—？，云南建水人，举人，曾与兄弟范嵩龄一起引进日本技术，在云南创办临安兴业公司，制造火柴。任资政院议员座位号为194，于资政院第一次常年会期间未见发言记录。

范源濂

1875—1927，字静生，湖南湘阴人。早年就学于长沙时务学堂，戊戌政变后东渡日本，先后入大同学校、东京高等师范学校、东京弘文学院速成师范科、法政大学法政科学习。1905年回国，任学部主事、参事厅参事，参与创办清华学堂，并在京师大学堂任教。资政院第一次常年会时为学部特派员，次年第二次常年会被补为资政院议员。入民国后，曾任北京政府教育次长、教育总长、中华书局总编辑等职。在教育总长任上，曾举荐蔡元培出任北京大学校长。1917年与黄炎培、蔡元培等发起创办中华职业教育社。后多次赴美考察教育事业。1919年与梁启超等发起组织尚志学社，邀美国学者杜威等来华讲学。1923年赴英与英政府商洽将庚子赔款用于教育事业。回国后，北京国立高等师范正式改为北京师范大学，为首任校长，提倡人格教育，旋因经费问题而辞职。后曾任中华教育文化基金委员会董事长、南开大学董事、北京图书馆代理馆长等。

方还

民选议员。1867—1932，原名张方中，字惟一，晚号蟏庵，江苏昆山人。因其幼失怙恃，入赘张家，袭姓张，中年后还复原姓，故改名方还。幼时勤奋好学，1886年中秀才，补廪贡生。后两次应乡试，不中，转而投身于新式教育。曾先后创办樾阁学校、西塘小学等；组织亭林学会，仿效明末复社，以讲学为名，呼吁推行地方政治改革。又于吴县、常熟等县成立苏府学会。1906年被推举为县教育会和商会会长，参与组织江苏教育总会和发起招股筹筑江苏铁路事宜，入预备立宪公会。1908年在玉山书院开设法政讲习所。1909年当选为江苏谘议局议员。受议长张謇之托，前往顺直谘议局联络，请派代表赴上海参加速开国会会议。1911年加入宪政实进会。昆山光复，出任民政长，主持县政。入民国后历任北京高等女子师范学校校长、南通女子师范学校校长、省教育会会长、国民政府交通部秘书。1932 年 4 月于南京去世。工诗，擅颜字，名噪江南。任资政院议员座位号为 121，于第一次常年会共发言 72 次，颇用心力于速开国会案和请开党禁案。

冯汝梅

民选议员。1868—？，广西北流人，举人，曾任广州警察区长、海丰知县，因陈炯明纠举而去职。入民国后曾任梅县县长。任资政院议员座位号为 189，于第一次常年会共发言 1 次。

刚达多尔济

外藩王公世爵议员。1871—1915，亦即杭达多尔济，博尔济吉特氏，喀尔喀蒙古土谢图汗部右翼左旗札萨克和硕亲王，历任乾清门行走、库伦大臣、汗山盟札萨克固山贝子，1911 年外蒙第一次独立后任外务大臣。宣统二年十一月十七日于第一次常年会第二十七次会议开始顶替绷贝子担任资政院议员。任资政院议员座位号为 24，于第一次常年会期间未见其发言记录。

高凌霄

民选议员。1872—1956，字石芝，亦字石痴，四川璧山人。1897 年中举，会试不售，曾参与戊戌变法。历任璧山县劝学所学务总董兼视学、璧山县官立中学堂学监。1908 年入京被授予内阁中书。入民国后任四川省议会秘书长，国民革命军第二十八军部秘书长，1913 年，署理大竹县知事半年。1914 年，署理酉阳县知事一年半。历任重庆、成都中学校教习，省立第四中学校校长。1921 年，被委任大邑县知事，任职一年半。为官清廉，颇有政声。后任四川大学、华西大学等高校教授、四川省文史馆研究员。工书，善诗，编有《四千年文选》。任资政院议员座位号为 178，于第一次常年会共发言 62 次。

贡郡王

外藩王公世爵议员。即贡桑诺尔布，1872—1931，别号乐亭，又号夔盦，是成吉思汗勋臣乌梁海济拉玛的后裔，卓索图盟喀喇沁右旗世袭札萨克多罗都楞郡王。1887 年与肃亲王善耆之妹善坤结婚，1898 年袭爵。1900 年庚子国变,"帝后蒙尘",贡王很受刺激,产生了兴学练兵发愤图强之念。1902 年在王府开办崇正学堂,自任校长,招收旗民入学,并亲自撰写楹联"崇武尚文,无非赖尔多士;正风移俗,是所望于群公"。1904 年在访日后创办毓正女子学堂、守正武学堂。1905 年之后,贡王为了启发民智,积极开展办报刊、创邮电、开工厂、设商店等新政活动。宣统登基后,贝勒载涛因建立禁卫军事宜,命贡王协助招募旗兵,贡王积极响应,以蒙民轻壮组成了近卫军马队第三营,由此被钦命为御前行走,帮办盟务,驻京当差。辛亥革命后,他受日本之操纵,积极谋划内蒙古独立,未果。1912 年袁世凯将贡王调离蒙古,任命其为蒙藏事务局总裁,晋爵亲王,结束了其独立运动。在蒙藏事务局总裁任上前后十六年,其间多尸位素餐,仅主持创办《回文白话报》和蒙藏学堂。晚岁经济窘迫,北伐后又当了一任蒙藏学堂校长,因学生反对而辞职。1930 年因脑溢血病逝于北京。贡王一生,性恬静,平易近人,通晓蒙、满、汉、藏等文字,喜吟咏,著有《竹友斋诗集》流传于世;好属文,工书法,擅长绘事,求知欲极强,一生手不释卷。任资政院议员座位号为 18,于第一次常年会共发言 1 次。

顾栋臣

各部院衙门官议员。1871—1918,江苏无锡人,乃东林领袖顾宪成后裔,丁酉科副贡。两江总督端方到无锡访问东林书院遗址,寻找顾宪成、高攀龙的后代,从而找到顾栋臣。军机大臣瞿鸿禨正要为其子聘请家庭教师,端方便将顾栋臣举荐给瞿鸿禨。后任学部普通司郎中。1911 年加入帝国宪政实进会。乃著名经济学家陈翰笙之岳丈,好金石字画收藏。1918 年在天津病故。任资政院议员座位号为 59,于第一次常年会共发言 63 次。

顾视高

民选议员。1878—1943,字渔隐,号仰山,云南昆明人。1904 年进士,旋入进士馆学习,1906 年留学日本法政大学,学法律、政治、经济等科。归国后,任翰林院编修、侍讲、贵胄学堂教习等职。1909 年出任云南谘议局议员兼自治筹办处总办,1910 年任蒙自苎村宝华锑矿公司总理。民国成立后在北京闲居，曾任北京临时参议院议员。1913年任云南法政学校校长，护国运动中被聘为云南军都督府秘书，不久被任命为云南富滇银行行长。不久因妻子过世而退出政坛，出任华洋义赈会董事兼司库暨云南慈善会董事、监事等职，为云南的慈善事业贡献颇多；与此同时，主持《续修昆明县志》。工书法，著有《漱石斋诗文集》《读书记》《自反斋日记》《有声集》等。任资政院议员座位号为193，于第一次常年会共发言13次。

桂山

民选议员。1878—？，黑龙江绥化人，曾任通肯裁缺笔帖式、黑龙江国会请愿代表团成员。任资政院议员座位号为104，于第一次常年会共发言16次。

郭策勋

民选议员。1856—1923，名厚忠，字荩臣，四川云阳人。曾留学日本，谒选知县，分发湖北，捐候补道，赴云南，历任农工商务局督办、厘金统捐局会办等职。在担任资政院议员后回到老家，闭门不出。清亡后誓为清廷和传统文化尽忠，民初在郭家祠堂创办维心学堂，主要招收郭姓子弟入学读经。任资政院议员座位号为181，于第一次常年会发言1次。

郭家骥

各部院衙门官议员。1869—1931，字稚良，号秋坪，顺天宛平人，毕业于京师同文馆法语科。1890年随薛福成出使英国，任驻英国使馆翻译生。1894年张之洞将其调到江宁洋务局办洋务，后任《时务报》法文翻译、外务部丞参厅参事，参与帝国宪政实进会。入民国后担任葡萄牙公使馆二等秘书官并代理公使事。任资政院议员座位号为78，于第一次常年会共发言3次。

海年

生平不详。1902年任稽查三海值班官兵大臣班，1905年被赏予荫生，1908年为散秩大臣。于第二次常年会被补为资政院钦选议员。

何藻翔

各部院衙门官议员。1865—1930，初名国炎，字翙高、梅夏，晚号邹崖遁叟，广东顺德人。1882 年中举，1892 年中进士，以主事分部学习，1893 年任兵部武选司帮总办，1900 年任总理各国事务衙门章京，1908 年任外务部考功司主事，1909 年任外务部员外郎。入民国后以清室遗老身份在故乡隐居。1915 年任广东通志局总纂，次年改广东全省保卫团总局长，1917 年任广州医学学习馆馆长。后移居香港，曾短暂任教于圣士提反学堂，1930 年去世。任资政院议员座位号为 60，于第一次常年会未见其发言记录。

胡柏年

民选议员。1866—1938，湖北沔阳人，拔贡，候选主事，湖北宪政筹备会候补会计。于 1909 年 10 月 30 日上呈条陈宪政利弊，由都察院代奏，得谕旨发交宪政编查馆参考。入民国后曾任南京临时参议院议员。任资政院议员座位号为 144，于第一次常年会共发言 7 次。

胡家祺

民选议员。1871—1928，字玉荪，直隶天津人，1897 年中举，1899 年直隶学务司督办胡景桂派胡家祺赴日本宏文学院学习师范。归国后，任天津府中学堂监督。学务处在天津创设天河初级师范学堂后，胡家祺被任命为监督，后改为直隶第一初级师范学堂监督。1913 年胡家祺被推举为直隶省教育总会会长。此后，应山东按察使蔡儒楷之邀，出任山东教育厅厅长。1916 年任北京政府教育总长范源濂的秘书。1918 年被任命为安徽教育厅厅长，但未就任。1919 年调任江苏教育厅厅长，任内积极提倡义务教育。1922 年辞职，回家闲居。他一生服膺于教育救国强国理念，并身体力行之。任资政院议员座位号为 114，于第一次常年会共发言 25 次。

胡骏

各部院衙门官议员。1869—1934，字葆森，号补斋，四川广安人，1904 年中进士，遵例选翰林院庶吉士，散馆后任翰林院编修，1907 年加授侍读学士衔。后被派去日本考察新政，回国后历任国史馆协修，实录馆、宪政编查馆纂修等。四川保路事起，蒲殿俊等被捕，川督赵尔丰请旨要将蒲等杀害，时胡骏兼任内阁总理大臣庆亲王奕劻家的家庭教师，认为如果杀了蒲殿俊等人，事情会变得更糟，川局会更乱，遂向奕劻据理力争，并邀约一些官员具呈呼吁，奔走援救，终使蒲殿俊等免遭杀害。其间，曾发起组织辛亥俱乐部。清亡后被推为四川省议会议长，因不满当时政治的混乱，辞职。除短时间任东川道尹外，大部时间归隐田园，以金石书画自娱。其考订文字，载于《补斋日记》中。任资政院议员座位号为 66，于第一次常年会未见其发言记录。

胡男爵

满汉世爵议员。即胡祖荫，1875—？，字定臣，湖南益阳人。胡林翼之孙，以县学生候选郎中，1897 年援例承袭三等男爵，清廷以其为功臣之后，特诏以五品京堂候补；1900 年湖南省成立全省团防总局，胡祖荫出任团练大臣，统领湖南省各县的团防。1908 年 6 月 7 日以通政司参议任邮传部丞参上行走，6 月 27 日补邮传部右参议。清亡后，以遗老隐居老家，曾拒绝谭延闿出仕之邀请。任资政院议员座位号为 40，于第一次常年会未见其发言记录。

胡礽泰

各部院衙门官议员。1875—1943，字伯屏，江苏宝山人，于 1899 年由南洋公学委派赴日留学，是南洋公学第一批留学人员六人中的一人，入日本警察学校肄业，其间是留日学生组织励志会的重要成员，属于其中的稳健一派。回国后曾任民政部郎中。入民国后曾任民国驻长崎领事、交通部航政司司长、汪伪政府司法部长等职。任资政院议员座位号为 72，于第一次常年会共发言 17 次。

黄公爵

满汉世爵议员。即黄懋澄，生卒年不详，字赞清，福建平和人，为清初海澄公黄梧之后裔，承袭一等海澄公爵，历任乾清宫侍卫、直隶宣化镇总兵、署察哈尔都统。1913 年被北京政府授予陆军中将军衔，1914 年 9 月至 1915 年 2 月任多伦镇守使。后寓居天津。任资政院议员座位号为 30，于第一次常年会共发言 1 次。

黄晋蒲

民选议员。生卒年不详，广西贺县人。乃顶替病故的黄廼昌出任资政院议员。任资政院议员座位号为188，于第一次常年会未见其发言记录。

黄象熙

民选议员。1876—1935，字星衢，江西临川人。举人，孝廉，江西谘议局议员，乃顶替因病辞职的喻兆蕃出任资政院议员。入民国后被选为众议院议员。任资政院议员座位号为131，于第一次常年会共发言6次。

黄毓棠

民选议员。1855—？，广东新宁人。举人，候补同知，曾参与修筑1909年通车的新宁铁路。任资政院议员座位号为186，于第一次常年会共发言4次。

籍忠寅

民选议员。1877—1930，字亮侪，直隶任丘人。幼从学于父兄，稍长，入保定莲池书院吴汝纶门下，1903年考取京师大学堂译学馆，旋即中举，以官费留日，先后就学于经纬学堂、正则英语学校、早稻田大学政治经济科。1908年尚未毕业，因病回天津就医。在家乡建高等小学堂、在京师创立知耻学社并设分社于直隶各县，历充北洋法政专门学堂教务长、顺直谘议局议员、拣选考试一等以知县任用。在任资政院议员期间，联合同志，发起宪友会，以为政党基础。据江庸《趋庭随笔》回忆，其"性最迂缓，其壁上之钟例拨快二小时，问其何意。谓快二小时，则仆人届时相促，可不至爽约也。其乘火车十恒误九。一日送客东车站，车已展轮，亮侪始至，余戏谓之曰：君非乘车，乃为火车送行耳"。1911年，直隶绅民力争开平煤矿权，他被推举为评议员。入民国后，崇尚政党政治，先发起国民协进会，出任进步党干事。后任临时参议院参议员（常任法制委员会）、参议院参议员（常任财政委员）、研究宪法委员会委员、法律编查会编查员、天津中国银行副行长、政事堂存记云南财政厅长、直隶巡按使署顾问、经界局专任评议员、众议院议员等。1913年袁世凯收缴国民党籍议员证书，迫使国会无法开议，他曾联合其他议员上书质问：既非法使议会永无开会之日，又不欲居破坏国会之名，是何道理？是何居心？为洪宪帝制之覆灭而奔走，曾赴南京游说冯国璋反对帝制。据回忆："余初识蔡公于京师，公督办经界局，任余为评议委员。余之滇，公送余行，为介绍彼中志士。公入滇起义，歃血为盟，余参末座。及事定后，省公于上海，送其东渡养疴，遂永诀矣。"最后对民国混乱政局诸多失望，渐无意参与，致力于文化事业并以文字自娱。其一生，前三十年勤学精进，后三十年置身政界，晚年致力于文化事业。著有《病吟集》《困斋文集》和《困斋诗集》等。任资政院议员座位号为 109，于第一次常年会共发言 118 次。

江瀚

民选议员。1857—1935，字叔海，别号石翁山民，室名慎所立斋，福建长汀人。1893 年应川东兵备道黎庶昌聘，任重庆东川书院山长。1896 年兼致用书院主讲。1898 年保送经济特科，分省试用，历保至道员，后赴日考察回国。1905 年任江苏高等学堂监督兼总教习。1906 年代理两级师范学堂监督。同年受诏入京，任学部总务司行走、学部参事官兼参议上行走，署京师大学堂师范馆监督兼教务提调。1908 年任京师大学堂经学分科教授兼女子师范学堂总理。1910 年 6 月 3 日获授开归陈许郑道员，后署理河南布政使。1912 年充京师图书馆馆长。后担任四川盐运使、政事堂礼制馆馆员、参政院参政、总统府顾问等。1927 年后历任礼制馆馆长、京师大学堂代理校长、故宫博物院理事会代理理事长等。近代法学家江庸即为其子。著有《石翁山房札记》《慎所立斋文集》《中州从政录》《南游草》《北游草》《孔学发微》《故宫方志目·普通书目》等，1935 年去世。在资政院第一次常年会期间因为河防任务吃紧而辞职，完全未参加资政院议事。

江谦

民选议员。1876—1942，字易园，号阳复，原籍安徽婺源，附生。1896 年授业于张謇门下，嗣后考入南洋公学师范班。后留学日本法政大学，曾任分部员外郎。自 1898 年开始即协助张謇创办通州师范学院，任校长长达 14 年。以所辑"两汉学风"治校，并以能耕能读为校训，开办农场为实习场所，矫正空读风气，使得通州师范在全国颇有影响。1910 年被推举为江苏谘议局议员。1914 年为江苏省教育厅厅长，亲赴沪、宁、苏、常等地视学，谢绝应酬迎送。翌年被聘为南京高等师范校长，开国文专修等科，亲授说文句读；治校三年，成绩卓著，由省长韩紫石报请授予三等嘉禾章。后因积劳致疾，养病沪上，晚年皈依佛门。1942 年坐化于上海。曾经编辑《佛光》月刊，著有《阳复斋诗偈集》《说音》《佛教三字经注》等。任资政院议员座位号为 122，于第一次常年会共发言 14 次。

江辛

民选议员。1873—1946，原名绍录、绍翰，字是坪、士屏，号疆园，安徽旌德人。1904 年以优贡中举，1906 年与任翰林院编修的族人江志伊创办了官立旌阳高等小学堂。1909 年当选安徽谘议局议员。1911 年加入同盟会，曾任北京临时参议院议员等。北伐后任安徽省教育厅第三科科长、省督学、安徽大学文牍、宁郡第八中学校长、宣城师范学校校长等职。终身从事教育，爱好书法、诗歌，有《宁属六县联中校歌》（江辛作词）留世。任资政院议员座位号为 123，于第一次常年会共发言 49 次。

蒋鸿斌

民选议员。1863—？，山东滕县人。京师法律学堂毕业，举人，1909 年被选为山东谘议局议员。任资政院议员座位号为 159，于第一次常年会共发言 13 次。

景安

宗室觉罗议员。生卒年不详，镶红旗人，陆军部候补笔帖式，帝国宪政实进会成员。任资政院议员座位号为 45，于第一次常年会未见其发言记录。

敬子爵

满汉世爵议员。即敬昌，生卒年不详，满洲正白旗人，镶白旗满洲副都统，正蓝旗护军统领，三等子爵。任资政院议员座位号为 38，于第一次常年会共发言 1 次。

铠公

宗室王公世爵议员，即载铠，1878—1928，1897 年封三等辅国将军，1905 年袭不入八分镇国公，二等侍卫。其祖上为康熙第二十子爱新觉罗·胤祎。任资政院议员座位号为 9，于第一次常年会共发言 3 次。

康咏

民选议员。1862—1916，字步崖，号漫斋，福建汀州人，1882 年中举，1887 年 25 岁赴京从侍郎宝廷（竹坡），学习诗文。1890 年任潮州东山书院山长，是为其从事于教育事业之始。1892 年中进士，曾任内阁中书。甲午战争爆发，上书请投笔从戎，未果。甲午战败后即无意从政，毅然返乡从教，在汀州龙山书院讲学；1902 年，自费东渡日本考察教育，回国后致力于办新学。次年，在潮汕创办同文学校；一年后返汀创办汀郡中学堂；不久，被选为长汀县教育会首任会长。1909 年当选为福建谘议局议员。1910 创办新俊小学校。入民国后兴办实业，倡议汀人集资在潮州办盐业公司，被推为总经理。凡地方兴革，无不倾力相助，深受汀人推崇。1916 年在潮州病逝。诗词造诣颇深，著有《漫斋诗稿》等。任资政院议员座位号为 140，于第一次常年会共发言 33 次。

柯劭忞

各部院衙门官议员。1850—1933，字凤荪，凤笙，号蓼园，山东胶州人。1870 年中举，之后，他广交各省学吏，曾先后应聘于晋、粤、辽东等地书院担任主讲。1886 年中进士，入翰林院为庶吉士，散馆后任翰林院编修，1901 年出任湖南学政。1905 年回京后曾先后担任国子监司业、贵胄学堂总教司和翰林院日讲起居注官等职。1906 年，受命赴日本考察教育，回国后署贵州提学使。1908 年 6 月调回京城，于学部先丞参上行走，后补右参议，迁左丞、京师大学堂经科监督。1910 年 9 月 21 日暂署京师大学堂总监督。1911 年 10 月，受资政院委派，出任山东宣慰使兼督办山东团练大臣。不久被调回京城任典礼院学士，赐紫禁城骑马，伴宣统皇帝溥仪读书。1912 年中华民国成立后，柯劭忞以遗老隐居，拒绝出仕。1914 年任清史馆代馆长、总纂。1927 年完成了《清史稿》总纂，并撰写了天文、时宪、灾异三志和部分传稿，总纂纪稿。此间，他还潜心致力于《元史》的重修工作。他从《永乐大典》、金石文字、野史、秘集中广征博引，精心研究，并汲取邵远平的《元史类编》、魏源的《元史新编》、洪均的《元史译文证补》等著作的精髓，拾遗补缺，于1922年完成了《新元史》的编纂工作。1925年10月，主持了《四库全书提要》，亲手整理经部易经类提要152条。1933年逝世。著有《新元史》《谷梁补笺》《蓼园集》《文选补注》《文献通考校注》《尔雅补注》等，是近代著名的史学大家。任资政院议员座位号为70，于第一次常年会未见其发言记录。

奎廉

各部院衙门官议员。满洲正白旗人，1873—？，荫生，花翎三品衔，度支部员外郎。任资政院议员座位号为47，于第一次常年会未见其发言记录。

劳乃宣

硕学通儒议员。1843—1921，字玉初，号矩斋，晚号韧叟，浙江桐乡人。1871年中进士。1879—1900年间，历任南皮、完县、吴桥等知县，勤民爱士，称为循吏。因在吴桥任上镇压义和团且知时事不可为，以回籍修墓去官。其间曾任杭州求是书院监督、浙江大学堂监督。1908年奉诏进京，以四品京堂候补，任宪政编查馆参议，后历任江宁提学使、京师大学堂总监督、学部副大臣及代理大臣。其间，以新刑律有妨碍于伦教纲常，先后在宪政馆、资政院与法派人士辩驳，是晚清修律礼法之争的礼派重要代表人物。辛亥革命后，反对共和，主张还政清室，移家涞水，后隐居青岛，闭门以著述自娱，曾修订《皇朝续文献通考》。宣统复辟时被遥授法部尚书、学部尚书，具疏以衰老请开缺。1921年7月21日逝世于青岛。《清史稿》有这样的评价："乃宣诵服儒先，践履不苟，而于古今政治，四裔情势，靡弗洞达，世目为通儒。"值得一提的是他很重视教育，主张普及等韵字母之学，推行汉语简字拼音，曾奏设简字学堂于南京；曾长期从事于古代数学研究；1914年，与德国人尉礼贤（亦称卫礼贤）在山东尊孔文社内建立藏书楼，为青岛第一座图书馆。著有《韧叟自订年谱》《修正刑律草案说帖》《各国约章汇录》《义和拳教门源流考》《简字谱录》《读音简字通谱》《筹算浅释》《共和正解》《续共和正解》《约章纂要》《归来吟》等，后人辑录有《桐乡劳先生遗稿》等。任资政院议员座位号为 80，于第一次常年会共发言 30 次。

勒郡王

外藩王公世爵议员。即勒旺诺尔布，生卒年不详，御前行走，锡林郭勒盟札萨克多罗额尔德尼郡王。任资政院议员座位号为 21，于第一次常年会未见其发言记录。

雷奋

民选议员。1877—1919，字子琴，又字继兴，江苏华亭人，附生，为清末状元张謇门生。初就学于上海南洋公学，1898 年被派赴日本研习政法，卒业于早稻田大学，其间曾在《译书汇编》社编译介绍欧美法政名著。归国后，绝意仕进，任上海《时报》编辑，主编《本埠新闻》栏目，并在城东女学、务本女塾和江苏学务总会开办的法政研究会等任教。同时投身地方公益，锐意力任，声誉日隆，入苏抚程德全幕府。1908 年预备立宪公会决定与宪政公会、政闻社发起成立国会期成会，下设国会研究所，他被推举调查各国议会制度。1909 年当选江苏省谘议局议员、自治筹备所副所长、谘议局研究会主任。1910 年国会请愿代表团成立，他被推举为干事，专任修改请愿书之责。张謇誉之为"谘议局之英""上流之辩才"。在资政院第一次常年会期间，表现优异，被称为"资政院三杰"之一。曾主编《法政杂志》，发表了很多关于立宪的政论文章，成为知名立宪人士。1911 年 5 月，他随张謇由武汉进京，力劝张謇到彰德拜会袁世凯，曾云："清政权断无不倒之理，假如爱好和平的各省谘议局议员大家不肯出头，将酿成全国混战，人民涂炭，不可收拾的局面"；"切勿因为自己是清朝状元，要确守君臣大义，而躲避现实。须知皇帝与国家比较，则国家重于皇帝"。革命后再度辅佐程德全，任江苏巡抚幕僚，于酝酿组织临时政府时期，多所奔走，为南京会议江苏代表。一度担任浙江军政府财政司司长；袁世凯任总统，许多法律规章，大多由雷奋起草。及袁有称帝图谋，即退出政界。回松后，松江市成立自治公所，被推为总董。1917 年短期任财政部参事。旋感时不我予，退出官场，在上海执业为律师，颇负盛名。1919 年以伤时而逝。《时报》有一则关于雷氏在任资政院议员的短评："雷奋君者，今日议场之健将也。眼光犀利，口齿明快。"任资政院议员座位号为 117，于第一次常年会共发言 146 次。

黎尚雯

民选议员。1868—1918，字瑞章，号桂荪，湖南长沙府浏阳县人。附生，日本法政大学毕业。1895 年浏阳大旱，民不聊生，欧阳中鹄奉命成立救灾机构，黎尚雯参赞其事，出其储粮救济灾民。1897 年，与欧阳中鹄等人办浏阳算学社、不缠足会，次年协助谭嗣同、唐才常等创立南学会、时务学堂，办《湘报》。1900 年追随唐才常组建自立军准备起义之工作。失败后避居衡州，投身教育事业。1903 年任湖南高等师范学堂教务长，后又任湖南中路师范斋务长。1905 年协助禹之谟创办惟一学堂，主持教务工作，后任广益英算专修科监督。与禹之谟、宁调元等公葬陈天华于岳麓山。1906 年与李剑农在长沙成立同盟会湖南支部。1909 年当选为湖南省谘议局议员。其间，向省谘议局提出速修粤汉铁路、倡导实业、整顿教育、禁止鸦片以及改厘税为统捐等案。1911 年初，成为辛亥俱乐部的发起人之一。入民国后曾任湖南高等工业学校校长、临时参议院参议员、江汉大学校长等职。在江汉大学校长任上，在校内设铁血团，联络当地驻军，共图讨袁。事泄，江汉大学被解散，多人蒙难，黎尚雯被捕，后经熊希龄竭力营救出狱。蔡锷云南起义讨袁，他与龙璋在湖南响应，驱逐都督汤芗铭。1917 年孙中山就任大元帅于广州，组织非常国会，电召黎尚雯赴广州议政，不幸积劳成疾，未能成行。次年 2 月病逝于长沙，公葬于岳麓山。他顶替病故的冯锡仁出任资政院议员。任资政院议员座位号为 151，于第一次常年会共发言 56 次。

黎湛枝

1870—1928，字露苑、露庵、璐庵等，广东南海人。出身贫寒，从小勤奋好学。1886 年以案首成秀才，1893 年中举，1904 年中进士，殿试二甲第一名，翰林院庶吉士，散馆后授翰林院编修。1909 年加侍讲太子太保，成为宣统老师。同年 4 月，出使俄国参赞；资政院第二次常年会期间被增补为议员，清亡后成为遗民，基本不再出仕，晚年居于香港，以书法自娱。曾与温肃等编《德宗景皇帝圣训》。

李鼎臣

生平不详。于第二次常年会时被增补为资政院议员。

李国筠

民选议员。1878—1928，字裴君，李鸿章侄孙，云贵总督李经羲次子，安徽合肥人。一品荫生、庚子辛丑并科举人，保应经济特科，分省补用道。历任安徽庐州官立中学堂监督、合肥县教育会会长、庐州商会总理，安徽谘议局副议长。入民国后，历任安徽都督府参事、安徽内务司长兼任安徽财政司长、国税厅筹办处处长、广东巡按使、经济调查局总裁。任资政院议员座位号为 125，于第一次常年会未见其发言记录。

李华炳

民选议员。1862—？，字少九，一字文园，号朴庵，山西武乡人。山西令德堂肄业，1899 年中举，主讲襄垣县漳川书院。1904 年中进士，翰林院编修，任兵部主事，旋改学部主事。1911 年发起组织宪友会山西支部。后因母亲年迈，弃官养亲。后充任太谷书院山长、学务公所议长。1912 年任长子县知事，一年余即辞职归里，充任本县商会会长、公款局经理等职。著有《职方史略》《诵芬轩吟草》等。任资政院议员座位号为 166，于第一次常年会未见其发言记录。

李搢荣

民选议员。1872—？，字笏臣，直隶武清人。廪生，历充武清县劝学员、县立高等小学校长。1909 年任顺直谘议局议员。入民国后曾任众议院议员。任资政院议员座位号为 113，于第一次常年会共发言 11 次。

李经畲

各部院衙门官议员。1858—1935，字伯雄，号新吾，别号谪洲，李瀚章长子，安徽合肥人。1882 年江南乡试举人，1890 年恩科进士，殿试二甲，朝考一等。改翰林院庶吉士，历任翰林院编修、侍讲、实录馆提调、兵部武选司员外郎，二品顶戴，赐紫禁城骑马，诰授光禄大夫。为官清廉，故生活较为拮据。晚年以书画自娱，拒绝殷汝耕伪政权的利诱，坚持民族气节。他识音律，懂戏曲，出任当时北京最大的票友组织"春阳友社"董事长，促进南北各派戏曲名流相互交流，有助于民族文化的发展。任资政院议员座位号为 56，于第一次常年会共发言 3 次。

李榘

民选议员。1873—？，字访渔，直隶束鹿人。光绪甲辰科进士，选翰林院庶吉士，入进士馆肄业。1905 年兼任《束鹿县乡土志》总校。1907 年被派赴日本留学。1908 年毕业于日本法政大学速成科，同年归国。保定府教育会成立，被推举为会长。1909 年 10 月 29 日授职翰林院编修加侍讲衔。后任直隶法律学堂监督，被选为顺直谘议局议员。在担任资政院议员期间，积极参与速开国会请愿活动，作为发起人之一积极组织宪友会。入民国后曾任临时参议院议员、大总统府政治咨议、约法会议议员、平政院评事。1915 年在直隶公民推戴书上签名，列名杨度领导的宪政协进会，拥护袁世凯称帝。后曾出任北洋法政专门学堂监督。任资政院议员座位号为 107，于第一次常年会共发言 22 次。

李慕韩

民选议员。1878—1947，字荆瞻，号町民，晚号栖霞老人，福建泉州人，1904 年优贡，候补知府。1909 年被选为福建谘议局议员。入民国后在惠安创办新民小学。1927 年惠安县农运中被视为土豪劣绅受到冲击。工诗文，善书法。福州、泉州等地诸多景点都留有他的墨迹。著有《怀蓼斋诗文存》。任资政院议员座位号为 143，于第一次常年会未见其发言记录。

李时灿

民选议员。1866—1943，字敏修，号暗斋，河南汲县（今卫辉）人。1886年中进士，翰林院庶吉士散馆后任编修、刑部主事。1894年丁父忧。1899年河南大旱，主持赈灾。其间先后主讲长垣蒲城书院、武陟致用精舍和禹县颍滨精舍。后任河南学务公所议长、河南优级师范学堂监督、中州公学学董、河南谘议局副议长，协同提学使孔祥霖创设河南图书馆。入民国后历任河南都督府秘书长、河南教育司司长、众议院议员、安福国会参议院议员等，力促河南通俗图书馆的设立。他治教严谨，反对浮华，在清末民初主张"学无新旧，唯其是耳"，大力引进西学；提倡"知一字，行一字，知一句，行一句"；要求"敬以修己，乐于诲人，处世为公，视人如己，决不以身累天下"。致力于教育，在各地设帐受课，育化桃李，门生满天下。一生治学勤奋，著作甚丰，有《论语之政治学》《中州人物稿》《中州学系考》《汲县志》稿等。任资政院议员座位号为163，于第一次常年会共发言2次。

李士钰

纳税多额议员。1855—1917，字幼香，直隶天津人，祖籍江苏昆山县，乃"津门八大家"之首的李家子孙。早年应举子业，因性喜经世理财之学，三试不售，乃入赀为刑部郎中，先后以家财赈济晋北旱灾、江浙水灾，获赐戴花翎、三品冠服。从1882年起长期负责长芦盐场之经理与售卖。1908年与人合伙创立北洋水火保险股份公司，任总理。1910年与人合伙创立津浦殖业银行，任银行总理。鼎革之后，继续主持全国盐政多年，曾与李石曾创大豆公司于巴黎，获利甚丰。任资政院议员座位号为90，于第一次常年会未见其发言记录。

李素

民选议员。1869—1944，字位斋，亦名畏斋，又字味斋，山西平定人。从小在私塾学习，1893年中举，后以优异成绩毕业于保定府法政学堂，获拣选知县职衔。曾任山西谘议局议员、省女子学堂董事、提学使公署议绅等。在成为山西省谘议局议员后曾签名于《国会代表请愿书》，被谘议局推举为第一次进京请愿速开国会代表团成员。任资政院议员期间，在速开国会案、弹劾军机案中有突出表现。辛亥变起，参加了太原起义，被推为山西军政府参谋、山西都督府全权代表，赴南京参与组织临时中央政府。其后任南京临时政府参议院议员，参与起草《临时约法》。1913 年入进步党。及至袁世凯复辟事起，忧心忡忡，积极参加倒袁行动。及至袁世凯被迫撤销帝制复居总统职位时，李素与十几省的公民发表公开声明，号召"国人速以决心，再接再厉，扑杀此獠，以绝乱种"。1917 年随孙中山南下广州，参加护法运动。1922 年在广州被选为宪法起草委员，后又任总统府顾问、谘议等职。陈炯明叛乱之后，从广州北返，寓居北京。七七事变后，在北平寓所，拒绝出任伪职，杜门不出，从事著述。著有《水帘洞诗稿》《论语质疑》《读易志疑》等。乃顶替被控在案、被交地方官察看的刘绵训而递补出任资政院议员。任资政院议员座位号为 168，于第一次常年会共发言 13 次。

李文熙

民选议员。1879—1923，字辑安，四川奉节人。1897 年中举，1903 年赴德国福彼特大学（今柏林大学）留学，攻读物理学。后又在京师大学堂师范科毕业，曾任内阁中书、浙江道御史。其间积极参与四川保路运动，1909 年被选为四川省谘议局议员。在资政院与宪政编查馆权限纠葛争议中表现突出。1912 年任孙中山总统府科学顾问，1913 年当选为第一届国会众议院议员，入进步党。1916 年袁世凯称帝，积极参加蔡锷的讨袁护国大业。1923 年曹锟贿选大总统，因拥护孙中山而反对曹锟之丑闻，拒绝受贿，离京南下至邯郸，被曹锟设计毒死。同乡毛子献有挽联云："策马过邯郸，平地一声惊梦醒；啼鹃闻蜀道，倒流三峡送魂归。"任资政院议员座位号为 177，于第一次常年会共发言 69 次。

李湛阳

纳税多额议员。1872—1920，字觐枫，云南昭通人。1894 年甲午科副贡，日本东京宏文学校师范班毕业，先后任分省补用道驻渝矿务招商转运局坐办、贵州转运局暨招商渝局会办，充蜀商总董赴日本大阪博览会考察商务，不久调充广东商务局会办、将弁学堂总办、禁烟局会办、重庆造币总厂会办。因与端方交好，1911 年端方带兵入蜀，遂任命为新巡防军统领。后巡防军起义，重庆光复，被推为都督，坚决拒绝。此后蜀军政府成立，李湛阳担任蜀军政府财政部长。民国成立后，任四川财政司长，政事堂存记道尹，参政院参政兼内国公债局协理，1914 年被全国商会联合会选举为约法会议议员。二次革命时，陈其美在上海组织讨袁军，李湛阳捐助三万银元，此后不时接济，获孙中山手书横幅"高瞻远瞩"。任资政院议员座位号为 96，于第一次常年会共发言 2 次。

李子爵

满汉世爵议员。即李长禄，生卒年不详，湖南邵阳人，湘军将领李臣典的后裔，承袭一等子爵，广西候补知府，曾于清末在广西负责厘金局事。因熟悉广西情形，在资政院讨论广西禁烟案中颇有表现。任资政院议员座位号为 37，于第一次常年会共发言 8 次。

梁守典

民选议员。1872—1931，字成甫，陕西乾州人，出身于书香世家。父梁式，举人，博学能文，省内名儒，曾任延安府教授，主讲乾阳书院。梁守典早年聪敏好学，癸卯科举人，曾代理宁陕厅儒学训导。1907 年创办乾州高等小学堂，并担任首任堂长，力主废除读经讲经，开设格致等新学科；提倡女子天足，应与男子享受学校教育。因创办家乡教育被选为陕西省谘议局议员。入民国后，仍然从事基础教育事业，与友人先后创办女子高小、甘泉高小。由于县中教育经费拮据，开支无章，遂筹建乾县教育经费处，自任处长；为赈济贫困，设义生善堂，自任堂长。《咸阳市志》评价其"治学严谨，待人和蔼，奖掖后进，不遗余力……每长其事，恪尽职守，详尽章程，清正廉明，人恒敬之"。任资政院议员座位号为 173，于第一次常年会共发言 1 次。

林炳章

各部院衙门官议员。1874—1923，字惠亭，福建侯官人，林则徐曾孙。1894 年恩科进士，钦点翰林，累迁至翰林院编修。1895 年与陈宝琛长女成婚，与戊戌六君子之一的林旭成戚友。1902 年曾进行了长达九个月的南洋考察，开阔了眼界。1903 年曾到日本考察教育、聘任教员，将考察心得写成《癸卯东游日记》。回国后朝廷委为钦差大臣，回福建考察宪政，行辕设于文忠公祠，极一时重振门风之盛。1904 年在籍丁忧，之后协助陈宝琛办学、禁烟。1905 年投资 10 万元，设立福建电力公司，1906 年任福建师范学堂副监督；不久，转任福建高等学堂监督，兼任"去毒总社"社长，负责组织戒除鸦片烟毒，1908 年因邮传部尚书陈璧的荐举，回京任邮传部丞参上行走，候补四品京堂。在担任资政院议员期间，对禁烟案出力甚多，并兼任中国国民禁烟总会会长。1911 年出任内阁法制院参议。入民国后出任福建军政府盐政督办。1914 年主持兴办福州市政及水利。他疏浚西湖，兴建公园，收回西湖被占土地；倡议重修《西湖志》。1919 年任福建财政厅长，1920 年任闽海关监督、福建水利局长等，集资 40 万元，在夏道开办实业公司，生产酒类、皮革等。任资政院议员座位号为 57，于第一次常年会共发言 34 次。

林绍箕

纳税多额议员。生卒年不详，福建闽县人，晚清时在福州经营商业，为福州总商会成员。任资政院议员座位号为 92，于第一次常年会共发言 8 次。

刘春霖

民选议员。1872—1944，字润琴，号石筼，直隶肃宁人，家道贫寒，世代为农，8 岁时入私塾读书，后入莲池书院，颇得山长吴汝纶赏识；同时在官书局管账，以维持生计。1904 年中甲辰科状元，中国历史上最后一名状元。授翰林院修撰，旋被派往日本，入法政大学。1907 年归国，任保定高等学堂监督，后历任记名福建提学使、直隶法政学校提调、北洋女子师范学校监督。1908 年直隶绅民请愿速开国会，他被推举为请愿书领衔人和赴京代表。1909 年当选为顺直谘议局议员。1911 年发起组织宪友会直隶支部。入民国后一度隐居，后出任袁世凯大总统府内史，编写历代皇帝言行录，供袁世凯参考阅读；后直接参与了袁世凯称帝劝进。1917 年任中央农事试验场场长。在徐世昌、曹锟当大总统期间，被授予总统府秘书帮办兼代秘书厅厅长。后又任直隶省教育厅厅长、直隶自治筹备处处长等。曾两次代表徐世昌到山东曲阜主持孔子大成节典礼，并因此名噪一时。1928年辞官，赋闲北平，以诗书自慰，以鬻字自给。其"群玉山房"中，收藏各类书籍1万余册，古籍以明清刻本居多，其藏书印有"刘春霖印""石云鉴藏之章""石云收藏""润琴刘春霖"等。1934年曾拒绝了伪满国务总理郑孝胥的出仕邀请。七七事变后为宋哲元延聘讲《四书》，宋师事甚谨。抗战期间始终保持民族气节，曾怒斥伪华北政务委员会委员长王揖唐，坚拒出仕伪政权。善书法，尤以小楷为著，时有"大楷学颜，小楷学刘"之誉。他对古文学、史学、金石学和传统小学皆造诣深邃。任资政院议员座位号为108，于第一次常年会共发言29次，他为人直率刚正，绝不俯仰趋时，是民选议员中特能坚持原则者，始终葆有书生本色。

刘道仁

各部院衙门官议员。1870—？，字伯刚，湖北沔阳人。廪贡生，两湖书院肄业，经张之洞选派以湖北官费到日本留学，先后入成城学校、日本陆军士官学校中华队第一期步兵科，后来到日本近卫步兵第四联队任见习士官，其间参与编辑《湖北学生界》，入同盟会。回国后任湖北农务学堂堂长。后随铁良进京，历任练兵处军令司储材科监督、陆军部参议厅一等谘议官、补授陆军副参领，开缺之后以民政部郎中候补，任民政部参议上行走、补授民治司郎中，捐奖花翎，记名巡警道、简放广东巡警道。1911年任内务部疆理司长。入民国后为南京临时政府参议员，加入辛亥俱乐部。后历任大总统府筹备处边事股员、湖北都督府顾问官、内务部顾问官、简任宜昌关监督兼宜昌交涉员、沙市交涉员、内务部卫生司司长、中央防疫处处长、荆南道尹、江汉道尹等。任资政院议员座位号为53，于第一次常年会共发言7次。

刘景烈

民选议员。1879—？，字晓愚，江西赣县人。曾就读于江南陆师学校，为中国第三批留日陆军游学生，于1901年左右东渡日本，先后就读于成城学校、陆军士官学校，1904年9月毕业归国。历任江西常备中军第二营营官、江南陆师学校学生队长、下士养成所监督、陆军第九镇正执法官。后代职来京，入京师法律学堂，毕业后回原职，后兼任太湖秋操审判官、永平秋操办事官。1909 年去职归里，当选为江西谘议局议员，当选常驻议员，曾提交《广储司法人才案》《维持司法独立案》等，被推选为国会请愿代表。1912 年 2 月被选为江西临时议会议长，后任众议院议员、四川嘉陵道尹等。任资政院议员座位号为 130，于第一次常年会共发言 92 次。

刘懋赏

民选议员。1870—1931，字劝功，山西平鲁人。早年入山西令德堂学习，1902 年考入山西大学中斋，并于同年中举。1904 年作为山西大学中斋高等科优秀生，被选送赴日本明治大学分校经纬学堂速成师范班留学，于 1905 年毕业，其间加入同盟会。回国后创办《晋阳学报》，又和同学创办山西中学堂。1906 年与渠本翘等人共同发起保晋矿务公司。1909 年任山西学务公所议绅，当选为山西谘议局议员。1910 年在朔县合伙创办广裕水利公司，并改建六合水利公司。入民国后曾任众议院议员。1912 年任归化关监督，在袁世凯任中华民国临时大总统后离职回晋，因与阎锡山政见不合，遂不再过问政事，专心办实业，曾开办富山水利公司。1927 年中原大战爆发，刘懋赏任山西各界组织的救济委员会会长，救济战乱中的受难百姓。晚年身体欠佳且失明，1931 年 5 月病逝于老家。任资政院议员座位号为 165，于第一次常年会共发言 5 次。从第一次常年会第十四会议起顶替渠本翘出席资政院常年会。

刘男爵

满汉世爵议员。即刘能纪，刘坤一之侄子，过继给刘坤一为后，湖南新宁人。刘坤一病逝后清廷加封其子孙官职，服丧期满后于 1906 年进京承袭一等男爵，散秩大臣，1908 年 6 月 7 日以候补四品京堂被派农工商部丞参上行走。清亡后一直住在老家邵阳，1948 年终老于刘氏息园。任资政院议员座位号为 39，于第一次常年会未见其发言记录。

刘荣勋

民选议员。生卒年不详，贵州安顺人，廪生，贵州自治学社重要成员，1909 年当选为贵州谘议局议员。民国初期曾反对滇军干涉贵州内政，主张黔人治黔。乃顶替病故的钟振玉出任资政院议员。任资政院议员座位号为 195，于第一次常年会共发言 4 次。

刘述尧

民选议员。生卒年不详，广东信宜人，1903 年中举，从邮传部交通书吏做起，由主事而员外郎、郎中，1909 年被选为广东谘议局议员。任资政院议员座位号为 187，于第一次常年会共发言 15 次。

刘纬

民选议员。1880—？，字鸿岷，四川荣县人。生员，四川高等学堂毕业。历任荣县小学校长、县视学员。1909 年被选为四川谘议局议员。入民国后任临时参议院议员、众议院议员等。任资政院议员座位号为 180，于第一次常年会共发言 23 次。

刘曜垣

民选议员。1864—？，广东香山人。举人，曾任香山县农务分会理事。1909 年入顺城自治研究会，随后被选为广东谘议局议员。任资政院议员座位号为 183，于第一次常年会共发言 5 次。

刘泽熙

各部院衙门官议员。1870—？，湖南善化人。日本法政大学银行科毕业，廪贡，曾任清宪政编查馆统计局馆员、度支部候补主事、清理财政处预科总核帮办、盐务处潞东科参事等。刘泽熙与杨度关系密切，辛亥革命爆发后与杨度等共同筹建共和促进会，发表《共和促进会宣言书》，赞成共和。民国后曾任财政部筹备处股员、财政部参事等职。著有《中国预算要略》《法政萃编·商法会社手形》等书。任资政院议员座位号为 62，于第一次常年会共发言 49 次，为资政院预算股股员长，主持审查预算，贡献很大，实乃钦选议员中的佼佼者。

刘志詹

民选议员。1877—？，字苏佛，山西凤台人。拔贡，1903 年赴日本法政大学留学，1906 年任山西谘议局筹备处课长。此后陆续担任山西全省自治研究所教务长、宪政研究会教员、教育总会会长。1909 年

被选为山西谘议局议员。1911 年任宪友会山西支部候补干事。入民国
后 1913 年当选为第一届国会众议院议员，曾任山西育才馆教授、晋城
医学馆馆长等。任资政院议员座位号为 169，于第一次常年会共发言
5 次。

柳汝士

民选议员。1869—1932，字冠民，安徽凤阳人。廪生，补行庚子
辛丑恩正并科举人。1909 年当选为安徽谘议局议员。1912 年 12 月任
安徽省议会议员兼凤阳县民政局长，任内曾到蚌埠请驻军来凤阳，使预
谋洗劫凤阳的土匪撤走，维护了乡梓的安宁。1916 年当选安徽省议会
议长。任内他向安徽省公署提议导淮入江，该案经安徽省议会通过，省
长批准。安徽省加盐税附捐的议案在他的反对下未能在安徽省议会通
过。1917 年当选为安福国会参议院议员，后出任安徽省议会议长、安
徽省禁烟处处长。因禁烟政令阻力重重，难以推行，遂转而从事教育事
业，任安徽省第一、第四中学校长。晚年辞官回故里，潜心研究中医中
药，并免费给贫苦百姓就诊施药。任资政院议员座位号为 124，于第一
次常年会未见其发言记录。

卢润瀛

民选议员。1870—？，陕西城固人。优贡，曾任内阁中书，1909
年被选为陕西省谘议局议员。任资政院议员座位号为 172，于第一次常
年会共发言 1 次。

陆宗舆

各部院衙门官议员。1876—1941，字润生，浙江海宁人。1898 年
赴日本早稻田大学政治经济科学习，1902 年回国后在北京崇文门管理
税务，任进士馆及警官学堂教习、巡警部主事。1905 年参加学务处举
行的第一次考验游学毕业生，获举人出身。1906 年以二等参赞身份随
载泽等五大臣出国考察宪政，由此见赏于徐世昌。宪政编查馆成立，充
帮提调兼政务处参议。奕劻重其才，荐授四品京堂。1907 年徐世昌出
任东三省总督，奏请调任其为奉天洋务局总办兼管东三省盐务。1910
年 11 月资政院第一次常年会第十七次会议上被补选奉派为资政院议员，

接替刘华。1911 年秋任交通银行协理、印铸局局长。武昌起义后，任度支部右丞并代副大臣。入民国后任中华民国总统府财政顾问、参议院议员、宪法起草委员、驻日全权公使，为袁世凯称帝积极奔走。袁世凯去世后任交通银行股东会长、参议院议员、中日合办的中华汇业银行总理，多次经手向日本借款。之后，又任币制局总裁，与曹汝霖同为新交通系中坚分子。五四运动中被免职。1925 年后一度出任临时参政院参政。1927 年任张作霖安国军外交讨论会委员；同年任交通银行总理。旋辞职，寓居天津。1940 年出任汪伪政府行政院顾问，1941 年在北京过世。著有《五十自述记》等。任资政院议员座位号为 74，于第一次常年会共发言 65 次。

罗杰

民选议员。原名寿昌，后更名杰，1867—?，字峙云，别号唾庵，湖南长沙人。早年曾在求忠书院和岳麓书院学习，补县学生员。做过家庭教师和龙阳小学教员。后成附贡生，先后补用县丞、统带振字全军左营文案、统带遵义罗斛各军文案。1904 年自费赴日本法政大学速成科学习，1905 年 5 月毕业归国，从事于新式教育为主的地方自治事业。1906 年创办立达学堂，出任监督。1908 年与杨度、杨德邻等创立宪政公会，随后积极参与速开国会运动。1909 年创设自治研究所，在当选为湖南谘议局议员后又设立议员研究所，为议员讲解《谘议局章程》和宪政大略。谘议局开议后，被选为全院审查长和常驻议员。年底被推为湖南请愿速开国会代表。1910 年 1 月代表团进京，被公推前往谒见当权满洲亲贵，说服他们赞成速开国会。及至成为资政院议员，在第一次常年会期间，资政院上速开国会奏稿后，曾单独上书摄政王载沣，请摄政王"力排群议，代行乾断，俯允即开"，"倘国会即开，旋召瓜分之祸，酿内乱之忧，请斩杰之头，以谢天下，以为莠言乱政者戒"。1911 年，作为辛亥俱乐部的重要发起人，当选为评议员。同年年底，在湖南因受都督派遣赴南京联络成立中央政府事被暗杀，幸未致命。民国成立后，回长沙致力于教育事业。1914 年 6 月任政事堂法制局参事。袁世凯图谋复辟帝制，称疾隐退，未被批准后潜赴天津、上海，后短暂出任上海群治大学校长等职。不久返回湖南老家，彻底退出了政界。任资政院议员座位号为149，于第一次常年会共发言138次。

罗乃馨

纳税多额议员。生卒年不详，广东新会人。副贡生，1901年7月在秦晋赈捐局报捐同知，加捐道员，指分广西试用。1905年随户部侍郎戴鸿慈考察宪政。曾在东莞设垦牧公司。1911年，因振兴实业获商部奏奖，被任命为商部三等顾问官加二品顶戴。任资政院议员座位号为97，于第一次常年会共发言1次。

罗其光

民选议员。1877—？，甘肃静宁州人。举人，曾任陕西直隶州州同。1909年被选为甘肃谘议局议员。任资政院议员座位号为176，于第一次常年会共发言11次。

马士杰

民选议员。1863—1946，字隽卿，江苏高邮人，祖籍安徽和县，举人，花翎内阁中书，荐为御史，派赴日本考察。早年在扬州、高邮等地开设典当、钱庄、货号。其著者如1900年与人合股，开设三垛同泰昌。因受明治维新思想影响，逐渐倾向革命，曾参与前山西巡抚丁衡甫等人电请清帝退位之举。中华民国成立后，历任江苏都督府民政司司长、内务司司长、江苏筹浚江北运河工程局总办等职。在高邮创办江苏河海工程测绘养成所，培养水利工程人才。为了解决扬州、镇江的交通安全问题，他捐赠钢壳蒸汽机载客渡轮一艘，交镇江商会管理，定名为"普济"号。他会同韩国钧和张謇等人创办泰源盐垦公司，一面开垦苏北沿海垦区，一面组织灶民生产食盐。与黄炎培等创立专门搜集史料、编辑图书杂志索引的人文类编辑出版机构甲子社，后改名人文社，编辑出版《人文月刊》，筹办人文图书馆。抗战爆发后，携家辗转上海，汉奸殷汝耕曾两度邀其任职伪政府，均遭拒绝。1944年托辞返回高邮，闭门养病。任资政院议员座位号为119，于第一次常年会未见其发言记录。

孟昭常

民选议员。1871—1919，字庸生，江苏武进人，幼孤，由其兄著名历史学家孟森教授学业。1891年中举，1898年执教于南洋公学。1905年由郑孝胥资助与其兄孟森同赴日本法政大学速成科学习。在留学期间参与革命团体青年会的活动，与杨廷栋等出版《江苏》杂志。1906年和孟森、秦瑞玠等人发起法政学交通社，编辑《法政学交通社杂志》，同时加入沈其昌组织的法政学报社。1907年回国后加入预备立宪公会，颇受重用，被推举为驻会办事员，实际主持会务。曾代表预备立宪公会致函上海商务总会等，建议其参与制定商法，在预备立宪公会下建立商法研究所，任编辑。1908年《预备立宪公会会报》创刊，在其中任编辑，亲自撰写了多篇宣传预备立宪的论著。1909年被推举为预备立宪公会副会长，同时被选为江苏谘议局议员。同时积极参与速开国会请愿活动，被推举为请愿国会代表团书记。辛亥革命爆发后，其兄孟森连电促其自北京资政院南归，回上海。1913年张謇出任农商总长，其为参事，拟订编纂农工商矿诸条例。1915年前往黑龙江创办垦荒公司。经营不佳，心情抑郁。1919年病逝于南归途中。著有《公民必读初编》《城镇乡地方自治宣讲书》等。是近代中国宪制史上一位值得注意的人物。任资政院议员座位号为116，于第一次常年会共发言64次，为民选议员中的佼佼者。

牟琳

民选议员。1876—1950，字贡三，贵州遵义人。1902年入贵州大学堂学习，1903年中举，1905年被选送留学，日本宏文师范学院理化专修科卒业。回国后先后担任遵义中学、师范学校校长，劝学所总董，1909年当选为贵州谘议局副议长。1911年参与组建辛亥俱乐部，被推选为评议员；同年宪政实进会成立，当选为审议员。1912年加入国民共进会。1913年当选为第一届国会众议院议员，入进步党，任交际科主任。曾联名上书袁世凯，质问取消国民党籍议员资格的法律依据。1916年当袁世凯称帝紧锣密鼓之际，回贵州积极参与讨袁行动。1917年被选为护法"非常国会"议员。1935—1936年任贵州省政府委员、贵州省禁烟委员会委员。1946 年任遵义县参议会议长。后短暂担任遵义市政协副主席直至去世。任资政院议员座位号为 196，于第一次常年会共发言 41 次。

闵荷生

民选议员。1847—1936，江西奉新人，字殿香，号少窗，1870 年中举，1876 年于恩科会试中进士，不久获授内阁中书，历任户部主事、员外郎、郎中等。南浔铁路初建，力主商办，以杜绝外人觊觎。故宫博物院明清档案部编辑的《清末筹备立宪档案史料》即收有他在户部员外郎任上于 1906 年 9 月 20 日所上的奏折《建言官制不必多所更张呈》，曾签名于《国会代表请愿书》。1909 年被选为江西谘议局议员。1910 年 8 月 11 日获补授保定府知府。任资政院议员座位号为 127，于第一次常年会共发言 10 次，是民选议员中保守派之代表，著名数学家闵嗣鹤的祖父。第一次常年会后辞职，出任大名府知府。入民国后侨寓北京，不问世事。

那公

外藩王公世爵议员。名那木济勒错布丹，或那木济尔策布丹，生卒年不详，1887 年袭爵西藏唐古忒札萨克辅国公，不久被授予理藩部额外侍郎。任资政院议员座位号为 28，于第一次常年会未见其发言记录。

那亲王

外藩王公世爵议员。1867—1938，即那彦图，字钜甫，又字巨甫、巨父，姓博尔济吉特氏，蒙古赛音诺颜部人，庆亲王奕劻之婿。祖先策凌参与平定厄鲁特叛乱有功，乾隆帝亲封札萨克亲王（即喀尔喀亲王），世袭罔替。1874 年袭爵蒙古喀尔喀亲王，幼年曾陪光绪"伴读"。为了辖制外蒙古的势力，加上与奕劻的翁婿关系，他受到清廷的重用。历任御前大臣、八旗都统兼领侍卫内大臣、上驷院大臣等。1898 年更补授阅兵大臣。1900 年 8 月，庚子国变，那彦图率兵沿途护驾，更为慈禧赏识。1903 年又任銮仪卫事务大臣、镶黄旗满洲都统。1909 年他奏准创办"殖边学堂"，并参与创办蒙古实业公司。1910 年被钦选资政院议员。武昌起义爆发后，组建了蒙古王公联合会，自任会长，以联合会的名义给内阁总理大臣袁世凯发函反对清王室退位。因大势所趋，复通电拥戴袁世凯。民国成立，以倡率蒙族力赞共和懋著功绩选充参议院议员，署乌里雅苏台将军、政治会议议员。1917年任北京政府参议院副议长、参政院参政、绥威将军、善后会议议员、国宪起草委员会委员等职位。国民政府时期曾任行政院高等顾问、蒙古地方自治政务委员会委员。那亲王秉性忠贞，好读书，是蒙古王公中的佼佼者。任资政院议员座位号为15，于第一次常年会共发言7次。

潘鸿鼎

民选议员。1865—1915，字铸鱼，江苏宝山人，乃著名社会学家潘光旦之父。早年肄业龙门书院，1897年中举，次年会试中进士，旋即改翰林院庶吉士，1900年散馆授翰林院编修，充国史馆协修。时值新政勃兴，乃入进士馆习法政，毕业后派赴日本考察。1907年任宝山绘文学堂堂长，培养宝山县、昆山县的土地清丈人才。1908年筹设蚕桑学堂，提倡实业；任宝山县清丈局长。民初任国务院参事，1915年去世。辑有《续东华录》等传世。任资政院议员座位号为120，于第一次常年会共发言10次。

彭运斌

民选议员。1865—？，字佑文，河南邓州人。日本法政大学毕业，1903年中举，1904年中进士，历任翰林院编修、刑部主事、河南优级师范学校监督。1908—1909年回原籍帮助河南巡抚吴重憙筹建河南省谘议局，1909年被选为河南谘议局议员。入民国后历任河南临时省议会议员、洛潼铁路协理、河南水利会会长、众议院议员等。1919年去世。平生多有善举，如水灾后多方筹款、组织平粜以救济灾民，使数万人不致成为饿莩。任资政院议员座位号为162，于第一次常年会共发言2次。

彭占元

民选议员。1870—1942，字青岑，又名东半，山东鄄城人。附生，1903年毕业于山东优级师范学校，随后留学日本，入法政大学速成科。在日本读书时即加入同盟会，被推为山东同盟会支部长。回国后创立普通中学，1909年被选为山东谘议局议员。1911年辛亥革命爆发，积极响应，被选为山东独立会副会长，后成为组织南京临时政府山东代表。入民国后先后担任南京临时参议院议员、北京临时参议院议员、众议院议员等。后不满军阀混战，遂辞职返回故里，投身于家乡教育事业，集各乡绅士募捐创办南华小学；带头捐出家中宅基地，建彭楼小学堂。1935 年黄河决口，彭氏在家乡主持赈灾修堤，造福乡梓。晚年定居曹州，经营盐务。抗战爆发山东沦陷后，坚拒日本出山要求。任资政院议员座位号为 156，于第一次常年会共发言 2 次。

溥伦

议长。1874—1927，字煦斋，满洲镶红旗人，本皇族亲贵，乃道光之曾孙（道光帝长子隐志郡王奕纬的长孙、贝勒载治第四子）、宣统之从兄。因咸丰只有一独子同治，同治又无后，所以道光之后裔为晚清皇室最核心层。1884 年袭封贝子爵位，后加贝勒衔，成人后以皇族宗室而特受重用。1904 年以朝廷特使身份赴美，主持办理圣路易万国博览会。在这次出访中，他大开眼界，应邀参加了各种庆典，带去的瓷器、茶叶、丝绸、地毯等几乎销售一空。他还考察了美国的宪政，向各地华侨和记者表示了自己急图自强、振兴国脉以改变积弱局面的决心，表示自己归国后一定在教育方面努力，《纽约时报》评价溥伦为清皇室中"最为民主的成员"。1907 年 8 月任崇文门正监督这一要缺，9 月任资政院总裁，时年 31 岁，为清朝廷着意培养主持新政的宗室人才；同年冬天又以全权大臣的身份报聘日本，重点考察日本国会制度。回国后见闻日增，颇获慈禧和光绪的青睐。在担任资政院总裁期间，主持第一次常年会，于调停新旧议员、沟通议院与朝廷颇为得力。1911 年转任农工商部大臣，辛亥革命爆发后，赞同清帝逊位，在南北和谈之时担任清廷代表。清亡后曾一度向袁世凯劝进，获封参政院长。袁氏失败后转而支持溥仪。1927 年病逝于北京。

溥善

1853—？，满洲正蓝旗，宗室。1872 年由荫生以主事用，签分工部。1875 年承袭一等奉国将军。1883 年升员外郎，1885 年为郎中。次年奉旨以四五品京堂补用。1891 年补授鸿胪寺少卿，次年补授为太常寺少卿、太常寺卿，1894 年补授内阁学士，1895 年任礼部侍郎，次年调吏部侍郎、国史馆清文总校。1903 年充左翼监督，次年即在任内因失察税契被革职。1919 年 12 月 8 日补授内阁学士兼礼部侍郎衔，后署农工商部右侍郎、实录馆满副总裁。1911 年 7 月 20 日获授典礼院学士。第二次常年会被补授为资政院钦选议员中的宗室王公议员。

齐树楷

民选议员。1869—1953，字荫斋，号隐斋，直隶蠡县人。1893 年中举，见国事日非，遂放弃仕途，潜心在家乡办教育，曾在高阳教书，从学者甚众。留学日本，先后在早稻田大学开设的政法特别班、日本法政大学学习。回国后本拟先回高阳继续教书，刚至天津，因直隶省财政厅长高凌蔚挽留，任财政厅课长，数月后即辞职创办天津私立法政学校，后又在天津创建觉民中学，在保定创办育德中学。1909 年被选为顺直谘议局议员。1911 年先后加入帝国宪政实进和宪友会。入民国后历任北京将弁学堂监理员、天津私立法政学校校长、京兆尹公署内务科长，后长期担任北平四存（存性、存学、存治、存人）学校校长。一生致力于教育事业和传统文化的整理与研究。辑著有《移民论》《论语大义》《史记意》《中国名学考略》等。任资政院议员座位号为 106，于第一次常年会共发言 23 次。

齐忠甲

1864—1920，字迪生，号慎之，又号贤舟，吉林伊通人。1891 年中举人，1894 年中进士，改翰林院庶吉士。散馆后授翰林院编修。1903 年任浙江乡试副考官，曾讲："不通经义，不足以佐君临民。"1908 年任掌贵州道监察御史。曾奉旨复查署理黑龙江巡抚段芝贵献妓贿赂庆亲王奕劻之子载振一案，使得案情大白，段芝贵和载振皆去职。因为对东北的熟悉，1909 年向朝廷上折，请改革东三省官制，尤其是裁撤督抚同城的奉天巡抚，得以精简机构和冗员。此次查案，齐氏以不畏权贵誉满朝野。资政院第二次常年会被补为资政院议员。入民国后，进赵尔巽主持的清史馆，任校勘兼协修。1917 年任第二次中华民国临时参议院议员、宪法起草委员会候补委员。

钱承鋕

各部院衙门官议员。1874—？，字彦慈，浙江杭州人。考取秀才后留学，入京都帝国大学法律系，回国后参加清廷留学生考试，被授予法政科进士，历任农工商部员外郎兼造币总厂副监督、度支部田赋司郎中、度支部会计司司长、大理院推事、京师法律学堂教员、京师大学堂教务长。1911 年于资政院第二次常年会被补为资政院议员。

庆蕃

各部院衙门官议员。1868—？，满洲镶白旗人，为礼部尚书贵恒之子。荫生，曾以兵部职员参议立宪事宜，1910 年 3 月 19 日转补陆军部左参议，1910 年 12 月 14 日补授福建兴泉永道、厦门道等。1921 年北京政府任命其担任正白旗满洲副都统。任资政院议员座位号为 58，于第一次常年会未见其发言记录。

庆将军

宗室王公世爵议员。即庆恕，1840—1919，字云阁，满洲镶黄旗人，室名养正山房。1870 年中举，1876 年中进士，被授予户部主事，不久升任员外郎、郎中，1896 年因京官考核卓异，被任命为凉州知府，不久转任兰州知府。1904 年升任青海大臣，二等侍卫，奉国将军。年轻时喜读儒书，但未及岐黄。年 26 岁时，其母有病几为庸医所误诊，"因思为人子者，不可不知医"，开始学习"岐黄之术"，购书苦读，涉猎十载，稍能入室，渐渐对中医造诣精深，于 1896 年初在北京出版《医学摘粹》一书，在晚清医学界影响很大。民国成立后由西宁返奉天家居。他居官 30 余年，医书从未释手，且结重案，平番乱，政绩卓著，清廉自持。解任之时，幸赖同乡、同仁资助，始得返回，赁屋以居，行医自给。由于中医学术造诣较深，曾被张奎彬聘为"中国医学研究所"名誉所长。医术精湛，疗效显著，受人敬重。任资政院议员座位号为 14，于第一次常年会未见其发言记录。

庆山

民选议员。生卒年不详，吉林省吉林府人，隶属满洲正蓝旗，1872年出生，曾任二品衔分省试用道、吉林自治会副会长等，积极参与国会请愿运动。任资政院议员座位号为 103，于第一次常年会未见其发言记录。

渠本翘

民选议员。1862—1919，原名本桥，字楚南，号湘笙，山西祁县人。其家以开票号致富，在山西同业中很有名。为家中长子，早年即博通经史，有"神童"之誉，1886 年参加乡试，中解元。1892 年中进士，授内阁中书。后曾游学日本。回国后历任翰林院编修、内阁中书，1902年与乔家合资，开办山西很早的民营企业双福火柴公司。1903 年以外务部司员派驻日本横滨总领事，1905 年回国，创办祁县中学堂，并着手经营票号。1906—1907 年领导从英国人手中收回福公司矿权运动，成立保晋矿务公司，任总理，朝廷以其功劳，赏其四品京堂衔。因其经理有方，数年后即成为山西金融界翘楚。1909 年被授予三品京堂候补，作为议事部副总参议参与山西谘议局筹备，谘议局成立后被选为议员，积极加入速开国会运动，曾签名于《国会代表请愿书》。1909—1910年间曾任山西大学堂监督。因国会请愿活动失败，思想发生转变，倾向于革命。于资政院第一次常年会第十二次会议上宣告辞职，在十四次会议上由刘懋赏替补。辛亥乱起，被阎锡山委任为财政部委员，筹款支持独立。同时被清政府加授典礼院直学士，简派为山西省宣慰使，几经犹豫才勉强上任，不久即辞职。之后一直隐居天津，不再出仕，致力于收藏和著述，广购珍版古籍与名家字画；征集文献，整理刊行。林琴南在《祁县渠公墓表》中云："少有检格，于文史多有所涉。既遭国变，无聊不平，一寓之于酒，想其酒酣耳热，西望崇陵，血泪填满胸臆矣。"任资政院议员座位号为 165，于第一次常年会共发言 5 次。

全公

宗室王公世爵议员。即全荣，生卒年不详，东陵守护奉恩镇国公，曾于 1906 年入陆军贵胄学堂学习。任资政院议员座位号为 7，于第一次常年会共发言 4 次。

荣公爵堃

满汉世爵议员。即荣堃，生卒年不详，汉军正白旗人。委散秩大臣，稽查三海大臣，续顺公。任资政院议员座位号为37，于第一次常年会未见其发言记录。

荣公爵泉

满汉世爵议员。即荣泉，满洲镶黄旗人，委散秩大臣，三等承恩公。任资政院议员座位号为32，于第一次常年会未见其发言记录。

荣厚

各部院衙门官议员。1873—？，字淑章（一作叔章）、仆伲，号朴斋、不成山民，满洲镶蓝旗人。贡生，考中库使，选授刑部赃罚库库使，补授笔帖式，保升主事。历充工巡总局委员、内城巡捕西局帮办、总办，京察一等，保升以刑部员外郎，即补外城西分局帮办、内城巡捕、东局总办，调署内城巡警总厅警务处参事官，补总务处佥事、民政部参议上行走、奉天民政局佥事、署锦州府知府、奉天候补道、四品卿衔奉天清理财政正监理官等。入民国后曾任南京临时参议院参议员、奉天内务司长、奉天辽沈道道尹、黑龙江省财政厅厅长、吉林省财政厅厅长。伪满时期，历任中央银行首任总裁、参议府参议兼满日文明协会会长等职。任资政院议员座位号为71，于第一次常年会未见其发言记录。

荣凯

各部院衙门官议员。1858—？，字佩卿，满洲镶黄旗人。出生于奉天新民，生员，曾任新民府参事会长、新民县保卫团总理、巩昌府知府、花翎盐运使衔理藩部郎中等。任资政院议员座位号为51，于第一次常年会未见其发言记录。

荣普

宗室觉罗议员。1850—？，满洲正蓝旗人。即补知府。任资政院议员座位号为43，于第一次常年会未见其发言记录。

睿亲王

钦选宗室王公世爵议员。名魁斌，1864—1915，12岁袭爵，后历任镶白旗满洲都统、宗人府右宗正，是第十二代，也是最后一位睿亲王。生活腐朽，见识浅陋，乃清室衰败之象征。任资政院议员座位号为1，于第一次常年会未见其发言记录。

润贝勒

宗室王公世爵议员。即载润，1878—1963，字寄云，号德轩，常号渊清堂主人，惠亲王奕详长子。自幼在府上学习满文、汉文，1886年袭爵。1889年光绪大婚，获恩赏入上书房读书。1895年充御前行走。1896年为右翼近支第三族族长。1905年署理泰宁镇总兵兼管内务府大臣。1909年出任正黄旗总族长，补授正黄旗汉军都统。1910年出任陆军贵胄学堂大臣；1913年补授紫禁城小朝廷御前大臣等职。从1924年始，居家赋闲，读书以自娱。1949年后被聘为北京市文史馆馆员。一生工书善诗。任资政院议员座位号为5，于第一次常年会共发言14次。

色郡王（锡林郭勒盟）

外藩王公世爵议员。即色隆托济勒，1882—1938，御前行走，1902年袭爵锡林郭勒盟札萨克多罗额尔德尼郡王。入民国后曾支持外蒙古活佛哲布尊丹巴的独立活动。任资政院议员座位号为20，于第一次常年会未见其发言记录。

色郡王（昭乌达盟）

外藩王公世爵议员。即色凌敦鲁布，1863—1933，成吉思汗第二十九代孙，1887年在乾清门行走，1894年加辅国公衔，1905年初任御前行走，1906年袭爵多罗郡王，1911年任敖汉右翼旗札萨克多罗郡王。中华民国成立后，为加强蒙汉关系，晋封亲王。任资政院议员座位号为19，于第一次常年会未见其发言记录。

商衍瀛

1871—1960，字云亭，号蕴汀，祖上因驻防广州，生于广东番禺，汉军正白旗人，著名学者商衍鎏之兄。1903年中进士，入翰林院，散馆后授编修、侍讲、京师大学堂预科监督。1908年赴日考察学制，归来后大力推动京师大学堂的改革，在创建大学分科教育体系方面出力甚多。1911年任京师高等学堂监督、侍讲衔翰林院秘书郎，于第二次常年会被补为资政院议员。清亡后作为遗民隐居青岛，与劳乃宣、刘廷琛相往还唱和；与传教士卫礼贤等合作外译中国古代文献。一生忠于清廷，溥仪大婚后被赐南书房行走。伪满洲国成立后，任执政府秘书、宫内府会计、审查局局长、内务处处长等职。1936 年，辞职后居家长春。1947 年至北平，鬻字为生。1956 年被聘为中央文史研究馆馆员。除跟随溥仪外，还做了大量的慈善工作，救济了不少难民。临终前有《垂暮自题》诗，云：殉道殉身衷一是，唯从初念见其真。杀机人发天反复，直道心存动鬼神。稚柏能安冰刺骨，贞松宁畏麝成尘。纷纷成败归元理，定论留将后世人。

邵羲

民选议员。1875—1918，浙江杭州人，原名孝羲，字仲威，号蕙孙。廪贡，袭云骑尉世职。曾任上海南洋公学译书院日文翻译，后赴日本法政大学学习。其间加入孟森等人发起的法政学交通社，参与创办《法政交通社杂志》。1907 年归国，历任预备立宪公会事务所编辑员、预备立宪公会商法编辑所编辑、《中国商事习惯调查案理由书》编辑员等，为《法政杂志》的发起人之一，积极参与晚清商事立法活动和速开国会运动，曾于 1908 年夏间在《中外日报》公开发表《代拟浙江士民请开国会公呈》，作为浙江代表赴京，请都察院呈递速开国会请愿书。1909 年担任浙江省地方自治和谘议局筹办处司选科科长，被选为浙江省谘议局议员。1911 年与沈钧儒等发起创刊《法政杂志》，加入宪友会。1912 年加入了杨度组织的共和促进会，为袁世凯出任临时大总统有所筹划，一度担任安徽省芜湖关监督。后列名筹安会、宪政协进会。著有《民律释义》《世界列国议会组织一览表》《地文学问答》《十九世纪列国政治文编》等，译有《日本宪法解》等。任资政院议员座位号为 137，于第一次常年会共发言 159 次。

沈家本

副议长。1840—1913，字子惇，别号寄簃，出身于浙江湖州的书香门第。其父沈丙莹 1845 年中进士，曾为刑部主事、员外郎、郎中等职，谙熟律例。五岁随父至北京，禀承父学。1864 年由监生报捐郎中，签分刑部，自此开始学律。1865 年举乡试，此后却连年失意科场，1883 年得中进士，朝考引见，奉旨以刑部郎中即用。之后在刑部历任奉天司主稿兼秋审处坐办、律例馆帮办提调、协理提调等职，精研案牍、奏谳之学，"以律鸣于时"。1893 年出任天津府知府，1897 年调保定府知府，1900 年升署直隶按察使。尚未成行，庚子拳乱事起，八国联军入保定，沈家本因曾于保定教案力争，受诬告曾助拳匪，遭拘留入狱数月。获释后到西安行在，不久擢升刑部右侍郎。1902 年被任命为修订法律大臣，主持了长达十年的晚清法律改革。历任大理院正卿、法部右侍郎、资政院副总裁等职。1911 年任法部左侍郎、袁世凯内阁司法大臣。1913 年病故。作为晚清法律改革的最重要主持者，他在中国法律近代转型中起了举足轻重的作用。

沈林一

硕学通儒议员。1866—？，江苏无锡人。举人，历任山西试用道、官报局局长、宪政编查馆统计局局长、政务处提调、广西桂平梧道。对地理学有一定造诣，著有《五洲属国纪略》《亚洲各小国纪略》《中西钱币考略》等。任资政院议员座位号为 87，于第一次常年会共发言 51 次。为保守议员之代表。故倾向于激进的《民立报》批评其有两副面孔，一副对于政府尽其议员义务，一副对于议员尽其抵抗议员之手段。

盛将军

宗室王公世爵议员。即盛昆，1876—？，肃亲王豪格后裔，父为辅国将军恒训。袭爵奉国将军，掌浙江道监察御史。任资政院议员座位号为 13，于第一次常年会未见其发言记录。

世珣

宗室觉罗议员。1871—？，满洲镶白旗人。1906 年任辽沈道监察御史。任资政院议员座位号为 39，于第一次常年会未见其发言记录。

寿公

宗室王公世爵议员。即寿全，1861—1914，奉恩辅国公。任资政院议员座位号为 8，于第一次常年会未见其发言记录。

书铭

民选议员。1873—？，字祉贞，奉天开原人。附生，曾选用巡检，在日本法政大学接受新式教育。为庆恕将军之门人。师生同为资政院议员，也属佳话。任资政院议员座位号为 101，于第一次常年会共发言

2 次。

顺承郡王

宗室王公世爵议员。即纳勒赫，1881—1917，礼亲王代善后裔，曾在陆军贵胄学堂学习，第十五代顺承郡王，1881 年袭爵。任资政院议员座位号为 3，于第一次常年会未见其发言记录。

司公

外藩王公世爵议员。即司迪克，生卒年不详，新疆巡检属回部辅国公。任资政院议员座位号为 27，于资政院第一次常年会未见其发言记录。

宋振声

纳税多额议员。生卒年不详，字鹭于，甘肃狄州道（今临洮县）人，拔贡，曾任长芦盐务缉私营帮统。1911 年加入帝国宪政实进会。民初曾担任北京临时参议院参议员、安福国会众议院议员。任资政院议员座位号为 95，于第一次常年会共发言 2 次。

孙以蒂

纳税多额议员。生卒年不详，奉天复州（今辽宁新金）人。任资政院议员座位号为 89，于第一次常年会共发言 1 次。

索亲王

外藩王公世爵议员。即索特那木扎木柴，1881—？，乾清门行走，盟长副将军，1886 年袭爵骞因济哈图部落札萨克和硕亲王。任资政院议员座位号为 16，于第一次常年会未见其发言记录。

谈铖

民选议员。1854—？，湖北兴山人。拔贡，曾任湖北农务学堂堂长，1909 年当选为湖北省谘议局议员，是著名学者谈锡恩之父。任资政院议员座位号为 147，于第一次常年会共发言 2 次。

汤鲁璠

民选议员。1857—？，号稚庵，湖南善化人。举人，曾办理湖南陆军小学，据革命党人宁调元云，此期间，"种种弊窦，湘人闻之切齿"。历任云南候补道、署粮道，云南讲武堂总办。吴恭亨曾有《代挽汤鲁璠联》，大致道出其生平："两庠为后进，六诏纛属僚，临安平贼又厕前驱，大风嘘送羽毛，提携跻我青云上；八桂荐特科，三湘督团练，资政开山俨称代议，改玉暌违颜色，丧乱哭公沧海流。"1909 年当选为湖南省谘议局议员。任资政院议员座位号为 150，于第一次常年会未见其发言记录。在资政院议员记名投票表决剪发易服议案时，汤没有出席会议，有议员冒其名投票，还在议场引起了小风波。

唐右桢

民选议员。1851—1925，本名滋棠，榜名佑祯，字咏南，湖南常德人。年少时家贫，无钱延师。年届束发，才寄读于舅家。手不释卷，发愤读书。弱冠中秀才。二十岁成为廪生，1876 年中举。因父母年高，家境贫困，只好放弃功名，设馆授徒，后在慈利渔浦书院讲学。1889 年中进士，旋改翰林院庶吉士，即丁母忧。散馆后于 1892 年任广西融县知县。在任肃清匪患，清断狱讼，倡办书院，发展新式学堂教育，政声显赫。1898 因父亲年高病重，获准卸任回乡。为造福乡梓，主讲德山书院，出任西路师范学堂监督，并在县城东湖巷与维新志士戴展诚创办了明达学堂，为县内普通新学之始。1909 年当选为湖南省谘议局议员。生前著有《退翁琐记》一书，可惜今已失传。其书法笔锋雄奇，刚劲有力。有题岳阳楼楹联传世，云："仙去避妖氛，三醉千秋，上界也应怜下界；楼存思政绩，重修一辙，后贤当不让前贤。"任资政院议员座位号为 152，于第一次常年会未见其发言记录。

陶葆廉

硕学通儒议员。1862—1938，字拙存，别署淡庵居士，两广总督陶模之子。为劳乃宣之婿。翁婿同为资政院硕学通儒议员，政治主张亦相近，实为资政院人事一段有趣掌故。浙江秀水人，少年入学，为优贡生，秉性俭约，好学不倦，博览群书。1891 年随父万里入新疆，以日记方式记述途中所见所闻，著成《辛卯侍行记》，是晚清西北史地学的一部力作。1902 年代理浙江大学堂总理，1907 年应召入对内廷，授陆军部军机司郎中，历任财政处总办、记名提学使、弼德院参议等。著有《求己录》，说时务而引诸宋儒之说为本，甚得时誉，有"通才"之称。

辛亥革命后寓居上海，对嘉兴地方公益事业颇多关注。1914 年，浙江通志局成立，被聘为分纂，对整理地方史料颇多贡献。1919 年 11 月，曾奉命会办苏浙太湖水利工程。抗战爆发后避居桐乡以终身。另著有《测地肤言》《舌鉴辨证》《医学答问》等。任资政院议员座位号为 88，于第一次常年会共发言 2 次。

陶葆霖

民选议员。1870—1920，字惺存，号景藏，浙江嘉兴人，两广总督陶模之子、陶葆廉之弟。兄弟两人一为钦选硕学通儒议员，一为民选议员，也称得上是资政院历史上的一则趣事。1895 年补嘉兴府学生员，后纳资为候选主事，居嘉兴，任邑学校长。1902 年游学日本法政大学，归国后特赏员外郎，应张元济邀请入商务印书馆。1904 年创立嘉郡图书馆。1911 年任《政法杂志》（商务印书馆创办，1915 年停刊）主编。清末民初活跃于法学界，其论宪政和法治的论述多被收入《惺存遗著》，由上海商务印书馆 1922 年出版，还有《陶模行述》一书传世。1919 年《东方杂志》遭陈独秀、罗家伦批评后，陶葆霖接替杜亚泉任《东方杂志》主编，直至去世。任资政院议员座位号为 139，于第一次常年会共发言 1 次。

陶峻

民选议员。1877—？，湖北孝感人。优贡，日本法政大学毕业。乃顶替被控在案的黄文润出任资政院议员。任资政院议员座位号为 148，于第一次常年会共发言 53 次。

陶镕

民选议员。1865—1924，字寿民，安徽舒城人，1886 年中举，曾任两淮补用盐经历。1898 年接受新思潮，拥护变法维新。后留学日本法政大学，在日期间加入同盟会。回国后积极参与安徽绅商争回路矿权利活动，1909 年当选为安徽省谘议局议员，曾签名于《国会代表请愿书》。1912 年加入统一党，任参事。1913 年被选为第一届国会众议院议员，曾与其他议员联名上书袁世凯，质问取消国民党议员之法律依据以及民国是否需要国会存在。1915 年列名杨度等领导的宪政协进会，上书袁世凯早登大位。后任湖北江陵县知事，在任严厉禁烟，缴获大量鸦片，并亲自督促将其销毁。1920 年任安徽财政厅厅长。任资政院议员座位号为 126，于第一次常年会共发言 62 次。

陶毓瑞

民选议员。1871—？，河南宝丰人。拔贡，1922 年曾担任众议院议员。任资政院议员座位号为 164，于第一次常年会共发言 1 次。

特郡王

外藩王公世爵议员。即特古斯阿勒坦呼雅克图，？—1916，内蒙古伊克昭盟鄂尔多斯左翼中旗人，博尔济吉特氏，成吉思汗 31 代孙，额尔齐木毕里克子。1902 年袭爵札萨克多罗郡王，任伊克昭盟副盟长。1911 年辛亥革命时，坚决反对外蒙古哲布尊丹巴策划的分离活动。1912 年以其翊赞共和，民国政府晋升其为和硕亲王。任资政院议员座位号为 22，于第一次常年会未见其发言记录。

万慎

民选议员。1856—1923，字斐成，原名万人敌，四川泸州人，监生。生前丧父，生后丧母，由伯母、三叔抚养成人。18 岁时受四川学政张之洞的赏识而被破格拔为秀才。张之洞勉励其"才诚堪敌万人，然以此命名，毋乃涉夸"，为之改名"慎"。1882 年捐资为翰林院孔目，以"小京官"资格赴顺天府乡试，不第。后又多次乡试不第。1893 年入川东兵备道黎庶昌幕府。甲午战争期间，入山东巡抚李秉衡幕。后任川南书院、鹤山书院、安岳凤山书院山长等。1904 年任永宁中学堂、叙永中学堂教席。1909 年任泸州中学堂校长，被选为四川谘议局议员。1912 年曾入驻泸州川军第一师师长周骏幕，后任铜梁县知事。1913 年分发江西九江县，因铜梁判词失当（民国法律，死刑只有枪决而无斩首）被人揭得布告原件邮寄北京大理院，旋被撤职。1916 年出狱后家居，注热情于方志之编纂，担任叙永、泸州修志局总纂。一生长于对联，其所总纂的光绪《续修永宁县合志》在记载晚清新事物方面很有特色。吴虞有《题万慎子文》诗，云："七载京华笔有神，扬云秋室任生尘。乱头粗报堪倾国，海水天风渐逼人。"任资政院议员座位号为 182，于第一次常年会共发言 11 次。

汪荣宝

各部院衙门官议员。1878—1933，字衮甫，小字梦珊，号太玄，江苏吴县人，汪凤瀛长子。9 岁即熟读群经，文辞斐然。1893 年以优等送江阴南菁书院。1897 年拔贡，次年朝考，除七品小京官，签分兵部。1900 年庚子国变，赴南洋公学为师范生，有江南才子之名。1901 年自费留日，进入日本早稻田大学及庆应义塾，治东西洋历史，旁逮政法。求学时即为留学生中领袖，参与雷奋等组织译书汇编社，著有《中小学中国文典》与《中国史教科书》。1902 年与张继等组织青年会，明白揭示以民族主义为宗旨、破坏主义为目的，此为留学生中最早之革命团体。回国历充京师译学馆教员、补巡警部参事、民政部左参议、协赞宪法大臣、民政部左丞，很为军机大臣奕劻及肃亲王善耆等器重。清末宪法，属草为多；宪政馆拟的《资政院章程》《谘议局章程》多出其手笔；于汪精卫刺杀载沣案，曾出大力使汪免于难。民元复被举临时参议院议员、众议院议员、1914 年出任比利时全权公使兼考察宪法。袁世凯称帝前欲召其任以法制，答以"愿公为华盛顿，不愿公为拿破仑也"。1918 年任驻瑞士公使，1922 年始任驻日公使十年之久，九一八事变之后主张未被当局采纳，自此不复论国事。工诗词与考据，书法亦颇有名。于过世后，章太炎撰有《驻日本公使汪君墓志铭》。著有《汪荣宝日记》《金薤琳琅斋文存》《法言义疏》《清史讲义》《清会典台湾事例》《思玄堂诗集》等，编有新名词工具书《新尔雅》等。任资政院议员座位号为 73，曾充任法典股副股员长，于第一次常年会共发言 279 次，乃钦选议员最活跃者。其中《汪荣宝日记》是研究晚清法政的珍贵材料。他在担任资政院议员时期颇为舆论所讥讽，认为其有两面派的投机嫌疑，在议场慷慨陈词，昏夜却奔走于权贵之门。

汪龙光

民选议员。1862—？，字勉斋，江西浮梁人。1893 年中举，曾任内阁中书，在南浔铁路局任过事，工诗。九江琵琶亭有其对联"忽忆故乡，为问买茶人去否；只余风月，依然司马客归时"。1909 年被选为江西谘议局议员，后为常驻议员，曾有《禁烟项下抽捐案》《修正普及教育议案意见书》等。曾签名于《国会代表请愿书》。1910 年第一次谘议局联合会成立，当选为审查员，提出各省衙门局所卷宗应登报公布议案。1911 年先后加入辛亥俱乐部和宪政实进会。四川谘议局负责人被总督拘捕，他与其他议员一起拜谒副议长达寿，请其转达内阁，不要听信四川总督赵尔丰一面之词，遽指谘议局负责人为乱党首要。任资政院议员座位号为 129，于第一次常年会共发言 74 次。

王玉泉

民选议员。1866—1914，字濂溪，奉天海城人，1885 年中举后在腾鳌设馆教学，后曾任拣选知县、奉天自治养成会会员、奉天自治调查员、奉天谘议局筹备处顾问。1909 年被选为奉天谘议局议员。后出任宁远州知州，不久因双亲年迈多病而辞职，病逝于乡。任资政院议员座位号为 100，于第一次常年会未见其发言记录。

王鸿图

纳税多额议员。1874—1932，字筱斋，云南弥勒人，著名商人。作为长子，他继承父亲王炽产业，经营"同庆丰"商号，更以生产蔗糖致富，担任云南商会总理，捐了道员，短期东渡日本考察。他联合 19 位云南富商向云南劝业道禀呈，于 1910 年成立商办的云南耀龙电灯有限公司，任董事。1912 年，合伙建立中国第一个水电站，即云南石龙坝水电站，还筹建了自来水公司。到辛亥前后，与清王朝关系密切的"同庆丰"产生了巨大的亏损。当时借贷给清王朝各级官员的公私款无处讨要。因经商失利，晚年穷困潦倒而过世。任资政院议员座位号为98，于第一次常年会未见其发言记录。

王季烈

1873—1952，字晋余，号君九，又号螾庐，江苏苏州人。1894 年中举，后到浙江兰溪作幕宾。1896 年到上海，任《蒙学报》助理编辑，旋即入上海江南制造局，与傅兰雅合作翻译了《通物电光》一书；自学物理学，将藤田丰八翻译的教科书重新编写，并定名为《物理学》（1900—1903 年由江南制造局刊行）。1900 年入汉阳制造局，受到张之洞器重。1904 年中进士，受张之洞保荐，任学部专门司郎中，兼京师译学馆理化教员、监督。在此期间，主持编印了《物理学语汇》，同时又兼任商务印书馆理科编辑，翻译、编写了多种理化教材，并在北京创办五城学堂。1911 年于第二次常年会期间被补为资政院议员。入民国后脱离政界，从事实业和教育工作。在天津办乐利农垦公司、华昌火柴公司、扶轮小学、扶轮中学等。国府成立后，在大连作寓公，兼从事房地产生意。伪满洲国成立，任宫内府顾问。1933 年辞职后居住在大连和苏州，更潜心昆曲。多年前即在天津创办业余昆曲社"景璟社"（景仰明代戏曲家沈璟）。

王璟芳

各部院衙门官议员。1876—1920，湖北恩施人，16 岁中秀才，乡人誉为"施南才子"。1899 年以官费东渡日本留学，入高等商业学堂。在日本时，是留日学生组织励志会的重要成员，属于其中的激进一派。与康、梁来往密切，曾为张之洞所指斥，认为他"所发议论，专宗《清议报》之邪说，设立私会，奖助乱人，赞美逆谋，极为悖谬"。1904 年归国，为湖北学务公所监督梁鼎芬、湖北巡抚端方所动，忏悔在日期间的激进行为，清廷赏以钦赐商科举人，敕予"破格奖用"，任度支部主事。辛亥变起，同官多散去，独留衙署，升为度支部右参议。1912—1913 年署理北京政府国务院审计处总办，着力划分两税和复验土地旧契；1916 年出任山东财政厅长，曾考察各省及美洲财政，成为民初有名的财政专家。后任财政部次长，在任内创设财政印铸局，专门印刷纸币，鼓铸银铜等硬币，又创设财政人员讲习所、北京证券交易所等。1918 年被选为众议院议员，时身体已衰，但信佛尤力，后卒于京师。作为我国最早留学日本归来的一批会计学者，对我国近代审计理论建设、审计实务的开展和审计人才队伍建设，起了开创性作用。任资政院议员座位号为 67，于第一次常年会共发言 51 次。

王绍勋

民选议员。1857—1923，字熙陶，晚号池山遗黎，河南辉县人。1885 年中举，1889 年中进士，交吏部掣签，分发各省以知县即用。出任蓬莱知县，任内关注民生，重视书院，选吴佩孚为秀才，并多加关照。旋丁母忧，期满后主讲于新乡郦南书院。不久回乡开挖煤矿，任宏豫铁厂总理。1909年因为他在地方上的贡献被选为河南谘议局议员。清亡后返回家乡，自此田园耕稼，课子读书，潜心《周易》，埋头著述，有《周易遵孔一贯解》传于世。其间仅1920年出任辉县第一任水利分会会长，筹划兴修水利，以改变地方十年九旱的穷困面貌。因其在蓬莱知县任上对吴佩孚有知遇之恩，故吴佩孚为其撰《诰授朝议大夫赐进士出身山东蓬莱县知县王君墓志铭》。任资政院议员座位号为160，于第一次常年会共发言5次。

王廷献

民选议员。1871—？，广东海阳人。举人，曾任潮州郡城保安局董事、度支部郎中，1909年被选为广东谘议局议员。任资政院议员座位号为185，于第一次常年会未见其发言记录。

王廷扬

民选议员。1866—1937，本名王景福，字孚川，1905年任留日学生监督时改字维新，廷扬为其榜名，浙江金华人。从小家境贫寒，由外祖父资助并授读。1898年中进士，任工部屯田司主事、知县加同知衔、襄办龙州边防。亲历甲午、庚子事变，朝局日非，维新救国之念愈烈。1905年东渡日本，任留日学生监督，兼习法政之学。其间加入同盟会，晤孙中山，后颇有书信往来。回国后历任浙江两级师范学堂监督、浙江省视学等职。1907年，清政府以苏杭甬铁路权抵押向英国借款，浙江各界人士开特别会抵制，被推举为副会长，主持会务，颇得人望。1909年被选为浙江谘议局议员。入民国后，任浙江省都督府顾问，出任义乌县民政长。后当选第一届国会众议会议员、浙江省议会议员。1914年起，任江西高等审判厅书记官长。1921年联省自治风潮兴起，积极参与浙江自治，发起省宪期成会，并制定简章，当选为第二届省议会议员。1924年自治法会议召开，被选为起草委员。曾在家乡创办蒲塘初级小学堂。回故乡省亲，每到村口，必下轿落马，步行而进。他说："桑梓父母出生之地，不敢妄自尊大。"1934年，蒲塘大旱，饿殍载道，毅然倾其所有购买粮食，拯救村民。晚年退出政坛，以书画自娱，颐享天年。1936 年在杭州举行七十寿诞宴会，蒋介石亲临祝寿。工书法，善榜书，常赖此自给。一生不置私产，至老栖止无所。在临终前数小时手书一联，云："少为身后子孙计，先恤眼前受苦人。"著有《湖山草堂集》《山鸟山花馆文稿》等。任资政院议员座位号为 136，于第一次常年会共发言 15 次。

王曜南

民选议员。1862—？，字有轩，号午天，甘肃静宁人。1888 年中举，1894 年中进士。其父王源瀚亦于 1886 年中进士，父子进士，在甘肃非常难得，成为该省科举佳话。曾参与康有为发起的公车上书，同时甘肃举子 76 人联名写了《请废〈马关条约〉的呈文》，王曜南具名第九。中进士后以四川即用知县去成都候差，任粥厂厂长，后被派朱窝屯员，委管孔撒、麻书、白利一土司兼代土勇，管理赋讼等事。1909 年被选为甘肃谘议局议员。辛亥革命后辞官归里，构筑学古书屋，教子读书，颐养天年。1920 年海原大地震波及静宁，全城房屋夷为平地，与有关人士合议，重建文庙，深受民众赞誉。有《学古轩诗草》行世。任资政院议员座位号为 174，于第一次常年会未见其发言记录。

王用霖

民选议员。生卒年不详，字靖宣，山西榆次人。1899 年任山东博平知县，任内很关注地方志的修纂。曾于 1907 年任保晋公司协理，1909 年被选为山西谘议局议员，1911 年任宪友会山西支部副干事。乃顶替被控在案的解荣辂出任资政院议员。任资政院议员座位号为 167，于第一次常年会共发言 6 次。

王昱祥

民选议员。1867—？，山东长山人。附贡生，曾任劝学会总董，1909 年被选为山东谘议局议员。任资政院议员座位号为 155，于第一次常年会共发言 3 次。

王佐

民选议员。1853—1931，字寄顾，浙江绍兴人。1889 年恩科举人，

1890 年任《上虞县志》分纂。为家乡教育事业倡导开拓，历尽艰辛，"广兴各种学堂，讲求切实有用之学，以图自强"，1898 年开办上虞算学堂。1903 年任八县学务公所纠察部长。还为故乡脱贫致富尽心竭力，1905 年任上虞县商务分会总理，1907 年任浙江省保路会副会长。1909 年被选为浙江谘议局议员。1911 年任永嘉教谕。不久即返回家乡，创设春泽垦牧股份有限公司，提倡实业，改良农田，振兴地方经济。后又创办春晖中学，出任校董事会首届董事长。一生主张教育和实业救国，并能身体力行，蔡元培赞他为"东南砥柱，学界泰斗"。任资政院议员座位号为 138，于第一次常年会未见其发言记录。

王佐良

纳税多额议员。1872—1935，字纬宸，山东兰山人，为将门之后，且有文才。后捐资为秀才、贡生，授江苏省候补道等。清末因多次剿匪，有功于地方稳定，为江北行督蒋雁行任命为海州军政支部长，进而担任赣榆县知事，兼任海属警备队统带官。1912 年就任江苏省赣榆县第一任民政长，长期主政赣榆县直到 1925 年奉系入主江苏。1927 年复任赣榆县县长。1928 年被北伐军逮捕，由南京特别法庭判处无期徒刑。1931 年保外就医，经历三年牢狱之苦，被"释放"回到老家时，身心交瘁，奄奄一息，不久过世。他认为振兴地方，实业尤为重要，种植技艺是"实业中一大要图"，尤其对赣榆更是如此，故著有《树艺浅说》，以为提倡。曾为自己的画像作"自嘲辞"，其文曰："体不胖，貌不扬，须稀眉浓，鼻高颈长。声粗而壮，色白而黄，心直口快无留藏。幼习科举业，壮且事农桑。虽秀才不酸腐，当少爷不荒唐。分统海胜军，身此列戎装。备员资政院，国事得参详。十载知事，捍卫家乡。愿祝永为军人，吁！建功立业于疆场！"足见其简略生平及志趣所在。任资政院议员座位号为 94，于第一次常年会共发言 44 次。

魏联奎

各部院衙门官议员。1849—1925，又名星五，字文垣，晚年号爨余老人，河南汜水人。幼年家贫，无力上学，乃常在私塾旁听，后受塾师赏识，得以免费入学。后来考入大梁书院。1882 年中举，1886 年中进士，以主事分刑部学习。历任刑部主事、员外郎、郎中，曾长期从事秋审事宜。1906 年中央官制改革后，任法部右参议、法律馆提调，1908 年 9 月 27 日转补法部左参议，1911 年 4 月 25 日署理法部右丞，1912 年 1 月 5 日转补法部左丞。"历刑部、法部垂三十年……治狱精审敏决，一字出入，终夜为之不眠。依弼教之旨，务求其平。"戊戌政变后，"心是康、梁之说而深病其太激。杞忧益深，感伤悲郁，发须为白"，于是自号"燹余生"。清亡后自忖从政无济时艰，回归故里。"及清帝逊位，食不下咽者累日，下诏前二日，浩然归里，自是亦绝口国是矣！"民初组织了漕粮商榷会，为河南各县成功实现减漕，减轻了当地的负担。晚年为建设郑州贾鲁河水利公司而奔走操劳，1916 年历尽艰辛修成"魏公堤"，减轻当地水患，在当地甚有口碑。"平生见义勇为，于一切公益事业，尤具热心。"一生的座右铭为："作人须竖起脊梁，不可阘冗，不可倚傍，不可存胜人之见，不可存自恕之心。""言必宗诸孔孟，行必期于久大。"其学宗宋儒，认为义利之辨是人禽之别，"卒前三日，尚为家人讲《孟子》数章，谆谆义利之辨"。晚年居山西平陆，课子教孙。过世后百姓以"魏公"尊之。著有《燹余诗集》《知行辩》和《减漕录》等。任资政院议员座位号为 63，于第一次常年会共发言 5 次。

文龢

民选议员。1874—？，谱名文廷良，榜名文廷楷，字狷庵，江西萍乡人。1894 年中举，考取内阁中书，捐纳道员职衔，奏调邮传部郎中，分发江苏补用道，后保送经济特科，受其兄文廷式影响，参与戊戌变法。1905 年随同载泽等出洋考察政治。1907 年经于式枚奏准，以随员身份出使德国考察宪政。后回江西充任学务议绅、女子师范学堂总理等，从中牟利，有"大运动家"之称。1909 年当选为江西谘议局议员，后为常驻议员，曾提交《彩票应禁及办法案》《限制米谷出口案》等。当选为资政院议员后，运用手段，联络亲贵，受载泽保荐，于 1911 年 1 月 18 日以江苏候补道四品卿衔充四川清理财政正监理官。民国成立任皖岸权运局局长，1917 年任陕西潼关监督，旋改任江苏烟酒公卖局局长、江苏省两淮盐运使、江苏财政厅长，曾被北京政府授予陆军少将衔。虽官运亨通，但官声不佳。任资政院议员座位号为 132，于第一次常年会共发言 28 次。

文溥

各部院衙门官议员。1870—？，蒙古正蓝旗人。1894 年中进士，授内阁中书。后入陆军贵胄学堂学习，任外务部郎中，1911 年 7 月 5 日补授浙江宁绍台道。编译有《平时国际公法》等。任资政院议员座位号为 68，于第一次常年会共发言 22 次。

文哲珲

各部院衙门官议员。1863—？，蒙古正黄旗人。举人，历任绥远旗员、绥远城协领、归化城副都统、理藩部郎中等。在归化城副都统任上，曾与督办垦务的绥远将军贻谷互讼，掀起了在晚清民初影响巨大、经年不结的贻谷被参案，"于垦政进行久参机要，悉其底蕴。官位既显，觉副都统去将军一阶耳，而贻谷目使颐令，无殊畴曩，文哲珲意不能平，遂交恶，驯致互劾，贻谷罪状乃上闻"。1910 年以理藩部郎中被钦选为资政院议员。任资政院议员座位号为 54，于第一次常年会共发言 1 次。

吴纬炳

各部院衙门官议员。1867—？，字经才，又字贞木，浙江钱塘人。1895 年中进士，改翰林院庶吉士，1898 年散馆授翰林院编修，历任云南乡试正考官、甘肃学政。1908 年任掌陕西道监察御史，1910 年任掌京畿道监察御史。曾上折奏请禁革买卖奴婢等。工诗，有少量诗作传世，是晚清较有风骨之言官。任资政院议员座位号为 77，于第一次常年会共发言 2 次。

吴赐龄

民选议员。1874—1911，别号荫久，广西融县人，出身于清贫之家，1893 年中乡试副榜，常帮人写状子，为主流社会所拒斥，但有一定的社会影响。1902 年当地水旱灾害并发，饥民与游勇相聚为盗，县内设安全局，被任命为督办。虽于 1904 年被撤职，但在省内已颇有人望。此后家居，提倡林业，振兴学校。1909 年被选为广西谘议局议员。

1910年进京参加国会请愿活动，担任第一届谘议局联合会审查员，联合会刊物《国民公报》的发行人和编辑。1911年成为宪友会的发起者和文书员，缺席第二届常年会。其间在上海抵达武昌过程中，因误会和无证件被俘，为仇人所害，觅尸不获。据其妻说，他在直隶石家庄时，被人喊出去而从此失踪，杳无音信。任资政院议员座位号为190，于第一次常年会共发言93次，为民选议员中激进者之一。

吴德镇

民选议员。1876—？，字清藩，号寅升，直隶新城人。1904年恩科进士，翰林院庶吉士，散馆获授翰林院编修。后入日本法政大学学习。1909年被选为顺直谘议局议员。入民国后曾任察哈尔政务厅长。任资政院议员座位号为111，于第一次常年会期间未见其发言记录。

吴怀清

民选议员。1861—1928，字廉期，号莲溪，陕西山阳人，祖籍湖北通山。两岁时，太平军扶王陈得才攻陷山阳，"方襁褓，匿岩洞噤不得啼，如是者数年"，终身不爱言谈，口齿讷讷，故自号"呐呐子"。"公生而岐嶷精明，内含外浑朴，不苟色笑。年二十列胶庠，名籍甚。商州牧李素器之，招致幕中，由是学益渊博"。1882年中举，1890年中进士，选翰林院庶吉士，散馆后授编修，任满秘书郎，京察一等。1902年任会试同考官；1903年奉旨典试山东，出任山东乡试副考官，后因丁父忧返乡，"朝夕啜泣者五六年"。三年丁艰期满，接受地方敦聘，先后出任商州中学堂监督、陕西师范学堂监督、省劝学所总董等，1909年被选为陕西谘议局议员。1910年以特旨任翰林院秘书郎、中英教育会会员，赏戴花翎加头品顶戴，诰授光禄大夫。在翰林院期间，修订完成《德宗实录》《宣统政记》两部翔实权威的编年体史料长编。清帝退位，以遗老自居，"恸宗社已墟，欲哭不可，益含辛茹叹，椎胸顿足，抑郁无可与语。俯仰身世，从此长为离乱人矣"，自号"哑道人"，以"朱耷（八大山人）第二"自诩，绝口不谈时事，著书立说以自娱。1914年民国政府设立清史馆，被馆长赵尔巽礼聘为协修，从始至终，历时十四年，撰《清史稿》之《地理志》陕西一卷、《食货志》征榷卷等。另有《关中三李年谱》、诗集《借浇集》刊行问世。工诗，兼擅书、画，在祖祠曾有楹联，可见其生平志业，"梓里别廿年，春梦方醒，愧乏余光及宗族；桑田经几变，冬心独抱，敢亏大节辱先人"。民国《山阳县志》的"吴怀清传"有这样的评论："总计一生学问行谊，俱臻极地。不立崖岸，不事躁进，行己于清浊之间，可谓笃行君子矣。"任资政院议员座位号为171，于第一次常年会期间未见其发言记录。其自述在资政院甚少发言的理由为："人杂言庞，多挟私植党。非其党，论虽正亦众嗤以鼻。道人虽欲鸣不平，而唇厚舌笨，口张面赤，仍嗫嚅不能发声，每呼负负。"

吴敬修

各部院衙门官议员。1867—1936，字念慈，号菊农，河南光州（潢川县）人，1894年中甲午恩科进士，改翰林院庶吉士，散馆后于1895年授编修，1901年调任广西学政。官至吏部右参议，候补三品京堂。入民国后曾担任肃政厅肃政史、平政院评事等。工书法，有《吴菊农日记》存世。任资政院议员座位号为69，于第一次常年会期间未见其发言记录。

吴士鉴

硕学通儒议员。1868—1934，字绢斋，号公𧶲，一号含嘉，别署式溪居士，浙江钱塘人。1892年中进士，高居壬辰科榜眼，授翰林院编修，1908年5月升任翰林院侍读，南书房行走、江西学政。1909年进呈《西洋通史》讲义，获得朝廷好评。多次就预备立宪上折，颇有见地，如1909年12月即上三折：申明裁夺议案权限折、各省议员宜限制兼差折、筹备立宪各省行政司法官吏宜慎择其人由宪政编查馆核复奉派折等。入民国后任清史馆纂修。近代著名藏书家、金石学家，以评骘金石、考订碑板、精研史籍而名重一时。与父吴庆坻笃志藏书，早岁有书屋名"含嘉室"；民国初因得商钟9件，遂以"九钟精舍"名其书室。著有《商周彝器例》《九钟精舍金石跋尾》《含嘉室诗文集》《含嘉室日记》《含嘉室自订年谱》等。任资政院议员座位号为79，于第一次常年会共发言4次。

吴廷燮

民选议员。1865—1947，字向之，又字次夔，晚年号景牧，江苏江宁人。1895 年中举，由誊录叙通判，1901 年调署太原府同知，翌年任太原府知府。1905 年补巡警部警政司郎中，后历任巡警部右参议兼宪政编查馆编辑、度支部参议、内阁法制院参议、暂署法制院副使、弼德院参议，参与了沈家本主持的晚清变法修律事业，多有著述。于 1910 年 11 月资政院第一次常年会第十七次会议上补选奉派为资政院议员，补江瀚缺。1912 年任袁世凯大总统府秘书。1916 年任政事堂主计局局长，兼任清史馆总纂。1928 年被阎锡山聘为顾问；因曾为张学良史学老师，后被张聘为奉天通志馆总纂，为《奉天通志》补撰大事沿革、职官、金石诸志。1931 年返回南京。惜晚节不保，曾担任汪伪政权监察院监察委员。1947 年被聘为国民政府国史馆纂修。是民国时期学者和史学家，精力过人，博闻强记，喜研讨近代历史，精于表谱学之研究，专力于史籍及其他有关方镇资料的研究，著有《景牧堂文集》《明督抚年表》《唐方镇年表》《东三省沿革表》《晋方镇年表》《北宋经抚年表》《南宋制抚年表》等。任资政院议员座位号为 85，于第一次常年会共发言 4 次。

希公爵

满汉世爵议员。即希璋，生卒年不详，蒙古正白旗人，正红旗汉军副都统，一等义烈公。任资政院议员座位号为 29，于第一次常年会未见其发言记录。

锡嘏

各部院衙门官议员。1874—？，满洲镶蓝旗人。贡生，候补四品京堂，1910 年 3 月 19 日补授陆军部右参议等。为人豪侠，仗义疏财，颇有古风。其父过世时留给其遗产多达 30 万两白银。见诸亲友多贫困，于是出 10 万两分给他们。八国联军入京，因为住所离城市较远，免于焚掠，为拯救被难亲友，又花费 10 余万两。他有一个经营洋货店的朋友，因为欠债的原因，同业商会商定发彩券拍卖，中头彩者即得该店，恰好他得了头彩。有人愿出 10 万两白银购买这个头彩，他予以谢绝，无偿送还其朋友，嘱咐他好自经营之，"其友不安，坚请其领受此店。竟焚票据，避匿西山"。任资政院议员座位号为 50，于第一次常年会未见其发言记录。

席绶

纳税多额议员。1886—1945，又名席启骝，字季五，又字克南，湖南东安人，乃清代名臣席宝田之子。附生，后自东安民立高等小学校毕业，加入同盟会，任同盟会湖南支部副部长，法部郎中，创办《国民日报》与《国风日报》。入民国后历任湖南南路保安总会会长。1913 年当选为第一届国会众议院议员。在长沙创办《天民日报》，被查禁后在上海创办《太日报》，反对袁世凯专权和称帝。后随孙中山南下广东护法，出任大元帅府参议。孙中山逝世后，他抱病家居，办理地方公益。任资政院议员座位号为 93，于第一次常年会共发言 17 次。

夏寅官

民选议员。1866—1943，字虎臣，又字浒岑，号穄舫，晚号忏摩生，江苏东台人。1888 年中举，1890 年中进士，选翰林院庶吉士，散馆后授职编修，历任国史馆协修、实录馆协修、顺天乡试磨勘官、戊戌会试同考官、保送知府、江苏自治局协理、编译官书局撰修、南洋劝业会协赞会协理。其间致力于家乡教育事业，于 1905 年创办了东台县中学堂、师范学堂，1907 年担任县教育会会长、省教育总会会员、评议员。入民国后于 1912 年创办私立淮南法政学堂，因政府经费不足，个人捐款兴学，并获教育部表彰。曾任众议院议员、平政院肃政史。一生著述甚丰，计有《求志居诗文集》《悔庵笔记》《师友汇略》《科学丛谈》等，均未刻印成书，遗稿亦已散佚，编有《清儒学案》传世。任资政院议员座位号为 118，于第一次常年会共发言 5 次。

徐穆如

民选议员。1872—？，吉林伊通人。岁贡，法政毕业。任资政院议员座位号为 103，于第一次常年会共发言 2 次。

许鼎霖

民选议员。1857—1915，字九香，江苏赣榆人。少年时因父蒙冤，艰苦备尝。1882 年中举，1890 年捐资任内阁中书，1893 年为秘鲁领事官。1896 年到 1903 年间，在安徽任职，先后任盐运使、庐州知府、署理凤阳知府、大通税监、安徽道员、代理芜湖道署务。1902 年与吕韵生制定警察章程，试办警察；1903 年调浙江省任洋务局总办。在安徽、江苏都曾妥善处理过棘手的教案，有能吏之名。东三省设立行省，调任奉天交涉使，未赴任，转而回老家致力于以实业为核心的地方自治。1904 年与张謇合办耀徐玻璃公司，后又办海丰面粉公司、赣丰机器油饼厂等企业。"教育会、农会、商会、谘议局、自治局之属，皆倚君为重，君亦奋发尽其力。"1909 年被选为江苏谘议局议员，1911 年曾短暂出任资政院总裁。入民国后历任江苏省议会议长、江苏安徽赈务督办等。因救灾积劳成疾而去世。平生与张謇为好友，颇有功于江苏地方实业之振兴。过世后，有陈三立撰文、张謇书写的墓志铭，这样评价他："魁梧雄论辩，而条理缜密，片言解纠纷，人人意满。尤以习外事，折冲御变，显于世。晚岁，自愧碌碌从政役，所补微，思自效工贾，为国塞漏卮，兴大利，遂兼营玻璃、面粉、饼油、垦牧诸公司。"任资政院议员座位号为 115，于第一次常年会共发言 133 次，其立论常调和于朝廷与资政院之间。

延侯爵

满汉世爵议员。即延秀，1873—？，汉军镶黄旗人。田雄九世孙，1878 年袭封二等顺义侯，委散秩大臣。任资政院议员座位号为 34，于第一次常年会共发言 1 次。

严复

硕学通儒议员。1854—1921，字又陵，又字几道，福建侯官人。早年师事同里黄宗彝，后入福建船政学堂，毕业后入海军工作，1876 年赴英学海军，回国后任福州船政学堂教习，李鸿章奏调为北洋水师学堂总教习、总办。1895 年在《直报》发表《论事变之亟》《原强》等一系列政论，宣传维新变法，救亡图强，影响颇大。1897 年与夏曾佑等人在天津合办《国闻报》。1898 年翻译出版《天演论》，后又译《原富》《群己权界论》《名学》等七书，合称"严译八大名著"，以古奥之文而阐发新理，对晚清思想界尤其政法界影响甚巨。1900 年被举为国会与自立会副会长，曾参与撰写自立会英文文告。清廷设海军部后任海军协都统，1910 年获赐"文科进士"，任学部参议上行走、学部名词馆主任、京师大学编译主任。1912 年任京师大学堂监督。与袁世凯过从密切，担任大总统府外交法律顾问，列名筹安会，但未参与其活动，亦未声明反对之意。帝制失败，受通缉，避居天津，自叹"当断不断，虚与委蛇，名登黑榜，有愧古贤"。后又任约法会议议员。近代中国，士大夫得窥西学堂奥，严复居功甚伟；及至鼎革，其洞瞩时艰，力主轻己重群之说，毅然以先觉自任，危言悚论，足以惕发深省。甚至影响于当世，可谓闳矣。任资政院议员座位号为 84，于第一次常年会共发言 3 次。

彦惠

满洲正黄旗人。1910 年任学部总务司郎中，1911 年资政院第二次常年会期间被补为资政院各部院衙门官议员。

俨忠

各部院衙门官议员。1860—？，满洲正白旗人。监生，先后任河南道、京畿道监察御史。任资政院议员座位号为 65，于第一次常年会未见其发言记录。

燕将军

宗室王公世爵议员。即载燕，1858—1911，爱新觉罗氏，二等辅国将军奕柽第六子。头等侍卫，1877 年袭爵奉国将军。任资政院议员座位号为 12，于第一次常年会未见其发言记录。

杨廷纶

民选议员。1876—？，字芸朗，福建侯官人。1903 年进士，改翰林院庶吉士，入进士馆学习，散馆后授翰林院编修，历任福建官立法政学堂副监督、福建去毒社社长。1909 年在福州府中学堂第一任监督任上被选为福建谘议局议员。任资政院议员座位号为 141，于第一次常年会共发言 2 次。

杨锡田

民选议员。1872—？，甘肃甘谷人。举人，1909 年被选为甘肃谘议局议员。任资政院议员座位号为 175，于第一次常年会共发言 4 次。

宜纯

宗室觉罗议员。生卒年不详，镶黄旗人。附生，署左翼觉罗族长。任资政院议员座位号为 46，于第一次常年会未见其发言记录。

易宗夔

民选议员。1874—1925，原名鼐，戊戌变法失败后改名宗夔，字蔚儒，又字纬堃，湖南湘潭人，家贫，刻苦自学，成为廪生。他以弱冠之年即撰文《中国宜以弱为强说》登于梁启超创办的《湘报》，为朝廷计议，提出四条主张，为激烈之全盘西化，即中西法相互参酌、中西教并行、君权与民权两重、黄人与白人互婚，以我就人，消弭外患，转弱为强。此种主张一传播，致群士大哗，为乡里舆论所不容，之后易名宗夔。另著有《新世说》《湖海楼诗文集》等。1902 年与人联合创办湘潭县学堂。1903 年赴日入法政大学学习，其间曾参与革命杂志发行。后以学费无以为继归国，曾任湘潭学务公所董事，倡导新学，先后在明德学堂、湖南高等学堂执教，主讲政治学。1906 年当选为湖南学务总会干事。1908 年作为湖南请愿速开国会代表之一，赴京将陈请书送都察院要求代递上闻。1909 年当选为湖南省谘议局议员。1910 年经湖南谘议局议员互选为资政院议员。1911 年 5 月，第二届谘议局联合会召开，与其他会员两次上书，反对皇族内阁，遭朝廷申饬，公开发文予以反驳；发起组织宪友会和辛亥俱乐部。1912 年任法典编纂会纂修，加入国民党，任政事部干事。1913 年被选为第一届国会众议院议员，旋被选为宪法起草委员。国会解散（1914 年）后，携眷回湘，经营实业。1916 年第一次恢复国会时，仍任众议院议员；1922 年第二次恢复国会时，再任众议院议员。1923 年 3 月，任北京政府国务院法制局局长。1924 年 5 月被免职。任资政院议员座位号为 153，于第一次常年会共发言 419 次，是发言次数最多的议员，激进派议员代表，被当时舆论戏称为"《水浒传》中的李大哥"。

尹祚章

民选议员。1874—？，字倬云，山东肥城人。增贡，山东法政学堂毕业。1909 年被选为山东谘议局议员。1917—1920 年担任诸城县知事，任上重修超然台。任资政院议员座位号为 157，于第一次常年会共发言 9 次。

瀛贝勒

宗室王公世爵议员。即载瀛，1875—1930，道光之孙，惇亲王奕誴第四子。初封二等镇国将军，1900 年袭爵贝勒，历任正蓝旗护军统领、宗人府宗正、内廷行走、御前行走、镶黄旗汉军副都统、东陵守护大臣、马兰镇总兵、镶黄旗汉军都统等职务。工画，尤善画马，有《绘境轩读画记》等。任资政院议员座位号为 4，于第一次常年会未见其发言记录。

盈将军

宗室王公世爵议员。即毓盈，1881—1922，字损之，自号十丈愁城主人。定慎郡王溥煦第四子，晚清军机大臣毓朗之弟，兄弟关系甚笃。1903 年袭封镇国将军，曾在陆军贵胄学堂就读，任民政部郎中参议上行走。著有《述德笔记》，记述其兄毓朗一生事迹，尤其是读书、从政经历甚详，被誉为纪实之作，是研究晚清政治史的重要资料。任资政院议员座位号为 11，于第一次常年会共发言 1 次。

于邦华

民选议员。1869—1918，字泽远，直隶枣强人，贡生，18 岁应童子试，名列全县之冠。后受学于吴汝纶、贺松坡，特被器重。曾与王明远同赴日本考察教育，归国后致力于家乡教育事业。1909 年当选为顺直谘议局议员。发起组织直隶宪政研究会，积极参与速开国会运动。在议场内外，痛陈时政积弊，提倡改革。遂被互选为资政院议员。1911 年作为主要发起人之一，筹建帝国宪政实进会，当选为副会长。一直坚持君主立宪，1912 年初组织同志联合会，会见英国驻华公使朱尔典，要求其赞助君宪。1913 年入进步党，任庶务科副主任。后多次婉拒政府入仕邀请，而选择在家乡从事教育、撰著。著有《海国疆域考》《痴庵文存》《贯一堂史论》《痴庵诗存》等。任资政院议员座位号为 110，于第一次常年会共发言 199 次。其在资政院发议颇精彩，《国民公报》

评论云："燕赵古多慷慨悲歌之士，吾于于邦华之演说见之，其一种悲壮苍凉之气，令人不忍卒闻。"

喻长霖

硕学通儒议员。1857—1940，字志韶，浙江黄岩人。出身耕读人家，少年丧父，由母亲教养成人，"回首髫龄失怙时，寒机课读母为师"。16 岁就读于其舅父王棻创办的九峰书院。1887 年中举，1895 年进士及第，高中榜眼。授职翰林院编修，后任国史馆协修、武英殿和功臣馆纂修。与康有为同年，但政见不同。据传，他曾与康有为辩论。康言："非变法不能自强，有法斯有人，法是人之祖父，人为法之子孙。"而他则说："法非人不能自变，有人斯有法，人为法之祖父。"1900 年庚子之役，任顺天乡试同考官，提出改设河南开科，能使举子入试，不废一届科举。1903 年因张百熙荐举，担任宗室觉罗八旗第三学堂和第六学堂提调。1904 年因浙江巡抚聂仲芳之敦请归里，与王舟瑶在家乡创办黄岩公学，受聘为台州学务处总理兼三台中学堂监督。曾于 1907—1908 年受翰林院派遣，去日本考察学务。1909 年任实录馆纂修。1910 年任京师女子师范学校总理。辛亥革命后，袁世凯多次请其出任要职，谢绝归里。1914 年任浙江通志局提调，参与编纂《浙江通志》。孙传芳踞浙，多次请其出仕，以终身不事二君辞谢。1926 年主修《台州府志》，1931 年成书 140 卷。1930 年台州水灾，积极募款以赈济灾民。晚年客寓上海卖文鬻字。擅长诗文与书法，潜心经史，著有《惺悑斋初稿》《清儒学案》《古今中外交涉考》《清大事记》《九通会纂》《经义骈枝》《两浙文徵》等 18 部经史著作，并整理王棻《台学统》和选辑《柔桥文钞》。《宁波市志外编》收录有其《象山东门岛灯塔记》一文。任资政院议员座位号为 86，于第一次常年会共发言 23 次。

喻兆蕃

民选议员。1862—1920，字庶三，又字艮麓，江西萍乡人。1889 年中进士，选庶吉士，散馆后授工部主事。1892 年丁父忧。1895 年萍乡遭逢大旱，遍地饿殍，在萍乡设筹荒局，数十万生民得以活命，惠及浏阳、醴陵等地。1897 年湖南巡抚陈宝箴保奏，留湖南办理矿务。

1899 年改捐知府，分发浙江。1904 年补浙江宁波知府，围海造田、发展海运，创办学校。离任时，百姓为其立"去思碑"。1906 年调补杭州知府，因功升道员衔，予二品顶戴。创立宁波教育会，改月湖书院孝廉堂为师范学校，创办法政学校等。1906 年，创办萍乡中学堂，调补杭州知府，旋升宁绍台海防兵备道。1907 年署任浙江布政使，不久丁母忧，仍在家乡开办学校，启发民智。1909 年任萍乡教育会会长，被选为江西谘议局筹备处会办、议员。入民国后继续在家乡从事教育事业，钻研著述。著有《既雨轩文抄》《既雨轩诗抄》《问津录》《温故录》等。《宁波市志》收录有其在宁波知府任上的公文《宁波府知府为堕民设立育德小学堂告示牌》，指出堕民亦为民人，皆有受教育之权。被选为资政院议员后，在第一次常年会期间因病辞职，完全未参加资政院议事。

余镜清

民选议员。1875—？，字民进，浙江宁波人。廪贡，1906 年发起组织镇海教育会。1909 年被选为浙江谘议局议员。1911 年底曾出任浙江宁波军政府分府参议部副部长，有功于宁波光复。任资政院议员座位号为 134，于第一次常年会共发言 53 次。

毓善

各部院衙门官议员。1875—？，字蔼如，宗室，满洲镶蓝旗人。1895 年荫生，签分礼部，以员外郎候补，1903 年补授吏部员外郎，1907 年授吏部右参议，1908 年 3 月改左参议。1911 年以裁缺吏部左参议任典礼院直学士。任资政院议员座位号为 52，于第一次常年会未见其发言记录。

霬公

宗室王公世爵议员。即溥霬，1879—1934，1902 年袭爵镇国公，1904 年被派守护西陵。任资政院议员座位号为 6，于第一次常年会未见其发言记录。

曾侯爵

满汉世爵议员。即曾广銮，1873—1920，字君和，曾国藩之孙，曾纪泽第三子，湖南湘乡人。荫生，花翎郎中衔，承袭一等毅勇侯，云骑尉世职，都察院左副都御史，诰授光禄大夫、建威将军。入民国后不再出仕，隐于老家。任资政院议员座位号为 35，于第一次常年会共发言 12 次。

张缉光

各部院衙门官议员。1873—1925，字劭熙，湖南长沙县人，廪生，丁酉科优贡，庚子辛丑并科举人，经济特科，早年入瞿鸿禨幕府，历任刑部员外郎、学部员外郎升郎中，京师译学馆教务提调、文典处总理、学部普通司总办、实业司总办。当选资政院议员后于资政院第一次常年会第七次会议上宣告辞职，后由崇芳接补。入民国后历任广西抚署秘书长、清理财政局会办、参议厅提调、交通部秘书、筹备邮便储金委员会委员长、长沙关监督、川粤汉铁路湘鄂线工程局副局长、广西南宁道道尹等。编有《汉译新法律辞书》（京师译学馆 1905 年版）等。任资政院议员座位号为 55，于第一次常年会共发言 1 次。

张选青

民选议员。1867—1929，字鸗文，福建汀州人，举人，保举知县。主要从事新式教育事业。1905 年任汀郡中学堂学监，1907 年任长汀县教育分会会长，1908 年任汀郡中学堂监督，次年去职。1909 年被选为福建谘议局议员。1911 年加入帝国宪政实进会。民国后任福建省议会议员，1912—1917 年担任汀州中学校校长。1914 年任当涂县教育会长。1929 年为古城暴动行动委员会以劣绅枪决。任资政院议员座位号为 142，于第一次常年会未见其发言记录。

张政

民选议员。1879—1928，字梓忠，号悔斋，四川江油人。十岁丧父，由慈母教养成人。1903 年中举。后历任江油高等小学教员、校长及县视学员。1909 年被推举为四川省谘议局议员，旋被互推为资政院议员。1911 年以县知事分发湖北，未及赴任而辛亥革命爆发。成都军政府成立后，被委任为剑州知事，是为中华民国剑阁县第一任知事。到任后靖境安民，劝学兴农。1914 年卸任后，在川军某师部任文职。1916—1925 先后任三台、盐亭、乐至等地县知事。在任期间，均注重发展地方文教事业和兴修农田水利设施。公余之暇，整理李榕遗著《十三峰书屋文集》、业师陈经畲诗稿《潺亭诗集》。1926年任《剑阁县志》总纂，在中坝县二中任国文教习。1928年应刘湘之邀赴渝，乘船至三台县石板滩因船触礁而遇难。张政一生秉性忠厚，内严外恕。工诗文，好藏书。居官所得，置古籍万卷。著有《悔斋诗文集》二十余卷。与同为资政院议员的万慎为忘年交。任资政院议员座位号为179，于第一次常年会共发言4次。

张之霖

民选议员。1875—1945，字泽深，云南姚州（大姚县）人。1901年中举。1902年开始步入纺织业。1907—1908年入云南省法政学堂讲学科学习，1909年被选为云南省谘议局议员。1911年回昆明，任云南省临时参议院议员、临安知府兼建水县知事，任内大力扫平地方匪患。1914—1918年任云南省第一届参议会副议长、代理议长，兼富滇银行协理。1920年改任元永井一等场知事，参与一平浪盐矿开发。1922年起，任东川矿业公司协理，创办了自来水厂、耀龙电力公司、戏院、糖厂、火柴厂等实业。1943年被选任盐丰县参议会议长。晚年家居，修桥补路，施药济贫，为人称道。任资政院议员座位号为192，于第一次常年会共发言7次。

张之锐

民选议员。1868—1924，字子晋，河南邓州人，1894年中举，1895年进士。历任翰林院编修，江西武宁、赣县、万载、萍乡等县知县，直隶州知州，1909年被选为河南省谘议局议员。入民国后又任江西省军法处处长、河南省吏治调查所所长、河南省实业厅厅长、河南省水利局局长等职。所到之处，兴教育，办工厂，惩匪患，重农业，多有政声。著有《求等斋文录》《易象阐微》《新考证墨经注》等。任资政院议员座位号为161，于第一次常年会共发言2次。

章宗元

硕学通儒议员。1877—？，字伯初，浙江乌程人。附生，肄业于上海南洋公学，1900年赴加利福尼亚大学商科留学，1907年回国，获法政科进士。留学期间出版译著《美国独立史》(原著是普利策奖得主爱德华·钱宁的 *A History of the United States*)和《美史记事本末》。回国后历任外务部主事、翰林院编修、修订法律馆纂修、宪政编查馆纂修、财政学堂监督、清理财政处总办、大清银行监理官。在修订法律馆工作时，曾参与《大清民律》草案的修订工作。1912—1913 年任民国北京政府财政部次长，1913 年任审计处总办，1914 年任币制局副总裁，1915 年任币制委员会委员长，1918 年出版《计学家言》一书，1917 年到 1920 年，担任唐山工业专门学校校长。此后他还曾编著《中国泉币沿革》。1930 年代，曾担任过上海总商会书记长、上海四行储蓄会秘书等职务。为近代杰出的经济学、财政学专家。任资政院议员座位号为 81，于第一次常年会共发言 119 次。

赵炳麟

各部院衙门官议员。1877—1927，字竺垣，号清空居士，广西全州人。1891 年中举，1895 年中进士，授予翰林院编修。其间经历戊戌维新、庚子国变，忧时之念愈烈。1905 年回乡丁忧，与乡绅一起创办新式学堂。1906 年任京畿道监察御史。上任次日即上疏"正纲纪，重法令，养廉耻，抑幸臣"，希望学习日本明治维新，立宪之初宜慎始慎终。1908 年宣统即位，为小皇帝侍讲。1909 年上《劾袁世凯疏》，1910 年上奏弹劾庆亲王奕劻，因不畏权贵而誉满全国。1911 年以四品京堂候补，回广西任桂全铁路督办。1913 年第一届国会众议院议员。因与袁世凯交恶，回广西，隐居于故居，筑"万松草堂"，躬耕陇亩，并创办"裕国公司"。及袁氏帝制自为，随陆荣廷讨袁。1917 年应阎锡山之邀，任山西实业厅长，行前赋诗云："此行不作服官看，半为游山半避嚣。"1925 年来京养病，1927 年病逝。乃晚清著名言官，"三菱公司"(赵启霖、江春霖与赵炳麟)成员之一。任资政院议员座位号为 64，任陈请股股员长，于第一次常年会共发言 3 次。著有《赵柏严集》。

赵椿年

各部院衙门官议员。1867—1942，字剑秋，一字春木，晚号坡邻，江苏武进人，乃乾嘉学者赵翼之后裔。南菁书院肄业，从学于俞樾。

1888 年中举，次年会试未中，考取内阁中书，历充本衙门撰文、国史馆校对、玉牒馆分校兼中书科诰敕房事务，以捐资并纂修实录议叙，保以知府用，并加盐运使衔分省补用，1898 年中进士，旋分发江西，历办江西抚署文案兼清赋局提调，署瑞州府知府，以新政能员闻名。农工商部奏调，署参议上行走、度量权衡局提调、盐政处咨议官、京师自来水公司监督。辛亥年南北上海和谈期间，与族叔赵凤昌相谈甚欢。入民国后历任审计院副院长、崇文门监督、财政部次长等职。1928 年北京政府垮台，辞次长职，任北京自来水公司总理等。不久辞职回乡闲居，整理旧作。工书法及诗歌，有《覃研斋石鼓十种考释》1 卷、《诗稿》3 卷等传世。任资政院议员座位号为 49，于第一次常年会共发言 2 次。

振将军

宗室王公世爵议员。即载振，1876—1947，字育周，庆亲王奕劻长子。1902 年任出使英王爱德华七世加冕典礼专使，并到法、比、美、日四国进行访问。1903 年赴日本考察第五届劝业博览会。回国后积极参与新政，奏请成立商部，任尚书。1906 年清廷改革官制，改为农工商部尚书。1907 年因杨翠喜案被御史江春霖弹劾，被其父责令辞职。1909 年署镶蓝旗副都统，再度奉派赴日。后任蒙古正白旗副都统。1911 年任弼德院顾问大臣。清亡后居天津，从事金融商业活动，远离政治。任资政院议员座位号为 10，于第一次常年会共发言 3 次。

郑潢

民选议员。1862—？，湖北武昌人。廪贡，日本留学，曾任安徽候补道。任资政院议员座位号为 146，于第一次常年会共发言 1 次。

郑际平

民选议员。1873—1943，字平甫，浙江台州府黄岩县人。青年时期倾心新学，自费东渡，入日本明治大学攻读政治学，毕业归国后参加学部留学生考试，获授法政科举人。1909 年被选为浙江省谘议局议员，后曾签名于《国会代表请愿书》。1911 年加入辛亥俱乐部。辛亥革命爆发后，积极谋求浙江光复。1913 年当选为第一届国会参议院议员。后任浙江法政专门学校教员、北京女子师范学校教员等。追随孙中山南下护法，参加"非常国会"。喜爱山水，经常戴蓑笠独自徒步旅行，晚年在家行医。工行楷，善画兰。任资政院议员座位号为 135，于第一次常年会共发言 16 次。

郑熙嘏

民选议员。1856—？，字洛三，亦作乐三，山东日照人。1879 年举人，会试未中，授掖县教谕。1909 年被选为山东谘议局议员，1911 年加入帝国宪政实进会。工于诗、古文，著有《惜余轩古文钞》等。任资政院议员座位号为 158，于第一次常年会未见其发言记录。

志公爵

满汉世爵议员。即志钧，1866—1921，字宝臣，满洲镶黄旗人，道光皇帝第六女寿恩公主额驸景寿季子，1886 年袭三等承恩公爵。后任镶红旗汉军副都统，镶红旗护军统领。入民国后曾任五族国民合进会副会长等。任资政院议员座位号为 31，于第一次常年会未见其发言记录。

周廷弼

纳税多额议员。1852—1923，字舜卿，晚号耐叟，江苏无锡人。出身农家，先在上海利昌煤铁号当学徒，其间自学英语，数年不辍。成店员后常与外商联系，重信誉，业务日精。后入英人开设的大明洋行任职。1878 年开设升昌五金煤铁号，获利很多。陆续在国内和日本长崎开设 7 家分号，为英怡和洋行代销钢铁器材。1896 年又在上海、苏州开设丝、纱厂。1900 年与胡德培在上海合办新源来冶坊，生产铁锅，规模列江苏冶坊之首。1904 年在无锡创办无锡第一家机器缲丝厂，所产丝远销欧美等国。1905 年组建锡金商会和锡金农会，任会长。1906 年在上海开办商业储蓄银行，首创储蓄业务。因办理实业卓有成效，经农工商部奏准，于 1910 年 12 月 23 日由二品顶戴候补道擢升四品京堂候补。辛亥革命后，继续在东南办理各种实业，有"煤铁大王"之誉。先后在周新镇创办廷弼小学和廷弼商业中学。1921 年捐巨款赈济河北、湖南灾民，曾获北洋政府颁发奖章。1923 年卒于周新镇廷弼中学。任资政院议员座位号为 91，于第一次常年会未见其发言记录。

周廷劢

民选议员。1878—？，字向晨，广东茂名人。举人，曾筹办高州贫民习艺所，直隶补用知府。1909年被选为广东谘议局议员。入民国后担任高州安抚使、高州绥靖处会办、参议院议员、广东实业厅长等。积极参与康有为、陈焕章等组织的孔教会活动，编有《广东通志茂名艺文略》等。任资政院议员座位号为184，于第一次常年会共发言7次。

周镛

民选议员。1875—？，陕西泾阳人，进士，曾任陕西师范学堂斋务长，陕西高等学堂监督、法部主事。1909年被选为陕西谘议局议员。任资政院议员座位号为170，于第一次常年会未见其发言记录。

朱献文

1876—1949，字郁堂，浙江义乌人，日本东京帝国大学法科毕业，回国后任修订法律馆协修。1911年于第二次常年会被补为资政院议员。入民国后继续从事专业法曹工作，1912年国务院法制局参事、大理院推事，1914年江西高等审判厅厅长，1919年司法院参事，1927年国民政府司法部司长，1943年浙江省临时参议会第二届议长，曾主持修订《大清民律草案》之亲属编、继承编。

庄亲王

宗室王公世爵议员。即载功，1859—1916，1880年封二等镇国将军，1902年袭爵庄亲王，内大臣，正红旗总族长，镶黄旗蒙古都统。任资政院议员座位号为2，于第一次常年会共发言4次。

邹国玮

民选议员。1872—？，江西安仁人。拔贡，曾任大理院推事，为邹韬奋的同族长辈。1909年被选为江西谘议局议员、候补常驻议员，1911年入帝国宪政实进会。民国时期曾短暂出任新淦县知事。任资政院议员座位号为128，于第一次常年会共发言1次。

附录五　政府特派员简介

宝熙

即爱新觉罗·宝熙，1871—1942，字瑞臣，号沉盦，室名独醒庵，满洲正蓝旗人，豫亲王多铎九世孙，奎润之子，1892年中进士。历任翰林院编修、侍读、国子监祭酒、内阁学士兼礼部侍郎、修订法律大臣、总理禁烟事务大臣、度支部右侍郎等职。入民国后，任总统府顾问闲职，后入伪满洲国，任内务处长等职。工书法，能诗，嗜好收藏，著有《工余谈艺》等。时为宪政编查馆特派员（法典股）。

曹汝英

1870—1924，字粲三，又作灿三，室名直方大斋，广东番禺人。1882年入广东实学馆学习，1886年入广东博学馆（水陆师学堂前身）学习海军驾驶。1890年毕业后被派北洋舰队实习。甲午战后回广东，任广东水陆师学堂教习、两广大学堂总教习等职。1906年任保定贵胄学堂教习、监督。后调充陆军部候补郎中。1909年充海军筹备处第三司司长兼一等参谋官，赴法、德、奥、俄、意、美六国考察海军。1910年清政府设立海军部，任军学司司长。入民国后，先后在交通部和广东省政府任职。时为海军处特派员（法典股）。

陈锦涛

1871—1939，广东南海人。幼年就读于香港皇仁书院，后为北洋大学堂教习。1901年赴美，入哥伦比亚大学、耶鲁大学攻读，获博士学位。1906年归国参加学部考试，获授法政科进士。历任度支部预算司长、统计局局长、币制改良委员会会长、大清银行副监督、度支部副大臣。入民国后历任南京临时政府、北京政府、广东护法军政府财政总长。1930年曾任教于清华大学经济学系。抗战时期出任"维新政府"财政部长兼"兴华银行"总裁。时为度支部特派员（财政股）。

陈箓

1887—1939，字任先，号止室，福建闽侯人。早年入福州马尾船政学堂，后毕业于武昌自强学堂法文班，留校教授法文。1903年以"留学生领班"身份护送八名被清政府选派的学生赴德，后入巴黎大学学习法律，1907年获法学学士学位。返国后参加清廷留学生考试，获法科进士，授翰林院编修。历任修订法律馆纂修、法部主事、外务部郎中、外务部政务司司长。曾负责《大清民律草案》继承编的起草工作。入民国后，继续从事外交工作。受北京政府第一任外交总长陆征祥的重用，历任外交部政务司司长、中国驻墨西哥公使等职。于外蒙交涉出力尤多，在中、俄、蒙三方的恰克图会议中任中方"会议外蒙古事件全权专使"。因其折冲樽俎获得声誉，出任都护使兼驻扎库伦办事大员，成为当时中国处理蒙古事务的首席长官。1917年底回京出任外交部次长、随后代总长。后出任驻法公使和中国驻国联代表。1928年国内政局动荡，在上海执业律师。1934年出任国民政府外交部顾问。1937年抗战爆发后出任"中华民国维新政府"外交部长一职，1939年被军统特工制裁毙命于上海法租界家中。著有《恰克图议和日记》《奉使库伦日记》《蒙事随笔》等，译有《法国民法正文》《英法尺牍译要》等。时为外务部特派员（法典股）。

陈毅

1871—1929，字诒重，一字武仲，晚年号郇庐，湖南湘乡人。先以荫生充坛庙工程监督、京师学务处编书局襄校兼书经图书分纂、刑部奉天司帮主稿。1902年中顺天乡试举人，补刑部郎中。1904年中进士，授刑部郎中，后官至京师编译馆主纂、京师大学堂提调、邮传部左参议（1910年5月27日）、右侍郎。清帝逊位后拒任交通部职，客居青岛，热衷于筹划复辟。时为邮传部特派员（法典股）。

存德

生平不详，1902年由理藩院笔帖式补授中书科笔帖式，时为理藩部特派员（法典股）。

达寿

1870—1939，字莯一，号挚甫，一号智甫，满洲正红旗人。1894年中恩科进士，入翰林院为庶吉士。次年散馆后获授编修。1905年任学部右侍郎，1907年奉派为考察宪政大臣赴日考察，1908年任理藩部左侍郎。1911年出任资政院副总裁，后任袁世凯内阁理藩部大臣。入民国后曾任高等文官惩戒委员会委员、宪法起草委员会委员、内务部次长、镶白旗汉军都统、蒙藏院副总裁等职务。是晚清对宪制有相当了解的为数不多的满洲亲贵。时为宪政编查馆特派员（法典股）。

戴展诚

1867—1935，湖南常德人。1891年中举，曾参与公车上书，1895年中进士，改翰林院庶吉士。散馆后任小京官，积极参与湖南维新运动，1902年赴日考察国民教育。1904年任湖南全省师范学堂监督，后入京供职，历任学部总务司员外郎、郎中、右参议。时为学部特派员（法典股）。

董康

1867—1947，字授经，号诵芬室主人，江苏武进人。1889年中举，1898年中进士，分发刑部，任主事。1901年因庚子国变期间维护京城秩序之劳，得以擢升刑部郎中，旋即丁母忧去职回家守制。回京后任修订法律馆总纂、提调等职，直接参与清末变法修律各项立法和法律修订工作。自1905年起，曾多次东渡，调查日本裁判和监狱制度，聘请日本法律家来华讲学、帮助清廷修律等事宜。辛亥革命爆发，再次东渡日本留学，专攻法律。1914回国，署大理院院长、法律编查会副会长，兼中央高等文官惩戒委员会委员长。1918年任修订法律馆总裁，1920年出任靳云鹏内阁司法总长。1922年出任财政总长，旋即赴欧考察商务。其间专门赴法国国家图书馆调研敦煌文书，抄录了一些唐代法律史料，有功于法律史学研究。1924年任教于东吴大学法律学院、任上海法科大学校长。1926年因受孙传芳的通缉，赴日避难。其间访求古籍，著成《书舶庸谭》一书。1927年回国后继续在教育界任职，并执业律师。抗战爆发后，先后出仕伪华北政权和汪伪国民政府，历任临时政府委员、议政委员会常委、司法委员会委员长、最高法院院长等职。抗战胜利后，董康被以汉奸罪逮捕，1947年病逝于北京医院。为近代著名的法律专家，著述甚丰，现有《董康法学文集》问世。时为宪政编查馆特派员（财政股）。

恩华

1872—1946，字咏春，又字韵村，号缄庵、适斋，江苏镇江籍驻防镶红旗蒙古旗人，原姓巴鲁特，汉姓杨，官京口驻防。1902年中举，1903年中进士，分发吏部任主事，后留学日本法政大学。归国后历任学部总务司帮稿、江南三江师范学堂提调、学部员外郎、八旗学务处协理、变通旗制处提调、总务司司长、弼德院参议等，民国后任众议院议员、乌里雅苏台都护副使、蒙藏院副总裁、司法部《司法公报》处处长、司法部次长等，与蔡元培共创私立华北大学并任校长，著有《八旗艺文编目》等。时为学部特派员（法典股）。

范源濂

1875—1927，字静生，湖南湘阴人。早年就学于长沙时务学堂，戊戌政变后东渡日本，先后入大同学校、东京高等师范学校、东京弘文学院速成师范科、法政大学法政科学习。1905年回国，任学部主事、参事，参与创办清华学堂，并在京师大学堂任教。入民国后，曾任北京政府教育次长、教育总长、中华书局总编辑等职。在教育总长任上，曾举荐蔡元培出任北京大学校长。1917年与黄炎培、蔡元培等发起创办中华职业教育社。后多次赴美考察教育事业。1919年与梁启超等发起组织尚志学社，邀美国学者杜威等来华讲学。1923年赴英与英政府商洽将庚子赔款用于教育事业。回国后，北京国立高等师范正式改为北京师范大学，为首任校长，提倡人格教育，旋因经费问题而辞职。后曾任中华教育文化基金委员会董事长、南开大学董事、北京图书馆代理馆长等。1927年病逝于天津。时为学部特派员（法典股）。

冯巽占

生卒年不详，字令之，浙江钱塘人，1904年中进士，以主事分部学习。时为法部特派员（财政股）。

冯元鼎

1866—1917，字次台，广东高要（今属肇庆）人。1891年中举，奏保知县分直隶省补用，历保直隶州知府，以道员仍留原省，仍交军机处存记。1906年经邮传部调部派充主稿，1907年奏保堪任丞参，调充东三省总督公署秘书官。后担任专使美国二等参赞官。1909年任津浦铁路总公所总文案、海关道，1910年任邮传部丞参上行走，以三四品京堂候补。1912年3月奉派帮办津浦铁路事宜，4月出任交通部次长。1913年6月令赴汉口接管执行汉粤川铁路督办职权，任铁路协会评议员。1914年7月因病辞职，1917年初病逝。时为邮传部特派员（法典股）。

傅兰泰

1868—？，字梦岩，蒙古正黄旗人，1895年中乙未科二甲进士，以主事分部学习。1905年充崇文门税务委员，1907年任度支部右丞。1908年获庆亲王奕劻保荐堪任方面。1911年改任度支部左丞。时为度支部特派员（财政股）。

高而谦

1863—1919，亦名尔谦，字子益，福建长乐人。1883年以诸生考入马尾船政学堂制造班，专攻法语和造船专业，1885年毕业后赴法国巴黎大学法学院学习国际法。1890年归国，一直在广东官场办理洋务，不甚得志。1905年参加学部留学生考试，被授予举人资格。1907年任外务部右参议；1908年任外务部右丞，旋即担任云南交涉使，着手谈判处理1907年云南发生的误杀法国军官的"马白关事件"；1909年任澳门勘界谈判中方代表，折冲樽俎，签订了《中葡关于澳门勘界协定》，维护了国家主权；1910年任外务部左丞；1911年任云南布政使。辛亥革命爆发被革命者礼送出云南，寓居上海。1913年重返外交界，任驻意大利全权公使，曾出席联邦大和会，力争中国主权；1915年因袁世凯称帝而去职。1917年因中德宣战事宜紧急，赋闲在家的高而谦被邀请重新出山，任外交部次长，1918年因病请辞。1919年病逝于上海。

时为外务部特派员（财政股）。

顾鳌

1879—1956，字巨六，四川广安人。1903年中举，1905年赴日本明治大学留学。归国后初为内阁中书，历任京师巡警厅警官、司法处佥事、京师地方审判厅民科第二庭庭长、民政部参议厅帮办、宪政编查馆统计处提调、京师译学馆教习等职。在宪政编查馆任内，于汪精卫刺杀案中对汪氏多暗中维护。入民国后初任北京总统府顾问，旋为内务部参事，成为袁世凯在法律领域的亲信；1913年任筹备国会事务局委员，后任政治会议秘书长；1914年任约法会议秘书长、政事堂法制局局长、内务部筹备立法院事务局局长；1915年任国民会议事务局局长、袁氏称帝大典筹备处法律科主任。由于其多年来作为袁世凯亲信，积极参与袁氏称帝活动，在失败后以"帝制祸首"之一被通缉；1916年又积极参与到张勋主导的宣统复辟事件中去。迭次参与复辟，声名狼藉。北伐后脱离政坛，随杨度到上海成为杜月笙门下清客，并执业律师，因生意清淡，又改做古董掮客。1956年病逝于上海。时为宪政编查馆特派员（财政股）。

胡子明

1868—1947，字伯寅，号省暗，湖北天门人。优廪生，1895年拔贡，次年朝考一等第三名，签分工部七品小京官；1902年中式顺天乡试举人，任农工商部公务司员外郎、郎中。入民国后返乡，创办天门中学，成为首任校长。1913年任湖北财政司总务科长并主管预决算事务；1914年作为湖北特派员到北京参加财政会议。不久分发福建，先后任尤溪、浦城、建阳、晋江等县知事，多有政声。在浦城，百姓曾为其建去思亭、德政碑多处。1924年归里，任内务班教员；1935年曾短暂担任湖北财政厅科长；1937年因时局动荡，由汉口博学中学回乡设馆讲学。1946年病逝于武昌。时为农工商部特派员（法典股）。

华世奎

1863—1942，字启臣，号璧臣，祖籍江苏无锡，出身于津门八大家之一的华家。1881年中举，由内阁中书考入军机处，逐渐荐升为领班章京。1911 年任奕劻内阁三品衔阁丞；到袁世凯组阁时，成为正二品高官。《清廷逊位诏书》即为其所书。清亡后弃官隐居天津，在意租界购置房产，以遗老自居，保持不做贰臣的气节，自号"北海逸民"，终生不剪辫，不用民国年号，不再参与政事，惟以诗文、书法自娱。忠于清室，葆有气节，伪满成立，坚拒下水。一生以书法知名，被誉为津门四大书法家之首，"天津劝业场"牌匾即为其所书。有《思暗诗集》（取名于其诗句"忠孝我今都已矣，泣题斋额曰思暗"）、《津门华世奎孝经帖》等作品留世。时为军机处兼宪政编查馆特派员。

吉同钧

1854—1936，字石笙，晚年自署顽石山人，陕西韩城人，以律学名世。幼年适逢陕西回捻战乱，虽艰辛备尝，但努力向学。1873 年成秀才，肄业关中书院。1883 年中举，1887 年中进士，分刑部任职，多受先贤薛允升和赵舒翘指点栽培，律学日渐精进。至晚清修律前后，以法部郎中承政厅会办兼修订法律馆总纂，分主律学馆、京师法律学堂、京师法政学堂、大理院讲习所四处教习，主讲传统律例之学，一时执弟子礼者千数百人。入民国后弃官归隐。有《大清律例讲义》《乐素堂文集》《乐素堂诗存》《审判要略》《东行日记》等多种著述传世。时为法部特派员（财政股）。

吉章

生平不详。时为理藩部特派员（财政股）。

李家驹

1870—1938，字柳溪，号昂若、毂人，广州汉军正黄旗人。1894年中进士。1898 年任新成立的京师大学堂提调，旋赴日本考察学务。1903 年任湖北学政，次年调任东三省学政。1906 年任京师大学堂总监督，大力推行教育改革，组织大规模的运动会，名动一时。1907 年任驻日公使，不久即被任命为考察宪政大臣，在此期间曾深入研究日本政治、法律、财政制度。回国后获授内阁学士，渐为朝廷中枢所注目，成为著名的新政干才，入宪政编查馆供职。1911 年担任纂拟宪法大臣，出任资政院总裁。入民国后隐居青岛，以遗老自居。著有《日本司法制度考》《日本会计制度考》《日本租税制度考》等。时为宪政编查馆特派员（法典股）。

李景铭

1880—？，字石芝，又字石之，号石部，福建闽县人。1904 年中进士，入进士馆学习，分发户部任主事。后东渡日本留学，入早稻田大学政治经济科专门部。回国后参加学部留学生考试，获优等，奖升度支部员外郎。1909 年与方兆鳌东渡日本，考察邮政，合编《调查日本邮电堂报告书》二卷。宣统初年曾任教宣南法政专门学校。历任盐政处委员、财政研究所评议员、清理财政处总核。入民国后历任财政部秘书、财政讨论会委员、财政调查委员会副会长、财政部税赋司司长兼充政治会议议员，1920 年任财政部印花税处总办、参事上行走，兼管理特种财产事务局评议、德华银行总清理处帮办、经济调查局副总裁。1927 年出任中央修改税则委员会副主任。编著有《太平洋日记》《三海见闻志》《修改税则始末记》《闽中会馆志》等，翻译北鬼三郎的《大清宪法案》《日本帝国教育会沿革并事业概览》等。时为度支部特派员（法典股）。

李盛和

1870—？，1904 年中进士，1911 年任陆军部军实司司长。时为陆军部特派员（财政股）。

梁士诒

1869—1933，字翼夫，号燕孙，广东三水人。1889 年中举，翌年赴京会试落第而归；两年后再应会试，仍不第。南归途中，逗留上海，开始倾力搜罗新书，究治财政、河渠、农业等实学。1894 年中二甲进士，任翰林院编修。时清廷鼓励翰林回乡振兴教育，数年后可按业绩授职，遂告假返乡，受聘为凤冈书院主讲。1897 年回京，先后入武英殿、国史馆、编书处任协修。庚子国变，避祸离京，仍回凤冈书院主讲。1903 年清廷诏开经济特科，首场虽名列第一，却因康党嫌疑而落第。福祸相依，声名鹊起。旋入直隶总督袁世凯幕，任洋总书局总办。1905 年协助唐绍仪代表清廷与英国谈判西藏事宜。1906 年任铁路总文案，从此涉入交通实业领域，终成为清末民初该领域巨擘。该年即以五品京堂候补，在外务部丞参上行走。1906 年邮传部设立，即调邮传部，专务铁路事宜。1907 年任邮传部五路提调处提调，1909 年 7 月 27 日补授邮传部左参议，后又出任铁路总局局长兼交通银行帮理。1910 年 5 月 27 日著署理邮传部右丞。1911 年初，受盛宣怀排挤，被免去铁路总局局长和交通银行帮理等职务。及至袁世凯组阁，又得重用，历任邮传部副大臣、邮政总局局长、大臣。入民国后袁氏当国，被任命为总统府秘书长、交通银行总理，获"梁财神"之号。1916 年因积极赞助袁世凯称帝而被列名"帝制祸首"被通缉，遂避居香港。1918 年获特赦后回京任交通银行董事长，为帮助段祺瑞掌握北京政府实权，组织安福国会，当选为参议院院长。1920 年曾一度担任国务总理，因与日借款而为舆论抨击，被迫离职赴日本、香港。直系当国时期，长期在外游历。及至直系战败，段祺瑞组织执政府，应邀赴京参加善后会议，先后任财政善后委员会委员长、交通银行总理、宪法起草委员会主席和关税特别委员会委员。北伐时又被国民政府通缉，避难香港。至此，结束了其辉煌的财政实业生涯。1933 年病逝于上海。时为邮传部特派员（财政股）。

林灏深

1871—？，字朗溪，福建闽侯人。1895 年中进士，后以主事分部学习。1906 年授学部右参议，1907 年改任学部左参议，1911 年任弼德院参议。1925 年曾担任段祺瑞执政府的国宪起草委员会成员。工书法，有《桂林梁先生遗书序》等文留世。时为学部特派员（法典股）。

刘若曾

1860—1929，字仲鲁、号沂庵，直隶盐山（今河北黄骅）人。1885 年中乡试第一，即解元。1889 年中二甲进士，选翰林院庶吉士，散馆授编修。1892 年担任科举会试分校官。1894 年任河南乡试主考官。1895 年进入内廷任清秘堂办事。后历任国史馆武英殿纂修、庶常馆提调官、文渊阁校理、正黄旗官学考校、宗室觉罗八旗官学副总办之职。1902 年为湖南辰州府知府，兼任木盐官督。经湖南巡抚举荐，于 1905 调补长沙府知府。所到之处，颇有政声。后又随五大臣出洋考察宪政。

在考察期间，被授予江苏常镇通海道，后又被授三品京堂候补，充任考察政治馆提调。1906 年归国后任太常寺卿，随后改授大理院少卿，兼任宪政编查馆提调。1911 年充任修订法律大臣、大理院正卿。入民国后本欲闭门不出，但放不下苍生苦难，应当国者之邀，短暂出任直隶布政司长，兼任内务司和财政司司长，又改任直隶民政长官；后又担任政治会议委员、参政院参政、公府高等顾问等闲职。之后看淡世事，以隐居终身。平生笃行孝道，推重纲常名教，乡誉为"刘孝子"。时为宪政编查馆特派员（法典股）。

刘钟琳

1868—?，字璞山，号朴生，江苏宝应人。1891 年中举，以知县候补。1903 年中经济特科试，后出任比利时留学监督，1905 年随五大臣出洋考察宪政。归国后到法部任参事一职。入民国后隐居，曾与其师冯煦等组织桑梓义赈事宜。时为法部特派员（财政股）。

龙建章

1872—?，字伯扬，广东顺德人。1904 年中甲辰恩科进士，入京师大学堂仕学馆及进士馆学习。历任内阁中书、户部主事、吏部员外郎、邮传部郎中、佥事，京察一等。1905 年随五大臣出洋考察宪政。归国后记名道府、丞参、保送御史、候补参议，任邮传部参议。1912 年任交通部参事，1913 年任交通部电政司司长、交通部航政司司长。1913 年底升任邮传局局长，兼任政治会议议员；1914 年任约法会议议员；不久外任贵州省黔中道道尹、署理贵州巡按使，于护国战争中去职。1917 年曾署理李经羲内阁交通总长。时为邮传部特派员（法典股）。

楼思诰

1870—?，字谐孙，号欧荻，原籍诸暨，浙江钱塘人。1904 年中甲辰恩科进士，后任户部主事。著有《各国法制大意》等。时为度支部特派员（财政股）。

卢静远

1874—1945，字惺源，别号新远，湖北竹溪人。早年入两湖书院，以优等生毕业，附生，精数学、理化，1898 年被湖广总督张之洞选派赴日留学，入成城学校、日本陆军士官学校中华队第一期炮兵科，后入日本近卫野战炮兵联队做见习士官，1902 年归国，同年考中恩科举人，旋入张之洞幕，担任湖北将弁学堂教习，兼理化、译述，后任营务处参议，因以"武事精能，劳绩卓著"，为两湖总督张之洞及学政赵尔巽所器重，向朝廷力荐。遂进京任军令司运筹科监督，军咨府科长、第一厅厅长，并赏给二品衔陆军正参领。1910 年赏副都统衔。入民国后曾任陆军部参谋司司长，1914 年被授予陆军少将衔，1923 年晋陆军中将。1931 年附逆，1934 年任"伪满"第五军区少将参谋长，1938 年任汪伪华北临时政府行政委员会参议，1945 年病逝于成都。时为陆军部特派员（财政股）。

陆梦熊

1881—1940，字渭渔，上海崇明人。1904 年东渡日本，入早稻田大学学习，1906 年获商学士学位归国，参加清廷举办的留学生考试，被授予商科进士，在邮传部路政司任职，嗣任宪政编查馆统计局科员、京师大学堂教习等职。入民国后，长期担任交通部参事，其间兼任京汉铁路局副局长等职。1927 年赴南京任胶济铁路理事。1931 年任胶济铁路管理委员会委员。1937 年投敌，与赵琪一起组织青岛治安维持会。1939 年任青岛警察局长，旋调任日伪华北政务委员会实业部次长。1940 年病逝于北京。时为宪政编查馆特派员（财政股）。

陆宗舆

1876—1941，字润生，浙江海宁人。1898 年赴日本早稻田大学政治经济科学习，1902 年回国后在北京崇文门管理税务，任进士馆及警官学堂教习、巡警部主事。1905 年参加学务处举行的第一次考验游学毕业生，获举人出身。1906 年以二等参赞身份随载泽等五大臣出国考察宪政，由此见赏于徐世昌。宪政编查馆成立，充帮提调兼政务处参议。奕劻重其才，荐授四品京堂。1907 年徐世昌出任东三省总督，奏请调任其为奉天洋务局总办兼管东三省盐务。1910 年 11 月资政院第一次常年会第十七次会议上被补选奉派为资政院议员，接替刘华。1911 年秋任交通银行协理、印铸局局长。武昌起义后，任度支部右丞并代副大臣。入民国后任中华民国总统府财政顾问、参议院议员、宪法起草委员、驻日全权公使，为袁世凯称帝积极奔走。袁世凯去世后任交通银行股东会长、参议院议员、中日合办的中华汇业银行总理，多次经手向日本借款。之后，又任币制局总裁，与曹汝霖同为新交通系中坚分子。五四运动中被免职。1925年后一度出任临时参政院参政。1927年任张作霖安国军外交讨论会委员；同年任交通银行总理。旋辞职，寓居天津。1940年出任汪伪政府行政院顾问，1941年在北京过世。著有《五十自述记》等。时为宪政编查馆特派员（财政股），后被任命为资政院各部院衙门官议员。

罗维垣

1859—？，1890年中进士，曾任汝宁府知府，后入京，任法部郎中、右参议，1911年转法部左参议，不久升任法部右丞。曾参与《大清现行刑律》的编纂。时为法部特派员（财政股）。

罗泽炜

生平不详。时为陆军部特派员（财政股）。

吕铸

1878—？，字寿生，云南祥云人。光绪庚子辛丑并科（1902）举人，由内阁中书转补巡警部主事，充统计处提调，升补员外郎，充统计处总核兼著作权注册局副局长、内阁统计局副局长署参事。1912年任大总统府办事员兼参议院政府委员，旋任内务部职方司司长，历充土地调查筹备处处长、第三届知事试验襄办委员、经界局经界评议委员会副委员长、内务部民政司司长兼自治模范讲习所所长等职。时为民政部特派员（财政股）。

彭祖龄

生平不详。时为学部特派员（财政股）。

饶宝书

1858—1912，字经衡，号简香，广东兴宁人。1889年中举，1892年中进士，授户部主事。1896年考选为总理各国事务衙门章京。1899年任京师大学算学教习。1901年调任外务部主事。因核算庚子赔款，挽回白银三千万两的损失，又与沙俄使节交涉茶箱一案，追回俄币49万卢布。1903年因功补授外务部榷算司主事。1906年升任外务部和会司员外郎。1908年升外务部榷算司郎中。入民国后任外交部通商司司长，不久即卒于北京。时为外务部特派员（财政股）。

阮忠枢

1867—1917，字斗瞻，安徽合肥人。出身于淮军将领之家，由李鸿章推荐入新建陆军，管理军制饷章文牍机务，成为袁世凯亲信参谋。入民国后历任总统府秘书处副秘书长、内史长。时为邮传部特派员（法典股）。

单镇

1876—1965，字束笙，又字殿侯。原名绍镇，字叔苏，江苏吴县人。1900年优贡，1904年中进士，签分刑部湖广清吏司行走，咨送商部，考取奏补保惠司主事，不久提升商部会计司员外郎。改农工商部商务司员外郎，后升农工商部工务司郎中，历任农务司主稿、工务司掌印、统计处提调、农工商部金事等。入民国后曾任工商部首席秘书兼总务厅厅长、江苏国税厅筹备处处长、江苏审计分处处长、审计院第三厅厅长等职。晚年多参与社会慈善事业。好收藏，编有《桂阴居藏书录》等。时为农工商部特派员（财政股）。

善佺

生卒年不详，1911年以法部左参议转右丞，不久署左丞。辑有《考闱唱和诗集》一卷。时为法部特派员（财政股）。

邵从恩

1871—1949，字明叔，四川眉山人。幼年从父读书，1891年入学为秀才，不久补为廪生，入成都尊经书院学习。1897年拔为贡生，选送北京京师大学堂深造。1902年中举，1904年中进士，授山东烟台知县，辞不赴任。后留学日本，入东京帝国大学学法政，1908年回国，获授法部主事，于晚清法官考试多有贡献。因川督赵尔巽奏请，回川襄赞新政，创办四川法政学堂，任监督。入民国后因大力推动保路运动之解决，军政府成立后任川南宣慰使、四川军政府民政司司长。1913

年任国务院法制局参事，兼北京政法大学教授，讲授宪法。1923年曹锟贿选，对政局失望，赴天津学佛，长斋茹素。伪满成立，拒绝下水。1933年日军侵入华北，为免汉奸纠缠，举家迁回四川。1935年初被刘湘聘为省政府顾问。1944年与张澜等发起组织民主宪政促进会。1945年在重庆参加政协，被誉为"和平老人"，1949年在成都病逝。时为法部特派员（法典股）。

邵福瀛

1880—？，字海父，江苏常熟人，举人，补内阁中书，由商部章京补授主事，提升员外郎、参议上行走，补授郎中，旋升农工商部右参议，兼任宪政编查馆副科员。1911年5月被朝廷赏给二等第二宝星。入民国后曾任吉林滨江关监督、江西九江关监督兼办通商交涉事宜等。时为农工商部特派员（财政股）。

施绍常

1873—？，字伯彝，浙江吴兴（今湖州）人。举人，1903年由出使俄国钦差大臣胡惟德奏派为驻俄国钦差大臣随员，后历任驻荷兰、意大利、德国等国使馆一等参赞。入外务部储才馆学习，1910年任外务部和会司员外郎。1914年任北京政府外交部参事，次年任驻马尼拉总领事。1917年归国，仍任外交部参事，旋即出任吉林滨江道尹兼铁路交涉总局总办。1918年任黑龙江黑河道尹。1920年任外交部特派黑龙江交涉员，不久改任外交部政务司司长。1926—1928年任驻秘鲁公使。1929年任国民政府外交部条约委员会顾问。著有《中俄条约注解》等。时为外务部特派员（法典股）。

施肇基

1877—1958，字植之，江苏吴江人。早年就读上海圣约翰书院。1893年随同中国驻美国公使杨儒赴美，任驻美使馆翻译生。1897年伍廷芳代杨儒为驻美公使，升任随员，旋辞职入美国康奈尔大学学习。1902年获康奈尔大学文学硕士学位后回国，任湖广总督张之洞洋务文案兼鄂省留美学生监督。1905年随五大臣出洋考察宪政，任一等参赞。1906年任邮传部右参议兼京汉铁路局总办，后又任京奉铁路局总办。1910 署吉林洋务，任外务部右丞，1911 年转左丞，奉派为驻美国、墨西哥、秘鲁、古巴等国公使，但未及赴任，清已覆亡。1912 年入唐绍仪内阁，任交通总长。后出任财政总长，不久辞职。1914—1921 年任驻英全权公使，是中国出席 1919 年巴黎和会的五位全权代表之一。1921—1929 年任驻美全权公使，曾出席华盛顿会议。1930 年出席国际联盟会议，任国联理事会中国全权代表。1933—1937 年再任驻美公使、大使。1945 年出席旧金山会议任高等顾问。1948—1950 年任国际复兴开发银行顾问委员会委员。1954 年，因脑溢血逐渐淡出外交舞台。1958 年病逝于美国哥伦比亚特区华盛顿市。为近代著名职业外交家，著有《施肇基早年回忆录》等。时为外务部特派员（法典股）。

时屯

生平不详，时为理藩部特派员（法典股）。

苏锡第

1874—1924，字暮东，安徽太平人。1897 年应江南乡试中举，1901 年在顺直赈捐案内报捐郎中，分工部虞衡司学习行走。1902 年帮主稿上行走、兼充收掌官，在山东贩捐案内报捐花翎。为陆军部尚书铁良所器重，调任陆军部兼充文案委员。1903 年由外务部委派，任茶磁赛会公司总理，自筹资金选运茶叶、瓷器，随贝子溥伦参加美国圣路易斯博览会展销，颇获外界赞赏。1904 年返国，继续供职陆军部，不久丁忧去职，期满后于 1906 年被铁良调至陆军部军需总监任军需司长，不久改任陆海军会计审查处处长。入民国后曾于 1923 年短暂出任财政部次长。晚年回乡兴学育人，修路建桥，善举颇多，饮誉乡里。时为陆军部特派员（财政股）。

孙培

1991—？，字泽蕃，安徽桐城人。日本法政大学毕业。历任民政部主事、员外郎。入民国后历充内务部参事、筹备国会事务局委员、大总统府政治谘议、高等文官惩戒委员会委员、财政部预算委员会委员长、第一届知事试验主任委员等。时为民政部特派员（法典股）。

谭学衡

1871—1919，字奕章，广东新会人。1885 年入广东水陆师学堂第一期读水师班，毕业后赴英国入海军学校读书。1896 年受清廷委派，与程璧光等往英国订造"海天""海圻"巡洋舰，并兼监制，1898 年率舰回国。1907 年海军处成立，被任命为副使。1909 年任筹建海军事务处参赞。1910 年事务处改设海军部，被任为副大臣。1911 年任海军大臣。1912 年任南京民国临时政府海军部正首领，旋被解职。后回广东老家服务乡梓，曾倡修围堤水利及疏浚天沙河旧河等事务。时为海军处特派员（财政股）。

唐宝锷

1878—1953，原名宗鎏，字秀锋（秀丰），祖籍广东香山，出生于上海，为唐绍仪之侄。1896 年考中秀才，旋被总理衙门选派留日学习。1899 年从亦乐书院毕业后，被清廷任命为驻日本长崎领事馆代理副领事，后调任驻东京公使馆承担翻译事务。在担任翻译期间，到早稻田大学学习国际法，与资政院秘书长金邦平同学，并兼任宏文书院讲师。毕业后回国参加清廷留学生考试，被授予法科进士。历任北洋司法官养成学校监督、洋务局会办、陆军部一等首席参事官、川粤铁路督办等职。辛亥年南北和议中，任北方总代表唐绍仪的参赞。后历任众议院议员、大总统顾问、直隶都督府顾问、外交科长、绥远将军署高等顾问、荣旗垦务督办署秘书长、归绥警务处处长等职。1924 年退出政界后在北京、天津两地开办律师事务所，并在天津定居专执律师职业，为近代天津知名大律师，曾担任全国律师协会代表大会会长。时为陆军部特派员（法典股）。

王季烈

1873—1952，字晋余，号君九，又号螾庐，江苏长洲人。1894 年中举后到浙江兰溪作幕宾。1896 年到上海江南制造局，与傅兰雅合作翻译了《通物电光》一书，并将藤田丰八翻译的教科书重新编写，并定名为《物理学》。1900 年到汉阳制造局，受到张之洞的器重与资助。1904 年中进士。分发学部，历任主事、专门司郎中，兼京师译学馆的理化教员、监督。其间主持编印了《物理学语汇》，同时又兼任商务印书馆理科编辑，翻译、编写了多种理、化教材，并在北京创办五城学堂。入民国后基本退出政坛，专意于实业和教育事业，在天津办乐利农垦公司及华昌火柴公司、扶轮小学和中学；晚年居住于大连和苏州，专注于昆区欣赏和研究。时为学部特派员（法典股）。

王思衍

1866—1938，字仲蕃，号源亭，山东兰陵人。1894年中举，1898年中进士，分部任刑部主事。庚子国变期间离职归家。1901年受清廷征召回京，为受兵燹之灾的宫廷书写匾额，从而官复原职，继续京官生涯。1910年因病归乡，开始田园生活，在家乡热心公益事业。1938年因日军进犯，耻作亡国奴而自缢过世。以书法知名，博取米、王、颜、赵，篆刻宗秦玺汉印，融会创新，自成一格。著有《木石居印存》《老子盲说》《文字盲说》等。时为法部特派员（法典股）。

魏震

生平不详，时为农工商部特派员（财政股）。

文斌

1873—？，字伯英，满洲正蓝旗人，1898年中进士，授翰林院编修。历升翰林院侍讲、宪政编查馆总务处帮总办、理藩部谘议官、八旗高等学堂监督。入民国后担任蒙藏事务局秘书参事、宪法研究委员会委员、普通文官甄别委员会委员等职。时为理藩部特派员（法典股）。

文华

生卒年不详，湖北荆州人，曾留学日本陆军士官学校炮兵科，1910年曾随载涛考察国外禁卫军。时为陆军部特派员（法典股）。

吴廷燮

1865—1947，字向之，又字次夔，晚年号景牧，江苏江宁人。1895年中举，由誊录叙通判，1901年调署太原府同知，翌年任太原府知府。1905年补巡警部警政司郎中，后历任巡警部右参议兼宪政编查馆编辑、度支部参议、内阁法制院参议、兼弼德院参议，参与了沈家本主持的晚清变法修律事业，多有著述。于1910年11月资政院第一次常年会第十七次会议上补选奉派为资政院议员，补江瀚缺。1912年任袁世凯大总统府秘书。1916年任政事堂主计局局长，兼任清史馆总纂。1928年被阎锡山聘为顾问；因曾为张学良史学老师，后被张聘为奉天通志馆总纂，为《奉天通志》补撰大事沿革、职官、金石诸志。1931年返回南京。惜晚节不保，曾担任汪伪政权监察院监察委员。1947年被聘为国民政府国史馆纂修。是民国时期学者和史学家，精力过人，博闻强记，喜研讨近代历史，精于表谱学之研究，专力于史籍及其他有关方镇资料的研究，著有《景牧堂文集》《明督抚年表》《唐方镇年表》《东三省沿革表》《晋方镇年表》《北宋经抚年表》《南宋制抚年表》等。在成为资政院议员前为宪政编查馆特派员（财政股）。

夏循垲

1879—1952，字爽夫，号蕊卿，浙江杭州人。留学日本习法政，于1900年在日本加入励志会。1905年由载振奏调回国，先后任农工商部学习主事、庶务司主事、商学科副科长、商政科科长，曾兼任进士馆商法教习、图书馆馆长。1911年升任农工商部佥事。入民国后曾任农商部商标登记局筹备处长、第四科科长、农商部参事、四川实业厅厅长等职。时为农工商部特派员（法典股）。

徐承锦

1874—？，字伯章，号尚之，别号绚斋，贵州铜仁人。1897年考取优贡，1902年签分户部，任主事，入京师大学堂仕学馆，1907年授民政部员外郎，旋补授民政部参事，记名御史，1909年赏加三品衔，1911年授民政部左参议。民国成立，充第一届国会议员，历官司法部秘书、肃政厅肃政史、平政院评事等。能诗善画，著《绚斋诗草》四卷、《铜仁徐氏先世事略》等。时为民政部特派员（财政股）。

徐文蔚

本应名为徐文霨，1878—1937，字蔚如，号藏一，浙江海盐人。自幼随母读书，经史之外，兼习算学。因受母亲影响，从小就礼佛诵经。1898年科举落第，入京捐资为户部郎中，兼任京浙学堂算学教习，后任京师内城地方审判厅推事、度支部通阜司郎中、清理财政处帮办、财政研究所评议员等。辛亥革命爆发后，他携眷南归。入民国后被选为浙江省第一届省议员，受浙江都督朱瑞委托，主办《浙江日报》。由于袁氏当国，党禁严厉，省议会无形停顿。除 1914 年再度短暂入京在财政部会计司任会办外，遍访名寺古刹，潜心研究佛典，刊刻佛经，专以弘扬佛法为务。卢沟桥事变爆发，平津相继沦陷，无数难民流落街头。他悲天悯人，奔走呼吁，与佛教居士设立妇孺临时救济院，收容难民，终于积劳成疾而逝世。时为度支部特派员（财政股）。

许宝蘅

1875—1961，字季湘、公诚，号巢云，晚号耄斋、夬庐居士，浙江仁和（杭州）人。1902 年应浙江乡试中举。1906 年后历任内阁中书、学部主事、军机章京、承宣厅行走。入民国后，因熟悉案牍，为袁世凯赏识，历任北京临时大总统府秘书、国务院秘书、国务院铨叙局局长、内务部考绩司司长等职。因袁氏恢复帝制失败，作为袁氏旧人，被迫卸职赋闲。其间积极参与张勋主导的宣统复辟事件之中。复辟失败后，北洋政府重新组阁，经王克敏推荐，他重入大总统府为秘书。以其幕僚品质，甚得钱能训、徐世昌的信任，后历任内务部次长、法制局局长、国务院秘书长等职。1927 年底兼故宫博物院图书馆副馆长兼管掌故部，出版了《掌故丛编》。北伐政局变动，且因经济窘迫，遂于 1928 年应奉天省长翟文选之邀任奉天省政府秘书长，后又任黑龙江省政府顾问，继续其幕僚生涯。1931 年九一八事变后，伪满成立，他曾任伪满执政府秘书、大礼官、宫内府总务处处长等职，到 1939 年因年老退职。1945 年回北平家居，终老于此。工书法，中山公园内原石坊上"公理战胜"四字，即为其手书。著有《说文形系》《文字溯源》《魏石经考》等，晚年曾与恽公孚合作点校《方望溪文集》《唐大诏令集》《光绪东华录》等古籍；现有《许宝蘅日记》的整理出版。为宪政编查馆特派员（财政股）。

许同莘

1878—1951，字溯伊，号石步山人，江苏无锡人。1899 年随舅父张曾畴在湖广总督张之洞幕中学习办事，至 1902 年因赴科举离幕。

1902 年中光绪壬寅补行庚子辛丑恩正并科举人。1905 年留学日本，就读于日本法政大学速成科，次年毕业。归国后入张之洞幕，担任文案委员。1909 年张之洞去世，遂离开张幕，供职于宪政编查馆。入民国后历任外交部总务厅文书科佥事、文书科长、通商司第六科长，此后十余年，完成了清对外条约、《张文襄公年谱》的编纂工作、刊刻《许文肃公（景澄）遗集》等。国民政府时期曾任河北省政府主任秘书等。在此期间，主要精力用于公牍学研究，先后写成《治牍要旨》《公牍铨义》，最后写成传世之作《公牍学史》。晚年居无锡老宅，不久过世。时为宪政编查馆特派员（财政股）。

延鸿

1882—？，字达臣，满洲镶红旗人，附生，曾于日本弘文学院习警务，历任国史馆誊录、工巡总局委员、习艺所委员、巡警部主事、员外郎、民政部员外郎等。1907 年升任民政部右参议，后转左参议，1909 年 8 月升任右丞，1911 年转左丞。其间还曾兼任宪政编查馆统计局正科员、习艺所监督、崇陵工程处监督、考试留学生主试官。入民国后曾任平政院评事。时为民政部特派员（财政股）。

彦德

生卒年不详，满洲正黄旗人，字明允，曾任清政府学部总务司郎中、京师学务局长，管理历史博物馆筹备事宜。时为学部特派员（法典股）。

晏安澜

1851—1919，本名晏文采，字海澄，号丹右，别号虚舟，陕西镇安人。1875 年入三原宏道书院读书，同年中举，1877 年中进士，分发户部，历官山东司主事、员外郎、度支部管榷司郎中、承政厅郎中、盐政院院丞、清理财政处总办等职，兼任宪政编查馆二等谘议官，长期负责管理盐务。1898 年黄河决口，河北、山东二十多个县受灾，以户部员外郎身份四处调查灾情，积极赈灾。1909 年曾对江苏、浙东、河南等七省盐场进行了半年调查，深入了解盐政弊端和民众疾苦，在此基础上，次年起草了《整顿盐政办法》24 条，经清廷批准施行。1912 年出任四川盐运使，注重实地调查，针对当地盐商欺行霸市、盐利大量外流等情况，制定了集中散盐、筹设专卖机构、改官运为私运等办法，成效卓著。著有《盐法纲要》《两淮盐法录要》等。时为度支部特派员（法典股）。

杨度

1875—1931，原名承瓒，字皙子；后改名度，别号虎公、虎禅，又号虎禅师、虎头陀，湖南湘潭人。1893年顺天乡试中举，师从王闿运就学于衡阳石鼓书院。戊戌变法期间，与康有为、梁启超结识。1902年自费留日，入东京弘文书院，发起创办留学生刊物《游学译编》。1903年回国参加清廷经济特科考试，因康党嫌疑被除名。再度留日，作《湖南少年歌》，发表于《新民丛报》，轰动一时，逐渐成为留日学生领袖。1905年与孙中山相识，但他主张君主立宪，反对革命主张。同年当选为留日学生总会干事长。1907年创办《中国新报》，发表《金铁主义说》，主张军事、经济立国说，要求君主立宪。该年10月杨度返国奔伯父丧，参与国会请愿活动。同年，写就《中国宪政大纲应吸收东西各国之所长》和《实施宪政程序》，作为宪政专家开始为清廷注目。1908年，袁世凯和张之洞联名保奏其"精通宪法，才堪大用"，被授四品京堂衔，任宪政编查馆提调，逐渐靠近朝廷中枢。不久，由袁世凯建议，在颐和园向朝廷亲贵演讲立宪精义。此后上陈限期开设国会说帖。1910年资政院第一次常年会期间，杨度作为宪政编查馆特派员，在会场作了关于新刑律主旨的长篇演说，影响甚大。入民国后，因与袁世凯私交甚笃，作为策士以帝师自居，发起组织筹安会，积极推动袁世凯复辟帝制，希望能实现其君宪救国主张。及至帝制失败，作为祸首被通缉，遂避难天津租界，遁世学佛。1916年恩师王闿运过世，所送挽联道出其追求："旷古圣人才，能以逍遥通世法；平生帝王学，只今颠沛愧师承"。1919年五四运动后，逐渐认可当年孙中山为其所谈的革命主张。1927年曾积极参与营救挚友李大钊。1928年到上海，成为杜月笙门下清客，晚年在上海加入共产党，成为秘密党员，做了一些情报工作。弥留之际，自拟挽联总结其一生："帝道真如，如今都成过去事。

匡民救国，继起自有后来人"。时为宪政编查馆特派员（财政股）。

杨寿枢

1863—1944，字荫伯、伯年，一字荫北，江苏金匮人。1889年中举，1892年报捐内阁中书，1893年考取军机章京，后奏保侍读。1898年签分刑部直隶司行走。1900年奏补湖广司郎中。1908年领班军机上行走，次年补领班军机章京。1910年兼充宪政编查馆总核，旋即署光禄寺少卿。1911年，以军机三品章京授奕劻内阁制诰局局长。入民国后曾任参政院参政。爱好艺术和收藏，与黄宾虹交好。时为军机处兼宪政编查馆特派员。

易乃谦

1880—1936，别名丰卿，字举轩，湖北汉阳人。1897年以秀才入武昌经心书院，与吴禄贞、李书城等同学。1898年赴日本陆军士官学校留学，仍与吴禄贞、李书城等同学。1901年毕业回国，入陆军部供职，到1911年已任军制司司长，其间仍与吴禄贞等来往密切，思想倾向于革命反清。1911年武昌事起，随陆军大臣荫昌督师南下，任参谋长。入民国后曾任安徽省警务处处长。1936年病逝于天津。时为陆军部特派员（法典股）。

尤桐

1870—1938，原名廷桢，字干臣，别号日新居士，江苏无锡人，附贡生，曾任法部主事，后转邮传部主事。入民国后历任交通部主事、佥事、总务厅文书科科长、财务委员会总务股主任等职，撰有《尤氏宗谱》《务实学堂课文》等。时为法部特派员（财政股）。

曾鉴

生卒年不详，四川华阳人，字焕如，拔贡，曾任大理院审判官、福建道监察御史、京畿道监察御史。1907年任法部右丞，旋改左丞，兼任宪政编查馆一等谘议官，1910年署法部左侍郎，1911年任袁世凯内阁法部副大臣。1914年任平政院评事、第二庭庭长，同年奉派入川办理赈务，任筹赈督办，1916年调任川南宣慰使。时为法部特派员（财政股）。

曾述棨

1865—？，字霁生，河南固始人。增生，1891年中举，1892年中进士，入翰林院为庶吉士，散馆后以主事用，签分工部。因考取总理各国事务衙门章京，改外务部主事，补考工司主事。1908年任外务部権算司员外郎，和会司郎中。历充和会、権算、考工等司掌印主稿、帮掌印、帮主稿、丞参上行走、记名海关道、外务部左参议、右丞。入民国后曾任唐绍仪内阁交通部秘书长、肃政厅肃政史、平政院评事兼庭长、税务处提调等职。时为外务部特派员（财政股）。

曾维藩

1877—？，字介白，四川永川人。庚子辛丑并科（1901年）举人，选内阁中书，调充外城巡警总厅委员，署六品警官。历充文牍会计科科长、补五品警官，署外城左分厅知事、右分厅知事兼民政部承政厅行走，奏补外城右分厅知事，民政部承政厅庶务科科长，京察一等，充会计科科长，截取免补知府，以道台分省补用，补民政部参事兼宪政筹备处帮办、实录馆校对。简授民政部右参议，荐任大理院书记官。入民国后历充文牍统计科科长、内务部金事，充考绩司第四科科长、职方司司长等。时为民政部特派员（财政股）。

曾习经

1867—1926，又名刚甫，号蛰庵居士，广东揭阳人。1888年就读广州广雅书院，深得山长梁鼎芬赏识。旋转于广州学海堂就读，与梁启超、麦孟华同窗。次年中举，1890年登进士。初任户部主事，受知于户部尚书翁同龢，不久升员外郎。1906年户部改为度支部，升任度支部右丞，官至度支部左丞，兼任法律馆协修、大清银行监督、税务处提调、印刷局总办等职。当时部务新创，举要挈纲，制定章约，多出其手。同时参与改币制、创税校、设纸厂、开印局等要务。在清帝逊位前一日辞官，归隐京师，躬耕不辍。袁世凯复辟帝制及随后的北京政府当道，多邀其出仕，皆予拒绝。生平经、史、子、集无所不读，尤爱好藏书，工诗词，能书善画，著有《蛰庵诗存》《秋翠斋词》等，梁启超曾为其作序，赋《曾习经进士像赞》，略云："其施于政事者，文理密察而不失其器宇之俊伟；其发为文辞者，幽怨悱恻而愈显其怀抱之清新。既不能手援天下之溺，则归洁其身，年四十四全节以去，六十而返其真。呜乎，此揭阳曾刚甫右丞，有清易代之际第一完人。"时为度支部特派员（财政股）。

扎拉芬

生卒年不详，曾任理藩部帮印员外郎。时为理藩部特派员（财政股）。

张茂炯

1875—1936，字仲清，别署艮庐，号君鉴，江苏吴县（今苏州）人。出身仕宦世家，为南宋状元、名词人张孝祥后裔。廪生，1897年中举，1904年参加甲辰恩科殿试，中二甲进士，分发户部任主事、陕西司学习行走。历充正主稿上行走，湖北造币新厂会办，邮传部邮政司额外正主稿，度支部军饷司主事、副司长、司长，度支部丞参厅上行走，财政研究所评议员，统计处帮办，清理财政处帮办，核捐处管股。入民国后历任币制调查局局员、币制局坐办、盐政处参事提调兼秘书、盐政院总务厅厅长、财政部参事、调盐务署参事，主编《清盐法志》300卷。晚年退居苏州，绝意仕途，以吟咏为乐。工诗词书法，著有《艮庐词》《艮庐唱和诗钞》等。时为度支部特派员（财政股）。

章宗祥

1879—1962，字仲和，浙江吴兴人。清廪贡生，日本第一高等学校毕业，日本东京帝国大学法学士。归国后参与清廷留学生考试，被授予法科进士，历任北京进士馆教习，农工商部主事，法律馆纂修官，1905年帮助商部尚书载振编纂商法。1909年4月任北京内城巡警厅丞，曾参与审理汪精卫等谋刺摄政王载沣未遂案。1910年任宪政编查馆编制局副局长。1912年任袁世凯总统府秘书、法制局局长，不久转任大理院院长、修订法律馆总裁，1914年任司法总长，1916年担任驻日公使，1919年代表北京政府参加巴黎和会，回国后因五四运动被免职。后转入实业界，先后担任中华汇业银行总经理、北京通商银行总经理等职。国民政府时期长期寓居青岛。1942年短暂出任伪华北政务委员会咨询委员和电力公司董事长。抗战胜利后，寓居上海，直至去世。著有《日本留学指南》《东京三年纪》，与董康合译《日本刑法》等。时为宪政编查馆和民政部特派员（法典股）。

周嵩尧

1873—1953，字峋芝，号薰士，晚年改号芝叟，江苏淮安人，为周恩来之伯父。1897 年中举，后在漕运总督府做文案。受江北提督王士珍推荐，进入邮传部，曾任路政司郎中。入民国后曾任江西、江苏督军专署秘书长等职。后因反对袁世凯称帝而去职，返居扬州闲居。1951年被聘为中央文史馆馆员。时为邮传部特派员（法典股）。

周学熙

1866—1947，字缉之，号止庵，安徽至德（今东至）人。其父周馥曾任两广、两江总督。中举后于 1897 年入开平矿务局，先后任会办、总办。1901 年被清廷派往山东济南，山东巡抚袁世凯委任其筹办山东大学堂，从此受知于袁氏。袁氏调直隶总督，被委任为天津候补道兼办直隶银元局。次年，赴日本考察。回国后提出创办"直隶工艺总局"，以天津为中心，大力发展实业，其著者如创办全国第一个近代水泥生产企业启新洋灰股份有限公司等，享誉全国，与著名状元资本家张謇并称"南张北周"。1908 年总理京师自来水事宜。入民国后，虽两度居北洋政府的财政总长，但其志向和主要精力在实业方面。1919 年，主持创办华新纺织公司、中国实业银行、耀华玻璃公司等，产品远销美国、日本、菲律宾及南亚各国。时为农工商部特派员（财政股）。

附录六 资政院大事志^①

光绪三十二年（1906）

9月1日 清廷下达预备立宪的上谕，云：时处今日，惟有及时详晰甄核，仿行宪政，大权统于朝廷，庶政公诸舆论，以立国家万年有道之基。但目前规制未备，民智未开，若操切从事，涂饰空文，何以对国民而昭大信？故廓清积弊，明定责成，必从官制入手，亟应先将官制分别议定，次第更张，并将各项法律详慎厘定，而又广兴教育，清理财务，整饬武备，普设巡警，使绅民明悉国政，以预备立宪基础。

9月30日 御史刘汝骥上《总理大臣不可轻设以杜大权旁落折》。

11月6日 朝廷下《裁定奕劻等核拟中央各衙门官制谕》，确定了中央官制改革方案。奕劻奏进《资政院官制草案》，指出：资政院设立之意，即为将来立宪预备。中国此时程度诚不能早设议院，但谕旨明示预备立宪，则必采择多数国民之舆论，以宣上德而通下情。

光绪三十三年（1907）

6月10日 两广总督岑春煊上《奏请速设资政院代上院以都察院代下院并设省谘议局暨府州县议事会折》。

7月7日 总司核定官制大臣奕劻等上《续订各直省官制情形折》。

7月28日 直隶总督袁世凯奏请派大臣赴德国和日本详细考察宪法并派近支王公赴英国和德国学习政治和兵备等学问。

8月12日 御史徐定超上《请速设议院保护华侨以维人心弭民变折》。

9月18日 暂署黑龙江巡抚程德全上《请速行宪政融合满汉开国会育人才折》以及《请速开国会以救时艰片》。

9月20日 朝廷下谕正式设立资政院。"立宪政体，取决公论。上下议院，实为行政之本。中国上下议院，一时未能成立，亟宜设资政院以立议院基础"，派溥伦、孙家鼐充任总裁，命令其与军机大臣会同拟定《资政院章程》。

9月25日　御史陆宝忠等上折，奏请改都察院为国议会，以为下议院基础。

9月27日　御史赵炳麟上《资政院开办伊始请严定选举章程折》。

10月5日　湖南即用知县熊范舆等向朝廷上呈请速设民选议院。

10月6日　掌印给事中忠廉等上折，主张下议院应尽快特别设立，不能在都察院的基础上改设。

10月14日　翰林院侍读学士朱福诜上《立宪取法日本应择善而从折》。

10月16日　郑孝胥、张謇等立宪党人上书民政部，要求其允准设立预备立宪公会。

10月19日　资政院奏请启用关防，借内阁衙门汉本堂为开办公所，调入人员开始草拟《院章》。

朝廷下谕各省在省会速设谘议局，以为采取舆论之所，指陈通省利弊，筹计地方治安，并为资政院储材之阶，由各属合格绅民公举贤能充议员。将来资政院选举议员，可由该局公推递升。

11月29日　出使德国考察宪政大臣于式枚奏《立宪不可躁进不必预定年限折》。

12月　资政院总裁溥伦去日本报聘，顺便考察日本的国会制度，梁启超撰写了《上资政院总裁论资政院组织权限说帖》一文，由政闻社总务员马相伯等在横滨离宫当面呈递。

光绪三十四年（1908）

4月17日　考察宪政大臣于式枚奏《立宪必先正名不必求之外国折》。

6月24日　侍讲学士朱福诜奏请开设议会以维国势而固人心。

7月8日　资政院上《拟定资政院院章折》，这次上奏的是《院章》前两章，奉旨批准，命令其与军机大臣迅速拟定余下八章。

7月22日　宪政编查馆、资政院奏上《各省谘议局章程》和《谘议局议员选举章程》及按语。当日朝廷下谕批准，并要求各督抚一年内一律办齐。

8月4日　资政院主稿，会同军机大臣上《会奏拟定院章并将前奏各章改订折》。

8月27日　宪政编查馆和资政院会奏《宪法大纲》和《议院法》《选举法》要领及逐年筹备事宜。在"逐年筹备事宜清单"里明确规定了资政院和各省谘议局的成立年限：1908年各省筹办谘议局；1909年各省谘议局开办，颁布《资政院章程》、举行资政院议员选举；1910年召集资政院议员，正式开院。

12月2日　宣统登基。

12月3日　摄政王载沣即以宣统皇帝的名义下达申明九年筹备期限的上谕。

12月18日　摄政王载沣要求各衙门分期胪列九年应有办法，首次将继述立宪之意昭告天下。

宣统元年（1909）

3月6日　摄政王载沣以宣统名义明发上谕，重申预备立宪之宗旨，云：国家预备宪政，变法维新，迭奉先朝明谕，分年预备，切实施行。朕御极后，复行申谕依限筹办，毋得延缓，今特将朝廷一定实行预备立宪维新图治之宗旨，再行明白宣示。宗旨、国是已定，期在必成，嗣后内外大小臣工皆当共体此意，翊赞新猷。

8月23日　由资政院主稿，会同军机大臣办理上奏的《资政院章程》正式颁布。

10月14日　各省谘议局开幕。

11月23日　按照《资政院议员选举章程》，各省谘议局互选出资政院议员98人。

宣统二年（1910）

1月20日　由孙洪伊等33位谘议局议员作为请愿代表签名上请愿书，请求都察院代奏，希望朝廷一年之内召集国会以救危亡。同日八旗世仆文耀等亦通过都察院代递《恳请速开国会呈》。朝廷于1月30日下谕"已录"，实际不予理会。

1月30日　针对立宪党人的国会请愿，朝廷下《俟九年预备完全定期召集议院谕》，其主要理由为："惟我国幅员辽阔，筹备既未完全，国民智识程度又未划一，如一时遽开议院，恐反致纷扰不安，适足为宪政前途之累。"第一次国会请愿活动失败。

5月9日　清廷发谕，以9月23日为资政院召集之期，所有资政院议员，均即遵照定期，一律齐集京师，开第一次常年会。

6月16日　直省谘议局、直省绅民代表及旗籍绅民代表、东三省绅民代表，包括湖北宪政预备会、河南地方自治研究所、湖南地方自治研究所、四川宪政会、贵州宪政预备会等政治团体代表，教育会代表，江苏商务总会代表，商会代表，南洋雪兰莪二十六埠华侨代表以及澳洲全体华侨代表等递交了多份请愿书，是为第二次国会请愿活动。

6月27日　清廷发布《仍俟九年预备完全再定期召集议院谕》，以筹备事宜多端，单议院不足以郅治，且资政院召开在即，无必要速开国会。第二次国会请愿运动归于失败。该谕旨云："论议院之地位在宪法中只为参预立法之一机关耳，其与议院相辅相成之事，何一不关重要，非尽议院所能参预，而谓议院一开，即足致全功而臻郅治，古今中外亦无此理。"

8月　资政院奏请择定贡院旧址作为第一次常年会之会场。

8月10日　各省谘议局议员在北京组成了各省谘议局联合会，并向资政院递交陈请书，陈请修改《结社集会律》。

9月　因前任副总裁孙家鼐于1908年3月过世，以沈家本充任资政院副总裁。

9月22日　资政院拟定的《资政院议事细则》和《资政院分股办事细则》获得朝廷批准。

9月23日　资政院议员召集完毕。

10月3日　资政院举行了开院典礼，第一次常年会正式召开。

10月6日　资政院进行分股选举。

10月8日　资政院上《广西巡抚率准禁烟展限议员全体辞职照章核办折》，判定广西巡抚侵夺谘议局权限确凿无疑，这是资政院大会首次审查核办督抚与谘议局异议事件。

10月14日　资政院大会开始议决《修正报律草案》。

10月22日　资政院表决通过了速开国会议案，26日以全体议员的名义具奏朝廷请求速开国会。

10月26日　度支部尚书载泽赴资政院会议现场说明预算案的宗旨。

10月28日　朝廷下旨，将资政院具奏陈请速开国会一折交会议政务处王大臣公同阅看后预备召见。

10月31日　军机大臣毓朗到资政院会场，就速开国会问题与议员不欢而散。此后除了典礼之外，再无军机大臣来资政院事。

11月4日　朝廷下谕将预备立宪期缩短至六年，以宣统五年（1913）为开设议院之期。命民政部和各省督抚解散各省请开国会代表，静候朝廷详定一切，次第施行。

12月2日　《新刑律草案》在资政院大会初读，宪政编查馆特派员杨度在会场阐述该馆关于《新刑律》议案的主旨。讨论四川铁路陈请书，议决以邮传部种种不负责任而具奏。

12月7日　东三省总督锡良因谘议局议长吴景濂等面递公呈，万人请愿，遂为代奏奉天全省各界绅民呈请明年即开国会以救危亡折。锡良在奏折中指出：东三省有特别之外交危险，惟有民心可恃，胥免于沦亡，望朝廷再降谕旨，定于明年召集国会，"如以臣言为欺饰，请先褫臣职，另简贤能大员，以纾边祸"。

12月11日　朝廷对锡良代奏下谕：开设议院年限不变，东三省地方重要，锡良仍旧供职。浙江巡抚增韫上折条陈内阁和国会事宜，要求制定议员选举法规，议员名额以人口多寡为准。

12月15日　议员陈宝琛等提议讨论"奏请宣布杨庆昶所缴景庙手诏并昭雪戊戌冤狱一案"，议员罗杰等提出"请赦国事犯罪人具奏案"。大会讨论通过"拟请明谕剪发易服具奏案"。

12月18日　资政院上弹劾军机处奏稿，同时军机大臣上折请辞。监国摄政王载沣亲写朱谕，除不准军机大臣辞职外，着重指出：设立责任内阁，朝廷自有权衡，非资政院所得擅预。

12月21日　朝廷就农工商部具奏下谕，默认剪发，禁止易服。

12月24日　针对直隶总督陈夔龙代奏的顺直谘议局要求速开国会的代奏、东三省代表来京递呈，朝廷下谕：开设议院缩改于宣统五年，乃系廷臣协议请旨定夺，并申明一经宣示万不能再议更张，实属不成事体。著民政部、步军统领衙门立即派员将此项人等迅速送回原籍，不准在京逗留。此后倘有续行来京者，即非安分良民，著督抚严拿查办。

12月25日　朝廷明发上谕，饬令宪政编查馆修正筹备立宪清单，并将内阁官制一律详慎撰拟。

12月26日　资政院正式开议预算案，预算股员长刘泽熙向大会报告审查结果并说明理由，指出预算本应为国家政治和财政的照相片，今日中国欲图强，非改良政治组织不可；不办预算则已，苟欲办预算，亦非改良政治组织不可。责任内阁和新官制，都是改良政治，也就是改良预算的根本办法。

12月28日　资政院上关于剪发易服奏稿。京师大学堂总监督刘廷琛呈递"为宪政初基宜祛流弊请明降谕旨巩君权而防陵替事"封奏，指责资政院藐视执政，指斥乘舆；奔走权门，把持舆论；公倡邪说，轻更国制。随后朝廷将刘折批"著宪政编查馆知道"。

12月30日　朝廷否决资政院关于剪发易服之建议。

宣统三年（1911）

1月1日　资政院再上折弹劾军机大臣。朝廷将该折留中，予以冷处理。《申报》登载《东三省各界人民代表董之威等上监国摄政王请愿即开国会书》《资政院议员邵羲提议修改城镇乡地方自治章程法案》。

1月2日　朝廷下谕，令各省督抚弹压严办聚众要求速开国会之各地学生。

1月3日　资政院大会讨论通过"请宣布景庙手诏具奏案"和"请赦国事犯罪人具奏案"，旋即上奏，后被朝廷搁置。

1月7日　江苏教育总会陈请资政院修改小学章程草案。

1月8日　资政院就无夫奸进行大会表决，赞成与反对无夫奸入罪者分别为77票和42票，赞成将之保留在刑律正文的议员占多数（61位赞成，49 位反对），礼派在这一问题上获胜。

1 月 10 日　《新刑律》"总则"三读在资政院大会通过，随后会同军机大臣上奏。资政院修正《结社集会律》议案得以在大会通过，但因与政府意见不一致，资政院不能单独上奏，遂被搁置。

1 月 11 日　资政院举行了闭会典礼，历时约 100 天的第一次常年会正式闭幕。

1 月 17 日　宪政编查馆奏修订逐年筹备清单事宜，奉旨依议。清单规定：宣统三年颁布内阁官制；宣统四年颁布宪法和议院法，举行下议院议员选举，确定预算决算，实行新刑律、民律、诉讼律；宣统五年开设议院。

1 月 25 日　朝廷发谕："著将《新刑律》'总则''分则'暨《暂行章程》先为颁布，以备实行。俟明年资政院开会，仍可提议修正，具奏请旨，用符协赞之义。并著修订法律大臣按照《新刑律》迅即编辑判决例及《施行细则》，以为将来实行之预备。"这次朝廷谕旨裁可的"总则""分则"和《暂行章程》，就被合称为《钦定大清刑律》。

1 月 27 日　资政院奏《议决统一国库章程》。

1 月 28 日　资政院主稿、会同会议政务处奏上《议决试办宣统三年岁入岁出总预算案请旨裁夺折》，旋即获得朝廷批准。

1 月 30 日　朝廷发布上谕，在否决了资政院所议决的第十二条的修正而支持了军机大臣的意见之后，裁可了资政院所议决的《修正报律》，《钦定大清报律》正式颁布生效。

2 月 5 日　学部丞参上行走柯劭忞上《筹备立宪宜防大臣跋扈民众暴动组织政党等弊折》。

2 月 12 日　度支部尚书载泽上《试办全国预算拟暂行章程并主管预算各衙门事项折》和《维持预算实行办法折》，阐述必须克服困难，维持宣统三年预算；在此基础上探求改良之方，"上年试办预算，事属创始，本难遽言完备，然因清理而渐得盈亏之实，亦由练习而始知条理之疏，循是以求改良"。

3 月 18 日　在京资政院议员拟上书资政院总裁，请开资政院临时会，以应对当前的外交和财政危机。

3月20日　清廷命度支部右侍郎陈邦瑞、学部右侍郎李家驹、民政部左参议汪荣宝协纂宪法。资政院总裁溥伦转任农工商部尚书，大学士世续为资政院总裁，李家驹为资政院副总裁。福建谘议局致电军机处，要求召开资政院临时会，以民气为外交后盾。出使美墨秘古大臣张荫棠上《内阁总理应由朝廷任命并请早定宪法速开国会折》。

3月21日　顺直谘议局、贵州谘议局、陕西谘议局等以近来外交棘手，政府仍持秘密主义，恐不足以济危亡，分别电请政府从速召集资政院开临时会议。

4月　宪政编查馆将《钦定大清刑律》刊刻成书，颁行京外。

5月6日　御史石长信上折建议铁路国有。

5月8日　宪政编查馆、会议政务处会奏《内阁官制》和《内阁办事暂行章程》，朝廷予以批准颁布，以奕劻为内阁总理大臣，那桐、徐世昌为协理大臣，同时裁撤内阁、军机处和会议政务处。

5月9日　清廷下诏推行铁路国有政策，随后引起大规模的保路风潮。

5月10日　清廷下旨，本年九月初一日为资政院第二次常年会开会之期，仍于八月二十日召集议员，从而间接否定了资政院议员要求召开临时会的提议。

5月12日　第二届各省谘议局联合会正式开会，湖南谘议局局长谭延闿被推选为会议主席。

6月4日　以谘议局联合会为基础，有资政院民选议员参加的宪友会召开成立大会，雷奋、徐佛苏和孙洪伊被推为常务干事，籍忠寅、李文熙、谢远涵为候补常务理事，并广设支部于各省。

6月10日　都察院代奏《直省谘议局议员联合会呈都察院代奏皇族不宜充内阁总理请另简大员组织内阁文》，朝廷留中，不予理会。

6月16日　资政院上奏修改速记学堂章程。

6月17日　四川谘议局、川汉铁路公司股东会在成都发起四川保路同志会。

6月24日　各省谘议局联合会通过由湖北省谘议局副议长张国溶起草

的《通告全国人民书》，全面激烈地抨击皇族内阁的内外政策。

6 月 25 日　第二届各省谘议局联合会闭会。

6 月 26 日　清廷下谕，命资政院会同内阁改订《资政院章程》。

6 月 27 日　辛亥俱乐部经民政部备案正式成立。

6 月 30 日　各省谘议局联合会发表宣言，指出政府的铁路国有政策失信于民，反对皇族内阁。

7 月 3 日　资政院会同内阁总协理大臣奏《改订院章》，清廷立予颁布。

7 月 4 日　各省谘议局议长、议员袁金铠上《为皇族内阁不合立宪公例请另组责任内阁呈》。

7 月 5 日　清廷下谕，申饬议员不得干预黜陟百司的君上大权，懔遵《钦定宪法大纲》，不得率行干请，以符君主立宪之本旨。

8 月 11 日　清廷命贝子溥伦、镇国公载泽会同宗人府纂拟皇室大典。

8 月 15 日　宪友会经民政部备案正式成立。

8 月 31 日　清廷以李家驹署理资政院总裁，达寿署理副总裁。

10 月 10 日　武昌起义爆发，迅速得到各省响应。

10 月 11 日　资政院议员召集。

10 月 14 日　帝国宪政实进会召开成立大会。

10 月 15 日　立宪派赵凤昌、雷奋、沈恩孚等在上海惜阴堂集议，商讨时局，决议拥护袁世凯。

10 月 17 日　给事中高润生上折，建议政府吸取去年资政院常年会教训，督促内阁认真预先编制议案，尤以借款、收路和亲贵内阁为言，剀切陈述上有道揆、下知法守之理。

10 月 21 日　张謇与伍廷芳、唐文治、温宗尧等联名致电摄政王载沣，大势所趋，非共和无以免生灵涂炭，保满汉和平。

10 月 22 日　资政院第二次常年会开幕。江苏巡抚程德全和山东巡抚孙宝琦联合上奏清廷，请解散皇族内阁、下诏罪己、提前宣布宪法。

10 月 26 日　资政院上《奏请标本兼治以救危局折》。

10 月 27 日　驻扎在滦州的第二十镇统制张绍曾联合驻扎奉天的第二十混成旅协领蓝天蔚共同上奏《请愿政纲十二条折》。

10月29日　资政院上《奏请罢免亲贵另组责任内阁折》《速开党禁以收拾人心折》《请明诏将宪法交院协赞折》。近在京畿咫尺的山西宣布独立。

10月30日　朝廷发布《俟简贤得人即组织完全内阁不再以亲贵充国务大臣谕》《准开党禁颁布特赦谕》《实行宪政谕》和《著溥伦等迅拟宪法条文交资政院审议谕》，宣布自戊戌政变获咎及先后犯政治革命嫌疑，与此次武昌起义被胁自归者，一律原免。正式以李家驹代替世续出任资政院总裁，达寿为副总裁。资政院建议实行完全责任内阁制度，不以亲贵充任，朝廷立即允准。

11月1日　朝廷授袁世凯为内阁总理大臣，命其组织完全内阁；奕劻转任弼德院院长。

11月2日　朝廷下《组织完全内阁并命资政院起草宪法谕》。

11月3日　资政院总裁李家驹上《请将草拟宪法内重大信条先行颁示并请准军人参与宪法起草意见折》。清廷立即照准，发布《择期颁布君主立宪重要信条谕》。

11月5日　资政院上《奏请速开国会以符立宪政体折》，在征集军民意见的基础上详慎拟定议院法和选举法，奏请颁布，以便即时选举，于数月之内召集国会。当日获得朝廷允准，所有议院法、选举法迅速拟定，即办理选举，一俟议员选定，即行召集国会。

　　资政院上《请准革命党人按照法律要求改组政党折》。

　　资政院言汉口之役，官军惨杀平民，请敕停战并处理责任军官。

11月6日　清廷下谕释放政治嫌疑人犯汪兆铭、黄复生、罗世勋等。

　　莫理循在《泰晤士报》发表《资政院和袁世凯》一文。

11月7日　山东省城革命党人与绅商学各界人士集会，宣布取消省谘议局，成立山东全省各界联合会，作为全省立法和行政监督机关。

11月8日　张謇致电袁世凯，认为共和乃"潮流所趋，莫可如何！"

11月9日　资政院上《遵照〈宪法信条〉选举袁世凯为内阁总理大臣折》，清廷当天即予以任命。

11月14日　清廷下谕，自武昌变起，大局岌岌可危，应征集国民意见，以扶危定倾，令各省督抚迅速公举素有名望、通晓政治、富于经验、足为全省代表者三五人来京共商国是。

清廷分别向发生战端的各省派遣宣慰使，宣布朝廷实行政治改革之宗旨，希望能对乱事平定有所帮助，但很多被任为宣慰使的立宪人士拒绝就职。

11月18日　兼署海军大臣谭学衡等上《请将宪法重大信条早日颁布折》。

11月20日　资政院会议剪发案，次日上《恳请降旨即行剪发折》；资政院讨论如何处理汪精卫和杨度的陈请书案；资政院上《改订院章》，朝廷予以颁布。

11月21日　内阁候补参议陈毅上奏：资政院开会不足法定人数，不能成议，应请将重要事件俟国会召集再行开议。

11月25日　顺直谘议局、直隶保安会致电摄政王，请"朝廷能早行揖让"。

11月26日　清廷以《十九信条》誓告太庙，摄政王代行祭祀事。

12月5日　内阁总理大臣袁世凯派唐绍仪携带召开国民会议以解决政体问题的方案南下与伍廷芳议和。

12月6日　监国摄政王载沣奏隆裕皇太后，请缴监国摄政王印章，退归藩邸。隆裕旋即下谕俯如所请。

12月7日　朝廷下旨批准资政院奏恳请降旨即行剪发折，允准臣民自由剪发；批准资政院奏请采用阳历折，自明年采用阳历；河南谘议局致电内阁，请其接受共和政体。

12月28日　隆裕皇太后下旨，命召集临时国会，以立宪共和政体付公决。

民国元年（1912）

1月1日　孙中山就任临时大总统。

1月2日　各省都督府代表联合会议决，以代表会代行参议院职权。

1月2日　因唐绍仪擅允共和政体，袁世凯批准唐绍仪辞职，电告伍廷芳，以后由其直接电商南北合谈事宜。河南谘议局致电内阁总理袁世凯，人民切望共和，倘合议更动，河南人民誓与朝廷断绝关系，宁死不纳租税。

1月3日　驻俄公使陆征祥联合清廷各驻外使节，电请清帝逊位。

1月4日　袁世凯致电伍廷芳，提出临时国会选举办法；伍廷芳致电袁世凯，要求在上海而非北京开会，声明唐绍仪所签之约，不能更动。

1月12日　良弼、铁良、毓朗、善耆、溥伟等满族王公反对清帝逊位，成立君主立宪维持会，即宗社党。

1月14日　张勋致电资政院，绝不承认民主，表示即日联合各军南下。

1月26日　许鼎霖代李家驹出任资政院总裁。

2月10日　君主立宪维持会宣布取消。

2月12日　隆裕太后颁布宣统皇帝辞位懿旨："即由袁世凯以全权组织临时共和政府，与民军协商统一办法……仍合满蒙汉回藏五族完全领土为一大中华民国……由两方代表照会各国驻北京公使，转达各该政府。"清帝退位，帝国转变为民国。

注释

① 为作者根据相关资料编纂。

参考文献

原始资料

白蕉：《袁世凯与中华民国》，中华书局 2007 年版。

北京市档案馆编：《那桐日记》，新华出版社 2006 年版。

斌椿：《乘槎笔记》，湖南人民出版社 1981 年版。

岑春煊、恽毓鼎等：《乐斋漫笔·崇陵传信录》，中华书局 2007 年版。

陈道久主编：《山阳县志》，陕西人民出版社 1991 年版。

陈夔龙：《梦蕉亭杂记》，中华书局 2007 年版。

陈虬：《治平通议》，清光绪十九年瓯雅堂刻本。

陈廷敬编：《皇清文颖》，吉林出版集团有限责任公司 2005 年版。

陈万卿编著：《荥阳先贤年谱二种（魏联奎先生年谱、陈子怡先生年谱）》，大象
  出版社 2006 年版。

迟云飞编：《清末立宪运动史料丛刊·清廷的预备仿行立宪》，山西人民出版社
  2020 年版。

《出使九国日记》，农工商部工艺局印刷科 1907 年印本。

《大清法规大全》，台湾考正出版社 1972 年据政学社石印本影印版。

戴执礼编：《四川保路运动史料汇纂》，"中研院"近代史研究所史料丛刊（23）。

丁文江、赵丰田编：《梁任公先生年谱长编（初稿）》，中华书局 2010 年版。

端方：《端忠敏公奏稿》，1918 年铅印本。

甘厚慈辑：《北洋公牍类纂》，沈云龙主编：《近代中国史料丛刊三编》，第
  八十六辑，文海出版社 1999 年版。

高汉成主编：《〈大清新刑律〉立法资料汇编》，社会科学文献出版社 2013 年版。

高平叔编：《蔡元培全集》，第三卷，中华书局 1984 年版。

故宫博物院明清档案部编：《清末筹备立宪档案史料》，中华书局 1979 年版。

顾炎武:《亭林文集》,1915 年扫叶山房石印本。

郭汉民编:《宋教仁集》,湖南人民出版社 2008 年版。

郭敬安编:《唾庵年谱》,《北京图书馆藏珍本年谱丛刊》,第 191 册,北京图书馆出版社影印 1918 年排印本。

《海瑞集》,中华书局 1962 年版。

韩策等整理:《汪荣宝日记》,中华书局 2013 年版。

韩元吉:《南涧甲乙稿》,武英殿聚珍版丛书 1868 年刻本。

何启:《新政真诠》,辽宁人民出版社 1994 年版。

何嗣焜编:《张靖达公(树声)奏议》,沈云龙主编:《近代中国史料丛刊》,第二十三辑第 222 册,文海出版社 1968 年版。

何一民编:《清末立宪运动史料丛刊·四川谘议局》,山西人民出版社 2020 年版。

胡骏:《补斋日记》,沈云龙主编:《近代中国史料丛刊》三编第八辑之七二,文海出版社 1986 年版。

胡思敬:《国闻备乘》,上海书店出版社 1997 年版。

华世奎:《思暗诗集》,天津人民美术出版社 2014 年影印版。

怀效锋主编:《清末法制变革史料》,中国政法大学出版社 2010 年版。

黄濬:《花随人圣庵摭忆》,中华书局 2013 年版。

黄遵宪:《日本国志》,吴振清等点校,天津人民出版社 2005 年版。

吉同钧:《乐素堂文集》,中华印书局 1932 年铅印本。

江庸:《趋庭随笔》,沈云龙主编:《近代中国史料丛刊》,第九辑,文海出版社 1967 年版。

金梁:《光宣小记》,四川人民出版社 1988 年版。

金兆丰撰:《镇安晏海澄(安澜)先生年谱》,沈云龙主编:《近代中国史料丛刊》,第五十辑,文海出版社 1970 年影印版。

经世文社:《民国经世文编(法律)》,文海出版社 1970 年版。

九十老人曹汝霖:《曹汝霖一生之回忆》,传记文学丛刊之十五,传记文学出版社 1980 年版。

《旧中国汉冶萍公司与日本关系史料选辑》,上海人民出版社 1985 年版。

《考察政治日记》,上海商务印书馆 1909 年版。

劳乃宣:《清劳韧叟先生乃宣自订年谱》,台湾商务印书馆 1978 年版。

劳乃宣:《桐乡劳先生遗稿·新刑律修正案汇录》,1927 年刻本。

黎靖德编:《朱子语类》,王星贤等点校,中华书局 1986 年版。

李贵连:《沈家本年谱长编》,山东人民出版社 2010 年版。

《李鸿章全集》,安徽教育出版社 2008 年版。

李家驹:《使还日记·东行杂录·有正丛斋杂记》,《历代日记丛钞》,第 143 册,学苑出版社 2006 年影印版。

李启成校注:《资政院议场会议速记录》(修订版),商务印书馆 2022 年版。

李细珠编:《清末立宪运动史料丛刊·立宪运动的酝酿与发动》,山西人民出版社 2020 年版。

《历代名臣奏议》,清文渊阁四库全书本。

《历代刑法志》,群众出版社 1988 年版。

梁焕鼐等编:《桂林梁先生遗书》,文海出版社 1969 年版。

梁启超:《〈饮冰室合集〉集外文》,夏晓虹辑,北京大学出版社 2005 年版。

梁启超:《饮冰室合集》,中华书局 1989 年版。

梁廷枏:《海国四说》,中华书局 1993 年版。

刘大鹏:《退想斋日记》,乔志强标注,北京师范大学出版社 2020 年版。

刘平等主编:《中国近代思想家文库·包世臣卷》,中国人民大学出版社 2013 年版。

刘泱泱整理:《宋教仁日记》,中华书局 2014 年版。

刘禺生:《世载堂杂忆》,中华书局 1960 年版。

《陆九渊集》,钟哲点校,中华书局 1980 年版。

陆宗舆:《五十自述记》,北京日报 1925 年铅印本。

罗训森主编,中华罗氏通谱编纂委员会编:《中华罗氏通谱》,中国文史出版社 2007 年版。

《吕坤全集》,中华书局 2008 年版。

马鸿谟编:《〈民呼〉〈民吁〉〈民立〉报选辑》,河南人民出版社 1982 年版。

《孟宪彝日记》,李德龙等编:《近代日记丛钞》,第 161 册,学苑出版社 2006 年版。

牛贯杰编:《清末立宪运动史料丛刊·资政院》,山西人民出版社 2020 年版。

《钦定四库全书总目》，中华书局 1997 年整理本。

《清实录》，中华书局 1986 年版。

日本法政大学大学史资料委员会编：《清国留学生法政速成科纪事》，广西师范大学出版社 2015 年版。

上海商务印书馆编译所编纂：《大清新法令（点校本）》，商务印书馆 2011 年版。

尚秉和：《辛壬春秋》，中国书店 2010 年影印版。

尚小明编：《清末立宪运动史料丛刊·国会请愿运动》，山西人民出版社 2020 年版。

尚小明编：《清末立宪运动史料丛刊·立宪团体》，山西人民出版社 2020 年版。

《绍英日记》，国家图书馆出版社 2009 年版。

沈家本等纂修：《钦定大清刑律》，1911 年刻本。

沈祖宪编纂：《容庵弟子记》，台北文星书店 1962 年版。

史洪智编：《日本法学博士与近代中国资料辑要》，上海人民出版社 2014 年版。

诵清堂主人：《辛亥四川路事纪略》，北京古籍出版社 2011 年版。

苏舆编：《翼教丛编》，上海书店出版社 2002 年版。

孙宝瑄：《忘山庐日记》，上海古籍出版社 1983 年版。

孙家红编：《孟森政法著译辑刊》，中华书局 2008 年版。

孙家红编：《孟森政论文集刊》，中华书局 2008 年版。

《孙中山全集》，中华书局 1981 年版。

汤震：《危言》，光绪十六年刻本。

汤志钧编：《康有为政论集》，中华书局 1981 年版。

汤志钧编：《章太炎政论选集》，中华书局 1977 年版。

陶保霖：《惺存遗著》，商务印书馆 1922 年版。

陶葆廉辑：《陶勤肃公奏议遗稿》，沈云龙主编：《近代中国史料丛刊》，第四十五辑第 441 册，文海出版社 1966 年版。

汪康年：《汪穰卿笔记》，中华书局 2007 年版。

《汪康年师友书札》，上海书店出版社 2016 年版。

汪茂林编：《中国近代思想家文库·汤寿潜卷》，中国人民大学出版社 2015 年版。

王夫之：《思问录·俟解·黄书·噩梦》，中华书局 2009 年版。

王树枏:《清大理院正卿刘公及配刘夫人合葬墓志铭》,国家图书馆拓本。

王铁崖编:《中外旧约章汇编》,生活·读书·新知三联书店1957年版。

王宪明编:《清末立宪运动史料丛刊·立宪派与革命派的论战》,山西人民出版社2020年版。

王宪明编译:《清末立宪运动史料丛刊·外文资料》,山西人民出版社2020年版。

魏源:《海国图志》,岳麓书社1998年版。

《吴宓日记》,吴学昭整理注释,生活·读书·新知三联书店1998年版。

吴士鉴编:《含嘉室自订年谱》,《北京图书馆藏珍本年谱丛刊》,第192册,北京图书馆出版社影印民国中排印本。

夏春涛编:《中国近代思想家文库:洪秀全洪仁玕卷》,中国人民大学出版社2014年版。

夏新华等整理:《近代中国宪政历程:史料荟萃》,中国政法大学出版社2004年版。

《新译日本法规大全》(点校本),商务印书馆2007年版。

熊月之编:《中国近代思想家文库·郭嵩焘卷》,中国人民大学出版社2014年版。

徐继畬:《瀛环志略》,上海书店出版社2001年版。

徐天麟撰:《西汉会要》,上海古籍出版社2012年版。

许宝蘅:《巢云簃随笔》,许恪儒整理,中华书局2018年版。

《许宝蘅日记》,第五册,中华书局2010年版。

许纪霖等编:《杜亚泉文存》,上海教育出版社2003年版。

学部总务司编:《学部奏咨辑要》,沈云龙主编:《近代中国史料丛刊三编》,第96辑,文海出版社1986年版。

杨鹏程主编:《湖南谘议局文献汇编》,湖南人民出版社2010年版。

杨寿枏:《苓泉居士自定年谱》,沈云龙主编:《近代中国史料丛刊》,续编第17辑第164号,文海出版社影印版。

杨天石等编:《宁调元集》,湖南人民出版社2008年版。

叶昌炽:《缘督庐日记》,民国上海蟫隐庐石印本。

毓盈:《述德笔记》,民族出版社2009年版。

苑书义等主编:《张之洞全集》,河北人民出版社 1998 年版。

《恽毓鼎澄斋日记》,史晓风整理,浙江古籍出版社 2004 年版。

《枣强县志》,文化艺术出版社 1994 年版。

张国福选编:《参议院议决案汇编》,北京大学出版社 1989 年版。

张枬、王忍之编:《辛亥革命前十年间时论选集》,生活·读书·新知三联书店 1960 年版。

张一麐:《古红梅阁笔记》,上海书店出版社 1998 年版。

张一麐:《直皖秘史》,中华书局 2007 年版。

张怡祖编辑:《张季子九录》,台北文海出版社 1965 年版。

张之洞:《劝学篇》,李忠兴评注,中州古籍出版社 1998 年版。

赵炳麟:《赵柏岩集》,广西人民出版社 2001 年版。

赵尔巽等撰:《清史稿》,中华书局 1977 年版。

郑观应:《盛世危言》,王贻梁评注,中州古籍出版社 1998 年版。

《直省谘议局议员联合会报告书汇录》,邱涛点校,北京师范大学出版社 2013 年版。

中国第二历史档案馆编:《中华民国档案史料汇编》,第一辑,"辛亥革命",江苏人民出版社 1979 年版。

中国第一历史档案馆编:《光绪宣统两朝上谕档》,广西师范大学出版社 1996 年版。

中国第一历史档案馆藏:资政院全宗、军机处全宗、宪政编查馆全宗、责任内阁全宗、民政部全宗。

中国社会科学院近代史研究所藏《张之洞档案》。

中国史学会编:《辛亥革命》(四),上海人民出版社 1957 年版。

《中华传世法典·大明律》,怀效锋点校,法律出版社 1998 年版。

"中研院"近代史研究所编:《近代中国对西方及列强认识资料汇编》,"中研院"近代史研究所 1966 年版。

朱杰人等编:《朱子全书》,安徽教育出版社、上海古籍出版社 2003 年版。

朱寿朋:《光绪朝东华录》,张静庐等校点,中华书局 1958 年版。

《资政院知会、折奏、章程、说帖、质问、陈请等案件》,清末铅印本。

左玉河编:《中国近代思想家文库·杨度卷》,中国人民大学出版社 2015 年版。

专著

〔美〕阿瑟·贾德森·布朗:《中国革命 1911：一位传教士眼中的辛亥镜像》，季我努译，重庆出版社 2018 年版。

〔英〕彼得·沃森:《20 世纪思想史》，朱进东等译，上海译文出版社 2006 年版。

蔡枢衡:《中国法理自觉的发展》，清华大学出版社 2005 年版。

陈复光:《有清一代之中俄关系》，云南大学文法学院 1947 年版。

陈恭禄:《中国近代史》，中国工人出版社 2012 年版。

陈万卿编著:《荥阳先贤年谱·魏联奎先生年谱》，大象出版社 2006 年版。

丁文江、赵丰田编:《梁任公先生年谱长编（初稿）》，中华书局 2010 年版。

董霖:《战前中国之宪政制度》，台湾世界书局 1968 年版。

杜亚泉等:《辛亥前十年中国政治通览》，中华书局 2012 年版。

冯自由:《革命逸史》，新星出版社 2009 年版。

高拜石:《新编古春风楼琐记》，作家出版社 2004 年版。

戈公振:《中国报业史》，上海古籍出版社 2014 年版。

顾敦鍒:《中国议会史》，上海书店出版社 1991 年影印苏州木渎心正堂 1931 年版。

关晓红:《从幕府到职官——清季外官制的转型与困扰》，生活·读书·新知三联书店 2014 年版。

郭廷以:《近代中国史纲》，香港中文大学出版社 1979 年版。

郭湛波:《近五十年中国思想史》，上海古籍出版社 2005 年版。

侯宜杰:《逝去的风流：清末立宪精英传稿》，北京师范大学出版社 2013 年版。

黄源盛:《民初法律变迁与裁判（1912—1928）》，政治大学法学丛书（47）2000 年版。

黄彰健:《戊戌变法史研究》，上海书店出版社 2007 年版。

孔令纪等主编:《中国历代官制》，齐鲁书社 1993 年版。

雷梦麟撰:《读律琐言》，怀效锋等点校，法律出版社 1999 年版。

李剑农:《中国近百年政治史》，复旦大学出版社 2002 年版。

李细珠:《变局与抉择：晚清人物研究》，北京师范大学出版社 2017 年版。

李细珠:《新政、立宪与革命——清末民初政治转型研究》，北京师范大学出版社 2018 年版。

梁漱溟:《乡村建设理论》，上海人民出版社 2006 年版。

凌冰：《爱新觉罗·载沣——清末监国摄政王》，文化艺术出版社 1988 年版。

刘伟：《晚清督抚政治——中央与地方关系研究》，湖北教育出版社 2003 年版。

刘增合：《"财"与"政"：清季财政改制研究》，生活·读书·新知三联书店 2014 年版。

陆士谔：《新中国》，中国友谊出版公司 2009 年版。

〔美〕路康乐：《满与汉：清末民初的族群关系与政治权力（1861—1928）》，王琴等译，中国人民大学出版社 2010 年版。

罗宗强：《明代后期士人心态》，中华书局 2019 年版。

吕芳上：《革命之再起——中国国民党改组前对新思潮的回应（1914—1924）》，"中研院"近代史研究所专刊（57），1989 年版。

〔美〕马士：《中华帝国对外关系史》，张汇文等译，上海书店出版社 2000 年版。

庞振宇：《清末代议制的弄潮者：江西谘议局议员研究》，中国社会科学出版社 2016 年版。

彭剑：《清季宪政编查馆研究》，北京大学出版社 2011 年版。

亓冰峰：《清末革命与君宪的论争》，"中研院"近代史研究所专刊（19），1980 年再版。

钱穆：《国史大纲》，商务印书馆 1996 年版。

钱穆：《中国历代政治得失》，九州出版社 2011 年版。

〔美〕任达：《新政革命与日本——中国（1898—1912）》，江苏人民出版社 1998 年版。

萨师炯：《清代内阁制度》，商务印书馆 1946 年版。

桑兵：《走进共和：日记所见政权更替时期亲历者的心路历程：1911—1912》，北京师范大学出版社 2016 年版。

尚秉和：《辛壬春秋》，中国书店 2010 年影印版。

尚小明：《留日学生与清末新政》，江西教育出版社 2002 年版。

申晓云：《民国史实重建与史论新探》，生活·读书·新知三联书店 2014 年版。

《施肇基早年回忆录》，传记文学出版社 1967 年版。

司马光编著：《资治通鉴》，胡三省音注，中华书局 1956 年版。

唐德刚：《晚清七十年》，台北远流出版事业股份有限公司 1998 年版。

唐德刚：《袁氏当国》，台北远流出版事业股份有限公司 2002 年版。

王戎笙:《明清史事管窥》,故宫出版社 2013 年版。

王瑞来:《宰相故事:士大夫政治下的权力场》,中华书局 2010 年版。

王桐龄:《中国历代党争史》,上海书店出版社 2012 年版。

韦庆远等:《清末宪政史》,中国人民大学出版社 1993 年版。

吴经熊、黄公觉:《中国制宪史》,上海商务印书馆 1937 年版。

萧公权:《中国政治思想史》,新星出版社 2005 年版。

谢彬:《民国政党史》,中华书局 2007 年版。

熊月之:《中国近代民主思想史》,上海社会科学出版社 2002 年版。

严耕望:《中国政治制度史纲》,上海古籍出版社 2013 年版。

杨树达:《积微翁回忆录》,北京大学出版社 2007 年版。

杨兆龙:《杨兆龙法学文选》,中国政法大学出版社 2000 年版。

余英时:《史学研究经验谈》,邵东方编,上海文艺出版社 2011 年版。

余英时:《朱熹的历史世界》,生活·读书·新知三联书店 2004 年版。

俞江:《近代中国的法律与学术》,北京大学出版社 2008 年版。

展恒举:《中国近代法制史》,台湾商务印书馆 1973 年版。

张国淦:《北洋述闻》,上海书店出版社 1998 年版。

张君劢:《宪政之道》,清华大学出版社 2006 年版。

张朋园:《立宪派与辛亥革命》,吉林出版集团有限公司 2007 年版。

张朋园:《中国民主政治的困境(1909—1949):晚清以来历届议会选举述论》,
　　吉林出版集团有限责任公司 2008 年版。

张玉法:《民国初年的政党》,岳麓书社 2004 年版。

张玉法:《清季的革命团体》,北京大学出版社 2011 年版。

张玉法:《清季的立宪团体》,北京大学出版社 2011 年版。

张玉法:《中华民国史稿》,联经出版事业股份有限公司 2001 年第二版。

张仲礼:《中国绅士:关于其在 19 世纪中国社会中作用的研究》,李荣昌译,上
　　海社会科学院出版社 1991 年版。

钟叔河:《从西方到东方:走向世界丛书叙论集》,岳麓书社 2002 年版。

周增光:《宗室王公与清末新政》,华夏出版社 2018 年版。

周振鹤撰集:《圣谕广训:集解与研究》,上海书店出版社 2006 年版。

朱熹撰:《四书章句集注》,中华书局 1983 年版。

庄建平编:《清末民初政坛百态》,四川人民出版社 1999 年版。

左舜生:《辛亥革命史》,岳麓书社 2011 年版。

〔日〕佐藤铁治郎:《一个日本记者笔下的袁世凯》,孔祥吉等整理,天津古籍出版社 2005 年版。

工具书

卞孝萱编:《民国人物碑传集》,团结出版社 1995 年版。

陈玉堂编著:《中国近现代人物名号大辞典》,浙江古籍出版社 2005 年。

《辞源》,合订本之修订本,商务印书馆 1993 年版。

东方杂志社编:《民国职官表》,沈云龙主编:《近代中国史料丛刊续编》,第八十六辑,文海出版社 1981 年影印版。

胡健国编著:《近代华人生卒简历表》,台湾"国史馆"2003 年印行。

金梁辑:《近世人物志》,北京图书馆出版社 2007 年版。

孔令纪等主编:《中国历代官制》,齐鲁书社 1993 年版。

刘寿林编:《辛亥以后十七年职官年表》,沈云龙主编:《近代中国史料丛刊续编》,第五辑,文海出版社 1966 年影印版。

内阁印铸局编:《宣统三年冬季职官录》,沈云龙主编:《近代中国史料丛刊》第二十九辑,文海出版社 1968 年影印版。

钱实甫:《清季新设职官年表》,中华书局 1961 年版。

〔日〕田边种治郎编:《东三省官绅人民录》,台湾文海出版社 1973 年版。

〔日〕田原天南编:《清末民初中国官绅人民录》,台湾文海出版社 1973 年版。

熊月之主编:《晚清新学书目提要》,上海书店出版社 2007 年版。

许慎撰:《说文解字》,徐铉校定,中华书局 1963 年影印版。

佚名辑:《清末职官表》,台湾文海出版社 1968 年版。

张伟仁主编:《中国法制史书目》,"中研院"历史语言研究所专刊之六十七,1976 年版。

中国社科院"近代史资料"编辑部主编:《民国人物碑传集》,四川人民出版社 1997 年版。

《最近官绅履历汇录》,北京敷文社 1920 年版。

论文

沧江:《资政院章程质疑》,《国风报》第一年第二十号。

柴松霞：《论清末出洋考察大臣达寿的宪政观》，《法律史评论》2012 年卷。

陈生玺：《剃发令对清初的政治影响》，《南开学报》1999 年第 4 期。

迟云飞：《清季主张立宪的官员对宪政的体认》，《清史研究》2000 年第 1 期。

崔学森：《再论清末〈大清宪法案〉稿本问题》，《历史档案》2017 年第 2 期。

《代表同志会为请开党禁致涛贝勒书》，《代表同志会为请开党禁通告书》，《时
    报》1909 年 12 月 12 日。

第一历史档案馆藏：《清末结社集会档案》，《历史档案》2012 年第 1 期。

第一历史档案馆丁进军选编：《清练兵处主要官员履历》，《历史档案》1997 年
    第 5 期。

《读十四日上谕书后》，《时报》1905 年 7 月 18 日。

《对于二十日上谕之疑问》，《申报》1910 年 12 月 23 日。

樊学庆：《仿行宪政与维护国制间的困境——预备立宪后清廷辫服政策的讨论和
    调整》，《宝鸡文理学院学报（社会科学版）》2007 年第 3 期。

冯葆瑛：《论中国宜定报律》，《鹭江报》1904 年第 76 期。

《革党对于资政院之宣言》，《盛京时报》1911 年 11 月 7 日。

《各省人民王法勤等陈请资政院速开党禁书》，《时报》1909 年 12 月 12 日。

〔日〕宫内肇：《清末广东的地方自治与顺德地方精英》，《学术研究》2011 年第
    1 期。

《国会请愿之近况》，《东方杂志》第 7 年第 7 期。

《国务总理段祺瑞呈大总统核议已故前交通部次长冯元鼎恤典办法文》，《政府
    公报》，第四二七号，一九一七年三月二十日。

侯宜杰：《清末的言论结社集会自由》，《史学集刊》2009 年第 5 期。

《会议开设国会年限》，《正宗爱国报》1908 年 7 月 2 日。

姜纬堂：《"彭翼仲案"真相》，《首都师范大学学报（社会科学版）》1996 年第
    5 期。

蒋国宏：《张謇与许鼎霖》，《南通大学学报·社会科学版》2011 年第 3 期。

金启孮：《我所知道的那彦图亲王》，《蒙古史研究》第七辑（2003 年）。

《九江德化县沙令昌寿覆议新政策条陈》，《北京新闻汇报》第 2 册。

《考察宪政大臣于式枚考察普鲁士地方行政制度》，《政治官报》第 606 号，
    1909 年 7 月 6 日。

孔祥吉、村田雄二郎:《孙中山友人沈翔云史实考略》,载林家有主编:《孙中山研究》,第一辑,中山大学出版社 2008 年版。

李贵连:《晚清"就地正法"考》,《中南政法学院学报》1994 年第 1 期。

李国荣编:《清末修订报律史料选载》,《历史档案》1988 年 9 月 30 日。

李克明:《民国初期的法学家——李素》,《沧桑》1995 年第 1 期。

李启成:《君主立宪的一曲挽歌——晚清资政院第一次常年会百年祭》,《中外法学》2011 年第 5 期。

李启成:《领事裁判权与晚清司法改革之肇端》,《比较法研究》2003 年第 4 期。

李守孔:《民初之国会与党争》,《中国近百余年大事述评——中国近代史现代史论文集》,台湾学生书局 1996 年版。

李素、刘懋赏:《晋军代表告急书》,《新闻报》1911 年 12 月 27 日。

李欣荣:《吉同钧与清末修律》,《社会科学战线》2009 年第 3 期。

林国平等:《李景铭与〈闽中会馆志〉》,《福建学刊》1991 年第 2 期。

《临时会陈情书之入奏期》,《申报》1911 年 5 月 19 日。

刘路生:《袁世凯隐居彰德韬光养晦》,《炎黄春秋》2003 年第 5 期。

刘硕:《地方督抚与清末预备立宪》,《河北学刊》1996 年第 5 期。

《刘廷琛究何仇于资政院》,《申报》1911 年 1 月 5 日。

《伦贝子不入政务处之耗》,《大公报》1910 年 8 月 1 日。

《论今日新党之利用新名词》,《东方杂志》1904 年第一卷第十一号。

《论莱阳民变事》,《国风报》1910 年第 18 期。

罗久蓉:《救亡阴影下的国家认同与种族认同——以晚清革命与立宪派论争为例》,载"中研院"近代史研究所编:《认同与国家:近代中西历史的比较》1994 年版。

缪钺:《纪念籍忠寅先生》,《文献》1986 年第 3 期。

《某邸阻挠剪发之由来》,《大公报》1910 年 12 月 23 日。

《南京的机会》,《独立评论》第 31 号,1932 年 12 月 18 日。

《内外大员对于剪发易服之意见》,《新闻报》1910 年 12 月 31 日。

《农工商部奏京师商会以喧传剪发易服力陈商业危迫恳予维护折》,《时报》1910 年 12 月 30 日。

潘崇:《科举废除前新政人才结构透视——以清末五大臣出洋考察团为例》,《近代史研究》2014 年第 2 期。

彭剑：《"乙全本"不是"李汪宪草"》,《史学集刊》2015 年第 6 期。

钱志伟：《许同莘先生事略补证》,《秘书》2018 年第 4 期。

桑兵：《清末民初传播业的民间化与社会变迁》,《近代史研究》1991 年第 6 期。

尚小明：《"两种清末宪法草案稿本"质疑》,《历史研究》2007 年第 2 期。

石建国：《高尔谦：从外交重臣到外交次长》,《世界知识》2012 年第 6 期。

苏全有等：《从清末辫子革命看政府的危机应对》,《广东工业大学学报》（社会
　　科学版）2013 年第 5 期。

陶善耕：《经正书舍的藏书借阅及其流布——纪念李时灿诞辰 140 周年》,《河南
　　图书馆学刊》26 卷第 6 期。

王春兰：《渠本翘其人其事》,《沧桑》2005 年第 3 期。

王红雨、闫广芬：《早期教育现代化进程中的规训与抵制：以清末民初学校时间
　　管理为例》,《四川师范大学学报（社会科学版）》2017 年第 4 期。

《王廷扬：蒲塘走出的民国名士》,《金华日报》2014 年 8 月 7 日。

王学珍：《清末报律的制定》,《中山大学学报论丛》1994 年 2 月 15 日。

吴恩和、邢复礼：《贡桑诺尔布》,《内蒙古文史资料》（第一辑）, 内蒙古人民出
　　版社 1979 年版。

吴海慧：《林炳章研究》, 福建师范大学历史学系硕士学位论文,2014 年 5 月。

吴廷燮：《景牧自订年谱》,《近代人物年谱辑刊》, 第十册, 北京图书馆 2012
　　年版。

《宪友会开大会纪事》,《申报》1911 年 6 月 10 日。

《宪政实进会大会议》,《吉林官报》1911 年第 6 期。

萧功秦：《清末保路运动的再反思》,《战略与管理》1996 年第 6 期。

效灵：《剪发易服议》,《大公报》1906 年 10 月 11 日。

《修改结社集会律（资政院复议决定本）》,《法政杂志》第 1 年第 4 期。

宣樊：《政治之因果关系论》,《东方杂志》1910 年第 12 期。

杨向真、万芳：《清末奉天府名医庆云阁与张奎彬从医办学事记》,《中医文献杂
　　志》2011 年第 3 期。

杨之峰：《徐文霨与北京刻经处》,《图书馆研究与工作》2010 年第 2 期。

姚光祖：《清末资政院之研究》, 台湾大学政治研究所硕士论文 1977 年。

姚怀亮:《"哑道人"吴怀清评传》,《商洛日报》2007 年 4 月 21 日。

易惠莉:《盛宣怀与辛亥革命时期之政治(1909—1911)》,《近代中国》第 21 辑。

易鼐:《中国宜以弱为强说》,《湘报》第 20 号。

《于邦华之奢望》,《浅说画报》1911 年第 1077 期。

余英时:《戊戌变法今读》,《二十一世纪评论》第 45 期。

俞江:《两种清末宪法草案稿本的发现及初步研究》,《历史研究》1999 年第 6 期。

喻菊芳:《怀念榜眼喻长霖》,《黄岩新闻网》2015 年 11 月 18 日。

张建军:《清末资政院时代的蒙古议员及其活动——以〈大公报〉所载史料为中心的考察》,《蒙古史研究》第 10 辑。

张世明:《清末贻谷参案研究》,《中国人民大学学报》2014 年第 4 期。

张耀杰:《陈其美的谋士沈翔云》,《温故》,第 19 辑,广西师范大学出版社 2010 年版。

张子建:《"片马事件"研究回顾》,《云南民族大学学报(哲社版)》2004 年 7 月第 21 卷第 4 期。

赵虎:《仿行内阁:清末会议政务处述论》,《西北大学学报(哲学社会科学版)》2017 年第 3 期。

赵永康:《泸县万慎子先生年谱简编》,http://bbs.tianya.cn/post-free-2091516-1.shtml。

郑金鹏:《资政院试办宣统三年预算案研究》,北京大学法学院博士学位论文 2020 年。

《中国记事》,《国风报》第 23 号。

周世贤:《周震鳞的家世和生平简述》,《湖南文史资料选辑》,湖南人民出版社 1986 年版,第 15 辑。

朱东安:《晚清满汉关系与辛亥革命》,《历史档案》2007 年第 1 期。

《资政院之价值如此》,《盛京时报》1911 年 11 月 8 日。

《资政院之一反一覆》,《时报》1911 年 1 月 4 日。

左攀、耿悦：《广西乡贤吴赐龄生平与政治思想考论》，《玉林师范学院学报》2014 年第 6 期。

左攀：《广西谘议局的筹备及活动概况考略——以广西谘议局档案为中心》，《广西科技师范学院学报》2017 年第 2 期。

外文书刊

Sir Courtenay Ilbert, *Parliament: Its History and Practice*, New York: Henry Holt and Company, 1911.

Wright, Mary Clabaugh, ed., *China in Revolution: The First Phase, 1900-1913*, Yale University Press, 1968.

后　记

本书写作告一段落，我却没有以前完成书稿后那么喜悦，可能是已出过书，再作冯妇，渐生疲倦，抑或还有其他，说不清楚也不便说……

对资政院感兴趣，回想起来很有些年头。早在二十年前撰写博士论文《晚清各级审判厅研究》时，即有很强烈的感觉，晚清的司法改革是整个君宪的一部分，不考究晚清君宪而就司改谈司改，不论如何进行资料发掘，皆有画龙没能点睛之憾。

业师李贵连教授访日归来，带回了东京大学东洋文化研究所大木文库所藏《资政院议场会议速记录》的复印本。初读之时，我即很震撼，原来百多年前的先辈们曾做出这许多的努力，其风范、其识见，都让我等后学高山仰止！那时即萌生整理点校出版的念头。2009 年到台湾政治大学交流，跟黄源盛教授聊及这一想法，得其鼓励。后又在北大图书馆古籍部发现印本，得以参照订正。《速记录》点校初版于 2011 年由上海三联书店正式出版。

为了对资政院第一次常年会有更真切的了解，需要尽可能回到现场，我决心补充更多的原始资料，再出个修订版，为后来者研究资政院打下更翔实的资料基础。《速记录》（修订版）已由商务印书馆于 2022 年出版。

在这持续阅读和搜集原始资料的过程中，经考察既有的研究状况，我萌生了深入研究的兴趣，于是从 2012 年即开始本书写作。断断续续，其间，还以此为研究对象，申报了相关课题并得以立项。转眼，十来年又过去了。

在给学生上课时，我多次提及，本人服膺于乾嘉学者所归纳的学问无外乎"义理－考据－辞章－经济"之说。古今中西，有变有常，常中生变，变中有常，义理是要把道理讲透彻；考据就是拿证据来，靠坚实可靠的证据说话；辞章则为用准确流畅优美的文字把前二者的内容表达出来；经济就是经世济民，用今天的话来讲，为现实关怀。我以为，法史学者需要有现实关怀，但现实关怀不应仅停留在简单喊口号以应景；也不应该冀望从中归纳出抽象的几条几款。如能归纳出，司马光及其编纂团队早就已归纳出来，事实上作为成品的《资治通鉴》最终还有294卷300多万字这个庞大篇幅。我理解的现实关怀，更多体现在作者选择具体研究对象时，何以厚此而薄彼；研究者一旦选定研究对象，在具体研究过程时则应尽可能地"虚心"和客观，暂时将经世意愿搁置一旁。毕竟，学者要靠"学"而非"术"来施展其抱负。

复国无望，但心系苍生，为保存故国文献，万季野北上修史，其师黄梨洲赋诗饯行，有云："不放河汾身价倒，太平有策莫轻题。"虽不能至，梨洲师徒此等气象格局，让我真正铭感于衷！我在写作本书过程中，即时时以此自勉：力争在写作时保持"虚心"，对资政院议政进程的梳理，只是拿出证据来，尽可能让证据说话。落脚点则在对晚清君宪之失败进行必要的省思，此实义理之所在。限于学养，未必省思到位，但这是我致力的方向。

在写作过程中，我每每对杜维运教授的这段话感同身受："历史变动最剧烈的时代，每在朝代更易之际，历史的真相，也最易在此时失去。史学家此时以政治上的因素，往往不敢秉笔直书，旧朝殉国的烈士，守节的遗民，赴汤蹈火，呼天抢地，史学家固不敢为之作传；即旧朝完善的制度，优美的传统，也每被诬蔑或曲解。天地的元气，历史的真精神，往往存在于失败者与少数人之间。"资政院本属过去，而且是一段彻底失败以致烟消云散的历史；资政院议员们既非于乱世之中能斡旋乾坤的关键人物，但也不是升斗小民，其中多属有家国情怀的士大夫，其政见虽有新与旧、礼与法、君宪与共和之歧，但都在为那个危如累卵、遍地饿莩的国家和亿万生灵苦苦寻觅出路。

那些始终坚持君宪，倡导为国以礼的保守者，于清室未亡之际，尚被时人目为迂腐不达事变；及至辛壬鼎革，清室运终，民国肇兴，他们依旧坚持其政见，睹时局不可为，选择归隐，上焉者服务桑梓，下焉者诗书自娱，以遗老终身。读北大历史系赵冬梅教授的《法度与人心》，在谈到儒家与现实政治间的关系时，作者感慨："古人说儒家迂远，孔子迂、孟子迂，所有纯粹的儒家都迂。"这引发了我强烈的共鸣，自然想起王安石那首诗："何妨举世嫌迂阔，故有斯人慰寂寥。"这些保守的议员们，斯人生于斯世，迂和不迂、幸与不幸，何足道哉！因为他们真正活过，努力过！

我曾在一篇关于郑观应的文章中感慨：积四十多年的时间，他始终坚持君主立宪，在近代中国这个"十年一变"的时代，独具特色。在他本人，确实是择善固执，就时代思潮而言，则是不合时宜居多。较之其后生辈——20世纪中国诸多弄潮者——片面迷信制度而忽视新人、新民，郑观应的思想，固本开新，实值得后人深思玩味。类似地，那些自居或公认为"保守"的资政院议员们，较之视与时俱进为常、实则在政治漩涡中大肆投机的聪明人，其高下不言而喻。过宗周而不悯黍离，登北山而不忧父母，感阴雨而不念故夫，闻山阳笛而不怀旧友，此类人虽居高位，处时代弄潮，又何足道哉！故我在写作时，想重点写写这些后人眼中的"保守迂腐"者，但限于文献和学养，虽有此心，愧未能道其万一。如能得学友，爬梳故实，提玄钩沉，发幽阐微，实为万幸！

我集中精力写作书稿之际，正值疫情肆虐，人心惶惶。独处书斋，写作之暇，习惯性翻阅阳明先生文集，偶然读到《告谕庐陵父老子弟》，当此重重隔离之时，不能无感。此乃先生正德五六年之交（1510—1511）于庐陵知县离任时所作。先生由贬谪龙场出宰庐陵，在任时亦逢大疫，危及民生。先生处此，除引咎自责、主持救济外，将导民于善、兴孝行悌，以移风易俗为首务。其与民同患、视民如伤之心，见字如现场目睹：

> 今灾疫大行，无知之民惑于渐染之说，至有骨肉不相顾疗者。汤药饘粥不继，多饥饿以死，乃归咎于疫。夫乡邻之道，宜出入相友，守望相助，疾病相扶持，乃今至于骨肉不相顾！县中父老，岂无一二敦行孝义，为子弟倡率者乎？夫民陷于罪，犹且三宥致刑，

今吾无辜之民，至于阖门相枕藉以死，为民父母，何忍坐视？言之痛心，中夜忧惶，思所以救疗之道，惟在诸父老劝告子弟，兴行孝弟。各念尔骨肉，毋忍背弃。洒扫尔室宇，具尔汤药，时尔饘粥。贫弗能者，官给之药。虽已遣医生、老人分行乡井，恐亦虚文无实。父老凡可以佐令之不逮者，悉已见告。有能兴行孝义者，县令当亲拜其庐。凡此灾疫，实由令之不职，乖爱养之道，上干天和，以至于此。县令亦方有疾，未能躬问疾者，父老其为我慰劳存恤，谕之以此意。

隔离固然有助于减轻疫情，但过犹不及，人与人之间患难相扶、相亲相养更是人道之常，可不念之！但愿疫情早去，一切回归正轨！

教学相长，所言非虚。写作之初，即请当时还在读的博士生张一民、王若时、郑金鹏、梁挪亚帮着查阅了不少资料。及至初稿完成，博士生何舟宇和黄炜又帮着我校稿，尤其是舟宇，在仔细核对资料的基础上，纠正了文中的多处讹误。本书得以出版，最得感谢商务印书馆编审王兰萍大姐和编辑高媛女士的大力推荐。

及至交稿后，等了数年的一档馆资政院卷宗电子化突然有了结果，终于可以查询，我遂选定需要查阅的档案条目，请在读博士生和硕士生何舟宇、孟孜谦、翟文豪、尤紫乐、叶欣茹和吕少丽去馆内录入备用。之后又集中两个多月时间进行资料补充、论点修正等工作，最终才得以定稿。在此过程中，再次领悟原始资料对法史学研究的极端重要性：考据实为根本，证据出了问题，义理则不免流入臆想，辞章成为花架，经济自然落空；小题大做、论从史出，实乃法史学研究之不二法门。

在写作出版过程中，我处处感受到温暖，有太多的知己友朋，恕我放在心里致谢，并相约砥砺前行："国有道，不变塞焉，强哉矫！国无道，至死不变，强哉矫！"

李启成

辛丑暮春于燕园陈明楼办公室，壬寅仲冬再修订于京西居所